U0816702

2016

中国教育经费统计年鉴

China Educational Finance Statistical Yearbook

教　育　部　财　务　司
国家统计局社会科技和文化产业统计司　编

中国统计出版社
China Statistics Press

© 中国统计出版社 2017
版权所有。未经许可，本书的任何部分不得以任何方式在世界任何地区以任何文字翻印、拷贝、仿制或转载。

© 2017 China Statistics Press
All rights reserved. No part of the publication may be reproduced or transmitted in any form or by any means, electronic or mechanical, including photocopying, recording, or any information storage and retrieval system, without written permission from the publisher.

图书在版编目（CIP）数据

中国教育经费统计年鉴. 2016 / 教育部财务司, 国家统计局社会科技和文化产业统计司编. -- 北京 : 中国统计出版社, 2017.5

ISBN 978-7-5037-8132-2

Ⅰ. ①中… Ⅱ. ①教… ②国… Ⅲ. ①教育经费－统计资料－中国－2016－年鉴 Ⅳ. ①G526.72-54

中国版本图书馆 CIP 数据核字(2017)第 083252 号

中国教育经费统计年鉴—2016

作　者/教育部财务司　国家统计局社会科技和文化产业统计司
责任编辑/尹　伊
封面设计/李雪燕
出版发行/中国统计出版社
通信地址/北京市丰台区西三环南路甲 6 号　邮政编码/100073
电　话/邮购（010）63376909　书店（010）68783171
网　址/ http://www.zgtjcbs.com
印　刷/河北鑫兆源印刷有限责任公司
经　销/新华书店
开　本/880×1230㎜　1/16
字　数/1300 千字
印　张/40.75　彩插 0.25
版　别/2017 年 6 月第 1 版
版　次/2017 年 6 月第 1 次印刷
定　价/268.00 元

中国统计版图书，如有印装错误，本社发行部负责调换。

《中国教育经费统计年鉴—2016》
编辑委员会

主　编　吴国生

副主编　察志敏　赵建军　陈国良

编　审　郝丽霞　宫少军　王　征

张　琦　杜晓利　王　红

前 言

《中国教育经费统计年鉴—2016》比较全面、系统地反映了2015年全国教育经费来源和使用的情况，为国家和地方编制教育发展规划、制定教育财政政策提供了重要的参考依据。它对于研究教育经费结构和使用效益有一定价值；对于各地之间的情况交流，提高教育财务管理水平，也将会起到促进作用。

按照财政部《关于完善政府预算体系有关问题的通知》（财预〔2014〕368号）要求，2015年起将政府性基金中用于提供基本公共服务以及主要用于人员和机构运转等方面的11项基金转列一般公共预算。为此，教育事业费数据相应增加地方教育附加和从土地出让收益计提的教育资金两项政府性基金，政府性基金预算安排的教育经费数据相应减少这两项政府性基金。

全国教育经费统计资料的各项数据是从最基层单位开始填报，经过乡（镇）、县（市、区）、地（市）、省（自治区、直辖市）等教育主管部门层层汇总的。各级教育和统计部门对教育经费统计工作十分重视，从人员、时间、设备等方面给予了保证，并认真组织，按照准确、及时、完整的要求编制报表，保证了全国教育经费统计资料汇总工作的顺利完成。

教育部财务司组织了全国教育经费统计资料的审核、整理工作，以及全国教育经费统计分析的计算机程序编制工作。国家统计局社会科技和文化产业统计司对全国教育经费统计工作给予了很大的支持，并与教育部财务司联衔编印出版此年鉴。参加这项工作的除教育部财务司的同志外，还有上海智力开发研究所以及陈永年、周亚君、张利生、苗笑明等地方教育部门的同志。

目前，中国教育经费统计工作还处于充实、完善阶段，加之全国性教育经费统计涉及范围广，工作量大，因此在资料的收集、编排、整理等环节上难免有不足之处，诚望同志们提出批评和建议，以便今后加以改进，把教育经费统计工作做得更好。

编 者

2017年1月

目 录

第一部分 全国教育经费收支

第三部分　各地区各级各类教育机构教育经费收入

2015 年教育经费简况

2011-2015 年全国教育经费总投入及增长情况

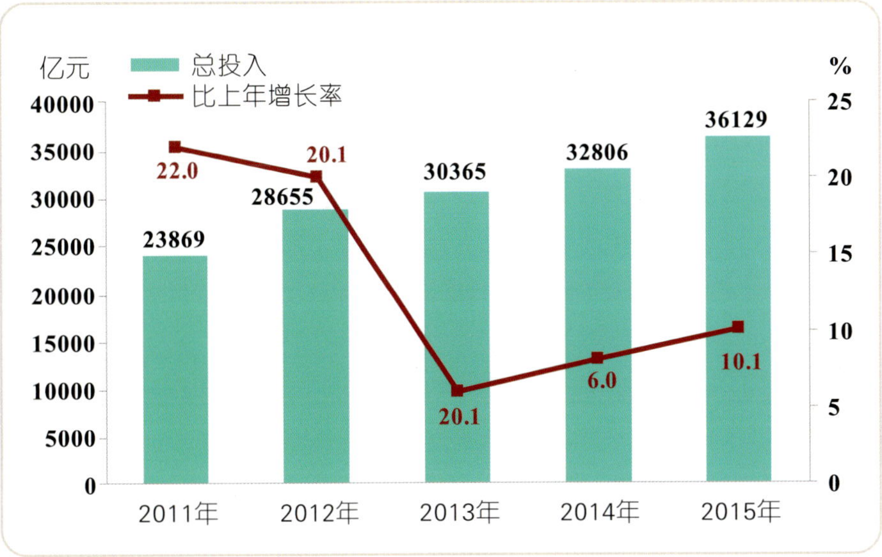

2011-2015 年国家财政性教育经费及占 GDP 比例情况

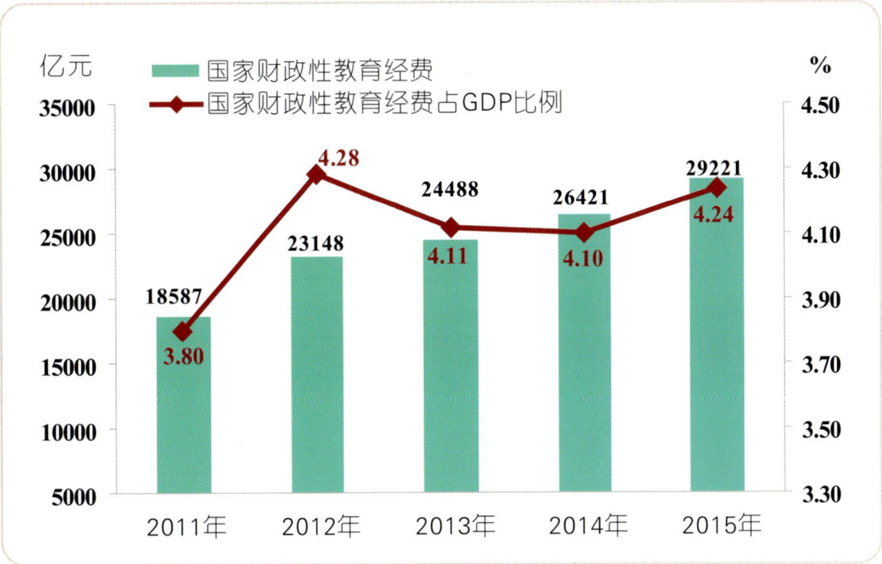

2015年全国及分省公共财政教育支出占公共财政支出比例比上年增减百分点

2015年分省公共财政教育支出增长与财政经常性收入增长比较

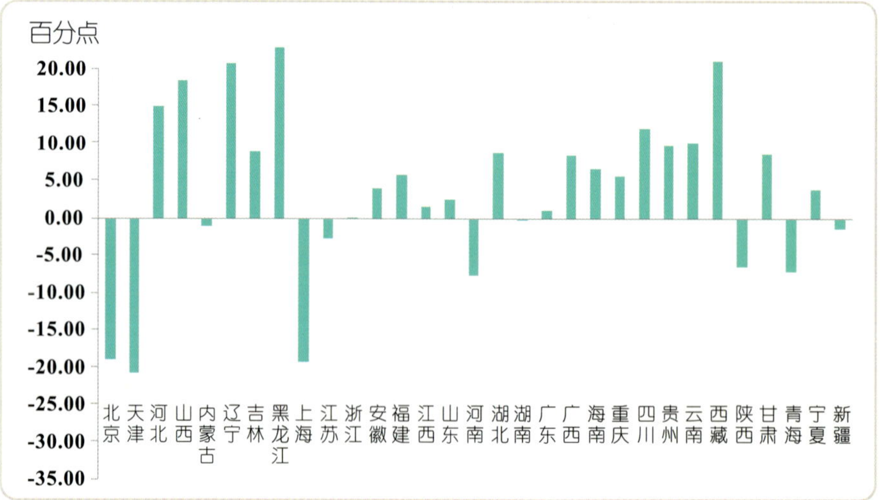

2015年各级各类学校生均公共财政预算教育事业费支出及增长情况

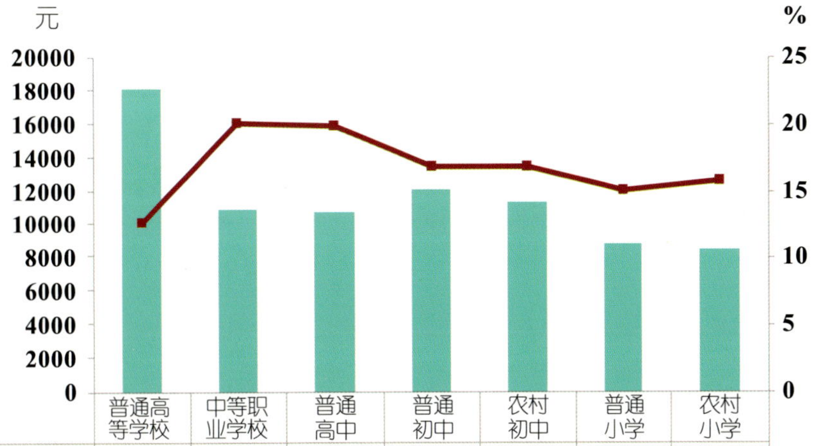

	普通高等学校	中等职业学校	普通高中	普通初中	农村初中	普通小学	农村小学
生均额	18144	10961	10821	12105	11349	8838	8577
增长率	12.7	20.1	19.9	16.9	16.9	15.1	15.8

2015年各级各类学校生均公共财政预算公用经费支出及增长情况

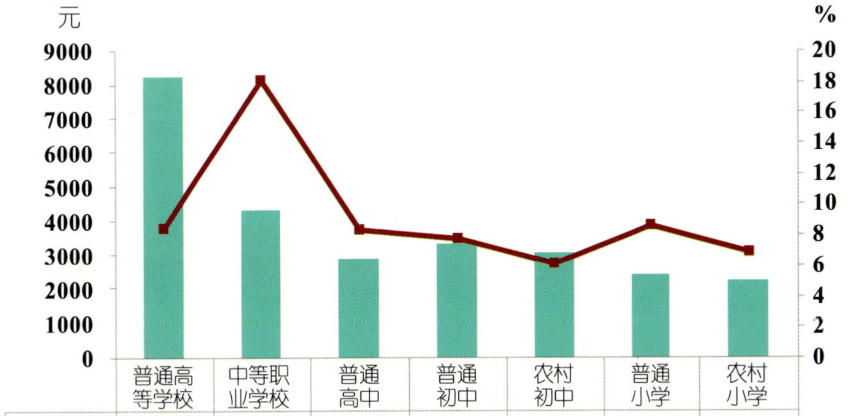

	普通高等学校	中等职业学校	普通高中	普通初中	农村初中	普通小学	农村小学
生均额	8280	4347	2923	3361	3094	2434	2245
增长率	8.4	18.1	8.3	7.7	6.1	8.6	6.8

第一部分

全国教育经费收支

1-1　全国教育

年 份	合 计（千元）	国家财政性教育经费	#公共财政教育经费	民办学校中举办者投入	捐赠收入	事业收入	#学费	其 他教育经费
1991	73150282	61782860	48217992		6282097		3234756	1850569
1992	86704905	72875058	56493638		6962852		4393193	2473802
1993	105993744	86776183	67661503	333227	7018561		8714769	3151004
1994	148878126	117473956	93112851	1077952	9744871		14692281	5889066
1995	187795011	141152333	109294729	2036715	16284140		20124225	8197598
1996	226233935	167170455	128808414	2619989	18841895		26103612	11497984
1997	253173257	186254163	144126882	3017464	17065876		32607920	14227834
1998	294905918	203245257	165401831	4803140	14185373	60915149	36974735	11756999
1999	334904164	228717561	191136888	6289571	12586942	74971737	46361079	12338353
2000	384908058	256260557	219176521	8585372	11395569	93827167	59483043	14839393
2001	463766262	305700995	270565484	12808952	11288518	115751371	74560135	18216426
2002	548002776	349140475	325494252	17255487	12727910	146091688	92277917	22787216
2003	620826530	385062366	361909774	25901478	10459269	172183991	112149847	27219426
2004	724259892	446585748	424442091	34785288	9342038	201142680	134655173	32404138
2005	841883905	516107593	494603791	45221850	9316129	233999909	155305446	37238424
2006	981530865	634836475	613534811	54905830	8990776	240730422	155233010	42067362
2007	1214806630	828021421	809433686	8093374	9305839	317723573	213090822	51662423
2008	1450073742	1044962956	1021296753	6984793	10266633	336707107	234929828	51152253
2009	1650270650	1223109354	1197497528	7498291	12549905	352759391	251559826	54353709
2010	1956184707	1467006696	1416390290	10542536	10788394	410606635	301555934	57240446
2011	2386929356	1858670092	1782173800	11193198	11186751	442469266	331697419	63410049
2012	2865530519	2314756979	2031416851	12817531	9569193	461984036	350483008	66402780
2013	3036471815	2448821774	2140567150	14740887	8554445	492620868	373768686	71733841
2014	3280646093	2642058205	2257600985	13134764	7967003	542715808	405303926	74770313
2015	3612919267	2922145113	2586187400	18766195	8699601	580972390	431736109	82335968

注：1.“其他教育经费”数据1991—1997年包含扣除“学费”后的事业收入；“民办学校中举办者投入”数据1993—2006年为社会团体和公民个人办学总经费；“公共财政教育经费”数据1991—2012年包括教育事业费、基本建设经费、教育费附加、科研经费和其他经费，2012年起仅包括教育事业费、基本建设经费和教育费附加，2015年起教育事业费增加地方教育附加和土地出让收益计提的教育资金。

2.表中“#”表示其中的主要项，以下同；表中“空格”表示无该项数据，以下同。

经费总收入

构成(%)	国家财政性教育经费	#公共财政教育经费	民办学校中举办者投入	捐赠收入	事业收入	#学费	其他教育经费
100.00	84.46	65.92		8.59		4.42	2.53
100.00	84.05	65.16		8.03		5.07	2.85
100.00	81.87	63.84	0.31	6.62		8.22	2.97
100.00	78.91	62.54	0.72	6.55		9.87	3.96
100.00	75.16	58.20	1.08	8.67		10.72	4.37
100.00	73.89	56.94	1.16	8.33		11.54	5.08
100.00	73.57	56.93	1.19	6.74		12.88	5.62
100.00	68.92	56.09	1.63	4.81	20.66	12.54	3.99
100.00	68.29	57.07	1.88	3.76	22.39	13.84	3.68
100.00	66.58	56.94	2.23	2.96	24.38	15.45	3.86
100.00	65.92	58.34	2.76	2.43	24.96	16.08	3.93
100.00	63.71	59.40	3.15	2.32	26.66	16.84	4.16
100.00	62.02	58.29	4.17	1.68	27.73	18.06	4.38
100.00	61.66	58.60	4.80	1.29	27.77	18.59	4.47
100.00	61.30	58.75	5.37	1.11	27.79	18.45	4.42
100.00	64.68	62.51	5.59	0.92	24.53	15.82	4.29
100.00	68.16	66.63	0.67	0.77	26.15	17.54	4.25
100.00	72.06	70.43	0.48	0.71	23.22	16.20	3.53
100.00	74.12	72.56	0.45	0.76	21.38	15.24	3.29
100.00	74.99	72.41	0.54	0.55	20.99	15.42	2.93
100.00	77.87	74.66	0.47	0.47	18.54	13.90	2.66
100.00	80.78	70.89	0.45	0.33	16.12	12.23	2.32
100.00	80.65	70.50	0.49	0.28	16.22	12.31	2.36
100.00	80.53	68.82	0.40	0.24	16.54	12.35	2.28
100.00	80.88	71.58	0.52	0.24	16.08	11.95	2.28

1-1 续

指 标	总 计		
	合 计	中 央	地 方
总 计	**3612919267**	**347301599**	**3265617668**
一、国家财政性教育经费	2922145113	248010924	2674134190
1.公共财政预算安排的教育经费	2861065650	213996853	2647068797
(1)公共财政教育经费	2586187400	137976825	2448210576
①教育事业费	2398599923	132655406	2265944517
②基本建设经费	49396420	5321419	44075002
③教育费附加	138191057		138191057
(2)其他公共财政预算安排的教育经费	274878249	76020029	198858221
①科研经费	19483160	12343967	7139193
②其他	255395089	63676061	191719028
2.政府性基金预算安排的教育经费	19022584	947528	18075056
#彩票公益金	5921441	799704	5121737
3.企业办学中的企业拨款	3727858	1866403	1861455
4.校办产业和社会服务收入用于教育的经费	3460840	2241764	1219076
5.其他属于国家财政性教育经费	34868181	28958375	5909806
二、民办学校中举办者投入	18766195		18766195
三、捐赠收入	8699601	3208136	5491464
#港澳台及海外捐赠	1152220	170387	981833
四、事业收入	580972390	76950500	504021889
#学费	431736109	27021985	404714124
五、其他教育经费	82335968	19132038	63203930

单位：千元

教育部门和其他部门			企业办学			民办学校
合 计	中 央	地 方	合 计	中 央	地 方	地 方
3272511713	**335973570**	**2936538143**	**19716411**	**11328029**	**8388382**	**320691143**
2868137458	238386364	2629751094	13822710	9624560	4198150	40184946
2811455133	206399623	2605055510	9783259	7597231	2186029	39827258
2538379605	130865460	2407514144	9098972	7111364	1987608	38708824
2355415859	126164391	2229251468	8374843	6491015	1883828	34809221
48300231	4701069	43599162	631349	620349	11000	464840
134663515		134663515	92779		92779	3434763
273075528	75534162	197541366	684288	485866	198421	1118434
19175972	12297458	6878513	46769	46509	260	260420
253899557	63236704	190662853	637519	439358	198161	858013
18749161	935549	17813612	12179	11979	200	261244
5903188	789591	5113597	10313	10113	200	7940
			3727858	1866403	1861455	
3275951	2198830	1077121	184890	42934	141955	
34657213	28852361	5804852	114524	106013	8510	96444
						18766195
7333122	3118202	4214920	95962	89935	6027	1270517
1094821	170387	924434				57399
324266757	75571839	248694918	5185914	1378661	3807253	251519718
200268768	26083790	174184977	3675133	938194	2736939	227792208
72774376	18897166	53877210	611825	234872	376953	8949767

1-2 各级各类教育机构

学校类别	总计	国家财政性教育经费	公共财政预算安排的教育经费	公共财政教育经费	教育事业费	基本建设经费	教育费附加	科研经费
总计	**3612919267**	**2922145113**	**2861065650**	**2586187400**	**2398599923**	**49396420**	**138191057**	**19483160**
一、高等学校	951817799	592999291	546176116	490192039	467686687	16115312	6390039	18923497
1.普通高等学校	936410719	584114452	537867272	482826429	461025198	15779423	6021808	18922250
高等本科学校	763784799	475205525	431754433	385231987	368820058	14328757	2083173	18724356
高职高专学校	172625920	108908927	106112839	97594442	92205140	1450667	3938635	197894
2.成人高等学校	15407080	8884839	8308844	7365610	6661489	335889	368231	1247
二、中等职业学校	213780101	186068412	183921931	170991153	148442417	3790475	18758261	
1.中等专业学校	100479465	87444858	86164694	79669415	69738190	1897138	8034087	
2.职业高中	76215636	68855263	68388937	64313785	53857308	1450239	9006237	
#农村	34746017	31881468	31678866	30240860	26383344	709048	3148468	
3.技工学校	27516185	21630256	21287259	19816515	18009742	433793	1372981	
4.成人中专学校	9568816	8138034	8081040	7191438	6837177	9304	344957	
三、中　学	972475081	859020572	854906511	797802814	731898677	15370864	50533273	
1.普通中学	971763479	858420633	854306773	797216758	731379212	15370864	50466682	
普通高中	362833258	292266329	290625674	271119674	245133610	5908240	20077824	
#农村	155656217	126008445	125146979	118088990	109572429	2623340	5893222	
普通初中	608930221	566154304	563681099	526097083	486245602	9462625	30388857	
#农村	367947036	351892369	350644223	328545410	311356190	5600755	11588465	
2.成人中学	711603	599938	599738	586056	519465		66591	
四、小　学	982765683	937265666	934596286	860270107	807466410	7875679	44928018	
1.普通小学	982684261	937184250	934514870	860188860	807385163	7875679	44928018	
#农村	639635110	622717149	620960049	570041418	547747972	4708974	17584472	
2.成人小学	81421	81416	81416	81247	81247			
五、特殊教育	12210669	11918247	11808817	10960483	10019855	149131	791497	
1.特殊教育学校	11526265	11251137	11142467	10356974	9513272	149131	694572	
2.工读学校	684404	667109	666350	603509	506583		96925	
六、幼儿园	242674442	113286852	111856338	106897760	96743099	2234268	7920393	
#农村	112346560	59433492	58941597	57058682	52960926	1510340	2587417	
七、教育行政单位	44231988	41647147	41032693	36741025	33196503	1336613	2207910	
八、教育事业单位	79136710	68913291	66249438	58125591	52537063	1198450	4390078	
九、其　他	113826794	111025636	110517521	54206429	50609213	1325629	2271587	559663

教育经费收入情况(全国)

单位：千元

其　他	政府性基金预算安排的教育经费	#彩　票公益金	企业办学中的企业拨款	校办产业和社会服务收入中用于教育的经费	其　他属于国家财政性教育经费	民办学校中举办者投入	捐赠收入	事业收入	#学费	其　他教育经费
255395089	**19022584**	**5921441**	**3727858**	**3460840**	**34868181**	**18766195**	**8699601**	**580972390**	**431736109**	**82335968**
37060580	8003070	353883	1228568	2723357	34868181	2810143	4815326	306919072	205826913	44273967
36118592	7576585	292357	1208638	2594700	34867257	2809133	4805049	301201135	201569013	43480949
27798089	6095826	57145	155570	2405151	34794545	1726626	4528087	244056880	155224372	38267682
8320503	1480759	235211	1053068	189549	72712	1082507	276963	57144255	46344641	5213267
941987	426484	61527	19930	128657	924	1010	10276	5717937	4257900	793018
12930778	1585512	568776	317351	243619		840017	274052	19490436	11362551	7107184
6495280	1093989	477130	91921	94253		451890	169306	9413831	5579670	2999579
4075152	401286	75807	31932	33108		266438	65730	4611511	2775401	2416694
1438007	178573	40767	22594	1434		139491	43082	1945292	1062180	736684
1470744	70916	3303	167605	104476		95334	17303	4354140	2446312	1419151
889602	19320	12536	25893	11782		26355	21713	1110954	561168	271759
57103698	3605180	1289837	474321	34559		6096002	1824984	92236313	71066065	13297211
57090016	3604980	1289637	474321	34559		6096002	1824891	92165320	71056832	13256632
19506000	1460951	323679	148697	31007		2046693	1079583	61278509	45655322	6162144
7057989	798147	175218	55831	7487		843199	423125	26337444	18646557	2044003
37584016	2144029	965958	325624	3552		4049309	745308	30886810	25401509	7094489
22098813	1012031	537073	236037	78		2368059	372088	10687856	8395861	2626665
13682	200	200					93	70993	9233	40579
74326178	2189358	1160942	479360	662		4279222	989089	31946936	27546902	8284770
74326010	2189358	1160942	479360	662		4279222	989089	31946931	27546902	8284770
50918631	1396141	866268	360307	652		2109802	506704	10593688	8696122	3707767
169								5		
848334	109263	84390		167		13297	26876	93612	47098	158637
785493	108606	83828		64		13297	26826	81577	42596	153427
62841	657	562		103			50	12035	4502	5210
4958578	309326	71017	1107677	13512		4727514	286871	120995364	115648057	3377841
1882915	199430	46523	290963	1501		1994238	94855	49644399	47978261	1179577
4291668	550893	357622	63560				90749	373590		2120502
8123847	2270718	1951877	1807	391327			388955	6952455		2882009
55751429	399264	83097	55213	53638			2699	1964612	238524	833847

1-3 各级各类教育机构

学校类别	总计	国家财政性教育经费	公共财政预算安排的教育经费	公共财政教育经费	教育事业费	基本建设经费	教育费附加	科研经费
总计	**356809231**	**257518556**	**225915899**	**146365306**	**140882227**	**5392419**	**90661**	**13757474**
一、高等学校	281039707	187761504	158491230	136157629	130969828	5109699	78102	13330474
1.普通高等学校	280185633	187532056	158333556	136042333	130854532	5109699	78102	13330474
高等本科学校	277844749	186081250	157303687	135091182	129906281	5106799	78102	13330424
高职高专学校	2340883	1450806	1029868	951151	948251	2900		50
2.成人高等学校	854075	229448	157674	115296	115296			
二、中等职业学校	1126433	699064	563000	518816	502050	15000	1766	
1.中等专业学校	735934	447921	396196	362687	362596		91	
2.职业高中	52254	49535	25776	25776	24106		1670	
#农村	16629	16611	16611	16611	14941		1670	
3.技工学校	275042	141022	96966	86798	71798	15000		
4.成人中专学校	63202	60586	44062	43555	43550		5	
三、中　学	5014415	4046310	3650879	3492399	3341737	140130	10532	
1.普通中学	5014415	4046310	3650879	3492399	3341737	140130	10532	
普通高中	2460753	1780156	1663659	1631996	1571452	50484	10060	
#农村	691263	589386	533661	514394	484511	29884		
普通初中	2553661	2266154	1987220	1860404	1770285	89646	472	
#农村	1588651	1540817	1318428	1215346	1141675	73670		
2.成人中学								
四、小　学	3592886	3384648	2999197	2809708	2724925	84539	244	
1.普通小学	3592886	3384648	2999197	2809708	2724925	84539	244	
#农村	2550351	2438880	2118954	1956246	1879026	77046	174	
2.成人小学								
五、特殊教育								
1.特殊教育学校								
2.工读学校								
六、幼儿园	2288709	855025	453053	428715	418548	10150	17	
#农村	481000	359565	254231	246619	236467	10150	2	
七、教育行政单位	511838	509897	445896	163224	163224			
八、教育事业单位	7289462	5012385	4118980	910819	877919	32900		
九、其他	55945781	55249722	55193663	1883995	1883995			427000

教育经费收入情况(中央)

单位：千元

其 他	政府性基金预算安排的教育经费	#彩 票公益金	企业办学中的企业拨款	校办产业和社会服务收入中用于教育的经费	其 他属于国家财 政 性教育经费	民办学校中举办者投入	捐赠收入	事业收入	#学费	其 他教育经费
65793119	**951668**	**801247**	**1866403**	**2241764**	**26542821**		**3208136**	**76950500**	**27021985**	**19132038**
9003127	185385	37960	509237	2032830	26542821		2730446	72863496	25512647	17684262
8960749	185385	37960	509237	1961141	26542736		2730446	72335432	25035559	17587699
8882081	138825	4710	141793	1954217	26542726		2729813	71531004	24502912	17502683
78668	46560	33250	367444	6924	10		633	804428	532647	85016
42378				71689	85			528063	477087	96563
44185	2090	2090	79278	54696			61185	264933	150394	101250
33510	2090	2090	31864	17770			61185	158878	82206	67950
				23760				522	505	2196
								18		
10168			40263	3793				103007	66439	31013
507			7150	9374				2526	1244	90
158480	9084	6553	377275	9072			31396	454971	237302	481738
158480	9084	6553	377275	9072			31396	454971	237302	481738
31664	5115	2754	105784	5597			19541	356591	237302	304465
19267	3830	1570	51895				37	75874	54870	25966
126816	3968	3799	271491	3475			11854	98380		177273
103082	1678	1542	220711				1569	18369		27897
189488	4418	4105	381034				12323	77440		118475
189488	4418	4105	381034				12323	77440		118475
162708	3192	2944	316734				2536	77227		31708
24338	251	100	398998	2723			35937	1197107	1097708	200640
7612	251	100	105083				80	106595	98102	14761
282672	440	440	63560							1941
3208161	750000	750000	1807	141598			335678	1573426		367972
52882668			55213	845			1172	519128	23934	175760

1-4 各级各类教育机构

学校类别	总 计	国家财政性教育经费	公共财政预算安排的教育经费	公共财政教育经费	教育事业费	基本建设经费	教育费附加	科研经费
总 计	**3256110036**	**2664626558**	**2635149751**	**2439822094**	**2257717696**	**44004002**	**138100396**	**5725687**
一、高等学校	670778092	405237787	387684886	354034410	336716859	11005613	6311937	5593023
1.普通高等学校	656225086	396582396	379533716	346784096	330170666	10669724	5943706	5591776
高等本科学校	485940050	289124275	274450745	250140805	238913777	9221958	2005071	5393932
高职高专学校	170285036	107458121	105082971	96643291	91256889	1447767	3938635	197844
2.成人高等学校	14553005	8655390	8151170	7250313	6546193	335889	368231	1247
二、中等职业学校	212653669	185369348	183358930	170472337	147940367	3775475	18756495	
1.中等专业学校	99743531	86996938	85768498	79306728	69375595	1897138	8033996	
2.职业高中	76163381	68805728	68363161	64288009	53833202	1450239	9004567	
#农村	34729389	31864856	31662255	30224248	26368403	709048	3146798	
3.技工学校	27241143	21489234	21190294	19729717	17937944	418793	1372981	
4.成人中专学校	9505614	8077448	8036978	7147883	6793627	9304	344952	
三、中 学	967460667	854974261	851255632	794310414	728556939	15230734	50522741	
1.普通中学	966749064	854374323	850655894	793724358	728037474	15230734	50456150	
普通高中	360372505	290486173	288962015	269487678	243562158	5857756	20067764	
#农村	154964954	125419060	124613318	117574596	109087918	2593456	5893222	
普通初中	606376559	563888150	561693879	524236680	484475317	9372978	30388385	
#农村	366358385	350351552	349325796	327330065	310214515	5527084	11588465	
2.成人中学	711603	599938	599738	586056	519465		66591	
四、小 学	979172796	933881018	931597089	857460399	804741486	7791139	44927774	
1.普通小学	979091375	933799602	931515673	857379152	804660238	7791139	44927774	
#农村	637084760	620278268	618841095	568085172	545868947	4631928	17584298	
2.成人小学	81421	81416	81416	81247	81247			
五、特殊教育	12210669	11918247	11808817	10960483	10019855	149131	791497	
1.特殊教育学校	11526265	11251137	11142467	10356974	9513272	149131	694572	
2.工读学校	684404	667109	666350	603509	506583		96925	
六、幼儿园	240385733	112431827	111403285	106469045	96324551	2224118	7920376	
#农村	111865560	59073927	58687366	56812064	52724459	1500190	2587415	
七、教育行政单位	43720150	41137250	40586797	36577801	33033278	1336613	2207910	
八、教育事业单位	71847247	63900905	62130457	57214772	51659143	1165550	4390078	
九、其 他	57881013	55775915	55323858	52322434	48725218	1325629	2271587	132663

教育经费收入情况(地方)

单位：千元

其　他	政府性基金预算安排的教育经费	#彩　票公益金	企业办学中的企业拨款	校办产业和社会服务收入中用于教育的经费	其　他属于国家财政性教育经费	民办学校中举办者投入	捐赠收入	事业收入	#学费	其　他教育经费
189601970	**18070916**	**5120194**	**1861455**	**1219076**	**8325360**	**18766195**	**5491464**	**504021889**	**404714124**	**63203930**
28057453	7817685	315923	719331	690526	8325360	2810143	2084880	234055576	180314266	26589705
27157843	7391200	254397	699401	633559	8324520	2809133	2074603	228865703	176533454	25893250
18916008	5957001	52435	13777	450934	8251818	1726626	1798273	172525876	130721460	20764999
8241836	1434199	201961	685624	182625	72702	1082507	276330	56339827	45811994	5128251
899610	426484	61527	19930	56967	839	1010	10276	5189874	3780812	696455
12886593	1583422	566686	238073	188922		840017	212867	19225503	11212157	7005933
6461770	1091899	475040	60057	76483		451890	108121	9254954	5497464	2931629
4075152	401286	75807	31932	9349		266438	65730	4610988	2774896	2414498
1438007	178573	40767	22594	1434		139491	43082	1945275	1062180	736684
1460576	70916	3303	127341	100683		95334	17303	4251133	2379873	1388138
889094	19320	12536	18743	2408		26355	21713	1108428	559924	271669
56945218	3596096	1283285	97046	25487		6096002	1793589	91781342	70828763	12815473
56931536	3595896	1283085	97046	25487		6096002	1793495	91710349	70819530	12774894
19474336	1455836	320925	42914	25410		2046693	1060042	60921919	45418020	5857678
7038722	794318	173648	3937	7487		843199	423088	26261570	18591687	2018037
37457200	2140060	962159	54133	78		4049309	733454	30788431	25401509	6917216
21995731	1010352	535531	15327	78		2368059	370519	10669487	8395861	2598768
13682	200	200					93	70993	9233	40579
74136690	2184940	1156838	98327	662		4279222	976766	31869496	27546902	8166295
74136521	2184940	1156838	98327	662		4279222	976766	31869491	27546902	8166295
50755922	1392949	863324	43573	652		2109802	504168	10516462	8696122	3676059
169								5		
848334	109263	84390		167		13297	26876	93612	47098	158637
785493	108606	83828		64		13297	26826	81577	42596	153427
62841	657	562		103			50	12035	4502	5210
4934241	309075	70917	708678	10789		4727514	250934	119798257	114550349	3177201
1875302	199179	46423	185880	1501		1994238	94775	49537804	47880159	1164816
4008996	550453	357182					90749	373590		2118561
4915686	1520718	1201877		249730			53276	5379028		2514037
2868761	399264	83097		52793			1528	1445484	214590	658087

1-5 各级各类教育机构教育经费

学校类别	总 计	国家财政性教育经费	公共财政预算安排的教育经费	公共财政教育经费	教育事业费	基本建设经费	教育费附加	科研经费
总 计	**3271511069**	**2867136813**	**2810458385**	**2537467676**	**2354567364**	**48281231**	**134619081**	**19169834**
一、高等学校	852401334	579652397	534503912	479114720	457695314	15300782	6118624	18610171
1.普通高等学校	837253328	570836236	526241577	471789007	451073722	14964893	5750392	18608924
高等本科学校	687239754	466363541	423476111	377421778	362036770	13514227	1870781	18413519
高职高专学校	150013573	104472695	102765466	94367230	89036951	1450667	3879612	195405
2.成人高等学校	15148006	8816161	8262335	7325713	6621593	335889	368231	1247
二、中等职业学校	199812139	179672011	177992596	165214563	143309726	3764175	18140662	
1.中等专业学校	94962888	84800148	83680053	77245271	67445695	1896838	7902738	
2.职业高中	71555040	66731384	66310861	62266658	52271966	1450239	8544453	
#农村	32963151	31125932	30945948	29518401	25705194	709048	3104159	
3.技工学校	24478770	20307729	20190611	18780144	17022087	407793	1350264	
4.成人中专学校	8815440	7832749	7811071	6922489	6569978	9304	343207	
三、中 学	896785530	845649356	842070796	785521865	720484479	15230552	49806834	
1.普通中学	896073927	845049418	841471057	784935809	719965014	15230552	49740243	
普通高中	331910524	288107412	286625691	267337128	241648902	5857756	19830470	
#农村	144565007	123935376	123135017	116189070	107766035	2593456	5829579	
普通初中	564163403	556942006	554845366	517598681	478316112	9372796	29909773	
#农村	350067778	346942809	345934793	324019380	307059444	5526902	11433034	
2.成人中学	711603	599938	599738	586056	519465		66591	
四、小 学	933942368	925660176	923476629	849463155	797759923	7791022	43912211	
1.普通小学	933860946	925578760	923395213	849381908	797678675	7791022	43912211	
#农村	621046234	616968646	615575444	564857774	542761088	4631810	17464877	
2.成人小学	81421	81416	81416	81247	81247			
五、特殊教育	12092032	11880110	11770764	10922500	9981872	149131	791497	
1.特殊教育学校	11412731	11213466	11104880	10319457	9475754	149131	694572	
2.工读学校	679301	666644	665884	603043	506118		96925	
六、幼儿园	139653589	103384889	103070370	98373812	89209256	2184878	6979678	
#农村	72936837	54910065	54712157	52874463	49134558	1462720	2277184	
七、教育行政单位	44126587	41543687	40993233	36701934	33157411	1336613	2207910	
八、教育事业单位	79084705	68863379	66201333	58081812	52493284	1198450	4390078	
九、其 他	113612785	110830809	110378752	54073315	50476099	1325629	2271587	559663

收入情况(教育和其他部门)

单位：千元

其　他	政府性基金预算安排的教育经费	#彩　票公益金	企业办学中的企业拨款	校办产业和社会服务收入中用于教育的经费	其　他属于国家财政性教育经费	民办学校中举办者投入	捐赠收入	事业收入	#学费	其　他教育经费
253820875	**18745265**	**5901888**		**3275951**	**34657213**		**7333122**	**324266757**	**200268768**	**72774376**
36779021	7809591	353683		2681682	34657213		4453202	227639804	134933374	40655931
35843646	7383106	292157		2555264	34656289		4442925	222081829	130768938	39892337
27640814	5902808	56945		2399562	34585061		4305365	181219726	98236032	35351123
8202832	1480299	235211		155702	71228		137561	40862103	32532907	4541215
935375	426484	61527		126418	924		10276	5557975	4164436	763593
12778033	1572896	567392		106519			164606	13531042	6796924	6444481
6434783	1089306	475770		30789			85020	7318221	3936553	2759499
4044202	393404	75783		27120			59252	2549770	1157084	2214635
1427547	178549	40743		1434			41907	1116841	420878	678471
1410467	70916	3303		46202			16103	2927177	1450131	1227762
888581	19270	12536		2408			4232	735874	253156	242585
56548930	3544001	1279320		34559			1237679	39082681	25635347	10815815
56535248	3543801	1279120		34559			1237585	39011688	25626114	10775236
19288563	1450714	320224		31007			756216	37609851	25626114	5437045
6945947	792871	173259		7487			372063	18382709	12235825	1874859
37246685	2093087	958896		3552			481370	1401836		5338191
21915413	1007938	533116		78			292750	485754		2346466
13682	200	200					93	70993	9233	40579
74013473	2182885	1155019		662			732468	855910		6693814
74013305	2182885	1155019		662			732468	855905		6693814
50717670	1392550	862925		652			476104	414762		3186724
169								5		
848264	109179	84306		167			22825	42300	2703	146798
785423	108522	83744		64			22775	34902	2703	141589
62841	657	562		103			50	7398		5210
4696559	306276	70012		8242			242019	33831425	32665242	2195256
1837695	196406	45543		1501			73781	17190359	16838892	762631
4291300	550453	357182					90749	373590		2118561
8119521	2270718	1951877		391327			387755	6952455		2881116
55745774	399264	83097		52793			1820	1957552	235177	822604

1-6 各级各类教育机构教育经费

学校类别	总计	国家财政性教育经费	公共财政预算安排的教育经费	公共财政教育经费	教育事业费	基本建设经费	教育费附加	科研经费
总计	**345308750**	**247721543**	**218158504**	**139107015**	**134265753**	**4753069**	**88193**	**13710965**
一、高等学校	277687849	185326512	156692714	134461582	129663311	4720169	78102	13283965
1.普通高等学校	276905673	185129499	156567475	134373675	129575404	4720169	78102	13283965
高等本科学校	275739678	184383213	155869095	133718502	128923131	4717269	78102	13283915
高职高专学校	1165995	746286	698380	655173	652273	2900		50
2.成人高等学校	782176	197013	125238	87907	87907			
二、中等职业学校	298514	153940	128165	123570	123479		91	
1.中等专业学校	249452	120333	118317	114229	114138		91	
2.职业高中	32136	29435	5675	5675	5675			
#农村								
3.技工学校	11503							
4.成人中专学校	5423	4173	4173	3666	3666			
三、中学	1897026	1137550	1128404	1118951	1108951		10000	
1.普通中学	1897026	1137550	1128404	1118951	1108951		10000	
普通高中	1280833	762888	757254	751961	741961		10000	
#农村	119020	78339	78339	78339	78339			
普通初中	616193	374662	371150	366990	366990			
#农村	17861	4198	4198	4198	4198			
2.成人中学								
四、小学	705233	551693	551693	551543	551543			
1.普通小学	705233	551693	551693	551543	551543			
#农村	83605	14208	14208	14208	14208			
2.成人小学								
五、特殊教育								
1.特殊教育学校								
2.工读学校								
六、幼儿园	1344462	128043	125321	109314	109314			
#农村	46806	10575	10575	10102	10102			
七、教育行政单位	406437	406437	406437	124133	124133			
八、教育事业单位	7237457	4962474	4070876	867041	834141	32900		
九、其他	55731772	55054895	55054895	1750882	1750882			427000

收入情况(中央教育和其他部门)

单位：千元

其 他	政府性基金预算安排的教育经费	#彩 票公益金	企业办学中的企业拨款	校办产业和社会服务收入中用于教育的经费	其 他属于国家财 政 性教育经费	民办学校中举办者投入	捐赠收入	事业收入	#学费	其 他教育经费
65340524	**935792**	**789834**		**2198830**	**26428417**		**3118202**	**75571839**	**26083790**	**18897166**
8947166	183718	37760		2021663	26428417		2730029	72032908	24982561	17598401
8909835	183718	37760		1949974	26428332		2730029	71543927	24533140	17502218
8866679	137158	4510		1948628	26428332		2729429	71160239	24254573	17466797
43157	46560	33250		1346			600	383688	278567	35421
37331				71689	85			488982	449421	96182
4596	2000	2000		23775			5	87533	29998	57036
4088	2000	2000		15			5	82038	25753	47076
				23760				505	505	2196
								3740	3740	7763
507								1250		
9453	74	74		9072			14408	311709	156514	433359
9453	74	74		9072			14408	311709	156514	433359
5293	37	37		5597			10996	218835	156514	288114
							30	27390	23551	13261
4160	37	37		3475			3412	92874		145246
								12863		801
150							3380	65664		84496
150							3380	65664		84496
								65451		3946
16007				2723			35609	988531	894131	192278
473								24880	21268	11351
282304										
3203836	750000	750000		141598			334478	1573426		367079
52877013							292	512068	20587	164517

1-7 各级各类教育机构教育经费

学校类别	总 计	国家财政性教育经费	公共财政预算安排的教育经费	公共财政教育经费	教育事业费	基本建设经费	教育费附加	科研经费
总 计	**2926202319**	**2619415270**	**2592299881**	**2398360661**	**2220301611**	**43528162**	**134530888**	**5458869**
一、高等学校	574713485	394325886	377811198	344653138	328032003	10580613	6040522	5326206
1.普通高等学校	560347655	385706737	369674102	337415332	321498318	10244724	5672290	5324959
高等本科学校	411500076	281980328	267607015	243703276	233113640	8796958	1792679	5129604
高职高专学校	148847578	103726409	102067086	93712057	88384678	1447767	3879612	195355
2.成人高等学校	14365830	8619149	8137097	7237806	6533685	335889	368231	1247
二、中等职业学校	199513625	179518071	177864430	165090993	143186248	3764175	18140571	
1.中等专业学校	94713436	84679816	83561736	77131042	67331556	1896838	7902647	
2.职业高中	71522905	66701950	66305186	62260983	52266291	1450239	8544453	
#农村	32963151	31125932	30945948	29518401	25705194	709048	3104159	
3.技工学校	24467267	20307729	20190611	18780144	17022087	407793	1350264	
4.成人中专学校	8810017	7828576	7806898	6918824	6566313	9304	343207	
三、中 学	894888504	844511806	840942392	784402914	719375528	15230552	49796834	
1.普通中学	894176901	843911868	840342654	783816858	718856063	15230552	49730243	
普通高中	330629691	287344524	285868437	266585167	240906940	5857756	19820470	
#农村	144445987	123857037	123056678	116110731	107687696	2593456	5829579	
普通初中	563547210	556567344	554474216	517231691	477949122	9372796	29909773	
#农村	350049917	346938611	345930595	324015182	307055246	5526902	11433034	
2.成人中学	711603	599938	599738	586056	519465		66591	
四、小 学	933237134	925108482	922924935	848911612	797208379	7791022	43912211	
1.普通小学	933155713	925027066	922843519	848830365	797127132	7791022	43912211	
#农村	620962629	616954438	615561236	564843566	542746880	4631810	17464877	
2.成人小学	81421	81416	81416	81247	81247			
五、特殊教育	12092032	11880110	11770764	10922500	9981872	149131	791497	
1.特殊教育学校	11412731	11213466	11104880	10319457	9475754	149131	694572	
2.工读学校	679301	666644	665884	603043	506118		96925	
六、幼儿园	138309127	103256845	102945049	98264498	89099943	2184878	6979678	
#农村	72890031	54899490	54701583	52864361	49124457	1462720	2277184	
七、教育行政单位	43720150	41137250	40586797	36577801	33033278	1336613	2207910	
八、教育事业单位	71847247	63900905	62130457	57214772	51659143	1165550	4390078	
九、其 他	57881013	55775915	55323858	52322434	48725218	1325629	2271587	132663

收入情况(地方教育和其他部门)

单位：千元

其　他	政府性基金预算安排的教育经费	#彩　票公益金	企业办学中的企业拨款	校办产业和社会服务收入中用于教育的经费	其　他属于国家财政性教育经费	民办学校中举办者投入	捐赠收入	事业收入	#学费	其　他教育经费
188480351	**17809472**	**5112054**		**1077121**	**8228796**		**4214920**	**248694918**	**174184977**	**53877210**
27831855	7625872	315923		660019	8228796		1723173	155606895	109950813	23057530
26933811	7199388	254397		605290	8227957		1712897	150537902	106235798	22390119
18774136	5765649	52435		450934	8156729		1575936	110059486	73981458	17884326
8159675	1433739	201961		154356	71228		136961	40478415	32254340	4505793
898044	426484	61527		54729	839		10276	5068994	3715015	667411
12773437	1570896	565392		82744			164601	13443509	6766927	6387445
6430694	1087306	473770		30774			85015	7236183	3910800	2712423
4044202	393404	75783		3360			59252	2549265	1156579	2212438
1427547	178549	40743		1434			41907	1116841	420878	678471
1410467	70916	3303		46202			16103	2923437	1446391	1219999
888074	19270	12536		2408			4232	734624	253156	242585
56539478	3543927	1279246		25487			1223270	38770972	25478833	10382456
56525796	3543727	1279046		25487			1223177	38699979	25469600	10341877
19283270	1450677	320188		25410			745220	37391016	25469600	5148931
6945947	792871	173259		7487			372033	18355319	12212273	1861598
37242525	2093050	958858		78			477957	1308963		5192946
21915413	1007938	533116		78			292750	472891		2345665
13682	200	200					93	70993	9233	40579
74013323	2182885	1155019		662			729088	790246		6609318
74013155	2182885	1155019		662			729088	790241		6609318
50717670	1392550	862925		652			476104	349311		3182777
169								5		
848264	109179	84306		167			22825	42300	2703	146798
785423	108522	83744		64			22775	34902	2703	141589
62841	657	562		103			50	7398		5210
4680551	306276	70012		5520			206410	32842894	31771112	2002977
1837222	196406	45543		1501			73781	17165480	16817624	751280
4008996	550453	357182					90749	373590		2118561
4915686	1520718	1201877		249730			53276	5379028		2514037
2868761	399264	83097		52793			1528	1445484	214590	658087

1-8　各级各类教育机构

学校类别	总　计	国家财政性教育经费	公共财政预算安排的教育经费	公共财政教育经费	教　育事业费	基本建设经　费	教育费附　加	科研经费
总　计	**20008155**	**14114453**	**10071106**	**9355614**	**8608892**	**650349**	**96372**	**46769**
一、高等学校	6856243	4040859	2654426	2502408	2083969	389530	28909	46769
1.普通高等学校	6608093	3975499	2611234	2465829	2047390	389530	28909	46769
高等本科学校	2162016	1719483	1442262	1380350	990820	389530		46509
高职高专学校	4446077	2256016	1168972	1085478	1056569		28909	260
2.成人高等学校	248150	65360	43192	36579	36579			
二、中等职业学校	2891777	1883729	1429188	1326403	1275680	26000	24722	
1.中等专业学校	1209539	901931	746456	699666	680022		19644	
2.职业高中	139153	86621	48700	48348	46578		1770	
#农村	50995	41166	18572	18572	16902		1670	
3.技工学校	1411622	772553	546674	491862	462896	26000	2966	
4.成人中专学校	131463	122624	87358	86528	86185		343	
三、中　学	3491163	3215546	2732148	2512821	2340226	140130	32465	
1.普通中学	3491163	3215546	2732148	2512821	2340226	140130	32465	
普通高中	1345235	1137958	984182	925282	844314	50484	30484	
#农村	605732	519776	460115	440848	410930	29884	34	
普通初中	2145928	2077588	1747966	1587539	1495912	89646	1981	
#农村	1636460	1598300	1360518	1250175	1175750	73670	755	
2.成人中学								
四、小　学	3173560	3060488	2576577	2354446	2267552	84539	2354	
1.普通小学	3173560	3060488	2576577	2354446	2267552	84539	2354	
#农村	2584066	2533324	2169693	1999423	1920959	77046	1419	
2.成人小学								
五、特殊教育								
1.特殊教育学校								
2.工读学校								
六、幼儿园	3223996	1565632	452435	443553	425481	10150	7921	
#农村	821048	559517	268303	260612	248444	10150	2018	
七、教育行政单位	105401	103460	39460	39092	39092			
八、教育事业单位	52005	49912	48104	43779	43779			
九、其　他	214009	194827	138769	133114	133114			

教育经费收入情况(企业办)

单位：千元

其　他	政府性基金预算安排的教育经费	#彩　票公益金	企业办学中的企业拨款	校办产业和社会服务收入中用于教育的经费	其　他属于国家财 政 性教育经费	民办学校中举办者投入	捐赠收入	事业收入	#学费	其　他教育经费
668723	**16076**	**11613**	**3727858**	**184890**	**114524**		**95962**	**5185914**	**3675133**	**611825**
105249	1667	200	1228568	41675	114524		900	2572092	1575856	242392
98637	1667	200	1208638	39436	114524		900	2418324	1488108	213370
15403	1667	200	155570	5590	114395		385	405495	272031	36653
83234			1053068	33846	129		515	2012829	1216077	176717
6612			19930	2239				153768	87748	29022
102785	90	90	317351	137100			63781	752760	414858	191507
46791	90	90	91921	63464			63115	192837	136521	51655
352			31932	5988				39703	20156	12830
			22594					9829	272	
54812			167605	58274			666	513812	252274	124591
830			25893	9374				6408	5907	2431
219327	9077	6546	474321				17087	205181	127042	53349
219327	9077	6546	474321				17087	205181	127042	53349
58900	5079	2718	148697				8545	181512	114517	17219
19267	3830	1570	55831				7	73243	50078	12705
160427	3998	3828	325624				8542	23669	12525	36129
110342	1745	1609	236037				1669	7217	1145	29273
222131	4551	4237	479360				10382	59547	37314	43143
222131	4551	4237	479360				10382	59547	37314	43143
170269	3325	3077	360307				2570	15068	1488	33104
8882	251	100	1107677	5269			1732	1589274	1516716	67358
7691	251	100	290963				113	240012	232675	21406
368	440	440	63560							1941
4325			1807				1200			893
5655			55213	845			879	7060	3347	11243

1-9 各级各类教育机构教育

学校类别	总 计	国家财政性教育经费	公共财政预算安排的教育经费	公共财政教育经费	教育事业费	基本建设经费	教育费附加	科研经费
总 计	**11500481**	**9797012**	**7757395**	**7258291**	**6616474**	**639349**	**2468**	**46509**
一、高等学校	3351858	2434992	1798516	1696047	1306517	389530		46509
1.普通高等学校	3279960	2402556	1766081	1668658	1279128	389530		46509
高等本科学校	2105071	1698036	1434592	1372680	983150	389530		46509
高职高专学校	1174888	704520	331489	295977	295977			
2.成人高等学校	71898	32436	32436	27389	27389			
二、中等职业学校	827919	545124	434835	395246	378571	15000	1675	
1.中等专业学校	486481	327588	277879	248458	248458			
2.职业高中	20119	20101	20101	20101	18431		1670	
#农村	16629	16611	16611	16611	14941		1670	
3.技工学校	263539	141022	96966	86798	71798	15000		
4.成人中专学校	57780	56413	39889	39889	39884		5	
三、中 学	3117388	2908761	2522476	2373448	2232786	140130	532	
1.普通中学	3117388	2908761	2522476	2373448	2232786	140130	532	
普通高中	1179920	1017268	906405	880034	829491	50484	60	
#农村	572243	511046	455322	436055	406172	29884		
普通初中	1937468	1891493	1616070	1493414	1403295	89646	472	
#农村	1570790	1536619	1314230	1211148	1137477	73670		
2.成人中学								
四、小 学	2887653	2832955	2447503	2258165	2173381	84539	244	
1.普通小学	2887653	2832955	2447503	2258165	2173381	84539	244	
#农村	2466745	2424672	2104746	1942038	1864818	77046	174	
2.成人小学								
五、特殊教育								
1.特殊教育学校								
2.工读学校								
六、幼儿园	944247	726982	327732	319401	309234	10150	17	
#农村	434195	348990	243656	236517	226365	10150	2	
七、教育行政单位	105401	103460	39460	39092	39092			
八、教育事业单位	52005	49912	48104	43779	43779			
九、其 他	214009	194827	138769	133114	133114			

经费收入情况(中央企业办)

单位：千元

其 他	政府性基金预算安排的教育经费	#彩 票公益金	企业办学中的企业拨款	校办产业和社会服务收入中用于教育的经费	其 他属于国家财政性教育经费	民办学校中举办者投入	捐赠收入	事业收入	#学费	其 他教育经费
452595	**15876**	**11413**	**1866403**	**42934**	**114405**		**89935**	**1378661**	**938194**	**234872**
55961	1667	200	509237	11167	114405		417	830587	530086	85861
50914	1667	200	509237	11167	114405		417	791506	502419	85481
15403	1667	200	141793	5590	114395		385	370765	248339	35886
35511			367444	5577	10		33	420741	254080	49595
5047								39082	27667	380
39589	90	90	79278	30922			61180	177400	120396	44215
29421	90	90	31864	17755			61180	76839	56453	20874
								18		
								18		
10168			40263	3793				99267	62699	23250
			7150	9374				1276	1244	90
149027	9010	6479	377275				16987	143262	80788	48379
149027	9010	6479	377275				16987	143262	80788	48379
26371	5079	2718	105784				8545	137756	80788	16351
19267	3830	1570	51895				7	48484	31319	12705
122657	3931	3761	271491				8442	5506		32027
103082	1678	1542	220711				1569	5506		27096
189338	4418	4105	381034				8943	11776		33979
189338	4418	4105	381034				8943	11776		33979
162708	3192	2944	316734				2536	11776		27761
8331	251	100	398998				328	208576	203577	8362
7139	251	100	105083				80	81715	76834	3409
368	440	440	63560							1941
4325			1807				1200			893
5655			55213	845			879	7060	3347	11243

1-10 各级各类教育机构教育

学校类别	总 计	国家财政性教育经费	公共财政预算安排的教育经费	公共财政教育经费	教育事业费	基本建设经费	教育费附加	科研经费
总 计	**8507674**	**4317441**	**2313712**	**2097323**	**1992419**	**11000**	**93904**	**260**
一、高等学校	3504384	1605867	855910	806361	777452		28909	260
1.普通高等学校	3328133	1572943	845154	797171	768262		28909	260
高等本科学校	56944	21447	7670	7670	7670			
高职高专学校	3271189	1551496	837484	789501	760592		28909	260
2.成人高等学校	176251	32924	10756	9190	9190			
二、中等职业学校	2063859	1338605	994353	931157	897110	11000	23047	
1.中等专业学校	723057	574343	468577	451208	431564		19644	
2.职业高中	119035	66520	28599	28247	28147		100	
#农村	34366	24555	1961	1961	1961			
3.技工学校	1148083	631531	449708	405064	391098	11000	2966	
4.成人中专学校	73684	66211	47468	46638	46301		338	
三、中 学	373775	306785	209672	139372	107439		31933	
1.普通中学	373775	306785	209672	139372	107439		31933	
普通高中	165315	120691	77777	45248	14823		30424	
#农村	33489	8730	4793	4793	4759		34	
普通初中	208460	186095	131895	94125	92616		1509	
#农村	65670	61681	46288	39027	38273		755	
2.成人中学								
四、小 学	285907	227533	129074	96281	94171		2110	
1.普通小学	285907	227533	129074	96281	94171		2110	
#农村	117321	108652	64947	57386	56141		1245	
2.成人小学								
五、特殊教育								
1.特殊教育学校								
2.工读学校								
六、幼儿园	2279749	838651	124703	124151	116247		7904	
#农村	386853	210526	24646	24095	22079		2016	
七、教育行政单位								
八、教育事业单位								
九、其 他								

经费收入情况(地方企业办)

单位：千元

其　他	政府性基金预算安排的教育经费	#彩　票公益金	企业办学中的企业拨款	校办产业和社会服务收入中用于教育的经费	其　他属于国家财 政 性教育经费	民办学校中举办者投入	捐赠收入	事业收入	#学费	其　他教育经费
216129	**200**	**200**	**1861455**	**141955**	**119**		**6027**	**3807253**	**2736939**	**376953**
49289			719331	30508	119		482	1741505	1045771	156531
47723			699401	28269	119		482	1626819	985689	127889
			13777					34730	23692	767
47723			685624	28269	119		482	1592088	961997	127122
1566			19930	2239				114686	60081	28641
63196			238073	106178			2601	575360	294462	147293
17369			60057	45709			1935	115998	80068	30781
352			31932	5988				39685	20156	12830
			22594					9811	272	
44645			127341	54481			666	414545	189575	101341
830			18743					5132	4663	2341
70300	67	67	97046				100	61919	46253	4970
70300	67	67	97046				100	61919	46253	4970
32529			42914					43756	33729	868
			3937					24759	18759	
37770	67	67	54133				100	18163	12525	4102
7260	67	67	15327				100	1711	1145	2177
32793	133	133	98327				1440	47771	37314	9163
32793	133	133	98327				1440	47771	37314	9163
7561	133	133	43573				34	3292	1488	5343
552			708678	5269			1404	1380698	1313139	58996
552			185880				33	158297	155840	17997

1-11 各级各类教育机构

学校类别	总 计	国家财政性教育经费	公共财政预算安排的教育经费	公共财政教育经费	教育事业费	基本建设经费	教育费附加	科研经费
总 计	**321400044**	**40893847**	**40536159**	**39364111**	**35423666**	**464840**	**3475605**	**266558**
一、高等学校	92560223	9306034	9017778	8574911	7907404	425000	242507	266558
1.普通高等学校	92549299	9302717	9014460	8571593	7904087	425000	242507	266558
高等本科学校	74383029	7122501	6836060	6429859	5792467	425000	212392	264328
高职高专学校	18166269	2180216	2178401	2141734	2111619		30115	2229
2.成人高等学校	10924	3317	3317	3317	3317			
二、中等职业学校	11076185	4512673	4500147	4450188	3857010	300	592878	
1.中等专业学校	4307038	1742778	1738185	1724478	1612474	300	111704	
2.职业高中	4521442	2037259	2029376	1998779	1538764		460014	
#农村	1731872	714370	714346	703887	661248		42639	
3.技工学校	1625792	549975	549975	544510	524759		19751	
4.成人中专学校	621913	182661	182611	182421	181013		1408	
三、中 学	72198388	10155669	10103568	9768128	9073972	182	693974	
1.普通中学	72198388	10155669	10103568	9768128	9073972	182	693974	
普通高中	29577499	3020959	3015800	2857264	2640394		216870	
#农村	10485479	1553293	1551847	1459072	1395463		63609	
普通初中	42620890	7134711	7087768	6910864	6433578	182	477104	
#农村	16242798	3351260	3348913	3275855	3120996	182	154677	
2.成人中学								
四、小 学	45649755	8545002	8543080	8452506	7438936	118	1013453	
1.普通小学	45649755	8545002	8543080	8452506	7438936	118	1013453	
#农村	16004809	3215178	3214912	3184220	3065926	118	118177	
2.成人小学								
五、特殊教育	118637	38137	38053	37983	37983			
1.特殊教育学校	113534	37671	37587	37518	37518			
2.工读学校	5103	466	466	466	466			
六、幼儿园	99796857	8336331	8333533	8080395	7108361	39240	932794	
#农村	38588676	3963910	3961137	3923608	3577924	37470	308214	
七、教育行政单位								
八、教育事业单位								
九、其 他								

教育经费收入情况(民办)

单位：千元

其 他	政府性基金预算安排的教育经费	#彩 票公益金	企业办学中的企业拨款	校办产业和社会服务收入中用于教育的经费	其 他属于国家财政性教育经费	民办学校中举办者投入	捐赠收入	事业收入	#学费	其 他教育经费
905490	**261244**	**7940**			**96444**	**18766195**	**1270517**	**251519718**	**227792208**	**8949767**
176310	191812				96444	2810143	361224	76707176	69317682	3375644
176310	191812				96444	2809133	361224	76700982	69311966	3375242
141872	191352				95089	1726626	222338	62431659	56716309	2879906
34437	460				1355	1082507	138887	14269324	12595658	495336
						1010		6194	5716	403
49960	12526	1294				840017	45665	5206634	4150769	471196
13707	4593	1270				451890	21171	1902773	1506597	188425
30598	7882	24				266438	6478	2022037	1598161	189230
10459	24	24				139491	1175	818622	641031	58213
5465						95334	535	913151	743906	66798
190	50					26355	17481	368672	302105	26743
335440	52101	3971				6096002	570219	52948451	45303676	2428047
335440	52101	3971				6096002	570219	52948451	45303676	2428047
158536	5158	737				2046693	314822	23487146	19914691	707879
92775	1446	389				843199	51055	7881492	6360655	156439
176904	46943	3234				4049309	255397	29461305	25388985	1720168
73058	2347	2347				2368059	77669	10194885	8394716	250926
90574	1922	1686				4279222	246239	31031479	27509588	1547813
90574	1922	1686				4279222	246239	31031479	27509588	1547813
30692	266	266				2109802	28031	10163859	8694634	487939
70	84	84				13297	4051	51313	44395	11839
70	84	84				13297	4051	46675	39893	11839
								4638	4502	
253137	2798	905				4727514	43119	85574665	81466098	1115227
37529	2773	880				1994238	20961	32214027	30906695	395539

1-12 各级各类教育机构

学校类别	合 计	个人部分	工资福利支出	对个人和家庭的补助支出	#助学金
总 计	**3449738551**	**2025981344**	**1397473107**	**628508237**	**146309697**
一、高等学校	884266901	419100008	258523264	160576744	66266350
1.普通高等学校	869778706	411726306	253390823	158335483	66048485
高等本科学校	707347681	335880176	202879826	133000350	56358238
高职高专学校	162431024	75846130	50510997	25335133	9690247
2.成人高等学校	14488196	7373702	5132441	2241260	217865
二、中等职业学校	208846414	107338832	73157816	34181016	9504746
1.中等专业学校	97866658	49018199	32567065	16451134	5025067
2.职业高中	74297184	38409506	26978672	11430833	3201044
#农村	34091985	17548129	12732849	4815280	1779047
3.技工学校	27294815	13484394	9291201	4193193	1094231
4.成人中专学校	9387757	6426734	4320877	2105856	184404
三、中 学	954657107	619006855	450394009	168612846	35293984
1.普通中学	953954327	618686848	450150526	168536322	35293735
普通高中	349909727	216424093	161144439	55279654	10963785
#农村	151252635	95224829	72716563	22508265	6412547
普通初中	604044600	402262756	289006088	113256668	24329950
#农村	365955044	251787373	180433708	71353665	19561945
2.成人中学	702781	320007	243483	76524	250
四、小 学	972704959	669939653	447583552	222356101	31596411
1.普通小学	972623538	669927963	447575173	222352791	31596411
#农村	634696743	456329525	300194569	156134956	26161933
2.成人小学	81421	11690	8380	3310	
五、特殊教育	12078623	7117161	5150939	1966221	252398
1.特殊教育学校	11407147	6727899	4875509	1852391	248781
2.工读学校	671476	389261	275430	113831	3616
六、幼儿园	238617341	138744103	123080789	15663314	3372163
#农村	110314092	62545983	55406628	7139356	2449376
七、教育行政单位	39642154	18352021	10577875	7774146	
八、教育事业单位	76782203	31582709	20186707	11396003	
九、其 他	62142848	14800002	8818156	5981846	23644

教育经费支出明细(全国)

单位：千元

公用部分	商品和服务支出	其他资本性支出	专项公用支出	专项项目支出	基本建设支出
1373843850	**685871911**	**687971939**	**237335042**	**450636897**	**49913357**
448661773	253704944	194956829	93438785	101518045	16505121
441879774	249361723	192518051	92401869	100116182	16172625
356793319	211850145	144943175	72214630	72728545	14674186
85086455	37511579	47574876	20187239	27387638	1498439
6781999	4343221	2438778	1036916	1401863	332495
97701418	43559579	54141839	20853041	33288797	3806164
46918539	20836332	26082207	10371194	15711012	1929920
34480006	13929237	20550769	6897328	13653441	1407672
15828551	6072659	9755892	2789646	6966245	715305
13355884	6637556	6718328	3255336	3462992	454537
2946989	2156454	790535	329184	461351	14035
320610210	138689880	181920330	45765533	136154797	15040042
320227436	138526006	181701430	45726229	135975201	15040042
127582607	56186070	71396537	18080513	53316024	5903028
53458547	23720082	29738466	6755766	22982699	2569258
192644829	82339936	110304893	27645716	82659177	9137014
108760028	45007856	63752172	13851324	49900847	5407643
382774	163874	218900	39304	179596	
294731670	132966724	161764946	41541700	120223246	8033636
294661938	132964035	161697903	41541623	120156280	8033636
173564728	76436234	97128494	21589788	75538706	4802491
69731	2689	67043	76	66966	
4842363	2063719	2778644	1103412	1675232	119099
4560149	1925533	2634616	1071483	1563133	119099
282215	138187	144028	31929	112099	
97723158	56465585	41257573	12121382	29136192	2150079
46364364	24013821	22350544	5431323	16919221	1403744
19941440	12734971	7206470	2983449	4223020	1348693
43685248	27103664	16581584	7044537	9537046	1514246
45946570	18582845	27363725	12483203	14880523	1396276

1-13　各级各类教育机构

学校类别	合　计	个人部分	工资福利支　出	对个人和家庭的补助支出	#助学金
总　计	**280338864**	**129052437**	**73224067**	**55828370**	**24528650**
一、高等学校	255830793	118884089	65799939	53084150	24276581
1.普通高等学校	255318884	118665837	65644742	53021095	24276448
高等本科学校	253199752	117490642	64830918	52659725	24185289
高职高专学校	2119132	1175195	813824	361370	91159
2.成人高等学校	511909	218252	155197	63055	133
二、中等职业学校	1171160	629654	439889	189766	55324
1.中等专业学校	729405	357009	224263	132746	29842
2.职业高中	118879	68296	60729	7567	837
#农村	17129	8942	7339	1603	93
3.技工学校	257311	147194	120695	26499	8329
4.成人中专学校	65564	57156	34202	22954	16317
三、中　学	5054010	3501322	2443519	1057802	88290
1.普通中学	5054010	3501322	2443519	1057802	88290
普通高中	2392923	1613203	1136820	476383	42527
#农村	712224	508923	351400	157522	15629
普通初中	2661086	1888119	1306699	581420	45763
#农村	1643823	1214602	819683	394919	36243
2.成人中学					
四、小　学	3678126	2666795	1844411	822384	69705
1.普通小学	3678126	2666795	1844411	822384	69705
#农村	2662617	1964849	1326327	638522	61180
2.成人小学					
五、特殊教育					
1.特殊教育学校					
2.工读学校					
六、幼儿园	2609794	1840340	1645644	194696	20925
#农村	512971	317270	270941	46329	17940
七、教育行政单位	402717	177789	133553	44236	
八、教育事业单位	6772406	746846	577648	169198	
九、其　他	4819859	605603	339465	266138	17824

教育经费支出明细(中央)

单位：千元

公用部分	商品和服务支出	其他资本性支出	专项公用支出	专项项目支出	基本建设支出
146187143	**105254110**	**40933032**	**26291663**	**14641369**	**5099285**
132183419	93321022	38862397	25418759	13443638	4763285
131889762	93098307	38791455	25399786	13391669	4763285
130946487	92459676	38486811	25222287	13264524	4762624
943275	638631	304644	177499	127145	661
293657	222715	70943	18973	51969	
529819	331710	198109	76650	121458	11686
360710	226232	134478	44237	90240	11686
50583	40301	10283	9012	1270	
8187	4938	3249	2249	1000	
110118	58063	52055	22157	29898	
8408	7115	1293	1243	50	
1397546	802292	595254	236715	358540	155142
1397546	802292	595254	236715	358540	155142
709148	425927	283221	121299	161922	70572
162357	87167	75190	23664	51526	40945
688398	376365	312033	115415	196618	84570
351960	154645	197315	55640	141676	77260
913858	419985	493873	159680	334193	97473
913858	419985	493873	159680	334193	97473
610173	252809	357364	98642	258722	87595
759305	509932	249373	68714	180659	10150
185551	86464	99087	16508	82580	10150
224928	170118	54810	39984	14826	
6002230	5796098	206132	187996	18136	23330
4176037	3902953	273084	103165	169919	38219

1-14 各级各类教育机构

学校类别	合 计	个人部分	工资福利支 出	对个人和家庭的补助支出	#助学金
总 计	**3169399687**	**1896928907**	**1324249040**	**572679868**	**121781047**
一、高等学校	628436109	300215919	192723325	107492594	41989769
1.普通高等学校	614459822	293060469	187746081	105314388	41772037
高等本科学校	454147929	218389534	138048908	80340625	32172949
高职高专学校	160311893	74670935	49697173	24973763	9599088
2.成人高等学校	13976287	7155450	4977244	2178206	217732
二、中等职业学校	207675255	106709178	72717927	33991251	9449422
1.中等专业学校	97137253	48661190	32342803	16318387	4995225
2.职业高中	74178305	38341210	26917943	11423267	3200207
#农村	34074856	17539187	12725510	4813677	1778954
3.技工学校	27037504	13337200	9170506	4166694	1085902
4.成人中专学校	9322193	6369577	4286675	2082903	168087
三、中 学	949603097	615505533	447950489	167555044	35205694
1.普通中学	948900317	615185526	447707007	167478520	35205445
普通高中	347516804	214810890	160007618	54803271	10921258
#农村	150540410	94715906	72365163	22350743	6396918
普通初中	601383513	400374637	287699388	112675248	24284187
#农村	364311221	250572770	179614025	70958746	19525702
2.成人中学	702781	320007	243483	76524	250
四、小 学	969026833	667272859	445739142	221533717	31526706
1.普通小学	968945411	667261168	445730762	221530406	31526706
#农村	632034127	454364676	298868242	155496434	26100753
2.成人小学	81421	11690	8380	3310	
五、特殊教育	12078623	7117161	5150939	1966221	252398
1.特殊教育学校	11407147	6727899	4875509	1852391	248781
2.工读学校	671476	389261	275430	113831	3616
六、幼儿园	236007546	136903764	121435146	15468618	3351238
#农村	109801121	62228713	55135687	7093027	2431436
七、教育行政单位	39239437	18174232	10444322	7729910	
八、教育事业单位	70009797	30835863	19609058	11226805	
九、其 他	57322989	14194399	8478691	5715708	5820

教育经费支出明细(地方)

单位：千元

公用部分					基本建设支出
	商品和服务支出	其他资本性支出	专项公用支出	专项项目支出	
1227656707	**580617800**	**647038907**	**211043379**	**435995528**	**44814072**
316478354	160383922	156094432	68020025	88074407	11741836
309990012	156263416	153726596	67002083	86724514	11409341
225846833	119390469	106456364	46992343	59464021	9911563
84143180	36872947	47270232	20009740	27260492	1497778
6488342	4120506	2367835	1017942	1349893	332495
97171599	43227869	53943730	20776391	33167339	3794478
46557829	20610100	25947729	10326957	15620772	1918234
34429423	13888936	20540486	6888315	13652171	1407672
15820364	6067721	9752643	2787397	6965245	715305
13245766	6579493	6666273	3233179	3433094	454537
2938581	2149339	789242	327940	461301	14035
319212664	137887588	181325075	45528818	135796257	14884901
318829890	137723714	181106176	45489514	135616661	14884901
126873458	55760143	71113315	17959214	53154102	5832456
53296190	23632915	29663275	6732102	22931173	2528314
191956432	81963572	109992860	27530301	82462559	9052445
108408068	44853211	63554856	13795685	49759172	5330383
382774	163874	218900	39304	179596	
293817811	132546739	161271073	41382020	119889053	7936163
293748080	132544050	161204030	41381944	119822086	7936163
172954555	76183425	96771130	21491146	75279984	4714896
69731	2689	67043	76	66966	
4842363	2063719	2778644	1103412	1675232	119099
4560149	1925533	2634616	1071483	1563133	119099
282215	138187	144028	31929	112099	
96963853	55955653	41008201	12052668	28955533	2139929
46178813	23927357	22251456	5414815	16836641	1393594
19716512	12564852	7151660	2943465	4208194	1348693
37683018	21307566	16375452	6856541	9518911	1490916
41770533	14679892	27090641	12380038	14710603	1358057

1-15 各级各类教育机构教育

学校类别	合 计	个人部分	工资福利支出	对个人和家庭的补助支出	#助学金
总 计	**3125079974**	**1853906401**	**1246501913**	**607404488**	**133627904**
一、高等学校	795537001	385227647	232376246	152851401	60582047
1.普通高等学校	781324239	378049331	227408830	150640501	60364418
高等本科学校	641544006	311343805	184064711	127279094	51949701
高职高专学校	139780233	66705526	43344119	23361406	8414717
2.成人高等学校	14212762	7178316	4967415	2210901	217629
二、中等职业学校	195108173	100209276	67927765	32281512	8098090
1.中等专业学校	92364429	46407611	30721739	15685872	4453753
2.职业高中	69702107	35969583	25216398	10753186	2591242
#农村	32328868	16532092	11973165	4558928	1553797
3.技工学校	24334036	11819108	7975762	3843346	955300
4.成人中专学校	8707601	6012975	4013866	1999108	97795
三、中 学	883066704	578651583	414928833	163722750	32803983
1.普通中学	882363923	578331576	414685351	163646226	32803733
普通高中	323677307	201388113	147753619	53634494	10156403
#农村	140944426	89281178	67484824	21796354	5995560
普通初中	558686616	376943464	266931732	110011731	22647330
#农村	347687847	241749844	171977409	69772436	18621347
2.成人中学	702781	320007	243483	76524	250
四、小 学	924037680	642665146	424189515	218475631	29730406
1.普通小学	923956259	642653456	424181135	218472321	29730406
#农村	616033211	445635825	291205475	154430349	25214208
2.成人小学	81421	11690	8380	3310	
五、特殊教育	11966760	7050949	5093493	1957456	246858
1.特殊教育学校	11300422	6663692	4819985	1843707	243241
2.工读学校	666337	387257	273508	113749	3616
六、幼儿园	137207835	75570166	62503370	13066796	2142876
#农村	71358246	37774592	31756077	6018515	1688541
七、教育行政单位	39534107	18311661	10559403	7752258	
八、教育事业单位	76732265	31546956	20164676	11382280	
九、其 他	61889449	14673016	8758612	5914404	23644

经费支出明细(教育和其他部门)

单位：千元

公用部分	商品和服务支出	其他资本性支出	专项公用支出	专项项目支出	基本建设支出
1222648285	**599874759**	**622773527**	**215637737**	**407135790**	**48525288**
394827064	228954595	165872468	84626150	81246318	15482290
388125113	224682451	163442662	83596785	79845877	15149795
316506389	193395490	123110899	66043116	57067783	13693811
71618724	31286961	40331763	17553669	22778094	1455984
6701951	4272145	2429806	1029365	1400441	332495
91116013	39707002	51409011	19713461	31695550	3782884
44038885	19371070	24667815	9973639	14694176	1917934
32324851	12677221	19647630	6354369	13293261	1407672
15081471	5599354	9482117	2702594	6779523	715305
12071685	5694998	6376687	3096384	3280303	443243
2680592	1963712	716880	289070	427810	14035
289530402	121778741	167751662	41952456	125799206	14884718
289147629	121614866	167532762	41913152	125619610	14884718
116456739	49925476	66531262	16713951	49817311	5832456
49134934	21548133	27586801	6230813	21355988	2528314
172690890	71689390	101001500	25199201	75802299	9052262
100607802	41346572	59261230	12910032	46351198	5330201
382774	163874	218900	39304	179596	
273436489	120330878	153105611	38363083	114742527	7936045
273366758	120328189	153038568	38363007	114675561	7936045
165682608	72244909	93437699	20674498	72763201	4714778
69731	2689	67043	76	66966	
4796712	2035774	2760938	1095412	1665526	119099
4517632	1900722	2616910	1063483	1553427	119099
279081	135053	144028	31929	112099	
59538414	28735070	30803345	7396350	23406995	2099255
32223664	14185103	18038561	3649087	14389474	1359990
19873753	12691925	7181828	2973633	4208194	1348693
43671062	27096394	16574668	7043637	9531031	1514246
45858376	18544379	27313996	12473554	14840442	1358057

1-16 各级各类教育机构教育经费

学校类别	合 计	个人部分	工资福利支 出	对个人和家庭的补助支出	#助学金
总 计	**268816565**	**121535052**	**68128232**	**53406821**	**24136191**
一、高等学校	252697985	117149671	64644008	52505663	24092418
1.普通高等学校	252261830	116980449	64526135	52454314	24092418
高等本科学校	251249611	116493678	64184994	52308684	24056120
高职高专学校	1012219	486771	341141	145630	36299
2.成人高等学校	436155	169222	117873	51349	
二、中等职业学校	348324	193844	152870	40974	10258
1.中等专业学校	233148	121431	87396	34035	10084
2.职业高中	98260	58742	53390	5352	132
#农村					
3.技工学校	11493	9178	8390	788	43
4.成人中专学校	5423	4493	3694	799	
三、中 学	1888266	1202791	905335	297457	11106
1.普通中学	1888266	1202791	905335	297457	11106
普通高中	1226743	796430	592642	203788	8906
#农村	137120	103030	78512	24518	493
普通初中	661523	406362	312693	93668	2200
#农村	17703	12328	10380	1948	84
2.成人中学					
四、小 学	656985	438795	355688	83107	1459
1.普通小学	656985	438795	355688	83107	1459
#农村	76837	51187	43437	7749	796
2.成人小学					
五、特殊教育					
1.特殊教育学校					
2.工读学校					
六、幼儿园	1641407	1222811	1119710	103101	3126
#农村	60256	47060	45035	2025	160
七、教育行政单位	294670	137429	115081	22348	
八、教育事业单位	6722467	711093	555618	155475	
九、其 他	4566460	478617	279921	198696	17824

支出明细(中央教育和其他部门)

单位：千元

公用部分	商品和服务支出	其他资本性支出	专项公用支出	专项项目支出	基本建设支出
142773093	**103352871**	**39420222**	**25721470**	**13698752**	**4508419**
131063225	92510124	38553101	25193517	13359584	4485089
130796292	92309410	38486883	25177891	13308992	4485089
130271506	91989968	38281538	25066335	13215202	4484428
524786	319441	205345	111555	93790	661
266933	200715	66218	15626	50592	
154480	132247	22234	15703	6531	
111717	96984	14733	8472	6260	
39518	32485	7034	6763	270	
2315	2315				
930	463	468	468		
685475	492162	193312	112505	80808	
685475	492162	193312	112505	80808	
430313	303090	127222	72870	54352	
34089	26127	7962	7761	201	
255162	189072	66090	39635	26455	
5375	3207	2167	758	1409	
218190	142018	76172	42205	33967	
218190	142018	76172	42205	33967	
25650	15648	10002	3190	6812	
418595	295932	122663	46760	75903	
13196	6794	6402	1997	4405	
157241	127072	30168	30168		
5988044	5788828	199216	187095	12121	23330
4087843	3864487	223355	93516	129839	

1-17 各级各类教育机构教育经费

学校类别	合计	个人部分	工资福利支出	对个人和家庭的补助支出	#助学金
总计	**2856263409**	**1732371348**	**1178373681**	**553997667**	**109491712**
一、高等学校	542839016	268077976	167732238	100345738	36489628
1.普通高等学校	529062408	261068882	162882695	98186187	36272000
高等本科学校	390294394	194850128	119879717	74970411	27893581
高职高专学校	138768014	66218754	43002978	23215776	8378418
2.成人高等学校	13776607	7009094	4849543	2159551	217629
二、中等职业学校	194759849	100015432	67774895	32240538	8087831
1.中等专业学校	92131282	46286180	30634343	15651837	4443668
2.职业高中	69603846	35910841	25163008	10747834	2591110
#农村	32328868	16532092	11973165	4558928	1553797
3.技工学校	24322543	11809930	7967372	3842558	955258
4.成人中专学校	8702178	6008482	4010172	1998309	97795
三、中学	881178438	577448792	414023499	163425293	32792877
1.普通中学	880475657	577128785	413780016	163348769	32792628
普通高中	322450565	200591683	147160977	53430706	10147497
#农村	140807306	89178148	67406312	21771836	5995067
普通初中	558025093	376537102	266619039	109918063	22645131
#农村	347670144	241737516	171967028	69770487	18621263
2.成人中学	702781	320007	243483	76524	250
四、小学	923380695	642226351	423833826	218392524	29728947
1.普通小学	923299273	642214661	423825447	218389214	29728947
#农村	615956374	445584638	291162038	154422600	25213411
2.成人小学	81421	11690	8380	3310	
五、特殊教育	11966760	7050949	5093493	1957456	246858
1.特殊教育学校	11300422	6663692	4819985	1843707	243241
2.工读学校	666337	387257	273508	113749	3616
六、幼儿园	135566429	74347355	61383660	12963695	2139750
#农村	71297990	37727532	31711042	6016490	1688381
七、教育行政单位	39239437	18174232	10444322	7729910	
八、教育事业单位	70009797	30835863	19609058	11226805	
九、其他	57322989	14194399	8478691	5715708	5820

支出明细(地方教育和其他部门)

单位：千元

公用部分	商品和服务支出	其他资本性支出	其他资本性支出：专项公用支出	其他资本性支出：专项项目支出	基本建设支出
1079875192	**496521888**	**583353305**	**189916267**	**393437038**	**44016869**
263763839	136444471	127319367	59432633	67886734	10997201
257328821	132373041	124955780	58418895	66536885	10664706
186234883	101405522	84829361	40976781	43852580	9209383
71093938	30967519	40126419	17442114	22684305	1455322
6435018	4071430	2363588	1013739	1349849	332495
90961533	39574755	51386778	19697758	31689019	3782884
43927168	19274086	24653082	9965166	14687916	1917934
32285333	12644736	19640596	6347606	13292990	1407672
15081471	5599354	9482117	2702594	6779523	715305
12069370	5692683	6376687	3096384	3280303	443243
2679662	1963250	716412	288602	427810	14035
288844928	121286578	167558349	41839951	125718398	14884718
288462154	121122704	167339450	41800647	125538803	14884718
116026426	49622386	66404040	16641081	49762959	5832456
49100845	21522006	27578839	6223052	21355787	2528314
172435728	71500318	100935410	25159566	75775844	9052262
100602427	41343365	59259062	12909274	46349788	5330201
382774	163874	218900	39304	179596	
273218299	120188860	153029438	38320878	114708560	7936045
273148567	120186172	152962396	38320802	114641594	7936045
165656958	72229261	93427697	20671308	72756389	4714778
69731	2689	67043	76	66966	
4796712	2035774	2760938	1095412	1665526	119099
4517632	1900722	2616910	1063483	1553427	119099
279081	135053	144028	31929	112099	
59119819	28439137	30680682	7349590	23331092	2099255
32210468	14178308	18032159	3647090	14385069	1359990
19716512	12564852	7151660	2943465	4208194	1348693
37683018	21307566	16375452	6856541	9518911	1490916
41770533	14679892	27090641	12380038	14710603	1358057

1-18 各级各类教育机构教育

学校类别	合　计	个人部分	工资福利支　出	对个人和家庭的补助支出	#助学金
总　计	**20193202**	**13157107**	**9859773**	**3297334**	**653815**
一、高等学校	6696393	3890913	2911037	979876	318027
1.普通高等学校	6430553	3702360	2752843	949516	317790
高等本科学校	2001784	1036117	680871	355246	130079
高职高专学校	4428769	2666243	2071973	594270	187711
2.成人高等学校	265840	188553	158194	30360	236
二、中等职业学校	2928058	1735052	1292586	442466	147407
1.中等专业学校	1231998	648792	455597	193195	53081
2.职业高中	147680	95829	77053	18776	7828
#农村	54739	27958	24371	3587	223
3.技工学校	1429898	898368	699013	199355	70024
4.成人中专学校	118481	92062	60922	31140	16475
三、中　学	3528744	2524117	1722417	801700	83255
1.普通中学	3528744	2524117	1722417	801700	83255
普通高中	1313446	902678	616875	285802	35944
#农村	594403	420846	285759	135087	15542
普通初中	2215298	1621439	1105541	515898	47312
#农村	1701310	1262898	855999	406899	39148
2.成人中学					
四、小　学	3309038	2454476	1672667	781810	74304
1.普通小学	3309038	2454476	1672667	781810	74304
#农村	2706592	2016014	1364954	651060	64975
2.成人小学					
五、特殊教育					
1.特殊教育学校					
2.工读学校					
六、幼儿园	3319585	2349451	2161021	188430	30823
#农村	845290	567603	505575	62028	19889
七、教育行政单位	108047	40360	18472	21888	
八、教育事业单位	49938	35753	22030	13723	
九、其　他	253399	126986	59544	67442	

经费支出明细(企业办)

单位：千元

公用部分	商品和服务支出	其他资本性支出	专项公用支出	专项项目支出	基本建设支出
6417663	**3934474**	**2483189**	**1059283**	**1423906**	**618432**
2505718	1734931	770787	509865	260922	299762
2428432	1666613	761819	502318	259501	299762
687472	480111	207360	158039	49321	278195
1740960	1186502	554458	344278	210180	21566
77286	68318	8968	7547	1421	
1175320	748978	426342	188408	237934	17686
571520	331182	240338	108970	131367	11686
51851	44857	6994	4566	2428	
26782	23311	3470	2470	1000	
525530	356371	169160	72745	96414	6000
26419	16568	9851	2126	7725	
849486	356155	493331	130004	363327	155142
849486	356155	493331	130004	363327	155142
340196	141469	198727	50378	148349	70572
132612	64777	67835	16499	51336	40945
509289	214685	294604	79627	214977	84570
361152	160280	200872	57237	143635	77260
757089	318564	438525	124100	314424	97473
757089	318564	438525	124100	314424	97473
602983	250174	352810	97904	254906	87595
959984	687066	272918	86540	186378	10150
267536	157813	109723	21714	88009	10150
67688	43046	24642	9816	14826	
14185	7270	6916	901	6015	
88194	38465	49729	9649	40080	38219

1-19 各级各类教育机构教育

学校类别	合 计	个人部分	工资福利支 出	对个人和家庭的补助支出	#助学金
总 计	**11522300**	**7517384**	**5095835**	**2421549**	**392458**
一、高等学校	3132807	1734418	1155931	578487	184163
1.普通高等学校	3057054	1685388	1118607	566781	184030
高等本科学校	1950141	996965	645924	351041	129170
高职高专学校	1106913	688423	472683	215740	54860
2.成人高等学校	75754	49029	37324	11705	133
二、中等职业学校	822835	435810	287018	148792	45066
1.中等专业学校	496257	235578	136866	98712	19757
2.职业高中	20619	9554	7339	2215	705
#农村	17129	8942	7339	1603	93
3.技工学校	245818	138015	112305	25711	8287
4.成人中专学校	60141	52663	30509	22155	16317
三、中 学	3165744	2298530	1538184	760346	77184
1.普通中学	3165744	2298530	1538184	760346	77184
普通高中	1166181	816773	544179	272595	33621
#农村	575105	405892	272888	133004	15136
普通初中	1999563	1481757	994006	487751	43563
#农村	1626120	1202274	809303	392971	36159
2.成人中学					
四、小 学	3021141	2228000	1488722	739277	68246
1.普通小学	3021141	2228000	1488722	739277	68246
#农村	2585780	1913662	1282890	630772	60384
2.成人小学					
五、特殊教育					
1.特殊教育学校					
2.工读学校					
六、幼儿园	968388	617528	525933	91595	17799
#农村	452714	270210	225906	44304	17781
七、教育行政单位	108047	40360	18472	21888	
八、教育事业单位	49938	35753	22030	13723	
九、其 他	253399	126986	59544	67442	

经费支出明细(中央企业办)

单位：千元

公用部分	商品和服务支出	其他资本性支出	专项公用支出	专项项目支出	基本建设支出
3414050	**1901239**	**1512810**	**570194**	**942617**	**590866**
1120194	810898	309296	225242	84054	278195
1093470	788898	304572	221896	82677	278195
674981	469708	205273	155952	49321	278195
418489	319190	99299	65944	33355	
26724	22000	4724	3347	1377	
375339	199464	175875	60947	114928	11686
248994	129248	119745	35765	83980	11686
11065	7816	3249	2249	1000	
8187	4938	3249	2249	1000	
107802	55747	52055	22157	29898	
7478	6652	826	776	50	
712072	310130	401942	124210	277732	155142
712072	310130	401942	124210	277732	155142
278836	122837	155999	48430	107569	70572
128268	61039	67228	15903	51325	40945
433236	187293	245943	75780	170163	84570
346586	151438	195148	54882	140266	77260
695668	277968	417701	117475	300226	97473
695668	277968	417701	117475	300226	97473
584523	237161	347362	95452	251910	87595
340710	214000	126710	21954	104756	10150
172355	79669	92686	14511	78175	10150
67688	43046	24642	9816	14826	
14185	7270	6916	901	6015	
88194	38465	49729	9649	40080	38219

1-20 各级各类教育机构教育经费

学校类别	合计	个人部分	工资福利支出	对个人和家庭的补助支出	#助学金
总 计	**8670902**	**5639723**	**4763938**	**875785**	**261357**
一、高等学校	3563586	2156495	1755106	401389	133864
1.普通高等学校	3373500	2016971	1634236	382735	133760
高等本科学校	51643	39152	34947	4205	909
高职高专学校	3321857	1977820	1599290	378530	132851
2.成人高等学校	190086	139524	120869	18654	103
二、中等职业学校	2105223	1299242	1005567	293674	102341
1.中等专业学校	735741	413214	318731	94484	33323
2.职业高中	127061	86276	69714	16562	7122
#农村	37610	19016	17032	1984	130
3.技工学校	1184080	760353	586709	173644	61738
4.成人中专学校	58340	39399	30414	8985	158
三、中 学	363000	225586	184232	41354	6071
1.普通中学	363000	225586	184232	41354	6071
普通高中	147265	85904	72697	13208	2322
#农村	19298	14954	12871	2083	406
普通初中	215735	139682	111535	28146	3748
#农村	75190	60624	46696	13928	2989
2.成人中学					
四、小 学	287897	226477	183944	42532	6058
1.普通小学	287897	226477	183944	42532	6058
#农村	120812	102352	82064	20288	4592
2.成人小学					
五、特殊教育					
1.特殊教育学校					
2.工读学校					
六、幼儿园	2351197	1731923	1635088	96835	13023
#农村	392575	297394	279669	17724	2109
七、教育行政单位					
八、教育事业单位					
九、其 他					

支出明细(地方企业办)

单位：千元

公用部分	商品和服务支出	其他资本性支出	专项公用支出	专项项目支出	基本建设支出
3003613	**2033234**	**970379**	**489090**	**481289**	**27566**
1385524	924033	461491	284622	176869	21566
1334962	877715	457247	280422	176825	21566
12491	10404	2088	2088		
1322471	867312	455159	278335	176825	21566
50562	46318	4244	4200	44	
799981	549514	250467	127461	123006	6000
322526	201934	120592	73205	47387	
40786	37041	3745	2317	1428	
18595	18373	221	221		
417728	300623	117105	50588	66517	6000
18941	9916	9025	1350	7675	
137414	46025	91389	5795	85595	
137414	46025	91389	5795	85595	
61361	18633	42728	1948	40780	
4344	3738	607	596	11	
76053	27392	48661	3846	44815	
14567	8843	5724	2356	3368	
61420	40596	20824	6626	14198	
61420	40596	20824	6626	14198	
18461	13013	5448	2452	2996	
619274	473066	146208	64587	81622	
95182	78144	17038	7204	9834	

1-21　各级各类教育机构教育

学校类别	合　计	个人部分	工资福利支　出	对个人和家庭的补助支出	#助学金
总　计	**304465375**	**158917836**	**141111420**	**17806416**	**12027978**
一、高等学校	82033508	29981448	23235982	6745466	5366277
1.普通高等学校	82023913	29974616	23229149	6745466	5366277
高等本科学校	63801892	23500254	18134244	5366010	4278458
高职高专学校	18222022	6474362	5094905	1379457	1087819
2.成人高等学校	9594	6832	6832		
二、中等职业学校	10810183	5394504	3937465	1457039	1259249
1.中等专业学校	4270231	1961796	1389729	572067	518234
2.职业高中	4447397	2344093	1685222	658871	601974
#农村	1708377	988079	735314	252765	225027
3.技工学校	1530881	766918	616426	150492	68907
4.成人中专学校	561674	321697	246088	75608	70134
三、中　学	68061659	37831155	33742759	4088397	2406746
1.普通中学	68061659	37831155	33742759	4088397	2406746
普通高中	24918974	14133302	12773945	1359358	771438
#农村	9713806	5522804	4945980	576824	401445
普通初中	43142685	23697853	20968814	2729039	1635308
#农村	16565887	8774631	7600300	1174330	901450
2.成人中学					
四、小　学	45358241	24820031	21721371	3098660	1791702
1.普通小学	45358241	24820031	21721371	3098660	1791702
#农村	15956940	8677686	7624140	1053546	882750
2.成人小学					
五、特殊教育	111863	66212	57446	8766	5540
1.特殊教育学校	106724	64208	55524	8684	5540
2.工读学校	5139	2004	1922	82	
六、幼儿园	98089921	60824486	58416398	2408088	1198464
#农村	38110556	24203788	23144976	1058812	740946
七、教育行政单位					
八、教育事业单位					
九、其　他					

经费支出明细(民办)

单位：千元

公用部分	商品和服务支出	其他资本性支出	专项公用支出	专项项目支出	基本建设支出
144777902	**82062678**	**62715224**	**20638022**	**42077202**	**769637**
51328991	23015417	28313574	8302770	20010804	723069
51326229	23012659	28313570	8302766	20010804	723069
39599458	17974543	21624915	6013475	15611441	702180
11726771	5038116	6688655	2289291	4399363	20889
2762	2758	4	4		
5410085	3103600	2306486	951172	1355313	5594
2308134	1134080	1174054	288585	885469	300
2103305	1207159	896145	538392	357753	
720298	449994	270304	84582	185722	
758669	586187	172482	86207	86274	5294
239978	176174	63804	37988	25817	
30230322	16554985	13675337	3683073	9992264	182
30230322	16554985	13675337	3683073	9992264	182
10785672	6119124	4666547	1316184	3350363	
4191002	2107172	2083830	508454	1575376	
19444650	10435861	9008790	2366888	6641901	182
7791074	3501004	4290070	884055	3406015	182
20538092	12317282	8220810	3054516	5166294	118
20538092	12317282	8220810	3054516	5166294	118
7279136	3941151	3337985	817386	2520599	118
45651	27945	17706	8000	9706	
42517	24811	17706	8000	9706	
3134	3134				
37224760	27043450	10181311	4638491	5542819	40674
13873164	9670905	4202259	1760521	2441738	33604

1-22 各级各类教育机构

学校类别	合 计	个人部分	工资福利支 出	对个人和家庭的补助支出	#助学金
总 计	**2781172837**	**1720359804**	**1141564342**	**578795462**	**131184883**
一、高等学校	544516001	277848983	154059859	123789124	54189233
1.普通高等学校	535906013	272758183	150704196	122053987	54016591
高等本科学校	432097458	220450350	118589386	101860964	45857852
高职高专学校	103808555	52307833	32114810	20193023	8158738
2.成人高等学校	8609988	5090800	3355663	1735137	172642
二、中等职业学校	180557189	96462817	64223155	32239661	8963409
1.中等专业学校	84478353	43805375	28406788	15398587	4702407
2.职业高中	66769756	35958741	24830799	11127943	3091611
#农村	31245180	16607441	11910956	4696484	1723316
3.技工学校	21312316	10862937	7150791	3712147	1022602
4.成人中专学校	7996764	5835763	3834778	2000985	146789
三、中 学	845402301	570384641	407459393	162925248	33690590
1.普通中学	844809983	570087412	407236506	162850906	33690538
普通高中	287344999	190987945	139250066	51737880	10009396
#农村	123542888	85004623	64055315	20949308	5931970
普通初中	557464984	379099467	267986440	111113027	23681142
#农村	348317155	243642117	173119556	70522561	19284286
2.成人中学	592318	297229	222887	74342	52
四、小 学	924677566	645744370	425653313	220091057	31100009
1.普通小学	924596150	645732680	425644933	220087747	31100009
#农村	616562595	447423420	292289013	155134407	25942809
2.成人小学	81416	11690	8380	3310	
五、特殊教育	11760803	7014326	5074499	1939827	243439
1.特殊教育学校	11114977	6628727	4802107	1826620	240293
2.工读学校	645826	385599	272392	113207	3146
六、幼儿园	110142250	60590720	47161523	13429197	2975214
#农村	57961320	31954380	25515063	6439317	2244137
七、教育行政单位	37391834	18070259	10460696	7609563	
八、教育事业单位	67424696	30021362	18986063	11035298	
九、其 他	59300197	14222327	8485840	5736487	22990

财政补助支出明细(全国)

单位：千元

公用部分	商品和服务支出	其他资本性支出			基本建设支出
			专项公用支出	专项项目支出	
1010899676	**457878138**	**553021539**	**189691810**	**363329729**	**49913357**
250161897	132816578	117345320	66157842	51187478	16505121
246975205	131091205	115884000	65394482	50489518	16172625
196972922	110499334	86473588	51465907	35007681	14674186
50002283	20591871	29410411	13928574	15481837	1498439
3186693	1725373	1461320	763360	697960	332495
80288208	33690688	46597520	17977972	28619547	3806164
38743058	16291622	22451436	8802996	13648440	1929920
29403342	11290281	18113061	6308709	11804353	1407672
13922434	4917935	9004499	2562973	6441526	715305
9994841	4592656	5402185	2629741	2772444	454537
2146966	1516129	630838	236527	394310	14035
259977618	102687487	157290130	38487767	118802363	15040042
259682529	102600565	157081964	38458884	118623080	15040042
90454026	31993790	58460236	13732228	44728009	5903028
35969007	12370120	23598886	4801295	18797591	2569258
169228503	70606775	98621728	24726656	73895072	9137014
99267395	41117196	58150199	12638621	45511578	5407643
295089	86923	208166	28883	179283	
270899560	120076721	150822838	38190624	112632214	8033636
270829834	120074038	150755796	38190548	112565248	8033636
164336684	72198348	92138336	20290309	71848027	4802491
69726	2683	67043	76	66966	
4627378	1945891	2681487	1054791	1626696	119099
4367151	1820293	2546858	1024713	1522145	119099
260227	125598	134629	30078	104550	
47401451	17895051	29506400	6323962	23182438	2150079
24603195	7243709	17359486	3070988	14288498	1403744
17972882	11324345	6648537	2739599	3908938	1348693
35889088	20552521	15336567	6533631	8802936	1514246
43681594	16888854	26792739	12225622	14567118	1396276

1-23 各级各类教育机构

学校类别	合 计	个人部分	工资福利支出	对个人和家庭的补助支出	#助学金
总 计	**175159239**	**89398774**	**44772742**	**44626032**	**20686784**
一、高等学校	157839531	83056316	40406437	42649879	20455749
1.普通高等学校	157679943	82963879	40357862	42606018	20455616
高等本科学校	156828637	82438850	40081528	42357322	20390081
高职高专学校	851306	525030	276334	248696	65534
2.成人高等学校	159588	92436	48575	43861	133
二、中等职业学校	599400	355039	207639	147399	51370
1.中等专业学校	445530	254815	148869	105946	28266
2.职业高中	26276	13533	10934	2599	837
#农村	17111	8942	7339	1603	93
3.技工学校	86615	49952	31451	18500	5951
4.成人中专学校	40979	36739	16385	20354	16317
三、中 学	3706122	2618895	1809990	808905	77787
1.普通中学	3706122	2618895	1809990	808905	77787
普通高中	1682328	1143424	782406	361018	36073
#农村	549003	374664	262328	112336	14689
普通初中	2023794	1475471	1027584	447887	41714
#农村	1359627	1019127	715356	303771	34758
2.成人中学					
四、小 学	3031311	2223016	1563750	659266	66279
1.普通小学	3031311	2223016	1563750	659266	66279
#农村	2224707	1654941	1153368	501573	58644
2.成人小学					
五、特殊教育					
1.特殊教育学校					
2.工读学校					
六、幼儿园	485724	302617	246372	56244	18385
#农村	278828	170425	138397	32029	15842
七、教育行政单位	337128	161858	130421	31437	
八、教育事业单位	5107473	277702	172831	104871	
九、其 他	4052551	403331	235300	168031	17214

财政补助支出明细(中央)

单位：千元

公用部分	商品和服务支出	其他资本性支出	专项公用支出	专项项目支出	基本建设支出
80661181	**55030437**	**25630743**	**19301347**	**6329397**	**5099285**
70019930	45815262	24204668	18665301	5539367	4763285
69952779	45749150	24203628	18664261	5539367	4763285
69627164	45581824	24045340	18564604	5480736	4762624
325614	167326	158288	99657	58631	661
67152	66112	1040	1040		
232676	154772	77904	48367	29537	11686
179029	123882	55147	38477	16670	11686
12743	8678	4065	2795	1270	
8169	4920	3249	2249	1000	
36664	19227	17436	5890	11546	
4240	2985	1256	1206	50	
932085	510647	421438	169536	251902	155142
932085	510647	421438	169536	251902	155142
468332	276464	191868	85801	106067	70572
133395	70991	62404	20090	42315	40945
463753	234183	229570	83735	145835	84570
263241	119583	143658	40754	102904	77260
710821	307996	402825	122050	280775	97473
710821	307996	402825	122050	280775	97473
482170	195794	286376	70969	215407	87595
172957	65933	107024	15450	91574	10150
98253	29589	68664	5712	62952	10150
175270	137683	37587	33983	3604	
4806440	4619765	186676	168540	18136	23330
3611000	3418379	192622	78119	114503	38219

1-24 各级各类教育机构

学校类别	合计	个人部分	工资福利支出	对个人和家庭的补助支出	#助学金
总　计	**2606013598**	**1630961030**	**1096791600**	**534169430**	**110498099**
一、高等学校	386676470	194792668	113653422	81139246	33733484
1.普通高等学校	378226070	189794304	110346334	79447969	33560975
高等本科学校	275268821	138011500	78507858	59503642	25467771
高职高专学校	102957250	51782803	31838476	19944327	8093204
2.成人高等学校	8450400	4998364	3307087	1691277	172509
二、中等职业学校	179957789	96107778	64015516	32092262	8912038
1.中等专业学校	84032823	43550560	28257919	15292641	4674141
2.职业高中	66743480	35945208	24819865	11125343	3090774
#农村	31228069	16598499	11903617	4694882	1723223
3.技工学校	21225700	10812985	7119339	3693646	1016651
4.成人中专学校	7955785	5799024	3818393	1980632	130472
三、中　学	841696179	567765745	405649403	162116343	33612803
1.普通中学	841103861	567468517	405426516	162042001	33612751
普通高中	285662671	189844521	138467660	51376861	9973322
#农村	122993885	84629959	63792987	20836973	5917281
普通初中	555441190	377623996	266958856	110665140	23639428
#农村	346957528	242622991	172404200	70218791	19249528
2.成人中学	592318	297229	222887	74342	52
四、小　学	921646255	643521354	424089563	219431792	31033730
1.普通小学	921564839	643509664	424081183	219428481	31033730
#农村	614337888	445768479	291135645	154632834	25884165
2.成人小学	81416	11690	8380	3310	
五、特殊教育	11760803	7014326	5074499	1939827	243439
1.特殊教育学校	11114977	6628727	4802107	1826620	240293
2.工读学校	645826	385599	272392	113207	3146
六、幼儿园	109656526	60288103	46915151	13372952	2956828
#农村	57682492	31783955	25376666	6407288	2228295
七、教育行政单位	37054707	17908401	10330275	7578126	
八、教育事业单位	62317224	29743659	18813232	10930427	
九、其　他	55247646	13818996	8250540	5568456	5777

财政补助支出明细(地方)

单位：千元

公用部分					基本建设支出
	商品和服务支出	其他资本性支出	专项公用支出	专项项目支出	
930238495	**402847700**	**527390795**	**170390463**	**357000332**	**44814072**
180141967	87001316	93140652	47492540	45648111	11741836
177022426	85342055	91680371	46730220	44950151	11409341
127345758	64917509	62428248	32901303	29526945	9911563
49676668	20424545	29252123	13828917	15423206	1497778
3119541	1659261	1460280	762320	697960	332495
80055532	33535917	46519616	17929605	28590011	3794478
38564029	16167741	22396289	8764519	13631770	1918234
29390599	11281603	18108997	6305914	11803082	1407672
13914265	4913015	9001250	2560724	6440526	715305
9958178	4573429	5384749	2623851	2760898	454537
2142726	1513144	629582	235321	394260	14035
259045533	102176840	156868693	38318231	118550461	14884901
258750444	102089917	156660526	38289348	118371178	14884901
89985694	31717326	58268369	13646426	44621942	5832456
35835612	12299130	23536482	4781206	18755277	2528314
168764750	70372592	98392158	24642922	73749236	9052445
99004154	40997613	58006541	12597866	45408674	5330383
295089	86923	208166	28883	179283	
270188738	119768725	150420013	38068575	112351439	7936163
270119012	119766042	150352971	38068498	112284472	7936163
163854513	72002554	91851959	20219340	71632620	4714896
69726	2683	67043	76	66966	
4627378	1945891	2681487	1054791	1626696	119099
4367151	1820293	2546858	1024713	1522145	119099
260227	125598	134629	30078	104550	
47228493	17829117	29399376	6308511	23090865	2139929
24504943	7214120	17290822	3065276	14225546	1393594
17797612	11186662	6610950	2705616	3905334	1348693
31082648	15932756	15149891	6365091	8784801	1490916
40070593	13470476	26600117	12147502	14452615	1358057

1-25 各级各类教育机构财政补助

学校类别	合 计	个人部分	工资福利支 出	对个人和家庭的补助支出	#助学金
总 计	**2730114553**	**1694277311**	**1129066919**	**565210392**	**121694652**
一、高等学校	532269739	271734054	152600136	119133918	50101467
1.普通高等学校	523715284	266690882	149281490	117409392	49929007
高等本科学校	423584919	216314949	117813050	98501899	42806610
高职高专学校	100130365	50375933	31468439	18907494	7122397
2.成人高等学校	8554455	5043172	3318646	1724526	172460
二、中等职业学校	174695521	93430449	62811871	30618577	7677899
1.中等专业学校	82012670	42578414	27822689	14755725	4189055
2.职业高中	64699234	34948004	24429083	10518921	2524850
#农村	30511562	16178245	11710629	4467616	1514774
3.技工学校	20239739	10221456	6785388	3436068	899943
4.成人中专学校	7743879	5682575	3774712	1907863	64052
三、中 学	832818810	563093284	402991939	160101345	32013032
1.普通中学	832226493	562796055	402769052	160027003	32012979
普通高中	283437080	188515210	137610841	50904369	9532072
#农村	121536991	83684810	63163270	20521540	5652989
普通初中	548789413	374280845	265158211	109122635	22480908
#农村	343536073	240813636	171435896	69377740	18520522
2.成人中学	592318	297229	222887	74342	52
四、小 学	913376076	639827927	422579376	217248550	29600893
1.普通小学	913294660	639816237	422570997	217245240	29600893
#农村	611051394	444272633	290488468	153784165	25110435
2.成人小学	81416	11690	8380	3310	
五、特殊教育	11721551	6992589	5060936	1931653	238105
1.特殊教育学校	11076191	6607285	4788839	1818446	234959
2.工读学校	645360	385304	272097	113207	3146
六、幼儿园	101375363	57051823	45182174	11869649	2040267
#农村	53776064	30049315	24361195	5688120	1619563
七、教育行政单位	37349376	18045830	10445356	7600474	
八、教育事业单位	67376719	29986599	18964250	11022349	
九、其 他	59131396	14114757	8430880	5683877	22990

支出明细(教育和其他部门)

单位：千元

公用部分					基本建设支出
	商品和服务支出	其他资本性支出	专项公用支出	专项项目支出	
987311954	**445618932**	**541693021**	**184598723**	**357094299**	**48525288**
245053395	130803290	114250105	64686473	49563631	15482290
241874607	129084364	112790243	63924572	48865671	15149795
193576158	109488971	84087188	50501179	33586008	13693811
48298449	19595394	28703055	13423392	15279663	1455984
3178788	1718926	1459862	761902	697960	332495
77482189	32261297	45220892	17244897	27975994	3782884
37516322	15704154	21812169	8583599	13228570	1917934
28343557	10839090	17504468	5870419	11634049	1407672
13618012	4742883	8875129	2517873	6357256	715305
9575039	4269365	5305674	2571005	2734669	443243
2047270	1448689	598581	219875	378706	14035
254840808	99853349	154987459	37712582	117274878	14884718
254545719	99766426	154779293	37683699	117095595	14884718
89089414	31420191	57669223	13477366	44191857	5832456
35323867	12089765	23234103	4694755	18539348	2528314
165456305	68346235	97110070	24206332	72903738	9052262
97392236	40059198	57333038	12457205	44875833	5330201
295089	86923	208166	28883	179283	
265612105	116964671	148647433	37002706	111644728	7936045
265542379	116961988	148580391	37002629	111577761	7936045
162063983	70822679	91241304	20086037	71155267	4714778
69726	2683	67043	76	66966	
4609864	1934042	2675822	1052003	1623819	119099
4349807	1808614	2541193	1021925	1519268	119099
260057	125428	134629	30078	104550	
42224285	15072516	27151769	5409627	21742142	2099255
22366759	6159596	16207163	2626915	13580249	1359990
17954853	11313735	6641118	2735784	3905334	1348693
35875874	20546190	15329684	6532763	8796921	1514246
43658582	16869842	26788740	12221888	14566852	1358057

1-26 各级各类教育机构财政补助

学校类别	合 计	个人部分	工资福利支出	对个人和家庭的补助支出	#助学金
总 计	**167204668**	**83964063**	**41230292**	**42733771**	**20354920**
一、高等学校	156127066	82110237	39913160	42197076	20318010
1.普通高等学校	156002454	82047254	39886270	42160984	20318010
高等本科学校	155488419	81788042	39716081	42071961	20298268
高职高专学校	514035	259212	170189	89023	19742
2.成人高等学校	124611	62983	26890	36093	
二、中等职业学校	151912	84254	54636	29618	9530
1.中等专业学校	142064	76887	48452	28435	9398
2.职业高中	5675	3979	3595	385	132
#农村					
3.技工学校					
4.成人中专学校	4173	3388	2589	799	
三、中 学	1096121	689766	481544	208222	6206
1.普通中学	1096121	689766	481544	208222	6206
普通高中	736571	460319	314711	145609	5309
#农村	81807	48530	38499	10031	299
普通初中	359550	229446	166833	62613	896
#农村	4235	3252	3158	94	56
2.成人中学					
四、小 学	461244	318195	254947	63248	1296
1.普通小学	461244	318195	254947	63248	1296
#农村	14207	10744	9869	874	741
2.成人小学					
五、特殊教育					
1.特殊教育学校					
2.工读学校					
六、幼儿园	130411	85483	79567	5916	2665
#农村	10934	7693	7258	435	140
七、教育行政单位	294670	137429	115081	22348	
八、教育事业单位	5059496	242939	151018	91921	
九、其 他	3883750	295761	180340	115421	17214

支出明细(中央教育和其他部门)

单位：千元

公用部分	商品和服务支出	其他资本性支出	专项公用支出	专项项目支出	基本建设支出
78732186	**54057276**	**24674910**	**18938383**	**5736526**	**4508419**
69531740	45479217	24052523	18536909	5515614	4485089
69470111	45418628	24051483	18535869	5515614	4485089
69215949	45304881	23911068	18448745	5462323	4484428
254162	113747	140415	87125	53290	661
61628	60589	1040	1040		
67658	52729	14929	8568	6361	
65177	51521	13656	7565	6091	
1696	880	816	545	270	
785	328	458	458		
406355	272632	133723	80322	53400	
406355	272632	133723	80322	53400	
276251	186690	89561	54422	35139	
33277	25669	7607	7460	148	
130104	85942	44162	25901	18261	
983	641	341	211	131	
143049	81445	61604	34479	27125	
143049	81445	61604	34479	27125	
3463	2454	1009	666	344	
44929	31380	13548	5880	7669	
3241	738	2504	335	2168	
157241	127072	30168	30168		
4793226	4613434	179793	167672	12121	23330
3587989	3399366	188622	74386	114237	

1-27 各级各类教育机构财政补助

学校类别	合计	个人部分	工资福利支出	对个人和家庭的补助支出	#助学金
总计	**2562909885**	**1610313248**	**1087836627**	**522476621**	**101339732**
一、高等学校	376142673	189623817	112686975	76936842	29783457
1.普通高等学校	367712830	184643628	109395220	75248409	29610997
高等本科学校	268096499	134526907	78096969	56429938	22508342
高职高专学校	99616330	50116721	31298251	18818471	7102656
2.成人高等学校	8429844	4980189	3291756	1688433	172460
二、中等职业学校	174543609	93346195	62757236	30588959	7668369
1.中等专业学校	81870606	42501527	27774237	14727290	4179657
2.职业高中	64693559	34944025	24425488	10518537	2524718
#农村	30511562	16178245	11710629	4467616	1514774
3.技工学校	20239739	10221456	6785388	3436068	899943
4.成人中专学校	7739706	5679187	3772123	1907064	64052
三、中学	831722690	562403518	402510395	159893123	32006826
1.普通中学	831130372	562106289	402287508	159818781	32006774
普通高中	282700509	188054891	137296131	50758760	9526762
#农村	121455184	83636280	63124771	20511509	5652690
普通初中	548429863	374051399	264991377	109060021	22480011
#农村	343531838	240810383	171432738	69377645	18520466
2.成人中学	592318	297229	222887	74342	52
四、小学	912914833	639509732	422324430	217185303	29599597
1.普通小学	912833417	639498042	422316050	217181992	29599597
#农村	611037188	444261890	290478599	153783291	25109693
2.成人小学	81416	11690	8380	3310	
五、特殊教育	11721551	6992589	5060936	1931653	238105
1.特殊教育学校	11076191	6607285	4788839	1818446	234959
2.工读学校	645360	385304	272097	113207	3146
六、幼儿园	101244952	56966341	45102608	11863733	2037601
#农村	53765130	30041622	24353937	5687685	1619423
七、教育行政单位	37054707	17908401	10330275	7578126	
八、教育事业单位	62317224	29743659	18813232	10930427	
九、其他	55247646	13818996	8250540	5568456	5777

支出明细(地方教育和其他部门)

单位：千元

公用部分	商品和服务支出	其他资本性支出			基本建设支出
			专项公用支出	专项项目支出	
908579768	**391561656**	**517018112**	**165660340**	**351357772**	**44016869**
175521655	85324073	90197582	46149564	44048017	10997201
172404496	83665736	88738760	45388703	43350057	10664706
124360209	64184089	60176120	32052435	28123685	9209383
48044287	19481647	28562640	13336268	15226372	1455322
3117159	1658337	1458822	760862	697960	332495
77414531	32208568	45205963	17236330	27969633	3782884
37451145	15652632	21798513	8576034	13222479	1917934
28341862	10838210	17503652	5869873	11633779	1407672
13618012	4742883	8875129	2517873	6357256	715305
9575039	4269365	5305674	2571005	2734669	443243
2046485	1448361	598124	219418	378706	14035
254434453	99580717	154853737	37632259	117221477	14884718
254139364	99493794	154645570	37603376	117042194	14884718
88813163	31233501	57579662	13422945	44156717	5832456
35290591	12064095	23226495	4687295	18539200	2528314
165326202	68260293	97065908	24180432	72885477	9052262
97391253	40058557	57332696	12456994	44875702	5330201
295089	86923	208166	28883	179283	
265469055	116883226	148585830	36968226	111617603	7936045
265399330	116880543	148518787	36968150	111550637	7936045
162060520	70820226	91240294	20085372	71154923	4714778
69726	2683	67043	76	66966	
4609864	1934042	2675822	1052003	1623819	119099
4349807	1808614	2541193	1021925	1519268	119099
260057	125428	134629	30078	104550	
42179356	15041136	27138221	5403747	21734473	2099255
22363518	6158858	16204660	2626579	13578080	1359990
17797612	11186662	6610950	2705616	3905334	1348693
31082648	15932756	15149891	6365091	8784801	1490916
40070593	13470476	26600117	12147502	14452615	1358057

1-28 各级各类教育机构财政

学校类别	合 计	个人部分	工资福利支出	对个人和家庭的补助支出	#助学金
总 计	**10337956**	**6819997**	**4423492**	**2396505**	**559362**
一、高等学校	2679416	1519259	868195	651064	247188
1.普通高等学校	2627200	1474631	834178	640453	247005
高等本科学校	1342587	650807	365446	285361	91814
高职高专学校	1284614	823824	468732	355092	155192
2.成人高等学校	52216	44628	34017	10611	183
二、中等职业学校	1397012	830795	489938	340858	137081
1.中等专业学校	768246	415340	260451	154889	50839
2.职业高中	48431	29362	16169	13192	6803
#农村	19072	9738	8005	1733	223
3.技工学校	512788	332694	185947	146747	62998
4.成人中专学校	67547	53400	27370	26029	16442
三、中 学	2819290	2028949	1394710	634239	77535
1.普通中学	2819290	2028949	1394710	634239	77535
普通高中	1022726	711864	486307	225557	33015
#农村	471186	328735	225041	103693	14795
普通初中	1796564	1317085	908403	408682	44520
#农村	1402110	1051988	736677	315310	37664
2.成人中学					
四、小 学	2698749	2004813	1375451	629362	70724
1.普通小学	2698749	2004813	1375451	629362	70724
#农村	2275054	1695958	1180477	515481	62216
2.成人小学					
五、特殊教育					
1.特殊教育学校					
2.工读学校					
六、幼儿园	484253	269419	203084	66335	26834
#农村	294005	176091	141731	34360	17681
七、教育行政单位	42458	24429	15340	9089	
八、教育事业单位	47977	34763	21813	12950	
九、其 他	168801	107570	54960	52610	

补助支出明细(企业办)

单位：千元

公用部分	商品和服务支出	其他资本性支出			基本建设支出
			专项公用支出	专项项目支出	
2899527	**1464814**	**1434713**	**652721**	**781992**	**618432**
860395	492136	368259	296838	71421	299762
852808	486007	366801	295380	71421	299762
413584	277790	135794	117382	18412	278195
439224	208217	231006	177998	53009	21566
7588	6129	1458	1458		
548531	349113	199418	136667	62752	17686
341220	206731	134489	99146	35343	11686
19070	14776	4293	3293	1000	
9334	6085	3249	2249	1000	
174094	121093	53001	32217	20784	6000
14147	6512	7635	2010	5625	
635199	260930	374269	94435	279835	155142
635199	260930	374269	94435	279835	155142
240290	96741	143550	33222	110328	70572
101507	46104	55403	13225	42178	40945
394909	164189	230720	61213	169507	84570
272862	124226	148636	42784	105853	77260
596463	246589	349874	89992	259882	97473
596463	246589	349874	89992	259882	97473
491501	202723	288777	71462	217316	87595
204684	80092	124591	26373	98219	10150
107764	39223	68541	6596	61945	10150
18030	10611	7419	3815	3604	
13214	6331	6883	868	6015	
23012	19012	3999	3734	266	38219

1-29 各级各类教育机构财政

学校类别	合 计	个人部分	工资福利支出	对个人和家庭的补助支出	#助学金
总 计	**7954571**	**5434710**	**3542449**	**1892261**	**331863**
一、高等学校	1712465	946079	493277	452802	137739
1.普通高等学校	1677489	916626	471591	445034	137606
高等本科学校	1340218	650807	365446	285361	91814
高职高专学校	337270	265818	106145	159673	45792
2.成人高等学校	34977	29453	21685	7768	133
二、中等职业学校	447488	270785	153004	117781	41841
1.中等专业学校	303466	177928	100417	77511	18868
2.职业高中	20601	9554	7339	2215	705
#农村	17111	8942	7339	1603	93
3.技工学校	86615	49952	31451	18500	5951
4.成人中专学校	36806	33351	13796	19555	16317
三、中 学	2610001	1929129	1328446	600683	71581
1.普通中学	2610001	1929129	1328446	600683	71581
普通高中	945757	683105	467695	215410	30764
#农村	467197	326134	223829	102305	14390
普通初中	1664244	1246025	860751	385274	40817
#农村	1355392	1015874	712198	303677	34702
2.成人中学					
四、小 学	2570067	1904821	1308804	596018	64983
1.普通小学	2570067	1904821	1308804	596018	64983
#农村	2210500	1644198	1143499	500699	57903
2.成人小学					
五、特殊教育					
1.特殊教育学校					
2.工读学校					
六、幼儿园	355313	217134	166806	50328	15720
#农村	267893	162732	131139	31594	15702
七、教育行政单位	42458	24429	15340	9089	
八、教育事业单位	47977	34763	21813	12950	
九、其 他	168801	107570	54960	52610	

补助支出明细(中央企业办)

单位：千元

公用部分	商品和服务支出	其他资本性支出	专项公用支出	专项项目支出	基本建设支出
1928995	**973161**	**955834**	**362963**	**592871**	**590866**
488191	336045	152146	128392	23753	278195
482667	330522	152146	128392	23753	278195
411215	276943	134272	115860	18412	278195
71452	53579	17873	12532	5341	
5523	5523				
165018	102043	62975	39799	23175	11686
113851	72360	41491	30912	10579	11686
11047	7798	3249	2249	1000	
8169	4920	3249	2249	1000	
36664	19227	17436	5890	11546	
3455	2657	798	748	50	
525730	238015	287715	89213	198501	155142
525730	238015	287715	89213	198501	155142
192081	89774	102307	31380	70927	70572
100118	45321	54797	12630	42167	40945
333650	148241	185408	57834	127574	84570
262258	118942	143317	40543	102773	77260
567772	226551	341221	87571	253651	97473
567772	226551	341221	87571	253651	97473
478707	193340	285367	70304	215063	87595
128029	34553	93476	9571	83905	10150
95011	28851	66160	5377	60783	10150
18030	10611	7419	3815	3604	
13214	6331	6883	868	6015	
23012	19012	3999	3734	266	38219

1-30 各级各类教育机构财政

学校类别	合计	个人部分	工资福利支出	对个人和家庭的补助支出	#助学金
总计	**2383385**	**1385286**	**881043**	**504244**	**227499**
一、高等学校	966951	573180	374919	198262	109449
1.普通高等学校	949712	558005	362587	195418	109399
高等本科学校	2369				
高职高专学校	947343	558005	362587	195418	109399
2.成人高等学校	17239	15175	12332	2843	50
二、中等职业学校	949524	560010	336934	223077	95240
1.中等专业学校	464780	237411	160034	77378	31971
2.职业高中	27831	19808	8830	10978	6097
#农村	1961	796	666	130	130
3.技工学校	426172	282742	154495	128247	57047
4.成人中专学校	30741	20049	13574	6475	125
三、中学	209288	99819	66264	33555	5954
1.普通中学	209288	99819	66264	33555	5954
普通高中	76969	28759	18612	10147	2252
#农村	3990	2601	1212	1388	406
普通初中	132320	71060	47652	23408	3703
#农村	46717	36113	24480	11634	2962
2.成人中学					
四、小学	128682	99991	66648	33344	5741
1.普通小学	128682	99991	66648	33344	5741
#农村	64554	51760	36978	14782	4313
2.成人小学					
五、特殊教育					
1.特殊教育学校					
2.工读学校					
六、幼儿园	128940	52285	36278	16006	11115
#农村	26112	13359	10593	2766	1979
七、教育行政单位					
八、教育事业单位					
九、其他					

补助支出明细(地方企业办)

单位：千元

公用部分	商品和服务支出	其他资本性支出	专项公用支出	专项项目支出	基本建设支出
970532	**491653**	**478879**	**289757**	**189122**	**27566**
372204	156091	216113	168446	47668	21566
370140	155485	214655	166987	47668	21566
2369	847	1522	1522		
367771	154639	213133	165465	47668	21566
2064	606	1458	1458		
383513	247070	136444	96867	39576	6000
227369	134371	92998	68234	24764	
8022	6978	1044	1044		
1165	1165				
137430	101866	35565	26327	9238	6000
10692	3855	6837	1262	5575	
109469	22915	86554	5221	81333	
109469	22915	86554	5221	81333	
48210	6967	41243	1842	39401	
1389	782	607	596	11	
61259	15948	45311	3379	41932	
10604	5284	5320	2240	3079	
28691	20038	8652	2421	6231	
28691	20038	8652	2421	6231	
12793	9383	3410	1158	2252	
76655	45539	31115	16802	14314	
12753	10372	2381	1220	1161	

1-31 各级各类教育机构

学校类别	合计	个人部分	工资福利支出	对个人和家庭的补助支出	#助学金
总计	**40720329**	**19262496**	**8073931**	**11188565**	**8930868**
一、高等学校	9566846	4595670	591528	4004142	3840578
1.普通高等学校	9563529	4592670	588528	4004142	3840578
高等本科学校	7169952	3484593	410889	3073704	2959429
高职高专学校	2393576	1108077	177639	930438	881149
2.成人高等学校	3317	3000	3000		
二、中等职业学校	4464656	2201573	921346	1280227	1148428
1.中等专业学校	1697438	811622	323649	487973	462514
2.职业高中	2022091	981375	385546	595829	559958
#农村	714546	419458	192322	227136	208318
3.技工学校	559789	308787	179455	129332	59661
4.成人中专学校	185338	99789	32695	67093	66296
三、中学	9764201	5262408	3072744	2189664	1600023
1.普通中学	9764201	5262408	3072744	2189664	1600023
普通高中	2885193	1760871	1152917	607954	444309
#农村	1534711	991079	667003	324075	264186
普通初中	6879008	3501537	1919827	1581710	1155714
#农村	3378973	1776494	946983	829511	726100
2.成人中学					
四、小学	8602740	3911630	1698485	2213145	1428392
1.普通小学	8602740	3911630	1698485	2213145	1428392
#农村	3236146	1454829	620067	834761	770158
2.成人小学					
五、特殊教育	39252	21737	13563	8174	5334
1.特殊教育学校	38786	21442	13268	8174	5334
2.工读学校	466	295	295		
六、幼儿园	8282634	3269478	1776264	1493213	908113
#农村	3891250	1728974	1012137	716837	606893
七、教育行政单位					
八、教育事业单位					
九、其他					

财政补助支出明细(民办)

单位：千元

公用部分	商品和服务支出	其他资本性支出			基本建设支出
			专项公用支出	专项项目支出	
20688195	**10794391**	**9893804**	**4440366**	**5453438**	**769637**
4248108	1521151	2726956	1174530	1552426	723069
4247790	1520834	2726956	1174530	1552426	723069
2983180	732573	2250606	847346	1403260	702180
1264611	788260	476350	327184	149166	20889
317	317				
2257488	1080278	1177210	596408	580801	5594
885516	380738	504778	120251	384527	300
1040715	436415	604300	434997	169303	
295088	168967	126121	42851	83270	
245708	202198	43510	26519	16991	5294
85549	60928	24621	14641	9980	
4501611	2573209	1928402	680751	1247651	182
4501611	2573209	1928402	680751	1247651	182
1124322	476858	647464	221640	425824	
543632	234252	309380	93315	216066	
3377289	2096351	1280938	459111	821827	182
1602297	933772	668525	138632	529893	182
4690992	2865461	1825531	1097927	727604	118
4690992	2865461	1825531	1097927	727604	118
1781200	1172945	608255	132810	475445	118
17515	11849	5665	2788	2877	
17344	11679	5665	2788	2877	
171	171				
4972482	2742442	2230040	887962	1342078	40674
2128672	1044890	1083782	437477	646304	33604

1-32 各级各类教育机构公共财政预算

学校类别	合计	个人部分	工资福利支出	对个人和家庭的补助支出	#助学金
总计	**2332736050**	**1533210210**	**1105521267**	**427688944**	**127079060**
一、高等学校	456868516	249371729	147684950	101686780	52901651
1.普通高等学校	450378109	245160499	144642475	100518024	52734193
高等本科学校	362904564	198684203	114312444	84371758	44841094
高职高专学校	87473545	46476296	30330030	16146266	7893098
2.成人高等学校	6490406	4211230	3042475	1168755	167459
二、中等职业学校	140963587	84896012	61118537	23777474	8318257
1.中等专业学校	65650422	38336069	26835267	11500802	4313489
2.职业高中	51110492	31899220	23857397	8041822	2909748
#农村	25374635	15143352	11521744	3621609	1660646
3.技工学校	17539284	9696578	6733149	2963429	955519
4.成人中专学校	6663389	4964145	3692723	1271421	139500
三、中学	710641143	513762470	395589961	118172508	32515486
1.普通中学	710124431	513477242	395371247	118105995	32515434
普通高中	235673257	171889043	134670902	37218141	9576690
#农村	105808122	78461158	62564308	15896850	5717309
普通初中	474451174	341588199	260700345	80887854	22938744
#农村	305952907	222042508	169449096	52593413	18854428
2.成人中学	516712	285228	218715	66513	52
四、小学	789907802	570340589	414228932	156111657	30191568
1.普通小学	789826554	570329067	414220621	156108446	30191568
#农村	538231516	396491005	285839754	110651251	25392113
2.成人小学	81247	11521	8311	3211	
五、特殊教育	9724924	6255017	4888893	1366124	223879
1.特殊教育学校	9225252	5929889	4629900	1299989	220759
2.工读学校	499672	325128	258993	66135	3120
六、幼儿园	94118660	55599574	45421176	10178398	2905350
#农村	51406385	30102346	24948846	5153500	2192117
七、教育行政单位	29359333	15022392	10139959	4882433	
八、教育事业单位	51489392	25915924	18264970	7650954	
九、其他	49662694	12046505	8183889	3862616	22869

教育事业费支出明细(全国)

单位：千元

公用部分	商品和服务支出	其他资本性支出		
			专项公用支出	专项项目支出
799525840	**393539878**	**405985962**	**147756398**	**258229564**
207496786	113218197	94278590	57712727	36565862
205217610	111850425	93367185	57298699	36068486
164220361	93809590	70410771	45392205	25018566
40997249	18040835	22956414	11906494	11049920
2279177	1367772	911405	414028	497377
56067576	27757397	28310178	11428522	16881657
27314353	13159569	14154784	5898778	8256006
19211273	9164680	10046593	3415271	6631322
10231282	4233575	5997708	1836932	4160776
7842706	4184551	3658155	1954919	1703236
1699244	1248598	450647	159554	291093
196878673	90187255	106691419	26216559	80474860
196647189	90116092	106531097	26206881	80324216
63784214	26996549	36787666	8882829	27904837
27346964	10937342	16409621	3330207	13079414
132862975	63119543	69743432	17324052	52419379
83910399	38369821	45540577	10066080	35474497
231484	71163	160321	9677	150644
219567213	107879262	111687950	28294436	83393514
219497487	107876579	111620908	28294360	83326548
141740511	67682368	74058143	16318540	57739603
69726	2683	67043	76	66966
3469908	1675329	1794578	761948	1032630
3295363	1566201	1729162	741041	988121
174544	109129	65416	20907	44509
38519086	15587813	22931273	4883605	18047668
21304040	6636202	14667838	2622607	12045230
14336941	9290157	5046785	2178415	2868370
25573467	14087770	11485698	4911304	6574393
37616189	13856697	23759492	11368882	12390610

1-33 各级各类教育机构公共财政预算

学校类别	合 计	个人部分	工资福利支 出	对个人和家庭的补助支出	#助学金
总 计	**138912718**	**80398453**	**42800692**	**37597761**	**20204179**
一、高等学校	128780727	74645905	38574863	36071041	19976363
1.普通高等学校	128663517	74576635	38537983	36038652	19976230
高等本科学校	128018545	74144984	38277529	35867455	19910696
高职高专学校	644971	431651	260454	171197	65534
2.成人高等学校	117210	69270	36880	32390	133
二、中等职业学校	522771	317540	192351	125189	49690
1.中等专业学校	383928	220273	136029	84244	26586
2.职业高中	24606	13533	10934	2599	837
#农村	15441	8942	7339	1603	93
3.技工学校	73859	47503	29003	18500	5951
4.成人中专学校	40378	36231	16385	19846	16317
三、中 学	3342238	2458805	1795334	663471	76374
1.普通中学	3342238	2458805	1795334	663471	76374
普通高中	1549363	1109539	780552	328987	34817
#农村	483304	354112	261398	92715	14688
普通初中	1792875	1349266	1014783	334483	41557
#农村	1175735	923496	709556	213940	34711
2.成人中学					
四、小 学	2726987	2043502	1556964	486538	66277
1.普通小学	2726987	2043502	1556964	486538	66277
#农村	1964694	1504583	1147269	357314	58642
2.成人小学					
五、特殊教育					
1.特殊教育学校					
2.工读学校					
六、幼儿园	426306	264703	219584	45119	18382
#农村	254752	158365	133903	24462	15839
七、教育行政单位	315707	140679	130421	10258	
八、教育事业单位	973642	150181	95952	54229	
九、其 他	1824340	377138	235222	141916	17092

教育事业费支出明细(中央)

单位：千元

公用部分	商品和服务支出	其他资本性支出		
			专项公用支出	专项项目支出
58514265	**39061728**	**19452537**	**15126444**	**4326094**
54134822	35937818	18197004	14573992	3623012
54086882	35890216	18196666	14573653	3623012
53873562	35741945	18131616	14515315	3616301
213320	148271	65049	58338	6711
47941	47602	339	339	
205231	142409	62821	44069	18752
163655	112069	51586	35700	15886
11073	8435	2638	1367	1270
6499	4677	1822	822	1000
26357	18920	7436	5890	1546
4146	2985	1162	1112	50
883433	498805	384627	159442	225186
883433	498805	384627	159442	225186
439823	269800	170023	81441	88582
129192	69838	59354	18330	41025
443609	229005	214604	78001	136603
252240	118161	134078	38764	95315
683486	303586	379899	117076	262824
683486	303586	379899	117076	262824
460111	193490	266621	67447	199173
161603	60827	100775	14125	86650
96387	28144	68243	5591	62652
175028	137446	37582	33978	3604
823461	704316	119145	108982	10163
1447202	1276521	170682	74779	95903

1-34 各级各类教育机构公共财政预算

学校类别	合 计	个人部分	工资福利支出	对个人和家庭的补助支出	#助学金
总 计	**2193823333**	**1452811757**	**1062720575**	**390091183**	**106874881**
一、高等学校	328087789	174725824	109110086	65615738	32925288
1.普通高等学校	321714593	170583864	106104492	64479373	32757962
高等本科学校	234886019	124539219	76034915	48504304	24930398
高职高专学校	86828574	46044645	30069576	15975069	7827564
2.成人高等学校	6373196	4141960	3005595	1136365	167326
二、中等职业学校	140440816	84578471	60926187	23652285	8268567
1.中等专业学校	65266495	38115797	26699238	11416558	4286903
2.职业高中	51085886	31885686	23846463	8039223	2908912
#农村	25359194	15134411	11514405	3620006	1660553
3.技工学校	17465424	9649075	6704146	2944929	949568
4.成人中专学校	6623011	4927913	3676338	1251575	123184
三、中 学	707298905	511303665	393794627	117509038	32439112
1.普通中学	706782194	511018437	393575913	117442524	32439060
普通高中	234123895	170779504	133890350	36889154	9541873
#农村	105324817	78107046	62302911	15804135	5702621
普通初中	472658299	340238933	259685563	80553370	22897187
#农村	304777172	221119013	168739540	52379473	18819717
2.成人中学	516712	285228	218715	66513	52
四、小 学	787180814	568297087	412671968	155625119	30125291
1.普通小学	787099567	568285566	412663657	155621908	30125291
#农村	536266822	394986422	284692485	110293937	25333471
2.成人小学	81247	11521	8311	3211	
五、特殊教育	9724924	6255017	4888893	1366124	223879
1.特殊教育学校	9225252	5929889	4629900	1299989	220759
2.工读学校	499672	325128	258993	66135	3120
六、幼儿园	93692355	55334871	45201591	10133280	2886968
#农村	51151633	29943981	24814943	5129037	2176277
七、教育行政单位	29043626	14881712	10009538	4872175	
八、教育事业单位	50515749	25765743	18169018	7596725	
九、其 他	47838354	11669367	7948667	3720700	5777

教育事业费支出明细(地方)

单位：千元

公用部分	商品和服务支出	其他资本性支出	专项公用支出	专项项目支出
741011575	**354478150**	**386533425**	**132629955**	**253903470**
153361964	77280379	76081585	43138735	32942850
151130728	75960209	75170519	42725046	32445473
110346799	58067645	52279154	30876890	21402265
40783929	17892564	22891365	11848156	11043209
2231236	1320170	911066	413689	497377
55862345	27614988	28247357	11384453	16862904
27150698	13047500	14103198	5863078	8240120
19200200	9156245	10043955	3413904	6630052
10224783	4228897	5995886	1836110	4159776
7816349	4165631	3650718	1949029	1701689
1695098	1245613	449485	158442	291043
195995241	89688450	106306791	26057117	80249674
195763757	89617287	106146470	26047439	80099031
63344391	26726748	36617643	8801388	27816255
27217771	10867505	16350267	3311878	13038389
132419366	62890538	69528827	17246052	52282776
83658159	38251660	45406499	10027317	35379182
231484	71163	160321	9677	150644
218883727	107575676	111308051	28177360	83130690
218814001	107572993	111241008	28177284	83063724
141280400	67488878	73791522	16251092	57540430
69726	2683	67043	76	66966
3469908	1675329	1794578	761948	1032630
3295363	1566201	1729162	741041	988121
174544	109129	65416	20907	44509
38357484	15526986	22830498	4869480	17961018
21207652	6608058	14599595	2617016	11982579
14161914	9152711	5009203	2144437	2864766
24750006	13383454	11366553	4802322	6564231
36168987	12580177	23588810	11294103	12294707

1-35 各级各类教育机构公共财政预算

学校类别	合 计	个人部分	工资福利支出	对个人和家庭的补助支出	#助学金
总 计	**2289598226**	**1509593810**	**1094123629**	**415470181**	**117903660**
一、高等学校	447031259	243690441	146494773	97195667	48880886
1.普通高等学校	440589773	239520307	143488014	96032293	48713610
高等本科学校	356212201	194728248	113628396	81099852	41843767
高职高专学校	84377573	44792059	29859618	14932441	6869843
2.成人高等学校	6441485	4170134	3006759	1163375	167276
二、中等职业学校	136023136	82079122	59835125	22243997	7070586
1.中等专业学校	63450021	37180690	26285416	10895273	3811176
2.职业高中	49556347	30962418	23500785	7461633	2365636
#农村	24698128	14746286	11342723	3403563	1459854
3.技工学校	16599476	9123513	6415299	2708214	836711
4.成人中专学校	6417292	4812501	3633625	1178877	57064
三、中 学	699699583	507081804	391316291	115765513	30895576
1.普通中学	699182871	506796576	391097577	115699000	30895524
普通高中	232378929	169605763	133107832	36497931	9113750
#农村	104029187	77197046	61693035	15504011	5440780
普通初中	466803942	337190813	257989745	79201068	21781774
#农村	301606048	219384563	167794885	51589678	18100273
2.成人中学	516712	285228	218715	66513	52
四、小 学	780150378	565236154	411451509	153784645	28818643
1.普通小学	780069131	565224632	411443198	153781434	28818643
#农村	533162787	393586849	284101421	109485428	24580533
2.成人小学	81247	11521	8311	3211	
五、特殊教育	9685844	6233349	4875330	1358020	218545
1.特殊教育学校	9186638	5908517	4616632	1291885	215425
2.工读学校	499206	324833	258698	66135	3120
六、幼儿园	86704194	52444885	43652545	8792340	1996554
#农村	47662468	28313143	23872557	4440586	1586498
七、教育行政单位	29317544	14998490	10124619	4873871	
八、教育事业单位	51446679	25884395	18244430	7639965	
九、其 他	49539608	11945171	8129007	3816163	22869

教育事业费支出明细(教育和其他部门)

单位：千元

公用部分	商品和服务支出	其他资本性支出	专项公用支出	专项项目支出
780004416	**382944363**	**397060053**	**143710868**	**253349186**
203340818	111669739	91671079	56464113	35206966
201069466	110308334	90761132	56051543	34709589
161483953	93074076	68409876	44590298	23819578
39585514	17234258	22351256	11461245	10890011
2271352	1361405	909947	412570	497377
53944015	26471632	27472382	11169680	16302702
26269331	12645197	13624134	5765339	7858794
18593930	8752436	9841493	3355386	6486107
9951842	4069385	5882457	1802782	4079675
7475963	3888893	3587070	1904958	1682112
1604791	1185106	419685	143997	275689
192617779	87639487	104978291	25598670	79379622
192386295	87568324	104817970	25588992	79228978
62773167	26519340	36253827	8727595	27526232
26832141	10688851	16143290	3289849	12853440
129613128	61048985	68564144	16861397	51702746
82221485	37344309	44877176	9904923	34972253
231484	71163	160321	9677	150644
214914224	105192038	109722186	27191039	82531147
214844499	105189355	109655143	27190962	82464181
139575938	66358984	73216953	16130879	57086075
69726	2683	67043	76	66966
3452495	1663533	1788962	759209	1029753
3278121	1554575	1723546	738303	985244
174374	108958	65416	20907	44509
34259309	13106072	21153237	4077744	17075493
19349325	5632145	13717180	2209228	11507952
14319054	9279684	5039371	2174605	2864766
25562284	14083316	11478969	4910576	6568393
37594437	13838862	23755576	11365231	12390344

1-36 各级各类教育机构公共财政预算

学校类别	合 计	个人部分	工资福利支 出	对个人和家庭的补助支出	#助学金
总 计	**132205912**	**75409495**	**39310270**	**36099225**	**19875502**
一、高等学校	127515883	73755726	38090964	35664762	19840442
1.普通高等学校	127428603	73710863	38075769	35635094	19840442
高等本科学校	127060646	73499215	37912139	35587076	19820700
高职高专学校	367956	211649	163630	48018	19742
2.成人高等学校	87280	44863	15195	29668	
二、中等职业学校	145574	78864	54636	24229	7877
1.中等专业学校	136234	72005	48452	23553	7746
2.职业高中	5675	3979	3595	385	132
#农村					
3.技工学校					
4.成人中专学校	3666	2880	2589	292	
三、中 学	1078324	683841	481544	202297	6132
1.普通中学	1078324	683841	481544	202297	6132
普通高中	722343	456928	314711	142218	5273
#农村	81207	48530	38499	10031	299
普通初中	355980	226912	166833	60079	859
#农村	4235	3252	3158	94	56
2.成人中学					
四、小 学	460787	317856	254945	62911	1296
1.普通小学	460787	317856	254945	62911	1296
#农村	14207	10744	9869	874	741
2.成人小学					
五、特殊教育					
1.特殊教育学校					
2.工读学校					
六、幼儿园	99242	61975	57348	4627	2662
#农村	10468	7677	7251	426	137
七、教育行政单位	273918	116778	115081	1696	
八、教育事业单位	930930	118652	75412	43240	
九、其 他	1701254	275804	180340	95464	17092

教育事业费支出明细(中央教育和其他部门)

单位：千元

公用部分	商品和服务支出	其他资本性支出	专项公用支出	专项项目支出
56796418	**38214370**	**18582048**	**14790573**	**3791475**
53760157	35700644	18059512	14453487	3606025
53717740	35658566	18059174	14453149	3606025
53561432	35553827	18007604	14402949	3604655
156308	104739	51569	50199	1370
42417	42078	339	339	
66710	51940	14770	8408	6361
64229	50733	13496	7405	6091
1696	880	816	545	270
785	328	458	458	
394483	267154	127329	79929	47400
394483	267154	127329	79929	47400
265415	182045	83370	54230	29139
32677	25215	7462	7314	148
129068	85109	43959	25698	18261
983	641	341	211	131
142931	81328	61604	34479	27125
142931	81328	61604	34479	27125
3463	2454	1009	666	344
37267	27784	9483	4720	4764
2791	687	2104	235	1868
157141	126972	30168	30168	
812278	699862	112416	108253	4163
1425451	1258685	166766	71129	95637

1-37 各级各类教育机构公共财政预算

学校类别	合 计	个人部分	工资福利支出	对个人和家庭的补助支出	#助学金
总 计	**2157392314**	**1434184315**	**1054813359**	**379370956**	**98028158**
一、高等学校	319515376	169934714	108403809	61530905	29040444
1.普通高等学校	313161170	165809444	105412245	60397199	28873168
高等本科学校	229151554	121229033	75716257	45512776	22023067
高职高专学校	84009616	44580410	29695988	14884422	6850101
2.成人高等学校	6354205	4125271	2991564	1133706	167276
二、中等职业学校	135877562	82000257	59780489	22219768	7062709
1.中等专业学校	63313787	37108685	26236964	10871721	3803430
2.职业高中	49550672	30958438	23497190	7461248	2365504
#农村	24698128	14746286	11342723	3403563	1459854
3.技工学校	16599476	9123513	6415299	2708214	836711
4.成人中专学校	6413627	4809621	3631036	1178585	57064
三、中 学	698621259	506397964	390834748	115563216	30889444
1.普通中学	698104548	506112736	390616033	115496703	30889392
普通高中	231656586	169148835	132793121	36355713	9108477
#农村	103947980	77148516	61654536	15493980	5440482
普通初中	466447961	336963901	257822912	79140989	21780915
#农村	301601813	219381311	167791727	51589584	18100217
2.成人中学	516712	285228	218715	66513	52
四、小 学	779689591	564918298	411196564	153721734	28817347
1.普通小学	779608344	564906776	411188253	153718523	28817347
#农村	533148580	393576105	284091552	109484554	24579792
2.成人小学	81247	11521	8311	3211	
五、特殊教育	9685844	6233349	4875330	1358020	218545
1.特殊教育学校	9186638	5908517	4616632	1291885	215425
2.工读学校	499206	324833	258698	66135	3120
六、幼儿园	86604952	52382910	43595197	8787714	1993892
#农村	47652000	28305466	23865306	4440160	1586361
七、教育行政单位	29043626	14881712	10009538	4872175	
八、教育事业单位	50515749	25765743	18169018	7596725	
九、其 他	47838354	11669367	7948667	3720700	5777

教育事业费支出明细(地方教育和其他部门)

单位：千元

公用部分	商品和服务支出	其他资本性支出		
			专项公用支出	专项项目支出
723207998	**344729993**	**378478005**	**128920295**	**249557711**
149580661	75969095	73611567	42010626	31600941
147351727	74649768	72701959	41598395	31103564
107922521	57520249	50402272	30187349	20214923
39429206	17129519	22299687	11411046	10888641
2228934	1319326	909608	412231	497377
53877305	26419692	27457613	11161272	16296341
26205102	12594464	13610637	5757934	7852703
18592234	8751556	9840678	3354841	6485837
9951842	4069385	5882457	1802782	4079675
7475963	3888893	3587070	1904958	1682112
1604006	1184778	419228	143539	275689
192223296	87372333	104850962	25518741	79332221
191991812	87301170	104690641	25509064	79181577
62507752	26337295	36170457	8673365	27497092
26799464	10663636	16135828	3282535	12853293
129484060	60963876	68520184	16835699	51684485
82220503	37343668	44876835	9904712	34972123
231484	71163	160321	9677	150644
214771293	105110711	109660582	27156560	82504023
214701567	105108027	109593540	27156483	82437056
139572475	66356530	73215944	16130213	57085731
69726	2683	67043	76	66966
3452495	1663533	1788962	759209	1029753
3278121	1554575	1723546	738303	985244
174374	108958	65416	20907	44509
34222042	13078288	21143754	4073025	17070729
19346534	5631458	13715077	2208993	11506084
14161914	9152711	5009203	2144437	2864766
24750006	13383454	11366553	4802322	6564231
36168987	12580177	23588810	11294103	12294707

1-38 各级各类教育机构公共财政预算

学校类别	合 计	个人部分	工资福利支出	对个人和家庭的补助支出	#助学金
总 计	**8604427**	**6117131**	**4201242**	**1915889**	**549536**
一、高等学校	2070916	1370104	777126	592977	242876
1.普通高等学校	2025312	1332008	744411	587597	242693
高等本科学校	960268	645769	365390	280379	89996
高职高专学校	1065044	686239	379021	307218	152696
2.成人高等学校	45603	38096	32715	5381	183
二、中等职业学校	1201251	730179	434687	295491	135238
1.中等专业学校	668593	371288	242689	128599	50527
2.职业高中	45831	29031	16169	12862	6803
#农村	17402	9738	8005	1733	223
3.技工学校	420541	276965	148761	128204	61470
4.成人中专学校	66286	52894	27068	25826	16439
三、中 学	2322279	1816045	1345882	470163	74436
1.普通中学	2322279	1816045	1345882	470163	74436
普通高中	832035	655790	467118	188672	30186
#农村	406054	308162	224111	84051	14795
普通初中	1490244	1160255	878764	281491	44250
#农村	1210032	948673	729462	219211	37466
2.成人中学					
四、小 学	2359639	1792158	1356182	435977	70392
1.普通小学	2359639	1792158	1356182	435977	70392
#农村	2005895	1537352	1172380	364972	61885
2.成人小学					
五、特殊教育					
1.特殊教育学校					
2.工读学校					
六、幼儿园	442755	251880	196603	55277	26595
#农村	266256	163495	137244	26251	17681
七、教育行政单位	41789	23902	15340	8562	
八、教育事业单位	42712	31530	20540	10989	
九、其 他	123086	101334	54882	46452	

教育事业费支出明细(企业办)

单位：千元

公用部分	商品和服务支出	其他资本性支出	专项公用支出	专项项目支出
2487296	**1273688**	**1213608**	**594261**	**619348**
700812	372465	328347	277173	51174
693305	366415	326889	275715	51174
314499	188965	125534	113888	11646
378806	177451	201355	161827	39528
7508	6049	1458	1458	
471072	314883	156189	115631	40558
297305	187510	109795	85377	24418
16800	14533	2266	1266	1000
7664	5842	1822	822	1000
143576	106654	36921	27407	9514
13392	6186	7206	1581	5625
506234	242175	264059	82925	181134
506234	242175	264059	82925	181134
176245	88937	87308	27854	59454
97892	45393	52499	11611	40888
329989	153238	176751	55071	121681
261359	122616	138743	40613	98130
567481	240903	326578	84885	241692
567481	240903	326578	84885	241692
468543	199892	268651	67807	200844
190876	70499	120376	25457	94919
102761	34466	68295	6460	61835
17887	10473	7414	3810	3604
11183	4454	6729	729	6000
21752	17835	3916	3651	266

1-39 各级各类教育机构公共财政预算

学校类别	合 计	个人部分	工资福利支出	对个人和家庭的补助支出	#助学金
总 计	**6706805**	**4988958**	**3490422**	**1498536**	**328677**
一、高等学校	1264844	890178	483900	406279	135922
1.普通高等学校	1234914	865772	462214	403558	135789
高等本科学校	957899	645769	365390	280379	89996
高职高专学校	277015	220003	96824	123179	45792
2.成人高等学校	29930	24407	21685	2721	133
二、中等职业学校	377197	238676	137715	100961	41813
1.中等专业学校	247694	148268	87577	60691	18840
2.职业高中	18931	9554	7339	2215	705
#农村	15441	8942	7339	1603	93
3.技工学校	73859	47503	29003	18500	5951
4.成人中专学校	36712	33351	13796	19555	16317
三、中 学	2263914	1774965	1313790	461174	70242
1.普通中学	2263914	1774965	1313790	461174	70242
普通高中	827019	652611	465841	186770	29544
#农村	402098	305582	222899	82684	14389
普通初中	1436895	1122354	847949	274404	40698
#农村	1171500	920243	706398	213846	34655
2.成人中学					
四、小 学	2266200	1725646	1302019	423627	64981
1.普通小学	2266200	1725646	1302019	423627	64981
#农村	1950487	1493839	1137400	356439	57901
2.成人小学					
五、特殊教育					
1.特殊教育学校					
2.工读学校					
六、幼儿园	327064	202728	162237	40492	15720
#农村	244285	150688	126652	24036	15702
七、教育行政单位	41789	23902	15340	8562	
八、教育事业单位	42712	31530	20540	10989	
九、其 他	123086	101334	54882	46452	

教育事业费支出明细(中央企业办)

单位：千元

公用部分	商品和服务支出	其他资本性支出	专项公用支出	专项项目支出
1717847	**847358**	**870489**	**335871**	**534619**
374665	237173	137492	120505	16987
369142	231650	137492	120505	16987
312130	188118	124012	112366	11646
57012	43532	13480	8139	5341
5523	5523			
138521	90469	48052	35661	12391
99426	61336	38089	28295	9795
9377	7555	1822	822	1000
6499	4677	1822	822	1000
26357	18920	7436	5890	1546
3361	2657	704	654	50
488950	231651	257298	79513	177785
488950	231651	257298	79513	177785
174408	87755	86654	27211	59443
96515	44623	51892	11015	40877
314541	143896	170645	52302	118342
251257	117520	133737	38553	95184
540554	222258	318296	82597	235699
540554	222258	318296	82597	235699
456648	191037	265611	66782	198830
124335	33043	91292	9406	81886
93596	27457	66139	5356	60783
17887	10473	7414	3810	3604
11183	4454	6729	729	6000
21752	17835	3916	3651	266

1-40　各级各类教育机构公共财政预算

学校类别	合　计	个人部分	工资福利支　出	对个人和家庭的补助支出	#助学金
总　计	**1897622**	**1128173**	**710820**	**417353**	**220859**
一、高等学校	806072	479925	293227	186698	106954
1.普通高等学校	790399	466236	282197	184039	106904
高等本科学校	2369				
高职高专学校	788030	466236	282197	184039	106904
2.成人高等学校	15673	13689	11030	2659	50
二、中等职业学校	824054	491503	296972	194531	93425
1.中等专业学校	420899	223020	155112	67908	31687
2.职业高中	26900	19478	8830	10647	6097
#农村	1961	796	666	130	130
3.技工学校	346682	229463	119758	109704	55519
4.成人中专学校	29574	19543	13272	6271	123
三、中　学	58365	41081	32092	8989	4194
1.普通中学	58365	41081	32092	8989	4194
普通高中	5016	3179	1277	1902	642
#农村	3956	2580	1212	1367	406
普通初中	53349	37901	30814	7087	3552
#农村	38531	28430	23064	5366	2811
2.成人中学					
四、小　学	93439	66513	54163	12350	5411
1.普通小学	93439	66513	54163	12350	5411
#农村	55408	43513	34980	8533	3984
2.成人小学					
五、特殊教育					
1.特殊教育学校					
2.工读学校					
六、幼儿园	115692	49151	34366	14785	10875
#农村	21972	12807	10592	2215	1979
七、教育行政单位					
八、教育事业单位					
九、其　他					

教育事业费支出明细(地方企业办)

单位：千元

公用部分	商品和服务支出	其他资本性支出	专项公用支出	专项项目支出
769449	**426330**	**343119**	**258390**	**84729**
326147	135292	190855	156668	34187
324163	134766	189397	155210	34187
2369	847	1522	1522	
321794	133919	187875	153688	34187
1984	526	1458	1458	
332551	224414	108137	79970	28167
197879	126173	71706	57082	14624
7422	6978	444	444	
1165	1165			
117219	87734	29485	21517	7968
10031	3529	6502	927	5575
17285	10524	6761	3411	3349
17285	10524	6761	3411	3349
1837	1183	654	643	11
1377	770	607	596	11
15448	9342	6106	2768	3338
10102	5096	5006	2060	2945
26926	18644	8282	2289	5993
26926	18644	8282	2289	5993
11895	8855	3040	1025	2015
66540	37456	29084	16051	13033
9165	7009	2156	1104	1051

1-41 各级各类教育机构公共财政预算

学校类别	合计	个人部分	工资福利支出	对个人和家庭的补助支出	#助学金
总 计	**34533397**	**17499269**	**7196395**	**10302874**	**8625864**
一、高等学校	7766341	4311185	413050	3898135	3777890
1.普通高等学校	7763024	4308185	410050	3898135	3777890
高等本科学校	5732095	3310186	318658	2991528	2907331
高职高专学校	2030928	997999	91392	906607	870559
2.成人高等学校	3317	3000	3000		
二、中等职业学校	3739200	2086711	848725	1237986	1112433
1.中等专业学校	1531809	784092	307162	476930	451786
2.职业高中	1508314	907771	340443	567328	537310
#农村	659105	387328	171015	216313	200569
3.技工学校	519266	296099	169089	127010	57339
4.成人中专学校	179811	98749	32031	66719	65998
三、中 学	8619281	4864621	2927788	1936833	1545474
1.普通中学	8619281	4864621	2927788	1936833	1545474
普通高中	2462293	1627490	1095952	531538	432754
#农村	1372881	955950	647162	308788	261734
普通初中	6156988	3237131	1831836	1405294	1112720
#农村	3136827	1709272	924749	784524	716689
2.成人中学					
四、小 学	7397784	3312277	1421241	1891035	1302532
1.普通小学	7397784	3312277	1421241	1891035	1302532
#农村	3062834	1366804	565953	800850	749695
2.成人小学					
五、特殊教育	39080	21667	13563	8104	5334
1.特殊教育学校	38614	21372	13268	8104	5334
2.工读学校	466	295	295		
六、幼儿园	6971711	2902809	1572028	1330781	882201
#农村	3477661	1625708	939045	686663	587937
七、教育行政单位					
八、教育事业单位					
九、其 他					

教育事业费支出明细(民办)

单位：千元

公用部分	商品和服务支出	其他资本性支出	专项公用支出	专项项目支出
17034128	**9321827**	**7712301**	**3451270**	**4261031**
3455156	1175993	2279163	971441	1307722
3454839	1175676	2279163	971441	1307722
2421910	546549	1875360	688018	1187342
1032929	629126	403803	283423	120381
317	317			
1652489	970882	681607	143210	538397
747717	326862	420855	48062	372793
600544	397710	202833	58619	144215
271777	158348	113429	33328	80101
223167	189004	34163	22554	11610
81061	57306	23756	13976	9780
3754660	2305592	1449068	534964	914104
3754660	2305592	1449068	534964	914104
834803	388271	446531	127380	319152
416931	203098	213833	28747	185085
2919858	1917321	1002537	407585	594952
1427555	902897	524659	120545	404114
4085508	2446321	1639187	1018512	620674
4085508	2446321	1639187	1018512	620674
1696030	1123492	572538	119854	452684
17412	11796	5616	2739	2877
17242	11626	5616	2739	2877
171	171			
4068902	2411242	1657660	780404	877256
1851953	969591	882362	406919	475443

1-42 各级各类学校生均教育经费支出(教育和其他部门)

单位：元

学校类别	教育经费支出	个人和公用部分支出			基本建设支出
			个人部分	公用部分	
总　计	**15100.14**	**14865.67**	**8957.93**	**5907.74**	**234.47**
一、高等学校	28991.70	28427.48	14038.82	14388.65	564.22
1.普通高等学校	29470.65	28899.21	14259.58	14639.63	571.43
高等本科学校	32793.76	32093.78	15914.94	16178.84	699.99
高职高专学校	20115.28	19905.75	9599.36	10306.40	209.53
2.成人高等学校	15311.88	14953.67	7733.44	7220.23	358.21
二、中等职业学校	15722.29	15417.46	8075.11	7342.35	304.83
1.中等专业学校	15287.68	14970.24	7681.15	7289.09	317.45
2.职业高中	16287.26	15958.33	8405.00	7553.33	328.93
#农村	13264.63	12971.14	6783.17	6187.97	293.49
3.技工学校	14009.85	13754.66	6804.62	6950.04	255.19
4.成人中专学校	24777.77	24737.83	17110.12	7627.71	39.94
三、中　学	14696.92	14449.19	9630.52	4818.67	247.73
1.普通中学	14696.87	14448.95	9632.83	4816.11	247.92
普通高中	15072.35	14800.76	9377.84	5422.92	271.59
#农村	12139.37	11921.61	7689.68	4231.93	217.76
普通初中	14487.77	14253.03	9774.84	4478.19	234.74
#农村	13082.75	12882.19	9096.53	3785.66	200.56
2.成人中学	14752.83	14752.83	6717.61	8035.22	
四、小　学	10468.94	10379.03	7281.11	3097.92	89.91
1.普通小学	10468.73	10378.81	7281.48	3097.34	89.92
#农村	9909.85	9834.01	7168.75	2665.26	75.84
2.成人小学	13592.89	13592.89	1951.61	11641.28	
五、特殊教育	58922.56	58336.14	34717.83	23618.31	586.42
1.特殊教育学校	58169.84	57556.77	34301.89	23254.88	613.07
2.工读学校	75488.53	75488.53	43871.85	31616.69	
六、幼儿园	7437.56	7323.77	4096.40	3227.37	113.79
#农村	5269.38	5168.95	2789.43	2379.53	100.43

1-43 各级各类学校生均公共财政预算教育经费支出(教育和其他部门)

单位：元

学校类别	公共财政预算教育经费支出	事业费支出	个人部分	公用部分	基本建设支出
总 计	**11463.33**	**11225.42**	**7401.22**	**3824.20**	**237.91**
一、高等学校	18917.79	18284.53	9967.46	8317.07	633.26
1.普通高等学校	18767.44	18143.57	9863.49	8280.08	623.87
高等本科学校	21074.77	20294.59	11094.31	9200.27	780.18
高职高专学校	12751.14	12534.84	6654.15	5880.69	216.30
2.成人高等学校	41034.37	39020.23	25261.19	13759.04	2014.14
二、中等职业学校	11265.91	10961.07	6614.13	4346.94	304.83
1.中等专业学校	10819.37	10501.92	6153.96	4347.96	317.45
2.职业高中	11908.74	11579.81	7234.98	4344.84	328.93
#农村	10427.21	10133.72	6050.45	4083.27	293.49
3.技工学校	9812.01	9556.82	5252.68	4304.14	255.19
4.成人中专学校	18300.55	18260.62	13694.13	4566.49	39.94
三、中 学	11892.86	11645.13	8439.38	3205.75	247.73
1.普通中学	11893.69	11645.76	8441.33	3204.43	247.92
普通高中	11092.55	10820.96	7897.86	2923.09	271.59
#农村	9177.67	8959.91	6648.89	2311.02	217.76
普通初中	12339.83	12105.08	8743.98	3361.11	234.74
#农村	11549.36	11348.79	8254.97	3093.82	200.56
2.成人中学	10846.86	10846.86	5987.53	4859.33	
四、小 学	8928.67	8838.76	6403.88	2434.88	89.91
1.普通小学	8928.36	8838.44	6404.18	2434.26	89.92
#农村	8652.60	8576.75	6331.46	2245.30	75.84
2.成人小学	13563.82	13563.82	1923.45	11640.37	
五、特殊教育	48278.09	47691.67	30692.09	16999.58	586.42
1.特殊教育学校	47902.03	47288.96	30414.57	16874.40	613.07
2.工读学校	56554.49	56554.49	36799.89	19754.60	
六、幼儿园	4813.73	4699.93	2842.85	1857.08	113.79
#农村	3620.02	3519.59	2090.76	1428.83	100.43

1-44 各级各类学校生均教育经费支出(中央教育和其他部门)

单位：元

学校类别	教育经费支出	个人和公用部分支出			基本建设支出
			个人部分	公用部分	
总 计	**52119.60**	**51245.48**	**23563.87**	**27681.61**	**874.12**
一、高等学校	51674.80	50757.63	23956.21	26801.42	917.17
1.普通高等学校	51617.73	50699.99	23936.50	26763.49	917.74
高等本科学校	51835.69	50910.50	24033.99	26876.51	925.19
高职高专学校	25256.85	25240.35	12145.91	13094.45	16.50
2.成人高等学校	-	-	-	-	-
二、中等职业学校	35470.92	35470.92	19739.72	15731.19	
1.中等专业学校	28418.79	28418.79	14801.47	13617.33	
2.职业高中	160818.91	160818.91	96140.84	64678.07	
#农村					
3.技工学校	11436.29	11436.29	9132.38	2303.91	
4.成人中专学校					
三、中 学	26563.12	26563.12	16920.23	9642.89	
1.普通中学	26563.12	26563.12	16920.23	9642.89	
普通高中	31824.59	31824.59	20661.27	11163.33	
#农村	33756.73	33756.73	25364.46	8392.28	
普通初中	20330.17	20330.17	12488.45	7841.72	
#农村	19670.35	19670.35	13698.28	5972.07	
2.成人中学					
四、小 学	12932.27	12932.27	8637.36	4294.91	
1.普通小学	12932.27	12932.27	8637.36	4294.91	
#农村	20738.68	20738.68	13815.61	6923.07	
2.成人小学					
五、特殊教育					
1.特殊教育学校					
2.工读学校					
六、幼儿园	12284.32	12284.32	9151.55	3132.78	
#农村	10187.03	10187.03	7956.06	2230.96	

1-45 各级各类学校生均公共财政预算教育经费支出(中央教育和其他部门)

单位：元

学校类别	公共财政预算教育经费支出	事业费支出			基本建设支出
			个人部分	公用部分	
总 计	**29355.59**	**28387.53**	**16192.09**	**12195.45**	**968.06**
一、高等学校	30070.93	29049.19	16802.17	12247.01	1021.74
1.普通高等学校	30055.67	29033.78	16794.54	12239.24	1021.90
高等本科学校	30247.89	29216.73	16900.64	12316.08	1031.16
高职高专学校	9197.74	9181.24	5281.05	3900.19	16.50
2.成人高等学校	-	-	-	-	-
二、中等职业学校	14824.26	14824.26	8031.00	6793.27	
1.中等专业学校	16605.76	16605.76	8776.76	7829.00	
2.职业高中	9288.18	9288.18	6512.98	2775.19	
#农村					
3.技工学校					
4.成人中专学校					
三、中 学	15169.28	15169.28	9619.90	5549.38	
1.普通中学	15169.28	15169.28	9619.90	5549.38	
普通高中	18739.29	18739.29	11853.80	6885.49	
#农村	19991.81	19991.81	11947.31	8044.50	
普通初中	10940.11	10940.11	6973.55	3966.56	
#农村	4705.42	4705.42	3613.73	1091.69	
2.成人中学					
四、小 学	9070.26	9070.26	6256.77	2813.50	
1.普通小学	9070.26	9070.26	6256.77	2813.50	
#农村	3834.41	3834.41	2899.73	934.68	
2.成人小学					
五、特殊教育					
1.特殊教育学校					
2.工读学校					
六、幼儿园	742.73	742.73	463.82	278.91	
#农村	1769.71	1769.71	1297.87	471.84	

1-46　各级各类学校生均教育经费支出(地方教育和其他部门)

单位：元

学校类别	教育经费支出	个人和公用部分支出	个人部分	公用部分	基本建设支出
总　计	**14153.98**	**13935.85**	**8584.62**	**5351.23**	**218.12**
一、高等学校	24072.68	23585.00	11888.16	11696.84	487.68
1.普通高等学校	24465.50	23972.34	12072.64	11899.69	493.17
高等本科学校	26521.86	25896.05	13240.74	12655.31	625.81
高职高专学校	20085.45	19874.81	9584.58	10290.22	210.65
2.成人高等学校	14890.81	14531.43	7575.97	6955.46	359.39
二、中等职业学校	15706.65	15401.57	8065.87	7335.71	305.08
1.中等专业学校	15269.83	14951.95	7671.47	7280.48	317.88
2.职业高中	16266.62	15937.65	8392.47	7545.18	328.98
#农村	13264.63	12971.14	6783.17	6187.97	293.49
3.技工学校	14011.33	13756.00	6803.27	6952.73	255.34
4.成人中专学校	24762.34	24722.40	17097.33	7625.07	39.94
三、中　学	14682.86	14434.84	9621.89	4812.95	248.02
1.普通中学	14682.81	14434.59	9624.20	4810.39	248.22
普通高中	15042.23	14770.15	9357.55	5412.60	272.08
#农村	12131.81	11913.97	7683.49	4230.48	217.84
普通初中	14482.84	14247.90	9772.55	4475.35	234.94
#农村	13082.53	12881.96	9096.37	3785.58	200.57
2.成人中学	14752.83	14752.83	6717.61	8035.22	
四、小　学	10467.52	10377.56	7280.33	3097.23	89.96
1.普通小学	10467.31	10377.34	7280.69	3096.65	89.97
#农村	9909.21	9833.36	7168.35	2665.01	75.85
2.成人小学	13592.89	13592.89	1951.61	11641.28	
五、特殊教育	58922.56	58336.14	34717.83	23618.31	586.42
1.特殊教育学校	58169.84	57556.77	34301.89	23254.88	613.07
2.工读学校	75488.53	75488.53	43871.85	31616.69	
六、幼儿园	7402.20	7287.58	4059.51	3228.06	114.62
#农村	5267.23	5166.76	2787.17	2379.59	100.47

1-47 各级各类学校生均公共财政预算教育经费支出(地方教育和其他部门)

单位：元

学校类别	公共财政预算教育经费支出	事业费支出	个人部分	公用部分	基本建设支出
总　计	**11045.25**	**10824.40**	**7195.81**	**3628.59**	**220.85**
一、高等学校	16477.06	15928.82	8471.77	7457.05	548.24
1.普通高等学校	16277.12	15741.06	8334.42	7406.64	536.06
高等本科学校	18053.30	17355.79	9181.81	8173.98	697.51
高职高专学校	12772.42	12554.93	6662.38	5892.55	217.49
2.成人高等学校	40672.21	38649.79	25092.18	13557.61	2022.42
二、中等职业学校	11263.09	10958.01	6613.01	4345.00	305.08
1.中等专业学校	10811.50	10493.62	6150.39	4343.23	317.88
2.职业高中	11909.12	11580.14	7235.08	4345.06	328.98
#农村	10427.21	10133.72	6050.45	4083.27	293.49
3.技工学校	9817.69	9562.36	5255.73	4306.63	255.34
4.成人中专学校	18290.12	18250.19	13685.94	4564.25	39.94
三、中　学	11888.98	11640.96	8437.99	3202.97	248.02
1.普通中学	11889.80	11641.59	8439.93	3201.65	248.22
普通高中	11078.80	10806.72	7890.75	2915.97	272.08
#农村	9173.88	8956.05	6647.03	2309.01	217.84
普通初中	12341.01	12106.07	8745.47	3360.60	234.94
#农村	11549.59	11349.02	8255.13	3093.89	200.57
2.成人中学	10846.86	10846.86	5987.53	4859.33	
四、小　学	8928.59	8838.63	6403.96	2434.67	89.96
1.普通小学	8928.28	8838.31	6404.27	2434.04	89.97
#农村	8652.89	8577.04	6331.66	2245.37	75.85
2.成人小学	13563.82	13563.82	1923.45	11640.37	
五、特殊教育	48278.09	47691.67	30692.09	16999.58	586.42
1.特殊教育学校	47902.03	47288.96	30414.57	16874.40	613.07
2.工读学校	56554.49	56554.49	36799.89	19754.60	
六、幼儿园	4843.43	4728.80	2860.21	1868.59	114.62
#农村	3620.82	3520.35	2091.10	1429.25	100.47

第二部分

各地区按来源分类教育经费收入

2-1 教育经费总收入

单位：千元

地区	总计			教育部门和其他部门			企业办学			民办学校
	合计	中央	地方	合计	中央	地方	合计	中央	地方	地方
合计	**3561746267**	**296128599**	**3265617668**	**3221338713**	**284800570**	**2936538143**	**19716411**	**11328029**	**8388382**	**320691143**
北京	201157921	89445422	111712499	192681716	89426524	103255191	411993	18898	393095	8064212
天津	64049688	7992326	56057363	60823340	7977059	52846282	534320	15267	519053	2692028
河北	130538833	1922421	128616412	119898161	1829283	118068878	768883	93138	675745	9871789
山西	84519292	95658	84423634	78073334	95658	77977677	292836		292836	6153121
内蒙古	70910899	189598	70721301	68442535	189598	68252937	171147		171147	2297216
辽宁	96362866	8551157	87811709	88501264	8551157	79950108	449606		449606	7411995
吉林	67294364	7541971	59752393	62681675	7541971	55139703	93899		93899	4518790
黑龙江	80424227	10023836	70400390	75546901	8549096	66997805	1533517	1474740	58777	3343808
上海	128010284	26698759	101311525	118514918	26698759	91816159	347120		347120	9148246
江苏	245369222	20731494	224637729	225813740	20662249	205151491	273543	69245	204298	19281939
浙江	186186108	10503961	175682147	158139543	10503961	147635582	121581		121581	27924984
安徽	121591217	5806263	115784954	110634840	5803069	104831771	430860	3193	427666	10525517
福建	105851866	5568573	100283293	95808903	5568573	90240330	20259		20259	10022704
江西	97453154	124177	97328978	88984546	123607	88860939	27630	570	27061	8440978
山东	215497360	9174766	206322593	197211644	9174766	188036878	2036116		2036116	16249599
河南	174915035	804048	174110987	150390789	701487	149689301	452072	102561	349512	24072174
湖北	136490076	22139483	114350593	124182475	21869977	102312498	440349	269506	170843	11867252
湖南	128817069	6584688	122232381	114957312	6545382	108411930	202699	39306	163393	13657057
广东	316524481	11775423	304749058	256754164	11526242	245227922	438587	249181	189406	59331730
广西	101295440	179853	101115587	94099927	179853	93920074	33082		33082	7162430
海南	28161002	61380	28099622	24953560	61380	24892181	32468		32468	3174973
重庆	86156115	6446085	79710030	77572146	6424157	71147990	103054	21928	81126	8480915
四川	179095207	14999582	164095624	159163220	14711737	144451483	661479	287846	373634	19270507
贵州	92871181	97715	92773466	87360123	97715	87262407	104415		104415	5406643
云南	104953273	399390	104553883	98220009	399390	97820619	278990		278990	6454274
西藏	19203190	8850	19194340	19061453	8850	19052602				141737
陕西	111983534	15239152	96744383	100559998	15239152	85320846	303443		303443	11120094
甘肃	64780244	3434776	61345469	62715612	3434776	59280837	325860		325860	1738772
青海	20745121	10116	20735005	20121826	10116	20111710	45268		45268	578027
宁夏	20390156	757578	19632578	19076676	757578	18319098	61866		61866	1251614
新疆	80147843	8820099	71327743	70392362	137451	70254911	8719464	8682648	36816	1036016
大连	13978730	48480	13930250	12971830	48480	12923350	21258		21258	985643
宁波	26272042	5918	26266124	21329909	5918	21323992				4942132
厦门	13750744	3050	13747694	12319456	3050	12316406				1431287
青岛	26463632		26463632	24172632		24172632	194930		194930	2096071
深圳	45656803	159628	45497175	34181973	159628	34022345				11474830

注：辽宁数据包含大连，浙江数据包含宁波，福建数据包含厦门，山东数据包含青岛，广东数据包含深圳，以下同。

2-2 国家财政性教育经费

单位：千元

地区	总计			教育部门和其他部门			企业办学			民办学校
	合计	中央	地方	合计	中央	地方	合计	中央	地方	地方
合计	**2870972113**	**196837924**	**2674134190**	**2816964458**	**187213364**	**2629751094**	**13822710**	**9624560**	**4198150**	**40184946**
北京	157455414	59347672	98107742	156889401	59334540	97554861	232095	13132	218963	333918
天津	53444965	5694336	47750630	53125650	5684055	47441595	303624	10281	293344	15691
河北	108732863	1402984	107329879	107991735	1341304	106650431	266775	61680	205095	474353
山西	72425090	89454	72335636	71596305	89454	71506851	136136		136136	692650
内蒙古	63429154	182464	63246690	62965657	182464	62783193	93180		93180	370317
辽宁	77003777	5985659	71018118	76696487	5985659	70710827	152554		152554	154737
吉林	54791428	4565284	50226143	54483251	4565284	49917967	49092		49092	259084
黑龙江	67651193	6869778	60781415	66367774	5675392	60692381	1224869	1194385	30483	58550
上海	98946969	16304768	82642201	97620041	16304768	81315273	214494		214494	1112434
江苏	196003848	14094647	181909201	193323886	14060571	179263314	114762	34075	80686	2565200
浙江	134413341	5190630	129222711	130336505	5190630	125145875	27581		27581	4049255
安徽	100347754	4621142	95726612	99256509	4618719	94637791	192007	2423	189584	899237
福建	84311187	3308791	81002396	83602808	3308791	80294017	9851		9851	698529
江西	81586480	122660	81463821	80808880	122090	80686790	11676	570	11107	765924
山东	179452695	5982866	173469829	174405563	5982866	168422697	1268891		1268891	3778241
河南	137460807	675156	136785651	133992706	623430	133369277	171545	51726	119819	3296556
湖北	105343346	14987959	90355387	104595848	14939319	89656529	145973	48640	97332	601526
湖南	99953063	4545039	95408024	98249862	4540026	93709836	77898	5013	72885	1625303
广东	233657533	7543575	226113958	223623301	7325165	216298136	332861	218410	114451	9701371
广西	84856641	179853	84676787	84282113	179853	84102259	7864		7864	566664
海南	23405066	29529	23375537	23206847	29529	23177319	14664		14664	183554
重庆	68111621	4101988	64009633	66238345	4096221	62142125	49599	5768	43832	1823677
四川	142579641	8957321	133622320	140273298	8791534	131481764	306523	165787	140736	1999820
贵州	80489236	97715	80391521	79942572	97715	79844857	57582		57582	489082
云南	90785207	389522	90395685	89958380	389522	89568858	134307		134307	692520
西藏	18938817	8850	18929967	18846825	8850	18837974				91992
陕西	87901741	10359724	77542016	85481128	10359724	75121404	150243		150243	2270369
甘肃	57788521	2602456	55186065	57380117	2602456	54777661	229259		229259	179144
青海	19062689	991	19061698	18808964	991	18807973	18183		18183	235542
宁夏	17623985	658985	16964999	17491215	658985	16832229	6794		6794	125977
新疆	73018041	7936127	65081915	65122486	123457	64999029	7821828	7812670	9159	73727
大连	12295639	23402	12272237	12259568	23402	12236166	5446		5446	30625
宁波	20105971	5918	20100054	19049271	5918	19043353				1056700
厦门	11574333	350	11573983	11385847	350	11385497				188486
青岛	23392024		23392024	23175464		23175464	107716		107716	108844
深圳	34158717	159628	33999089	30420190	159628	30260563				3738526

2-3 公共财政预算安排的教育经费

单位：千元

地区	总计			教育部门和其他部门			企业办学			民办学校
	合计	中央	地方	合计	中央	地方	合计	中央	地方	地方
合计	**2809892650**	**162823853**	**2647068797**	**2760282133**	**155226623**	**2605055510**	**9783259**	**7597231**	**2186029**	**39827258**
北京	146402258	49736041	96666217	145941691	49736041	96205650	128332		128332	332235
天津	52118284	4574893	47543391	51889520	4574893	47314627	213073		213073	15691
河北	107984009	1167685	106816325	107389106	1167685	106221422	121375		121375	473528
山西	65765393	165	65765228	65057713	165	65057548	15115		15115	692566
内蒙古	62865958	85451	62780507	62473695	85451	62388244	22046		22046	370217
辽宁	75023436	4804307	70219130	74866185	4804307	70061878	6142		6142	151110
吉林	54312114	4369754	49942361	54054407	4369754	49684654	111		111	257596
黑龙江	65343762	4788247	60555515	64758226	4283442	60474784	526986	504806	22180	58550
上海	95754858	13772006	81982853	94451432	13772006	80679426	196860		196860	1106566
江苏	191736833	11141769	180595064	189313394	11132657	178180736	57624	9112	48512	2365815
浙江	130990702	3111044	127879658	126939803	3111044	123828759	23582		23582	4027316
安徽	98780916	3577532	95203384	97789219	3575643	94213577	92605	1889	90716	899091
福建	82987665	2748947	80238718	82289869	2748947	79540922	4349		4349	693447
江西	81170334		81170334	80400844		80400844	5065		5065	764426
山东	176297762	5177106	171120656	171992989	5177106	166815883	532065		532065	3772708
河南	136335976	213012	136122965	133004317	213012	132791305	43169		43169	3288490
湖北	102736060	13054294	89681765	102067217	13031930	89035287	70820	22365	48455	598023
湖南	98790955	3957301	94833654	97109674	3952288	93157386	56524	5013	51511	1624758
广东	231382184	6370585	225011600	221463183	6199985	215263198	252218	170600	81619	9666783
广西	83915501	9808	83905694	83348443	9808	83338635	6158		6158	560900
海南	23129116	16239	23112878	22943399	16239	22927160	3284		3284	182434
重庆	66810680	3620001	63190679	64955103	3614233	61340870	32496	5768	26728	1823082
四川	140215066	7726750	132488316	138069949	7624877	130445072	193494	101873	91622	1951622
贵州	80078797	25583	80053214	79534304	25583	79508721	55410		55410	489082
云南	89801907	203569	89598338	89071294	203569	88867725	45013		45013	685600
西藏	18436988	2043	18434945	18344996	2043	18342953				91992
陕西	85627775	8981532	76646243	83281335	8981532	74299803	77077		77077	2269364
甘肃	57092617	2259359	54833258	56706183	2259359	54446824	207354		207354	179079
青海	18968469	991	18967478	18721182	991	18720190	11745		11745	235542
宁夏	17414880	549628	16865252	17282170	549628	16732541	6794		6794	125917
新疆	71621393	6778212	64843180	64771292	2407	64768886	6776373	6775806	567	73727
大连	12254683		12254683	12219868		12219868	4191		4191	30625
宁波	19857991	5918	19852074	18804462	5918	18798544				1053529
厦门	11250833	350	11250483	11062937	350	11062587				187896
青岛	23273899		23273899	23146947		23146947	18109		18109	108844
深圳	33846775		33846775	30108328		30108328				3738446

2-4 公共财政教育经费

单位：千元

地区	总计			教育部门和其他部门			企业办学			民办学校
	合计	中央	地方	合计	中央	地方	合计	中央	地方	地方
合计	**2586187400**	**137976825**	**2448210576**	**2538379605**	**130865460**	**2407514144**	**9098972**	**7111364**	**1987608**	**38708824**
北京	124788523	40045097	84743427	124328006	40045097	84282909	128332		128332	332185
天津	50374133	3951344	46422789	50168145	3951344	46216801	190297		190297	15691
河北	101194613	1087332	100107281	100609692	1087332	99522360	113755		113755	471166
山西	59888633	21	59888612	59189580	21	59189559	15115		15115	683938
内蒙古	51876886	17297	51859589	51501079	17297	51483782	7826		7826	367981
辽宁	65239858	4294736	60945122	65083206	4294736	60788470	6142		6142	150510
吉林	51054989	4008690	47046299	50797341	4008690	46788651	111		111	257536
黑龙江	61400665	4096587	57304078	60818069	3592264	57225805	526504	504324	22180	56093
上海	85350055	11397817	73952238	84072235	11397817	72674418	187488		187488	1090331
江苏	184076134	9719199	174356935	181762169	9710087	172052082	57624	9112	48512	2256340
浙江	124738190	2651067	122087123	120825617	2651067	118174550	11628		11628	3900945
安徽	88145717	2473115	85672602	87159146	2471225	84687921	89545	1889	87656	897026
福建	77213948	2489074	74724874	76534201	2489074	74045127	1349		1349	678398
江西	78341801		78341801	77586774		77586774	5065		5065	749963
山东	173416252	4726919	168689333	169128068	4726919	164401149	525914		525914	3762270
河南	115234416	172598	115061818	111955020	172598	111782422	39642		39642	3239754
湖北	97024143	11003993	86020150	96358311	10981629	85376682	70410	22365	48045	595423
湖南	94750778	3361897	91388881	93078424	3356884	89721540	53863	5013	48850	1618491
广东	209136145	4852367	204283779	199792269	4715628	195076641	203014	136739	66275	9140863
广西	78942676	8360	78934316	78377184	8360	78368824	6158		6158	559334
海南	20661357	16239	20645118	20476734	16239	20460496	3284		3284	181339
重庆	55366462	3373690	51992773	53550343	3367922	50182420	30567	5768	24799	1785553
四川	131418110	7030714	124387395	129382444	6945282	122437162	173250	85433	87817	1862416
贵州	76629918	24915	76605002	76103311	24915	76078395	55089		55089	471518
云南	75856566	54672	75801894	75154323	54672	75099651	42614		42614	659629
西藏	17893652	530	17893122	17801660	530	17801130				91992
陕西	82761187	8081921	74679266	80458313	8081921	72376391	75477		75477	2227397
甘肃	52130950	2145661	49985288	51834345	2145661	49688683	119083		119083	177522
青海	16320675	991	16319684	16074182	991	16073191	11745		11745	234747
宁夏	14466966	549238	13917727	14341426	549238	13792188	6794		6794	118746
新疆	70493002	6340742	64152260	64077986	20	64077966	6341290	6340722	567	73727
大连	10929082		10929082	10894266		10894266	4191		4191	30625
宁波	18636771	5918	18630854	17617148	5918	17611230				1019624
厦门	10190988	350	10190638	10015488	350	10015138				175500
青岛	23225985		23225985	23099033		23099033	18109		18109	108844
深圳	30523668		30523668	27186480		27186480				3337188

2-5 教育事业费

单位：千元

地区	总计			教育部门和其他部门			企业办学			民办学校
	合计	中央	地方	合计	中央	地方	合计	中央	地方	地方
合计	**2398599923**	**132655406**	**2265944517**	**2355415859**	**126164391**	**2229251468**	**8374843**	**6491015**	**1883828**	**34809221**
北京	111966345	38131951	73834393	111532835	38131951	73400884	123949		123949	309560
天津	48132032	3951344	44180688	47935297	3951344	43983953	181297		181297	15438
河北	96204105	1053099	95151006	95627976	1053099	94574877	113755		113755	462374
山西	56392110	21	56392089	55709987	21	55709966	14052		14052	668071
内蒙古	48038286	17297	48020989	47668227	17297	47650930	7826		7826	362233
辽宁	60886733	4122486	56764247	60761871	4122486	56639385	6142		6142	118720
吉林	48175020	3968690	44206331	47919847	3968690	43951157	109		109	255065
黑龙江	58977687	4049487	54928200	58401239	3551264	54849976	520404	498224	22180	56043
上海	71901190	10786317	61114873	71103688	10786317	60317371	187488		187488	610014
江苏	164853792	9459769	155394023	162988227	9450657	153537570	55373	9112	46261	1810192
浙江	112701806	2631067	110070738	109252611	2631067	106621544	11078		11078	3438116
安徽	82780542	2463115	80317427	81847064	2461225	79385839	89442	1889	87552	844036
福建	71283714	2404304	68879410	70631704	2404304	68227400	1349		1349	650661
江西	74248556		74248556	73505697		73505697	5065		5065	737794
山东	162062970	4231919	157831050	158046473	4231919	153814554	489047		489047	3527450
河南	108079074	172598	107906476	104848685	172598	104676087	23243		23243	3207146
湖北	96613923	10593773	86020150	95948091	10571409	85376682	70410	22365	48045	595423
湖南	88679367	3262897	85416469	87402770	3257884	84144887	53863	5013	48850	1222733
广东	188106086	4759357	183346729	179959725	4622618	175337107	203010	136739	66271	7943351
广西	74723345	8360	74714985	74161033	8360	74152673	6158		6158	556154
海南	19645829	16239	19629591	19462442	16239	19446203	3284		3284	180104
重庆	51494702	3323690	48171012	49801648	3317922	46483725	30567	5768	24799	1662488
四川	124499504	6937214	117562290	122622002	6851782	115770221	172967	85433	87534	1704535
贵州	72785641	24915	72760725	72270331	24915	72245416	54410		54410	460899
云南	71015267	54672	70960594	70382613	54672	70327940	40883		40883	591771
西藏	16178270	530	16177740	16086278	530	16085748				91992
陕西	78439021	7891861	70547160	76211602	7891861	68319741	75402		75402	2152017
甘肃	47726864	2088661	45638203	47464227	2088661	45375566	88693		88693	173945
青海	13234373	991	13233382	13013324	991	13012333	11745		11745	209303
宁夏	13320780	522288	12798492	13195240	522288	12672952	6794		6794	118746
新疆	65452990	5726493	59726497	59653104	20	59653084	5727040	5726473	567	72845
大连	9986232		9986232	9979624		9979624	4191		4191	2417
宁波	15979178	5918	15973261	15167867	5918	15161949				811311
厦门	8551306	350	8550956	8383048	350	8382698				168259
青岛	21131265		21131265	21011813		21011813	12909		12909	106544
深圳	22400009		22400009	19911247		19911247				2488762

2-6 基本建设经费

单位：千元

地区	总计			教育部门和其他部门			企业办学			民办学校
	合计	中央	地方	合计	中央	地方	合计	中央	地方	地方
合计	**49396420**	**5321419**	**44075002**	**48300231**	**4701069**	**43599162**	**631349**	**620349**	**11000**	**464840**
北京	4382526	1913146	2469380	4380756	1913146	2467610				1770
天津	164475		164475	159475		159475	5000		5000	
河北	729077	34234	694844	729077	34234	694844				
山西	504245		504245	504245		504245				
内蒙古	1281958		1281958	1281958		1281958				
辽宁	882778	172250	710528	882778	172250	710528				
吉林	387532	40000	347532	387532	40000	347532				
黑龙江	610077	47100	562977	603977	41000	562977	6100	6100		
上海	2625950	611500	2014450	2625950	611500	2014450				
江苏	595175	259430	335745	595175	259430	335745				
浙江	1063557	20000	1043557	1063557	20000	1043557				
安徽	1182102	10000	1172102	1181802	10000	1171802				300
福建	885505	84770	800735	885505	84770	800735				
江西	1475139		1475139	1472599		1472599				2540
山东	894830	495000	399830	888830	495000	393830	6000		6000	
河南	2388612		2388612	2386212		2386212				2400
湖北	410220	410220		410220	410220					
湖南	1345626	99000	1246626	1345626	99000	1246626				
广东	6727014	93010	6634004	6302014	93010	6209004				425000
广西	2290149		2290149	2290149		2290149				
海南	289101		289101	289101		289101				
重庆	1405520	50000	1355520	1405520	50000	1355520				
四川	1996427	93500	1902927	1996427	93500	1902927				
贵州	1735044		1735044	1735044		1735044				
云南	1599299		1599299	1596609		1596609				2690
西藏	1470036		1470036	1470036		1470036				
陕西	1662506	190060	1472446	1656746	190060	1466686				5760
甘肃	2485380	57000	2428380	2485380	57000	2428380				
青海	2683138		2683138	2658758		2658758				24380
宁夏	421650	26950	394700	421650	26950	394700				
新疆	2821771	614249	2207522	2207522		2207522	614249	614249		
大连	91842		91842	91842		91842				
宁波	251336		251336	251336		251336				
厦门	339953		339953	339953		339953				
青岛										
深圳	5106455		5106455	4681455		4681455				425000

2-7 教育费附加

单位：千元

地区	总计			教育部门和其他部门			企业办学			民办学校
	合计	中央	地方	合计	中央	地方	合计	中央	地方	地方
合计	**138191057**		**138191057**	**134663515**		**134663515**	**92779**		**92779**	**3434763**
北京	8439653		8439653	8414415		8414415	4383		4383	20855
天津	2077626		2077626	2073373		2073373	4000		4000	253
河北	4261431		4261431	4252639		4252639				8792
山西	2992278		2992278	2975348		2975348	1063		1063	15867
内蒙古	2556642		2556642	2550894		2550894				5748
辽宁	3470347		3470347	3438557		3438557				31790
吉林	2492436		2492436	2489962		2489962	3		3	2471
黑龙江	1812902		1812902	1812853		1812853				49
上海	10822914		10822914	10342597		10342597				480318
江苏	18627167		18627167	18178767		18178767	2251		2251	446148
浙江	10972828		10972828	10509449		10509449	550		550	462829
安徽	4183072		4183072	4130280		4130280	104		104	52689
福建	5044729		5044729	5016992		5016992				27737
江西	2618107		2618107	2608478		2608478				9629
山东	10458452		10458452	10192766		10192766	30867		30867	234820
河南	4766730		4766730	4720123		4720123	16398		16398	30208
湖北										
湖南	4725786		4725786	4330028		4330028				395758
广东	14303045		14303045	13530530		13530530	4		4	772512
广西	1929183		1929183	1926002		1926002				3180
海南	726426		726426	725191		725191				1235
重庆	2466241		2466241	2343175		2343175				123066
四川	4922179		4922179	4764014		4764014	283		283	157881
贵州	2109233		2109233	2097936		2097936	679		679	10619
云南	3242001		3242001	3175102		3175102	1731		1731	65168
西藏	245346		245346	245346		245346				
陕西	2659660		2659660	2589965		2589965	75		75	69620
甘肃	1918705		1918705	1884737		1884737	30390		30390	3578
青海	403164		403164	402100		402100				1064
宁夏	724536		724536	724536		724536				
新疆	2218241		2218241	2217360		2217360				882
大连	851008		851008	822801		822801				28207
宁波	2406257		2406257	2197944		2197944				208313
厦门	1299728		1299728	1292487		1292487				7241
青岛	2094720		2094720	2087220		2087220	5200		5200	2300
深圳	3017204		3017204	2593778		2593778				423426

2-8 其他公共财政预算安排的教育经费

单位：千元

地区	总计			教育部门和其他部门			企业办学			民办学校
	合计	中央	地方	合计	中央	地方	合计	中央	地方	地方
合计	**223705249**	**24847029**	**198858221**	**221902528**	**24361162**	**197541366**	**684288**	**485866**	**198421**	**1118434**
北京	21613735	9690944	11922791	21613685	9690944	11922741				50
天津	1744151	623549	1120601	1721375	623549	1097825	22776		22776	
河北	6789396	80352	6709044	6779414	80352	6699062	7620		7620	2363
山西	5876760	144	5876616	5868132	144	5867988				8628
内蒙古	10989072	68154	10920918	10972616	68154	10904462	14220		14220	2236
辽宁	9783579	509571	9274008	9782979	509571	9273408				600
吉林	3257126	361064	2896062	3257066	361064	2896002				60
黑龙江	3943096	691660	3251436	3940157	691178	3248979	482	482		2458
上海	10404804	2374189	8030615	10379197	2374189	8005008	9372		9372	16234
江苏	7660699	1422571	6238129	7551225	1422571	6128654				109475
浙江	6252511	459977	5792535	6114186	459977	5654210	11954		11954	126372
安徽	10635199	1104417	9530782	10630073	1104417	9525656	3060		3060	2066
福建	5773717	259873	5513844	5755668	259873	5495795	3000		3000	15049
江西	2828533		2828533	2814070		2814070				14463
山东	2881510	450186	2431323	2864921	450186	2414734	6151		6151	10438
河南	21101560	40414	21061146	21049296	40414	21008882	3527		3527	48736
湖北	5711916	2050301	3661615	5708906	2050301	3658605	410		410	2600
湖南	4040177	595404	3444773	4031250	595404	3435846	2661		2661	6267
广东	22246039	1518218	20727821	21670914	1484357	20186557	49205	33861	15344	525920
广西	4972825	1448	4971377	4971258	1448	4969811				1567
海南	2467760		2467760	2466664		2466664				1095
重庆	11444218	246311	11197907	11404760	246311	11158449	1929		1929	37528
四川	8796956	696036	8100921	8687506	679596	8007910	20245	16440	3805	89206
贵州	3448879	668	3448211	3430994	668	3430326	322		322	17564
云南	13945340	148896	13796444	13916971	148896	13768074	2398		2398	25971
西藏	543336	1513	541822	543336	1513	541822				
陕西	2866588	899611	1966978	2823022	899611	1923412	1600		1600	41966
甘肃	4961667	113698	4847969	4871839	113698	4758141	88271		88271	1557
青海	2647794		2647794	2646999		2646999				795
宁夏	2947914	390	2947524	2940744	390	2940354				7170
新疆	1128390	437470	690920	693307	2387	690920	435084	435084		
大连	1325602		1325602	1325602		1325602				
宁波	1221220		1221220	1187315		1187315				33905
厦门	1059845		1059845	1047449		1047449				12396
青岛	47914		47914	47914		47914				
深圳	3323107		3323107	2921848		2921848				401258

2-9 科研经费

单位：千元

地 区	总 计			教育部门和其他部门			企业办学			民办学校
	合 计	中 央	地 方	合 计	中 央	地 方	合 计	中 央	地 方	地 方
合 计	**19483160**	**12343967**	**7139193**	**19175972**	**12297458**	**6878513**	**46769**	**46509**	**260**	**260420**
北 京	3237351	2948740	288611	3237351	2948740	288611				
天 津	541242	407403	133840	541242	407403	133840				
河 北	192442	2648	189794	192442	2648	189794				
山 西	122927		122927	122927		122927				
内蒙古	164727	67722	97005	164727	67722	97005				
辽 宁	281096	144798	136298	281096	144798	136298				
吉 林	301190	168788	132402	301190	168788	132402				
黑龙江	630611	575230	55380	630611	575230	55380				
上 海	2207236	1776681	430556	2207236	1776681	430556				
江 苏	1198853	770930	427923	1198207	770930	427277				646
浙 江	924236	352233	572003	895863	352233	543630				28373
安 徽	1106424	1030504	75920	1106424	1030504	75920				
福 建	324747	150604	174143	324399	150604	173795				348
江 西	121323		121323	120926		120926				397
山 东	485215	166152	319063	484955	166152	318803	200		200	60
河 南	270028	23944	246085	269362	23944	245419				666
湖 北	1162131	931376	230755	1161711	931376	230335				420
湖 南	641130	436872	204258	639177	436872	202306				1953
广 东	3875938	1232237	2643701	3659498	1232237	2427260				216440
广 西	28267		28267	27755		27755				512
海 南	58678		58678	58468		58468				210
重 庆	151810	141690	10120	148626	141690	6936				3184
四 川	340953	243745	97208	340950	243745	97205				3
贵 州	23194	45	23149	23157	45	23112				37
云 南	370462	146378	224084	363282	146378	216904	60		60	7120
西 藏	8270		8270	8270		8270				
陕 西	565567	555720	9847	565567	555720	9847				
甘 肃	52525	23020	29505	52504	23020	29484				21
青 海	132		132	132		132				
宁 夏	28030		28030	28000		28000				30
新 疆	66427	46509	19918	19918		19918	46509	46509		
大 连	2160		2160	2160		2160				
宁 波	53406		53406	32042		32042				21364
厦 门	865		865	865		865				
青 岛	15217		15217	15217		15217				
深 圳	308739		308739	98924		98924				209815

2-10 其他经费

单位：千元

地 区	总 计			教育部门和其他部门			企业办学			民办学校
	合 计	中 央	地 方	合 计	中 央	地 方	合 计	中 央	地 方	地 方
合 计	**204222089**	**12503061**	**191719028**	**202726557**	**12063704**	**190662853**	**637519**	**439358**	**198161**	**858013**
北 京	18376384	6742204	11634180	18376334	6742204	11634130				50
天 津	1202908	216147	986762	1180132	216147	963986	22776		22776	
河 北	6596955	77704	6519250	6586972	77704	6509268	7620		7620	2363
山 西	5753833	144	5753689	5745206	144	5745062				8628
内蒙古	10824345	432	10823913	10807889	432	10807457	14220		14220	2236
辽 宁	9502482	364773	9137710	9501882	364773	9137110				600
吉 林	2955936	192276	2763660	2955876	192276	2763600				60
黑龙江	3312486	116430	3196056	3309546	115948	3193598	482	482		2458
上 海	8197567	597508	7600059	8171961	597508	7574453	9372		9372	16234
江 苏	6461846	651641	5810206	6353018	651641	5701377				108829
浙 江	5328276	107744	5220532	5218323	107744	5110579	11954		11954	97999
安 徽	9528775	73913	9454862	9523649	73913	9449736	3060		3060	2066
福 建	5448970	109269	5339701	5431269	109269	5322000	3000		3000	14701
江 西	2707211		2707211	2693145		2693145				14066
山 东	2396295	284034	2112260	2379966	284034	2095931	5951		5951	10378
河 南	20831531	16470	20815061	20779934	16470	20763463	3527		3527	48070
湖 北	4549786	1118925	3430861	4547195	1118925	3428270	410		410	2180
湖 南	3399047	158532	3240515	3392072	158532	3233540	2661		2661	4314
广 东	18370101	285981	18084120	18011416	252120	17759296	49205	33861	15344	309480
广 西	4944558	1448	4943111	4943504	1448	4942056				1055
海 南	2409082		2409082	2408196		2408196				885
重 庆	11292408	104621	11187787	11256134	104621	11151513	1929		1929	34345
四 川	8456003	452291	8003712	8346555	435851	7910705	20245	16440	3805	89203
贵 州	3425685	623	3425062	3407836	623	3407213	322		322	17527
云 南	13574878	2519	13572359	13553689	2519	13551170	2338		2338	18851
西 藏	535066	1513	533553	535066	1513	533553				
陕 西	2301022	343891	1957131	2257456	343891	1913565	1600		1600	41966
甘 肃	4909142	90678	4818464	4819335	90678	4728657	88271		88271	1536
青 海	2647662		2647662	2646867		2646867				795
宁 夏	2919884	390	2919494	2912744	390	2912354				7140
新 疆	1061963	390961	671002	673388	2387	671002	388575	388575		
大 连	1323442		1323442	1323442		1323442				
宁 波	1167814		1167814	1155272		1155272				12542
厦 门	1058980		1058980	1046584		1046584				12396
青 岛	32697		32697	32697		32697				
深 圳	3014368		3014368	2822925		2822925				191443

2-11 政府性基金预算安排的教育经费

单位：千元

地区	总计			教育部门和其他部门			企业办学			民办学校
	合计	中央	地方	合计	中央	地方	合计	中央	地方	地方
合计	**19022584**	**947528**	**18075056**	**18749161**	**935549**	**17813612**	**12179**	**11979**	**200**	**261244**
北京	957169	811658	145511	957169	811658	145511				
天津	72664	51740	20924	72664	51740	20924				
河北	354899		354899	354079		354079				820
山西	6334798		6334798	6334714		6334714				84
内蒙古	352992		352992	352892		352892				100
辽宁	372780	4000	368780	372780	4000	368780				
吉林	175535		175535	175535		175535				
黑龙江	171913	1390	170523	170523		170523	1390	1390		
上海	2950		2950	2950		2950				
江苏	462482		462482	271682		271682				190799
浙江	1110163		1110163	1096833		1096833				13330
安徽	275683		275683	275577		275577				106
福建	551717		551717	550704		550704				1013
江西	237991		237991	237673		237673				318
山东	1344125		1344125	1340597		1340597				3528
河南	441190		441190	439156		439156				2034
湖北	322144		322144	322144		322144				
湖南	360337	74	360263	360167	74	360093				170
广东	593126	13310	579816	592289	13310	578979	200		200	637
广西	612125		612125	612125		612125				
海南	165730		165730	165730		165730				
重庆	630068		630068	629998		629998				70
四川	772215	54760	717455	724160	54760	669400				48055
贵州	204887		204887	204887		204887				
云南	631154		631154	631054		631054				100
西藏	495022		495022	495022		495022				
陕西	393383		393383	393383		393383				
甘肃	255074	7	255066	255054	7	255046				20
青海	78524		78524	78524		78524				
宁夏	83872		83872	83812		83812				60
新疆	205875	10589	195286	195286		195286	10589	10589		
大连	8006		8006	8006		8006				
宁波	230380		230380	230330		230330				50
厦门	315916		315916	315916		315916				
青岛	28517		28517	28517		28517				
深圳	26852		26852	26772		26772				80

2-12 彩票公益金

单位：千元

地 区	总 计			教育部门和其他部门			企业办学			民办学校
	合 计	中 央	地 方	合 计	中 央	地 方	合 计	中 央	地 方	地 方
合 计	**5921441**	**799704**	**5121737**	**5903188**	**789591**	**5113597**	**10313**	**10113**	**200**	**7940**
北 京	868627	789510	79117	868627	789510	79117				
天 津	19924		19924	19924		19924				
河 北	190942		190942	190122		190122				820
山 西	93890		93890	93806		93806				84
内蒙古	218139		218139	218039		218039				100
辽 宁	213695		213695	213695		213695				
吉 林	133336		133336	133336		133336				
黑龙江	144315	260	144055	144055		144055	260	260		
上 海	2950		2950	2950		2950				
江 苏	185634		185634	185634		185634				
浙 江	174704		174704	174551		174551				153
安 徽	176000		176000	175894		175894				106
福 建	186062		186062	186062		186062				
江 西	176076		176076	175758		175758				318
山 东	596402		596402	593932		593932				2470
河 南	319262		319262	317228		317228				2034
湖 北	119216		119216	119216		119216				
湖 南	263625	74	263551	263455	74	263381				170
广 东	309244		309244	308407		308407	200		200	637
广 西	138460		138460	138460		138460				
海 南	56008		56008	56008		56008				
重 庆	79400		79400	79330		79330				70
四 川	333922		333922	333124		333124				798
贵 州	95649		95649	95649		95649				
云 南	237738		237738	237638		237638				100
西 藏	102212		102212	102212		102212				
陕 西	120215		120215	120215		120215				
甘 肃	120574	7	120567	120554	7	120547				20
青 海	62393		62393	62393		62393				
宁 夏	67903		67903	67843		67843				60
新 疆	114923	9853	105069	105069		105069	9853	9853		
大 连	7706		7706	7706		7706				
宁 波	48619		48619	48569		48569				50
厦 门	4699		4699	4699		4699				
青 岛	25685		25685	25685		25685				
深 圳	25047		25047	24967		24967				80

2-13 企业办学中的企业拨款

单位：千元

地 区	总 计			教育部门和其他部门			企业办学			民办学校
	合 计	中 央	地 方	合 计	中 央	地 方	合 计	中 央	地 方	地 方
合 计	**3727858**	**1866403**	**1861455**				**3727858**	**1866403**	**1861455**	
北 京	93706	12621	81085				93706	12621	81085	
天 津	75913	907	75006				75913	907	75006	
河 北	125650	60312	65338				125650	60312	65338	
山 西	120639		120639				120639		120639	
内蒙古	70436		70436				70436		70436	
辽 宁	145157		145157				145157		145157	
吉 林	48981		48981				48981		48981	
黑龙江	696493	688190	8303				696493	688190	8303	
上 海	15399		15399				15399		15399	
江 苏	57138	24964	32174				57138	24964	32174	
浙 江	3999		3999				3999		3999	
安 徽	96863	534	96330				96863	534	96330	
福 建	5502		5502				5502		5502	
江 西	6505	570	5935				6505	570	5935	
山 东	668312		668312				668312		668312	
河 南	126620	51726	74894				126620	51726	74894	
湖 北	69435	20698	48737				69435	20698	48737	
湖 南	20783		20783				20783		20783	
广 东	62688	30056	32632				62688	30056	32632	
广 西	1705		1705				1705		1705	
海 南	11380		11380				11380		11380	
重 庆	16658		16658				16658		16658	
四 川	97284	62000	35284				97284	62000	35284	
贵 州	2172		2172				2172		2172	
云 南	80935		80935				80935		80935	
西 藏										
陕 西	67178		67178				67178		67178	
甘 肃	20862		20862				20862		20862	
青 海	5438		5438				5438		5438	
宁 夏										
新 疆	914027	913827	200				914027	913827	200	
大 连										
宁 波										
厦 门										
青 岛	89608		89608				89608		89608	
深 圳										

2-14 校办产业和社会服务收入用于教育的经费

单位：千元

地区	总计			教育部门和其他部门			企业办学			民办学校
	合计	中央	地方	合计	中央	地方	合计	中央	地方	地方
合计	**3460840**	**2241764**	**1219076**	**3275951**	**2198830**	**1077121**	**184890**	**42934**	**141955**	
北京	724302	570815	153487	714245	570303	143942	10057	511	9546	
天津	94326	77262	17064	79688	67889	11799	14638	9374	5264	
河北	26214	1416	24798	6464	48	6417	19750	1368	18382	
山西	3978		3978	3596		3596	382		382	
内蒙古	10105		10105	9407		9407	698		698	
辽宁	162786	149712	13074	161531	149712	11819	1255		1255	
吉林	15838		15838	15838		15838				
黑龙江	18294	15297	2997	18294	15297	2997				
上海	200125	173897	26227	197890	173897	23993	2235		2235	
江苏	348687	208753	139934	348687	208753	139934				
浙江	147609	39830	107779	147609	39830	107779				
安徽	12985	1357	11628	10447	1357	9090	2538		2538	
福建	18394	2300	16094	18394	2300	16094				
江西	16855		16855	16749		16749	106		106	
山东	121819	34887	86932	53305	34887	18418	68514		68514	
河南	75042		75042	73286		73286	1756		1756	
湖北	76121	64166	11956	70403	58588	11815	5718	5577	140	
湖南	59829	34778	25051	59238	34778	24460	591		591	
广东	838384	712842	125542	820629	695087	125542	17755	17755		
广西	50460		50460	50460		50460				
海南	4149	287	3862	4149	287	3862				
重庆	29711	5000	24711	29266	5000	24266	445		445	
四川	110968	25020	85948	95343	23106	72236	15626	1914	13712	
贵州	40919		40919	40919		40919				
云南	54781		54781	46421		46421	8359		8359	
西藏										
陕西	84440	39310	45130	78452	39310	39142	5988		5988	
甘肃	57491	54642	2848	56447	54642	1805	1043		1043	
青海	10259		10259	9259		9259	1000		1000	
宁夏	2919		2919	2919		2919				
新疆	43052	30194	12858	36617	23760	12858	6435	6435		
大连	1255		1255				1255		1255	
宁波	4684		4684	4684		4684				
厦门	3462		3462	3462		3462				
青岛										
深圳	40		40	40		40				

2-15 其他属于国家财政性教育经费

单位：千元

地区	总计			教育部门和其他部门			企业办学			民办学校
	合计	中央	地方	合计	中央	地方	合计	中央	地方	地方
合计	**34868181**	**28958375**	**5909806**	**34657213**	**28852361**	**5804852**	**114524**	**106013**	**8510**	**96444**
北京	9277978	8216537	1061441	9276295	8216537	1059758				1683
天津	1083778	989533	94245	1083778	989533	94245				
河北	242090	173571	68519	242085	173571	68514				5
山西	200282	89289	110993	200282	89289	110993				
内蒙古	129664	97013	32651	129664	97013	32651				
辽宁	1299618	1027641	271977	1295991	1027641	268350				3627
吉林	238959	195531	43428	237471	195531	41940				1488
黑龙江	1420731	1376654	44077	1420731	1376654	44077				
上海	2973637	2358865	614772	2967769	2358865	608904				5868
江苏	3398709	2719161	679548	3390123	2719161	670962				8586
浙江	2160870	2039756	121113	2152260	2039756	112504				8609
安徽	1181306	1041719	139587	1181266	1041719	139547				40
福建	747910	557544	190366	743840	557544	186297				4069
江西	154794	122090	32705	153614	122090	31524				1180
山东	1020678	770873	249805	1018672	770873	247799				2006
河南	481980	410418	71562	475948	410418	65531				6031
湖北	2139587	1848801	290786	2136084	1848801	287284				3502
湖南	721158	552886	168272	720783	552886	167897				375
广东	781152	416783	364369	747200	416783	330417				33951
广西	276849	170046	106803	271085	170046	101039				5764
海南	94689	13003	81687	93569	13003	80567				1120
重庆	624504	476987	147516	623979	476987	146991				525
四川	1384108	1088791	295318	1383847	1088791	295056	119		119	143
贵州	162461	72132	90329	162461	72132	90329				
云南	216431	185953	30478	209611	185953	23658				6820
西藏	6807	6807		6807	6807					
陕西	1728965	1338882	390082	1727959	1338882	389076				1006
甘肃	362478	288448	74030	362433	288448	73985				45
青海										
宁夏	122314	109357	12957	122314	109357	12957				
新疆	233695	203304	30391	119290	97291	21999	114405	106013	8391	
大连	31694	23402	8292	31694	23402	8292				
宁波	12916		12916	9795		9795				3121
厦门	4121		4121	3532		3532				590
青岛										
深圳	285050	159628	125422	285050	159628	125422				

2-16　民办学校中举办者投入

单位：千元

地　区	总　计			教育部门和其他部门			企业办学			民办学校
	合　计	中　央	地　方	合　计	中　央	地　方	合　计	中　央	地　方	地　方
合　计	**18766195**		**18766195**							**18766195**
北　京	106853		106853							106853
天　津	26133		26133							26133
河　北	298239		298239							298239
山　西	245710		245710							245710
内蒙古	171701		171701							171701
辽　宁	208437		208437							208437
吉　林	193378		193378							193378
黑龙江	195628		195628							195628
上　海	57412		57412							57412
江　苏	451161		451161							451161
浙　江	1804105		1804105							1804105
安　徽	711918		711918							711918
福　建	880594		880594							880594
江　西	287257		287257							287257
山　东	675794		675794							675794
河　南	2090344		2090344							2090344
湖　北	1006577		1006577							1006577
湖　南	895540		895540							895540
广　东	3285139		3285139							3285139
广　西	288102		288102							288102
海　南	205012		205012							205012
重　庆	670576		670576							670576
四　川	1983128		1983128							1983128
贵　州	901048		901048							901048
云　南	624479		624479							624479
西　藏	2001		2001							2001
陕　西	201557		201557							201557
甘　肃	60657		60657							60657
青　海	48118		48118							48118
宁　夏	160233		160233							160233
新　疆	29367		29367							29367
大　连	38336		38336							38336
宁　波	199364		199364							199364
厦　门	236563		236563							236563
青　岛	44732		44732							44732
深　圳	229801		229801							229801

2-17 捐赠收入

单位：千元

地区	总计			教育部门和其他部门			企业办学			民办学校
	合计	中央	地方	合计	中央	地方	合计	中央	地方	地方
合计	**8699601**	**3208136**	**5491464**	**7333122**	**3118202**	**4214920**	**95962**	**89935**	**6027**	**1270517**
北京	1477331	1381096	96235	1396539	1381096	15443	30		30	80762
天津	101416	69481	31935	98912	69481	29431	675		675	1829
河北	61919	1114	60804	46591	1114	45477	16		16	15312
山西	36385		36385	35706		35706	50		50	629
内蒙古	42480		42480	41782		41782	270		270	428
辽宁	42722	32542	10180	40627	32542	8086				2094
吉林	65036	38903	26133	60682	38903	21779				4354
黑龙江	38126	34127	3999	36486	34127	2359				1640
上海	499176	375149	124027	411054	375149	35905	1903		1903	86220
江苏	917350	269271	648079	693071	269271	423800				224279
浙江	397444	21369	376075	176989	21369	155620	261		261	220194
安徽	122923	8349	114573	113426	8349	105076				9497
福建	695860	367833	328027	675871	367833	308038	60		60	19929
江西	143240		143240	128538		128538				14702
山东	170618	34652	135966	121366	34652	86714	593		593	48659
河南	98073	10	98063	86665	10	86655	3		3	11405
湖北	170750	58673	112077	121467	58673	62794	553		553	48731
湖南	207447	12195	195252	154642	12195	142446				52805
广东	1450274	132850	1317424	1301637	127298	1174339	6994	5553	1442	141643
广西	117441		117441	77240		77240				40201
海南	34696		34696	23110		23110				11587
重庆	175115	43871	131244	113142	43871	69270				61973
四川	740761	152798	587963	614914	152765	462149	33	33		125814
贵州	91021		91021	81383		81383	2		2	9635
云南	177098		177098	167857		167857				9241
西藏	8062		8062	8062		8062				
陕西	134297	78906	55391	132969	78906	54063	152		152	1176
甘肃	68258	10596	57662	65012	10596	54416	12		12	3234
青海	15807		15807	15652		15652				155
宁夏	55177		55177	33134		33134				22043
新疆	343301	84349	258951	258598		258598	84356	84349	7	347
大连	1350		1350	1078		1078				272
宁波	37226		37226	25870		25870				11355
厦门	10480		10480	9570		9570				909
青岛	10114		10114	8924		8924	1		1	1189
深圳	25434		25434	16239		16239				9195

2-18 港澳台及海外捐赠

单位：千元

地区	总计			教育部门和其他部门			企业办学			民办学校
	合计	中央	地方	合计	中央	地方	合计	中央	地方	地方
合计	**1152220**	**170387**	**981833**	**1094821**	**170387**	**924434**				**57399**
北京	80204	75687	4517	75687	75687					4517
天津	2169	2053	116	2169	2053	116				
河北	63		63	63		63				
山西	12944		12944	12944		12944				
内蒙古	1063		1063	1063		1063				
辽宁	548	348	199	539	348	191				8
吉林										
黑龙江										
上海	128628	65048	63580	87067	65048	22020				41560
江苏	6634	4610	2025	5470	4610	860				1165
浙江	9151	176	8975	8962	176	8786				190
安徽	554		554	228		228				326
福建	36523	8446	28077	35773	8446	27327				750
江西	32236		32236	32080		32080				156
山东	1326	1136	190	1326	1136	190				
河南	14770		14770	14770		14770				
湖北	1040	826	213	1040	826	213				
湖南	23287	84	23202	23087	84	23002				200
广东	740847	3174	737673	732340	3174	729166				8507
广西	5455		5455	5455		5455				
海南	32		32	32		32				
重庆	2524	2524		2524	2524					
四川	6363	5278	1085	6363	5278	1085				
贵州	4065		4065	4065		4065				
云南	22294		22294	22294		22294				
西藏										
陕西	1990	821	1169	1970	821	1149				20
甘肃	1961	175	1786	1961	175	1786				
青海	415		415	415		415				
宁夏	13460		13460	13460		13460				
新疆	1674		1674	1674		1674				
大连										
宁波	5148		5148	5109		5109				40
厦门										
青岛										
深圳	350		350							350

2-19 事业收入

单位：千元

地 区	总 计			教育部门和其他部门			企业办学			民办学校
	合 计	中 央	地 方	合 计	中 央	地 方	合 计	中 央	地 方	地 方
合 计	**580972390**	**76950500**	**504021889**	**324266757**	**75571839**	**248694918**	**5185914**	**1378661**	**3807253**	**251519718**
北 京	33868358	22097024	11771334	26539351	22092531	4446820	165356	4492	160864	7163650
天 津	9119152	1917834	7201318	6343503	1914341	4429162	199852	3493	196359	2575797
河 北	19877928	467860	19410068	10436343	436745	9999598	476604	31115	445490	8964980
山 西	11107769	6076	11101693	5792100	6076	5786024	156168		156168	5159502
内蒙古	5939635	7134	5932501	4133253	7134	4126120	67109		67109	1739272
辽 宁	18189872	2275074	15914798	10998014	2275074	8722939	277327		277327	6914531
吉 林	10933643	2390120	8543524	6931321	2390120	4541202	23971		23971	3978351
黑龙江	11315757	2639880	8675876	7957088	2364700	5592388	301922	275180	26741	3056747
上 海	22029999	8336692	13693308	14846217	8336692	6509526	117771		117771	7066011
江 苏	41088640	5521149	35567491	25666820	5493108	20173712	143110	28041	115070	15278710
浙 江	35976286	2484511	33491775	16838909	2484511	14354398	86629		86629	19050748
安 徽	18753837	862098	17891739	9885849	861410	9024439	217836	688	217148	8650152
福 建	17705111	1653237	16051875	9540450	1653237	7887213	3258		3258	8161404
江 西	14863762	932	14862830	7547891	932	7546960	15952		15952	7299918
山 东	32410463	2773745	29636719	20179765	2773745	17406021	696219		696219	11534480
河 南	32717296	110192	32607104	13953558	59357	13894201	270904	50835	220069	18492834
湖 北	27088184	5767722	21320462	16812271	5584919	11227352	248000	182802	65198	10027913
湖 南	25220906	1768154	23452752	14196807	1734348	12462459	123553	33806	89747	10900546
广 东	72721709	3125931	69595778	27388582	3105752	24282830	71299	20179	51120	45261828
广 西	14596805		14596805	8511421		8511421	25218		25218	6060167
海 南	3979876	22275	3957601	1250319	22275	1228044	17698		17698	2711859
重 庆	15504635	2045235	13459400	9786434	2035527	7750907	32096	9708	22388	5686105
四 川	31291559	5061965	26229595	16151776	4949418	11202358	311777	112546	199230	14828007
贵 州	9235365		9235365	5309160		5309160	42459		42459	3883745
云 南	10942581	9868	10932713	5808788	9868	5798920	133556		133556	5000237
西 藏	191244		191244	143800		143800				47444
陕 西	21333732	4216055	17117677	12734451	4216055	8518396	142278		142278	8457004
甘 肃	5984361	658926	5325435	4419095	658926	3760170	91376		91376	1473889
青 海	1074145	4658	1069487	765504	4658	760846	20647		20647	287994
宁 夏	1988444	90902	1897542	1013294	90902	922392	55073		55073	920077
新 疆	3921335	635254	3286081	2384620	9478	2375142	650897	625776	25121	885817
大 连	1513557	25017	1488539	588930	25017	563913	15810		15810	908816
宁 波	5181317		5181317	1708039		1708039				3473278
厦 门	1553351	2700	1550651	577505	2700	574805				975846
青 岛	2776699		2776699	789303		789303	77001		77001	1910395
深 圳	9837642		9837642	2420896		2420896				7416746

2-20 学费

单位：千元

地区	总计			教育部门和其他部门			企业办学			民办学校
	合计	中央	地方	合计	中央	地方	合计	中央	地方	地方
合计	**431736109**	**27021985**	**404714124**	**200268768**	**26083790**	**174184977**	**3675133**	**938194**	**2736939**	**227792208**
北京	16680717	7422237	9258480	9773086	7419793	2353293	144535	2445	142091	6763096
天津	6427204	558355	5868849	3781200	555244	3225957	185416	3112	182304	2460587
河北	16086497	267159	15819338	7736693	237751	7498942	251362	29408	221954	8098442
山西	9020888	6076	9014812	4210273	6076	4204197	138825		138825	4671789
内蒙古	4685833	7134	4678699	3014260	7134	3007126	54486		54486	1617086
辽宁	13675864	989213	12686650	7233683	989213	6244470	129895		129895	6312286
吉林	8100489	783156	7317333	4351011	783156	3567855	23910		23910	3725567
黑龙江	8403525	705347	7698178	5357534	540994	4816540	188718	164353	24364	2857274
上海	13020855	2155641	10865214	6173711	2155641	4018070	63914		63914	6783230
江苏	29382642	1768289	27614352	15300141	1762142	13537999	87617	6147	81470	13994884
浙江	27411934	494020	26917913	9602412	494020	9108392	75951		75951	17733571
安徽	14663265	357322	14305943	6730904	356634	6374270	167911	688	167223	7764450
福建	13552134	559197	12992937	6065836	559197	5506638	2876		2876	7483422
江西	12014950	839	12014112	5533412	839	5532573	14852		14852	6466687
山东	25864752	1003473	24861279	14773808	1003473	13770335	498670		498670	10592275
河南	27092190	101682	26990508	10396823	50847	10345976	240214	50835	189379	16455153
湖北	19453729	2835202	16618528	10357134	2720937	7636196	167972	114264	53707	8928624
湖南	18465361	736932	17728429	8987171	704110	8283061	101897	32822	69075	9376293
广东	59225364	1326591	57898773	18063800	1310439	16753360	65112	16151	48961	41096452
广西	11531256		11531256	5993194		5993194	22381		22381	5515681
海南	3193195	15753	3177442	890004	15753	874251	6719		6719	2296472
重庆	11125180	838611	10286569	5789447	832936	4956511	24307	5675	18631	5311426
四川	21864656	1921247	19943409	8743485	1826804	6916681	213718	94443	119275	12907452
贵州	7048801		7048801	3832891		3832891	39792		39792	3176118
云南	8802089	6418	8795671	4235225	6418	4228807	109361		109361	4457503
西藏	151250		151250	103806		103806				47444
陕西	14935760	1198555	13737205	7141193	1198555	5942638	136280		136280	7658287
甘肃	4777072	460879	4316193	3382865	460879	2921987	58873		58873	1335334
青海	659387	4658	654729	377860	4658	373202	9107		9107	272420
宁夏	1614024	72093	1541931	748562	72093	676469	8363		8363	857099
新疆	2805246	425904	2379342	1587344	8054	1579291	442099	417850	24248	775803
大连	1311502	24717	1286785	436497	24717	411780	15791		15791	859214
宁波	4441549		4441549	1175630		1175630				3265919
厦门	1425553	2700	1422852	498436	2700	495736				927116
青岛	2536610		2536610	681686		681686	56849		56849	1798075
深圳	8085617		8085617	1255636		1255636				6829981

2-21 其他教育经费

单位：千元

地区	总计			教育部门和其他部门			企业办学			民办学校
	合计	中央	地方	合计	中央	地方	合计	中央	地方	地方
合计	**82335968**	**19132038**	**63203930**	**72774376**	**18897166**	**53877210**	**611825**	**234872**	**376953**	**8949767**
北京	8249966	6619630	1630336	7856425	6618357	1238068	14511	1274	13238	379030
天津	1358022	310675	1047347	1255276	309181	946095	30169	1494	28675	72578
河北	1567884	50463	1517422	1423491	50120	1373371	25488	343	25145	118906
山西	704337	128	704209	649223	128	649096	483		483	54630
内蒙古	1327929		1327929	1301842		1301842	10588		10588	15499
辽宁	918058	257881	660177	766137	257881	508255	19725		19725	132196
吉林	1310879	547664	763215	1206420	547664	658756	20836		20836	83623
黑龙江	1223523	480051	743472	1185553	474876	710677	6727	5175	1552	31243
上海	6476728	1682150	4794578	5637606	1682150	3955456	12952		12952	826169
江苏	6908223	846427	6061796	6129964	839299	5290665	15671	7129	8542	762589
浙江	13594932	2807451	10787480	10787140	2807451	7979689	7111		7111	2800681
安徽	1654785	314673	1340112	1379056	314591	1064465	21016	82	20934	254713
福建	2259115	238713	2020402	1989775	238713	1751062	7091		7091	262249
江西	572415	586	571829	499237	586	498651	2		2	73176
山东	2787789	383504	2404286	2504949	383504	2121446	70414		70414	212426
河南	2548516	18690	2529825	2357859	18690	2339169	9621		9621	181035
湖北	2881219	1325130	1556089	2652889	1287066	1365823	45824	38064	7760	182506
湖南	2540113	259299	2280813	2356001	258813	2097188	1247	487	761	182864
广东	5409827	973067	4436760	4440644	968027	3472617	27433	5040	22393	941750
广西	1436452		1436452	1229154		1229154	1		1	207297
海南	536352	9576	526776	473285	9576	463709	106		106	62961
重庆	1694168	254990	1439178	1434225	248538	1185688	21359	6453	14907	238584
四川	2500118	827499	1672618	2123232	818019	1305213	43148	9480	33668	333738
贵州	2154512		2154512	2027008		2027008	4371		4371	123133
云南	2423908		2423908	2284984		2284984	11127		11127	127797
西藏	63066		63066	62766		62766				300
陕西	2412208	584466	1827742	2211450	584466	1626984	10770		10770	189987
甘肃	878448	162798	715650	851388	162798	688590	5212		5212	21847
青海	544361	4467	539894	531706	4467	527239	6438		6438	6217
宁夏	562318	7690	554628	539033	7690	531343				23285
新疆	2835798	164369	2671429	2626658	4516	2622142	162382	159853	2529	46758
大连	129848	61	129787	122253	61	122192	1		1	7594
宁波	748162		748162	546729		546729				201434
厦门	376017		376017	346534		346534				29483
青岛	240063		240063	198940		198940	10211		10211	30911
深圳	1405209		1405209	1324647		1324647				80562

第三部分

各地区各级各类教育机构教育经费收入

3-1 教育经费收入情况

地区	总计	国家财政性教育经费	公共财政预算安排的教育经费	公共财政教育经费	教育事业费	基本建设经费	教育费附加	科研经费	其他
合计	**3561746267**	**2870972113**	**2809892650**	**2586187400**	**2398599923**	**49396420**	**138191057**	**19483160**	**204222089**
北京	201157921	157455414	146402258	124788523	111966345	4382526	8439653	3237351	18376384
天津	64049688	53444965	52118284	50374133	48132032	164475	2077626	541242	1202908
河北	130538833	108732863	107984009	101194613	96204105	729077	4261431	192442	6596955
山西	84519292	72425090	65765393	59888633	56392110	504245	2992278	122927	5753833
内蒙古	70910899	63429154	62865958	51876886	48038286	1281958	2556642	164727	10824345
辽宁	96362866	77003777	75023436	65239858	60886733	882778	3470347	281096	9502482
吉林	67294364	54791428	54312114	51054989	48175020	387532	2492436	301190	2955936
黑龙江	80424227	67651193	65343762	61400665	58977687	610077	1812902	630611	3312486
上海	128010284	98946969	95754858	85350055	71901190	2625950	10822914	2207236	8197567
江苏	245369222	196003848	191736833	184076134	164853792	595175	18627167	1198853	6461846
浙江	186186108	134413341	130990702	124738190	112701806	1063557	10972828	924236	5328276
安徽	121591217	100347754	98780916	88145717	82780542	1182102	4183072	1106424	9528775
福建	105851866	84311187	82987665	77213948	71283714	885505	5044729	324747	5448970
江西	97453154	81586480	81170334	78341801	74248556	1475139	2618107	121323	2707211
山东	215497360	179452695	176297762	173416252	162062970	894830	10458452	485215	2396295
河南	174915035	137460807	136335976	115234416	108079074	2388612	4766730	270028	20831531
湖北	136490076	105343346	102736060	97024143	96613923	410220		1162131	4549786
湖南	128817069	99953063	98790955	94750778	88679367	1345626	4725786	641130	3399047
广东	316524481	233657533	231382184	209136145	188106086	6727014	14303045	3875938	18370101
广西	101295440	84856641	83915501	78942676	74723345	2290149	1929183	28267	4944558
海南	28161002	23405066	23129116	20661357	19645829	289101	726426	58678	2409082
重庆	86156115	68111621	66810680	55366462	51494702	1405520	2466241	151810	11292408
四川	179095207	142579641	140215066	131418110	124499504	1996427	4922179	340953	8456003
贵州	92871181	80489236	80078797	76629918	72785641	1735044	2109233	23194	3425685
云南	104953273	90785207	89801907	75856566	71015267	1599299	3242001	370462	13574878
西藏	19203190	18938817	18436988	17893652	16178270	1470036	245346	8270	535066
陕西	111983534	87901741	85627775	82761187	78439021	1662506	2659660	565567	2301022
甘肃	64780244	57788521	57092617	52130950	47726864	2485380	1918705	52525	4909142
青海	20745121	19062689	18968469	16320675	13234373	2683138	403164	132	2647662
宁夏	20390156	17623985	17414880	14466966	13320780	421650	724536	28030	2919884
新疆	80147843	73018041	71621393	70493002	65452990	2821771	2218241	66427	1061963
大连	13978730	12295639	12254683	10929082	9986232	91842	851008	2160	1323442
宁波	26272042	20105971	19857991	18636771	15979178	251336	2406257	53406	1167814
厦门	13750744	11574333	11250833	10190988	8551306	339953	1299728	865	1058980
青岛	26463632	23392024	23273899	23225985	21131265		2094720	15217	32697
深圳	45656803	34158717	33846775	30523668	22400009	5106455	3017204	308739	3014368

(各级各类教育机构)

单位：千元

政府性基金预算安排的教育经费	#彩票公益金	企业办学中的企业拨款	校办产业和社会服务收入中用于教育的经费	其他属于国家财政性教育经费	民办学校中举办者投入	捐赠收入	事业收入	#学费	其他教育经费
19022584	**5921441**	**3727858**	**3460840**	**34868181**	**18766195**	**8699601**	**580972390**	**431736109**	**82335968**
957169	868627	93706	724302	9277978	106853	1477331	33868358	16680717	8249966
72664	19924	75913	94326	1083778	26133	101416	9119152	6427204	1358022
354899	190942	125650	26214	242090	298239	61919	19877928	16086497	1567884
6334798	93890	120639	3978	200282	245710	36385	11107769	9020888	704337
352992	218139	70436	10105	129664	171701	42480	5939635	4685833	1327929
372780	213695	145157	162786	1299618	208437	42722	18189872	13675864	918058
175535	133336	48981	15838	238959	193378	65036	10933643	8100489	1310879
171913	144315	696493	18294	1420731	195628	38126	11315757	8403525	1223523
2950	2950	15399	200125	2973637	57412	499176	22029999	13020855	6476728
462482	185634	57138	348687	3398709	451161	917350	41088640	29382642	6908223
1110163	174704	3999	147609	2160870	1804105	397444	35976286	27411934	13594932
275683	176000	96863	12985	1181306	711918	122923	18753837	14663265	1654785
551717	186062	5502	18394	747910	880594	695860	17705111	13552134	2259115
237991	176076	6505	16855	154794	287257	143240	14863762	12014950	572415
1344125	596402	668312	121819	1020678	675794	170618	32410463	25864752	2787789
441190	319262	126620	75042	481980	2090344	98073	32717296	27092190	2548516
322144	119216	69435	76121	2139587	1006577	170750	27088184	19453729	2881219
360337	263625	20783	59829	721158	895540	207447	25220906	18465361	2540113
593126	309244	62688	838384	781152	3285139	1450274	72721709	59225364	5409827
612125	138460	1705	50460	276849	288102	117441	14596805	11531256	1436452
165730	56008	11380	4149	94689	205012	34696	3979876	3193195	536352
630068	79400	16658	29711	624504	670576	175115	15504635	11125180	1694168
772215	333922	97284	110968	1384108	1983128	740761	31291559	21864656	2500118
204887	95649	2172	40919	162461	901048	91021	9235365	7048801	2154512
631154	237738	80935	54781	216431	624479	177098	10942581	8802089	2423908
495022	102212			6807	2001	8062	191244	151250	63066
393383	120215	67178	84440	1728965	201557	134297	21333732	14935760	2412208
255074	120574	20862	57491	362478	60657	68258	5984361	4777072	878448
78524	62393	5438	10259		48118	15807	1074145	659387	544361
83872	67903		2919	122314	160233	55177	1988444	1614024	562318
205875	114923	914027	43052	233695	29367	343301	3921335	2805246	2835798
8006	7706		1255	31694	38336	1350	1513557	1311502	129848
230380	48619		4684	12916	199364	37226	5181317	4441549	748162
315916	4699		3462	4121	236563	10480	1553351	1425553	376017
28517	25685	89608			44732	10114	2776699	2536610	240063
26852	25047		40	285050	229801	25434	9837642	8085617	1405209

3-2 教育经费收入情况

地区	总计	国家财政性教育经费	公共财政预算安排的教育经费	公共财政教育经费	教育事业费	基本建设经费	教育费附加	科研经费	其他
合计	3256110036	2664626558	2635149751	2439822094	2257717696	44004002	138100396	5725687	189601970
北京	107718283	94113526	93192219	82354926	71445984	2469380	8439562	81236	10756057
天津	56029297	47722564	47460728	46236177	43999076	159475	2077626	245237	979314
河北	128788438	107501905	106816192	100107008	95150733	694844	4261431	189934	6519250
山西	84507759	72419761	65760064	59883448	56386925	504245	2992278	122927	5753689
内蒙古	70902483	63427873	62864676	51876036	48037436	1281958	2556642	164727	10823913
辽宁	88061305	71267714	70179847	60954873	56773998	710528	3470347	144456	9080518
吉林	59787001	50260752	49877460	46981158	44141190	347532	2492436	132402	2763900
黑龙江	70322240	60703265	60489729	57224914	54865503	548977	1810434	69176	3195640
上海	99233103	80563778	79555839	72229811	59416808	2014450	10798552	97230	7228799
江苏	223850233	181121705	179608921	173446551	154496529	323745	18626277	424844	5737526
浙江	175110415	128650979	127095713	121505213	109551678	1043557	10909978	424526	5165974
安徽	115782375	95724034	95140522	85584611	80229436	1172102	4183072	93542	9462369
福建	100103389	80822492	79943849	74569853	68724389	800735	5044729	144393	5229602
江西	97449703	81584546	81168970	78340437	74247191	1475139	2618107	121323	2707211
山东	206337430	173484666	171037392	168594280	157735998	399830	10458452	371385	2071727
河南	174575218	137249882	136176777	115090118	107934776	2388612	4766730	270028	20816631
湖北	113814621	89819416	89278640	85808172	85808172			151172	3319296
湖南	122214668	95390311	94777243	91388898	85416486	1246626	4725786	242947	3145398
广东	302242740	223607640	222101518	202651622	181714572	6634004	14303045	1550570	17899327
广西	101295440	84856641	83915501	78942676	74723345	2290149	1929183	28267	4944558
海南	28114546	23390461	23114799	20647039	19631512	289101	726426	58678	2409082
重庆	79588426	63888029	63098507	51900600	48078840	1355520	2466241	10120	11187787
四川	164001435	133528131	132524175	124423254	117598148	1902927	4922179	97208	8003712
贵州	92871181	80489236	80078797	76629918	72785641	1735044	2109233	23194	3425685
云南	104940886	90782688	89799388	75856566	71015267	1599299	3242001	370462	13572359
西藏	19202647	18938274	18436445	17893122	16177740	1470036	245346	8270	535053
陕西	95939680	76737314	76142565	74324888	70232783	1432446	2659660	9847	1807830
甘肃	61445534	55286130	54834558	49986225	45639140	2428380	1918705	29505	4818827
青海	20735005	19061698	18967478	16319684	13233382	2683138	403164	132	2647662
宁夏	19727072	17059493	16865650	13917735	12798500	394700	724536	28030	2919884
新疆	71417483	65171654	64845587	64152280	59726517	2207522	2218241	19918	673388
大连	13943767	12285754	12244799	10919197	9976347	91842	851008	2160	1323442
宁波	26272042	20105971	19857991	18636771	15979178	251336	2406257	53406	1167814
厦门	13747694	11573983	11250483	10190638	8550956	339953	1299728	865	1058980
青岛	26363772	23292164	23174038	23126125	21031405		2094720	15217	32697
深圳	45656803	34158717	33846775	30523668	22400009	5106455	3017204	308739	3014368

(地方各级各类教育机构)

单位：千元

政府性基金预算安排的教育经费	#彩票公益金	企业办学中的企业拨款	校办产业和社会服务收入中用于教育的经费	其他属于国家财政性教育经费	民办学校中举办者投入	捐赠收入	事业收入	#学费	其他教育经费
18070916	**5120194**	**1861455**	**1219076**	**8325360**	**18766195**	**5491464**	**504021889**	**404714124**	**63203930**
145511	79117	81085	153487	541223	106853	96235	11771334	9258480	1630336
20924	19924	75006	17064	148842	26133	31935	7201318	5868849	1047347
354899	190942	65338	24798	240677	298239	60804	19410068	15819338	1517422
6334798	93890	120639	3978	200282	245710	36385	11101693	9014812	704209
352992	218139	70436	10105	129664	171701	42480	5932501	4678699	1327929
368780	213695	145157	13074	560856	208437	10180	15914798	12686650	660177
175535	133336	48981	15838	142938	193378	26133	8543524	7317333	763215
168193	142855	8303	2997	34042	195628	3999	8675876	7698178	743472
2950	2950	15399	26227	963363	57412	124027	13693308	10865214	4794578
462232	185384	32174	139934	878445	451161	648079	35567491	27614352	6061796
1110163	174704	3999	107779	333325	1804105	376075	33491775	26917913	10787480
275683	176000	96330	11628	199871	711918	114573	17891739	14305943	1340112
551717	186062	5502	16094	305331	880594	328027	16051875	12992937	2020402
237991	176076	5935	16855	154794	287257	143240	14862830	12014112	571829
1344125	596402	668312	86932	347905	675794	135966	29636719	24861279	2404286
441190	319262	74894	75042	481980	2090344	98063	32607104	26990508	2529825
322144	119216	48737	11956	157940	1006577	112077	21320462	16618528	1556089
360263	263551	20783	25051	206970	895540	195252	23452752	17728429	2280813
579816	309244	32632	125542	768132	3285139	1317424	69595778	57898773	4436760
612125	138460	1705	50460	276849	288102	117441	14596805	11531256	1436452
165730	56008	11380	3862	94689	205012	34696	3957601	3177442	526776
630068	79400	16658	24711	118084	670576	131244	13459400	10286569	1439178
717455	333922	35284	85948	165270	1983128	587963	26229595	19943409	1672618
204887	95649	2172	40919	162461	901048	91021	9235365	7048801	2154512
631154	237738	80935	54781	216431	624479	177098	10932713	8795671	2423908
495022	102212			6807	2001	8062	191244	151250	63066
393383	120215	67178	45130	89059	201557	55391	17117677	13737205	1827742
255074	120574	20862	2848	172788	60657	57662	5325435	4316193	715650
78524	62393	5438	10259	48118	15807	1069487	654729	539894	
83872	67903		2919	107052	160233	55177	1897542	1541931	554628
193720	104969	200	12858	119290	29367	258951	3286081	2379342	2671429
8006	7706		1255	31694	38336	1350	1488539	1286785	129787
230380	48619		4684	12916	199364	37226	5181317	4441549	748162
315916	4699		3462	4121	236563	10480	1550651	1422852	376017
28517	25685	89608			44732	10114	2776699	2536610	240063
26852	25047		40	285050	229801	25434	9837642	8085617	1405209

3-3 教育经费收入

地区	总计	国家财政性教育经费	公共财政预算安排的教育经费	公共财政教育经费	教育事业费	基本建设经费	教育费附加	科研经费	其他
合计	**951817799**	**592999291**	**546176116**	**490192039**	**467686687**	**16115312**	**6390039**	**18923497**	**37060580**
北京	105252226	73625887	63748596	58065280	55460491	2348018	256771	2809926	2873390
天津	24182588	16355380	15137034	14020131	13713749	10000	296382	540992	575910
河北	26791387	15795608	15505879	13442733	13134541	193289	114903	189982	1873165
山西	22980425	17513972	11150254	8413703	8389939	15000	8764	115531	2621019
内蒙古	13906499	10222649	9925598	8367659	8237014	65771	64874	160604	1397335
辽宁	33242931	20592840	18888807	16011924	15315196	613673	83055	278466	2598417
吉林	23149985	14607609	14359376	13528451	13348878	65000	114573	301118	529807
黑龙江	25260264	16067606	14208398	13325328	13134609	114647	76072	625091	257979
上海	57646903	39124913	35971705	29023375	26901160	2095290	26925	2186583	4761747
江苏	70295402	42761975	38886925	36402862	34874741	344272	1183849	1195930	1288133
浙江	48029970	24172085	21620561	18906613	17324759	483387	1098467	918596	1795352
安徽	27507193	18730608	17454584	14940913	14464129	312472	164312	1103940	1409731
福建	26393984	15300700	14418712	13014166	12178109	153923	682133	317274	1087272
江西	19894480	11969765	11799672	11513218	11296925	209093	7200	119183	167272
山东	45465215	27635803	26149997	25142797	24097147	688920	356731	481901	525298
河南	37232239	21901454	21322760	18835384	17900241	757561	177582	267939	2219437
湖北	49625531	28874662	26540489	23919921	23509701	410220		1152620	1467948
湖南	31238214	18377881	17566736	16186323	15238236	475899	472187	635255	745158
广东	71379362	41793965	40059727	33941046	31503215	1921517	516314	3865458	2253223
广西	19374135	11245902	10755144	10348638	10027003	267365	54271	27411	379095
海南	4769632	2894079	2758578	2521553	2349952	171601		45767	191258
重庆	23678310	13189550	12545266	11898358	11739466	155693	3199	148760	498148
四川	40767397	22724273	21058010	19233666	18880650	299050	53967	333353	1490991
贵州	13331087	9011884	8810978	8345143	7542694	742835	59615	18511	447323
云南	15723337	9054331	8733626	7436318	7398047	28161	10110	367962	929346
西藏	1881821	1730934	1724127	1592510	1322950	269560		8270	123348
陕西	40506700	24350246	22523813	20963952	20089931	798055	75966	564257	995604
甘肃	14503612	10362730	9940885	9127644	8196466	895206	35972	52525	760716
青海	2526669	1855606	1846348	1520349	1340889	179460		80	325919
宁夏	4210440	3034021	2908668	2565065	2429162	68074	67828	28030	315573
新疆	11069859	8120374	7854864	7637018	6346701	962300	328017	62181	155665
大连	1039952	785911	754217	666182	633667		32515	1050	86984
宁波	4686544	2186653	2134532	1994349	1814534		179816	53406	86777
厦门	1776283	1038500	933170	882663	782570		100093	110	50397
青岛	1489596	662218	575163	559947	547153		12794	15217	
深圳	8472698	6621974	6336884	5665963	3726437	1823739	115787	300439	370483

情况(高等学校)

单位：千元

政府性基金预算安排的教育经费	#彩票公益金	企业办学中的企业拨款	校办产业和社会服务收入中用于教育的经费	其他属于国家财政性教育经费	民办学校中举办者投入	捐赠收入	事业收入	#学费	其他教育经费
8003070	**353883**	**1228568**	**2723357**	**34868181**	**2810143**	**4815326**	**306919072**	**205826913**	**44273967**
59808	37660	13777	525729	9277978		1004681	24429438	9951310	6192220
56384	3644		78184	1083778		81114	6730371	4358061	1015723
940	940	28683	18016	242090	28502	6463	10305108	8157685	655706
6133697	1850	26387	3352	200282	20918	3647	5088583	4023981	353306
114919	15038	45530	6939	129664	4571	7053	3394382	2643256	277844
159413	27260	94628	150374	1299618	10229	40412	11952853	8444383	646597
1370	970	3397	4508	238959	59506	49900	7675307	5212442	757663
9039	6111	412164	17274	1420731	132502	36015	8389657	5774769	634484
			179571	2973637		441919	14484509	6163639	3595563
207660	1465		268681	3398709	83633	517877	22371763	14190565	4560154
275297	20833		115358	2160870	63927	104495	16877346	10861077	6812117
40862	35965	45037	8820	1181306	169200	27375	7732221	5753815	847788
118686	17708		15392	747910	275693	483158	9616609	6843860	717825
1940			13358	154794	34000	15378	7607734	6182218	267603
23171	5071	386161	55795	1020678	46116	97092	16091850	11817250	1594355
58451	3195		38263	481980	388429	48861	13286331	10916177	1607163
103461	45424	19957	71169	2139587	698300	109751	17972111	12263531	1970708
52518	38747	50	37419	721158	6930	67753	11385419	8315801	1400232
172767	23792		780320	781152	276895	932958	26137521	18850981	2238022
176570			37338	276849	18160	43455	7460015	5824704	606603
40020	100		792	94689		11474	1741723	1441484	122356
32			19748	624504	105258	57225	9331292	6365176	994986
137918	61417	81753	62483	1384108	131284	242247	15990079	10076981	1679514
300			38146	162461	59991	43826	3592376	2752074	623010
20528	2664	51157	32589	216431	196099	33088	5667950	4444375	771869
				6807		92	120211	92471	30584
35322	3500		62146	1728965		109788	14184262	8737776	1862405
60	60	2771	56535	362478		17549	3690436	2887389	432897
			9259				504306	263476	166756
120	120		2919	122314		3585	1126172	877652	46663
1817	350	17117	12881	233695		177096	1981137	1338551	791251
				31694			235254	145926	18788
34521	6		4684	12916		20384	2195945	1745204	283562
98950			2258	4121	49368	2677	621736	525823	64002
		87054				1048	812033	722187	14297
			40	285050		20657	1667029	796194	163038

3-4 教育经费收入情况

地区	总计	国家财政性教育经费	公共财政预算安排的教育经费	公共财政教育经费	教育事业费	基本建设经费	教育费附加	科研经费	其他
合计	**670778092**	**405237787**	**387684886**	**354034410**	**336716859**	**11005613**	**6311937**	**5593023**	**28057453**
北京	25586227	20262400	19600097	19248889	18524345	467773	256771	80811	270396
天津	16239774	10685348	10521566	9916815	9610433	10000	296382	244987	359763
河北	25169740	14642054	14353785	12367737	12093779	159055	114903	187474	1798574
山西	22980425	17513972	11150254	8413703	8389939	15000	8764	115531	2621019
内蒙古	13906499	10222649	9925598	8367659	8237014	65771	64874	160604	1397335
辽宁	25057125	14871162	14059603	11736884	11212406	441423	83055	141826	2180892
吉林	15954166	10236017	10083805	9612805	9473231	25000	114573	132330	338670
黑龙江	16031894	9924111	9879052	9648371	9498651	73647	76072	63656	167026
上海	29636666	21005375	20036324	16108826	14612473	1483790	12563	76576	3850921
江苏	48945731	27946246	26800464	25791914	24536113	72842	1182959	421921	586629
浙江	36960653	18413218	17729068	15673747	14174743	463387	1035617	418886	1636435
安徽	21712035	14110042	13816810	12381947	11915163	302472	164312	91057	1343805
福建	20814953	11862244	11425135	10418191	9666904	69153	682133	136920	870024
江西	19894480	11969765	11799672	11513218	11296925	209093	7200	119183	167272
山东	36312167	21674655	20896510	20320825	19770175	193920	356731	368071	207613
河南	37067451	21758048	21179353	18701794	17766651	757561	177582	267939	2209620
湖北	27280426	13547237	13278833	12881666	12881666			141661	255506
湖南	24725204	13843368	13580359	12847316	11998230	376899	472187	237073	495970
广东	57366261	31963032	30949663	27593263	25248442	1828507	516314	1540090	1816310
广西	19374135	11245902	10755144	10348638	10027003	267365	54271	27411	379095
海南	4769632	2894079	2758578	2521553	2349952	171601		45767	191258
重庆	17270586	9076645	8943781	8543184	8434292	105693	3199	7070	393527
四川	25805837	13728266	13418708	12264157	12004641	205550	53967	89608	1064943
贵州	13331087	9011884	8810978	8345143	7542694	742835	59615	18511	447323
云南	15723337	9054331	8733626	7436318	7398047	28161	10110	367962	929346
西藏	1881821	1730934	1724127	1592510	1322950	269560		8270	123348
陕西	24708401	13398821	13251604	12725151	12081190	567995	75966	8537	517916
甘肃	11214001	7887889	7710377	7004246	6130068	838206	35972	29505	676626
青海	2526669	1855606	1846348	1520349	1340889	179460		80	325919
宁夏	3548156	2469529	2359438	2015834	1906882	41124	67828	28030	315573
新疆	8982552	6432958	6306227	6171757	5270970	572770	328017	15673	118797
大连	1039952	785911	754217	666182	633667		32515	1050	86984
宁波	4686544	2186653	2134532	1994349	1814534		179816	53406	86777
厦门	1776283	1038500	933170	882663	782570		100093	110	50397
青岛	1389735	562357	475303	460086	447292		12794	15217	
深圳	8472698	6621974	6336884	5665963	3726437	1823739	115787	300439	370483

（地方高等学校）

单位：千元

政府性基金预算安排的教育经费	#彩票公益金	企业办学中的企业拨款	校办产业和社会服务收入中用于教育的经费	其他属于国家财政性教育经费	民办学校中举办者投入	捐赠收入	事业收入	#学费	其他教育经费
7817685	**315923**	**719331**	**690526**	**8325360**	**2810143**	**2084880**	**234055576**	**180314266**	**26589705**
150	150	13777	107154	541223		5298	4737320	2951038	581209
4644	3644		10296	148842		11633	4835700	3821832	707093
940	940	28683	17968	240677	28502	5348	9887678	7930308	606158
6133697	1850	26387	3352	200282	20918	3647	5088583	4023981	353306
114919	15038	45530	6939	129664	4571	7053	3394382	2643256	277844
155413	27260	94628	662	560856	10229	7871	9773257	7544924	394607
1370	970	3397	4508	142938	59506	10997	5412820	4509099	234827
9039	6111		1978	34042	132502	1888	5817609	5133252	155784
			5689	963363		67866	6517972	4156767	2045452
207410	1215		59928	878445	83633	248609	16930322	12477918	3736919
275297	20833		75528	333325	63927	83126	14395715	10369752	4004666
40862	35965	45037	7463	199871	169200	19026	6878645	5405016	535122
118686	17708		13092	305331	275693	115365	8078007	6294444	483644
1940			13358	154794	34000	15378	7607734	6182218	267603
23171	5071	386161	20908	347905	46116	62439	13318106	10813777	1210851
58451	3195		38263	481980	388429	48861	13267512	10901869	1604601
103461	45424		7003	157940	698300	51316	12304452	9495638	679121
52518	38747	50	3470	206970	6930	58620	9667559	7625854	1148727
159457	23792		85780	768132	276895	805660	23050270	17557807	1270404
176570			37338	276849	18160	43455	7460015	5824704	606603
40020	100		792	94689		11474	1741723	1441484	122356
32			14748	118084	105258	13584	7318271	5550863	756828
83158	61417	21753	39377	165270	131284	90906	10989469	8206687	865912
300			38146	162461	59991	43826	3592376	2752074	623010
20528	2664	51157	32589	216431	196099	33088	5667950	4444375	771869
				6807		92	120211	92471	30584
35322	3500		22836	89059		31202	9989577	7557429	1288801
60	60	2771	1893	172788		6953	3047800	2442690	271358
			9259				504306	263476	166756
120	120		2919	107052		3585	1036070	806358	38972
150	150		7291	119290		176712	1624163	1092905	748719
				31694			235254	145926	18788
34521	6		4684	12916		20384	2195945	1745204	283562
98950			2258	4121	49368	2677	621736	525823	64002
		87054				1048	812033	722187	14297
			40	285050		20657	1667029	796194	163038

3-5 教育经费收入情况

地区	总计	国家财政性教育经费	公共财政预算安排的教育经费	公共财政教育经费	教育事业费	基本建设经费	教育费附加	科研经费	其他
合计	**936410719**	**584114452**	**537867272**	**482826429**	**461025198**	**15779423**	**6021808**	**18922250**	**36118592**
北京	103502426	72614712	62824069	57230288	54758488	2298583	173217	2809926	2783855
天津	23642145	15898788	14682971	13594428	13301646		292782	540992	547551
河北	26133050	15406378	15116919	13121509	12819701	193289	108519	189822	1805588
山西	22254613	16913474	10909368	8198484	8190423		8061	115511	2595372
内蒙古	13784952	10161549	9864498	8325463	8194903	65771	64788	160604	1378431
辽宁	32697407	20307197	18605755	15770874	15090096	613673	67105	278466	2556415
吉林	22549633	14193178	13948892	13176983	13014066	65000	97916	301118	470792
黑龙江	24757966	15689816	13834011	12983908	12798751	114647	70510	625091	225012
上海	56697947	38570360	35421817	28514327	26392504	2095290	26533	2186583	4720908
江苏	70104719	42619784	38744734	36271248	34768750	344272	1158226	1195930	1277556
浙江	46604393	23453282	20907146	18216804	16900641	239307	1076856	918063	1772279
安徽	27011557	18429221	17153197	14654030	14178212	312472	163346	1103940	1395227
福建	25976351	15077949	14203604	12813757	12029503	153923	630331	317234	1072613
江西	19464078	11768424	11598332	11316954	11101734	208520	6700	118863	162515
山东	45254686	27510264	26024459	25017969	23972319	688920	356731	481901	524588
河南	36845093	21697998	21119304	18660021	17726644	757561	175816	267765	2191518
湖北	49438305	28786157	26451984	23836817	23426597	410220		1152620	1462547
湖南	30810303	18181396	17370251	15996567	15095428	475899	425239	635255	738429
广东	70119161	41124128	39399094	33366467	30953721	1917216	495530	3865458	2167169
广西	18936364	10964260	10473958	10073496	9764560	254865	54071	27411	373051
海南	4702173	2851155	2715719	2483040	2311439	171601		45767	186912
重庆	23246916	13039310	12395026	11753098	11594206	155693	3199	148760	493168
四川	39806028	22154597	20554195	19010390	18671568	299050	39772	333353	1210452
贵州	13095091	8894608	8707566	8256583	7455212	742835	58536	18511	432472
云南	15443236	8934456	8613778	7321762	7283492	28161	10110	367962	924053
西藏	1881821	1730934	1724127	1592510	1322950	269560		8270	123348
陕西	39977139	24103283	22283897	20738387	19914205	798055	26127	564257	981254
甘肃	14284976	10271183	9852109	9044617	8113469	895206	35942	52525	754968
青海	2485826	1833282	1824024	1498025	1318565	179460		80	325919
宁夏	4210440	3034021	2908668	2565065	2429162	68074	67828	28030	315573
新疆	10691925	7899308	7633798	7422560	6132243	962300	328017	62181	149057
大连	857651	662371	630677	560285	535017		25268	1050	69342
宁波	4466307	2073421	2025362	1889850	1719386		170465	53406	82106
厦门	1775094	1037311	931982	881618	781524		100093	110	50254
青岛	1461318	639596	552541	537325	524531		12794	15217	
深圳	8398262	6589009	6303919	5639351	3700644	1823739	114968	300439	364130

（普通高等学校）

单位：千元

政府性基金预算安排的教育经费	#彩 票 公益金	企业办学中的企业拨款	校办产业和社会服务收入中用于教育的经费	其 他 属于国家财政性教育经费	民办学校中举办者投入	捐赠收入	事业收入	#学费	其 他 教育经费
7576585	**292357**	**1208638**	**2594700**	**34867257**	**2809133**	**4805049**	**301201135**	**201569013**	**43480949**
59808	37660	13777	439165	9277893		1004681	23815528	9394144	6067505
56384	3644		75654	1083778		81114	6658987	4293491	1003256
670	670	28683	18016	242090	28502	4311	10054654	7994708	639204
5774243	1850	26387	3195	200282	20918	3647	4963739	3953692	352835
114919	15038	45530	6939	129664	4571	7053	3334078	2629181	277700
159413	27260	92038	150374	1299618	10229	40412	11695447	8403101	644121
1370	970		3956	238959	59506	49900	7537012	5091641	710037
7613	4686	412164	15297	1420731	131492	36015	8278487	5681775	622157
			174906	2973637		441919	14138758	6066304	3546909
207660	1465		268681	3398709	83633	517877	22324654	14159936	4558771
271708	20833		113558	2160870	63927	104495	16471196	10544118	6511493
40862	35965	45037	8820	1181306	169200	27375	7545013	5597695	840747
112672	11694		13764	747910	275693	483158	9423922	6695914	715628
1940			13358	154794	34000	15378	7394973	6000534	251303
23171	5071	386161	55795	1020678	46116	97092	16009136	11751099	1592078
58451	3195		38263	481980	388429	48861	13153727	10819630	1556077
103461	45424	19957	71169	2139587	698300	109751	17875737	12212914	1968360
52518	38747	50	37419	721158	6930	67753	11169303	8160924	1384922
171326	23792		772556	781152	276895	932834	25559078	18387514	2226226
176570			37329	276403	18160	43455	7315860	5704686	594629
40020	100		792	94624		11474	1723176	1423008	116368
32			19748	624504	105258	57225	9064093	6114179	981031
83628	7600	70608	62057	1384108	131284	242245	15651753	9808126	1626149
300			24280	162461	59991	43826	3475425	2646599	621242
20528	2664	51130	32589	216431	196099	33088	5516820	4301492	762772
				6807		92	120211	92471	30584
35322	3500		55427	1728636		109788	13910786	8494028	1853282
60	60		56535	362478		17549	3564963	2784106	431281
			9259				489944	249113	162600
120	120		2919	122314		3585	1126172	877652	46663
1817	350	17117	12881	233695		169096	1838501	1235237	785020
				31694			176517	137714	18763
32259	6		2884	12916		20384	2105327	1678523	267175
98950			2258	4121	49368	2677	621736	525823	64002
		87054				1048	806393	716648	14280
			40	285050		20657	1626031	773372	162565

3-6 教育经费收入情况

地区	总计	国家财政性教育经费	公共财政预算安排的教育经费	公共财政教育经费	教育事业费	基本建设经费	教育费附加	科研经费	其他
合计	**656225086**	**396582396**	**379533716**	**346784096**	**330170666**	**10669724**	**5943706**	**5591776**	**27157843**
北京	24560754	19410907	18763478	18501804	17910250	418337	173217	80811	180862
天津	15699331	10228755	10067503	9491112	9198330		292782	244987	331404
河北	24561663	14290154	14002155	12046513	11778939	159055	108519	187314	1768328
山西	22254613	16913474	10909368	8198484	8190423		8061	115511	2595372
内蒙古	13784952	10161549	9864498	8325463	8194903	65771	64788	160604	1378431
辽宁	24519190	14585519	13776551	11495835	10987307	441423	67105	141826	2138890
吉林	15353814	9821585	9673321	9261336	9138420	25000	97916	132330	279655
黑龙江	15529596	9546320	9504665	9306950	9162793	73647	70510	63656	134059
上海	28687709	20450823	19486436	15599778	14103817	1483790	12171	76576	3810082
江苏	48755048	27804055	26658273	25660300	24430122	72842	1157336	421921	576052
浙江	35535075	17694415	17015654	14983938	13750625	219307	1014006	418353	1613362
安徽	21216399	13808655	13515423	12095065	11629247	302472	163346	91057	1329301
福建	20397320	11639494	11210026	10217781	9518297	69153	630331	136880	855365
江西	19464078	11768424	11598332	11316954	11101734	208520	6700	118863	162515
山东	36101638	21549117	20770971	20195997	19645347	193920	356731	368071	206903
河南	36680305	21554592	20975897	18526431	17593054	757561	175816	267765	2181701
湖北	27093201	13458732	13190329	12798562	12798562			141661	250105
湖南	24304529	13646883	13383874	12657561	11855422	376899	425239	237073	489241
广东	56106060	31293195	30289031	27018685	24698949	1824206	495530	1540090	1730256
广西	18936364	10964260	10473958	10073496	9764560	254865	54071	27411	373051
海南	4702173	2851155	2715719	2483040	2311439	171601		45767	186912
重庆	16839191	8926405	8793540	8397924	8289032	105693	3199	7070	388547
四川	24844468	13158590	12914894	12040881	11795559	205550	39772	89608	784404
贵州	13095091	8894608	8707566	8256583	7455212	742835	58536	18511	432472
云南	15443236	8934456	8613778	7321762	7283492	28161	10110	367962	924053
西藏	1881821	1730934	1724127	1592510	1322950	269560		8270	123348
陕西	24178839	13151858	13011688	12499586	11905464	567995	26127	8537	503566
甘肃	10995365	7796343	7621602	6921219	6047071	838206	35942	29505	670878
青海	2485826	1833282	1824024	1498025	1318565	179460		80	325919
宁夏	3548156	2469529	2359438	2015834	1906882	41124	67828	28030	315573
新疆	8669281	6244328	6117597	5984688	5083900	572770	328017	15673	117236
大连	857651	662371	630677	560285	535017		25268	1050	69342
宁波	4466307	2073421	2025362	1889850	1719386		170465	53406	82106
厦门	1775094	1037311	931982	881618	781524		100093	110	50254
青岛	1361458	539735	452681	437465	424671		12794	15217	
深圳	8398262	6589009	6303919	5639351	3700644	1823739	114968	300439	364130

(地方普通高等学校)

单位：千元

政府性基金预算安排的教育经费	#彩票公益金	企业办学中的企业拨款	校办产业和社会服务收入中用于教育的经费	其他属于国家财政性教育经费	民办学校中举办者投入	捐赠收入	事业收入	#学费	其他教育经费
7391200	254397	699401	633559	8324520	2809133	2074603	228865703	176533454	25893250
150	150	13777	92280	541223		5298	4593193	2837524	551356
4644	3644		7766	148842		11633	4764317	3757262	694626
670	670	28683	17968	240677	28502	3197	9649224	7767332	590586
5774243	1850	26387	3195	200282	20918	3647	4963739	3953692	352835
114919	15038	45530	6939	129664	4571	7053	3334078	2629181	277700
155413	27260	92038	662	560856	10229	7871	9523049	7509410	392522
1370	970		3956	142938	59506	10997	5274525	4388298	187200
7613	4686			34042	131492	1888	5706439	5040258	143457
			1024	963363		67866	6172222	4059432	1996798
207410	1215		59928	878445	83633	248609	16883214	12447289	3735536
271708	20833		73728	333325	63927	83126	13989565	10052793	3704042
40862	35965	45037	7463	199871	169200	19026	6691437	5248896	528081
112672	11694		11464	305331	275693	115365	7885321	6146497	481447
1940			13358	154794	34000	15378	7394973	6000534	251303
23171	5071	386161	20908	347905	46116	62439	13235391	10747626	1208575
58451	3195		38263	481980	388429	48861	13134908	10805322	1553515
103461	45424		7003	157940	698300	51316	12208078	9445020	676774
52518	38747	50	3470	206970	6930	58620	9458659	7477209	1133437
158016	23792		78016	768132	276895	805536	22471827	17094340	1258607
176570			37329	276403	18160	43455	7315860	5704686	594629
40020	100		792	94624		11474	1723176	1423008	116368
32			14748	118084	105258	13584	7051072	5299866	742873
28868	7600	10608	38951	165270	131284	90904	10651143	7937832	812546
300			24280	162461	59991	43826	3475425	2646599	621242
20528	2664	51130	32589	216431	196099	33088	5516820	4301492	762772
				6807		92	120211	92471	30584
35322	3500		16117	88730		31202	9716101	7313681	1279678
60	60		1893	172788		6953	2922327	2339406	269742
			9259				489944	249113	162600
120	120		2919	107052		3585	1036070	806358	38972
150	150		7291	119290		168712	1513393	1011025	742848
				31694			176517	137714	18763
32259	6		2884	12916		20384	2105327	1678523	267175
98950			2258	4121	49368	2677	621736	525823	64002
		87054				1048	806393	716648	14280
			40	285050		20657	1626031	773372	162565

3-7 教育经费收入情况

地 区	总 计	国家财政性教育经费	公共财政预算安排的教育经费	公共财政教育经费	教育事业费	基本建设经费	教育费附加	科研经费	其 他
合 计	**763784799**	**475205525**	**431754433**	**385231987**	**368820058**	**14328757**	**2083173**	**18724356**	**27798089**
北 京	98866442	68789397	59043764	53572615	51257567	2263645	51403	2809186	2661964
天 津	19178425	12585262	11377776	10416048	10415448		600	539472	422255
河 北	20327724	12213954	11967639	10217496	10024782	192347	367	187786	1562358
山 西	18161606	14018362	8497015	6293188	6287777		5412	115491	2088335
内蒙古	9253380	6727339	6489270	5506903	5440866	26669	39368	159915	822452
辽 宁	28201369	17370641	15909591	13547944	12920643	573180	54121	276666	2084982
吉 林	20046398	12483012	12241328	11547142	11482142	65000		300778	393408
黑龙江	20789833	12984754	11404769	10613045	10498398	114647		625091	166633
上 海	52583645	35996384	32847841	26682256	24560695	2095290	26271	2186583	3979002
江 苏	54638623	33078634	29236451	27034503	26126692	330792	577020	1194353	1007595
浙 江	36785561	17710797	15272733	13341831	12391662	74500	875669	898425	1032477
安 徽	20224684	13922008	12737452	10520781	10224809	295472	500	1098672	1117999
福 建	19809411	11188385	10432183	9571174	9255352	149953	165868	316154	544855
江 西	14418133	8581943	8421597	8193295	8001041	188520	3734	113854	114448
山 东	35234642	21416473	20345577	19410588	18619648	681050	109890	477251	457737
河 南	27854741	15947208	15434882	13516268	13188785	323214	4269	259305	1659309
湖 北	41661045	23870581	21652135	19238756	18828536	410220		1075357	1338022
湖 南	22771991	13292507	12533502	11397101	10987124	403900	6077	626991	509410
广 东	53814450	32254331	30715366	25813688	23886875	1840316	86497	3829266	1072412
广 西	13957672	7841991	7531658	7244690	6989825	254865		20245	266722
海 南	3563726	2248465	2113199	1909527	1737925	171601		45497	158176
重 庆	18323119	10476761	9841130	9389954	9251031	138923		146842	304334
四 川	32744937	18246945	16768530	15511980	15313453	194541	3986	331245	925305
贵 州	9579671	6367685	6196345	5981959	5224286	742835	14838	17097	197288
云 南	12394786	7011581	6764539	5630974	5623203	5161	2610	363652	769913
西 藏	1310136	1175563	1168756	1064565	799295	265270		5030	99161
陕 西	34064160	20767076	18961454	17516582	16796748	719355	479	562961	881912
甘 肃	10785256	7605747	7188216	6533382	5801612	731770		51785	603048
青 海	1913103	1431902	1428816	1146562	1026562	120000		80	282174
宁 夏	3190994	2287094	2164660	1913121	1791977	66950	54194	27200	224339
新 疆	7335137	5312744	5066259	4954070	4065300	888770		62126	50063
大 连	616949	458278	426753	378159	352892		25268	1050	47544
宁 波	3333976	1249533	1207707	1106558	984345		122213	50780	50368
厦 门	856437	546969	546724	524575	474022		50553	110	22038
青 岛	995181	338714	338714	323497	319703		3794	15217	
深 圳	6701657	5302884	5019745	4451801	2701762	1749739	300	291978	275966

(普通高等本科学校)

单位：千元

政府性基金预算安排的教育经费	#彩票公益金	企业办学中的企业拨款	校办产业和社会服务收入中用于教育的经费	其他属于国家财政性教育经费	民办学校中举办者投入	捐赠收入	事业收入	#学费	其他教育经费
6095826	**57145**	**155570**	**2405151**	**34794545**	**1726626**	**4528087**	**244056880**	**155224372**	**38267682**
26408	4260	13777	427946	9277502		1004028	23164657	8892275	5908360
56384	3644		67950	1083152		76013	5588981	3413347	928170
670	670		4068	241577	23227	2402	7624492	6054023	463649
5318269			2796	200282	20918	3055	3806316	2983860	312955
102165	2334		6241	129664		6783	2389879	1858789	129380
16780	12780		150341	1293928	4709	40100	10173765	7189143	612155
970	970		2100	238613	59506	49330	6777515	4415745	677035
2163	186	141793	15297	1420731	131300	35729	7135266	4732889	502784
			174906	2973637		440500	12831183	5026401	3315579
206939	1440		258216	3377028	83633	461457	17110011	10036894	3904887
190533	3542		101402	2146129	62000	77708	13085396	7907169	5849659
			5656	1178900	140000	27022	5412871	3879685	722784
1339	101		11286	743577	45000	478243	7506066	5119527	591717
			6572	153774		12886	5613821	4489212	209483
12692	1692		37551	1020653	46116	62555	12315075	8714158	1394424
10305	1065		20062	481960	1500	46753	10513244	8638825	1346036
14361	14361		64562	2139524	698300	108398	15248925	10070147	1734840
4561			33980	720464		63810	8190756	5814365	1224919
5231	1774		761602	772132	119500	921753	18534408	12602243	1984458
			34188	276145		34727	5564465	4320491	516489
40020	100		792	94454		3	1269193	1026836	46064
			19748	615882		53779	7000046	4496493	792533
59510	1600		34935	1383969	45927	169552	12851380	7496845	1431132
			8879	162461	50091	34384	2602193	1936896	525318
2677	2657		28491	215875	194899	30940	4502175	3438014	655191
				6807		92	104439	78133	30043
21912	3500		55374	1728336		102706	11780841	6740480	1413535
			55492	362039		12989	2815965	2173362	350555
			3087				403315	189861	77885
120	120			122314		3249	866421	696682	34229
1817	350		11633	233035		167139	1273819	791582	581434
				31525			139908	112467	18763
28650	6		260	12916		18791	1835430	1448365	230222
				245		1286	267213	214869	40970
						978	651622	597989	3867
			40	283099		20528	1245046	478227	133199

3-8 教育经费收入情况

地区	总计	国家财政性教育经费	公共财政预算安排的教育经费	公共财政教育经费	教育事业费	基本建设经费	教育费附加	科研经费	其他
合计	**485940050**	**289124275**	**274450745**	**250140805**	**238913777**	**9221958**	**2005071**	**5393932**	**18916008**
北京	20365823	15986701	15349736	15210695	14775892	383400	51403	80071	58970
天津	11235611	6915229	6762308	6312732	6312132		600	243467	206108
河北	18756337	11097730	10852876	9142500	8984020	158114	367	185278	1525098
山西	18161606	14018362	8497015	6293188	6287777		5412	115491	2088335
内蒙古	9253380	6727339	6489270	5506903	5440866	26669	39368	159915	822452
辽宁	20023152	11648963	11080387	9272904	8817853	400930	54121	140026	1667457
吉林	12850579	8111419	7965757	7631496	7606496	25000		131990	202272
黑龙江	12081050	7234070	7197865	7055876	6982229	73647		63656	78333
上海	24668492	17921999	16957613	13806158	12310459	1483790	11909	76576	3074878
江苏	33288951	18262906	17149990	16423555	15788064	59362	576130	420344	306091
浙江	25716244	11951930	11381240	10108965	9241646	54500	812819	398715	873560
安徽	14429526	9301441	9099678	7961815	7675844	285472	500	85790	1052073
福建	14230380	7749930	7438606	6975198	6744146	65183	165868	135800	327608
江西	14418133	8581943	8421597	8193295	8001041	188520	3734	113854	114448
山东	26081594	15455325	15092090	14588616	14292676	186050	109890	363421	140052
河南	27689954	15803801	15291475	13382679	13055196	323214	4269	259305	1649492
湖北	19577582	8591116	8412905	8222926	8222926			64398	125580
湖南	16524171	8903664	8692795	8177818	7866841	304900	6077	228859	286118
广东	40046110	22540428	21708972	19559017	17722314	1750206	86497	1503899	646056
广西	13957672	7841991	7531658	7244690	6989825	254865		20245	266722
海南	3563726	2248465	2113199	1909527	1737925	171601		45497	158176
重庆	11915394	6363856	6239645	6034779	5945857	88923		5152	199713
四川	18011686	9416011	9234300	8631104	8526077	101041	3986	87500	515696
贵州	9579671	6367685	6196345	5981959	5224286	742835	14838	17097	197288
云南	12394786	7011581	6764539	5630974	5623203	5161	2610	363652	769913
西藏	1310136	1175563	1168756	1064565	799295	265270		5030	99161
陕西	18392561	9852916	9726510	9315045	8825271	489295	479	7241	404224
甘肃	7495645	5130907	4957708	4409985	3735215	674770		28765	518958
青海	1913103	1431902	1428816	1146562	1026562	120000		80	282174
宁夏	2528709	1722602	1615429	1363891	1269696	40000	54194	27200	224339
新疆	5478285	3756501	3631667	3581389	3082149	499240		15618	34660
大连	616949	458278	426753	378159	352892		25268	1050	47544
宁波	3333976	1249533	1207707	1106558	984345		122213	50780	50368
厦门	856437	546969	546724	524575	474022		50553	110	22038
青岛	895321	238853	238853	223637	219843		3794	15217	
深圳	6701657	5302884	5019745	4451801	2701762	1749739	300	291978	275966

（地方普通高等本科学校）

单位：千元

政府性基金预算安排的教育经费	#彩票公益金	企业办学中的企业拨款	校办产业和社会服务收入中用于教育的经费	其他属于国家财政性教育经费	民办学校中举办者投入	捐赠收入	事业收入	#学费	其他教育经费
5957001	**52435**	**13777**	**450934**	**8251818**	**1726626**	**1798273**	**172525876**	**130721460**	**20764999**
		13777	82356	540832		5246	3966866	2356942	407010
4644	3644		61	148216		6532	3694311	2877118	619539
670	670		4020	240164	23227	1287	7219061	5826646	415031
5318269			2796	200282	20918	3055	3806316	2983860	312955
102165	2334		6241	129664		6783	2389879	1858789	129380
12780	12780		630	555166	4709	7558	8001367	6295452	360556
970	970		2100	142591	59506	10427	4515028	3712401	154199
2163	186			34042	131300	1601	4688227	4140355	25851
			1024	963363		66447	4914346	3049053	1765699
206689	1190		49462	856764	83633	192190	11668571	8324247	3081651
190533	3542		61572	318585	62000	56339	10603766	7415844	3042208
			4299	197465	140000	18672	4559295	3530886	410117
1339	101		8986	300999	45000	110450	5967464	4570110	357536
			6572	153774		12886	5613821	4489212	209483
12692	1692		2664	347880	46116	27902	9541330	7710685	1010921
10305	1065		20062	481960	1500	46753	10494425	8624516	1343475
14361	14361		5974	157877	698300	49964	9757200	7409649	481003
4561			32	206276		54677	6590391	5217690	975440
5231	1774		67113	759112	119500	794455	15572260	11412901	1019467
			34188	276145		34727	5564465	4320491	516489
40020	100		792	94454		3	1269193	1026836	46064
			14748	109463		10139	4987025	3682180	554375
4750	1600		11829	165131	45927	18244	7912238	5676454	619266
			8879	162461	50091	34384	2602193	1936896	525318
2677	2657		28491	215875	194899	30940	4502175	3438014	655191
				6807		92	104439	78133	30043
21912	3500		16064	88430		24120	7659837	5596635	855688
			850	172349		2393	2173329	1728663	189016
			3087				403315	189861	77885
120	120			107052		3249	776319	625388	26539
150	150		6043	118640		166755	1007424	615551	547606
				31525			139908	112467	18763
28650	6		260	12916		18791	1835430	1448365	230222
				245		1286	267213	214869	40970
						978	651622	597989	3867
			40	283099		20528	1245046	478227	133199

3-9 教育经费收入情况

地区	总计	国家财政性教育经费	公共财政预算安排的教育经费	公共财政教育经费	教育事业费	基本建设经费	教育费附加	科研经费	其他
合计	**172625920**	**108908927**	**106112839**	**97594442**	**92205140**	**1450667**	**3938635**	**197894**	**8320503**
北京	4635984	3825315	3780305	3657673	3500921	34938	121814	740	121892
天津	4463720	3313526	3305196	3178380	2886198		292182	1520	125296
河北	5805326	3192424	3149279	2904013	2794919	942	108152	2036	243230
山西	4093007	2895112	2412353	1905296	1902646		2650	20	507037
内蒙古	4531572	3434210	3375228	2818560	2754038	39102	25420	689	555979
辽宁	4496037	2936556	2696163	2222931	2169454	40493	12984	1800	471433
吉林	2503235	1710166	1707564	1629840	1531924		97916	340	77384
黑龙江	3968134	2705062	2429242	2370863	2300353		70510		58379
上海	4114301	2573976	2573976	1832070	1831808		262		741906
江苏	15466097	9541150	9508283	9236745	8642058	13480	581206	1578	269961
浙江	9818832	5742484	5634413	4874973	4508980	164807	201187	19638	739802
安徽	6786873	4507214	4415745	4133250	3953403	17000	162846	5268	277228
福建	6166940	3889564	3771421	3242583	2774151	3970	464462	1080	527757
江西	5045945	3186481	3176735	3123659	3100693	20000	2966	5009	48067
山东	10020044	6093791	5678882	5607381	5352670	7870	246841	4650	66851
河南	8990351	5750791	5684423	5143753	4537859	434347	171547	8461	532209
湖北	7777260	4915576	4799849	4598061	4598061			77263	124525
湖南	8038312	4888889	4836750	4599466	4108304	71999	419163	8264	229019
广东	16304711	8869797	8683728	7552779	7066847	76900	409032	36192	1094758
广西	4978692	3122270	2942301	2828806	2774734		54071	7166	106329
海南	1138447	602690	602520	573514	573514			270	28736
重庆	4923797	2562549	2553895	2363144	2343175	16770	3199	1918	188833
四川	7061091	3907652	3785666	3498410	3358115	104509	35786	2108	285148
贵州	3515420	2526922	2511221	2274624	2230926		43698	1414	235184
云南	3048450	1922875	1849239	1690788	1660289	23000	7500	4310	154141
西藏	571685	555371	555371	527945	523655	4290		3240	24187
陕西	5912979	3336206	3322443	3221805	3117457	78700	25648	1296	99342
甘肃	3499720	2665436	2663893	2511234	2311857	163436	35942	740	151919
青海	572723	401380	395208	351463	292003	59460			43744
宁夏	1019446	746927	744008	651944	637186	1124	13634	830	91235
新疆	3356788	2586564	2567539	2468490	2066943	73530	328017	55	98994
大连	240702	204093	203924	182126	182126				21799
宁波	1132331	823889	817656	783292	735041		48252	2626	31738
厦门	918657	490343	385258	357042	307502		49540		28215
青岛	466137	300882	213828	213828	204828		9000		
深圳	1696605	1286125	1284174	1187549	998881	74000	114668	8460	88164

(普通高职高专学校)

单位：千元

政府性基金预算安排的教育经费	#彩 票 公益金	企业办学中的企业拨款	校办产业和社会服务收入中用于教育的经费	其 他 属于国家财 政 性教育经费	民办学校中举办者投入	捐赠收入	事业收入	#学费	其 他 教育经费
1480759	**235211**	**1053068**	**189549**	**72712**	**1082507**	**276963**	**57144255**	**46344641**	**5213267**
33400	33400		11219	390		653	650872	501868	159145
			7704	626		5102	1070006	880144	75087
		28683	13948	513	5275	1910	2430163	1940685	175555
455974	1850	26387	399			592	1157423	969832	39880
12754	12704	45530	698		4571	270	944200	770393	148321
142633	14480	92038	32	5690	5521	312	1521682	1213958	31966
400			1856	346		570	759498	675897	33001
5450	4500	270370			192	287	1143220	948886	119373
						1419	1307576	1039902	231331
720	25		10465	21681		56420	5214643	4123042	653884
81175	17291		12156	14741	1927	26786	3385799	2636950	661834
40862	35965	45037	3164	2406	29200	354	2132142	1718010	117964
111333	11592		2478	4332	230693	4915	1917857	1576387	123911
1940			6786	1020	34000	2491	1781152	1511322	41820
10479	3379	386161	18244	25		34537	3694061	3036940	197654
48146	2130		18202	20	386929	2108	2640484	2180806	210040
89101	31063	19957	6607	63		1352	2626812	2142767	233520
47957	38747	50	3438	694	6930	3943	2978546	2346559	160003
166095	22018		10954	9020	157395	11082	7024670	5785271	241768
176570			3141	258	18160	8728	1751394	1384194	78140
				170		11471	453983	396173	70304
32				8622	105258	3445	2064047	1617686	188498
24117	6000	70608	27121	139	85357	72693	2800372	2311281	195017
300			15401		9900	9442	873232	709703	95924
17851	7	51130	4098	556	1200	2149	1014646	863478	107581
							15773	14338	541
13410			53	300		7082	2129945	1753548	439747
60	60		1043	439		4560	748998	610744	80726
			6172				86629	59252	84714
			2919			335	259751	180970	12433
		17117	1248	660		1957	564682	443655	203586
				169			36609	25247	
3609			2624			1593	269898	230158	36953
98950			2258	3877	49368	1391	354523	310955	23032
		87054				70	154771	118659	10413
				1951		129	380985	295146	29366

3-10 教育经费收入情况

地区	总计	国家财政性教育经费	公共财政预算安排的教育经费	公共财政教育经费	教育事业费	基本建设经费	教育费附加	科研经费	其他
合计	**170285036**	**107458121**	**105082971**	**96643291**	**91256889**	**1447767**	**3938635**	**197844**	**8241836**
北京	4194931	3424206	3413742	3291110	3134357	34938	121814	740	121892
天津	4463720	3313526	3305196	3178380	2886198		292182	1520	125296
河北	5805326	3192424	3149279	2904013	2794919	942	108152	2036	243230
山西	4093007	2895112	2412353	1905296	1902646		2650	20	507037
内蒙古	4531572	3434210	3375228	2818560	2754038	39102	25420	689	555979
辽宁	4496037	2936556	2696163	2222931	2169454	40493	12984	1800	471433
吉林	2503235	1710166	1707564	1629840	1531924		97916	340	77384
黑龙江	3448546	2312250	2306800	2251074	2180564		70510		55726
上海	4019217	2528824	2528823	1793620	1793358		262		735203
江苏	15466097	9541150	9508283	9236745	8642058	13480	581206	1578	269961
浙江	9818832	5742484	5634413	4874973	4508980	164807	201187	19638	739802
安徽	6786873	4507214	4415745	4133250	3953403	17000	162846	5268	277228
福建	6166940	3889564	3771421	3242583	2774151	3970	464462	1080	527757
江西	5045945	3186481	3176735	3123659	3100693	20000	2966	5009	48067
山东	10020044	6093791	5678882	5607381	5352670	7870	246841	4650	66851
河南	8990351	5750791	5684423	5143753	4537859	434347	171547	8461	532209
湖北	7515618	4867617	4777424	4575636	4575636			77263	124525
湖南	7780358	4743219	4691080	4479743	3988581	71999	419163	8214	203123
广东	16059951	8752767	8580059	7459667	6976635	74000	409032	36192	1084200
广西	4978692	3122270	2942301	2828806	2774734		54071	7166	106329
海南	1138447	602690	602520	573514	573514			270	28736
重庆	4923797	2562549	2553895	2363144	2343175	16770	3199	1918	188833
四川	6832782	3742579	3680593	3409777	3269482	104509	35786	2108	268708
贵州	3515420	2526922	2511221	2274624	2230926		43698	1414	235184
云南	3048450	1922875	1849239	1690788	1660289	23000	7500	4310	154141
西藏	571685	555371	555371	527945	523655	4290		3240	24187
陕西	5786278	3298942	3285179	3184541	3080193	78700	25648	1296	99342
甘肃	3499720	2665436	2663893	2511234	2311857	163436	35942	740	151919
青海	572723	401380	395208	351463	292003	59460			43744
宁夏	1019446	746927	744008	651944	637186	1124	13634	830	91235
新疆	3190996	2487827	2485929	2403298	2001751	73530	328017	55	82576
大连	240702	204093	203924	182126	182126				21799
宁波	1132331	823889	817656	783292	735041		48252	2626	31738
厦门	918657	490343	385258	357042	307502		49540		28215
青岛	466137	300882	213828	213828	204828		9000		
深圳	1696605	1286125	1284174	1187549	998881	74000	114668	8460	88164

(地方普通高职高专学校)

单位：千元

政府性基金预算安排的教育经费	#彩票公益金	企业办学中的企业拨款	校办产业和社会服务收入中用于教育的经费	其他属于国家财政性教育经费	民办学校中举办者投入	捐赠收入	事业收入	#学费	其他教育经费
1434199	**201961**	**685624**	**182625**	**72702**	**1082507**	**276330**	**56339827**	**45811994**	**5128251**
150	150		9924	390		53	626327	480582	144346
			7704	626		5102	1070006	880144	75087
		28683	13948	513	5275	1910	2430163	1940685	175555
455974	1850	26387	399			592	1157423	969832	39880
12754	12704	45530	698		4571	270	944200	770393	148321
142633	14480	92038	32	5690	5521	312	1521682	1213958	31966
400			1856	346		570	759498	675897	33001
5450	4500				192	287	1018211	899903	117606
						1419	1257876	1010379	231099
720	25		10465	21681		56420	5214643	4123042	653884
81175	17291		12156	14741	1927	26786	3385799	2636950	661834
40862	35965	45037	3164	2406	29200	354	2132142	1718010	117964
111333	11592		2478	4332	230693	4915	1917857	1576387	123911
1940			6786	1020	34000	2491	1781152	1511322	41820
10479	3379	386161	18244	25		34537	3694061	3036940	197654
48146	2130		18202	20	386929	2108	2640484	2180806	210040
89101	31063		1029	63		1352	2450878	2035371	195771
47957	38747	50	3438	694	6930	3943	2868269	2259519	157997
152785	22018		10903	9020	157395	11082	6899567	5681438	239140
176570			3141	258	18160	8728	1751394	1384194	78140
				170		11471	453983	396173	70304
32				8622	105258	3445	2064047	1617686	188498
24117	6000	10608	27121	139	85357	72660	2738905	2261379	193281
300			15401		9900	9442	873232	709703	95924
17851	7	51130	4098	556	1200	2149	1014646	863478	107581
							15773	14338	541
13410			53	300		7082	2056264	1717046	423990
60	60		1043	439		4560	748998	610744	80726
			6172				86629	59252	84714
			2919			335	259751	180970	12433
			1248	650		1957	505969	395474	195243
				169			36609	25247	
3609			2624			1593	269898	230158	36953
98950			2258	3877	49368	1391	354523	310955	23032
		87054				70	154771	118659	10413
				1951		129	380985	295146	29366

3-11 教育经费收入情况

地区	总计	国家财政性教育经费	公共财政预算安排的教育经费	公共财政教育经费	教育事业费	基本建设经费	教育费附加	科研经费	其他
合计	**15407080**	**8884839**	**8308844**	**7365610**	**6661489**	**335889**	**368231**	**1247**	**941987**
北京	1749800	1011175	924526	834992	702003	49435	83554		89534
天津	540443	456592	454062	425703	412103	10000	3600		28359
河北	658337	389231	388961	321224	314840		6384	160	67577
山西	725812	600497	240886	215219	199516	15000	703	20	25647
内蒙古	121547	61099	61099	42196	42110		86		18904
辽宁	545524	285642	283052	241049	225099		15950		42002
吉林	600353	414432	410483	351469	334811		16657		59015
黑龙江	502298	377790	374387	341421	335858		5563		32966
上海	948957	554553	549888	509048	508656		392		40840
江苏	190683	142191	142191	131614	105991		25623		10577
浙江	1425577	718804	713415	689809	424118	244080	21611	533	23073
安徽	495636	301387	301387	286882	285916		966		14504
福建	417633	222750	215109	200409	148607		51803	40	14659
江西	430402	201341	201341	196264	195191	573	500	320	4757
山东	210529	125538	125538	124828	124828				710
河南	387146	203456	203456	175363	173597		1766	174	27919
湖北	187226	88505	88505	83104	83104				5401
湖南	427911	196485	196485	189756	142808		46948		6729
广东	1260201	669837	660632	574578	549493	4300	20785		86054
广西	437771	281641	281186	275143	262443	12500	200		6043
海南	67459	42924	42859	38513	38513				4346
重庆	431395	150241	150241	145260	145260				4981
四川	961369	569677	503815	223276	209082		14194		280539
贵州	235997	117277	103412	88560	87482		1079		14851
云南	280101	119875	119848	114555	114555				5293
西藏									
陕西	529561	246963	239916	225565	175726		49839		14351
甘肃	218636	91546	88776	83027	82997		30		5748
青海	40843	22324	22324	22324	22324				
宁夏									
新疆	377934	221066	221066	214458	214458				6608
大连	182301	123540	123540	105897	98650		7247		17642
宁波	220237	113231	109170	104499	95148		9351		4671
厦门	1189	1189	1189	1046	1046				143
青岛	28277	22622	22622	22622	22622				
深圳	74436	32965	32965	26612	25793		819		6352

（成人高等学校）

单位：千元

政府性基金预算安排的教育经费	#彩票公益金	企业办学中的企业拨款	校办产业和社会服务收入中用于教育的经费	其他属于国家财政性教育经费	民办学校中举办者投入	捐赠收入	事业收入	#学费	其他教育经费
426484	**61527**	**19930**	**128657**	**924**	**1010**	**10276**	**5717937**	**4257900**	**793018**
			86564	85			613910	557166	124715
			2530				71384	64571	12467
270	270					2151	250454	162977	16501
359454			158				124844	70289	471
							60304	14075	143
		2591					257406	41282	2476
		3397	551				138294	120801	47627
1426	1426		1978		1010		111171	92994	12327
			4665				345750	97335	48654
							47108	30629	1383
3589			1800				406150	316959	300624
							187208	156119	7041
6014	6014		1627				192686	147947	2197
							212761	181684	16300
							82714	66152	2276
							132604	96547	51086
							96374	50618	2347
							216116	154877	15310
1441			7764			124	578443	463467	11797
			10	446			144155	120018	11974
				65			18547	18476	5989
							267199	250997	13955
54291	53817	11145	426			1	338326	268855	53365
			13865				116951	105475	1769
		27					151130	142883	9097
			6719	328			273476	243748	9123
		2771					125473	103283	1616
							14362	14362	4156
						8000	142636	103315	6232
							58737	8212	25
2262			1800				90618	66681	16387
							5639	5539	16
							40998	22822	473

3-12 教育经费收入情况

地区	总计	国家财政性教育经费	公共财政预算安排的教育经费	公共财政教育经费	教育事业费	基本建设经费	教育费附加	科研经费	其他
合计	**14553005**	**8655390**	**8151170**	**7250313**	**6546193**	**335889**	**368231**	**1247**	**899610**
北京	1025472	851493	836619	747085	614096	49435	83554		89534
天津	540443	456592	454062	425703	412103	10000	3600		28359
河北	608077	351900	351630	321224	314840		6384	160	30246
山西	725812	600497	240886	215219	199516	15000	703	20	25647
内蒙古	121547	61099	61099	42196	42110		86		18904
辽宁	537936	285642	283052	241049	225099		15950		42002
吉林	600353	414432	410483	351469	334811		16657		59015
黑龙江	502298	377790	374387	341421	335858		5563		32966
上海	948957	554553	549888	509048	508656		392		40840
江苏	190683	142191	142191	131614	105991		25623		10577
浙江	1425577	718804	713415	689809	424118	244080	21611	533	23073
安徽	495636	301387	301387	286882	285916		966		14504
福建	417633	222750	215109	200409	148607		51803	40	14659
江西	430402	201341	201341	196264	195191	573	500	320	4757
山东	210529	125538	125538	124828	124828				710
河南	387146	203456	203456	175363	173597		1766	174	27919
湖北	187226	88505	88505	83104	83104				5401
湖南	420675	196485	196485	189756	142808		46948		6729
广东	1260201	669837	660632	574578	549493	4300	20785		86054
广西	437771	281641	281186	275143	262443	12500	200		6043
海南	67459	42924	42859	38513	38513				4346
重庆	431395	150241	150241	145260	145260				4981
四川	961369	569677	503815	223276	209082		14194		280539
贵州	235997	117277	103412	88560	87482		1079		14851
云南	280101	119875	119848	114555	114555				5293
西藏									
陕西	529561	246963	239916	225565	175726		49839		14351
甘肃	218636	91546	88776	83027	82997		30		5748
青海	40843	22324	22324	22324	22324				
宁夏									
新疆	313271	188630	188630	187069	187069				1561
大连	182301	123540	123540	105897	98650		7247		17642
宁波	220237	113231	109170	104499	95148		9351		4671
厦门	1189	1189	1189	1046	1046				143
青岛	28277	22622	22622	22622	22622				
深圳	74436	32965	32965	26612	25793		819		6352

(地方成人高等学校)

单位：千元

政府性基金预算安排的教育经费	#彩票公益金	企业办学中的企业拨款	校办产业和社会服务收入中用于教育的经费	其他属于国家财政性教育经费	民办学校中举办者投入	捐赠收入	事业收入	#学费	其他教育经费
426484	**61527**	**19930**	**56967**	**839**	**1010**	**10276**	**5189874**	**3780812**	**696455**
			14874				144127	113514	29853
			2530				71384	64571	12467
270	270					2151	238454	162977	15572
359454			158				124844	70289	471
							60304	14075	143
		2591					250208	35514	2085
		3397	551				138294	120801	47627
1426	1426		1978		1010		111171	92994	12327
			4665				345750	97335	48654
							47108	30629	1383
3589			1800				406150	316959	300624
							187208	156119	7041
6014	6014		1627				192686	147947	2197
							212761	181684	16300
							82714	66152	2276
							132604	96547	51086
							96374	50618	2347
							208900	148645	15290
1441			7764			124	578443	463467	11797
			10	446			144155	120018	11974
				65			18547	18476	5989
							267199	250997	13955
54291	53817	11145	426			1	338326	268855	53365
			13865				116951	105475	1769
		27					151130	142883	9097
			6719	328			273476	243748	9123
		2771					125473	103283	1616
							14362	14362	4156
						8000	110770	81880	5871
							58737	8212	25
2262			1800				90618	66681	16387
							5639	5539	16
							40998	22822	473

3-13 教育经费收入情况

地区	总计	国家财政性教育经费	公共财政预算安排的教育经费	公共财政教育经费	教育事业费	基本建设经费	教育费附加	科研经费	其他
合计	**213780101**	**186068412**	**183921931**	**170991153**	**148442417**	**3790475**	**18758261**		**12930778**
北京	7619911	6920337	6866669	5931736	4311907	159384	1460445		934933
天津	3071979	2832618	2788868	2703721	2612847	10000	80875		85147
河北	8962122	7997333	7969028	7623444	7085126	59208	479110		345584
山西	5533752	5095531	5048196	4677469	4205401	69150	402918		370726
内蒙古	4590774	4252173	4210588	3629803	3325952	75485	228366		580785
辽宁	5813478	5162431	5094359	4418129	3793336	151803	472990		676231
吉林	3748782	3525551	3504375	3257611	2934554	35412	287645		246764
黑龙江	4363745	3922529	3880831	3598308	3340188	76826	181295		282522
上海	6750096	5963879	5951298	5314401	2822758	208618	2283025		636897
江苏	17433931	15074674	14996124	14062835	12142179	42448	1878208		933289
浙江	12936761	10888621	10794938	10244877	8583598	33813	1627466		550061
安徽	7529291	6342162	6299468	5853720	5129143	82859	641718		445748
福建	5899371	5412877	5335392	4950604	4042660	44500	863445		384788
江西	4666809	3907438	3889996	3754520	3377621	169440	207458		135477
山东	17757700	16221330	15729467	15431719	13342249	51000	2038471		297748
河南	10349181	8918792	8833596	7747241	6936349	165349	645544		1086355
湖北	5932366	5170085	5141141	4964756	4964756				176385
湖南	7222435	5924644	5910172	5749738	4784230	154296	811213		160434
广东	22176144	18819012	18711486	17601307	14871639	738602	1991067		1110178
广西	6738680	5980532	5947505	5569340	4814941	495993	258406		378166
海南	2061338	1911560	1851895	1622398	1576489	27161	18748		229497
重庆	5758340	4828807	4654193	4034962	3574366	221999	238597		619231
四川	9416400	7813795	7715345	7206549	6664508	102456	439584		508796
贵州	5493399	4669938	4629053	4371768	4063369	48736	259663		257285
云南	6754212	5863500	5674469	4905779	4597953	45158	262668		768690
西藏	675421	664392	654132	646411	542614	103796			7721
陕西	4331400	3316272	3281429	3180943	3053518	50570	76854		100486
甘肃	3601604	3279917	3264541	2997784	2566356	139326	292102		266757
青海	1176197	989555	972822	848655	774879	36865	36912		124167
宁夏	1184307	937788	935688	785592	708985	45280	31327		150095
新疆	4230175	3460342	3384867	3305031	2897951	144940	262140		79836
大连	1258001	1203385	1203365	1099513	907639	62071	129803		103852
宁波	2314897	2157580	2124298	1987568	1620417		367151		136730
厦门	936025	896443	838311	761896	575252		186644		76414
青岛	3030584	2878222	2867367	2841875	2152875		689000		25492
深圳	2429077	2113533	2110549	1984663	1251103	480410	253150		125886

（中等职业学校）

单位：千元

政府性基金预算安排的教育经费	#彩票公益金	企业办学中的企业拨款	校办产业和社会服务收入中用于教育的经费	其他属于国家财政性教育经费	民办学校中举办者投入	捐赠收入	事业收入	#学费	其他教育经费
1585512	**568776**	**317351**	**243619**		**840017**	**274052**	**19490436**	**11362551**	**7107184**
21550	21550	11631	20487		4300	18351	356885	229070	320037
700	700	33677	9374			1114	148325	116055	89922
9554	3896	15379	3373		20119	631	771048	453990	172992
24703	9266	22530	103		21540	9931	309880	130111	96870
35726	30262	5819	40		7604	3744	191838	105877	135415
45396	32378	12778	9897		30900	54	544447	332711	75646
16274	8274	4901			10930	177	151314	120357	60811
30119	28143	11578			2983	789	351073	256641	86372
		10740	1841			2530	388434	295139	395254
42308	28618	36123	119		1903	10766	1891607	985546	454981
88766	27046		4917		8420	3484	798853	301831	1237384
41852	34852	716	125		109586	3470	863302	533245	210771
76017	8055		1468		15747	11048	289766	76485	169931
17436	17436		5		5535	1004	716349	487260	36483
401916	82652	24223	65724		75254	2217	1127822	543841	331075
34611	22805	46785	3800		125700	2563	976707	597337	325419
11763	11047	14881	2300		24060	2131	556414	342283	179677
9741	8175	4731			5967	2528	1202026	699228	87271
64601	27479	2391	40534		78507	22292	2908974	1873582	347359
31263	2066	1088	675		24614	2203	564859	239338	166472
57670	12350		1995		5284	1471	71858	23805	71164
158586	3839	15258	770		14323	5187	639777	375968	270245
79485	63127	1269	17696		68990	38617	1312562	746603	182435
38362	11986	120	2403		14986	2282	267271	116608	538922
178135	30398		10896		11044	5750	612526	399065	261393
10260	10260						7443	550	3586
12986	12986	2368	19489		11631	823	838824	620153	163850
8875	8194	6500			15487	2019	255596	177640	48585
15733	4733		1000		5694	1113	79347	26838	100489
2100	2100				118907	20644	65605	44601	41362
19021	4101	31864	24590			95120	229704	110792	445009
20					100		38048	19293	16467
33282	11461				100	376	102065	26624	54776
56948	551		1184		3357	60	22329	8827	13836
10855	10855				30	87	105905	70683	46341
2985	2985				3000		233118	166268	79425

3-14 教育经费收入情况

地区	总计	国家财政性教育经费	公共财政预算安排的教育经费	公共财政教育经费	教育事业费	基本建设经费	教育费附加	科研经费	其他
合计	**212653669**	**185369348**	**183358930**	**170472337**	**147940367**	**3775475**	**18756495**		**12886593**
北京	7454898	6802451	6762925	5832588	4212849	159384	1460354		930337
天津	3040570	2806196	2772726	2694991	2609117	5000	80875		77735
河北	8937725	7985853	7958915	7613332	7075013	59208	479110		345584
山西	5533752	5095531	5048196	4677469	4205401	69150	402918		370726
内蒙古	4590774	4252173	4210588	3629803	3325952	75485	228366		580785
辽宁	5813478	5162431	5094359	4418129	3793336	151803	472990		676231
吉林	3748782	3525551	3504375	3257611	2934554	35412	287645		246764
黑龙江	4271310	3833976	3801657	3519134	3272688	66826	179620		282522
上海	6703301	5963864	5951298	5314401	2822758	208618	2283025		636897
江苏	17364686	15040599	14987012	14053723	12133067	42448	1878208		933289
浙江	12936761	10888621	10794938	10244877	8583598	33813	1627466		550061
安徽	7526098	6339739	6297579	5851831	5127253	82859	641718		445748
福建	5899371	5412877	5335392	4950604	4042660	44500	863445		384788
江西	4663927	3906073	3888632	3753155	3376257	169440	207458		135477
山东	17757700	16221330	15729467	15431719	13342249	51000	2038471		297748
河南	10335030	8913067	8827871	7741516	6930624	165349	645544		1086355
湖北	5894655	5162865	5133921	4957536	4957536				176385
湖南	7191225	5919631	5905159	5744725	4779216	154296	811213		160434
广东	22117378	18767694	18677923	17589777	14860109	738602	1991067		1088145
广西	6738680	5980532	5947505	5569340	4814941	495993	258406		378166
海南	2061338	1911560	1851895	1622398	1576489	27161	18748		229497
重庆	5736411	4823039	4648426	4029194	3568598	221999	238597		619231
四川	9334826	7789224	7692688	7186647	6644607	102456	439584		506040
贵州	5493399	4669938	4629053	4371768	4063369	48736	259663		257285
云南	6752962	5863500	5674469	4905779	4597953	45158	262668		768690
西藏	675421	664392	654132	646411	542614	103796			7721
陕西	4331400	3316272	3281429	3180943	3053518	50570	76854		100486
甘肃	3600669	3279917	3264541	2997784	2566356	139326	292102		266757
青海	1176197	989555	972822	848655	774879	36865	36912		124167
宁夏	1184307	937788	935688	785592	708985	45280	31327		150095
新疆	3786639	3143113	3123351	3050903	2643823	144940	262140		72448
大连	1258001	1203385	1203365	1099513	907639	62071	129803		103852
宁波	2314897	2157580	2124298	1987568	1620417		367151		136730
厦门	936025	896443	838311	761896	575252		186644		76414
青岛	3030584	2878222	2867367	2841875	2152875		689000		25492
深圳	2429077	2113533	2110549	1984663	1251103	480410	253150		125886

(地方中等职业学校)

单位：千元

政府性基金预算安排的教育经费	#彩票公益金	企业办学中的企业拨款	校办产业和社会服务收入中用于教育的经费	其他属于国家财政性教育经费	民办学校中举办者投入	捐赠收入	事业收入	#学费	其他教育经费
1583422	**566686**	**238073**	**188922**		**840017**	**212867**	**19225503**	**11212157**	**7005933**
19550	19550		19976		4300	18346	315436	214787	314364
700	700	32770				1114	144832	112943	88428
9554	3896	15379	2004		20119	631	758474	451397	172649
24703	9266	22530	103		21540	9931	309880	130111	96870
35726	30262	5819	40		7604	3744	191838	105877	135415
45396	32378	12778	9897		30900	54	544447	332711	75646
16274	8274	4901			10930	177	151314	120357	60811
30119	28143	2200			2983	789	347190	252776	86372
		10740	1826			2530	383713	290441	353194
42308	28618	11160	119		1903	10766	1863567	979398	447852
88766	27046		4917		8420	3484	798853	301831	1237384
41852	34852	183	125		109586	3470	862614	532556	210689
76017	8055		1468		15747	11048	289766	76485	169931
17436	17436		5		5535	1004	715417	486421	35898
401916	82652	24223	65724		75254	2217	1127822	543841	331075
34611	22805	46785	3800		125700	2563	970477	592537	323222
11763	11047	14881	2300		24060	2131	532450	339557	173149
9741	8175	4731			5967	2528	1176296	673499	86804
64601	27479	2391	22779		78507	22292	2905113	1869721	343772
31263	2066	1088	675		24614	2203	564859	239338	166472
57670	12350		1995		5284	1471	71858	23805	71164
158586	3839	15258	770		14323	5187	630069	370293	263793
79485	63127	1269	15782		68990	38617	1263303	703882	174692
38362	11986	120	2403		14986	2282	267271	116608	538922
178135	30398		10896		11044	5750	611276	399065	261393
10260	10260						7443	550	3586
12986	12986	2368	19489		11631	823	838824	620153	163850
8875	8194	6500			15487	2019	254661	176814	48585
15733	4733		1000		5694	1113	79347	26838	100489
2100	2100				118907	20644	65605	44601	41362
18931	4011		831			33940	181487	82961	428099
20					100		38048	19293	16467
33282	11461				100	376	102065	26624	54776
56948	551		1184		3357	60	22329	8827	13836
10855	10855				30	87	105905	70683	46341
2985	2985				3000		233118	166268	79425

3-15 教育经费收入情况

地区	总计	国家财政性教育经费	公共财政预算安排的教育经费	公共财政教育经费	教育事业费	基本建设经费	教育费附加	科研经费	其他
合计	**100479465**	**87444858**	**86164694**	**79669415**	**69738190**	**1897138**	**8034087**		**6495280**
北京	2319657	2106007	2082550	1812429	1723680	38235	50515		270120
天津	1450414	1316934	1297492	1263188	1213192		49996		34304
河北	2815615	2322920	2317474	2198481	2079347	1900	117234		118993
山西	2422542	2215686	2201303	1970784	1723552	10000	237232		230519
内蒙古	1790856	1654925	1638463	1420114	1352182	22060	45872		218349
辽宁	3288028	2995205	2937906	2489488	2032444	131636	325408		448418
吉林	1403449	1314452	1305528	1223129	1058394	16469	148266		82398
黑龙江	1310089	1032412	1002604	917050	870677	23752	22621		85553
上海	3865781	3312065	3310707	2762095	1541432		1220663		548612
江苏	10966325	9551190	9520578	9116184	7939233	42448	1134503		404394
浙江	1984184	1693382	1663486	1504779	1282937	2613	219229		158706
安徽	4062339	3478980	3444520	3184267	2769509	42350	372408		260253
福建	4548235	4222883	4146453	3854720	3143113	40900	670707		291733
江西	2328628	1944964	1935183	1871656	1776418	28165	67074		63527
山东	8602636	7872742	7441512	7236996	6237442	11000	988555		204515
河南	4312082	3719449	3692225	3279980	2894371	133398	252210		412245
湖北	3904412	3342960	3314636	3181470	3181470				133166
湖南	1464392	1111258	1108797	1060511	996813	10000	53698		48287
广东	11347287	9865778	9798033	9179813	7745655	373234	1060924		618220
广西	5010162	4499767	4469379	4190003	3540670	416385	232948		279376
海南	1249339	1141344	1128232	966462	944300	22161			161771
重庆	986165	753968	751579	669239	614023	36048	19168		82340
四川	3869032	2937014	2864787	2558239	2432265	38461	87512		306548
贵州	2724092	2417351	2399953	2222281	2118394	3838	100049		177672
云南	3300905	2782208	2654343	2336766	2179324	21361	136081		317576
西藏	675421	664392	654132	646411	542614	103796			7721
陕西	940609	756426	743440	689533	679620	5000	4913		53907
甘肃	2755357	2498323	2488628	2275759	1930377	99446	245936		212868
青海	1162537	983175	966442	842679	768903	36865	36912		123763
宁夏	795631	589137	587037	499477	431504	44876	23097		87560
新疆	2823262	2347560	2297294	2245432	1994336	140740	110356		51862
大连	613393	601731	601731	550539	428051	46036	76452		51193
宁波	504240	469396	456995	399117	346962		52155		57878
厦门	827231	794761	736641	671584	504977		166608		65056
青岛	468576	453281	443026	418291	260136		158155		24735
深圳	508399	468718	467931	436753	237802	155300	43651		31179

(中等专业学校)

单位：千元

政府性基金预算安排的教育经费	#彩票公益金	企业办学中的企业拨款	校办产业和社会服务收入中用于教育的经费	其他属于国家财政性教育经费	民办学校中举办者投入	捐赠收入	事业收入	#学费	其他教育经费
1093989	**477130**	**91921**	**94253**		**451890**	**169306**	**9413831**	**5579670**	**2999579**
21550	21550		1907			3761	153413	97931	56476
700	700	18743				353	77450	60440	55677
2646	2246	2800			10978	319	406317	296338	75081
14357	7250		25				160587	57502	46269
16462	15862				1559		117933	84417	16438
34623	21625	12778	9897		123	54	259700	172987	32946
8924	8274						70840	57664	18157
27609	27459	2200			2385	548	222673	163528	52071
			1358			2490	255119	179239	296107
30612	23204				1030	8159	1105589	603940	300358
29897	25119					294	188160	75076	102349
34152	33952	183	125		21960	801	465053	284338	95545
74975	7585		1456		9047	10869	204310	51994	101124
9776	9776		5			198	362253	235916	21214
380223	71887	6023	44985		65606	1681	512244	256291	150363
26456	21498		768		79569	400	313039	193443	199626
11143	10447	14881	2300		20936	1374	404084	239420	135058
2461	2461					125	341293	230946	11716
44554	22890		23190		21091	16458	1275224	809494	168736
30302	1105		86		24614	2104	354472	127549	129205
12350	12350		762			1411	50760	12598	55824
2389	229				400		175873	109913	55923
69203	61831		3024		47548	27561	741562	444173	115347
16486	9046		912		9846	1224	148425	61852	147245
126242	19489		1623		366	4113	396463	265105	117755
10260	10260						7443	550	3586
12986	12986					140	139686	106257	44357
7245	6564	2450			12813	704	196235	139513	47283
15733	4733		1000		3110	1113	78874	26838	96265
2100	2100				118907	18331	48894	33031	20360
17571	2651	31864	831			64722	179864	101387	231116
							11541	1422	120
12401	11401						30557	4975	4286
56948	551		1173		3357	60	15956	6100	13096
10255	10255						9780	6433	5515
786	786						11861	7113	27821

3-16　教育经费收入情况

地区	总计	国家财政性教育经费	公共财政预算安排的教育经费	公共财政教育经费	教育事业费	基本建设经费	教育费附加	科研经费	其他
合计	**99743531**	**86996938**	**85768498**	**79306728**	**69375595**	**1897138**	**8033996**		**6461770**
北京	2173829	2004436	1982978	1716946	1628287	38235	50424		266032
天津	1450414	1316934	1297492	1263188	1213192		49996		34304
河北	2794793	2312808	2307361	2188369	2069235	1900	117234		118993
山西	2422542	2215686	2201303	1970784	1723552	10000	237232		230519
内蒙古	1790856	1654925	1638463	1420114	1352182	22060	45872		218349
辽宁	3288028	2995205	2937906	2489488	2032444	131636	325408		448418
吉林	1403449	1314452	1305528	1223129	1058394	16469	148266		82398
黑龙江	1310089	1032412	1002604	917050	870677	23752	22621		85553
上海	3830488	3312050	3310707	2762095	1541432		1220663		548612
江苏	10966325	9551190	9520578	9116184	7939233	42448	1134503		404394
浙江	1984184	1693382	1663486	1504779	1282937	2613	219229		158706
安徽	4062339	3478980	3444520	3184267	2769509	42350	372408		260253
福建	4548235	4222883	4146453	3854720	3143113	40900	670707		291733
江西	2325747	1943600	1933819	1870292	1775053	28165	67074		63527
山东	8602636	7872742	7441512	7236996	6237442	11000	988555		204515
河南	4306102	3719399	3692175	3279930	2894321	133398	252210		412245
湖北	3866701	3335740	3307417	3174250	3174250				133166
湖南	1433182	1106245	1103784	1055497	991799	10000	53698		48287
广东	11288521	9814460	9764470	9168283	7734125	373234	1060924		596187
广西	5010162	4499767	4469379	4190003	3540670	416385	232948		279376
海南	1249339	1141344	1128232	966462	944300	22161			161771
重庆	986165	753968	751579	669239	614023	36048	19168		82340
四川	3869032	2937014	2864787	2558239	2432265	38461	87512		306548
贵州	2724092	2417351	2399953	2222281	2118394	3838	100049		177672
云南	3300905	2782208	2654343	2336766	2179324	21361	136081		317576
西藏	675421	664392	654132	646411	542614	103796			7721
陕西	940609	756426	743440	689533	679620	5000	4913		53907
甘肃	2754422	2498323	2488628	2275759	1930377	99446	245936		212868
青海	1162537	983175	966442	842679	768903	36865	36912		123763
宁夏	795631	589137	587037	499477	431504	44876	23097		87560
新疆	2426757	2076303	2057992	2013517	1762422	140740	110356		44474
大连	613393	601731	601731	550539	428051	46036	76452		51193
宁波	504240	469396	456995	399117	346962		52155		57878
厦门	827231	794761	736641	671584	504977		166608		65056
青岛	468576	453281	443026	418291	260136		158155		24735
深圳	508399	468718	467931	436753	237802	155300	43651		31179

(地方中等专业学校)

单位：千元

政府性基金预算安排的教育经费	#彩票公益金	企业办学中的企业拨款	校办产业和社会服务收入中用于教育的经费	其他属于国家财政性教育经费	民办学校中举办者投入	捐赠收入	事业收入	#学费	其他教育经费
1091899	**475040**	**60057**	**76483**		**451890**	**108121**	**9254954**	**5497464**	**2931629**
19550	19550		1907			3756	114827	84463	50810
700	700	18743				353	77450	60440	55677
2646	2246	2800			10978	319	395607	293902	75081
14357	7250		25				160587	57502	46269
16462	15862				1559		117933	84417	16438
34623	21625	12778	9897		123	54	259700	172987	32946
8924	8274						70840	57664	18157
27609	27459	2200			2385	548	222673	163528	52071
			1343			2490	254138	178281	261811
30612	23204				1030	8159	1105589	603940	300358
29897	25119					294	188160	75076	102349
34152	33952	183	125		21960	801	465053	284338	95545
74975	7585		1456		9047	10869	204310	51994	101124
9776	9776		5			198	361321	235078	20628
380223	71887	6023	44985		65606	1681	512244	256291	150363
26456	21498		768		79569	400	307109	188943	199626
11143	10447	14881	2300		20936	1374	380120	236694	128530
2461	2461					125	315564	205217	11249
44554	22890		5435		21091	16458	1271363	805632	165150
30302	1105		86		24614	2104	354472	127549	129205
12350	12350		762			1411	50760	12598	55824
2389	229				400		175873	109913	55923
69203	61831		3024		47548	27561	741562	444173	115347
16486	9046		912		9846	1224	148425	61852	147245
126242	19489		1623		366	4113	396463	265105	117755
10260	10260						7443	550	3586
12986	12986					140	139686	106257	44357
7245	6564	2450			12813	704	195299	138687	47283
15733	4733		1000		3110	1113	78874	26838	96265
2100	2100				118907	18331	48894	33031	20360
17481	2561		831			3542	132616	74525	214296
							11541	1422	120
12401	11401						30557	4975	4286
56948	551		1173		3357	60	15956	6100	13096
10255	10255						9780	6433	5515
786	786						11861	7113	27821

3-17 教育经费收入

地区	总计	国家财政性教育经费	公共财政预算安排的教育经费	公共财政教育经费	教育事业费	基本建设经费	教育费附加	科研经费	其他
合计	**76215636**	**68855263**	**68388937**	**64313785**	**53857308**	**1450239**	**9006237**		**4075152**
北京	3843619	3515584	3515061	2855422	1334577	121149	1399695		659639
天津	1013895	973483	973183	961809	943011		18798		11373
河北	4443644	4269794	4263037	4123472	3752292	57308	313872		139565
山西	2297062	2153340	2122565	2034571	1834351	47853	152367		87994
内蒙古	2225483	2094483	2075284	1844691	1617668	53425	173598		230593
辽宁	1935303	1691916	1681143	1523124	1393959	20168	108997		158020
吉林	1440009	1351878	1344528	1262300	1127793	14943	119564		82228
黑龙江	1725257	1671682	1669956	1581983	1431216	43074	107693		87973
上海	2457696	2328551	2328068	2254465	1037848	208618	1007999		73602
江苏	3430511	3189336	3182123	2885432	2458151		427281		296692
浙江	9077786	7672451	7617105	7382846	6138423	31200	1213223		234259
安徽	3052602	2586191	2579331	2424217	2117286	40509	266421		155114
福建	638554	600445	599975	566273	418436		147837		33702
江西	1925280	1593734	1590614	1541671	1270797	131275	139598		48944
山东	5645222	5379039	5360892	5329953	4280683	30000	1019271		30939
河南	3587521	3206388	3190399	2841354	2559029	16716	265610		349044
湖北	1564588	1446361	1445741	1417459	1417459				28282
湖南	4898081	4132918	4126517	4052376	3183313	133916	735147		74142
广东	4131044	3866110	3859220	3562467	2957241	153368	451859		296752
广西	117926	116481	116481	113550	91345	12256	9949		2931
海南	458082	428696	428691	392825	369077	5000	18748		35865
重庆	3079596	2846439	2692393	2352088	2047367	133879	170841		340305
四川	4542781	4165514	4157225	3998308	3657300	56501	284507		158917
贵州	2285693	1875869	1853993	1777197	1575093	44898	157206		76796
云南	2214552	2042355	1992015	1736286	1631103	21200	83983		255729
西藏									
陕西	2207986	1896057	1890068	1872494	1777616	31500	63378		17574
甘肃	743051	693643	692013	648131	573268	39880	34983		43881
青海	9442	6380	6380	5976	5976				404
宁夏	388676	348650	348650	286115	277480	405	8230		62535
新疆	834694	711495	686285	684929	578150	1200	105580		1356
大连	468388	429644	429624	388611	328054	16036	44521		41014
宁波	1386314	1329806	1311809	1261119	991039		270080		50690
厦门									
青岛	2356648	2231878	2231878	2231878	1701225		530653		
深圳	956243	893659	891460	822543	636663	126110	59771		68917

情况(职业高中)

单位：千元

政府性基金预算安排的教育经费	#彩票公益金	企业办学中的企业拨款	校办产业和社会服务收入中用于教育的经费	其他属于国家财政性教育经费	民办学校中举办者投入	捐赠收入	事业收入	#学费	其他教育经费
401286	75807	31932	33108		266438	65730	4611511	2775401	2416694
			523		4300	59	138071	113921	185605
		300					29562	23447	10851
6757	1650				6641	293	132949	70051	33967
8245		22530			21540	16	119582	68616	2585
19164	14300		35		6045	300	32213	14601	92442
10773	10753				4777		216039	135809	22571
7350					4745	177	65944	52086	17265
1727	684				298	222	42198	32717	10857
			483			40	87360	80523	41745
7212	2874					501	171833	59668	68840
55346	1878				7920	2850	365741	123092	1028823
6860	60				80808	2669	289314	193260	93620
470	470				6000	7	16630	3970	15472
3120	3120				5535	806	314572	244147	10632
17983	9306	164			6815	137	201587	117185	57645
5823	532	8938	1229		33272	163	271143	178095	76555
620	600				1366	739	105907	75005	10215
6401	4834				5588	1632	697705	395623	60237
6723	4484		167		4438	4508	212021	124820	43965
							665	105	780
5					5284	60	15176	8998	8865
154047	3610				9021	2947	178498	91503	42690
8261	724		27		21442	11046	311146	153333	33633
21876	2940				5140	1057	107158	52614	296469
49444	9909		896		8678	1555	112706	75063	49258
			5988		11525	160	293754	236036	6491
1630	1630				2675	1315	44942	34148	476
					2584		473		4
						2313	16711	11570	21002
1450	1450		23760			30159	19908	5398	73133
20					100		22321	14245	16323
17997	10				100	276	33602	3943	22530
					30	87	92632	62125	32022
2199	2199				3000		26304	19146	33280

3-18 教育经费收入情况

地区	总计	国家财政性教育经费	公共财政预算安排的教育经费	公共财政教育经费	教育事业费	基本建设经费	教育费附加	科研经费	其他
合计	**76163381**	**68805728**	**68363161**	**64288009**	**53833202**	**1450239**	**9004567**		**4075152**
北京	3843619	3515584	3515061	2855422	1334577	121149	1399695		659639
天津	1013895	973483	973183	961809	943011		18798		11373
河北	4443644	4269794	4263037	4123472	3752292	57308	313872		139565
山西	2297062	2153340	2122565	2034571	1834351	47853	152367		87994
内蒙古	2225483	2094483	2075284	1844691	1617668	53425	173598		230593
辽宁	1935303	1691916	1681143	1523124	1393959	20168	108997		158020
吉林	1440009	1351878	1344528	1262300	1127793	14943	119564		82228
黑龙江	1705139	1651581	1649855	1561882	1412785	43074	106023		87973
上海	2457696	2328551	2328068	2254465	1037848	208618	1007999		73602
江苏	3430511	3189336	3182123	2885432	2458151		427281		296692
浙江	9077786	7672451	7617105	7382846	6138423	31200	1213223		234259
安徽	3052602	2586191	2579331	2424217	2117286	40509	266421		155114
福建	638554	600445	599975	566273	418436		147837		33702
江西	1925280	1593734	1590614	1541671	1270797	131275	139598		48944
山东	5645222	5379039	5360892	5329953	4280683	30000	1019271		30939
河南	3579350	3200713	3184723	2835679	2553353	16716	265610		349044
湖北	1564588	1446361	1445741	1417459	1417459				28282
湖南	4898081	4132918	4126517	4052376	3183313	133916	735147		74142
广东	4131044	3866110	3859220	3562467	2957241	153368	451859		296752
广西	117926	116481	116481	113550	91345	12256	9949		2931
海南	458082	428696	428691	392825	369077	5000	18748		35865
重庆	3079596	2846439	2692393	2352088	2047367	133879	170841		340305
四川	4542781	4165514	4157225	3998308	3657300	56501	284507		158917
贵州	2285693	1875869	1853993	1777197	1575093	44898	157206		76796
云南	2214552	2042355	1992015	1736286	1631103	21200	83983		255729
西藏									
陕西	2207986	1896057	1890068	1872494	1777616	31500	63378		17574
甘肃	743051	693643	692013	648131	573268	39880	34983		43881
青海	9442	6380	6380	5976	5976				404
宁夏	388676	348650	348650	286115	277480	405	8230		62535
新疆	810730	687735	686285	684929	578150	1200	105580		1356
大连	468388	429644	429624	388611	328054	16036	44521		41014
宁波	1386314	1329806	1311809	1261119	991039		270080		50690
厦门									
青岛	2356648	2231878	2231878	2231878	1701225		530653		
深圳	956243	893659	891460	822543	636663	126110	59771		68917

(地方职业高中)

单位：千元

政府性基金预算安排的教育经费	#彩票公益金	企业办学中的企业拨款	校办产业和社会服务收入中用于教育的经费	其他属于国家财政性教育经费	民办学校中举办者投入	捐赠收入	事业收入	#学费	其他教育经费
401286	**75807**	**31932**	**9349**		**266438**	**65730**	**4610988**	**2774896**	**2414498**
			523		4300	59	138071	113921	185605
		300					29562	23447	10851
6757	1650				6641	293	132949	70051	33967
8245		22530			21540	16	119582	68616	2585
19164	14300		35		6045	300	32213	14601	92442
10773	10753				4777		216039	135809	22571
7350					4745	177	65944	52086	17265
1727	684				298	222	42181	32717	10857
			483			40	87360	80523	41745
7212	2874					501	171833	59668	68840
55346	1878				7920	2850	365741	123092	1028823
6860	60				80808	2669	289314	193260	93620
470	470				6000	7	16630	3970	15472
3120	3120				5535	806	314572	244147	10632
17983	9306	164			6815	137	201587	117185	57645
5823	532	8938	1229		33272	163	270843	177795	74359
620	600				1366	739	105907	75005	10215
6401	4834				5588	1632	697705	395623	60237
6723	4484		167		4438	4508	212021	124820	43965
							665	105	780
5					5284	60	15176	8998	8865
154047	3610				9021	2947	178498	91503	42690
8261	724		27		21442	11046	311146	153333	33633
21876	2940				5140	1057	107158	52614	296469
49444	9909		896		8678	1555	112706	75063	49258
			5988		11525	160	293754	236036	6491
1630	1630				2675	1315	44942	34148	476
					2584		473		4
						2313	16711	11570	21002
1450	1450					30159	19704	5193	73133
20					100		22321	14245	16323
17997	10				100	276	33602	3943	22530
					30	87	92632	62125	32022
2199	2199				3000		26304	19146	33280

3-19 教育经费收入情况

地区	总计	国家财政性教育经费	公共财政预算安排的教育经费	公共财政教育经费	教育事业费	基本建设经费	教育费附加	科研经费	其他
合计	**34746017**	**31881468**	**31678866**	**30240860**	**26383344**	**709048**	**3148468**		**1438007**
北京	522701	496898	496692	454884	198064		256820		41808
天津									
河北	2621442	2544354	2537597	2451039	2244381	40486	166172		86558
山西	1362389	1284611	1253836	1201046	1050148	40853	110044		52790
内蒙古	1467372	1364717	1349553	1226259	1084614	48004	93641		123295
辽宁	598420	501333	497473	474988	450774		24214		22485
吉林	536998	508073	508073	489360	441901	5000	42459		18713
黑龙江	695270	682231	681671	658110	594465	30000	33645		23560
上海	150542	144980	144980	136532	85565		50967		8448
江苏	1583675	1506684	1499970	1429649	1223036		206612		70321
浙江	3462078	3058033	3025435	2992064	2402208	31200	558656		33372
安徽	2481004	2196698	2189884	2070167	1810161	40509	219497		119718
福建	127657	123082	122612	121013	88309		32703		1599
江西	1165394	1032842	1029762	999753	799216	99780	100757		30009
山东	1755380	1687055	1675995	1665900	1384534	20000	261365		10095
河南	2141945	1966292	1965063	1802672	1619027	16716	166929		162391
湖北	533492	496209	496209	489300	489300				6909
湖南	2727581	2382013	2378922	2353112	1979692	95420	278000		25810
广东	589668	561353	561294	531455	485548	81	45826		29839
广西	113773	112328	112328	109528	87324	12256	9949		2800
海南	153926	150164	150164	132100	126775		5326		18063
重庆	1363612	1248945	1241466	1127205	1033160	50000	44045		114261
四川	2750845	2519462	2514363	2413880	2196007	40861	177012		100483
贵州	1567191	1369761	1347885	1284555	1164863	44898	74795		63330
云南	1441932	1345002	1301070	1128001	1052365	20000	55636		173069
西藏									
陕西	1453834	1352227	1352227	1339509	1264833	31500	43175		12719
甘肃	598029	566100	564470	531084	468048	39880	23156		33386
青海	9442	6380	6380	5976	5976				404
宁夏	267239	229098	229098	178614	176877	405	1332		50484
新疆	503187	444544	444394	443106	376173	1200	65734		1288
大连	88113	74783	74783	72203	65143		7060		2580
宁波	416199	396713	378956	367952	302174		65778		11004
厦门									
青岛	45462	41154	41154	41154	29031		12124		
深圳									

(农村职业高中)

单位：千元

政府性基金预算安排的教育经费	#彩票公益金	企业办学中的企业拨款	校办产业和社会服务收入中用于教育的经费	其他属于国家财政性教育经费	民办学校中举办者投入	捐赠收入	事业收入	#学费	其他教育经费
178573	**40767**	**22594**	**1434**		**139491**	**43082**	**1945292**	**1062180**	**736684**
			206		4300	40	19887	16651	1576
6757	1650				5090	293	51131	21181	20575
8245		22530			2778	16	73329	43541	1655
15164	10300				1096		20737	9045	80823
3860	3860				888		81952	39602	14248
					905	177	23678	17352	4166
560	560						9605	6390	3434
									5562
6714	2375						56823	18300	20168
32598	163				6510	844	172893	63330	223799
6814	14				65500	912	191328	135130	26566
470	470						3462	624	1113
3080	3080				2545	303	123507	79886	6196
10996	7396	64			1005	50	55411	24442	11859
			1229		14781	151	143484	87019	17237
						739	32306	16185	4238
3091	1534				3140	1336	304479	158124	36614
59	59					461	25853	8081	2000
							665	105	780
					1058		841	683	1863
7479					3810	2403	90952	42918	17502
5099	36				9544	12	198540	103128	23286
21876	2940				4484	1057	65360	32949	126528
43931	4550				2133	1510	54230	33761	39057
					6020		93520	69712	2067
1630	1630				1320	387	29987	19502	236
					2584		473		4
						2313	15299	10999	20529
150	150					30079	5562	3539	23003
									13330
17757							13274	1911	6212
							1357	373	2951

3-20 教育经费收入情况

地区	总计	国家财政性教育经费	公共财政预算安排的教育经费	公共财政教育经费	教育事业费	基本建设经费	教育费附加	科研经费	其他
合计	**34729389**	**31864856**	**31662255**	**30224248**	**26368403**	**709048**	**3146798**		**1438007**
北京	522701	496898	496692	454884	198064		256820		41808
天津									
河北	2621442	2544354	2537597	2451039	2244381	40486	166172		86558
山西	1362389	1284611	1253836	1201046	1050148	40853	110044		52790
内蒙古	1467372	1364717	1349553	1226259	1084614	48004	93641		123295
辽宁	598420	501333	497473	474988	450774		24214		22485
吉林	536998	508073	508073	489360	441901	5000	42459		18713
黑龙江	678641	665620	665060	641499	579524	30000	31975		23560
上海	150542	144980	144980	136532	85565		50967		8448
江苏	1583675	1506684	1499970	1429649	1223036		206612		70321
浙江	3462078	3058033	3025435	2992064	2402208	31200	558656		33372
安徽	2481004	2196698	2189884	2070167	1810161	40509	219497		119718
福建	127657	123082	122612	121013	88309		32703		1599
江西	1165394	1032842	1029762	999753	799216	99780	100757		30009
山东	1755380	1687055	1675995	1665900	1384534	20000	261365		10095
河南	2141945	1966292	1965063	1802672	1619027	16716	166929		162391
湖北	533492	496209	496209	489300	489300				6909
湖南	2727581	2382013	2378922	2353112	1979692	95420	278000		25810
广东	589668	561353	561294	531455	485548	81	45826		29839
广西	113773	112328	112328	109528	87324	12256	9949		2800
海南	153926	150164	150164	132100	126775		5326		18063
重庆	1363612	1248945	1241466	1127205	1033160	50000	44045		114261
四川	2750845	2519462	2514363	2413880	2196007	40861	177012		100483
贵州	1567191	1369761	1347885	1284555	1164863	44898	74795		63330
云南	1441932	1345002	1301070	1128001	1052365	20000	55636		173069
西藏									
陕西	1453834	1352227	1352227	1339509	1264833	31500	43175		12719
甘肃	598029	566100	564470	531084	468048	39880	23156		33386
青海	9442	6380	6380	5976	5976				404
宁夏	267239	229098	229098	178614	176877	405	1332		50484
新疆	503187	444544	444394	443106	376173	1200	65734		1288
大连	88113	74783	74783	72203	65143		7060		2580
宁波	416199	396713	378956	367952	302174		65778		11004
厦门									
青岛	45462	41154	41154	41154	29031		12124		
深圳									

（地方农村职业高中）

单位：千元

政府性基金预算安排的教育经费	#彩票公益金	企业办学中的企业拨款	校办产业和社会服务收入中用于教育的经费	其他属于国家财政性教育经费	民办学校中举办者投入	捐赠收入	事业收入	#学费	其他教育经费
178573	**40767**	**22594**	**1434**		**139491**	**43082**	**1945275**	**1062180**	**736684**
			206		4300	40	19887	16651	1576
6757	1650				5090	293	51131	21181	20575
8245		22530			2778	16	73329	43541	1655
15164	10300				1096		20737	9045	80823
3860	3860				888		81952	39602	14248
					905	177	23678	17352	4166
560	560						9587	6390	3434
									5562
6714	2375						56823	18300	20168
32598	163				6510	844	172893	63330	223799
6814	14				65500	912	191328	135130	26566
470	470						3462	624	1113
3080	3080				2545	303	123507	79886	6196
10996	7396	64			1005	50	55411	24442	11859
			1229		14781	151	143484	87019	17237
						739	32306	16185	4238
3091	1534				3140	1336	304479	158124	36614
59	59					461	25853	8081	2000
							665	105	780
					1058		841	683	1863
7479					3810	2403	90952	42918	17502
5099	36				9544	12	198540	103128	23286
21876	2940				4484	1057	65360	32949	126528
43931	4550				2133	1510	54230	33761	39057
					6020		93520	69712	2067
1630	1630				1320	387	29987	19502	236
					2584		473		4
						2313	15299	10999	20529
150	150					30079	5562	3539	23003
									13330
17757							13274	1911	6212
							1357	373	2951

3-21 教育经费收入

地区	总计	国家财政性教育经费	公共财政预算安排的教育经费	公共财政教育经费	教育事业费	基本建设经费	教育费附加	科研经费	其他
合计	**27516185**	**21630256**	**21287259**	**19816515**	**18009742**	**433793**	**1372981**		**1470744**
北京	1372243	1243276	1213589	1213589	1207123		6465		
天津	538899	479976	465342	426771	404771	10000	12000		38571
河北	832209	610675	594723	573330	545020		28310		21394
山西	453342	377893	375715	345306	327034	11297	6975		30408
内蒙古	216342	167324	161500	123731	123731				37769
辽宁	545295	432830	432830	375615	339214		36401		57215
吉林	199517	166359	166359	140933	124901	4000	12032		25426
黑龙江	524250	443339	440991	416985	373012	10000	33973		24006
上海	248977	175078	164338	155049	105055		49995		9288
江苏	2421126	1825262	1787196	1574433	1280279		294154		212762
浙江	1273562	1036596	1031681	917779	771221		146557		113902
安徽	167123	110023	109490	97984	96593		1390		11506
福建	679107	568658	568073	510436	468562	3600	38274		57638
江西	78753	73563	73563	73536	63536	10000			28
山东	2915217	2469689	2430303	2375613	2339368	10000	26244		54691
河南	1495302	1284304	1252767	1057760	955401	11775	90584		195008
湖北	387852	325033	325033	311630	311630				13403
湖南	323198	246050	241320	219112	202178	10000	6934		22208
广东	6399636	4855056	4822258	4657457	4004591	212000	440867		164801
广西	1578297	1337522	1335845	1250779	1167917	67353	15509		85066
海南	346029	333739	287192	256113	256113				31079
重庆	1084350	745806	727628	643044	578382	51102	13561		84584
四川	766778	577084	559399	524603	452798	6000	65804		34797
贵州	403608	305384	305384	305384	304475		908		
云南	846233	664166	655040	557636	546091	2597	8949		97403
西藏									
陕西	1001164	514281	498412	472543	457473	14070	1000		25869
甘肃	7314	5410	5410	5410	5410				
青海									
宁夏									
新疆	410463	255880	255880	233957	197863		36094		21923
大连	164289	160330	160330	149287	142641		6645		11043
宁波	88378	68238	67538	58380	50155		8225		9158
厦门	108794	101682	101670	90312	70276		20036		11358
青岛	188968	176781	176781	176781	176681		100		
深圳	898574	712332	712332	692519	343818	199000	149701		19813

情况(技工学校)

单位：千元

政府性基金预算安排的教育经费	#彩票公益金	企业办学中的企业拨款	校办产业和社会服务收入中用于教育的经费	其他属于国家财政性教育经费	民办学校中举办者投入	捐赠收入	事业收入	#学费	其他教育经费
70916	**3303**	**167605**	**104476**		**95334**	**17303**	**4354140**	**2446312**	**1419151**
		11631	18057				54713	16786	74253
		14634				762	37538	29405	20623
		12579	3373				171670	66051	49863
2100	2016		78			9915	18065	2963	47469
		5819	5				26813	6859	22206
					26000		66377	22265	20087
					6185		7874	6525	19100
120		2228			300		70478	49317	10133
		10740					37813	29056	36086
1943		36123			873	2099	529454	294915	63437
703			4213		500	241	166108	99474	70117
		534					41801	23040	15299
573			12		700	172	58767	18287	50810
							5131	2511	59
610	610	18037	20739		1400	100	343637	130523	100390
1558		28174	1804		1600	5	168404	55889	40989
					10		28415	14971	34395
		4731				741	72691	27757	3716
13324	105	2391	17083		52977	728	1367701	913496	123173
		1088	589			99	205008	107313	35667
45315			1232				5922	2209	6368
2150		15258	770		4683	1588	207352	130253	124921
1771	572	1269	14645			10	167350	85766	22334
							7269		90955
749			8377			82	90613	57777	91373
		2368	13500		106	523	373471	250334	112783
							1904	80	
						240	21800	2491	132544
							3935	3626	24
700							18476	16497	1663
			12				6373	2728	740
							3483	2114	8704
							169173	128973	17070

3-22 教育经费收入情况

地区	总计	国家财政性教育经费	公共财政预算安排的教育经费	公共财政教育经费	教育事业费	基本建设经费	教育费附加	科研经费	其他
合计	**27241143**	**21489234**	**21190294**	**19729717**	**17937944**	**418793**	**1372981**		**1460576**
北京	1357232	1231134	1213589	1213589	1207123		6465		
天津	517161	463032	449305	418146	401146	5000	12000		31159
河北	828634	609307	594723	573330	545020		28310		21394
山西	453342	377893	375715	345306	327034	11297	6975		30408
内蒙古	216342	167324	161500	123731	123731				37769
辽宁	545295	432830	432830	375615	339214		36401		57215
吉林	199517	166359	166359	140933	124901	4000	12032		25426
黑龙江	476975	399609	399489	375482	341510		33973		24006
上海	237474	175078	164338	155049	105055		49995		9288
江苏	2351881	1791187	1778084	1565321	1271167		294154		212762
浙江	1273562	1036596	1031681	917779	771221		146557		113902
安徽	163929	107600	107600	96094	94704		1390		11506
福建	679107	568658	568073	510436	468562	3600	38274		57638
江西	78753	73563	73563	73536	63536	10000			28
山东	2915217	2469689	2430303	2375613	2339368	10000	26244		54691
河南	1495302	1284304	1252767	1057760	955401	11775	90584		195008
湖北	387852	325033	325033	311630	311630				13403
湖南	323198	246050	241320	219112	202178	10000	6934		22208
广东	6399636	4855056	4822258	4657457	4004591	212000	440867		164801
广西	1578297	1337522	1335845	1250779	1167917	67353	15509		85066
海南	346029	333739	287192	256113	256113				31079
重庆	1062422	740039	721861	637276	572614	51102	13561		84584
四川	685205	552513	536742	504701	432897	6000	65804		32041
贵州	403608	305384	305384	305384	304475		908		
云南	846233	664166	655040	557636	546091	2597	8949		97403
西藏									
陕西	1001164	514281	498412	472543	457473	14070	1000		25869
甘肃	7314	5410	5410	5410	5410				
青海									
宁夏									
新疆	410463	255880	255880	233957	197863		36094		21923
大连	164289	160330	160330	149287	142641		6645		11043
宁波	88378	68238	67538	58380	50155		8225		9158
厦门	108794	101682	101670	90312	70276		20036		11358
青岛	188968	176781	176781	176781	176681		100		
深圳	898574	712332	712332	692519	343818	199000	149701		19813

(地方技工学校)

单位：千元

政府性基金预算安排的教育经费	#彩票公益金	企业办学中的企业拨款	校办产业和社会服务收入中用于教育的经费	其他属于国家财政性教育经费	民办学校中举办者投入	捐赠收入	事业收入	#学费	其他教育经费
70916	**3303**	**127341**	**100683**		**95334**	**17303**	**4251133**	**2379873**	**1388138**
			17546				51850	15971	74247
		13727				762	34238	26454	19129
		12579	2004				169807	65894	49520
2100	2016		78			9915	18065	2963	47469
		5819	5				26813	6859	22206
					26000		66377	22265	20087
					6185		7874	6525	19100
120					300		66933	45773	10133
		10740					34073	25316	28323
1943		11160			873	2099	501413	288767	56309
703			4213		500	241	166108	99474	70117
							41112	22352	15217
573			12		700	172	58767	18287	50810
							5131	2511	59
610	610	18037	20739		1400	100	343637	130523	100390
1558		28174	1804		1600	5	168404	55889	40989
					10		28415	14971	34395
		4731				741	72691	27757	3716
13324	105	2391	17083		52977	728	1367701	913496	123173
		1088	589			99	205008	107313	35667
45315		[illegible]	1232				5922	2209	6368
2150		5258	770		4683	1588	197644	124578	118468
1771	572	1269	12731			10	118091	43045	14591
							7269		90955
749			8377			82	90613	57777	91373
		2368	13500		106	523	373471	250334	112783
							1904	80	
						240	21800	2491	132544
							3935	3626	24
700							18476	16497	1663
			12				6373	2728	740
							3483	2114	8704
							169173	128973	17070

3-23 教育经费收入情况

地区	总计	国家财政性教育经费	公共财政预算安排的教育经费	公共财政教育经费	教育事业费	基本建设经费	教育费附加	科研经费	其他
合计	**9568816**	**8138034**	**8081040**	**7191438**	**6837177**	**9304**	**344957**		**889602**
北京	84391	55470	55470	50296	46526		3770		5174
天津	68771	62225	52852	51953	51873		80		899
河北	870654	793944	793793	728162	708468		19694		65632
山西	360807	348613	348613	326808	320464		6344		21805
内蒙古	358093	335441	335341	241268	232371		8896		94073
辽宁	44852	42480	42480	29902	27718		2184		12578
吉林	705807	692861	687961	631249	623467		7783		56711
黑龙江	804148	775094	767280	682291	665283		17008		84989
上海	177643	148186	148186	142792	138424		4369		5394
江苏	615970	508886	506227	486787	464517		22270		19440
浙江	601229	486191	482666	439473	391016		48457		43194
安徽	247228	166968	166128	147252	145754		1498		18876
福建	33475	20891	20891	19176	12549		6627		1715
江西	334147	295176	290636	267657	266871		786		22979
山东	594624	499860	496760	489157	484756		4400		7603
河南	954276	708651	698205	568147	527548	3460	37140		130058
湖北	75514	55731	55731	54197	54197				1534
湖南	536764	434418	433538	417740	401925	380	15435		15798
广东	298177	232068	231975	201569	164152		37417		30406
广西	32295	26762	25800	15008	15008				10792
海南	7889	7780	7780	6998	6998				782
重庆	608229	482593	482593	370592	334595	970	35027		112002
四川	237808	134183	133933	125399	122145	1494	1760		8534
贵州	80006	71334	69724	66906	65406		1500		2817
云南	392522	374771	373071	275090	241436		33654		97980
西藏									
陕西	181641	149508	149508	146372	138809		7564		3136
甘肃	95882	82541	78491	68484	57301		11183		10007
青海	4219								
宁夏									
新疆	161756	145408	145408	140713	127602	3000	10111		4695
大连	11932	11680	11680	11077	8893		2184		603
宁波	335965	290140	287957	268952	232261		36691		19005
厦门									
青岛	16392	16282	15682	14925	14834		91		757
深圳	65860	38825	38825	32848	32820		28		5977

(成人中等专业学校)

单位：千元

政府性基金预算安排的教育经费	#彩票公益金	企业办学中的企业拨款	校办产业和社会服务收入中用于教育的经费	其他属于国家财政性教育经费	民办学校中举办者投入	捐赠收入	事业收入	#学费	其他教育经费
19320	**12536**	**25893**	**11782**		**26355**	**21713**	**1110954**	**561168**	**271759**
						14531	10688	432	3702
			9374				3775	2762	2771
150					2500	19	60111	21550	14080
							11646	1031	547
100	100					3444	14879		4329
							2331	1650	41
		4901					6656	4082	6289
664		7150				19	15724	11078	13312
							8142	6321	21315
2540	2540		119			7	84731	27024	22345
2820	50		704			100	78844	4189	36095
840	840				6818		67135	32607	6307
							10059	2235	2525
4540	4540						34393	4685	4578
3100	850				1433	300	70354	39841	22677
774	774	9672			11259	1996	224121	169911	8249
					1748	18	18008	12887	9
880	880				378	30	90336	44902	11602
			94			598	54027	25772	11484
961	961						4713	4372	820
									108
					219	652	78053	44299	46711
250							92504	63332	11122
		120	1491				4418	2143	4253
1700	1000				2000		12745	1120	3006
							31914	27526	218
		4050					12515	3898	826
									4219
							8131	1515	8217
							251		
2183	50					100	19429	1208	26296
600	600						11	11	99
							25780	11036	1255

3-24 教育经费收入情况

地区	总计	国家财政性教育经费	公共财政预算安排的教育经费	公共财政教育经费	教育事业费	基本建设经费	教育费附加	科研经费	其他
合计	**9505614**	**8077448**	**8036978**	**7147883**	**6793627**	**9304**	**344952**		**889094**
北京	80218	51297	51297	46631	42861		3770		4666
天津	59100	52747	52747	51848	51768		80		899
河北	870654	793944	793793	728162	708468		19694		65632
山西	360807	348613	348613	326808	320464		6344		21805
内蒙古	358093	335441	335341	241268	232371		8896		94073
辽宁	44852	42480	42480	29902	27718		2184		12578
吉林	705807	692861	687961	631249	623467		7783		56711
黑龙江	779107	750373	749709	664720	647717		17003		84989
上海	177643	148186	148186	142792	138424		4369		5394
江苏	615970	508886	506227	486787	464517		22270		19440
浙江	601229	486191	482666	439473	391016		48457		43194
安徽	247228	166968	166128	147252	145754		1498		18876
福建	33475	20891	20891	19176	12549		6627		1715
江西	334147	295176	290636	267657	266871		786		22979
山东	594624	499860	496760	489157	484756		4400		7603
河南	954276	708651	698205	568147	527548	3460	37140		130058
湖北	75514	55731	55731	54197	54197				1534
湖南	536764	434418	433538	417740	401925	380	15435		15798
广东	298177	232068	231975	201569	164152		37417		30406
广西	32295	26762	25800	15008	15008				10792
海南	7889	7780	7780	6998	6998				782
重庆	608229	482593	482593	370592	334595	970	35027		112002
四川	237808	134183	133933	125399	122145	1494	1760		8534
贵州	80006	71334	69724	66906	65406		1500		2817
云南	391272	374771	373071	275090	241436		33654		97980
西藏									
陕西	181641	149508	149508	146372	138809		7564		3136
甘肃	95882	82541	78491	68484	57301		11183		10007
青海	4219								
宁夏									
新疆	138689	123195	123195	118499	105388	3000	10111		4695
大连	11932	11680	11680	11077	8893		2184		603
宁波	335965	290140	287957	268952	232261		36691		19005
厦门									
青岛	16392	16282	15682	14925	14834		91		757
深圳	65860	38825	38825	32848	32820		28		5977

(地方成人中等专业学校)

单位：千元

政府性基金预算安排的教育经费	#彩票公益金	企业办学中的企业拨款	校办产业和社会服务收入中用于教育的经费	其他属于国家财政性教育经费	民办学校中举办者投入	捐赠收入	事业收入	#学费	其他教育经费
19320	**12536**	**18743**	**2408**		**26355**	**21713**	**1108428**	**559924**	**271669**
						14531	10688	432	3702
							3583	2602	2771
150					2500	19	60111	21550	14080
							11646	1031	547
100	100					3444	14879		4329
							2331	1650	41
		4901					6656	4082	6289
664						19	15404	10758	13312
							8142	6321	21315
2540	2540		119			7	84731	27024	22345
2820	50		704			100	78844	4189	36095
840	840				6818		67135	32607	6307
							10059	2235	2525
4540	4540						34393	4685	4578
3100	850				1433	300	70354	39841	22677
774	774	9672			11259	1996	224121	169911	8249
					1748	18	18008	12887	9
880	880				378	30	90336	44902	11602
			94			598	54027	25772	11484
961	961						4713	4372	820
									108
					219	652	78053	44299	46711
250							92504	63332	11122
		120	1491				4418	2143	4253
1700	1000				2000		11495	1120	3006
							31914	27526	218
		4050					12515	3898	826
									4219
							7368	752	8127
							251		
2183	50					100	19429	1208	26296
600	600						11	11	99
							25780	11036	1255

3-25 教育经费收入

地区	总计	国家财政性教育经费	公共财政预算安排的教育经费	公共财政教育经费	教育事业费	基本建设经费	教育费附加	科研经费	其他
合计	**972475081**	**859020572**	**854906511**	**797802814**	**731898677**	**15370864**	**50533273**		**57103698**
北京	29169604	26237351	26126517	21885941	17978614	1113305	2794023		4240576
天津	14598737	13682983	13663287	13499231	12369002	64475	1065754		164057
河北	37445450	33803407	33692962	32280204	30323200	286019	1670985		1412758
山西	23223877	20133606	20093788	19138590	17517001	303009	1318580		955197
内蒙古	20865056	19900996	19838533	17189140	15523846	690848	974446		2649393
辽宁	24066744	22338673	22315654	19819044	18319218	29633	1470193		2496610
吉林	16245668	15031231	14989874	14127894	12880862	221178	1025854		861979
黑龙江	22241495	21117792	21023216	19828230	18699925	272993	855312		1194986
上海	24154956	20697159	20696193	19607809	15594824	238457	3774528		1088384
江苏	64487865	57681523	57593927	55597346	48637945	151779	6807622		1996581
浙江	49832585	39043189	38753343	37321705	34289670	208681	2823354		1431639
安徽	38157835	31733035	31596904	28585846	26186729	555255	1843862		3011058
福建	27978423	24386040	24314050	22930148	21116621	227363	1586164		1383901
江西	29790165	27003394	26896147	26087270	24257103	731597	1098570		808877
山东	69812487	64028601	63503062	62650271	58679843	40100	3930328		852791
河南	53453684	46354291	46249142	38574214	35667649	907236	1999329		7674927
湖北	33268429	29449447	29362532	28161967	28161967				1200565
湖南	38953719	32818385	32643843	31488742	29188230	477903	1822609		1155102
广东	86822214	70991324	70874636	65437002	59035129	1865699	4536175		5437634
广西	29242323	26804828	26731741	25236792	23470579	1011320	754893		1494948
海南	8638251	7833826	7795463	6993783	6666335	28584	298864		801679
重庆	24597118	21511337	21186386	17577840	16017921	552185	1007734		3608547
四川	52563874	45718465	45497216	42864352	40304711	734356	1825285		2632864
贵州	30930828	27147067	27084101	25998877	24809782	514144	674952		1085224
云南	31507638	29051851	28893674	25107127	23188133	739148	1179847		3786547
西藏	5491471	5477112	5089195	4938723	4414121	457130	67472		150471
陕西	27112870	24292863	24124215	23667480	22170232	354487	1142761		456735
甘肃	18790062	17747816	17707403	16601616	15265669	593594	742353		1105787
青海	6355661	6106128	6098448	5318434	4290486	881332	146616		780014
宁夏	6541217	5990096	5947790	5067440	4499849	190766	376825		880350
新疆	26134776	24906757	24523270	24219752	22373479	928288	917984		303518
大连	5196160	4724415	4723267	4155483	3834789	16441	304253		567784
宁波	7850104	6409420	6367743	5843113	5008888	98200	736025		524630
厦门	3301289	2940692	2935739	2653600	2108286	81629	463685		282139
青岛	9917983	9201817	9193844	9193784	8599777		594007		60
深圳	12164322	9750261	9742531	8825706	6745161	1270523	810022		916825

情况(中学)

单位：千元

政府性基金预算安排的教育经费	#彩票公益金	企业办学中的企业拨款	校办产业和社会服务收入中用于教育的经费	其他属于国家财政性教育经费	民办学校中举办者投入	捐赠收入	事业收入	#学费	其他教育经费
3605180	**1289837**	**474321**	**34559**		**6096002**	**1824984**	**92236313**	**71066065**	**13297211**
60779	24422	32839	17215		16843	61225	2217633	1831855	636551
		16588	3107		12227	10585	745933	621544	147008
110445	30847				51298	36240	3182150	2397598	372355
38852	5022	967			123097	9510	2882032	2364597	75632
62440	50317		24		6105	11327	485555	318963	461074
23019	15639				45943	315	1607149	1301994	74664
41298	11258		60		24336	8163	1066714	894554	115224
61860	53064	32715			32727	328	831317	733160	259331
966	966				40998	40599	2571483	2478248	804718
87594	45852		2		124325	234105	5595110	4295431	852802
289845	20970				838547	200726	6914823	5827502	2835299
119540	51912	16549	43		211022	67753	5886897	4522936	259129
71991	44420				267511	107612	2688398	2097681	528861
104635	66459	2612			126077	79946	2454957	1643361	125792
521754	213182	3785			179917	28817	5142324	4243152	432829
104802	75908	347			821265	37299	6019549	4426923	221280
86915	13567				136159	34776	3350196	2369917	297852
163841	135134		10702		393620	78512	5124636	3049983	538566
92677	63161	23873	138		803716	260738	13747643	11227598	1018793
73087	17224				51309	45316	2037692	1323574	303178
30769	22276	7537	58		41119	20763	605500	465191	137044
324501	42143		449		291999	59230	2478994	1645781	255557
218878	53709		2371		650835	187423	5720480	3857795	286670
62594	14788		371		604890	28514	2527691	1818405	622667
149974	45431	8203			147971	71394	1764926	1456671	471496
387917	31937				333	1430	11951	10043	645
164629	42836	4019			19495	8038	2575069	2218901	217405
40393	31124		20		3794	18300	863235	760123	156918
7680	6687				479	6784	159895	95870	82376
42306	31426				27606	24252	238212	196391	261051
59200	28155	324288			441	44966	738168	570321	444443
1148	1042				17540	103	407458	339600	46644
41677	1734				146089	12092	1127268	1016107	155236
4953	716				93528	7231	219562	206595	40276
7973	6805				26463	2415	582197	499279	105091
7730	7587				32825	2092	1951419	1731913	427725

3-26 教育经费收入

地区	总计	国家财政性教育经费	公共财政预算安排的教育经费	公共财政教育经费	教育事业费	基本建设经费	教育费附加	科研经费	其他
合计	**967460667**	**854974261**	**851255632**	**794310414**	**728556939**	**15230734**	**50522741**		**56945218**
北京	28111382	25640845	25539031	21303918	17396591	1113305	2794023		4235113
天津	14598737	13682983	13663287	13499231	12369002	64475	1065754		164057
河北	37445450	33803407	33692962	32280204	30323200	286019	1670985		1412758
山西	23223877	20133606	20093788	19138590	17517001	303009	1318580		955197
内蒙古	20865056	19900996	19838533	17189140	15523846	690848	974446		2649393
辽宁	24066744	22338673	22315654	19819044	18319218	29633	1470193		2496610
吉林	16043519	14926921	14885564	14023584	12776552	221178	1025854		861979
黑龙江	21969956	20852249	20793541	19598795	18481122	262893	854780		1194746
上海	23974813	20603409	20602443	19516489	15513504	238457	3764528		1085954
江苏	64487865	57681523	57593927	55597346	48637945	151779	6807622		1996581
浙江	49832585	39043189	38753343	37321705	34289670	208681	2823354		1431639
安徽	38157835	31733035	31596904	28585846	26186729	555255	1843862		3011058
福建	27978423	24386040	24314050	22930148	21116621	227363	1586164		1383901
江西	29790165	27003394	26896147	26087270	24257103	731597	1098570		808877
山东	69812487	64028601	63503062	62650271	58679843	40100	3930328		852791
河南	53452060	46353604	46248455	38573528	35666963	907236	1999329		7674927
湖北	33081874	29307950	29221035	28022029	28022029				1199006
湖南	38939821	32818260	32643843	31488742	29188230	477903	1822609		1155102
广东	86731897	70913141	70817194	65385440	58983566	1865699	4536175		5431754
广西	29242323	26804828	26731741	25236792	23470579	1011320	754893		1494948
海南	8634595	7833120	7794757	6993078	6665629	28584	298864		801679
重庆	24490684	21427987	21103036	17494490	15934571	552185	1007734		3608547
四川	52563874	45718465	45497216	42864352	40304711	734356	1825285		2632864
贵州	30930828	27147067	27084101	25998877	24809782	514144	674952		1085224
云南	31507638	29051851	28893674	25107127	23188133	739148	1179847		3786547
西藏	5491471	5477112	5089195	4938723	4414121	457130	67472		150471
陕西	26975629	24183149	24014501	23557767	22060519	354487	1142761		456735
甘肃	18782956	17740910	17700497	16594710	15258763	593594	742353		1105787
青海	6355661	6106128	6098448	5318434	4290486	881332	146616		780014
宁夏	6541217	5990096	5947790	5067440	4499849	190766	376825		880350
新疆	23379243	22341722	22287911	22127301	20411059	798258	917984		160610
大连	5196160	4724415	4723267	4155483	3834789	16441	304253		567784
宁波	7850104	6409420	6367743	5843113	5008888	98200	736025		524630
厦门	3301289	2940692	2935739	2653600	2108286	81629	463685		282139
青岛	9917983	9201817	9193844	9193784	8599777		594007		60
深圳	12164322	9750261	9742531	8825706	6745161	1270523	810022		916825

情况(地方中学)

单位：千元

政府性基金预算安排的教育经费	#彩票公益金	企业办学中的企业拨款	校办产业和社会服务收入中用于教育的经费	其他属于国家财政性教育经费	民办学校中举办者投入	捐赠收入	事业收入	#学费	其他教育经费
3596096	**1283285**	**97046**	**25487**		**6096002**	**1793589**	**91781342**	**70828763**	**12815473**
60779	24422	32839	8195		16843	49319	2116051	1819611	288324
		16588	3107		12227	10585	745933	621544	147008
110445	30847				51298	36240	3182150	2397598	372355
38852	5022	967			123097	9510	2882032	2364597	75632
62440	50317		24		6105	11327	485555	318963	461074
23019	15639				45943	315	1607149	1301994	74664
41298	11258		60		24336	8163	975503	851163	108596
58240	51704	468			32727	328	825321	729886	259331
966	966				40998	39784	2526497	2434800	764125
87594	45852		2		124325	234105	5595110	4295431	852802
289845	20970				838547	200726	6914823	5827502	2835299
119540	51912	16549	43		211022	67753	5886897	4522936	259129
71991	44420				267511	107612	2688398	2097681	528861
104635	66459	2612			126077	79946	2454957	1643361	125792
521754	213182	3785			179917	28817	5142324	4243152	432829
104802	75908	347			821265	37299	6019549	4426923	220343
86915	13567				136159	34746	3317884	2345379	285135
163767	135060		10650		393620	77154	5117911	3044124	532877
92677	63161	3133	138		803716	260738	13736763	11219613	1017539
73087	17224				51309	45316	2037692	1323574	303178
30769	22276	7537	58		41119	20763	604087	464590	135507
324501	42143		449		291999	59230	2463047	1633717	248420
218878	53709		2371		650835	187423	5720480	3857795	286670
62594	14788		371		604890	28514	2527691	1818405	622667
149974	45431	8203			147971	71394	1764926	1456671	471496
387917	31937				333	1430	11951	10043	645
164629	42836	4019			19495	7738	2557577	2204572	207670
40393	31124		20		3794	18300	863195	760083	156758
7680	6687				479	6784	159895	95870	82376
42306	31426				27606	24252	238212	196391	261051
53810	23036				441	27979	611782	500791	397319
1148	1042				17540	103	407458	339600	46644
41677	1734				146089	12092	1127268	1016107	155236
4953	716				93528	7231	219562	206595	40276
7973	6805				26463	2415	582197	499279	105091
7730	7587				32825	2092	1951419	1731913	427725

3-27 教育经费收入

地区	总计	国家财政性教育经费	公共财政预算安排的教育经费	公共财政教育经费	教育事业费	基本建设经费	教育费附加	科研经费	其他
合计	**971763479**	**858420633**	**854306773**	**797216758**	**731379212**	**15370864**	**50466682**		**57090016**
北京	29117824	26186138	26075304	21834728	17973360	1113305	2748064		4240576
天津	14577573	13661820	13642125	13478201	12347972	64475	1065754		163923
河北	37445450	33803407	33692962	32280204	30323200	286019	1670985		1412758
山西	23223877	20133606	20093788	19138590	17517001	303009	1318580		955197
内蒙古	20865056	19900996	19838533	17189140	15523846	690848	974446		2649393
辽宁	24066744	22338673	22315654	19819044	18319218	29633	1470193		2496610
吉林	16241784	15027402	14986044	14124272	12877336	221178	1025757		861772
黑龙江	22241495	21117792	21023216	19828230	18699925	272993	855312		1194986
上海	24119654	20663730	20662765	19577736	15564751	238457	3774528		1085028
江苏	64304679	57557117	57469721	55474705	48524594	151779	6798332		1995016
浙江	49633985	38883129	38593283	37163993	34137537	208681	2817776		1429290
安徽	38157835	31733035	31596904	28585846	26186729	555255	1843862		3011058
福建	27978339	24385956	24313966	22930064	21116537	227363	1586164		1383901
江西	29790165	27003394	26896147	26087270	24257103	731597	1098570		808877
山东	69786495	64002608	63477070	62624279	58653901	40100	3930278		852791
河南	53451005	46351611	46246462	38571535	35664970	907236	1999329		7674927
湖北	33263319	29444352	29357438	28156873	28156873				1200565
湖南	38820176	32686099	32511557	31356455	29055943	477903	1822609		1155102
广东	86771938	70951622	70834935	65403374	59007118	1865699	4530557		5431561
广西	29242323	26804828	26731741	25236792	23470579	1011320	754893		1494948
海南	8638251	7833826	7795463	6993783	6666335	28584	298864		801679
重庆	24597118	21511337	21186386	17577840	16017921	552185	1007734		3608547
四川	52563874	45718465	45497216	42864352	40304711	734356	1825285		2632864
贵州	30930828	27147067	27084101	25998877	24809782	514144	674952		1085224
云南	31507638	29051851	28893674	25107127	23188133	739148	1179847		3786547
西藏	5491471	5477112	5089195	4938723	4414121	457130	67472		150471
陕西	27112870	24292863	24124215	23667480	22170232	354487	1142761		456735
甘肃	18790062	17747816	17707403	16601616	15265669	593594	742353		1105787
青海	6355661	6106128	6098448	5318434	4290486	881332	146616		780014
宁夏	6541217	5990096	5947790	5067440	4499849	190766	376825		880350
新疆	26134776	24906757	24523270	24219752	22373479	928288	917984		303518
大连	5196160	4724415	4723267	4155483	3834789	16441	304253		567784
宁波	7848651	6407988	6366311	5841801	5007590	98200	736011		524510
厦门	3301289	2940692	2935739	2653600	2108286	81629	463685		282139
青岛	9917983	9201817	9193844	9193784	8599777		594007		60
深圳	12164322	9750261	9742531	8825706	6745161	1270523	810022		916825

情况(普通中学)

单位：千元

政府性基金预算安排的教育经费	#彩票公益金	企业办学中的企业拨款	校办产业和社会服务收入中用于教育的经费	其他属于国家财政性教育经费	民办学校中举办者投入	捐赠收入	事业收入	#学费	其他教育经费
3604980	**1289637**	**474321**	**34559**		**6096002**	**1824891**	**92165320**	**71056832**	**13256632**
60779	24422	32839	17215		16843	61225	2217067	1831855	636551
		16588	3107		12227	10585	745933	621544	147007
110445	30847				51298	36240	3182150	2397598	372355
38852	5022	967			123097	9510	2882032	2364597	75632
62440	50317		24		6105	11327	485555	318963	461074
23019	15639				45943	315	1607149	1301994	74664
41298	11258		60		24336	8163	1066714	894554	115169
61860	53064	32715			32727	328	831317	733160	259331
966	966				40998	40599	2569780	2477843	804546
87394	45652		2		124325	234026	5546137	4292377	843073
289845	20970				838547	200712	6902445	5826863	2809152
119540	51912	16549	43		211022	67753	5886897	4522936	259129
71991	44420				267511	107612	2688398	2097681	528861
104635	66459	2612			126077	79946	2454957	1643361	125792
521754	213182	3785			179917	28817	5142324	4243152	432829
104802	75908	347			821265	37299	6019549	4426923	221280
86915	13567				136159	34776	3350196	2369917	297836
163841	135134		10702		393620	78512	5123379	3048807	538566
92677	63161	23873	138		803716	260738	13741527	11223639	1014335
73087	17224				51309	45316	2037692	1323574	303178
30769	22276	7537	58		41119	20763	605500	465191	137044
324501	42143		449		291999	59230	2478994	1645781	255557
218878	53709		2371		650835	187423	5720480	3857795	286670
62594	14788		371		604890	28514	2527691	1818405	622667
149974	45431	8203			147971	71394	1764926	1456671	471496
387917	31937				333	1430	11951	10043	645
164629	42836	4019			19495	8038	2575069	2218901	217405
40393	31124		20		3794	18300	863235	760123	156918
7680	6687				479	6784	159895	95870	82376
42306	31426				27606	24252	238212	196391	261051
59200	28155	324288			441	44966	738168	570321	444443
1148	1042				17540	103	407458	339600	46644
41677	1734				146089	12092	1127268	1016107	155215
4953	716				93528	7231	219562	206595	40276
7973	6805				26463	2415	582197	499279	105091
7730	7587				32825	2092	1951419	1731913	427725

3-28 教育经费收入情况

地区	总计	国家财政性教育经费	公共财政预算安排的教育经费	公共财政教育经费	教育事业费	基本建设经费	教育费附加	科研经费	其他
合计	**966749064**	**854374323**	**850655894**	**793724358**	**728037474**	**15230734**	**50456150**		**56931536**
北京	28059603	25589631	25487818	21252705	17391337	1113305	2748064		4235113
天津	14577573	13661820	13642125	13478201	12347972	64475	1065754		163923
河北	37445450	33803407	33692962	32280204	30323200	286019	1670985		1412758
山西	23223877	20133606	20093788	19138590	17517001	303009	1318580		955197
内蒙古	20865056	19900996	19838533	17189140	15523846	690848	974446		2649393
辽宁	24066744	22338673	22315654	19819044	18319218	29633	1470193		2496610
吉林	16039635	14923092	14881734	14019962	12773026	221178	1025757		861772
黑龙江	21969956	20852249	20793541	19598795	18481122	262893	854780		1194746
上海	23939510	20569980	20569015	19486417	15483432	238457	3764528		1082598
江苏	64304679	57557117	57469721	55474705	48524594	151779	6798332		1995016
浙江	49633985	38883129	38593283	37163993	34137537	208681	2817776		1429290
安徽	38157835	31733035	31596904	28585846	26186729	555255	1843862		3011058
福建	27978339	24385956	24313966	22930064	21116537	227363	1586164		1383901
江西	29790165	27003394	26896147	26087270	24257103	731597	1098570		808877
山东	69786495	64002608	63477070	62624279	58653901	40100	3930278		852791
河南	53449381	46350925	46245776	38570849	35664284	907236	1999329		7674927
湖北	33076764	29302855	29215941	28016935	28016935				1199006
湖南	38806278	32685973	32511557	31356455	29055943	477903	1822609		1155102
广东	86681621	70873440	70777493	65351811	58955555	1865699	4530557		5425682
广西	29242323	26804828	26731741	25236792	23470579	1011320	754893		1494948
海南	8634595	7833120	7794757	6993078	6665629	28584	298864		801679
重庆	24490684	21427987	21103036	17494490	15934571	552185	1007734		3608547
四川	52563874	45718465	45497216	42864352	40304711	734356	1825285		2632864
贵州	30930828	27147067	27084101	25998877	24809782	514144	674952		1085224
云南	31507638	29051851	28893674	25107127	23188133	739148	1179847		3786547
西藏	5491471	5477112	5089195	4938723	4414121	457130	67472		150471
陕西	26975629	24183149	24014501	23557767	22060519	354487	1142761		456735
甘肃	18782956	17740910	17700497	16594710	15258763	593594	742353		1105787
青海	6355661	6106128	6098448	5318434	4290486	881332	146616		780014
宁夏	6541217	5990096	5947790	5067440	4499849	190766	376825		880350
新疆	23379243	22341722	22287911	22127301	20411059	798258	917984		160610
大连	5196160	4724415	4723267	4155483	3834789	16441	304253		567784
宁波	7848651	6407988	6366311	5841801	5007590	98200	736011		524510
厦门	3301289	2940692	2935739	2653600	2108286	81629	463685		282139
青岛	9917983	9201817	9193844	9193784	8599777		594007		60
深圳	12164322	9750261	9742531	8825706	6745161	1270523	810022		916825

(地方普通中学)

单位：千元

政府性基金预算安排的教育经费	#彩票公益金	企业办学中的企业拨款	校办产业和社会服务收入中用于教育的经费	其他属于国家财政性教育经费	民办学校中举办者投入	捐赠收入	事业收入	#学费	其他教育经费
3595896	**1283085**	**97046**	**25487**		**6096002**	**1793495**	**91710349**	**70819530**	**12774894**
60779	24422	32839	8195		16843	49319	2115485	1819611	288324
		16588	3107		12227	10585	745933	621544	147007
110445	30847				51298	36240	3182150	2397598	372355
38852	5022	967			123097	9510	2882032	2364597	75632
62440	50317		24		6105	11327	485555	318963	461074
23019	15639				45943	315	1607149	1301994	74664
41298	11258		60		24336	8163	975503	851163	108541
58240	51704	468			32727	328	825321	729886	259331
966	966				40998	39784	2524794	2434395	763954
87394	45652		2		124325	234026	5546137	4292377	843073
289845	20970				838547	200712	6902445	5826863	2809152
119540	51912	16549	43		211022	67753	5886897	4522936	259129
71991	44420				267511	107612	2688398	2097681	528861
104635	66459	2612			126077	79946	2454957	1643361	125792
521754	213182	3785			179917	28817	5142324	4243152	432829
104802	75908	347			821265	37299	6019549	4426923	220343
86915	13567				136159	34746	3317884	2345379	285119
163767	135060		10650		393620	77154	5116655	3042948	532877
92677	63161	3133	138		803716	260738	13730646	11215654	1013080
73087	17224				51309	45316	2037692	1323574	303178
30769	22276	7537	58		41119	20763	604087	464590	135507
324501	42143		449		291999	59230	2463047	1633717	248420
218878	53709		2371		650835	187423	5720480	3857795	286670
62594	14788		371		604890	28514	2527691	1818405	622667
149974	45431	8203			147971	71394	1764926	1456671	471496
387917	31937				333	1430	11951	10043	645
164629	42836	4019			19495	7738	2557577	2204572	207670
40393	31124		20		3794	18300	863195	760083	156758
7680	6687				479	6784	159895	95870	82376
42306	31426				27606	24252	238212	196391	261051
53810	23036				441	27979	611782	500791	397319
1148	1042				17540	103	407458	339600	46644
41677	1734				146089	12092	1127268	1016107	155215
4953	716				93528	7231	219562	206595	40276
7973	6805				26463	2415	582197	499279	105091
7730	7587				32825	2092	1951419	1731913	427725

3-29 教育经费收入

地区	总计	国家财政性教育经费	公共财政预算安排的教育经费	公共财政教育经费	教育事业费	基本建设经费	教育费附加	科研经费	其他
合计	**362833258**	**292266329**	**290625674**	**271119674**	**245133610**	**5908240**	**20077824**		**19506000**
北京	11622914	9857859	9822340	8139832	6898410	311792	929630		1682508
天津	6251593	5629795	5620462	5545792	5079807	7827	458158		74671
河北	13947049	11753447	11711190	11212585	10467612	19356	725616		498606
山西	9318431	7357756	7340150	6969779	6145502	118773	705503		370371
内蒙古	8571810	8023305	7994095	7000638	6321105	323823	355711		993457
辽宁	8590902	7282406	7281218	6518646	5862247	18617	637783		762572
吉林	5704204	4944345	4925453	4624876	4171556	22850	430469		300578
黑龙江	7508729	6690748	6658045	6293051	5842125	184031	266895		364993
上海	9122409	7278755	7278755	6889069	5365366	138718	1384985		389686
江苏	24948227	20976718	20924846	20185148	17131719	88250	2965180		739698
浙江	19992503	13864398	13767828	13032901	11975413	83481	974007		734928
安徽	15401300	11060520	10983173	10045544	8796291	372692	876560		937629
福建	10294601	8101054	8083439	7534275	6925010	33305	575960		549164
江西	11303874	9243279	9185630	8919257	8182402	265938	470918		266373
山东	24767259	20839293	20666078	20293514	18938206		1355308		372564
河南	17173607	12894716	12865569	11247817	10281737	276193	689887		1617752
湖北	12968396	10157624	10090990	9795683	9795683				295307
湖南	13232371	9251604	9182430	8929926	7931461	124407	874057		252505
广东	35554818	26931703	26878205	24780234	22144166	705075	1930993		2097970
广西	9981973	8251221	8225088	7698978	6796673	647222	255083		526110
海南	3142348	2729666	2709028	2421752	2336259	1760	83734		287276
重庆	10036402	8033953	7818686	6566659	6044097	135939	386623		1252026
四川	18721235	14976789	14940142	14079051	12998254	235966	844830		861091
贵州	11306674	8701287	8678161	8232549	7682495	291461	258592		445612
云南	9963447	8300734	8229143	6816461	6083460	282174	450827		1412682
西藏	1983849	1972871	1786069	1736140	1492509	236800	6831		49929
陕西	11129415	9178349	9110807	8966340	8415264	103358	447718		144467
甘肃	7106138	6230469	6218650	5716279	5246969	197278	272032		502371
青海	2203332	2008409	2005504	1725950	1452546	231659	41745		279554
宁夏	2461613	2060912	2054301	1695744	1575852	50000	69892		358558
新疆	8521836	7682344	7590197	7505203	6753412	399496	352295		84994
大连	2003424	1608257	1608127	1391408	1242859	16036	132513		216718
宁波	3268389	2305932	2288372	1951951	1658211		293740		336421
厦门	1317463	1042380	1039388	926976	714368	5080	207528		112412
青岛	4074970	3615264	3609689	3609689	3316547		293142		376669
深圳	5192565	3691267	3688793	3312124	2624142	445690	242292		376669

情况(普通高中)

单位：千元

政府性基金预算安排的教育经费	#彩票公益金	企业办学中的企业拨款	校办产业和社会服务收入中用于教育的经费	其他属于国家财政性教育经费	民办学校中举办者投入	捐赠收入	事业收入	#学费	其他教育经费
1460951	**323679**	**148697**	**31007**		**2046693**	**1079583**	**61278509**	**45655322**	**6162144**
3800		17978	13741		1398	25859	1421482	1196227	316315
		6226	3107		1617	7506	520916	403270	91759
42257	11823				9155	25653	1920611	1401957	238183
17607	635				53399	7964	1854299	1470100	45013
29187	20096		24		4482	4639	353978	199935	185407
1188	1188				5814	159	1258019	1007481	44503
18832	1834		60		15376	4400	701542	618590	38541
25309	19532	7394			15560	223	643665	557310	158534
					222	28470	1350182	1293714	464780
51870	20417		2		53282	116641	3412673	2502922	388914
96570	5555				396160	140292	4565901	3734290	1025753
66190	6539	11114	43		72782	56761	4081436	2989054	129801
17615	1145				136222	50884	1732932	1345784	273509
57648	21241				62996	37504	1887942	1224263	72154
173215	21775				68864	9888	3638081	2965498	211133
29147	19519				316094	23435	3826781	2609060	112581
66634	4075				50532	21330	2569491	1766092	169419
58472	53310		10702		76861	44209	3622096	2154993	237601
37466	18883	15895	138		198856	155130	7849166	6317857	419962
26133	5179				13772	32640	1547096	986873	137243
16978	12001	3659			16410	7245	361717	279838	27311
214817	2303		449		10604	34548	1791724	1081948	165573
34276	10710		2371		132949	103584	3425338	2046433	82576
22755	2616		371		241504	24226	1938721	1385379	400936
67654	12877	3937			54144	42486	1381646	1135266	184437
186802							10904	9514	74
67542	24852				8079	2065	1825447	1534638	115474
11819	11783				1479	17403	789987	695622	66800
2904	2904				226	1127	154028	93804	39543
6610	4010				27606	19838	171560	133775	181697
9653	6878	82494			249	33477	669150	513834	136616
131	131				1540	89	362409	298728	31128
17559	131				140304	10197	709278	627784	102678
2993	430				50264	4303	201930	190168	18586
5575	4640				20555	470	402611	330021	36069
2474	2377				8956	912	1339952	1199097	151479

3-30 教育经费收入情况

地区	总计	国家财政性教育经费	公共财政预算安排的教育经费	公共财政教育经费	教育事业费	基本建设经费	教育费附加	科研经费	其他
合计	**360372505**	**290486173**	**288962015**	**269487678**	**243562158**	**5857756**	**20067764**		**19474336**
北京	10933179	9455050	9425077	7745851	6504429	311792	929630		1679226
天津	6251593	5629795	5620462	5545792	5079807	7827	458158		74671
河北	13947049	11753447	11711190	11212585	10467612	19356	725616		498606
山西	9318431	7357756	7340150	6969779	6145502	118773	705503		370371
内蒙古	8571810	8023305	7994095	7000638	6321105	323823	355711		993457
辽宁	8590902	7282406	7281218	6518646	5862247	18617	637783		762572
吉林	5601725	4891935	4873043	4572466	4119146	22850	430469		300578
黑龙江	7392548	6580563	6557834	6192841	5748074	177931	266835		364993
上海	8977145	7212562	7212562	6823328	5309625	138718	1374985		389234
江苏	24948227	20976718	20924846	20185148	17131719	88250	2965180		739698
浙江	19992503	13864398	13767828	13032901	11975413	83481	974007		734928
安徽	15401300	11060520	10983173	10045544	8796291	372692	876560		937629
福建	10294601	8101054	8083439	7534275	6925010	33305	575960		549164
江西	11303874	9243279	9185630	8919257	8182402	265938	470918		266373
山东	24767259	20839293	20666078	20293514	18938206		1355308		372564
河南	17173607	12894716	12865569	11247817	10281737	276193	689887		1617752
湖北	12802808	10036955	9970321	9676573	9676573				293748
湖南	13221959	9251515	9182430	8929926	7931461	124407	874057		252505
广东	35527598	26915808	26878205	24780234	22144166	705075	1930993		2097970
广西	9981973	8251221	8225088	7698978	6796673	647222	255083		526110
海南	3139768	2729232	2708594	2421318	2335825	1760	83734		287276
重庆	9967487	7983684	7768417	6516391	5993829	135939	386623		1252026
四川	18721235	14976789	14940142	14079051	12998254	235966	844830		861091
贵州	11306674	8701287	8678161	8232549	7682495	291461	258592		445612
云南	9963447	8300734	8229143	6816461	6083460	282174	450827		1412682
西藏	1983849	1972871	1786069	1736140	1492509	236800	6831		49929
陕西	11036817	9111513	9043971	8899504	8348428	103358	447718		144467
甘肃	7102876	6227288	6215469	5713098	5243789	197278	272032		502371
青海	2203332	2008409	2005504	1725950	1452546	231659	41745		279554
宁夏	2461613	2060912	2054301	1695744	1575852	50000	69892		358558
新疆	7485317	6791157	6784003	6725380	6017972	355113	352295		58623
大连	2003424	1608257	1608127	1391408	1242859	16036	132513		216718
宁波	3268389	2305932	2288372	1951951	1658211		293740		336421
厦门	1317463	1042380	1039388	926976	714368	5080	207528		112412
青岛	4074970	3615264	3609689	3609689	3316547		293142		
深圳	5192565	3691267	3688793	3312124	2624142	445690	242292		376669

(地方普通高中)

单位：千元

政府性基金预算安排的教育经费	#彩票公益金	企业办学中的企业拨款	校办产业和社会服务收入中用于教育的经费	其他属于国家财政性教育经费	民办学校中举办者投入	捐赠收入	事业收入	#学费	其他教育经费
1455836	**320925**	**42914**	**25410**		**2046693**	**1060042**	**60921919**	**45418020**	**5857678**
3800		17978	8195		1398	16275	1362668	1183983	97787
		6226	3107		1617	7506	520916	403270	91759
42257	11823				9155	25653	1920611	1401957	238183
17607	635				53399	7964	1854299	1470100	45013
29187	20096		24		4482	4639	353978	199935	185407
1188	1188				5814	159	1258019	1007481	44503
18832	1834		60		15376	4400	658100	575199	31914
22729	19212				15560	223	637669	554036	158534
					222	28232	1305196	1250266	430934
51870	20417		2		53282	116641	3412673	2502922	388914
96570	5555				396160	140292	4565901	3734290	1025753
66190	6539	11114	43		72782	56761	4081436	2989054	129801
17615	1145				136222	50884	1732932	1345784	273509
57648	21241				62996	37504	1887942	1224263	72154
173215	21775				68864	9888	3638081	2965498	211133
29147	19519				316094	23435	3826781	2609060	112581
66634	4075				50532	21300	2537179	1741554	156842
58435	53274		10650		76861	43366	3615487	2149134	234729
37466	18883		138		198856	155130	7838812	6309873	418991
26133	5179				13772	32640	1547096	986873	137243
16978	12001	3659			16410	7245	360517	279237	26366
214817	2303		449		10604	34548	1777353	1069885	161298
34276	10710		2371		132949	103584	3425338	2046433	82576
22755	2616		371		241504	24226	1938721	1385379	400936
67654	12877	3937			54144	42486	1381646	1135266	184437
186802							10904	9514	74
67542	24852				8079	1765	1808386	1520309	107073
11819	11783				1479	17403	789947	695582	66759
2904	2904				226	1127	154028	93804	39543
6610	4010				27606	19838	171560	133775	181697
7154	4481				249	24932	547744	444304	121236
131	131				1540	89	362409	298728	31128
17559	131				140304	10197	709278	627784	102678
2993	430				50264	4303	201930	190168	18586
5575	4640				20555	470	402611	330021	36069
2474	2377				8956	912	1339952	1199097	151479

3-31 教育经费收入

地区	总计	国家财政性教育经费	公共财政预算安排的教育经费	公共财政教育经费	教育事业费	基本建设经费	教育费附加	科研经费	其他
合计	**155656217**	**126008445**	**125146979**	**118088990**	**109572429**	**2623340**	**5893222**		**7057989**
北京	1322239	1079795	1075995	957489	806064	61680	89745		118506
天津	1241650	1112132	1112132	1102444	962055		140389		9687
河北	7406849	6258202	6221669	5972244	5647921	18259	306063		249425
山西	4969535	4014282	4002156	3883443	3323099	101626	458718		118713
内蒙古	3862888	3693620	3680437	3263059	3023948	74356	164755		417379
辽宁	2145683	1710817	1710647	1578988	1502033	1500	75455		131659
吉林	1788866	1656613	1638277	1585730	1401509	9570	174651		52547
黑龙江	2813680	2443356	2434490	2354621	2304044	899	49677		79869
上海	825038	701776	701776	641076	586115		54961		60700
江苏	8740769	7331922	7292826	7144425	6385256		759168		148401
浙江	7418816	5484831	5449878	5340044	4971490	8000	360554		109834
安徽	9669990	6724588	6709479	6217682	5816901	49022	351759		491796
福建	5096305	4080572	4066622	3855163	3704193	14225	136745		211459
江西	6215943	4875661	4867286	4732922	4413977	116920	202026		134364
山东	8616036	6844356	6760484	6689672	6258393		431279		70812
河南	10029531	7285342	7259666	6476096	5994756	201030	280311		783570
湖北	4345243	3437041	3417962	3341576	3341576				76386
湖南	7393193	4980122	4927471	4811939	4465234	113235	233469		115532
广东	8718866	6937280	6916979	6480206	6151711	25920	302576		436772
广西	4994651	4117258	4114674	3913408	3750504	129939	32965		201266
海南	1236893	1172333	1172048	1040990	1002145	1760	37085		131058
重庆	4306038	3488166	3393026	2909730	2747042	42636	120052		483296
四川	10453525	8672661	8650357	8152425	7607848	225351	319226		497932
贵州	7242416	5723116	5700825	5409440	5005499	257731	146210		291385
云南	6156128	5275086	5208017	4252944	3778890	248047	226006		955073
西藏	1324699	1320486	1184199	1160045	1012754	142800	4491		24154
陕西	6583105	5759751	5703222	5639496	5301332	92229	245935		63726
甘肃	4429316	3917259	3909426	3646778	3436403	126620	83755		262648
青海	1509666	1407910	1405045	1245375	1009291	214232	21853		159670
宁夏	700138	636221	635111	531836	496608	30000	5229		103275
新疆	4098523	3865888	3824797	3757703	3363836	315754	78114		67094
大连	339663	148233	148233	132393	132357		36		15840
宁波	967151	753007	749144	701821	604698		97123		47323
厦门	86839	78023	77980	69460	64836		4625		8519
青岛	316716	275342	275337	275337	255110		20228		
深圳									

情况(农村高中)

单位：千元

政府性基金预算安排的教育经费	#彩票公益金	企业办学中的企业拨款	校办产业和社会服务收入中用于教育的经费	其他属于国家财政性教育经费	民办学校中举办者投入	捐赠收入	事业收入	#学费	其他教育经费
798147	175218	55831	7487		843199	423125	26337444	18646557	2044003
3800					103	6730	232016	209460	3595
						359	128429	87515	730
36533	6099				6341	9723	1055084	788974	77500
12127	466				12926	7274	911054	671849	23998
13182	6517				3298	3697	105572	30759	56701
170	170				325		424680	315718	9860
18336	1337				1260	2938	127154	110408	901
8866	6491				4260	91	223693	174028	142280
							101911	91186	21351
39096	15805				25795	21955	1282371	927153	78726
34953	3783				119088	37643	1533009	1164213	244246
15109	5320				42546	22482	2817019	2071411	63355
13950	43				2800	20189	800305	600853	192438
8375	7113				7509	8635	1270152	802039	53985
83872	6598				52568	3901	1626105	1388122	89105
25676	16462				273700	21774	2372463	1564248	76252
19079	2309				11959	4333	837859	557115	54051
47514	43849		5137		61755	27879	2144202	1273335	179236
4406	2973	15895			68225	29326	1648249	1305243	35786
2584	2204				10480	24936	786826	479331	55150
285	285				510	2933	58154	38404	2963
95140	2144				604	3901	801671	398216	11695
19953	5406		2350		54099	79511	1616045	923929	31210
22290	2251				64674	9826	1145417	839089	299384
63133	8510	3937			11891	29238	732784	592681	107129
136287							4200	4200	13
56529	13839				5362	838	807198	627364	9955
7834	7834				1119	15711	472338	424392	22889
2864	2864					654	76514	41102	24589
1110	1110					2648	52067	36258	9203
5092	3435	36000				23999	142905	107964	65730
							182452	140855	8978
3862	20					8211	177745	148465	28189
43	43						8816	8033	
5	5				9833		30851	26108	690

3-32 教育经费收入情况

地区	总计	国家财政性教育经费	公共财政预算安排的教育经费	公共财政教育经费	教育事业费	基本建设经费	教育费附加	科研经费	其他
合计	**154964954**	**125419060**	**124613318**	**117574596**	**109087918**	**2593456**	**5893222**		**7038722**
北京	1322239	1079795	1075995	957489	806064	61680	89745		118506
天津	1241650	1112132	1112132	1102444	962055		140389		9687
河北	7406849	6258202	6221669	5972244	5647921	18259	306063		249425
山西	4969535	4014282	4002156	3883443	3323099	101626	458718		118713
内蒙古	3862888	3693620	3680437	3263059	3023948	74356	164755		417379
辽宁	2145683	1710817	1710647	1578988	1502033	1500	75455		131659
吉林	1788866	1656613	1638277	1585730	1401509	9570	174651		52547
黑龙江	2785113	2415853	2409567	2329697	2279121	899	49677		79869
上海	825038	701776	701776	641076	586115		54961		60700
江苏	8740769	7331922	7292826	7144425	6385256		759168		148401
浙江	7418816	5484831	5449878	5340044	4971490	8000	360554		109834
安徽	9669990	6724588	6709479	6217682	5816901	49022	351759		491796
福建	5096305	4080572	4066622	3855163	3704193	14225	136745		211459
江西	6215943	4875661	4867286	4732922	4413977	116920	202026		134364
山东	8616036	6844356	6760484	6689672	6258393		431279		70812
河南	10029531	7285342	7259666	6476096	5994756	201030	280311		783570
湖北	4232066	3362317	3343238	3266851	3266851				76386
湖南	7393193	4980122	4927471	4811939	4465234	113235	233469		115532
广东	8691646	6921385	6916979	6480206	6151711	25920	302576		436772
广西	4994651	4117258	4114674	3913408	3750504	129939	32965		201266
海南	1234313	1171899	1171614	1040556	1001711	1760	37085		131058
重庆	4306038	3488166	3393026	2909730	2747042	42636	120052		483296
四川	10453525	8672661	8650357	8152425	7607848	225351	319226		497932
贵州	7242416	5723116	5700825	5409440	5005499	257731	146210		291385
云南	6156128	5275086	5208017	4252944	3778890	248047	226006		955073
西藏	1324699	1320486	1184199	1160045	1012754	142800	4491		24154
陕西	6583105	5759751	5703222	5639496	5301332	92229	245935		63726
甘肃	4426054	3914079	3906245	3643597	3433223	126620	83755		262648
青海	1509666	1407910	1405045	1245375	1009291	214232	21853		159670
宁夏	700138	636221	635111	531836	496608	30000	5229		103275
新疆	3582066	3398240	3394398	3346571	2982587	285870	78114		47827
大连	339663	148233	148233	132393	132357		36		15840
宁波	967151	753007	749144	701821	604698		97123		47323
厦门	86839	78023	77980	69460	64836		4625		8519
青岛	316716	275342	275337	275337	255110		20228		
深圳									

(地方农村高中)

单位：千元

政府性基金预算安排的教育经费	#彩票公益金	企业办学中的企业拨款	校办产业和社会服务收入中用于教育的经费	其他属于国家财政性教育经费	民办学校中举办者投入	捐赠收入	事业收入	#学费	其他教育经费
794318	**173648**	**3937**	**7487**		**843199**	**423088**	**26261570**	**18591687**	**2018037**
3800					103	6730	232016	209460	3595
						359	128429	87515	730
36533	6099				6341	9723	1055084	788974	77500
12127	466				12926	7274	911054	671849	23998
13182	6517				3298	3697	105572	30759	56701
170	170				325		424680	315718	9860
18336	1337				1260	2938	127154	110408	901
6286	6171				4260	91	222630	173126	142280
							101911	91186	21351
39096	15805				25795	21955	1282371	927153	78726
34953	3783				119088	37643	1533009	1164213	244246
15109	5320				42546	22482	2817019	2071411	63355
13950	43				2800	20189	800305	600853	192438
8375	7113				7509	8635	1270152	802039	53985
83872	6598				52568	3901	1626105	1388122	89105
25676	16462				273700	21774	2372463	1564248	76252
19079	2309				11959	4303	811709	534204	41777
47514	43849		5137		61755	27879	2144202	1273335	179236
4406	2973				68225	29326	1637895	1297259	34815
2584	2204				10480	24936	786826	479331	55150
285	285				510	2933	56953	37803	2017
95140	2144				604	3901	801671	398216	11695
19953	5406		2350		54099	79511	1616045	923929	31210
22290	2251				64674	9826	1145417	839089	299384
63133	8510	3937			11891	29238	732784	592681	107129
136287							4200	4200	13
56529	13839				5362	838	807198	627364	9955
7834	7834				1119	15711	472298	424352	22847
2864	2864					654	76514	41102	24589
1110	1110					2648	52067	36258	9203
3842	2186					23992	105839	85530	53995
							182452	140855	8978
3862	20					8211	177745	148465	28189
43	43						8816	8033	
5	5				9833		30851	26108	690

3-33 教育经费收入

地区	总计	国家财政性教育经费	公共财政预算安排的教育经费	公共财政教育经费	教育事业费	基本建设经费	教育费附加	科研经费	其他
合计	**608930221**	**566154304**	**563681099**	**526097083**	**486245602**	**9462625**	**30388857**		**37584016**
北京	17494911	16328279	16252964	13694896	11074949	801513	1818433		2558068
天津	8325980	8032025	8021662	7932410	7268166	56648	607596		89253
河北	23498402	22049959	21981772	21067620	19855588	266664	945368		914152
山西	13905445	12775850	12753638	12168811	11371499	184235	613077		584827
内蒙古	12293246	11877691	11844438	10188502	9202741	367025	618735		1655936
辽宁	15475843	15056267	15034436	13300398	12456971	11016	832410		1734038
吉林	10537580	10083056	10060591	9499396	8705780	198328	595288		561195
黑龙江	14732765	14427044	14365172	13535179	12857801	88961	588417		829993
上海	14997245	13384975	13384010	12688667	10199385	99739	2389543		695343
江苏	39356452	36580399	36544876	35289557	31392876	63529	3833153		1255318
浙江	29641481	25018730	24825455	24131092	22162123	125200	1843769		694363
安徽	22756536	20672515	20613731	18540302	17390438	182562	967302		2073429
福建	17683738	16284903	16230527	15395789	14191527	194058	1010203		834738
江西	18486291	17760115	17710516	17168013	16074701	465659	627653		542504
山东	45019236	43163315	42810992	42330764	39715695	40100	2574970		480227
河南	36277397	33456895	33380893	27323718	25383233	631043	1309442		6057175
湖北	20294923	19286728	19266447	18361189	18361189				905258
湖南	25587805	23434495	23329126	22426529	21124482	353496	948552		902597
广东	51217120	44019919	43956731	40623139	36862951	1160624	2599564		3333591
广西	19260350	18553607	18506653	17537814	16673906	364098	499810		968838
海南	5495903	5104160	5086435	4572031	4330076	26824	215131		514403
重庆	14560716	13477385	13367701	11011180	9973824	416246	621111		2356520
四川	33842638	30741677	30557074	28785302	27306457	498391	980454		1771773
贵州	19624154	18445780	18405940	17766329	17127287	222683	416359		639612
云南	21544191	20751117	20664531	18290666	17104673	456974	729019		2373864
西藏	3507622	3504240	3303125	3202583	2921612	220330	60641		100542
陕西	15983455	15114514	15013408	14701140	13754968	251129	695043		312267
甘肃	11683924	11517347	11488753	10885337	10018700	396317	470321		603416
青海	4152329	4097719	4092944	3592484	2837940	649673	104870		500460
宁夏	4079604	3929185	3893489	3371697	2923997	140766	306934		521792
新疆	17612940	17224413	16933072	16714548	15620067	528792	565690		218524
大连	3192736	3116158	3115140	2764074	2591930	405	171740		351066
宁波	4580263	4102056	4077939	3889850	3349379	98200	442270		188089
厦门	1983826	1898311	1896351	1726625	1393918	76549	256157		169727
青岛	5843013	5586553	5584154	5584094	5283229		300865		60
深圳	6971756	6058995	6053738	5513582	4121019	824833	567730		540156

情况(普通初中)

单位：千元

政府性基金预算安排的教育经费	#彩票公益金	企业办学中的企业拨款	校办产业和社会服务收入中用于教育的经费	其他属于国家财政性教育经费	民办学校中举办者投入	捐赠收入	事业收入	#学费	其他教育经费
2144029	**965958**	**325624**	**3552**		**4049309**	**745308**	**30886810**	**25401509**	**7094489**
56979	24422	14861	3475		15445	35367	795585	635627	320236
		10362			10610	3079	225018	218274	55248
68188	19024				42143	10587	1261539	995641	134173
21245	4387	967			69697	1546	1027733	894497	30619
33253	30221				1623	6688	131576	119028	275668
21832	14452				40129	156	349130	294513	30160
22465	9424				8960	3764	365172	275964	76627
36551	33532	25321			17167	105	187652	175850	100797
966	966				40777	12128	1219598	1184129	339767
35524	25235				71043	117386	2133464	1789455	454159
193275	15416				442387	60420	2336545	2092574	1783398
53350	45373	5435			138240	10992	1805461	1533882	129328
54376	43275				131289	56728	955466	751897	255352
46986	45218	2612			63081	42442	567015	419098	53638
348539	191407	3785			111053	18929	1504243	1277653	221696
75654	56389	347			505172	13863	2192768	1817863	108699
20281	9492				85627	13446	780705	603825	128417
105369	81824				316759	34302	1501284	893814	300965
55211	44278	7978			604860	105608	5892361	4905781	594372
46954	12045				37537	12675	490596	336701	165935
13790	10275	3877	58		24709	13518	243783	185353	109732
109684	39840				281395	24683	687270	563833	89984
184602	43000				517886	83839	2295142	1811363	204095
39840	12172				363386	4288	588969	433026	221731
82320	32554	4266			93826	28909	383280	321405	287059
201115	31937				333	1430	1047	529	572
97087	17984	4019			11415	5973	749622	684263	101931
28574	19341		20		2315	897	73248	64501	90118
4775	3783				253	5657	5867	2066	42832
35696	27416					4414	66652	62616	79354
49547	21277	241793			193	11489	69018	56487	307827
1017	911				16000	14	45049	40871	15515
24118	1604				5785	1895	417991	388323	52537
1960	286				43264	2928	17633	16427	21690
2399	2165				5908	1945	179586	169258	69022
5257	5210				23869	1180	611467	532816	276246

3-34 教育经费收入情况

地区	总计	国家财政性教育经费	公共财政预算安排的教育经费	公共财政教育经费	教育事业费	基本建设经费	教育费附加	科研经费	其他
合计	**606376559**	**563888150**	**561693879**	**524236680**	**484475317**	**9372978**	**30388385**		**37457200**
北京	17126424	16134581	16062741	13506854	10886907	801513	1818433		2555887
天津	8325980	8032025	8021662	7932410	7268166	56648	607596		89253
河北	23498402	22049959	21981772	21067620	19855588	266664	945368		914152
山西	13905445	12775850	12753638	12168811	11371499	184235	613077		584827
内蒙古	12293246	11877691	11844438	10188502	9202741	367025	618735		1655936
辽宁	15475843	15056267	15034436	13300398	12456971	11016	832410		1734038
吉林	10437910	10031156	10008691	9447496	8653880	198328	595288		561195
黑龙江	14577408	14271687	14235707	13405954	12733048	84961	587945		829753
上海	14962365	13357418	13356452	12663089	10173807	99739	2389543		693364
江苏	39356452	36580399	36544876	35289557	31392876	63529	3833153		1255318
浙江	29641481	25018730	24825455	24131092	22162123	125200	1843769		694363
安徽	22756536	20672515	20613731	18540302	17390438	182562	967302		2073429
福建	17683738	16284903	16230527	15395789	14191527	194058	1010203		834738
江西	18486291	17760115	17710516	17168013	16074701	465659	627653		542504
山东	45019236	43163315	42810992	42330764	39715695	40100	2574970		480227
河南	36275774	33456209	33380207	27323032	25382546	631043	1309442		6057175
湖北	20273956	19265900	19245620	18340362	18340362				905258
湖南	25584319	23434458	23329126	22426529	21124482	353496	948552		902597
广东	51154023	43957632	43899289	40571577	36811389	1160624	2599564		3327712
广西	19260350	18553607	18506653	17537814	16673906	364098	499810		968838
海南	5494827	5103889	5086163	4571760	4329805	26824	215131		514403
重庆	14523197	13444303	13334619	10978099	9940742	416246	621111		2356520
四川	33842638	30741677	30557074	28785302	27306457	498391	980454		1771773
贵州	19624154	18445780	18405940	17766329	17127287	222683	416359		639612
云南	21544191	20751117	20664531	18290666	17104673	456974	729019		2373864
西藏	3507622	3504240	3303125	3202583	2921612	220330	60641		100542
陕西	15938813	15071636	14970530	14658263	13712091	251129	695043		312267
甘肃	11680080	11513622	11485028	10881612	10014975	396317	470321		603416
青海	4152329	4097719	4092944	3592484	2837940	649673	104870		500460
宁夏	4079604	3929185	3893489	3371697	2923997	140766	306934		521792
新疆	15893926	15550565	15503909	15401922	14393086	443145	565690		101987
大连	3192736	3116158	3115140	2764074	2591930	405	171740		351066
宁波	4580263	4102056	4077939	3889850	3349379	98200	442270		188089
厦门	1983826	1898311	1896351	1726625	1393918	76549	256157		169727
青岛	5843013	5586553	5584154	5584094	5283229		300865		60
深圳	6971756	6058995	6053738	5513582	4121019	824833	567730		540156

(地方普通初中)

单位：千元

政府性基金预算安排的教育经费	#彩票公益金	企业办学中的企业拨款	校办产业和社会服务收入中用于教育的经费	其他属于国家财政性教育经费	民办学校中举办者投入	捐赠收入	事业收入	#学费	其他教育经费
2140060	**962159**	**54133**	**78**		**4049309**	**733454**	**30788431**	**25401509**	**6917216**
56979	24422	14861			15445	33045	752817	635627	190537
		10362			10610	3079	225018	218274	55248
68188	19024				42143	10587	1261539	995641	134173
21245	4387	967			69697	1546	1027733	894497	30619
33253	30221				1623	6688	131576	119028	275668
21832	14452				40129	156	349130	294513	30160
22465	9424				8960	3764	317402	275964	76627
35511	32492	468			17167	105	187652	175850	100797
966	966				40777	11552	1219598	1184129	333020
35524	25235				71043	117386	2133464	1789455	454159
193275	15416				442387	60420	2336545	2092574	1783398
53350	45373	5435			138240	10992	1805461	1533882	129328
54376	43275				131289	56728	955466	751897	255352
46986	45218	2612			63081	42442	567015	419098	53638
348539	191407	3785			111053	18929	1504243	1277653	221696
75654	56389	347			505172	13863	2192768	1817863	107762
20281	9492				85627	13446	780705	603825	128277
105331	81787				316759	33788	1501168	893814	298148
55211	44278	3133			604860	105608	5891834	4905781	594089
46954	12045				37537	12675	490596	336701	165935
13790	10275	3877	58		24709	13518	243570	185353	109141
109684	39840				281395	24683	685694	563833	87122
184602	43000				517886	83839	2295142	1811363	204095
39840	12172				363386	4288	588969	433026	221731
82320	32554	4266			93826	28909	383280	321405	287059
201115	31937				333	1430	1047	529	572
97087	17984	4019			11415	5973	749191	684263	100597
28574	19341		20		2315	897	73248	64501	89999
4775	3783				253	5657	5867	2066	42832
35696	27416					4414	66652	62616	79354
46656	18556				193	3047	64038	56487	276083
1017	911				16000	14	45049	40871	15515
24118	1604				5785	1895	417991	388323	52537
1960	286				43264	2928	17633	16427	21690
2399	2165				5908	1945	179586	169258	69022
5257	5210				23869	1180	611467	532816	276246

3-35 教育经费收入

地区	总计	国家财政性教育经费	公共财政预算安排的教育经费	公共财政教育经费	教育事业费	基本建设经费	教育费附加	科研经费	其他
合计	**367947036**	**351892369**	**350644223**	**328545410**	**311356190**	**5600755**	**11588465**		**22098813**
北京	3633922	3509535	3506893	3150584	2352203	265777	532604		356310
天津	2416569	2352071	2352071	2329626	2092676		236950		22445
河北	16581958	15787708	15728775	15104929	14287054	249224	568651		623846
山西	9132291	8573759	8564802	8270328	7720414	145399	404515		294475
内蒙古	7504834	7377356	7362637	6422996	5925759	139683	357554		939641
辽宁	6481907	6382273	6374899	5694062	5461444	10243	222375		680837
吉林	6311853	6185081	6168281	5848609	5454812	180838	212959		319672
黑龙江	7988925	7832105	7821375	7515076	7356029	88766	70281		306299
上海	2162753	2046594	2045878	1867419	1714679		152740		178459
江苏	18557427	17682821	17668118	17159029	15875682	2328	1281019		509090
浙江	14935964	13487017	13351346	13135123	12350770	22000	762353		216222
安徽	17602021	16288952	16243410	14643837	13910444	182562	550831		1599573
福建	11086352	10474573	10428705	10033148	9516837	103609	412702		395557
江西	13920389	13457694	13436985	13013444	12336919	355346	321179		423541
山东	27182979	26349942	26237225	26025960	24610965	35100	1379895		211266
河南	26436380	24521894	24471635	19858628	18957603	309886	591139		4613007
湖北	12433582	12218006	12206813	11627262	11627262				579551
湖南	18927451	17504215	17434227	16710696	16012664	333436	364596		723531
广东	20597464	19291916	19272389	17757600	17251240	81505	424855		1514789
广西	14306911	13996516	13981288	13393898	12928904	211152	253842		587390
海南	3363923	3305238	3300312	2922043	2745533	26824	149686		378269
重庆	8909676	8605188	8570090	7183124	6759068	196487	227570		1386966
四川	24934398	23563081	23484451	22168202	21192040	424301	551862		1316249
贵州	15220137	14621553	14603046	14090790	13745428	192311	153051		512256
云南	16859789	16616367	16581522	14702988	14016018	247474	439496		1878534
西藏	2667332	2664486	2629537	2553919	2283825	215830	54263		75619
陕西	11336938	11141003	11044994	10795008	10246851	227195	320963		249986
甘肃	9098923	9030575	9014667	8607592	8004292	337489	265811		407075
青海	3036034	2991261	2986485	2675682	2143818	471618	60246		310803
宁夏	2350164	2294026	2269450	1958761	1784269	109626	64866		310689
新疆	11967791	11739565	11501916	11325048	10690690	434748	199609		176868
大连	762574	760162	760138	658364	632251		26113		101775
宁波	1833148	1769282	1754599	1654289	1445918		208371		100310
厦门	264580	260615	260507	240745	228049		12696		19762
青岛	1940449	1911895	1911645	1911645	1892336		19309		
深圳									

情况(农村初中)

单位：千元

政府性基金预算安排的教育经费	#彩票公益金	企业办学中的企业拨款	校办产业和社会服务收入中用于教育的经费	其他属于国家财政性教育经费	民办学校中举办者投入	捐赠收入	事业收入	#学费	其他教育经费
1012031	**537073**	**236037**	**78**		**2368059**	**372088**	**10687856**	**8395861**	**2626665**
2642	2642				927	20217	100883	74760	2360
						269	61850	56483	2380
58934	12927				33304	10137	655125	497554	95684
8481	2287	476			21152	1125	521484	442703	14771
14718	12792				969	2486	13719	9720	110305
7375	7375				138	152	95367	72577	3976
16801	3759				532	3130	110424	106183	12685
7715	7294	3015			14709	50	47399	39331	94662
716	716				30871	32	36061	31813	49195
14703	14703				33795	2948	706179	565124	131684
135672	8451				353057	32198	680688	608184	383003
45541	37564				55236	8168	1202809	1041402	46856
45868	36442				14816	36906	415122	296114	144935
20709	19120				14902	23647	393984	295300	30162
108931	79727	3785			93593	9407	657626	557805	72411
50258	43506				398564	2610	1460196	1188714	53117
11192	5664				34177	11084	125480	98056	44835
69988	61568				286379	30012	874071	492455	232774
11549	5782	7978			326719	43026	836096	671299	99707
15228	9434				19522	11046	177228	121715	102599
4869	3231		58		2072	13476	29957	14245	13179
35098	10324				163213	3889	114377	68474	23010
78630	30983				313903	64162	849767	686038	143485
18508	9884				145454	3801	277692	172794	171637
30579	13377	4266			1241	18935	67754	41376	155492
34948	30336				333	1430	529	529	555
92810	14656	3199			6603	4336	154293	135195	30703
15888	15588		20		1717	817	8928	7503	56887
4775	3783				150	5473	1954	577	37196
24576	16296					2976	2214	556	50947
24331	16864	213319			11	4143	8601	1282	215471
24	24					10			2402
14683	838				923	197	46955	43026	15792
108	108						3963	3963	2
250	250				2934	654	1219	910	23747

3-36 教育经费收入情况

地 区	总 计	国家财政性教育经费	公共财政预算安排的教育经费	公共财政教育经费	教育事业费	基本建设经费	教育费附加	科研经费	其 他
合 计	**366358385**	**350351552**	**349325796**	**327330065**	**310214515**	**5527084**	**11588465**		**21995731**
北 京	3620980	3509334	3506692	3150382	2352002	265777	532604		356310
天 津	2416569	2352071	2352071	2329626	2092676		236950		22445
河 北	16581958	15787708	15728775	15104929	14287054	249224	568651		623846
山 西	9132291	8573759	8564802	8270328	7720414	145399	404515		294475
内蒙古	7504834	7377356	7362637	6422996	5925759	139683	357554		939641
辽 宁	6481907	6382273	6374899	5694062	5461444	10243	222375		680837
吉 林	6311853	6185081	6168281	5848609	5454812	180838	212959		319672
黑龙江	7912722	7755902	7747719	7441660	7286613	84766	70281		306059
上 海	2162753	2046594	2045878	1867419	1714679		152740		178459
江 苏	18557427	17682821	17668118	17159029	15875682	2328	1281019		509090
浙 江	14935964	13487017	13351346	13135123	12350770	22000	762353		216222
安 徽	17602021	16288952	16243410	14643837	13910444	182562	550831		1599573
福 建	11086352	10474573	10428705	10033148	9516837	103609	412702		395557
江 西	13920389	13457694	13436985	13013444	12336919	355346	321179		423541
山 东	27182979	26349942	26237225	26025960	24610965	35100	1379895		211266
河 南	26436380	24521894	24471635	19858628	18957603	309886	591139		4613007
湖 北	12433582	12218006	12206813	11627262	11627262				579551
湖 南	18927451	17504215	17434227	16710696	16012664	333436	364596		723531
广 东	20534367	19229629	19214947	17706038	17199677	81505	424855		1508909
广 西	14306911	13996516	13981288	13393898	12928904	211152	253842		587390
海 南	3362848	3304967	3300041	2921771	2745261	26824	149686		378269
重 庆	8909676	8605188	8570090	7183124	6759068	196487	227570		1386966
四 川	24934398	23563081	23484451	22168202	21192040	424301	551862		1316249
贵 州	15220137	14621553	14603046	14090790	13745428	192311	153051		512256
云 南	16859789	16616367	16581522	14702988	14016018	247474	439496		1878534
西 藏	2667332	2664486	2629537	2553919	2283825	215830	54263		75619
陕 西	11336938	11141003	11044994	10795008	10246851	227195	320963		249986
甘 肃	9095080	9026850	9010942	8603867	8000567	337489	265811		407075
青 海	3036034	2991261	2986485	2675682	2143818	471618	60246		310803
宁 夏	2350164	2294026	2269450	1958761	1784269	109626	64866		310689
新 疆	10536301	10341436	10318784	10238878	9674192	365078	199609		79906
大 连	762574	760162	760138	658364	632251		26113		101775
宁 波	1833148	1769282	1754599	1654289	1445918		208371		100310
厦 门	264580	260615	260507	240745	228049		12696		19762
青 岛	1940449	1911895	1911645	1911645	1892336		19309		
深 圳									

(地方农村初中)

单位：千元

政府性基金预算安排的教育经费	#彩票公益金	企业办学中的企业拨款	校办产业和社会服务收入中用于教育的经费	其他属于国家财政性教育经费	民办学校中举办者投入	捐赠收入	事业收入	#学费	其他教育经费
1010352	**535531**	**15327**	**78**		**2368059**	**370519**	**10669487**	**8395861**	**2598768**
2642	2642				927	20217	88233	74760	2270
						269	61850	56483	2380
58934	12927				33304	10137	655125	497554	95684
8481	2287	476			21152	1125	521484	442703	14771
14718	12792				969	2486	13719	9720	110305
7375	7375				138	152	95367	72577	3976
16801	3759				532	3130	110424	106183	12685
7715	7294	468			14709	50	47399	39331	94662
716	716				30871	32	36061	31813	49195
14703	14703				33795	2948	706179	565124	131684
135672	8451				353057	32198	680688	608184	383003
45541	37564				55236	8168	1202809	1041402	46856
45868	36442				14816	36906	415122	296114	144935
20709	19120				14902	23647	393984	295300	30162
108931	79727	3785			93593	9407	657626	557805	72411
50258	43506				398564	2610	1460196	1188714	53117
11192	5664				34177	11084	125480	98056	44835
69988	61568				286379	30012	874071	492455	232774
11549	5782	3133			326719	43026	835569	671299	99424
15228	9434				19522	11046	177228	121715	102599
4869	3231		58		2072	13476	29744	14245	12588
35098	10324				163213	3889	114377	68474	23010
78630	30983				313903	64162	849767	686038	143485
18508	9884				145454	3801	277692	172794	171637
30579	13377	4266			1241	18935	67754	41376	155492
34948	30336				333	1430	529	529	555
92810	14656	3199			6603	4336	154293	135195	30703
15888	15588		20		1717	817	8928	7503	56768
4775	3783				150	5473	1954	577	37196
24576	16296					2976	2214	556	50947
22652	15321				11	2574	3622	1282	188658
24	24					10			2402
14683	838				923	197	46955	43026	15792
108	108						3963	3963	2
250	250				2934	654	1219	910	23747

3-37 教育经费收入

地区	总计	国家财政性教育经费	公共财政预算安排的教育经费	公共财政教育经费	教育事业费	基本建设经费	教育费附加	科研经费	其他
合计	**711603**	**599938**	**599738**	**586056**	**519465**		**66591**		**13682**
北京	51779	51213	51213	51213	5254		45959		
天津	21164	21163	21163	21029	21029				134
河北									
山西									
内蒙古									
辽宁									
吉林	3885	3830	3830	3623	3526		97		207
黑龙江									
上海	35303	33428	33428	30073	30073				3356
江苏	183186	124406	124206	122641	113351		9290		1565
浙江	198600	160060	160060	157712	152134		5578		2348
安徽									
福建	84	84	84	84	84				
江西									
山东	25993	25993	25993	25993	25943		50		
河南	2679	2679	2679	2679	2679				
湖北	5111	5095	5095	5095	5095				
湖南	133543	132287	132287	132287	132287				
广东	50276	39701	39701	33628	28011		5617		6073
广西									
海南									
重庆									
四川									
贵州									
云南									
西藏									
陕西									
甘肃									
青海									
宁夏									
新疆									
大连									
宁波	1453	1432	1432	1312	1297		15		120
厦门									
青岛									
深圳									

情况(成人中学)

单位：千元

政府性基金预算安排的教育经费	#彩票公益金	企业办学中的企业拨款	校办产业和社会服务收入中用于教育的经费	其他属于国家财政性教育经费	民办学校中举办者投入	捐赠收入	事业收入	#学费	其他教育经费
200	**200**					**93**	**70993**	**9233**	**40579**
							566		
									1
									55
							1703	405	171
200	200					79	48973	3054	9729
						15	12378	639	26148
									16
							1257	1176	
							6116	3959	4458
									21

3-38 教育经费收入

地区	总计	国家财政性教育经费	公共财政预算安排的教育经费	公共财政教育经费	教育事业费	基本建设经费	教育费附加	科研经费	其他
合计	**982765683**	**937265666**	**934596286**	**860270107**	**807466410**	**7875679**	**44928018**		**74326178**
北京	27115641	25658487	25630886	21900486	18496431	624747	2779308		3730400
天津	11412520	11141608	11120716	10955890	10397705		558185		164826
河北	43017300	41366575	41230576	38767149	36892843	82996	1791311		2463427
山西	22980050	22314028	22277071	20828597	19821823	96540	910234		1448475
内蒙古	22144713	21710468	21663335	16720462	15469457	322029	928976		4942873
辽宁	21983434	21640699	21622115	18728737	17753169	11269	964299		2893378
吉林	17565638	17139432	17101753	16041751	15077631	35612	928508		1060002
黑龙江	21544099	21345172	21271410	20066213	19518851	81455	465907		1205197
上海	19761382	17729647	17727663	16816266	13805174	60871	2950222		911397
江苏	65723350	63420458	63367171	61604247	55018960	31112	6554175		1762924
浙江	46591077	41895434	41646405	40634550	37222844	175841	3235866		1011855
安徽	37975824	36941235	36897407	32694396	31299000	165607	1229789		4203011
福建	30592414	29470257	29423759	27520860	25743670	174010	1603179		1902899
江西	34236663	33593192	33560635	32180048	30701645	265782	1212620		1380587
山东	59084584	57179562	56946486	56392569	52914843	6210	3471516		553917
河南	53297127	49471738	49402493	40794381	38958040	360625	1475715		8608112
湖北	30483288	29593969	29524692	28175568	28175568				1349124
湖南	37978066	36189567	36087413	34955231	33453758	181814	1319659		1132182
广东	87903589	75815407	75706952	68265241	62880463	1008584	4376194		7441710
广西	34316500	33582057	33539487	31442660	30301498	380769	760393		2096827
海南	9423367	8770895	8750753	7800248	7392191	35688	372369		950505
重庆	24867076	24346723	24245358	18273237	17081069	355444	836724		5972121
四川	54632939	52138612	51966360	49012330	46821042	625783	1565505		2954030
贵州	32458978	31731485	31698131	30406603	29616430	150991	639182		1291528
云南	38230133	37481665	37348655	30227167	28665746	427568	1133853		7121488
西藏	8227522	8209206	8142403	7942898	7605707	181150	156041		199505
陕西	26709638	25869461	25782336	25190757	23904152	293206	993399		591580
甘肃	21194277	21024357	20861969	18579670	17378874	470852	729943		2282300
青海	7041596	6949825	6939992	5912578	4839392	912107	161080		1027414
宁夏	6417446	6246240	6208751	4899259	4615157	81629	202473		1309492
新疆	27855451	27298203	26903152	26540058	25643277	275389	621392		363094
大连	4142121	4058114	4056052	3629767	3314129		315638		426285
宁波	6944579	6370869	6315242	5995998	5351064	28741	616193		319244
厦门	4009444	3739632	3738089	3372967	2779295	79151	514522		365122
青岛	8340120	8104336	8099801	8099801	7364927		734873		
深圳	13641859	11207320	11196389	10291601	8157074	681309	1453218		904788

情况(小学)

单位：千元

政府性基金预算安排的教育经费	#彩票公益金	企业办学中的企业拨款	校办产业和社会服务收入中用于教育的经费	其他属于国家财政性教育经费	民办学校中举办者投入	捐赠收入	事业收入	#学费	其他教育经费
2189358	**1160942**	**479360**	**662**		**4279222**	**989089**	**31946936**	**27546902**	**8284770**
9816	9816	17775	10		34935	15574	1165106	1034267	241538
4450	4450	16442			6773	6841	208947	205045	48351
135999	59421				99401	12674	1279628	1157940	259021
33282	18272	3674			36498	3127	583850	511184	42547
46332	36541	800			1118	10228	94332	84452	328568
18584	17661				66486	603	242836	169372	32810
37680	34583				11863	4532	256762	240326	153049
35834	24831	37928			7075	679	58272	52989	132902
1984	1984				9160	10652	1266628	1225618	745294
53287	43986				68971	125998	1633390	1486648	474531
249030	40561				469882	69861	2703388	2496982	1452512
37541	26626	6287			70020	14752	842910	732808	106907
46018	34845		480		122664	67894	573116	461831	358483
30447	28250	2110			63515	36653	460424	364497	82879
218072	137806	15004			256681	29004	1443459	1273429	175878
68181	48124	1064			451577	6342	3165306	2586230	202164
69278	25958				65573	16616	600420	425148	206710
102132	63534		22		263676	44849	1170246	717391	309728
89225	56018	19231			1173340	176153	9822242	8727565	916447
42570	35045				40030	24274	494606	415710	175532
16765	13306	3228	150		60355	938	457487	373362	133692
101365	31384				176977	25756	235773	177815	81847
172253	90530				539680	202232	1641662	1335632	110754
33034	28775	320			100112	12901	420746	324112	193735
130885	62892	2125			48921	26094	287657	241718	385797
66803	42373				333	3990	3859	2850	10134
76976	27647	10149			28463	7876	707918	636702	95920
162387	40015				2977	16690	27357	22747	122896
5223	5023	4610			179	2350	6016	3537	83226
37489	32400				800	2861	31971	19514	135573
56436	38286	338615			1187	10095	60623	39482	485343
2061	1888				14000	439	48812	40982	20757
55628	3378				11554	2503	423932	398401	135722
1543	1293				59482	491	172194	171316	37645
4535	3515				7589	4487	188319	182460	35390
10931	10723				50681	1834	1916230	1791655	465794

3-39 教育经费收入

地区	总计	国家财政性教育经费	公共财政预算安排的教育经费	公共财政教育经费	教育事业费	基本建设经费	教育费附加	科研经费	其他
合计	**979172796**	**933881018**	**931597089**	**857460399**	**804741486**	**7791139**	**44927774**		**74136690**
北京	26688563	25353806	25326205	21595805	18191750	624747	2779308		3730400
天津	11386184	11115698	11094806	10929980	10371795		558185		164826
河北	43017300	41366575	41230576	38767149	36892843	82996	1791311		2463427
山西	22976800	22310778	22273821	20825347	19818573	96540	910234		1448475
内蒙古	22144713	21710468	21663335	16720462	15469457	322029	928976		4942873
辽宁	21983434	21640699	21622115	18728737	17753169	11269	964299		2893378
吉林	17503604	17085745	17048065	15988064	15023943	35612	928508		1060002
黑龙江	21364645	21165718	21124937	19919983	19372864	81455	465663		1204955
上海	19751001	17721911	17719926	16808680	13797587	60871	2950222		911247
江苏	65723350	63420458	63367171	61604247	55018960	31112	6554175		1762924
浙江	46591077	41895434	41646405	40634550	37222844	175841	3235866		1011855
安徽	37975824	36941235	36897407	32694396	31299000	165607	1229789		4203011
福建	30592414	29470257	29423759	27520860	25743670	174010	1603179		1902899
江西	34236093	33592622	33560635	32180048	30701645	265782	1212620		1380587
山东	59084584	57179562	56946486	56392569	52914843	6210	3471516		553917
河南	53294110	49470842	49401597	40793485	38957144	360625	1475715		8608112
湖北	30451289	29564589	29495312	28146188	28146188				1349124
湖南	37964991	36179724	36077569	34945387	33443915	181814	1319659		1132182
广东	87808653	75726946	75627357	68191595	62806817	1008584	4376194		7435762
广西	34316500	33582057	33539487	31442660	30301498	380769	760393		2096827
海南	9421218	8770353	8750211	7799706	7391648	35688	372369		950505
重庆	24842203	24325153	24223788	18251667	17059499	355444	836724		5972121
四川	54627288	52138371	51966118	49012088	46820801	625783	1565505		2954030
贵州	32458978	31731485	31698131	30406603	29616430	150991	639182		1291528
云南	38230133	37481665	37348655	30227167	28665746	427568	1133853		7121488
西藏	8227522	8209206	8142403	7942898	7605707	181150	156041		199505
陕西	26624683	25784844	25697719	25106140	23819535	293206	993399		591580
甘肃	21183841	21015019	20852632	18570332	17369536	470852	729943		2282300
青海	7041596	6949825	6939992	5912578	4839392	912107	161080		1027414
宁夏	6417446	6246240	6208751	4899259	4615157	81629	202473		1309492
新疆	25242758	24733734	24681716	24501770	23689529	190849	621392		179946
大连	4142121	4058114	4056052	3629767	3314129		315638		426285
宁波	6944579	6370869	6315242	5995998	5351064	28741	616193		319244
厦门	4009444	3739632	3738089	3372967	2779295	79151	514522		365122
青岛	8340120	8104336	8099801	8099801	7364927		734873		
深圳	13641859	11207320	11196389	10291601	8157074	681309	1453218		904788

情况(地方小学)

单位：千元

政府性基金预算安排的教育经费	#彩票公益金	企业办学中的企业拨款	校办产业和社会服务收入中用于教育的经费	其他属于国家财政性教育经费	民办学校中举办者投入	捐赠收入	事业收入	#学费	其他教育经费
2184940	**1156838**	**98327**	**662**		**4279222**	**976766**	**31869496**	**27546902**	**8166295**
9816	9816	17775	10		34935	13831	1100033	1034267	185959
4450	4450	16442			6773	6841	208947	205045	47925
135999	59421				99401	12674	1279628	1157940	259021
33282	18272	3674			36498	3127	583850	511184	42547
46332	36541	800			1118	10228	94332	84452	328568
18584	17661				66486	603	242836	169372	32810
37680	34583				11863	4532	256762	240326	144703
35834	24831	4947			7075	679	58272	52989	132902
1984	1984				9160	10652	1266628	1225618	742651
53287	43986				68971	125998	1633390	1486648	474531
249030	40561				469882	69861	2703388	2496982	1452512
37541	26626	6287			70020	14752	842910	732808	106907
46018	34845		480		122664	67894	573116	461831	358483
30447	28250	1540			63515	36653	460424	364497	82879
218072	137806	15004			256681	29004	1443459	1273429	175878
68181	48124	1064			451577	6342	3165306	2586230	200044
69278	25958				65573	16616	600420	425148	204092
102132	63534		22		263676	43293	1170081	717391	308217
89225	56018	10363			1173340	170600	9821517	8727565	916250
42570	35045				40030	24274	494606	415710	175532
16765	13306	3228	150		60355	938	457062	373362	132510
101365	31384				176977	25696	235773	177815	78605
172253	90530				539680	202232	1641662	1335632	105345
33034	28775	320			100112	12901	420746	324112	193735
130885	62892	2125			48921	26094	287657	241718	385797
66803	42373				333	3990	3859	2850	10134
76976	27647	10149			28463	7856	707918	636702	95602
162387	40015				2977	16690	27357	22747	121797
5223	5023	4610			179	2350	6016	3537	83226
37489	32400				800	2861	31971	19514	135573
52018	34182				1187	6705	49572	39482	451560
2061	1888				14000	439	48812	40982	20757
55628	3378				11554	2503	423932	398401	135722
1543	1293				59482	491	172194	171316	37645
4535	3515				7589	4487	188319	182460	35390
10931	10723				50681	1834	1916230	1791655	465794

3-40 教育经费收入

地区	总计	国家财政性教育经费	公共财政预算安排的教育经费	公共财政教育经费	教育事业费	基本建设经费	教育费附加	科研经费	其他
合计	**982684261**	**937184250**	**934514870**	**860188860**	**807385163**	**7875679**	**44928018**		**74326010**
北京	27115641	25658487	25630886	21900486	18496431	624747	2779308		3730400
天津	11412520	11141608	11120716	10955890	10397705		558185		164826
河北	43017300	41366575	41230576	38767149	36892843	82996	1791311		2463427
山西	22980050	22314028	22277071	20828597	19821823	96540	910234		1448475
内蒙古	22144713	21710468	21663335	16720462	15469457	322029	928976		4942873
辽宁	21983434	21640699	21622115	18728737	17753169	11269	964299		2893378
吉林	17565638	17139432	17101753	16041751	15077631	35612	928508		1060002
黑龙江	21544099	21345172	21271410	20066213	19518851	81455	465907		1205197
上海	19761382	17729647	17727663	16816266	13805174	60871	2950222		911397
江苏	65723350	63420458	63367171	61604247	55018960	31112	6554175		1762924
浙江	46591077	41895434	41646405	40634550	37222844	175841	3235866		1011855
安徽	37975824	36941235	36897407	32694396	31299000	165607	1229789		4203011
福建	30583420	29461263	29414765	27511866	25734676	174010	1603179		1902899
江西	34236663	33593192	33560635	32180048	30701645	265782	1212620		1380587
山东	59082123	57177101	56944024	56390108	52912382	6210	3471516		553917
河南	53297127	49471738	49402493	40794381	38958040	360625	1475715		8608112
湖北	30483288	29593969	29524692	28175568	28175568				1349124
湖南	37910900	36122401	36020246	34888064	33386592	181814	1319659		1132182
广东	87903589	75815407	75706952	68265241	62880463	1008584	4376194		7441710
广西	34316450	33582007	33539437	31442610	30301448	380769	760393		2096827
海南	9423367	8770895	8750753	7800248	7392191	35688	372369		950505
重庆	24865004	24344651	24243286	18271268	17079099	355444	836724		5972019
四川	54632446	52138125	51965872	49011909	46820621	625783	1565505		2953964
贵州	32458978	31731485	31698131	30406603	29616430	150991	639182		1291528
云南	38229948	37481480	37348470	30226982	28665560	427568	1133853		7121488
西藏	8227522	8209206	8142403	7942898	7605707	181150	156041		199505
陕西	26709638	25869461	25782336	25190757	23904152	293206	993399		591580
甘肃	21194277	21024357	20861969	18579670	17378874	470852	729943		2282300
青海	7041596	6949825	6939992	5912578	4839392	912107	161080		1027414
宁夏	6417446	6246240	6208751	4899259	4615157	81629	202473		1309492
新疆	27855451	27298203	26903152	26540058	25643277	275389	621392		363094
大连	4142121	4058114	4056052	3629767	3314129		315638		426285
宁波	6944579	6370869	6315242	5995998	5351064	28741	616193		319244
厦门	4009444	3739632	3738089	3372967	2779295	79151	514522		365122
青岛	8340120	8104336	8099801	8099801	7364927		734873		
深圳	13641859	11207320	11196389	10291601	8157074	681309	1453218		904788

情况(普通小学)

单位：千元

政府性基金预算安排的教育经费	#彩票公益金	企业办学中的企业拨款	校办产业和社会服务收入中用于教育的经费	其他属于国家财政性教育经费	民办学校中举办者投入	捐赠收入	事业收入	#学费	其他教育经费
2189358	**1160942**	**479360**	**662**		**4279222**	**989089**	**31946931**	**27546902**	**8284770**
9816	9816	17775	10		34935	15574	1165106	1034267	241538
4450	4450	16442			6773	6841	208947	205045	48351
135999	59421				99401	12674	1279628	1157940	259021
33282	18272	3674			36498	3127	583850	511184	42547
46332	36541	800			1118	10228	94332	84452	328568
18584	17661				66486	603	242836	169372	32810
37680	34583				11863	4532	256762	240326	153049
35834	24831	37928			7075	679	58272	52989	132902
1984	1984				9160	10652	1266628	1225618	745294
53287	43986				68971	125998	1633390	1486648	474531
249030	40561				469882	69861	2703388	2496982	1452512
37541	26626	6287			70020	14752	842910	732808	106907
46018	34845		480		122664	67894	573116	461831	358483
30447	28250	2110			63515	36653	460424	364497	82879
218072	137806	15004			256681	29004	1443459	1273429	175878
68181	48124	1064			451577	6342	3165306	2586230	202164
69278	25958				65573	16616	600420	425148	206710
102132	63534		22		263676	44849	1170246	717391	309728
89225	56018	19231			1173340	176153	9822242	8727565	916447
42570	35045				40030	24274	494606	415710	175532
16765	13306	3228	150		60355	938	457487	373362	133692
101365	31384				176977	25756	235773	177815	81847
172253	90530				539680	202232	1641656	1335632	110754
33034	28775	320			100112	12901	420746	324112	193735
130885	62892	2125			48921	26094	287657	241718	385797
66803	42373				333	3990	3859	2850	10134
76976	27647	10149			28463	7876	707918	636702	95920
162387	40015				2977	16690	27357	22747	122896
5223	5023	4610			179	2350	6016	3537	83226
37489	32400				800	2861	31971	19514	135573
56436	38286	338615			1187	10095	60623	39482	485343
2061	1888				14000	439	48812	40982	20757
55628	3378				11554	2503	423932	398401	135722
1543	1293				59482	491	172194	171316	37645
4535	3515				7589	4487	188319	182460	35390
10931	10723				50681	1834	1916230	1791655	465794

3-41 教育经费收入情况

地区	总计	国家财政性教育经费	公共财政预算安排的教育经费	公共财政教育经费	教育事业费	基本建设经费	教育费附加	科研经费	其他
合计	**979091375**	**933799602**	**931515673**	**857379152**	**804660238**	**7791139**	**44927774**		**74136521**
北京	26688563	25353806	25326205	21595805	18191750	624747	2779308		3730400
天津	11386184	11115698	11094806	10929980	10371795		558185		164826
河北	43017300	41366575	41230576	38767149	36892843	82996	1791311		2463427
山西	22976800	22310778	22273821	20825347	19818573	96540	910234		1448475
内蒙古	22144713	21710468	21663335	16720462	15469457	322029	928976		4942873
辽宁	21983434	21640699	21622115	18728737	17753169	11269	964299		2893378
吉林	17503604	17085745	17048065	15988064	15023943	35612	928508		1060002
黑龙江	21364645	21165718	21124937	19919983	19372864	81455	465663		1204955
上海	19751001	17721911	17719926	16808680	13797587	60871	2950222		911247
江苏	65723350	63420458	63367171	61604247	55018960	31112	6554175		1762924
浙江	46591077	41895434	41646405	40634550	37222844	175841	3235866		1011855
安徽	37975824	36941235	36897407	32694396	31299000	165607	1229789		4203011
福建	30583420	29461263	29414765	27511866	25734676	174010	1603179		1902899
江西	34236093	33592622	33560635	32180048	30701645	265782	1212620		1380587
山东	59082123	57177101	56944024	56390108	52912382	6210	3471516		553917
河南	53294110	49470842	49401597	40793485	38957144	360625	1475715		8608112
湖北	30451289	29564589	29495312	28146188	28146188				1349124
湖南	37897825	36112558	36010403	34878221	33376748	181814	1319659		1132182
广东	87808653	75726946	75627357	68191595	62806817	1008584	4376194		7435762
广西	34316450	33582007	33539437	31442610	30301448	380769	760393		2096827
海南	9421218	8770353	8750211	7799706	7391648	35688	372369		950505
重庆	24840131	24323081	24221716	18249698	17057529	355444	836724		5972019
四川	54626796	52137883	51965631	49011667	46820380	625783	1565505		2953964
贵州	32458978	31731485	31698131	30406603	29616430	150991	639182		1291528
云南	38229948	37481480	37348470	30226982	28665560	427568	1133853		7121488
西藏	8227522	8209206	8142403	7942898	7605707	181150	156041		199505
陕西	26624683	25784844	25697719	25106140	23819535	293206	993399		591580
甘肃	21183841	21015019	20852632	18570332	17369536	470852	729943		2282300
青海	7041596	6949825	6939992	5912578	4839392	912107	161080		1027414
宁夏	6417446	6246240	6208751	4899259	4615157	81629	202473		1309492
新疆	25242758	24733734	24681716	24501770	23689529	190849	621392		179946
大连	4142121	4058114	4056052	3629767	3314129		315638		426285
宁波	6944579	6370869	6315242	5995998	5351064	28741	616193		319244
厦门	4009444	3739632	3738089	3372967	2779295	79151	514522		365122
青岛	8340120	8104336	8099801	8099801	7364927		734873		
深圳	13641859	11207320	11196389	10291601	8157074	681309	1453218		904788

(地方普通小学)

单位：千元

政府性基金预算安排的教育经费	#彩票公益金	企业办学中的企业拨款	校办产业和社会服务收入中用于教育的经费	其他属于国家财政性教育经费	民办学校中举办者投入	捐赠收入	事业收入	#学费	其他教育经费
2184940	**1156838**	**98327**	**662**		**4279222**	**976766**	**31869491**	**27546902**	**8166295**
9816	9816	17775	10		34935	13831	1100033	1034267	185959
4450	4450	16442			6773	6841	208947	205045	47925
135999	59421				99401	12674	1279628	1157940	259021
33282	18272	3674			36498	3127	583850	511184	42547
46332	36541	800			1118	10228	94332	84452	328568
18584	17661				66486	603	242836	169372	32810
37680	34583				11863	4532	256762	240326	144703
35834	24831	4947			7075	679	58272	52989	132902
1984	1984				9160	10652	1266628	1225618	742651
53287	43986				68971	125998	1633390	1486648	474531
249030	40561				469882	69861	2703388	2496982	1452512
37541	26626	6287			70020	14752	842910	732808	106907
46018	34845		480		122664	67894	573116	461831	358483
30447	28250	1540			63515	36653	460424	364497	82879
218072	137806	15004			256681	29004	1443459	1273429	175878
68181	48124	1064			451577	6342	3165306	2586230	200044
69278	25958				65573	16616	600420	425148	204092
102132	63534		22		263676	43293	1170081	717391	308217
89225	56018	10363			1173340	170600	9821517	8727565	916250
42570	35045				40030	24274	494606	415710	175532
16765	13306	3228	150		60355	938	457062	373362	132510
101365	31384				176977	25696	235773	177815	78605
172253	90530				539680	202232	1641656	1335632	105345
33034	28775	320			100112	12901	420746	324112	193735
130885	62892	2125			48921	26094	287657	241718	385797
66803	42373				333	3990	3859	2850	10134
76976	27647	10149			28463	7856	707918	636702	95602
162387	40015				2977	16690	27357	22747	121797
5223	5023	4610			179	2350	6016	3537	83226
37489	32400				800	2861	31971	19514	135573
52018	34182				1187	6705	49572	39482	451560
2061	1888				14000	439	48812	40982	20757
55628	3378				11554	2503	423932	398401	135722
1543	1293				59482	491	172194	171316	37645
4535	3515				7589	4487	188319	182460	35390
10931	10723				50681	1834	1916230	1791655	465794

3-42 教育经费收入

地区	总计	国家财政性教育经费	公共财政预算安排的教育经费	公共财政教育经费	教育事业费	基本建设经费	教育费附加	科研经费	其他
合计	**639635110**	**622717149**	**620960049**	**570041418**	**547747972**	**4708974**	**17584472**		**50918631**
北京	5135479	4960462	4953475	4214188	3464964	260324	488900		739287
天津	3241477	3225355	3221055	3183956	3054028		129928		37099
河北	33585006	32373631	32253290	30211990	29094124	80891	1036975		2041300
山西	16707059	16360862	16335641	15339899	14767400	70219	502280		995742
内蒙古	16430422	16212759	16178616	12283174	11544413	165437	573324		3895442
辽宁	10628693	10556629	10547246	9077513	8841662	11006	224844		1469734
吉林	11457850	11274663	11247709	10511737	10152555	28592	330590		735972
黑龙江	14108866	13967546	13921681	13365634	13147465	81204	136965		556047
上海	2956794	2632054	2630870	2396720	2291242		105478		234149
江苏	34663508	33863143	33828126	32959236	30382287	2412	2574537		868890
浙江	25471669	23726633	23556402	23222320	21773076	58500	1390744		334082
安徽	30029306	29225351	29193399	25857130	24961112	148257	747761		3336269
福建	19345898	18890815	18851500	17790410	17050626	90607	649177		1061090
江西	27669952	27288842	27261845	26078370	25191097	160658	726615		1183476
山东	36421615	35472981	35350939	35062585	33515857	6210	1540518		288353
河南	41385759	38701267	38655852	31995674	31089795	149765	756115		6660178
湖北	19426042	19174335	19127217	18294209	18294209				833008
湖南	27306034	26164401	26112244	25251930	24573797	162340	515793		860314
广东	36036811	34169385	34113210	29974157	29073681	140983	759493		4139053
广西	27760034	27461662	27436670	25673028	25002038	261201	409789		1763642
海南	6620843	6477212	6471546	5715840	5501337	30688	183816		755705
重庆	16486317	16314459	16252618	12251456	11788018	69713	393724		4001162
四川	42544339	41533002	41429211	39108502	37728468	482431	897604		2320709
贵州	26688948	26345880	26317198	25242151	24855323	149763	237065		1075048
云南	32547033	32157660	32070585	25788036	24726695	322311	739030		6282549
西藏	7212395	7195131	7148708	6993918	6679653	162750	151515		154790
陕西	19643911	19417291	19336987	18865379	18076943	180716	607721		471608
甘肃	17148831	17047327	16995604	15083070	14374611	435080	273379		1912534
青海	5546448	5470098	5461715	4698946	3888100	715973	94873		762769
宁夏	4218209	4130733	4106360	3220997	3106656	41669	72672		885363
新疆	21209563	20925578	20592530	20329262	19756741	239273	333248		263268
大连	925774	922504	922486	817960	779820		38141		104526
宁波	2933680	2819880	2779723	2607127	2333683		273444		172597
厦门	760079	754416	753838	673057	550940		122117		80780
青岛	2610956	2598343	2597143	2597143	2462065		135078		
深圳									

情况(农村小学)

单位：千元

政府性基金预算安排的教育经费	#彩票公益金	企业办学中的企业拨款	校办产业和社会服务收入中用于教育的经费	其他属于国家财政性教育经费	民办学校中举办者投入	捐赠收入	事业收入	#学费	其他教育经费
1396141	**866268**	**360307**	**652**		**2109802**	**506704**	**10593688**	**8696122**	**3707767**
6987	6987				1650	2315	166994	91914	4058
4300	4300					2796	9732	7354	3593
120342	47596				86211	11703	941429	847456	172033
22045	16100	3176			23889	2883	281558	238708	37866
33343	26303	800			665	3832	22620	16970	190546
9382	8632				2200	442	64175	45398	5248
26954	23857				3878	1990	123614	120742	53706
24798	16542	21067			4577	176	13793	10922	122775
1184	1184				3181	158	47398	45784	274004
35017	31015				20421	6490	606787	552890	166667
170231	29967				242639	34338	876637	812939	591423
31650	20735	302			64098	11930	674776	593683	53151
38835	28171		480		4383	48782	195205	128472	206714
26427	24430	570			15009	29760	292375	215804	43966
111343	88655	10700			223330	13832	655087	578295	56386
45415	36035				331435	3194	2289471	1856814	60391
47119	15143				44127	9474	133695	93870	64409
52135	49990		22		233826	30358	609926	361768	267523
40840	29276	15335			382353	57129	1301512	1126762	126432
24991	18112				16799	15447	143189	103729	122937
5516	2059		150		25556	884	87898	65449	29293
61841	26653				70935	8591	59368	28378	32964
103791	78928				256691	136230	566534	439035	51881
28362	24277	320			26154	12076	169619	112882	135218
84951	57024	2125			14878	22459	39758	28150	312278
46423	42073				333	3990	2850	2850	10091
72195	23533	8109			8036	6383	170988	150028	41213
51723	30691				2285	15175	6738	5707	77306
3773	3773	4610			100	1980	540	120	73730
24373	21313					2780	17960	6118	66737
39855	32915	293194			164	9129	21464	7134	253228
18	18					292	40		2938
40157	1602				2846	462	82052	78904	28442
579	579						5653	5653	10
1200	1200				1984	1593	2708	1970	6329

3-43 教育经费收入情况

地区	总计	国家财政性教育经费							
			公共财政预算安排的教育经费						
				公共财政教育经费					
					教育事业费	基本建设经费	教育费附加	科研经费	其他
合计	**637084760**	**620278268**	**618841095**	**568085172**	**545868947**	**4631928**	**17584298**		**50755922**
北京	5068951	4959426	4952440	4213152	3463928	260324	488900		739287
天津	3241477	3225355	3221055	3183956	3054028		129928		37099
河北	33585006	32373631	32253290	30211990	29094124	80891	1036975		2041300
山西	16703809	16357612	16332391	15336649	14764150	70219	502280		995742
内蒙古	16430422	16212759	16178616	12283174	11544413	165437	573324		3895442
辽宁	10628693	10556629	10547246	9077513	8841662	11006	224844		1469734
吉林	11457850	11274663	11247709	10511737	10152555	28592	330590		735972
黑龙江	13987768	13846449	13816704	13260899	13042904	81204	136791		555805
上海	2956794	2632054	2630870	2396720	2291242		105478		234149
江苏	34663508	33863143	33828126	32959236	30382287	2412	2574537		868890
浙江	25471669	23726633	23556402	23222320	21773076	58500	1390744		334082
安徽	30029306	29225351	29193399	25857130	24961112	148257	747761		3336269
福建	19345898	18890815	18851500	17790410	17050626	90607	649177		1061090
江西	27669383	27288272	27261845	26078370	25191097	160658	726615		1183476
山东	36421615	35472981	35350939	35062585	33515857	6210	1540518		288353
河南	41385759	38701267	38655852	31995674	31089795	149765	756115		6660178
湖北	19426042	19174335	19127217	18294209	18294209				833008
湖南	27306034	26164401	26112244	25251930	24573797	162340	515793		860314
广东	35959800	34093214	34043889	29910784	29010307	140983	759493		4133105
广西	27760034	27461662	27436670	25673028	25002038	261201	409789		1763642
海南	6618694	6476670	6471003	5715298	5500794	30688	183816		755705
重庆	16486317	16314459	16252618	12251456	11788018	69713	393724		4001162
四川	42543096	41532960	41429169	39108460	37728425	482431	897604		2320709
贵州	26688948	26345880	26317198	25242151	24855323	149763	237065		1075048
云南	32547033	32157660	32070585	25788036	24726695	322311	739030		6282549
西藏	7212395	7195131	7148708	6993918	6679653	162750	151515		154790
陕西	19643911	19417291	19336987	18865379	18076943	180716	607721		471608
甘肃	17138394	17037989	16986267	15073733	14365274	435080	273379		1912534
青海	5546448	5470098	5461715	4698946	3888100	715973	94873		762769
宁夏	4218209	4130733	4106360	3220997	3106656	41669	72672		885363
新疆	18941496	18698745	18662082	18555333	18059858	162227	333248		106749
大连	925774	922504	922486	817960	779820		38141		104526
宁波	2933680	2819880	2779723	2607127	2333683		273444		172597
厦门	760079	754416	753838	673057	550940		122117		80780
青岛	2610956	2598343	2597143	2597143	2462065		135078		
深圳									

(地方农村小学)

单位：千元

政府性基金预算安排的教育经费	#彩票公益金	企业办学中的企业拨款	校办产业和社会服务收入中用于教育的经费	其他属于国家财政性教育经费	民办学校中举办者投入	捐赠收入	事业收入	#学费	其他教育经费
1392949	**863324**	**43573**	**652**		**2109802**	**504168**	**10516462**	**8696122**	**3676059**
6987	6987				1650	2315	101969	91914	3591
4300	4300					2796	9732	7354	3593
120342	47596				86211	11703	941429	847456	172033
22045	16100	3176			23889	2883	281558	238708	37866
33343	26303	800			665	3832	22620	16970	190546
9382	8632				2200	442	64175	45398	5248
26954	23857				3878	1990	123614	120742	53706
24798	16542	4947			4577	176	13793	10922	122775
1184	1184				3181	158	47398	45784	274004
35017	31015				20421	6490	606787	552890	166667
170231	29967				242639	34338	876637	812939	591423
31650	20735	302			64098	11930	674776	593683	53151
38835	28171		480		4383	48782	195205	128472	206714
26427	24430				15009	29760	292375	215804	43966
111343	88655	10700			223330	13832	655087	578295	56386
45415	36035				331435	3194	2289471	1856814	60391
47119	15143				44127	9474	133695	93870	64409
52135	49990		22		233826	30358	609926	361768	267523
40840	29276	8485			382353	57129	1300787	1126762	126318
24991	18112				16799	15447	143189	103729	122937
5516	2059		150		25556	884	87473	65449	28112
61841	26653				70935	8591	59368	28378	32964
103791	78928				256691	136230	566534	439035	50681
28362	24277	320			26154	12076	169619	112882	135218
84951	57024	2125			14878	22459	39758	28150	312278
46423	42073				333	3990	2850	2850	10091
72195	23533	8109			8036	6383	170988	150028	41213
51723	30691				2285	15175	6738	5707	76207
3773	3773	4610			100	1980	540	120	73730
24373	21313					2780	17960	6118	66737
36663	29971				164	6593	10413	7134	225581
18	18					292	40		2938
40157	1602				2846	462	82052	78904	28442
579	579						5653	5653	10
1200	1200				1984	1593	2708	1970	6329

3-44 教育经费收入

地区	总计	国家财政性教育经费	公共财政预算安排的教育经费	公共财政教育经费	教育事业费	基本建设经费	教育费附加	科研经费	其他
合计	**81421**	**81416**	**81416**	**81247**	**81247**				**169**
北京									
天津									
河北									
山西									
内蒙古									
辽宁									
吉林									
黑龙江									
上海									
江苏									
浙江									
安徽									
福建	8994	8994	8994	8994	8994				
江西									
山东	2461	2461	2461	2461	2461				
河南									
湖北									
湖南	67166	67166	67166	67166	67166				
广东									
广西	50	50	50	50	50				
海南									
重庆	2072	2072	2072	1969	1969				103
四川	493	487	487	421	421				66
贵州									
云南	185	185	185	185	185				
西藏									
陕西									
甘肃									
青海									
宁夏									
新疆									
大连									
宁波									
厦门									
青岛									
深圳									

情况(成人小学)

单位：千元

政府性基金预算安排的教育经费	#彩票公益金	企业办学中的企业拨款	校办产业和社会服务收入中用于教育的经费	其他属于国家财政性教育经费	民办学校中举办者投入	捐赠收入	事业收入	#学费	其他教育经费
							5		
							5		

3-45 教育经费收入

地区	总计	国家财政性教育经费	公共财政预算安排的教育经费	公共财政教育经费	教育事业费	基本建设经费	教育费附加	科研经费	其他
合计	**12210669**	**11918247**	**11808817**	**10960483**	**10019855**	**149131**	**791497**		**848334**
北京	550242	546104	545937	451924	389174		62750		94013
天津	243607	239164	239164	231896	231467		429		7268
河北	519970	506561	505516	476955	446465	4600	25890		28561
山西	258545	255873	255477	243614	233344		10270		11864
内蒙古	260090	253303	242355	207048	196435	4680	5933		35307
辽宁	505443	501224	500758	415992	404604		11388		84766
吉林	281828	276745	276733	254612	239565		15047		22121
黑龙江	396864	396148	396070	372046	367940		4106		24024
上海	717554	706092	706092	668117	543435	9058	115624		37975
江苏	829561	803480	800060	774712	711463		63249		25348
浙江	681130	658116	645133	615210	538688		76523		29923
安徽	448016	425520	422967	397978	370693		27285		24989
福建	400013	388300	382471	362330	340607	280	21443		20141
江西	226027	221502	214133	209623	194696	2094	12833		4509
山东	1006867	987482	966633	954933	835569		119363		11700
河南	448985	443290	440023	359733	337601		22132		80290
湖北	455767	451003	450183	426113	426113				24070
湖南	344446	335190	333815	325290	283110	1000	41180		8525
广东	1271741	1221022	1215169	1080235	989386	13200	77649		134935
广西	299789	296327	286750	276511	210597	59259	6655		10239
海南	64980	61911	61911	57413	52363	2930	2120		4498
重庆	205985	204573	203103	170865	164885		5980		32238
四川	472008	468597	464846	438123	403650	17030	17443		26724
贵州	324844	312073	312073	301561	254383	34500	12678		10512
云南	272055	263481	253522	232651	228278		4373		20871
西藏	87044	87041	87041	85870	85870				1171
陕西	208589	194954	193026	191927	174204		17723		1099
甘肃	118489	115254	112369	103883	98462		5421		8486
青海	58769	56983	56983	49654	48426		1228		7329
宁夏	76127	70573	70573	63017	61633		1385		7556
新疆	175293	170362	167929	160646	156747	500	3399		7283
大连	107528	106903	106903	95743	95145		598		11160
宁波	100107	97224	97224	93821	70085		23736		3403
厦门	48218	46924	46924	41164	34888		6276		5760
青岛	168468	166418	165046	165046	135505		29542		
深圳	138404	137480	136300	128563	109491	13000	6072		7738

情况(特殊教育)

单位：千元

政府性基金预算安排的教育经费	#彩票公益金	企业办学中的企业拨款	校办产业和社会服务收入中用于教育的经费	其他属于国家财政性教育经费	民办学校中举办者投入	捐赠收入	事业收入	#学费	其他教育经费
109263	**84390**		**167**		**13297**	**26876**	**93612**	**47098**	**158637**
			167			665	1684	379	1790
						553			3890
1045	1045				590	510	10475	10171	1833
396	396				45	151	1286	695	1190
10948	10378					472	1265	434	5050
466	466					20	538		3660
12	12					1159	64		3859
78						201	150		365
						86	220		11156
3420	3260				500	3040	7249	1352	15292
12982	8140					890	2378	808	19748
2554	2554				8000	570	2243	1421	11682
5829	3570					1978	3902		5833
7369	7369					1882	320		2323
20850	20235				120	3528	10756	9607	4981
3267	770					402	1564	722	3729
820	540				100	1070	277		3318
1375	1240					1112	2568	1021	5577
5852	5602				3803	1769	34117	17171	11031
9578	9573				5	456	836	305	2165
							1597		1472
1470	210					106	261		1044
3750	1747					2259	171		981
						545	79		12148
9959	659					1421	956	640	6198
									3
1928	1428				134	1343	5957	1293	6200
2885	2765						635		2600
							406		1380
						605	286	150	4663
2433	2433					84	1373	930	3475
						20			605
						80	7		2796
						1	124		1169
1372	1372					322			1728
1179	1179					120	216		589

3-46 教育经费收入情况

地区	总计	国家财政性教育经费	公共财政预算安排的教育经费	公共财政教育经费	教育事业费	基本建设经费	教育费附加	科研经费	其他
合计	**11526265**	**11251137**	**11142467**	**10356974**	**9513272**	**149131**	**694572**		**785493**
北京	416475	414231	414166	346742	303948		42794		67425
天津	211753	208511	208511	202230	201801		429		6281
河北	519970	506561	505516	476955	446465	4600	25890		28561
山西	237468	234848	234452	222961	220790		2171		11492
内蒙古	260090	253303	242355	207048	196435	4680	5933		35307
辽宁	451324	447117	446651	371232	363247		7986		75418
吉林	269985	264904	264892	243202	231552		11651		21689
黑龙江	392509	391795	391717	367693	363588		4106		24024
上海	558188	548846	548846	520100	426186	9058	84856		28746
江苏	829561	803480	800060	774712	711463		63249		25348
浙江	618668	595981	582999	555100	496321		58778		27899
安徽	433478	411323	408770	386277	362000		24276		22493
福建	400013	388300	382471	362330	340607	280	21443		20141
江西	217147	212622	205253	202750	189503	2094	11153		2503
山东	1006867	987482	966633	954933	835569		119363		11700
河南	435111	429689	426422	349988	329092		20896		76434
湖北	443892	439168	438348	415092	415092				23256
湖南	333569	324650	323275	314750	272771	1000	40980		8525
广东	1233509	1188448	1183018	1048498	958295	13200	77003		134520
广西	293808	290374	280796	270668	205534	59259	5875		10128
海南	64980	61911	61911	57413	52363	2930	2120		4498
重庆	198678	197267	195797	164181	158200		5980		31616
四川	432634	429355	425679	401268	368952	17030	15287		24411
贵州	293163	280496	280496	270511	225305	34500	10706		9985
云南	263334	254775	244817	224649	221660		2989		20168
西藏	87044	87041	87041	85870	85870				1171
陕西	198804	189740	187812	186713	169445		17267		1099
甘肃	118489	115254	112369	103883	98462		5421		8486
青海	58769	56983	56983	49654	48426		1228		7329
宁夏	76127	70573	70573	63017	61633		1385		7556
新疆	170855	166109	163836	156554	152697	500	3357		7283
大连	99473	98848	98848	89028	88430		598		9820
宁波	100107	97224	97224	93821	70085		23736		3403
厦门	48218	46924	46924	41164	34888		6276		5760
青岛	168468	166418	165046	165046	135505		29542		
深圳	128517	128310	127485	120162	101736	13000	5427		7323

(特殊教育学校)

单位：千元

政府性基金预算安排的教育经费	#彩票公益金	企业办学中的企业拨款	校办产业和社会服务收入中用于教育的经费	其他属于国家财政性教育经费	民办学校中举办者投入	捐赠收入	事业收入	#学费	其他教育经费
108606	**83828**		**64**		**13297**	**26826**	**81577**	**42596**	**153427**
			64			665	598	379	981
						553			2689
1045	1045				590	510	10475	10171	1833
396	396				45	151	1236	695	1187
10948	10378					472	1265	434	5050
466	466					20	529		3659
12	12					1159	64		3858
78						201	150		363
						74	7		9261
3420	3260				500	3040	7249	1352	15292
12982	8140					890	2378	808	19420
2554	2554				8000	570	1902	1421	11682
5829	3570					1978	3902		5833
7369	7369					1882	320		2323
20850	20235				120	3528	10756	9607	4981
3267	770					402	1292	722	3728
820	540				100	1070	257		3298
1375	1240					1112	2230	683	5577
5430	5248				3803	1769	28972	13006	10517
9578	9573				5	436	832	305	2162
							1597		1472
1470	210					106	261		1044
3676	1699					2241	171		867
						545	79		12043
9959	659					1421	940	640	6198
									3
1928	1428				134	1343	1598	1293	5989
2885	2765						635		2600
							406		1380
						605	286	150	4663
2273	2273					84	1189	930	3473
						20			605
						80	7		2796
						1	124		1169
1372	1372					322			1728
825	825					120	12		75

3-47 教育经费收入

地区	总计	国家财政性教育经费	公共财政预算安排的教育经费	公共财政教育经费	教育事业费	基本建设经费	教育费附加	科研经费	其他
合计	**684404**	**667109**	**666350**	**603509**	**506583**		**96925**		**62841**
北京	133768	131873	131771	105182	85226		19957		26588
天津	31854	30653	30653	29666	29666				987
河北									
山西	21078	21025	21025	20653	12554		8099		372
内蒙古									
辽宁	54118	54108	54108	44760	41358		3402		9348
吉林	11842	11841	11841	11409	8013		3396		432
黑龙江	4354	4353	4353	4353	4353				
上海	159366	157246	157246	148017	117249		30769		9229
江苏									
浙江	62462	62134	62134	60111	42366		17745		2024
安徽	14537	14197	14197	11702	8693		3008		2495
福建									
江西	8879	8879	8879	6873	5193		1680		2006
山东									
河南	13874	13601	13601	9745	8509		1236		3856
湖北	11875	11835	11835	11021	11021				814
湖南	10877	10540	10540	10540	10340		200		
广东	38232	32574	32152	31737	31091		645		415
广西	5981	5954	5954	5843	5063		780		111
海南									
重庆	7306	7306	7306	6685	6685				622
四川	39374	39241	39167	36854	34698		2156		2313
贵州	31681	31576	31576	31050	29078		1972		526
云南	8722	8706	8706	8002	6619		1384		703
西藏									
陕西	9785	5214	5214	5214	4759		455		
甘肃									
青海									
宁夏									
新疆	4437	4252	4092	4092	4050		42		
大连	8055	8055	8055	6716	6716				1339
宁波									
厦门									
青岛									
深圳	9888	9170	8815	8400	7755		645		415

情况(工读学校)

单位：千元

政府性基金预算安排的教育经费	#彩票公益金	企业办学中的企业拨款	校办产业和社会服务收入中用于教育的经费	其他属于国家财政性教育经费	民办学校中举办者投入	捐赠收入	事业收入	#学费	其他教育经费
657	**562**		**103**			**50**	**12035**	**4502**	**5210**
			103				1086		809
									1201
							50		2
							10		1
									1
									2
						12	213		1895
									328
							340		
							272		1
							20		20
							338	338	
423	354						5144	4164	514
						20	4		4
74	48					18			115
									105
							16		
							4360		211
160	160						184		1
354	354						204		514

3-48 教育经费收入

地区	总计	国家财政性教育经费	公共财政预算安排的教育经费	公共财政教育经费	教育事业费	基本建设经费	教育费附加	科研经费	其他
合计	**242674442**	**113286852**	**111856338**	**106897760**	**96743099**	**2234268**	**7920393**		**4958578**
北京	9941509	5898748	5849770	5371576	4712337	101171	558068		478194
天津	3327080	2181463	2171985	2091570	2020109		71461		80416
河北	9952270	5781390	5695039	5473529	5291067	66837	115625		221510
山西	4413174	2279569	2208755	2156349	2060922	13550	81877		52406
内蒙古	5630283	3828434	3800776	3373166	3088192	102676	182298		427610
辽宁	5466732	1690055	1643829	1554155	1373408	1600	179147		89675
吉林	3237312	1375870	1334573	1288288	1186546	29230	72511		46285
黑龙江	3410435	1639900	1436818	1326778	1283052	18582	25145		110039
上海	11540862	8383533	8378874	7945510	6742287	13655	1189568		433364
江苏	19056274	9974738	9949339	9755682	7906235	12246	1837201		193657
浙江	16385936	7358005	7298598	7097745	6163547	28540	905658		200852
安徽	6144485	2761924	2729980	2582836	2368762	53750	160324		147144
福建	8724521	4226518	4218305	4075383	3784407	66175	224801		142922
江西	5602918	1985168	1982336	1951246	1836939	53530	60777		31090
山东	14196244	5918708	5664393	5622776	5307769	22100	292906		41617
河南	12997713	3524909	3443894	3128725	2864915	48987	214823		315169
湖北	7923182	3349829	3291349	3233726	3233726				57623
湖南	8660463	2266811	2247263	2202617	2040199	42096	120322		44646
广东	27444621	6621703	6598317	6117753	5577852	103332	436570		480564
广西	6913006	2805760	2780546	2706794	2634796	50816	21182		73751
海南	2262357	1073483	1059669	1007731	951470	21937	34324		51938
重庆	4492889	1768140	1749103	1583806	1327564	104342	151901		165297
四川	12355838	5257088	5218813	4991263	4504641	143683	342939		227550
贵州	5289444	2866205	2860671	2759546	2662562	40782	56202		101126
云南	5699829	2948600	2924597	2579672	2298864	146420	134388		344925
西藏	1725313	1661861	1661616	1634093	1208964	404880	20250		27523
陕西	8325052	5242344	5159360	5079617	4692804	148888	237924		79744
甘肃	3845325	2776495	2761237	2634283	2423405	130666	80212		126954
青海	1316458	923990	915525	859971	685246	155053	19671		55554
宁夏	1268266	749641	749641	653776	586706	30900	36170		95864
新疆	5124649	4165971	4071365	4057796	3923807	77844	56146		13569
大连	1278126	486183	484928	458380	446780		11599		26549
宁波	3024204	1639527	1635390	1581372	1291074	3100	287199		54017
厦门	1299494	728224	726842	684665	656276		28389		42177
青岛	2345130	1233741	1231187	1224137	1191007		33131		7050
深圳	5536004	1325362	1325362	1133971	990912	75840	67219		191392

情况(幼儿园)

单位：千元

政府性基金预算安排的教育经费	#彩票公益金	企业办学中的企业拨款	校办产业和社会服务收入中用于教育的经费	其他属于国家财政性教育经费	民办学校中举办者投入	捐赠收入	事业收入	#学费	其他教育经费
309326	**71017**	**1107677**	**13512**		**4727514**	**286871**	**120995364**	**115648057**	**3377841**
30178	142	17685	1115		50775	41976	3725283	3606839	224727
270	270	9207			7133	473	1124260	1113944	13751
2214	1619	81588	2549		98328	1175	4027721	3907427	43656
3228	655	67081	504		43612	658	2061002	1990094	28333
9371	8371	18287			152302	381	1586262	1517648	62903
7220	7220	37750	1255		54878	895	3681471	3427403	39433
614	595	40684			86744	250	1678895	1632809	95553
2052	2052	201030			20341	73	1649766	1585745	100354
		4659			7254	2854	2884789	2858211	262432
4384	4184	21014			171828	14722	8612763	8416625	282224
55409	2058	3999			423329	15365	8039427	7907716	549809
3369	3214	28275	300		144090	4346	3183989	3106830	50136
2711	1068	5502			198977	13889	4132114	4068916	153022
942	362	1784	106		58130	2264	3542249	3336630	15107
15176	10779	239139			117705	9656	8067303	7944421	82872
2591	1620	78424			303373	2348	9098644	8559949	68440
23682	1060	34598	200		82385	4035	4387172	4049017	99762
2433	2272	16003	1113		225347	11787	6100073	5675675	56445
2222	1728	17193	3971		948879	52732	19404515	18507269	416793
24597	2521	617			153983	607	3852810	3727624	99846
12076	46	616	1122		98254	50	1055295	889354	35275
17637	524	1400			82018	24683	2579579	2546670	38468
23037	1103	14261	977		592339	62299	6308390	5832385	135722
3802		1732			121069	1996	2257767	2037360	42407
4553	1110	19450			220444	7576	2441586	2238559	81623
244	244				1336	1600	43814	43736	16703
32278	7610	50642	63		141835	1810	2905703	2719392	33361
3667	2711	11591			38399	674	1009697	924875	20061
7638	5300	827			41767	196	282797	269665	67707
					12919	238	466933	464745	38535
11733	577	82639	235		27739	5262	803293	740523	122383
			1255		6696	788	771431	765702	13028
4137	30				41622	1792	1269799	1255213	71464
1383					30828	21	515514	512991	24907
		2554			10650	1756	1073274	1062001	25709
					143295	731	3981175	3599486	85440

3-49 教育经费收入情况

地区	总计	国家财政性教育经费	公共财政预算安排的教育经费	公共财政教育经费	教育事业费	基本建设经费	教育费附加	科研经费	其他
合计	**240385733**	**112431827**	**111403285**	**106469045**	**96324551**	**2224118**	**7920376**		**4934241**
北京	9339019	5871546	5824669	5350694	4691455	101171	558068		473975
天津	3307249	2181427	2171949	2091570	2020109		71461		80380
河北	9851034	5718581	5692542	5471032	5288570	66837	115625		221510
山西	4405035	2277634	2206820	2154414	2058987	13550	81877		52406
内蒙古	5622300	3827584	3799926	3372316	3087342	102676	182298		427610
辽宁	5353773	1678466	1632240	1544210	1363463	1600	179147		88030
吉林	3190851	1375684	1334387	1288102	1186360	29230	72511		46285
黑龙江	3117676	1406250	1403609	1293974	1250264	18582	25128		109635
上海	11390451	8350087	8345428	7920536	6717313	13655	1189568		424892
江苏	18979017	9965215	9939817	9746160	7896713	12246	1837201		193657
浙江	16382944	7357894	7298486	7097634	6163435	28540	905658		200852
安徽	6134475	2761673	2729729	2582585	2368511	53750	160324		147144
福建	8717606	4226168	4217955	4075033	3784057	66175	224801		142922
江西	5602918	1985168	1982336	1951246	1836939	53530	60777		31090
山东	14196244	5918708	5664393	5622776	5307769	22100	292906		41617
河南	12846558	3469781	3440493	3125323	2861513	48987	214823		315169
湖北	7865585	3347907	3290169	3232547	3232547				57623
湖南	8635716	2260016	2241246	2196600	2034181	42096	120322		44646
广东	27420000	6620706	6598315	6117751	5577849	103332	436570		480564
广西	6913006	2805760	2780546	2706794	2634796	50816	21182		73751
海南	2221706	1060126	1046599	994661	938400	21937	34324		51938
重庆	4486160	1768140	1749103	1583806	1327564	104342	151901		165297
四川	12334337	5249885	5213610	4986060	4499438	143683	342939		227550
贵州	5289444	2866205	2860671	2759546	2662562	40782	56202		101126
云南	5690048	2947437	2923434	2579672	2298864	146420	134388		343762
西藏	1724770	1661318	1661073	1633563	1208434	404880	20250		27510
陕西	8317197	5239177	5156193	5076449	4689637	148888	237924		79744
甘肃	3824469	2770952	2755694	2629200	2418322	130666	80212		126494
青海	1306342	922999	914534	858980	684255	155053	19671		55554
宁夏	1267466	749641	749641	653776	586706	30900	36170		95864
新疆	4652337	3789695	3777679	3772036	3648196	67694	56146		5642
大连	1243164	476299	475044	448495	436896		11599		26549
宁波	3024204	1639527	1635390	1581372	1291074	3100	287199		54017
厦门	1296444	727874	726492	684315	655926		28389		42177
青岛	2345130	1233741	1231187	1224137	1191007		33131		7050
深圳	5536004	1325362	1325362	1133971	990912	75840	67219		191392

（地方幼儿园）

单位：千元

政府性基金预算安排的教育经费	#彩票公益金	企业办学中的企业拨款	校办产业和社会服务收入中用于教育的经费	其他属于国家财政性教育经费	民办学校中举办者投入	捐赠收入	事业收入	#学费	其他教育经费
309075	**70917**	**708678**	**10789**		**4727514**	**250934**	**119798257**	**114550349**	**3177201**
30178	142	16695	4		50775	8395	3286046	3228736	122256
270	270	9207			7133	473	1104589	1094929	13627
2214	1619	21276	2549		98328	1175	3989865	3870238	43084
3228	655	67081	504		43612	658	2054926	1984018	28205
9371	8371	18287			152302	381	1579128	1510514	62903
7220	7220	37750	1255		54878	895	3585993	3337649	33541
614	595	40684			86744	250	1642474	1596388	85699
1952	1952	688			20341	73	1591812	1529054	99200
		4659			7254	2854	2784166	2757588	246090
4384	4184	21014			171828	14718	8561095	8367130	266161
55409	2058	3999			423329	15365	8036547	7905021	549809
3369	3214	28275	300		144090	4346	3176155	3098995	48211
2711	1068	5502			198977	13859	4125586	4062387	153016
942	362	1784	106		58130	2264	3542249	3336630	15107
15176	10779	239139			117705	9656	8067303	7944421	82872
2591	1620	26698			303373	2338	9013501	8477376	57565
23682	1060	33856	200		82385	3826	4343385	4008973	88082
2433	2272	16003	335		225347	11638	6082398	5660278	56318
2222	1728	16745	3425		948879	52732	19381301	18485698	416382
24597	2521	617			153983	607	3852810	3727624	99846
12076	46	616	835		98254	50	1034859	874201	28416
17637	524	1400			82018	24513	2573020	2540111	38468
23037	1103	12261	977		592339	60843	6296294	5824153	134978
3802		1732			121069	1996	2257767	2037360	42407
4553	1110	19450			220444	7576	2432968	2232141	81623
244	244				1336	1600	43814	43736	16703
32278	7610	50642	63		141835	1810	2901824	2715513	32552
3667	2711	11591			38399	674	994383	909561	20061
7638	5300	827			41767	196	278139	265007	63240
					12919	238	466133	463945	38535
11581	577	200	235		27739	4934	717726	660973	112243
			1255		6696	788	746414	740984	12967
4137	30				41622	1792	1269799	1255213	71464
1383					30828	21	512814	510291	24907
		2554			10650	1756	1073274	1062001	25709
					143295	731	3981175	3599486	85440

3-50 教育经费收入情况

地区	总计	国家财政性教育经费	公共财政预算安排的教育经费	公共财政教育经费	教育事业费	基本建设经费	教育费附加	科研经费	其他
合计	**112346560**	**59433492**	**58941597**	**57058682**	**52960926**	**1510340**	**2587417**		**1882915**
北京	1540556	1293897	1263781	1182561	1024082	71552	86928		81220
天津	671333	449829	449829	448109	403663		44447		1719
河北	6857668	4314815	4299452	4164980	4039685	60332	64963		134472
山西	2406049	1474012	1448439	1424678	1364522	13550	46606		23761
内蒙古	3263114	2504492	2497192	2283685	2096712	49988	136984		213507
辽宁	1151328	443875	440525	427446	399982	1600	25863		13079
吉林	1322612	684244	643146	626738	586490	28730	11518		16409
黑龙江	1431931	757316	754092	729072	708286	16063	4722		25020
上海	1726773	1312677	1312677	1219715	1154675		65040		92962
江苏	8066561	4512208	4503137	4411622	3644591	11746	755285		91515
浙江	6997499	3120512	3087328	3031911	2749716	500	281695		55417
安徽	3903604	1843744	1834614	1747382	1599285	48250	99847		87232
福建	4289647	2257616	2255470	2211783	2051416	42868	117498		43687
江西	3813913	1425693	1424771	1406421	1329627	48530	28263		18350
山东	6759401	3275432	3215293	3207097	3030963	22100	154034		8196
河南	7437364	1948863	1920729	1779395	1673973	31127	74295		141334
湖北	3801685	1860608	1829163	1798270	1798270				30893
湖南	5437150	1562867	1556546	1548678	1455777	36096	56806		7867
广东	6436970	2068089	2062155	2000000	1901329	13060	85611		62154
广西	4189075	1655447	1654064	1620021	1598997	8562	12461		34044
海南	1172757	715289	702047	661797	622277	21937	17583		40249
重庆	2046040	969459	953532	893399	837094	47562	8744		60133
四川	7046637	3525290	3522358	3382652	3140117	130763	111772		139706
贵州	3469124	2083274	2079446	2011425	1942623	38982	29820		68021
云南	3290835	1916081	1903728	1697143	1541576	130340	25227		206585
西藏	1202662	1196085	1195841	1179976	971713	191600	16663		15865
陕西	5017325	3875427	3842423	3825144	3569682	117108	138354		17279
甘肃	2716370	2201023	2194665	2119772	1995380	100046	24346		74893
青海	936596	767337	759699	731153	571406	155053	4693		28546
宁夏	575342	375115	375115	337238	285669	23360	28210		37877
新疆	3368638	3042876	2960341	2949420	2871345	48935	29139		10921
大连	141094	100168	100168	99456	99456				713
宁波	1135380	635718	631679	601458	503098		98361		30221
厦门	109572	79834	79834	69944	53604		16340		9891
青岛	497755	385607	385607	385607	385527		80		
深圳									

(农村幼儿园)

单位：千元

政府性基金预算安排的教育经费	#彩票公益金	企业办学中的企业拨款	校办产业和社会服务收入中用于教育的经费	其他属于国家财政性教育经费	民办学校中举办者投入	捐赠收入	事业收入	#学费	其他教育经费
199430	**46523**	**290963**	**1501**		**1994238**	**94855**	**49644399**	**47978261**	**1179577**
30116	79				10364	163	223656	219046	12477
					50	202	219592	218490	1660
1607	1604	13756			46619	868	2473709	2419665	21657
1978	455	23595			21386	614	892913	878260	17124
7300	6300				59994	354	680234	676548	18039
3350	3350				3860	113	699109	681677	4371
414	395	40684			13857	184	586099	572947	38229
100	100	3125			5051	22	573605	550271	95936
					1470	301	361864	361642	50461
3260	3260	5812			65072	6088	3426892	3389619	56300
33184	428				240558	5630	3368696	3318022	262103
3219	3064	5911			95064	400	1943789	1907430	20607
745	485	1402			98809	9724	1856146	1824200	67351
922	342				30036	2249	2350511	2231055	5424
11360	8809	48779			48882	2817	3414643	3384509	17627
966	330	27168			140893	416	5322181	5046828	25010
7196	200	24249			28320	2524	1874449	1787419	35784
733	572	5589			133860	11013	3688800	3501527	40609
1562	1068	3706	666		151169	2579	4140149	4014656	74984
965	965	417			77126	198	2415395	2336614	40910
12030		377	835		22793	40	418226	368921	16409
15927	354				31333	9387	1031161	1022308	4700
2729	322	203			388991	24717	3049528	2948638	58111
3396		432			71603	1986	1288940	1162708	23322
4400	1000	7952			134213	4749	1196862	1128057	38930
244	244				1036	1600	3941	3941	
29140	4650	3865			44031	669	1095037	1002824	2161
3231	2279	3127			13334	512	495722	492342	5779
7638	5300				959	158	119125	108239	49017
					3537	164	182129	180490	14397
11720	567	70816			9969	4414	251294	239368	60084
						5	39658	39641	1263
4039	10				22035	1177	454050	444894	22399
					964		28314	28093	460
					322	400	111021	109564	405

3-51 教育经费收入情况

地区	总计	国家财政性教育经费	公共财政预算安排的教育经费	公共财政教育经费	教育事业费	基本建设经费	教育费附加	科研经费	其他
合计	**111865560**	**59073927**	**58687366**	**56812064**	**52724459**	**1500190**	**2587415**		**1875302**
北京	1533678	1291417	1261301	1180080	1021601	71552	86928		81220
天津	671333	449829	449829	448109	403663		44447		1719
河北	6843727	4303983	4299452	4164980	4039685	60332	64963		134472
山西	2404115	1472098	1446525	1422764	1362608	13550	46606		23761
内蒙古	3263114	2504492	2497192	2283685	2096712	49988	136984		213507
辽宁	1151328	443875	440525	427446	399982	1600	25863		13079
吉林	1318043	684244	643146	626738	586490	28730	11518		16409
黑龙江	1406807	733126	733111	708091	687307	16063	4720		25020
上海	1726773	1312677	1312677	1219715	1154675		65040		92962
江苏	8066561	4512208	4503137	4411622	3644591	11746	755285		91515
浙江	6997499	3120512	3087328	3031911	2749716	500	281695		55417
安徽	3903604	1843744	1834614	1747382	1599285	48250	99847		87232
福建	4288002	2257616	2255470	2211783	2051416	42868	117498		43687
江西	3813913	1425693	1424771	1406421	1329627	48530	28263		18350
山东	6759401	3275432	3215293	3207097	3030963	22100	154034		8196
河南	7387322	1928987	1920729	1779395	1673973	31127	74295		141334
湖北	3800757	1860608	1829163	1798270	1798270				30893
湖南	5437150	1562867	1556546	1548678	1455777	36096	56806		7867
广东	6431509	2067638	2062152	1999998	1901327	13060	85611		62154
广西	4189075	1655447	1654064	1620021	1598997	8562	12461		34044
海南	1171556	715289	702047	661797	622277	21937	17583		40249
重庆	2046040	969459	953532	893399	837094	47562	8744		60133
四川	7042676	3525290	3522358	3382652	3140117	130763	111772		139706
贵州	3469124	2083274	2079446	2011425	1942623	38982	29820		68021
云南	3290835	1916081	1903728	1697143	1541576	130340	25227		206585
西藏	1202119	1195542	1195298	1179446	971183	191600	16663		15852
陕西	5016942	3875336	3842331	3825052	3569591	117108	138354		17279
甘肃	2709424	2195480	2189122	2114689	1990297	100046	24346		74433
青海	936596	767337	759699	731153	571406	155053	4693		28546
宁夏	575342	375115	375115	337238	285669	23360	28210		37877
新疆	3011195	2749233	2737665	2733883	2665959	38785	29139		3782
大连	141094	100168	100168	99456	99456				713
宁波	1135380	635718	631679	601458	503098		98361		30221
厦门	109572	79834	79834	69944	53604		16340		9891
青岛	497755	385607	385607	385607	385527		80		
深圳									

(地方农村幼儿园)

单位：千元

政府性基金预算安排的教育经费	#彩票公益金	企业办学中的企业拨款	校办产业和社会服务收入中用于教育的经费	其他属于国家财政性教育经费	民办学校中举办者投入	捐赠收入	事业收入	#学费	其他教育经费
199179	**46423**	**185880**	**1501**		**1994238**	**94775**	**49537804**	**47880159**	**1164816**
30116	79				10364	163	219265	214766	12471
					50	202	219592	218490	1660
1607	1604	2924			46619	868	2470600	2416556	21657
1978	455	23595			21386	614	892893	878240	17124
7300	6300				59994	354	680234	676548	18039
3350	3350				3860	113	699109	681677	4371
414	395	40684			13857	184	581529	568377	38229
		15			5051	22	572672	549338	95936
					1470	301	361864	361642	50461
3260	3260	5812			65072	6088	3426892	3389619	56300
33184	428				240558	5630	3368696	3318022	262103
3219	3064	5911			95064	400	1943789	1907430	20607
745	485	1402			98809	9724	1854508	1822562	67345
922	342				30036	2249	2350511	2231055	5424
11360	8809	48779			48882	2817	3414643	3384509	17627
966	330	7291			140893	416	5302871	5027517	14156
7196	200	24249			28320	2524	1873675	1786645	35629
733	572	5589			133860	11013	3688800	3501527	40609
1562	1068	3258	666		151169	2579	4135141	4010191	74982
965	965	417			77126	198	2415395	2336614	40910
12030		377	835		22793	40	417355	368049	16080
15927	354				31333	9387	1031161	1022308	4700
2729	322	203			388991	24717	3045567	2948041	58111
3396		432			71603	1986	1288940	1162708	23322
4400	1000	7952			134213	4749	1196862	1128057	38930
244	244				1036	1600	3941	3941	
29140	4650	3865			44031	669	1094745	1002533	2161
3231	2279	3127			13334	512	494319	490939	5779
7638	5300				959	158	119125	108239	49017
					3537	164	182129	180490	14397
11569	567				9969	4334	190981	183528	56677
						5	39658	39641	1263
4039	10				22035	1177	454050	444894	22399
					964		28314	28093	460
					322	400	111021	109564	405

3-52 教育经费收入情况

地区	总计	国家财政性教育经费	公共财政预算安排的教育经费	公共财政教育经费	教育事业费	基本建设经费	教育费附加	科研经费	其他
合计	**44231988**	**41647147**	**41032693**	**36741025**	**33196503**	**1336613**	**2207910**		**4291668**
北京	1054594	1049723	1049723	567234	542938		24296		482489
天津	626861	623301	623301	534679	534679				88622
河北	744404	719673	709014	640949	639994		955		68066
山西	1617008	1509772	1480313	1309718	1264488		45230		170595
内蒙古	1293712	1255163	1225200	894177	816899	12897	64380		331023
辽宁	799877	786401	779595	611613	575600	13330	22683		167982
吉林	509954	488641	488641	453474	451082		2392		35168
黑龙江	1312707	1303563	1295305	1208544	1177880	4034	26630		86761
上海	265945	261898	261898	220194	220194				41704
江苏	1718049	1635452	1628421	1580913	1556046		24867		47508
浙江	1510477	1327132	1315244	1202397	1120618		81779		112846
安徽	1076415	986592	979025	863156	821745		41411		115870
福建	1710400	1512256	1510496	1295138	1280904	11079	3155		215358
江西	1096160	1066097	1038103	969925	961017	200	8708		68177
山东	2036226	1952618	1939268	1900755	1857523		43232		38513
河南	1455322	1387558	1282682	1034497	942210	32667	59620		248185
湖北	1467977	1392818	1388404	1280972	1280972				107432
湖南	1803109	1625212	1617798	1560676	1560676				57122
广东	5488834	5153905	5130024	4658699	3264291	502141	892267		471325
广西	655077	637682	635862	583534	580534	3000			52328
海南	493924	462160	461630	379582	379582				82048
重庆	718105	652622	638821	503305	466854	200	36251		135516
四川	3651940	3603009	3529502	3234775	2969891	27520	237364		294728
贵州	3366830	3223349	3189094	3040272	2531381	178059	330833		148822
云南	2178467	1914460	1894911	1604964	1360921	7261	236781		289947
西藏	321366	320258	301112	294795	254795	40000			6317
陕西	910829	902025	861189	850302	850302				10888
甘肃	1292712	1218895	1214014	1102416	858526	220736	23154		111598
青海	839084	815821	783521	708692	446342	262349			74830
宁夏	209302	186977	186977	139311	133597	5000	715		47666
新疆	2006324	1672111	1593602	1511370	1494024	16140	1207		82231
大连	156774	146865	146865	104183	88703	13330	2150		42682
宁波	121685	115338	114493	103515	100973		2542		10978
厦门	1002103	838946	838946	667526	667526				171419
青岛	235211	228523	228255	228160	228160				95
深圳	1254322	1120354	1119134	1053382	459632	458680	135070		65753

(教育行政单位)

单位：千元

政府性基金预算安排的教育经费	#彩票公益金	企业办学中的企业拨款	校办产业和社会服务收入中用于教育的经费	其他属于国家财政性教育经费	民办学校中举办者投入	捐赠收入	事业收入	#学费	其他教育经费
550893	**357622**	**63560**				**90749**	**373590**		**2120502**
							2193		2678
									3560
10659	10659					3572			21159
29458	2962					8861	7732		90643
29963	28963					8693	9802		20054
6806	4596						895		12580
						400			20913
7201	5812	1057				20	4318		4805
									4047
7031	7031					1444			81154
11888	1627					2000	1618		179727
7566	2878					4219	14007		71597
1760	1760					2988	12069		183087
27995	24785					4678	4153		21232
13350	13350					163	48752		34693
104876	104536					150	4358		63255
4414	1810					2080	5822		67257
7414	4157					479	69200		108218
23881	21954					3285	11315		320330
1820	1820					900			16495
530	530						1259		30504
13801	1300					2907	47375		15200
73507	20680					5459	14695		28777
34255	23405					958	63482		79041
19549	19426					18814	50420		194771
19146	6946								1108
40835	6835					4438			4367
4881	4781					415			73402
32300	32300					5050	124		18089
						1873			20451
16006	2720	62503				6905			327308
									9909
845							1618		4729
									163157
268	268								6687
1219	193								133969

3-53 教育经费收入情况

地区	总计	国家财政性教育经费	公共财政预算安排的教育经费	公共财政教育经费	教育事业费	基本建设经费	教育费附加	科研经费	其他
合计	**43720150**	**41137250**	**40586797**	**36577801**	**33033278**	**1336613**	**2207910**		**4008996**
北京	648157	643287	643287	443101	418805		24296		200185
天津	626861	623301	623301	534679	534679				88622
河北	744404	719673	709014	640949	639994		955		68066
山西	1617008	1509772	1480313	1309718	1264488		45230		170595
内蒙古	1293712	1255163	1225200	894177	816899	12897	64380		331023
辽宁	799877	786401	779595	611613	575600	13330	22683		167982
吉林	509954	488641	488641	453474	451082		2392		35168
黑龙江	1305118	1295975	1288774	1202012	1171348	4034	26630		86761
上海	265945	261898	261898	220194	220194				41704
江苏	1718049	1635452	1628421	1580913	1556046		24867		47508
浙江	1510477	1327132	1315244	1202397	1120618		81779		112846
安徽	1076415	986592	979025	863156	821745		41411		115870
福建	1710400	1512256	1510496	1295138	1280904	11079	3155		215358
江西	1096160	1066097	1038103	969925	961017	200	8708		68177
山东	2036226	1952618	1939268	1900755	1857523		43232		38513
河南	1455322	1387558	1282682	1034497	942210	32667	59620		248185
湖北	1467977	1392818	1388404	1280972	1280972				107432
湖南	1803109	1625212	1617798	1560676	1560676				57122
广东	5488834	5153905	5130024	4658699	3264291	502141	892267		471325
广西	655077	637682	635862	583534	580534	3000			52328
海南	493924	462160	461630	379582	379582				82048
重庆	718105	652622	638821	503305	466854	200	36251		135516
四川	3651940	3603009	3529502	3234775	2969891	27520	237364		294728
贵州	3366830	3223349	3189094	3040272	2531381	178059	330833		148822
云南	2178467	1914460	1894911	1604964	1360921	7261	236781		289947
西藏	321366	320258	301112	294795	254795	40000			6317
陕西	910829	902025	861189	850302	850302				10888
甘肃	1292712	1218895	1214014	1102416	858526	220736	23154		111598
青海	839084	815821	783521	708692	446342	262349			74830
宁夏	209302	186977	186977	139311	133597	5000	715		47666
新疆	1908511	1576240	1560674	1478810	1461464	16140	1207		81863
大连	156774	146865	146865	104183	88703	13330	2150		42682
宁波	121685	115338	114493	103515	100973		2542		10978
厦门	1002103	838946	838946	667526	667526				171419
青岛	235211	228523	228255	228160	228160				95
深圳	1254322	1120354	1119134	1053382	459632	458680	135070		65753

(地方教育行政单位)

单位：千元

政府性基金预算安排的教育经费	#彩票公益金	企业办学中的企业拨款	校办产业和社会服务收入中用于教育的经费	其他属于国家财政性教育经费	民办学校中举办者投入	捐赠收入	事业收入	#学费	其他教育经费
550453	**357182**					**90749**	**373590**		**2118561**
							2193		2678
									3560
10659	10659					3572			21159
29458	2962					8861	7732		90643
29963	28963					8693	9802		20054
6806	4596						895		12580
						400			20913
7201	5812					20	4318		4805
									4047
7031	7031					1444			81154
11888	1627					2000	1618		179727
7566	2878					4219	14007		71597
1760	1760					2988	12069		183087
27995	24785					4678	4153		21232
13350	13350					163	48752		34693
104876	104536					150	4358		63255
4414	1810					2080	5822		67257
7414	4157					479	69200		108218
23881	21954					3285	11315		320330
1820	1820					900			16495
530	530						1259		30504
13801	1300					2907	47375		15200
73507	20680					5459	14695		28777
34255	23405					958	63482		79041
19549	19426					18814	50420		194771
19146	6946								1108
40835	6835					4438			4367
4881	4781					415			73402
32300	32300					5050	124		18089
						1873			20451
15566	2280					6905			325366
									9909
845							1618		4729
									163157
268	268								6687
1219	193								133969

3-54 教育经费收入情况

地区	总计	国家财政性教育经费	公共财政预算安排的教育经费	公共财政教育经费	教育事业费	基本建设经费	教育费附加	科研经费	其他
合计	**79136710**	**68913291**	**66249438**	**58125591**	**52537063**	**1198450**	**4390078**		**8123847**
北京	12330419	9770389	8836126	4944352	4452475	32900	458978		3891773
天津	1390067	1215406	1200886	1175283	1171869		3414		25602
河北	2178221	1897529	1816509	1695142	1642161	6329	46652		121368
山西	2276817	2125518	2068275	1994114	1796138	2470	195506		74160
内蒙古	1584207	1420988	1378105	1066733	953693	5672	107367		311372
辽宁	2832289	2674809	2577224	2218378	2000012	61270	157096		358846
吉林	1642618	1504651	1425765	1344182	1301456		42726		81583
黑龙江	1367332	1334415	1308013	1220831	1042397		178434		87182
上海	5842207	5026842	5011179	4842484	4359462		483022		168695
江苏	4177994	3141297	3009173	2886434	2692912	12373	181150		122738
浙江	5387913	4513054	4397776	4264283	3591599		672684		133492
安徽	1059496	865893	840087	747028	672657		74371		93059
福建	3182879	2866013	2668162	2487420	2221557	207599	58264		180742
江西	1160436	1088533	1047136	976584	965834	1431	9319		70553
山东	3898412	3416962	3307546	3283435	3162072	5000	116363		24111
河南	2647123	2457057	2367228	1947831	1764979	10877	171975		419396
湖北	2096548	1851113	1832180	1767067	1767067				65113
湖南	1078841	953877	932989	901759	890701	5260	5798		31230
广东	6255362	5612206	5495282	4823952	3930608	275610	617734		671329
广西	2226925	2003301	1924203	1789822	1747506	5275	37041		134381
海南	233570	194596	187195	170224	170224				16972
重庆	1222591	1031014	1022142	874472	715475	15658	143339		147670
四川	3081330	2830367	2752273	2578023	2327857	12000	238166		174250
贵州	888994	796730	768036	711185	624902	10180	76103		56851
云南	2897988	2599172	2475073	2324336	2001813	74401	248121		150737
西藏	620156	616538	605887	590363	575260	13520	1584		15523
陕西	1835320	1743329	1718096	1684685	1649461		35224		33412
甘肃	737000	630324	598464	432923	388541	35000	9382		165541
青海	780776	736662	726712	529653	427753	87900	14000		197059
宁夏	279384	228891	227034	160747	159172		1575		66287
新疆	1943493	1765815	1724684	1691865	1369453	317725	4687		32819
大连	374898	362123	357347	322260	308258		14002		35087
宁波	736390	648315	613023	589016	398671		190345		24007
厦门	1285310	1253879	1101740	1051594	872877	178599	118		50146
青岛	772963	759271	755758	755758	754385		1373		
深圳	1117766	1016222	1013427	716372	414488	150024	151860		297056

(教育事业单位)

单位：千元

政府性基金预算安排的教育经费	#彩票公益金	企业办学中的企业拨款	校办产业和社会服务收入中用于教育的经费	其他属于国家财政性教育经费	民办学校中举办者投入	捐赠收入	事业收入	#学费	其他教育经费
2270718	**1951877**	**1807**	**391327**			**388955**	**6952455**		**2882009**
775037	775037		159227			334858	1759075		466096
10860	10860		3661			735	148759		25167
78743	77213		2277			655	248717		31320
57224	53967		18			500	135954		14846
39780	37780		3103			522	126764		35934
96325	92925		1260			422	136558		20500
77645	77645		1242			455	83381		54131
25383	24302		1020			16	29250		3651
			15663			255	197274		617836
52239	51239		79885			9399	859626		167673
87944	53467		27334			624	467599		406638
22399	17999		3407				136491		57112
196816	43916		1034			7132	223680		86054
41383	26614		14			1380	52123		18400
109116	103235		300			142	384891		96418
64411	62305		25419			8	146031		44027
16480	16480		2453			293	197161		47982
10315	10315		10574			308	103320		21336
113749	106274		3175			347	532214		110596
79098	70212					230	162555		60839
7401	7401						35890		3084
128			8744			20	161633		29924
51349	37769		26745			226	194031		56707
28695	16695						55771		36493
113095	71181		11004			12361	59326		227130
10652	10452					950	2365		302
22491	17163		2741			182	78168		13642
30925	30925		935			12611	85667		8397
9950	8350					314	29671		14129
1857	1857					1119	41609		7765
39230	38300	1807	94			2893	76903		97882
4776	4776						9266		3508
35291	32010						55911		32164
152140	2140						568		30862
3513	2869						12201		1491
2794	2380						57426		44118

3-55 教育经费收入情况

地区	总计	国家财政性教育经费	公共财政预算安排的教育经费	公共财政教育经费	教育事业费	基本建设经费	教育费附加	科研经费	其他
合计	**71847247**	**63900905**	**62130457**	**57214772**	**51659143**	**1165550**	**4390078**		**4915686**
北京	5094962	4809916	4767249	4079312	3620334		458978		687938
天津	1390067	1215406	1200886	1175283	1171869		3414		25602
河北	2178221	1897529	1816509	1695142	1642161	6329	46652		121368
山西	2276817	2125518	2068275	1994114	1796138	2470	195506		74160
内蒙古	1584207	1420988	1378105	1066733	953693	5672	107367		311372
辽宁	2832289	2674809	2577224	2218378	2000012	61270	157096		358846
吉林	1642618	1504651	1425765	1344182	1301456		42726		81583
黑龙江	1364673	1331756	1305354	1218172	1039738		178434		87182
上海	5842207	5026842	5011179	4842484	4359462		483022		168695
江苏	4177994	3141297	3009173	2886434	2692912	12373	181150		122738
浙江	5387913	4513054	4397776	4264283	3591599		672684		133492
安徽	1059496	865893	840087	747028	672657		74371		93059
福建	3182879	2866013	2668162	2487420	2221557	207599	58264		180742
江西	1160436	1088533	1047136	976584	965834	1431	9319		70553
山东	3898412	3416962	3307546	3283435	3162072	5000	116363		24111
河南	2647123	2457057	2367228	1947831	1764979	10877	171975		419396
湖北	2096548	1851113	1832180	1767067	1767067				65113
湖南	1076841	951877	930989	899759	888701	5260	5798		31230
广东	6255362	5612206	5495282	4823952	3930608	275610	617734		671329
广西	2226925	2003301	1924203	1789822	1747506	5275	37041		134381
海南	233570	194596	187195	170224	170224				16972
重庆	1222591	1031014	1022142	874472	715475	15658	143339		147670
四川	3081330	2830367	2752273	2578023	2327857	12000	238166		174250
贵州	888994	796730	768036	711185	624902	10180	76103		56851
云南	2897988	2599172	2475073	2324336	2001813	74401	248121		150737
西藏	620156	616538	605887	590363	575260	13520	1584		15523
陕西	1835320	1743329	1718096	1684685	1649461		35224		33412
甘肃	737000	630324	598464	432923	388541	35000	9382		165541
青海	780776	736662	726712	529653	427753	87900	14000		197059
宁夏	279384	228891	227034	160747	159172		1575		66287
新疆	1894147	1718562	1679239	1650745	1328333	317725	4687		28494
大连	374898	362123	357347	322260	308258		14002		35087
宁波	736390	648315	613023	589016	398671		190345		24007
厦门	1285310	1253879	1101740	1051594	872877	178599	118		50146
青岛	772963	759271	755758	755758	754385		1373		
深圳	1117766	1016222	1013427	716372	414488	150024	151860		297056

（地方教育事业单位）

单位：千元

政府性基金预算安排的教育经费	#彩票公益金	企业办学中的企业拨款	校办产业和社会服务收入中用于教育的经费	其他属于国家财政性教育经费	民办学校中举办者投入	捐赠收入	事业收入	#学费	其他教育经费
1520718	**1201877**		**249730**			**53276**	**5379028**		**2514037**
25037	25037		17629			380	185648		99018
10860	10860		3661			735	148759		25167
78743	77213		2277			655	248717		31320
57224	53967		18			500	135954		14846
39780	37780		3103			522	126764		35934
96325	92925		1260			422	136558		20500
77645	77645		1242			455	83381		54131
25383	24302		1020			16	29250		3651
			15663			255	197274		617836
52239	51239		79885			9399	859626		167673
87944	53467		27334			624	467599		406638
22399	17999		3407				136491		57112
196816	43916		1034			7132	223680		86054
41383	26614		14			1380	52123		18400
109116	103235		300			142	384891		96418
64411	62305		25419			8	146031		44027
16480	16480		2453			293	197161		47982
10315	10315		10574			308	103320		21336
113749	106274		3175			347	532214		110596
79098	70212					230	162555		60839
7401	7401						35890		3084
128			8744			20	161633		29924
51349	37769		26745			226	194031		56707
28695	16695						55771		36493
113095	71181		11004			12361	59326		227130
10652	10452					950	2365		302
22491	17163		2741			182	78168		13642
30925	30925		935			12611	85667		8397
9950	8350					314	29671		14129
1857	1857					1119	41609		7765
39230	38300		94			1693	76903		96989
4776	4776						9266		3508
35291	32010						55911		32164
152140	2140						568		30862
3513	2869						12201		1491
2794	2380						57426		44118

3-56 教育经费收入情况

地区	总计	国家财政性教育经费	公共财政预算安排的教育经费	公共财政教育经费	教育事业费	基本建设经费	教育费附加	科研经费	其他
合计	**62653794**	**59852636**	**59344521**	**54206429**	**50609213**	**1325629**	**2271587**	**559663**	**4578429**
北京	8123776	7748387	7748034	5669992	5621978	3000	45014	427425	1650617
天津	5196248	5173043	5173043	5161733	5080606	80000	1127	250	11060
河北	927708	864786	859485	794508	748709	29799	16000	2460	62517
山西	1235643	1197221	1183264	1126478	1103054	4526	18897	7396	49390
内蒙古	635564	584981	581468	428698	426798	1900		4123	148647
辽宁	1651939	1616645	1601095	1461886	1352190	200	109496	2630	136578
吉林	912579	841697	831025	758726	754447	1100	3179	72	72228
黑龙江	527286	524067	523701	454386	412846	41540		5519	63795
上海	1330378	1053005	1049956	911899	911899			20653	117404
江苏	1646796	1510252	1505693	1411102	1313309	947	96846	2922	91669
浙江	4830258	4557705	4518704	4450809	3866484	133295	451030	5640	62255
安徽	1692661	1560785	1560495	1479844	1467684	12159		2484	78167
福建	969861	748226	716317	577898	575179	574	2144	7473	130946
江西	779496	751392	742177	699368	656776	41971	621	2140	40669
山东	2239624	2111630	2090910	2036997	1865954	81500	89543	3314	50599
河南	3033661	3001717	2994158	2812409	2707089	105311	9	2089	179660
湖北	5236987	5210421	5205089	5094053	5094053			9511	101525
湖南	1537775	1461496	1450927	1380403	1240228	7358	132817	5875	64649
广东	7782615	7628990	7590592	7210909	6053503	298331	859075	10480	369202
广西	1529005	1500251	1314262	988585	935893	16352	36340	855	324822
海南	213583	202556	202022	108425	107225	1200		12911	80686
重庆	615702	578854	566307	449617	407102		42515	3050	113639
四川	2153481	2025434	2012700	1859029	1622554	34549	201926	7600	146071
贵州	786774	730505	726661	694963	680139	14817	7	4683	27015
云南	1689615	1608148	1603379	1438553	1275511	131181	31860	2500	162326
西藏	173076	171476	171476	167990	167990				3486
陕西	2043135	1990247	1984311	1951525	1854417	17300	79809	1310	31475
甘肃	697163	632735	631735	550731	550566		165		81005
青海	649911	628118	628118	572688	380959	168071	23658	52	55378
宁夏	203668	179758	179758	132757	126519		6238		47001
新疆	1607825	1458106	1397661	1369467	1247552	98646	23269	4246	23949
大连	425169	421739	421739	397570	357120		40450	1110	23059
宁波	493533	481045	456045	448018	323473	121295	3250		8027
厦门	92579	91092	91072	74911	74337	574		755	15406
青岛	163576	157477	157477	157477	157477				
深圳	902352	866210	866197	723448	545712	152931	24805	8300	134449

(其他教育机构)

单位：千元

政府性基金预算安排的教育经费	#彩票公益金	企业办学中的企业拨款	校办产业和社会服务收入中用于教育的经费	其他属于国家财政性教育经费	民办学校中举办者投入	捐赠收入	事业收入	#学费	其他教育经费
399264	83097	55213	53638			2699	1964612	238524	833847
			353				211060	26997	164329
							12557	12555	10649
5301	5301						53080	1686	9842
13958	1500						37451	226	970
3513	490					60	49435	15202	1088
15551	15551						23125		12169
643			10028				21207		49675
347		20				5	1954	222	1260
			3049			282	236662		40428
4560							117132	6475	19412
39001							170855	16018	101697
			291			436	91778	12210	39662
31889	30720		20			160	165456	3361	56019
5844	4800		3372			57	25452	985	2595
20720	10090						93306	33052	34688
			7559			100	18805	4852	13039
5332	3330						18612	3832	7954
10569	50					120	63419	6263	12740
28152	3237		10246				123169	21197	30456
173542			12447				23433		5321
500			33				9266		1761
12548							29951	13770	6896
12038	3841		696				109490	15259	18557
3845							50181	242	6088
4477	3977		292			600	57236	21060	23631
							1600	1600	
5936	210						37831	1544	15058
1000							51737	4299	12691
							11583		10210
							17656	10972	6254
		55193	5252			879	30134	4647	118705
							3287		143
25000							4772		7715
			20				1324		163
							2771		3328
13							31029	100	5113

3-57 教育经费收入情况

地区	总计	国家财政性教育经费	公共财政预算安排的教育经费	公共财政教育经费	教育事业费	基本建设经费	教育费附加	科研经费	其他
合计	**57881013**	**55775915**	**55323858**	**52322434**	**48725218**	**1325629**	**2271587**	**132663**	**2868761**
北京	4244834	4183173	4182820	4048695	4000680	3000	45014	425	133700
天津	5196248	5173043	5173043	5161733	5080606	80000	1127	250	11060
河北	924595	861672	856371	794508	748709	29799	16000	2460	59403
山西	1235499	1197077	1183120	1126478	1103054	4526	18897	7396	49246
内蒙古	635132	584549	581036	428698	426798	1900		4123	148215
辽宁	1649143	1613849	1598299	1461886	1352190	200	109496	2630	133782
吉林	911679	840797	830125	758726	754447	1100	3179	72	71328
黑龙江	500103	497082	496735	452427	410887	41540		5519	38788
上海	951165	924300	921251	830084	830084			20653	70514
江苏	1623979	1487436	1482876	1411102	1313309	947	96846	2922	68852
浙江	4826874	4554321	4515320	4450809	3866484	133295	451030	5640	58871
安徽	1692181	1560305	1560015	1479844	1467684	12159		2484	77687
福建	807330	698337	666428	530129	527410	574	2144	7473	128826
江西	779496	751392	742177	699368	656776	41971	621	2140	40669
山东	2232743	2104748	2084028	2036997	1865954	81500	89543	3314	43717
河南	3028578	2996634	2989075	2812409	2707089	105311	9	2089	174577
湖北	5220499	5193933	5188601	5094053	5094053			9511	85037
湖南	1533314	1457034	1446466	1380403	1240228	7358	132817	5875	60188
广东	7782615	7628990	7590592	7210909	6053503	298331	859075	10480	369202
广西	1529005	1500251	1314262	988585	935893	16352	36340	855	324822
海南	213583	202556	202022	108425	107225	1200		12911	80686
重庆	615702	578854	566307	449617	407102		42515	3050	113639
四川	2129995	2001948	1989214	1859029	1622554	34549	201926	7600	122584
贵州	786774	730505	726661	694963	680139	14817	7	4683	27015
云南	1688259	1606792	1602023	1438553	1275511	131181	31860	2500	160970
西藏	173076	171476	171476	167990	167990				3486
陕西	2027631	1974743	1968807	1951525	1854417	17300	79809	1310	15971
甘肃	691398	626971	625971	550731	550566		165		75240
青海	649911	628118	628118	572688	380959	168071	23658	52	55378
宁夏	203668	179758	179758	132757	126519		6238		47001
新疆	1396003	1265269	1260863	1238311	1116397	98646	23269	4246	18306
大连	425169	421739	421739	397570	357120		40450	1110	23059
宁波	493533	481045	456045	448018	323473	121295	3250		8027
厦门	92579	91092	91072	74911	74337	574		755	15406
青岛	163576	157477	157477	157477	157477				
深圳	902352	866210	866197	723448	545712	152931	24805	8300	134449

(地方其他教育机构)

单位：千元

政府性基金预算安排的教育经费	#彩票公益金	企业办学中的企业拨款	校办产业和社会服务收入中用于教育的经费	其他属于国家财政性教育经费	民办学校中举办者投入	捐赠收入	事业收入	#学费	其他教育经费
399264	**83097**		**52793**			**1528**	**1445484**	**214590**	**658087**
			353				26923	9663	34738
							12557	12555	10649
5301	5301						53080	1686	9842
13958	1500						37451	226	970
3513	490					60	49435	15202	1088
15551	15551						23125		12169
643			10028				21207		49675
347						5	1954	222	1063
			3049				16838		10027
4560							117132	6475	19412
39001							170855	16018	101697
			291			436	91778	12210	39662
31889	30720		20			150	57349	108	51494
5844	4800		3372			57	25452	985	2595
20720	10090						93306	33052	34688
			7559			100	18805	4852	13039
5332	3330						18612	3832	7954
10569	50					120	63419	6263	12740
28152	3237		10246				123169	21197	30456
173542			12447				23433		5321
500			33				9266		1761
12548							29951	13770	6896
12038	3841		696				109490	15259	18557
3845							50181	242	6088
4477	3977		292			600	57236	21060	23631
							1600	1600	
5936	210						37831	1544	15058
1000							51737	4299	12691
							11583		10210
							17656	10972	6254
			4407				23074	1300	107660
							3287		143
25000							4772		7715
			20				1324		163
							2771		3328
13							31029	100	5113

第四部分

各地区各级各类教育机构教育经费支出明细

4-1 教育经费支出明细

地区	合计	个人部分	工资福利支出	对个人和家庭的补助支出	#助学金
合计	**3449738551**	**2025981344**	**1397473107**	**628508237**	**146309697**
北京	189826131	89820551	52414079	37406472	11972456
天津	60594732	33377002	18287448	15089554	1506124
河北	128718843	83543892	63276250	20267642	4446354
山西	79130194	49203427	37794203	11409224	2839462
内蒙古	69526575	44949311	30704654	14244658	3785784
辽宁	94633236	60146610	40370527	19776083	2980780
吉林	63290010	39173381	25674936	13498445	1975445
黑龙江	77917295	50175180	31466531	18708649	2276504
上海	124396269	57451177	49247212	8203965	4212415
江苏	236040603	137353647	93652667	43700980	6546716
浙江	179420506	106486108	79776774	26709334	4955222
安徽	118840287	69167028	45983623	23183405	4645521
福建	99544078	59687753	43374354	16313399	2949542
江西	95119619	53888136	36778796	17109340	3466804
山东	214249642	129476228	100755889	28720339	5494615
河南	170525656	93173718	64644687	28529031	8509681
湖北	131932060	77125584	50065440	27060145	5892900
湖南	126486911	72705562	49550240	23155322	6006964
广东	300545482	176483804	124901728	51582076	7536546
广西	98903128	59787401	38436711	21350689	6103336
海南	27241764	15311276	12796184	2515091	896085
重庆	83861616	49177555	32013490	17164065	4442899
四川	176502080	112996734	76000908	36995826	10754027
贵州	89760584	57176151	36133030	21043121	5616940
云南	103814341	64702015	41983530	22718485	8939032
西藏	18976964	11304830	7069186	4235644	2156071
陕西	108272574	58721458	39837306	18884152	6577591
甘肃	62034936	38411990	24423218	13988772	3780947
青海	20452435	10917980	6740377	4177603	1169233
宁夏	19863745	11183524	7729523	3454000	797025
新疆	79316255	52902333	35589608	17312725	3076676
大连	13982310	9112155	7424002	1688152	145844
宁波	26017465	15526371	12286249	3240122	627528
厦门	12386393	6610492	4621114	1989377	149809
青岛	26351038	15005144	10823777	4181367	305296
深圳	46116592	23912787	17080217	6832570	473715

(各级各类教育机构)

单位：千元

公用部分	商品和服务支出	其他资本性支出	专项公用支出	专项项目支出	基本建设支出
1373843850	**685871911**	**687971939**	**237335042**	**450636897**	**49913357**
96427240	65528327	30898912	17816253	13082660	3578340
27062538	11332077	15730461	10989315	4741145	155192
44415032	22125842	22289190	7904921	14384269	759919
29360917	13367201	15993716	5089543	10904173	565851
23221061	10749651	12471410	4144121	8327290	1356203
33847602	21260218	12587384	6112090	6475294	639023
23745248	12255057	11490190	5109148	6381043	371381
27150491	17254239	9896252	3826470	6069781	591624
64090704	43910012	20180693	10442767	9737926	2854388
98080689	39828697	58251992	13755899	44496092	606266
71945590	36356747	35588843	9226111	26362732	988807
48465335	19310980	29154355	8925353	20229002	1207925
38695057	17279045	21416012	6395490	15020522	1161269
39883616	14335210	25548406	5974218	19574188	1347868
83843707	33879572	49964135	11988517	37975618	929707
74985542	36292632	38692910	13527170	25165740	2366396
54408578	25347782	29060795	9607349	19453446	397898
52182958	24860473	27322485	8197257	19125228	1598391
117368600	67331745	50036855	22791746	27245109	6693079
36817568	15231863	21585705	8433218	13152488	2298160
11434099	4844999	6589100	2959599	3629501	496389
33508861	18347540	15161321	5138654	10022667	1175200
61004238	32358830	28645408	10120066	18525342	2501108
30623877	14255686	16368191	4688517	11679675	1960556
37239657	16680260	20559397	4347785	16211612	1872670
6202098	1869048	4333049	1314418	3018632	1470036
48012814	23499266	24513548	7740112	16773436	1538301
21204183	9174847	12029337	3486886	8542450	2418763
6686522	2605143	4081379	1294167	2787212	2847934
8306305	3141993	5164312	1960575	3203737	373917
23623125	11256931	12366195	4027307	8338888	2790797
4752215	2950668	1801547	962743	838804	117940
10239759	4677642	5562117	1162111	4400006	251336
5326781	2618045	2708737	1160448	1548289	449120
11345894	3936413	7409482	1681190	5728292	
17096936	12415632	4681304	4170706	510599	5106869

4-2 教育经费支出明细

地区	合计	个人部分	工资福利支出	对个人和家庭的补助支出	#助学金
合计	**3169399687**	**1896928907**	**1324249040**	**572679868**	**121781047**
北京	103924424	53445169	34866433	18578736	1308765
天津	52463621	29973244	16354558	13618686	1025776
河北	127009006	82563169	62603600	19959569	4356069
山西	79115680	49191125	37782644	11408481	2839441
内蒙古	69515397	44939547	30694890	14244658	3785784
辽宁	86558888	56631688	38269925	18361763	2409580
吉林	56526428	35652065	23559973	12092092	1472660
黑龙江	68622341	46108494	28908464	17200030	1724316
上海	98615939	46546624	41232051	5314574	2473531
江苏	216484294	127938394	88296487	39641907	5032128
浙江	171110458	103399847	78233737	25166109	4517497
安徽	113529941	67000103	44782918	22217185	4213288
福建	94454406	57117955	41765093	15352863	2529047
江西	95112675	53884050	36775367	17108683	3466696
山东	205116961	125574979	98439286	27135692	4983524
河南	170165853	92990602	64492732	28497869	8505359
湖北	110053099	65813159	43976162	21836998	3961081
湖南	120583321	69714633	47958248	21756385	5423884
广东	289971336	171154322	122090754	49063568	6791783
广西	98903128	59787401	38436711	21350689	6103336
海南	27191148	15280054	12772434	2507620	895226
重庆	77448696	45901556	30013644	15887912	3919677
四川	161836312	105327862	71259968	34067894	9613082
贵州	89760584	57176151	36133030	21043121	5616940
云南	103801692	64693968	41975641	22718327	8939032
西藏	18976420	11304383	7068882	4235501	2155957
陕西	93385490	52089158	35915768	16173390	5538122
甘肃	58983258	36790046	23438214	13351832	3504647
青海	20439978	10906972	6730099	4176872	1168570
宁夏	19343106	10945974	7559525	3386450	758577
新疆	70395807	47086212	31861803	15224410	2747674
大连	13940674	9080229	7396223	1684006	145541
宁波	26017465	15526371	12286249	3240122	627528
厦门	12383783	6609082	4619704	1989377	149809
青岛	26251178	15005144	10823777	4181367	305296
深圳	46116592	23912787	17080217	6832570	473715

(地方各级各类教育机构)

单位：千元

公用部分	商品和服务支出	其他资本性支出			基本建设支出
			专项公用支出	专项项目支出	
1227656707	**580617800**	**647038907**	**211043379**	**435995528**	**44814072**
48585291	29442506	19142785	10801592	8341193	1893964
22335184	8558992	13776192	9524728	4251464	155192
43688306	21768403	21919903	7750454	14169448	757532
29358704	13365297	15993408	5089235	10904173	565851
23219647	10748391	12471255	4144104	8327151	1356203
29476013	18610041	10865973	4987722	5878251	451186
20542981	9737133	10805849	4538047	6267801	331381
21965957	13388985	8576972	3020818	5556153	547889
49849591	33503280	16346311	8048210	8298101	2219723
88184795	33213506	54971289	11645621	43325668	361105
66783817	32206327	34577490	8433443	26144047	926794
45340157	17106531	28233626	8266044	19967581	1189681
36269050	15798831	20470219	5829965	14640254	1067401
39880757	14333496	25547260	5973191	19574069	1347868
79124271	30547459	48576812	11290153	37286659	417711
74808855	36180907	38627948	13489811	25138138	2366396
44219676	17700107	26519569	7617847	18901721	20264
49385818	22818918	26566900	7589683	18977217	1482870
112203685	63640949	48562736	21665898	26896838	6613329
36817568	15231863	21585705	8433218	13152488	2298160
11414706	4836972	6577734	2956496	3621238	496389
30421941	15891487	14530454	4767826	9762628	1125200
54118059	27108133	27009926	8885571	18124355	2390391
30623877	14255686	16368191	4688517	11679675	1960556
37235054	16675955	20559099	4347636	16211462	1872670
6202001	1868952	4333049	1314418	3018632	1470036
39948158	18120559	21827599	5957738	15869861	1348174
19808316	8360549	11447767	3219014	8228753	2384895
6685073	2603894	4081179	1293967	2787212	2847934
8050165	2956804	5093360	1900499	3192861	346967
21109234	10036888	11072346	3571910	7500436	2200361
4742505	2943035	1799470	961260	838209	117940
10239759	4677642	5562117	1162111	4400006	251336
5325581	2616845	2708737	1160448	1548289	449120
11246034	3936413	7309621	1681190	5628431	
17096936	12415632	4681304	4170706	510599	5106869

4-3 教育经费支出

地区	合计	个人部分	工资福利支出	对个人和家庭的补助支出	#助学金
合计	**884266901**	**419100008**	**258523264**	**160576744**	**66266350**
北京	96455447	44421131	22012628	22408503	11616022
天津	22328422	10414410	5849197	4565213	1244372
河北	26504665	14212104	8899321	5312783	2098101
山西	19180038	8155798	5423811	2731987	1229261
内蒙古	13279584	7226817	4303595	2923222	1701386
辽宁	31929316	16016969	10005648	6011322	2116571
吉林	20417184	10098229	6216412	3881817	1281431
黑龙江	23654809	11229317	6427326	4801992	1548749
上海	54913048	20817697	15969448	4848249	2997461
江苏	63851707	30786937	18505490	12281447	4039627
浙江	43197819	19965113	13442652	6522461	2297400
安徽	25727909	12238787	7430696	4808091	1983350
福建	23753639	11613542	7306891	4306651	1848698
江西	18499950	10134057	6594720	3539337	1353657
山东	44685027	23494905	15315476	8179429	2735410
河南	34893635	15952469	10506868	5445601	2552345
湖北	46695423	23707577	14293048	9414529	3575366
湖南	29275033	14132530	8666216	5466314	2175035
广东	60668938	28128095	17481322	10646773	3310145
广西	18395636	8369575	4971832	3397743	1729776
海南	4742595	2102686	1622008	480678	336268
重庆	23005639	9936547	6158007	3778539	1838769
四川	40346524	20147332	13070834	7076498	3116681
贵州	12851186	6045268	3383150	2662119	1083566
云南	15330739	7610148	4951490	2658658	1309596
西藏	1625485	870321	554971	315350	117260
陕西	37211815	16952919	10221259	6731660	2966414
甘肃	13761151	6064415	3806045	2258370	968500
青海	2568872	1090610	630417	460193	111521
宁夏	3762502	1599583	1072283	527300	191435
新疆	10753163	5564118	3430203	2133915	792176
大连	1037794	594667	456342	138326	39579
宁波	4585923	2114247	1592618	521629	210187
厦门	1531200	602796	440486	162310	70569
青岛	1432377	669992	522856	147136	55218
深圳	8393856	2589794	2032443	557351	223829

明细(高等学校)

单位：千元

公用部分					基本建设支出
	商品和服务支出	其他资本性支出	专项公用支出	专项项目支出	
448661773	**253704944**	**194956829**	**93438785**	**101518045**	**16505121**
50009944	33201298	16808646	10254692	6553954	2024372
11843150	6166955	5676195	4091994	1584202	70862
12025870	6398743	5627127	2867368	2759759	266691
11000457	3689901	7310556	1912690	5397867	23783
5961010	2627896	3333114	1738849	1594265	91757
15480446	9268113	6212333	3185177	3027157	431900
10275723	5901577	4374147	2701415	1672731	43231
12282146	8283050	3999096	2065407	1933689	143345
31771623	21992631	9778992	4363019	5415973	2323728
32677128	18950672	13726456	6041455	7685001	387642
22845627	14157063	8688563	3751297	4937266	387079
13161090	5961904	7199186	3346900	3852287	328031
11881689	5956324	5925365	2181779	3743587	258408
8241029	4398295	3842734	1977040	1865694	124864
20449109	11667153	8781956	3952479	4829477	741014
18341822	8385973	9955848	5317442	4638407	599345
22601028	13423526	9177502	4390878	4786623	386819
14424672	8024998	6399674	2791674	3608001	717831
30629601	17662003	12967598	6469416	6498181	1911243
9736083	4119405	5616677	2938991	2677686	289978
2307819	1198474	1109345	610798	498547	332090
12937445	6597823	6339622	2323252	4016370	131647
19516580	11387999	8128582	4250807	3877775	682611
5927422	2418364	3509058	1241909	2267149	878496
7661040	3993133	3667907	1457447	2210461	59551
485603	229322	256281	177675	78606	269560
19582983	10810744	8772239	3864319	4907920	675913
6810320	2855395	3954925	1334724	2620201	886416
1138341	457134	681207	371760	309447	339921
2082019	1016730	1065290	612489	452800	80900
4572953	2502346	2070607	853645	1216961	616092
418860	242019	176841	113406	63435	24266
2471676	1370261	1101415	296979	804436	
870962	483901	387061	161485	225576	57442
762384	384092	378293	115110	263182	
3980323	2738046	1242277	1214031	28246	1823739

4-4 教育经费支出明细

地区	合计	个人部分	工资福利支出	对个人和家庭的补助支出	#助学金
合计	**628436109**	**300215919**	**192723325**	**107492594**	**41989769**
北京	23731903	10806468	6551645	4254823	976704
天津	14266346	7063165	3959158	3104007	764608
河北	24932367	13334214	8321345	5012869	2007948
山西	19180038	8155798	5423811	2731987	1229261
内蒙古	13279584	7226817	4303595	2923222	1701386
辽宁	23992304	12606878	7996060	4610818	1545674
吉林	13959213	6760856	4257642	2503215	780471
黑龙江	15228149	7771358	4378599	3392759	1003068
上海	29919157	10184564	8204916	1979648	1261168
江苏	44499150	21488492	13252940	8235552	2526736
浙江	34894130	16881498	11901996	4979502	1859675
安徽	20441520	10091613	6247123	3844491	1552849
福建	18812007	9073114	5723501	3349613	1428203
江西	18499950	10134057	6594720	3539337	1353657
山东	35559228	19593656	12998873	6594783	2224319
河南	34715752	15873156	10451252	5421904	2548514
湖北	25191042	12654906	8400432	4254474	1649236
湖南	23483844	11218121	7133275	4084846	1593055
广东	50369860	23004822	14853456	8151366	2568241
广西	18395636	8369575	4971832	3397743	1729776
海南	4742595	2102686	1622008	480678	336268
重庆	16754695	6770429	4253340	2517089	1316091
四川	25803329	12539448	8383548	4155900	1978219
贵州	12851186	6045268	3383150	2662119	1083566
云南	15330739	7610148	4951490	2658658	1309596
西藏	1625485	870321	554971	315350	117260
陕西	22588957	10491857	6442863	4048994	1930831
甘肃	10758501	4477328	2854417	1622911	693071
青海	2568872	1090610	630417	460193	111521
宁夏	3245619	1365469	905519	459950	152987
新疆	8814950	4559226	2815433	1743793	655808
大连	1037794	594667	456342	138326	39579
宁波	4585923	2114247	1592618	521629	210187
厦门	1531200	602796	440486	162310	70569
青岛	1332516	669992	522856	147136	55218
深圳	8393856	2589794	2032443	557351	223829

(地方高等学校)

单位：千元

公用部分	商品和服务支出	其他资本性支出	专项公用支出	专项项目支出	基本建设支出
316478354	**160383922**	**156094432**	**68020025**	**88074407**	**11741836**
12562110	6886537	5675572	3652018	2023555	363326
7132319	3403638	3728681	2633040	1095641	70862
11333849	6071959	5261891	2713715	2548176	264303
11000457	3689901	7310556	1912690	5397867	23783
5961010	2627896	3333114	1738849	1594265	91757
11141363	6638839	4502524	2066296	2436229	244063
7195126	3494466	3700659	2139095	1561564	3231
7356751	4606516	2750236	1289432	1460804	100040
18045529	12002732	6042797	1993703	4049094	1689063
22868177	12391041	10477136	3939678	6537458	142481
17687566	10010213	7677353	2958695	4718657	325066
10040119	3759490	6280629	2689086	3591543	309788
9574353	4586887	4987466	1622885	3364581	164540
8241029	4398295	3842734	1977040	1865694	124864
15736554	8341922	7394632	3254114	4140518	229018
18243252	8350444	9892807	5281510	4611297	599345
12526951	5864684	6662266	2419406	4242861	9185
11663414	6015238	5648175	2187345	3460830	602310
25533544	14023172	11510373	5353464	6156908	1831493
9736083	4119405	5616677	2938991	2677686	289978
2307819	1198474	1109345	610798	498547	332090
9902620	4176981	5725639	1969071	3756568	81647
12691986	6183597	6508389	3030133	3478256	571894
5927422	2418364	3509058	1241909	2267149	878496
7661040	3993133	3667907	1457447	2210461	59551
485603	229322	256281	177675	78606	269560
11611315	5498356	6112959	2088238	4024721	485786
5428623	2052642	3375982	1068425	2307557	852549
1138341	457134	681207	371760	309447	339921
1826200	831757	994444	552419	442024	53950
3917827	2060885	1856942	691097	1165844	337897
418860	242019	176841	113406	63435	24266
2471676	1370261	1101415	296979	804436	
870962	483901	387061	161485	225576	57442
662524	384092	278432	115110	163322	
3980323	2738046	1242277	1214031	28246	1823739

4-5 教育经费支出明细

地区	合计	个人部分	工资福利支出	对个人和家庭的补助支出	#助学金
合计	**869778706**	**411726306**	**253390823**	**158335483**	**66048485**
北京	95050534	43708971	21575544	22133427	11615514
天津	21985877	10175323	5717086	4458236	1242628
河北	25802425	13826096	8608129	5217967	2081254
山西	18538023	7922242	5245809	2676432	1219467
内蒙古	13145385	7156729	4254632	2902097	1698277
辽宁	31405007	15733456	9797721	5935734	2116339
吉林	19903958	9771231	6018371	3752860	1274326
黑龙江	23139770	10871636	6217768	4653869	1545363
上海	53971286	20324632	15526635	4797997	2990170
江苏	63672195	30715460	18455991	12259469	4037586
浙江	41838582	19471146	13065435	6405711	2288628
安徽	25255402	12022656	7286491	4736164	1975347
福建	23347827	11416481	7165649	4250832	1848360
江西	18099514	9934643	6464832	3469811	1341799
山东	44484358	23377708	15240255	8137453	2734689
河南	34498298	15723540	10349031	5374509	2540449
湖北	46512978	23587826	14215830	9371996	3566635
湖南	28851134	13962206	8550425	5411781	2171162
广东	59416148	27433040	17011892	10421148	3299070
广西	17966789	8122031	4813889	3308142	1711230
海南	4672939	2071068	1595930	475138	333610
重庆	22524604	9806390	6062189	3744201	1824101
四川	39425287	19642752	12689361	6953391	3114420
贵州	12644668	5934617	3305110	2629507	1083482
云南	15022681	7450626	4844254	2606372	1279973
西藏	1625485	870321	554971	315350	117260
陕西	36711154	16742913	10066130	6676783	2945534
甘肃	13585414	5954613	3733185	2221427	956818
青海	2530839	1073641	620541	453099	111521
宁夏	3762502	1599583	1072283	527300	191435
新疆	10387644	5322731	3265451	2057279	792039
大连	860391	494255	373239	121016	39402
宁波	4373652	1988910	1493925	494985	205222
厦门	1530011	601787	439831	161956	70569
青岛	1409739	652092	512464	139628	55218
深圳	8301688	2527643	1995435	532208	223286

(普通高等学校)

单位：千元

公用部分	商品和服务支出	其他资本性支出			基本建设支出
			专项公用支出	专项项目支出	
441879774	**249361723**	**192518051**	**92401869**	**100116182**	**16172625**
49366627	32736203	16630424	10201383	6429041	1974936
11759692	6112339	5647354	4065522	1581832	50862
11709638	6215666	5493972	2804217	2689755	266691
10591998	3593447	6998551	1633425	5365126	23783
5898899	2573207	3325692	1736375	1589317	89757
15239650	9058892	6180759	3163753	3017006	431900
10089495	5767015	4322481	2674528	1647953	43231
12124788	8149007	3975781	2054644	1921137	143345
31322926	21607151	9715775	4309949	5405826	2323728
32569093	18919535	13649558	6027492	7622066	387642
22214051	13838902	8375150	3713764	4661386	153384
12904715	5834450	7070265	3312741	3757524	328031
11678938	5797268	5881670	2162486	3719184	252408
8040577	4287142	3753435	1945450	1807985	124294
20365636	11612577	8753059	3937784	4815274	741014
18175414	8273320	9902094	5293016	4609078	599345
22538333	13377055	9161279	4375346	4785933	386819
14171097	7841194	6329903	2766210	3563693	717831
30076166	17284210	12791956	6382385	6409571	1906942
9567280	4024283	5542997	2894599	2648399	277478
2273570	1177248	1096322	603090	493232	328302
12586567	6424775	6161792	2298581	3863211	131647
19099929	11067201	8032728	4213881	3818848	682605
5831556	2341025	3490531	1232750	2257781	878496
7512504	3892421	3620083	1429056	2191027	59551
485603	229322	256281	177675	78606	269560
19292528	10647003	8645525	3850108	4795417	675713
6744385	2804512	3939873	1327625	2612248	886416
1117277	447652	669625	360917	308708	339921
2082019	1016730	1065290	612489	452800	80900
4448821	2410972	2037849	840629	1197220	616092
341869	170895	170974	107641	63334	24266
2384742	1304458	1080284	288154	792130	
870782	483721	387061	161485	225576	57442
757646	381140	376506	113324	263182	
3950306	2711935	1238372	1210126	28246	1823739

4-6 教育经费支出明细

地区	合计	个人部分	工资福利支出	对个人和家庭的补助支出	#助学金
合 计	**614459822**	**293060469**	**187746081**	**105314388**	**41772037**
北 京	22661535	10238501	6214092	4024409	976196
天 津	13923801	6824078	3827047	2997030	762864
河 北	24320893	12966326	8041849	4924477	1991102
山 西	18538023	7922242	5245809	2676432	1219467
内蒙古	13145385	7156729	4254632	2902097	1698277
辽 宁	23478839	12330273	7794779	4535494	1545442
吉 林	13445987	6433858	4059600	2374258	773366
黑龙江	14713110	7413677	4169041	3244636	999682
上 海	28977395	9691499	7762104	1929396	1253877
江 苏	44319638	21417015	13203442	8213573	2524694
浙 江	33534892	16387531	11524779	4862752	1850903
安 徽	19969013	9875482	6102918	3772564	1544846
福 建	18406194	8876053	5582259	3293794	1427865
江 西	18099514	9934643	6464832	3469811	1341799
山 东	35358559	19476459	12923652	6552807	2223598
河 南	34320415	15644227	10293414	5350812	2536618
湖 北	25008597	12535155	8323214	4211941	1640504
湖 南	23069407	11051726	7021303	4030423	1589182
广 东	49117069	22309767	14384025	7925742	2557166
广 西	17966789	8122031	4813889	3308142	1711230
海 南	4672939	2071068	1595930	475138	333610
重 庆	16273660	6640272	4157521	2482751	1301424
四 川	24882091	12034868	8002075	4032793	1975958
贵 州	12644668	5934617	3305110	2629507	1083482
云 南	15022681	7450626	4844254	2606372	1279973
西 藏	1625485	870321	554971	315350	117260
陕 西	22088296	10281850	6287734	3994116	1909952
甘 肃	10582763	4367526	2781558	1585969	681389
青 海	2530839	1073641	620541	453099	111521
宁 夏	3245619	1365469	905519	459950	152987
新 疆	8515723	4362940	2684187	1678753	655803
大 连	860391	494255	373239	121016	39402
宁 波	4373652	1988910	1493925	494985	205222
厦 门	1530011	601787	439831	161956	70569
青 岛	1309878	652092	512464	139628	55218
深 圳	8301688	2527643	1995435	532208	223286

(地方普通高等学校)

单位：千元

公用部分					基本建设支出
	商品和服务支出	其他资本性支出			
			专项公用支出	专项项目支出	
309990012	**156263416**	**153726596**	**67002083**	**86724514**	**11409341**
12109144	6601427	5507717	3609075	1898642	313890
7048861	3349022	3699839	2606569	1093271	50862
11090264	5907422	5182842	2654951	2527891	264303
10591998	3593447	6998551	1633425	5365126	23783
5898899	2573207	3325692	1736375	1589317	89757
10904503	6431807	4472695	2045745	2426951	244063
7008898	3359905	3648993	2112207	1536786	3231
7199393	4472473	2726920	1278668	1448252	100040
17596832	11617253	5979579	1940632	4038947	1689063
22760142	12359904	10400238	3925715	6474523	142481
17055991	9692052	7363939	2921163	4442777	91371
9783743	3632035	6151708	2654928	3496780	309788
9371602	4427831	4943770	1603592	3340178	158540
8040577	4287142	3753435	1945450	1807985	124294
15653082	8287347	7365735	3239420	4126315	229018
18076844	8237791	9839053	5257084	4581969	599345
12464257	5818213	6646044	2403874	4242170	9185
11415371	5833218	5582153	2164254	3417899	602310
24980110	13645379	11334731	5266434	6068297	1827193
9567280	4024283	5542997	2894599	2648399	277478
2273570	1177248	1096322	603090	493232	328302
9551741	4003932	5547809	1944400	3603409	81647
12275335	5862800	6412536	2993207	3419328	571888
5831556	2341025	3490531	1232750	2257781	878496
7512504	3892421	3620083	1429056	2191027	59551
485603	229322	256281	177675	78606	269560
11320860	5334615	5986245	2074027	3912218	485586
5362688	2001759	3360929	1061326	2299604	852549
1117277	447652	669625	360917	308708	339921
1826200	831757	994444	552419	442024	53950
3814887	1989727	1825160	679057	1146103	337897
341869	170895	170974	107641	63334	24266
2384742	1304458	1080284	288154	792130	
870782	483721	387061	161485	225576	57442
657786	381140	276646	113324	163322	
3950306	2711935	1238372	1210126	28246	1823739

4-7 教育经费支出明细

地区	合计	个人部分			
			工资福利支出	对个人和家庭的补助支出	#助学金
合计	**707347681**	**335880176**	**202879826**	**133000350**	**56358238**
北京	90624708	41854199	20368805	21485393	11480704
天津	17885831	8258541	4646677	3611863	1075795
河北	20058331	10627046	6324693	4302353	1729650
山西	14662755	5999928	3905720	2094208	985847
内蒙古	8619827	4758483	2759199	1999285	1197021
辽宁	27025467	13459395	8249850	5209545	1925772
吉林	17604864	8642736	5326728	3316008	1160980
黑龙江	19132064	8848600	5006779	3841822	1366241
上海	49736004	18976643	14355672	4620972	2884677
江苏	49600339	24221554	14187997	10033557	3328953
浙江	32460447	14992399	9780594	5211805	1842312
安徽	19265355	9008625	5316002	3692623	1518363
福建	18198964	9229951	5708642	3521309	1506929
江西	13416267	7794021	5078193	2715827	1029885
山东	34477792	18315235	11658767	6656468	2216927
河南	26248180	11871356	7699173	4172183	2029022
湖北	39127795	20057209	11943360	8113850	3088015
湖南	21271553	10406410	6202993	4203418	1741249
广东	44518023	20472114	12128626	8343488	2585445
广西	13188904	6137112	3559502	2577609	1371699
海南	3397249	1590549	1224942	365606	259826
重庆	18052569	7932480	4871358	3061122	1443883
四川	32287032	16294633	10404395	5890238	2640200
贵州	9373889	4404461	2464527	1939935	785273
云南	12324775	6016947	3971194	2045753	973836
西藏	1104195	539297	334159	205137	91303
陕西	31588188	14446031	8682531	5763500	2518175
甘肃	10034995	4913758	3099762	1813996	789980
青海	2045992	863362	483082	380279	85416
宁夏	2797603	1187954	791989	395965	164406
新疆	7217726	3759149	2343916	1415233	540456
大连	617206	371050	279995	91055	27034
宁波	3230195	1531684	1165053	366631	161860
厦门	731898	275554	193379	82175	33366
青岛	967283	408414	337603	70811	39857
深圳	6577960	1639753	1270169	369584	143314

(普通高等本科学校)

单位：千元

公用部分	商品和服务支出	其他资本性支出			基本建设支出
			专项公用支出	专项项目支出	
356793319	**211850145**	**144943175**	**72214630**	**72728545**	**14674186**
46884309	31464762	15419547	9208841	6210706	1886200
9588100	5312807	4275294	2788395	1486899	39190
9198203	4890977	4307226	2224725	2082501	233083
8639543	2750572	5888971	1325790	4563181	23283
3834674	1778629	2056045	1073618	982427	26669
13178461	7811162	5367299	2779453	2587846	387610
8918897	5333361	3585536	2300224	1285311	43231
10140118	6990591	3149527	1708966	1440561	143345
28435633	20001020	8434613	3965155	4469458	2323728
25023472	15447816	9575655	4722685	4852970	355313
17362570	11249915	6112656	2776889	3335767	105477
9941359	4757997	5183362	2622522	2560840	315371
8744506	4815996	3928510	1665378	2263132	224506
5517952	3347253	2170699	1024900	1145799	104294
15443308	9482876	5960432	2788825	3171607	719249
14143005	6478948	7664057	4012872	3651185	233819
18692952	11668817	7024135	3828406	3195729	377634
10221375	5988316	4233059	2050528	2182530	643767
22216448	13662691	8553758	4541319	4012439	1829461
6802642	3183832	3618810	1885957	1732853	249151
1514744	933444	581300	378749	202551	291957
9988442	5352477	4635965	1734829	2901136	131647
15522398	9543852	5978545	3122972	2855573	470001
4110078	1778352	2331726	772730	1558996	859350
6254176	3300788	2953388	1060458	1892930	53652
299628	136394	163234	118445	44789	265270
16548806	9607833	6940973	3468350	3472624	593351
4386100	2300130	2085969	966852	1119117	735137
858914	368538	490376	280712	209664	323716
1529873	753710	776163	408458	367705	79775
2852631	1356290	1496341	606626	889715	605946
221890	97013	124877	75184	49694	24266
1698511	1029704	668807	206875	461932	
398902	312986	85916	50624	35292	57442
558870	269146	289724	69818	219906	
3188467	2204846	983622	960323	23299	1749739

4-8 教育经费支出明细

地区	合计	个人部分	工资福利支出	对个人和家庭的补助支出	#助学金
合计	**454147929**	**218389534**	**138048908**	**80340625**	**32172949**
北京	18460221	8444482	5044722	3399761	848436
天津	9823755	4907295	2756638	2150657	596031
河北	18576800	9767276	5758413	4008863	1639498
山西	14662755	5999928	3905720	2094208	985847
内蒙古	8619827	4758483	2759199	1999285	1197021
辽宁	19099300	10056213	6246907	3809305	1354874
吉林	11146894	5305363	3367957	1937406	660020
黑龙江	11193362	5687606	3177325	2510281	824013
上海	24831811	8399476	6637619	1761856	1151148
江苏	30247782	14923109	8935448	5987661	1816062
浙江	24156757	11908783	8239938	3668846	1404587
安徽	13978967	6861451	4132429	2729022	1087862
福建	13257331	6689523	4125252	2564271	1086435
江西	13416267	7794021	5078193	2715827	1029885
山东	25351993	14413986	9342165	5071821	1705836
河南	26070297	11792042	7643556	4148486	2025190
湖北	17874121	9174167	6182592	2991576	1181682
湖南	15748777	7645484	4777365	2868119	1167751
广东	34531156	15506309	9610670	5895639	1855073
广西	13188904	6137112	3559502	2577609	1371699
海南	3397249	1590549	1224942	365606	259826
重庆	11801626	4766362	2966691	1799672	921205
四川	17941757	8808725	5789896	3018830	1518056
贵州	9373889	4404461	2464527	1939935	785273
云南	12324775	6016947	3971194	2045753	973836
西藏	1104195	539297	334159	205137	91303
陕西	17092031	8047861	4947915	3099946	1489032
甘肃	7032344	3326671	2148134	1178537	514551
青海	2045992	863362	483082	380279	85416
宁夏	2280720	953840	625224	328616	125957
新疆	5516275	2899350	1811535	1087815	419543
大连	617206	371050	279995	91055	27034
宁波	3230195	1531684	1165053	366631	161860
厦门	731898	275554	193379	82175	33366
青岛	867423	408414	337603	70811	39857
深圳	6577960	1639753	1270169	369584	143314

(地方普通高等本科学校)

单位：千元

公用部分	商品和服务支出	其他资本性支出	其中：专项公用支出	其中：专项项目支出	基本建设支出
225846833	**119390469**	**106456364**	**46992343**	**59464021**	**9911563**
9790419	5476526	4313893	2633585	1680307	225320
4877269	2549490	2327779	1329441	998338	39190
8578829	4582733	3996096	2075459	1920637	230695
8639543	2750572	5888971	1325790	4563181	23283
3834674	1778629	2056045	1073618	982427	26669
8843314	5184078	3659236	1661445	1997791	199773
5838299	2926251	2912048	1737904	1174144	3231
5405716	3465632	1940084	948258	991826	100040
14743272	10038424	4704848	1602270	3102579	1689063
15214521	8888185	6326336	2620908	3705428	110152
12204510	7103065	5101445	1984287	3117158	43464
6820387	2555582	4264805	1964709	2300096	297128
6437170	3446560	2990611	1106485	1884126	130638
5517952	3347253	2170699	1024900	1145799	104294
10730754	6157646	4573108	2090460	2482648	207253
14044435	6443419	7601016	3976940	3624076	233819
8699954	4167990	4531964	1879997	2651967	
7575047	4023718	3551329	1472723	2078606	528246
17274641	10072871	7201770	3478684	3723086	1750206
6802642	3183832	3618810	1885957	1732853	249151
1514744	933444	581300	378749	202551	291957
6953617	2931635	4021982	1380649	2641334	81647
8773748	4406298	4367450	1911396	2456054	359284
4110078	1778352	2331726	772730	1558996	859350
6254176	3300788	2953388	1060458	1892930	53652
299628	136394	163234	118445	44789	265270
8640946	4348649	4292297	1702872	2589425	403223
3004403	1497377	1507026	700554	806472	701270
858914	368538	490376	280712	209664	323716
1274054	568737	705318	348388	356930	52825
2289175	977802	1311372	463570	847803	327751
221890	97013	124877	75184	49694	24266
1698511	1029704	668807	206875	461932	
398902	312986	85916	50624	35292	57442
459009	269146	189864	69818	120045	
3188467	2204846	983622	960323	23299	1749739

4-9 教育经费支出明细

地区	合计	个人部分	工资福利支出	对个人和家庭的补助支出	#助学金
合计	**162431024**	**75846130**	**50510997**	**25335133**	**9690247**
北京	4425827	1854772	1206738	648034	134810
天津	4100046	1916782	1070409	846373	166833
河北	5744094	3199050	2283436	915614	351604
山西	3875269	1922314	1340090	582224	233619
内蒙古	4525559	2398246	1495433	902813	501256
辽宁	4379540	2274061	1547872	726189	190568
吉林	2299094	1128495	691643	436852	113346
黑龙江	4007706	2023036	1210989	812047	179122
上海	4235282	1347989	1170964	177025	105493
江苏	14071856	6493906	4267994	2225912	708632
浙江	9378135	4478747	3284841	1193906	446316
安徽	5990047	3014031	1970489	1043541	456985
福建	5148863	2186530	1457007	729524	341430
江西	4683247	2140622	1386639	753983	311914
山东	10006566	5062473	3581488	1480985	517761
河南	8250118	3852184	2649858	1202326	511427
湖北	7385183	3530617	2272470	1258146	478620
湖南	7579581	3555796	2347433	1208363	429913
广东	14898126	6960926	4883266	2077660	713625
广西	4777885	1984919	1254387	730532	339531
海南	1275690	480519	370987	109532	73784
重庆	4472034	1873910	1190831	683079	380219
四川	7138255	3348120	2284966	1063153	474220
贵州	3270779	1530155	840583	689573	298209
云南	2697906	1433679	873059	560620	306137
西藏	521289	331025	220812	110213	25957
陕西	5122966	2296882	1383599	913282	427360
甘肃	3550419	1040855	633423	407432	166837
青海	484847	210279	137459	72820	26105
宁夏	964900	411629	280295	131335	27030
新疆	3169917	1563582	921536	642046	251583
大连	243184	123205	93244	29961	12368
宁波	1143457	457226	328872	128354	43362
厦门	798113	326233	246451	79782	37204
青岛	442455	243678	174861	68818	15361
深圳	1723728	887890	725265	162624	79972

（普通高职高专学校）

单位：千元

公用部分					基本建设支出
	商品和服务支出	其他资本性支出	专项公用支出	专项项目支出	
85086455	**37511579**	**47574876**	**20187239**	**27387638**	**1498439**
2482318	1271442	1210877	992542	218334	88736
2171592	799532	1372060	1277127	94933	11672
2511435	1324689	1186746	579493	607254	33608
1952455	842876	1109579	307635	801944	500
2064225	794578	1269647	662757	606890	63087
2061189	1247729	813460	384300	429160	44290
1170598	433653	736945	374303	362642	
1984670	1158416	826253	345677	480576	
2887293	1606131	1281162	344794	936368	
7545621	3471719	4073902	1304806	2769096	32329
4851481	2588987	2262494	936875	1325619	47907
2963356	1076453	1886903	690219	1196684	12660
2934431	981272	1953160	497108	1456052	27901
2522625	939889	1582736	920550	662186	20000
4922328	2129701	2792627	1148960	1643667	21765
4032408	1794371	2238037	1280144	957893	365525
3845381	1708238	2137143	546940	1590203	9185
3949722	1852878	2096844	715682	1381162	74064
7859718	3621519	4238198	1841067	2397132	77482
2764639	840452	1924187	1008641	915546	28327
758826	243804	515022	224341	290681	36345
2598124	1072298	1525827	563752	962075	
3577532	1523349	2054183	1090909	963274	212604
1721478	562673	1158805	460020	698785	19146
1258328	591633	666695	368598	298097	5899
185975	92928	93046	59229	33817	4290
2743721	1039170	1704552	381759	1322793	82363
2358285	504382	1853903	360772	1493131	151279
258363	79114	179249	80205	99044	16205
552146	263020	289126	204032	85095	1124
1596190	1054682	541508	234003	307505	10146
119979	73882	46097	32457	13640	
686231	274754	411477	81279	330198	
471880	170735	301145	110861	190284	
198777	111994	86782	43506	43277	
761839	507089	254750	249803	4947	74000

4-10 教育经费支出明细

地区	合计	个人部分			
			工资福利支出	对个人和家庭的补助支出	
					#助学金
合计	**160311893**	**74670935**	**49697173**	**24973763**	**9599088**
北京	4201314	1794019	1169371	624648	127760
天津	4100046	1916782	1070409	846373	166833
河北	5744094	3199050	2283436	915614	351604
山西	3875269	1922314	1340090	582224	233619
内蒙古	4525559	2398246	1495433	902813	501256
辽宁	4379540	2274061	1547872	726189	190568
吉林	2299094	1128495	691643	436852	113346
黑龙江	3519748	1726071	991716	734355	175670
上海	4145583	1292024	1124484	167539	102729
江苏	14071856	6493906	4267994	2225912	708632
浙江	9378135	4478747	3284841	1193906	446316
安徽	5990047	3014031	1970489	1043541	456985
福建	5148863	2186530	1457007	729524	341430
江西	4683247	2140622	1386639	753983	311914
山东	10006566	5062473	3581488	1480985	517761
河南	8250118	3852184	2649858	1202326	511427
湖北	7134476	3360988	2140622	1220366	458821
湖南	7320630	3406242	2243938	1162304	421431
广东	14585913	6803458	4773355	2030103	702093
广西	4777885	1984919	1254387	730532	339531
海南	1275690	480519	370987	109532	73784
重庆	4472034	1873910	1190831	683079	380219
四川	6940334	3226143	2212179	1013964	457903
贵州	3270779	1530155	840583	689573	298209
云南	2697906	1433679	873059	560620	306137
西藏	521289	331025	220812	110213	25957
陕西	4996265	2233989	1339818	894170	420920
甘肃	3550419	1040855	633423	407432	166837
青海	484847	210279	137459	72820	26105
宁夏	964900	411629	280295	131335	27030
新疆	2999448	1463590	872653	590937	236261
大连	243184	123205	93244	29961	12368
宁波	1143457	457226	328872	128354	43362
厦门	798113	326233	246451	79782	37204
青岛	442455	243678	174861	68818	15361
深圳	1723728	887890	725265	162624	79972

(地方普通高职高专学校)

单位：千元

公用部分	商品和服务支出	其他资本性支出	专项公用支出	专项项目支出	基本建设支出
84143180	**36872947**	**47270232**	**20009740**	**27260492**	**1497778**
2318725	1124901	1193824	975490	218334	88571
2171592	799532	1372060	1277127	94933	11672
2511435	1324689	1186746	579493	607254	33608
1952455	842876	1109579	307635	801944	500
2064225	794578	1269647	662757	606890	63087
2061189	1247729	813460	384300	429160	44290
1170598	433653	736945	374303	362642	
1793677	1006841	786836	330410	456426	
2853559	1578829	1274731	338363	936368	
7545621	3471719	4073902	1304806	2769096	32329
4851481	2588987	2262494	936875	1325619	47907
2963356	1076453	1886903	690219	1196684	12660
2934431	981272	1953160	497108	1456052	27901
2522625	939889	1582736	920550	662186	20000
4922328	2129701	2792627	1148960	1643667	21765
4032408	1794371	2238037	1280144	957893	365525
3764302	1650223	2114080	523876	1590203	9185
3840324	1809500	2030824	691531	1339293	74064
7705469	3572508	4132961	1787750	2345211	76986
2764639	840452	1924187	1008641	915546	28327
758826	243804	515022	224341	290681	36345
2598124	1072298	1525827	563752	962075	
3501587	1456502	2045086	1081812	963274	212604
1721478	562673	1158805	460020	698785	19146
1258328	591633	666695	368598	298097	5899
185975	92928	93046	59229	33817	4290
2679913	985965	1693948	371155	1322793	82363
2358285	504382	1853903	360772	1493131	151279
258363	79114	179249	80205	99044	16205
552146	263020	289126	204032	85095	1124
1525712	1011925	513787	215487	298300	10146
119979	73882	46097	32457	13640	
686231	274754	411477	81279	330198	
471880	170735	301145	110861	190284	
198777	111994	86782	43506	43277	
761839	507089	254750	249803	4947	74000

4-11 教育经费支出明细

地区	合计	个人部分	工资福利支出	对个人和家庭的补助支出	#助学金
合计	**14488196**	**7373702**	**5132441**	**2241260**	**217865**
北京	1404913	712160	437084	275076	508
天津	342546	239087	132110	106977	1744
河北	702240	386008	291192	94816	16847
山西	642015	233556	178001	55555	9794
内蒙古	134199	70088	48963	21125	3109
辽宁	524309	283514	207926	75587	232
吉林	513226	326998	198042	128957	7105
黑龙江	515039	357681	209558	148123	3386
上海	941762	493065	442812	50252	7291
江苏	179512	71477	49498	21978	2042
浙江	1359237	493967	377217	116750	8772
安徽	472507	216131	144205	71927	8003
福建	405812	197061	141242	55819	338
江西	400436	199414	129888	69526	11858
山东	200669	117197	75221	41976	721
河南	395337	228929	157837	71092	11896
湖北	182445	119751	77218	42533	8732
湖南	423898	170324	115790	54533	3873
广东	1252790	695055	469431	225625	11075
广西	428846	247544	157942	89602	18546
海南	69657	31619	26079	5540	2659
重庆	481035	130157	95819	34338	14668
四川	921237	504580	381473	123107	2261
贵州	206518	110651	78040	32611	84
云南	308058	159522	107236	52286	29623
西藏					
陕西	500662	210007	155129	54877	20879
甘肃	175738	109802	72860	36942	11683
青海	38033	16969	9875	7094	
宁夏					
新疆	365519	241388	164752	76636	138
大连	177403	100412	83102	17310	176
宁波	212271	125337	98693	26645	4965
厦门	1189	1009	655	354	
青岛	22638	17900	10392	7508	
深圳	92168	62151	37008	25143	543

(成人高等学校)

单位：千元

公用部分	商品和服务支出	其他资本性支出	专项公用支出	专项项目支出	基本建设支出
6781999	**4343221**	**2438778**	**1036916**	**1401863**	**332495**
643317	465095	178222	53309	124913	49435
83458	54616	28842	26472	2370	20000
316232	183077	133155	63150	70004	
408459	96454	312006	279264	32741	
62111	54689	7422	2474	4947	2000
240796	209221	31574	21424	10151	
186228	134562	51666	26888	24778	
157358	134043	23316	10763	12552	
448697	385480	63218	53070	10148	
108035	31137	76898	13963	62935	
631575	318162	313413	37533	275881	233695
256376	127454	128922	34158	94763	
202752	159056	43696	19293	24402	6000
200452	111153	89299	31590	57709	570
83473	54575	28897	14694	14203	
166408	112654	53754	24426	29329	
62694	46472	16223	15532	690	
253575	183804	69771	25463	44308	
553434	377793	175642	87031	88611	4300
168802	95122	73680	44393	29287	12500
34249	21227	13023	7708	5315	3788
350878	173049	177830	24671	153159	
416651	320798	95854	36926	58927	6
95866	77339	18528	9159	9368	
148536	100712	47824	28391	19433	
290455	163741	126714	14211	112503	200
65935	50883	15052	7099	7953	
21064	9482	11582	10843	739	
124132	91374	32757	13016	19741	
76991	71124	5867	5766	101	
86934	65803	21131	8825	12306	
180	180				
4738	2952	1786	1786		
30017	26112	3905	3905		

4-12 教育经费支出明细

地区	合计	个人部分	工资福利支出	对个人和家庭的补助支出	#助学金
合计	**13976287**	**7155450**	**4977244**	**2178206**	**217732**
北京	1070368	567967	337553	230414	508
天津	342546	239087	132110	106977	1744
河北	611474	367889	279497	88392	16847
山西	642015	233556	178001	55555	9794
内蒙古	134199	70088	48963	21125	3109
辽宁	513465	276604	201280	75324	232
吉林	513226	326998	198042	128957	7105
黑龙江	515039	357681	209558	148123	3386
上海	941762	493065	442812	50252	7291
江苏	179512	71477	49498	21978	2042
浙江	1359237	493967	377217	116750	8772
安徽	472507	216131	144205	71927	8003
福建	405812	197061	141242	55819	338
江西	400436	199414	129888	69526	11858
山东	200669	117197	75221	41976	721
河南	395337	228929	157837	71092	11896
湖北	182445	119751	77218	42533	8732
湖南	414438	166395	111972	54423	3873
广东	1252790	695055	469431	225625	11075
广西	428846	247544	157942	89602	18546
海南	69657	31619	26079	5540	2659
重庆	481035	130157	95819	34338	14668
四川	921237	504580	381473	123107	2261
贵州	206518	110651	78040	32611	84
云南	308058	159522	107236	52286	29623
西藏					
陕西	500662	210007	155129	54877	20879
甘肃	175738	109802	72860	36942	11683
青海	38033	16969	9875	7094	
宁夏					
新疆	299226	196287	131246	65041	5
大连	177403	100412	83102	17310	176
宁波	212271	125337	98693	26645	4965
厦门	1189	1009	655	354	
青岛	22638	17900	10392	7508	
深圳	92168	62151	37008	25143	543

(地方成人高等学校)

单位：千元

公用部分	商品和服务支出	其他资本性支出	专项公用支出	专项项目支出	基本建设支出
6488342	**4120506**	**2367835**	**1017942**	**1349893**	**332495**
452966	285110	167856	42942	124913	49435
83458	54616	28842	26472	2370	20000
243585	164537	79049	58764	20285	
408459	96454	312006	279264	32741	
62111	54689	7422	2474	4947	2000
236860	207031	29829	20551	9278	
186228	134562	51666	26888	24778	
157358	134043	23316	10763	12552	
448697	385480	63218	53070	10148	
108035	31137	76898	13963	62935	
631575	318162	313413	37533	275881	233695
256376	127454	128922	34158	94763	
202752	159056	43696	19293	24402	6000
200452	111153	89299	31590	57709	570
83473	54575	28897	14694	14203	
166408	112654	53754	24426	29329	
62694	46472	16223	15532	690	
248043	182020	66022	23091	42931	
553434	377793	175642	87031	88611	4300
168802	95122	73680	44393	29287	12500
34249	21227	13023	7708	5315	3788
350878	173049	177830	24671	153159	
416651	320798	95854	36926	58927	6
95866	77339	18528	9159	9368	
148536	100712	47824	28391	19433	
290455	163741	126714	14211	112503	200
65935	50883	15052	7099	7953	
21064	9482	11582	10843	739	
102940	71158	31782	12041	19741	
76991	71124	5867	5766	101	
86934	65803	21131	8825	12306	
180	180				
4738	2952	1786	1786		
30017	26112	3905	3905		

4-13 教育经费支出明细

地区	合计	个人部分	工资福利支出	对个人和家庭的补助支出	#助学金
合计	**208846414**	**107338832**	**73157816**	**34181016**	**9504746**
北京	7361312	3534105	2133849	1400256	82353
天津	2796935	1841727	900832	940894	82303
河北	8746729	5409221	4277283	1131938	294741
山西	5326661	3037836	2347402	690433	201462
内蒙古	4527609	2617106	1650597	966509	367231
辽宁	5772008	3194198	2082914	1111283	267200
吉林	3676440	2289491	1368500	920991	117632
黑龙江	4270489	2783343	1657166	1126176	135123
上海	6800137	2610490	2207566	402924	239797
江苏	16907404	8520582	6038524	2482057	304486
浙江	12726964	6704751	5234263	1470488	244275
安徽	7446834	3260672	2091667	1169005	456730
福建	5467706	2941540	2097109	844431	128539
江西	4440733	2219283	1380576	838706	386703
山东	18021605	8230467	6342772	1887695	400364
河南	10045891	4735635	3347943	1387693	426880
湖北	5743607	3087581	1906252	1181329	402257
湖南	7215656	3553558	2267610	1285949	578840
广东	21523260	10942131	7456149	3485982	642783
广西	6288065	2970764	1912830	1057934	305586
海南	1972541	856320	683451	172869	89221
重庆	5445994	2879464	1679063	1200401	488921
四川	9381445	5265295	3580543	1684751	682933
贵州	5334805	2335677	1334591	1001087	485146
云南	6658910	3536976	2203608	1333368	537327
西藏	664366	283416	178905	104510	55000
陕西	4310777	2551781	1670623	881158	438985
甘肃	3447498	1950175	1133260	816915	310208
青海	1078317	526226	311676	214551	69855
宁夏	1220295	472390	315507	156883	58386
新疆	4225420	2196632	1364783	831849	223479
大连	1242653	599409	478669	120739	21195
宁波	2323214	1330282	1073678	256604	23839
厦门	941984	455812	276460	179352	11003
青岛	3033898	1418002	987423	430579	53363
深圳	2537505	1034877	694486	340390	65762

(中等职业学校)

单位：千元

公用部分	商品和服务支出	其他资本性支出	专项公用支出	专项项目支出	基本建设支出
97701418	**43559579**	**54141839**	**20853041**	**33288797**	**3806164**
3691494	1680985	2010509	1298139	712370	135713
955209	574057	381152	177745	203406	
3288167	1664532	1623635	534175	1089460	49342
2179354	1073470	1105883	355078	750806	109472
1824155	860625	963531	341018	622512	86348
2485777	1622601	863175	440117	423058	92034
1346089	617124	728965	331771	397194	40860
1434663	857334	577330	247515	329815	52483
3981029	2052204	1928825	1271853	656972	208618
8344374	2964135	5380239	1445909	3934330	42448
5980965	2370190	3610775	929514	2681261	41248
4098452	1307417	2791035	713249	2077786	87710
2485322	1080500	1404822	493526	911297	40843
2063599	846163	1217436	409635	807801	157851
9743325	2968749	6774575	1951826	4822749	47813
5108182	2362056	2746126	1020282	1725844	202073
2654136	957092	1697044	475421	1221623	1890
3507802	1767880	1739922	796963	942958	154296
9825305	5259297	4566007	2397677	2168331	755824
2833288	1159667	1673620	1099297	574323	484013
1055284	456894	598391	417114	181276	60937
2389892	1345929	1043963	530588	513375	176637
3973551	2127344	1846207	855491	990715	142599
2949830	1153005	1796825	424559	1372266	49298
3014673	1397013	1617660	525812	1091848	107261
277154	88782	188371	80052	108320	103796
1713371	1032264	681107	263969	417138	45625
1340826	569057	771769	213090	558679	156497
519669	223729	295940	179948	115992	32422
709421	186799	522623	271416	251207	38483
1927060	932684	994376	360289	634086	101728
604707	464028	140679	100195	40483	38538
992932	560300	432632	148713	283919	
486172	219471	266700	103694	163006	
1615896	470136	1145759	304191	841568	
1022218	712426	309793	273781	36012	480410

4-14 教育经费支出明细

地区	合计	个人部分	工资福利支出	对个人和家庭的补助支出	#助学金
合计	**207675255**	**106709178**	**72717927**	**33991251**	**9449422**
北京	7207199	3445905	2071579	1374326	77828
天津	2771174	1822498	883824	938674	81719
河北	8711690	5390829	4260422	1130407	294643
山西	5326661	3037836	2347402	690433	201462
内蒙古	4527609	2617106	1650597	966509	367231
辽宁	5772008	3194198	2082914	1111283	267200
吉林	3676440	2289491	1368500	920991	117632
黑龙江	4177481	2724110	1613547	1110563	132428
上海	6772229	2593588	2192254	401333	239593
江苏	16829342	8481684	6004402	2477283	303177
浙江	12726964	6704751	5234263	1470488	244275
安徽	7443828	3258042	2090782	1167259	454998
福建	5467706	2941540	2097109	844431	128539
江西	4434358	2215744	1377694	838050	386595
山东	18021605	8230467	6342772	1887695	400364
河南	10033708	4727080	3340005	1387075	426748
湖北	5709439	3071697	1898785	1172912	397048
湖南	7184528	3534731	2253676	1281055	578840
广东	21471853	10920771	7439326	3481445	641877
广西	6288065	2970764	1912830	1057934	305586
海南	1972541	856320	683451	172869	89221
重庆	5423866	2868230	1668533	1199698	488696
四川	9312282	5229345	3548943	1680401	680503
贵州	5334805	2335677	1334591	1001087	485146
云南	6657660	3535871	2202503	1333368	537327
西藏	664366	283416	178905	104510	55000
陕西	4310777	2551781	1670623	881158	438985
甘肃	3446562	1950175	1133260	816915	310208
青海	1078317	526226	311676	214551	69855
宁夏	1220295	472390	315507	156883	58386
新疆	3699895	1926916	1207250	719665	188311
大连	1242653	599409	478669	120739	21195
宁波	2323214	1330282	1073678	256604	23839
厦门	941984	455812	276460	179352	11003
青岛	3033898	1418002	987423	430579	53363
深圳	2537505	1034877	694486	340390	65762

(地方中等职业学校)

单位：千元

公用部分	商品和服务支出	其他资本性支出			基本建设支出
			专项公用支出	专项项目支出	
97171599	**43227869**	**53943730**	**20776391**	**33167339**	**3794478**
3625582	1627694	1997888	1291609	706279	135713
948676	569052	379623	176217	203406	
3271519	1648398	1623121	533833	1089288	49342
2179354	1073470	1105883	355078	750806	109472
1824155	860625	963531	341018	622512	86348
2485777	1622601	863175	440117	423058	92034
1346089	617124	728965	331771	397194	40860
1400888	840011	560877	242250	318627	52483
3970023	2041198	1928825	1271853	656972	208618
8305210	2945966	5359244	1442867	3916377	42448
5980965	2370190	3610775	929514	2681261	41248
4098076	1307104	2790972	713246	2077726	87710
2485322	1080500	1404822	493526	911297	40843
2060763	844473	1216290	408608	807682	157851
9743325	2968749	6774575	1951826	4822749	47813
5104555	2359355	2745200	1019677	1725523	202073
2635851	940120	1695731	474108	1221623	1890
3495501	1755848	1739653	796695	942958	154296
9795259	5233318	4561941	2394394	2167547	755824
2833288	1159667	1673620	1099297	574323	484013
1055284	456894	598391	417114	181276	60937
2378998	1337166	1041832	528594	513238	176637
3940338	2108574	1831764	842486	989278	142599
2949830	1153005	1796825	424559	1372266	49298
3014528	1396878	1617650	525802	1091848	107261
277154	88782	188371	80052	108320	103796
1713371	1032264	681107	263969	417138	45625
1339890	568121	771769	213090	558679	156497
519669	223729	295940	179948	115992	32422
709421	186799	522623	271416	251207	38483
1682938	810193	872745	321855	550891	90042
604707	464028	140679	100195	40483	38538
992932	560300	432632	148713	283919	
486172	219471	266700	103694	163006	
1615896	470136	1145759	304191	841568	
1022218	712426	309793	273781	36012	480410

4-15 教育经费支出明细

地区	合计	个人部分	工资福利支出	对个人和家庭的补助支出	#助学金
合计	97866658	49018199	32567065	16451134	5025067
北京	2325102	1224250	774355	449895	46712
天津	1358038	869780	466473	403306	48051
河北	2783356	1704846	1290230	414617	135864
山西	2350186	1304426	950540	353886	95770
内蒙古	1785590	1009114	575079	434035	201878
辽宁	3276307	1713236	1074899	638338	137878
吉林	1307722	788009	464462	323547	49415
黑龙江	1275373	741947	427399	314548	77685
上海	3942457	1505422	1256885	248537	159806
江苏	10649755	5781128	4059675	1721452	213993
浙江	1973856	1119072	859691	259381	44703
安徽	3993900	1781627	1099928	681699	270364
福建	4166482	2229227	1588050	641177	106966
江西	2171259	1112910	660445	452465	233247
山东	8755397	3648326	2813935	834390	213671
河南	4231045	1880308	1222634	657675	232398
湖北	3753965	1932238	1190348	741890	309014
湖南	1448316	818837	450289	368548	229945
广东	10964997	5402022	3622345	1779677	370247
广西	4719095	2189375	1414242	775133	239678
海南	1256656	522528	414975	107552	55141
重庆	906673	450216	248411	201805	86819
四川	3870734	2072267	1378748	693519	286404
贵州	2636321	1148844	630241	518603	264203
云南	3138050	1543656	920439	623218	292988
西藏	664366	283416	178905	104510	55000
陕西	889284	532285	311580	220705	102299
甘肃	2635580	1422731	817878	604853	217388
青海	1065001	516256	306204	210051	69498
宁夏	819749	285992	188131	97862	38020
新疆	2752046	1483909	909649	574260	140019
大连	590787	238503	193696	44807	6590
宁波	516180	290774	226479	64295	3405
厦门	818048	403486	240553	162933	10428
青岛	470128	166926	105018	61909	9141
深圳	566835	226393	146783	79610	15961

（中等专业学校）

单位：千元

公用部分	商品和服务支出	其他资本性支出			基本建设支出
			专项公用支出	专项项目支出	
46918539	**20836332**	**26082207**	**10371194**	**15711012**	**1929920**
1022218	556647	465571	368148	97423	78634
488259	319446	168812	102753	66059	
1076610	657793	418817	135306	283511	1900
1044863	512780	532082	137694	394388	897
744967	397111	347856	151536	196320	31510
1491204	1052534	438670	238819	199851	71866
503317	248798	254519	136964	117555	16395
509867	315399	194469	96447	98022	23558
2437035	1215258	1221777	714954	506823	
4826179	1936863	2889317	980563	1908754	42448
848069	427294	420774	162063	258712	6715
2165072	725657	1439415	364650	1074765	47201
1921957	838459	1083499	384476	699022	15297
1030771	469814	560958	232369	328588	27578
5096025	1395208	3700817	993900	2706917	11046
2195614	964417	1231197	440838	790359	155123
1820836	671580	1149257	332540	816716	890
619479	407497	211982	99728	112254	10000
5180313	2489591	2690721	1357281	1333440	382662
2128790	835033	1293756	901035	392721	400931
674883	326570	348312	232566	115747	59246
436789	247723	189066	66826	122240	19668
1749482	934726	814756	412444	402312	48985
1483158	589153	894005	166817	727188	4319
1511471	660438	851033	274796	576237	82923
277154	88782	188371	80052	108320	103796
356943	216447	140497	68673	71823	55
1096233	444412	651821	158931	492890	116617
516323	220400	295924	179931	115992	32422
495679	106804	388875	178175	210700	38078
1168979	563698	605281	219918	385363	99157
329781	268818	60963	46811	14152	22502
225406	127570	97837	28827	69010	
414562	182360	232202	89321	142881	
303202	94114	209088	46625	162463	
185142	121874	63268	59770	3498	155300

4-16 教育经费支出明细

地区	合计	个人部分	工资福利支出	对个人和家庭的补助支出	#助学金
合计	**97137253**	**48661190**	**32342803**	**16318387**	**4995225**
北京	2187530	1151144	723750	427394	42204
天津	1358038	869780	466473	403306	48051
河北	2751351	1688245	1275054	413191	135766
山西	2350186	1304426	950540	353886	95770
内蒙古	1785590	1009114	575079	434035	201878
辽宁	3276307	1713236	1074899	638338	137878
吉林	1307722	788009	464462	323547	49415
黑龙江	1275373	741947	427399	314548	77685
上海	3926042	1497697	1249963	247735	159644
江苏	10649755	5781128	4059675	1721452	213993
浙江	1973856	1119072	859691	259381	44703
安徽	3993900	1781627	1099928	681699	270364
福建	4166482	2229227	1588050	641177	106966
江西	2164884	1109371	657563	451808	233139
山东	8755397	3648326	2813935	834390	213671
河南	4225369	1875732	1218291	657442	232398
湖北	3719796	1916355	1182881	733473	303805
湖南	1417188	800009	436356	363654	229945
广东	10913590	5380662	3605522	1775140	369341
广西	4719095	2189375	1414242	775133	239678
海南	1256656	522528	414975	107552	55141
重庆	906673	450216	248411	201805	86819
四川	3870734	2072267	1378748	693519	286404
贵州	2636321	1148844	630241	518603	264203
云南	3138050	1543656	920439	623218	292988
西藏	664366	283416	178905	104510	55000
陕西	889284	532285	311580	220705	102299
甘肃	2634644	1422731	817878	604853	217388
青海	1065001	516256	306204	210051	69498
宁夏	819749	285992	188131	97862	38020
新疆	2338324	1288519	803540	484979	121168
大连	590787	238503	193696	44807	6590
宁波	516180	290774	226479	64295	3405
厦门	818048	403486	240553	162933	10428
青岛	470128	166926	105018	61909	9141
深圳	566835	226393	146783	79610	15961

(地方中等专业学校)

单位：千元

公用部分					基本建设支出
	商品和服务支出	其他资本性支出			
			专项公用支出	专项项目支出	
46557829	**20610100**	**25947729**	**10326957**	**15620772**	**1918234**
957753	504345	453408	362076	91332	78634
488259	319446	168812	102753	66059	
1061206	642389	418817	135306	283511	1900
1044863	512780	532082	137694	394388	897
744967	397111	347856	151536	196320	31510
1491204	1052534	438670	238819	199851	71866
503317	248798	254519	136964	117555	16395
509867	315399	194469	96447	98022	23558
2428345	1206567	1221777	714954	506823	
4826179	1936863	2889317	980563	1908754	42448
848069	427294	420774	162063	258712	6715
2165072	725657	1439415	364650	1074765	47201
1921957	838459	1083499	384476	699022	15297
1027935	468123	559812	231342	328469	27578
5096025	1395208	3700817	993900	2706917	11046
2194514	963427	1231087	440778	790309	155123
1802551	654608	1147943	331227	816716	890
607178	395465	211713	99460	112254	10000
5150266	2463612	2686655	1353999	1332656	382662
2128790	835033	1293756	901035	392721	400931
674883	326570	348312	232566	115747	59246
436789	247723	189066	66826	122240	19668
1749482	934726	814756	412444	402312	48985
1483158	589153	894005	166817	727188	4319
1511471	660438	851033	274796	576237	82923
277154	88782	188371	80052	108320	103796
356943	216447	140497	68673	71823	55
1095297	443476	651821	158931	492890	116617
516323	220400	295924	179931	115992	32422
495679	106804	388875	178175	210700	38078
962333	472462	489871	187704	302167	87471
329781	268818	60963	46811	14152	22502
225406	127570	97837	28827	69010	
414562	182360	232202	89321	142881	
303202	94114	209088	46625	162463	
185142	121874	63268	59770	3498	155300

4-17 教育经费支出明细

地区	合计	个人部分	工资福利支出	对个人和家庭的补助支出	#助学金
合计	**74297184**	**38409506**	**26978672**	**11430833**	**3201044**
北京	3606860	1695109	922664	772445	21968
天津	793259	540421	200444	339977	16227
河北	4278595	2523495	2037910	485585	142324
山西	2196160	1213057	1000345	212711	87512
内蒙古	2174326	1193317	804999	388319	157629
辽宁	1924246	1165123	794162	370961	110828
吉林	1439015	809028	520486	288542	24673
黑龙江	1649440	1059017	642448	416569	35215
上海	2430765	902918	766061	136858	75135
江苏	3305811	1369130	996376	372755	35775
浙江	8918396	4651728	3676092	975636	175765
安徽	3032097	1263691	852810	410882	170678
福建	622366	313295	216896	96398	13973
江西	1880357	831690	538679	293011	143164
山东	5403931	2587696	2023903	563793	56776
河南	3531701	1745862	1298622	447240	166131
湖北	1545888	903175	547389	355786	71649
湖南	4925836	2211030	1474618	736411	304084
广东	4084088	2383524	1663993	719531	78484
广西	102276	65145	44084	21061	782
海南	390622	234606	189028	45578	23329
重庆	2973431	1613989	962476	651513	334841
四川	4519212	2646989	1829157	817832	313074
贵州	2199666	901610	577536	324073	136083
云南	2170036	1262628	827905	434723	165620
西藏					
陕西	2168662	1230788	868357	362431	177531
甘肃	709214	457288	276333	180956	89246
青海	9384	6761	3108	3652	357
宁夏	400545	186398	127376	59022	20366
新疆	910998	440998	294416	146582	51825
大连	468355	289787	231725	58062	7687
宁波	1381602	799990	654820	145170	19663
厦门					
青岛	2357779	1125182	798717	326465	20749
深圳	994561	489943	337641	152302	29046

(职业高中)

单位：千元

公用部分	商品和服务支出	其他资本性支出	专项公用支出	专项项目支出	基本建设支出
34480006	**13929237**	**20550769**	**6897328**	**13653441**	**1407672**
1854672	694455	1160217	577798	582419	57079
252837	175874	76963	21262	55701	
1707658	690977	1016681	310268	706414	47442
891075	423813	467263	174437	292826	92028
926171	366587	559584	167254	392330	54838
738955	394670	344285	164667	179617	20168
615045	236652	378393	154792	223601	14943
564969	312593	252376	109746	142629	25454
1319229	665782	653447	514460	138987	208618
1936680	394903	1541778	223893	1317885	
4236668	1480396	2756272	604442	2151830	30000
1727897	444049	1283848	325933	957915	40509
307571	92400	215172	49885	165286	1500
918394	294857	623537	158772	464765	130273
2796235	698241	2097994	498045	1599950	20000
1754123	779669	974455	327029	647426	31716
641713	214817	426896	101451	325445	1000
2580891	1124205	1456685	663257	793428	133916
1547197	992792	554404	362746	191659	153368
34526	11587	22939	10098	12841	2606
154325	83788	70538	38642	31895	1691
1217834	624487	593347	306541	286806	141608
1813840	915772	898067	338386	559682	58383
1253078	451644	801434	199919	601515	44979
886208	462843	423365	139505	283860	21200
906373	479454	426919	133734	293185	31500
212046	100166	111880	46593	65286	39880
2623	2623				
213742	79995	133747	93240	40507	405
467430	239144	228286	80534	147752	2570
162533	105304	57229	33545	23684	16036
581611	290564	291048	94454	196593	
1232597	324771	907826	238893	668933	
378508	291976	86533	81352	5181	126110

4-18 教育经费支出明细

地区	合计	个人部分	工资福利支出	对个人和家庭的补助支出	#助学金
合计	**74178305**	**38341210**	**26917943**	**11423267**	**3200207**
北京	3606860	1695109	922664	772445	21968
天津	793259	540421	200444	339977	16227
河北	4278595	2523495	2037910	485585	142324
山西	2196160	1213057	1000345	212711	87512
内蒙古	2174326	1193317	804999	388319	157629
辽宁	1924246	1165123	794162	370961	110828
吉林	1439015	809028	520486	288542	24673
黑龙江	1628821	1049463	635109	414354	34510
上海	2430765	902918	766061	136858	75135
江苏	3305811	1369130	996376	372755	35775
浙江	8918396	4651728	3676092	975636	175765
安徽	3032097	1263691	852810	410882	170678
福建	622366	313295	216896	96398	13973
江西	1880357	831690	538679	293011	143164
山东	5403931	2587696	2023903	563793	56776
河南	3525194	1741882	1295027	446855	166000
湖北	1545888	903175	547389	355786	71649
湖南	4925836	2211030	1474618	736411	304084
广东	4084088	2383524	1663993	719531	78484
广西	102276	65145	44084	21061	782
海南	390622	234606	189028	45578	23329
重庆	2973431	1613989	962476	651513	334841
四川	4519212	2646989	1829157	817832	313074
贵州	2199666	901610	577536	324073	136083
云南	2170036	1262628	827905	434723	165620
西藏					
陕西	2168662	1230788	868357	362431	177531
甘肃	709214	457288	276333	180956	89246
青海	9384	6761	3108	3652	357
宁夏	400545	186398	127376	59022	20366
新疆	819243	386235	244620	141615	51825
大连	468355	289787	231725	58062	7687
宁波	1381602	799990	654820	145170	19663
厦门					
青岛	2357779	1125182	798717	326465	20749
深圳	994561	489943	337641	152302	29046

（地方职业高中）

单位：千元

公用部分	商品和服务支出	其他资本性支出			基本建设支出
			专项公用支出	专项项目支出	
34429423	**13888936**	**20540486**	**6888315**	**13652171**	**1407672**
1854672	694455	1160217	577798	582419	57079
252837	175874	76963	21262	55701	
1707658	690977	1016681	310268	706414	47442
891075	423813	467263	174437	292826	92028
926171	366587	559584	167254	392330	54838
738955	394670	344285	164667	179617	20168
615045	236652	378393	154792	223601	14943
553904	304778	249127	107497	141629	25454
1319229	665782	653447	514460	138987	208618
1936680	394903	1541778	223893	1317885	
4236668	1480396	2756272	604442	2151830	30000
1727897	444049	1283848	325933	957915	40509
307571	92400	215172	49885	165286	1500
918394	294857	623537	158772	464765	130273
2796235	698241	2097994	498045	1599950	20000
1751597	777958	973639	326483	647156	31716
641713	214817	426896	101451	325445	1000
2580891	1124205	1456685	663257	793428	133916
1547197	992792	554404	362746	191659	153368
34526	11587	22939	10098	12841	2606
154325	83788	70538	38642	31895	1691
1217834	624487	593347	306541	286806	141608
1813840	915772	898067	338386	559682	58383
1253078	451644	801434	199919	601515	44979
886208	462843	423365	139505	283860	21200
906373	479454	426919	133734	293185	31500
212046	100166	111880	46593	65286	39880
2623	2623				
213742	79995	133747	93240	40507	405
430438	208371	222068	74316	147752	2570
162533	105304	57229	33545	23684	16036
581611	290564	291048	94454	196593	
1232597	324771	907826	238893	668933	
378508	291976	86533	81352	5181	126110

4-19 教育经费支出明细

地区	合计	个人部分	工资福利支出	对个人和家庭的补助支出	#助学金
合计	**34091985**	**17548129**	**12732849**	**4815280**	**1779047**
北京	543667	202280	148085	54195	6280
天津					
河北	2528392	1485921	1194831	291090	101346
山西	1302222	749120	616741	132378	55380
内蒙古	1419714	755875	524175	231700	99889
辽宁	557024	295302	218796	76506	16171
吉林	515337	292380	195137	97243	10731
黑龙江	663658	409200	265735	143465	18094
上海	185162	70657	60896	9761	6565
江苏	1535917	646730	476457	170274	22676
浙江	3355463	1950839	1586775	364064	84219
安徽	2478449	924604	623609	300995	119012
福建	112015	56538	42037	14501	1064
江西	1157210	495806	322725	173081	86022
山东	1682989	765238	666307	98931	18152
河南	2136253	1005895	757705	248189	106720
湖北	536488	306382	194395	111987	45434
湖南	2701557	1279938	858358	421580	166785
广东	543307	304214	234879	69335	7668
广西	98123	61930	41361	20569	782
海南	144399	87228	72450	14777	5500
重庆	1368410	753708	471502	282206	175526
四川	2739159	1608905	1124071	484833	217026
贵州	1583448	634926	411133	223793	94870
云南	1405828	861157	581143	280015	102032
西藏					
陕西	1438034	786213	560747	225465	94644
甘肃	581160	370242	228865	141378	64104
青海	9384	6761	3108	3652	357
宁夏	281873	123281	88521	34760	12342
新疆	487344	256860	162305	94555	39657
大连	74883	51608	43447	8161	206
宁波	417669	263429	227293	36136	6686
厦门					
青岛	45465	29615	23520	6095	1132
深圳					

(农村职业高中)

单位：千元

公用部分	商品和服务支出	其他资本性支出	专项公用支出	专项项目支出	基本建设支出
15828551	**6072659**	**9755892**	**2789646**	**6966245**	**715305**
341386	142504	198882	111590	87292	
1001985	415847	586138	196544	389594	40486
486800	253159	233640	92677	140964	66303
615141	231876	383265	115380	267886	48698
261721	106108	155614	22149	133465	
217957	86149	131809	53887	77922	5000
235458	116219	119239	39260	79979	19000
114505	32561	81944	11013	70932	
889186	145673	743513	101274	642239	
1374624	568066	806558	242685	563874	30000
1513336	360331	1153005	286056	866949	40509
55476	17099	38377	10118	28259	
561624	152116	409508	95838	313670	99780
897751	187882	709868	134817	575051	20000
1113643	439637	674006	183244	490762	16716
230106	83603	146503	47565	98938	
1326199	579065	747134	158090	589044	95420
239012	139594	99418	49179	50240	81
33588	11585	22003	9161	12841	2606
57171	26130	31041	18319	12723	
564702	300037	264665	77453	187212	50000
1087512	527347	560165	219949	340216	42742
903543	367361	536183	166829	369353	44979
524671	235051	289619	92680	196939	20000
620322	287474	332847	97026	235821	31500
171038	82782	88255	38590	49665	39880
2623	2623				
158187	44753	113434	83045	30390	405
229284	130027	99257	35231	64026	1200
23275	13742	9533	585	8948	
154240	77022	77219	25981	51237	
15850	6855	8995	1383	7611	

4-20 教育经费支出明细

地区	合计	个人部分	工资福利支出	对个人和家庭的补助支出	#助学金
合计	**34074856**	**17539187**	**12725510**	**4813677**	**1778954**
北京	543667	202280	148085	54195	6280
天津					
河北	2528392	1485921	1194831	291090	101346
山西	1302222	749120	616741	132378	55380
内蒙古	1419714	755875	524175	231700	99889
辽宁	557024	295302	218796	76506	16171
吉林	515337	292380	195137	97243	10731
黑龙江	646529	400258	258396	141862	18001
上海	185162	70657	60896	9761	6565
江苏	1535917	646730	476457	170274	22676
浙江	3355463	1950839	1586775	364064	84219
安徽	2478449	924604	623609	300995	119012
福建	112015	56538	42037	14501	1064
江西	1157210	495806	322725	173081	86022
山东	1682989	765238	666307	98931	18152
河南	2136253	1005895	757705	248189	106720
湖北	536488	306382	194395	111987	45434
湖南	2701557	1279938	858358	421580	166785
广东	543307	304214	234879	69335	7668
广西	98123	61930	41361	20569	782
海南	144399	87228	72450	14777	5500
重庆	1368410	753708	471502	282206	175526
四川	2739159	1608905	1124071	484833	217026
贵州	1583448	634926	411133	223793	94870
云南	1405828	861157	581143	280015	102032
西藏					
陕西	1438034	786213	560747	225465	94644
甘肃	581160	370242	228865	141378	64104
青海	9384	6761	3108	3652	357
宁夏	281873	123281	88521	34760	12342
新疆	487344	256860	162305	94555	39657
大连	74883	51608	43447	8161	206
宁波	417669	263429	227293	36136	6686
厦门					
青岛	45465	29615	23520	6095	1132
深圳					

(地方农村职业高中)

单位：千元

公用部分					基本建设支出
	商品和服务支出	其他资本性支出			
			专项公用支出	专项项目支出	
15820364	**6067721**	**9752643**	**2787397**	**6965245**	**715305**
341386	142504	198882	111590	87292	
1001985	415847	586138	196544	389594	40486
486800	253159	233640	92677	140964	66303
615141	231876	383265	115380	267886	48698
261721	106108	155614	22149	133465	
217957	86149	131809	53887	77922	5000
227271	111281	115990	37011	78979	19000
114505	32561	81944	11013	70932	
889186	145673	743513	101274	642239	
1374624	568066	806558	242685	563874	30000
1513336	360331	1153005	286056	866949	40509
55476	17099	38377	10118	28259	
561624	152116	409508	95838	313670	99780
897751	187882	709868	134817	575051	20000
1113643	439637	674006	183244	490762	16716
230106	83603	146503	47565	98938	
1326199	579065	747134	158090	589044	95420
239012	139594	99418	49179	50240	81
33588	11585	22003	9161	12841	2606
57171	26130	31041	18319	12723	
564702	300037	264665	77453	187212	50000
1087512	527347	560165	219949	340216	42742
903543	367361	536183	166829	369353	44979
524671	235051	289619	92680	196939	20000
620322	287474	332847	97026	235821	31500
171038	82782	88255	38590	49665	39880
2623	2623				
158187	44753	113434	83045	30390	405
229284	130027	99257	35231	64026	1200
23275	13742	9533	585	8948	
154240	77022	77219	25981	51237	
15850	6855	8995	1383	7611	

4-21 教育经费支出

地区	合计	个人部分	工资福利支出	对个人和家庭的补助支出	#助学金
合计	**27294815**	**13484394**	**9291201**	**4193193**	**1094231**
北京	1365856	570902	405507	165395	13673
天津	572912	371863	204307	167556	18025
河北	818775	473329	396237	77091	14821
山西	423453	219210	168398	50813	17335
内蒙古	214772	119708	74770	44938	5965
辽宁	527519	286215	197394	88821	15571
吉林	216223	113023	47015	66008	41227
黑龙江	543395	325439	214970	110469	19314
上海	251959	139887	126095	13792	4856
江苏	2328093	1000593	742717	257876	50212
浙江	1240341	582900	426609	156291	22798
安徽	169047	84731	52745	31986	8811
福建	647533	383117	278931	104186	7556
江西	55524	39192	25760	13433	5113
山东	3264722	1546820	1178825	367995	84415
河南	1362030	583356	437928	145428	17766
湖北	370016	205520	139594	65925	16823
湖南	305789	184438	128315	56123	15734
广东	6184124	2984751	2055613	929138	189518
广西	1433481	701170	445563	255607	65061
海南	319663	95955	76608	19346	10751
重庆	1018389	520271	288351	231920	66389
四川	764719	403513	282742	120771	48956
贵州	438591	244069	100095	143973	83512
云南	963534	430453	258728	171725	77225
西藏					
陕西	1082500	700106	430046	270059	158426
甘肃	7198	5776	2022	3754	2528
青海					
宁夏					
新疆	404655	168087	105315	62772	11851
大连	171681	65658	50633	15024	4734
宁波	92787	37655	31372	6283	717
厦门	123936	52326	35906	16420	575
青岛	189024	112424	71875	40549	23353
深圳	907120	281423	186273	95150	17126

明细(技工学校)

单位：千元

公用部分	商品和服务支出	其他资本性支出		基本建设支出
		专项公用支出	专项项目支出	

公用部分	商品和服务支出	其他资本性支出	专项公用支出	专项项目支出	基本建设支出
13355884	**6637556**	**6718328**	**3255336**	**3462992**	**454537**
794954	415688	379265	347080	32186	
201050	68566	132483	50837	81646	
345446	180015	165431	70829	94601	
187695	91889	95807	34594	61212	16547
95064	51888	43176	17323	25853	
241304	161904	79400	35910	43490	
93678	34734	58944	22709	36236	9522
217955	101306	116650	34092	82558	
112072	60314	51758	40596	11162	
1327500	497895	829604	219140	610464	
657441	280299	377142	136897	240245	
84316	45897	38419	14509	23910	
240370	142572	97798	50810	46988	24046
16332	6594	9738	8927	811	
1701136	773395	927741	438714	489027	16767
766899	353741	413159	213619	199540	11775
164496	59042	105454	39823	65631	
111351	91052	20299	16191	4107	10000
2979579	1691828	1287751	649050	638701	219794
651835	297224	354611	186050	168561	80477
223709	44259	179449	145815	33634	
483454	292645	190809	113193	77615	14664
327469	217213	110255	97480	12776	33737
194523	99875	94647	56658	37989	
529942	197434	332508	105810	226698	3139
368325	289776	78549	55856	22692	14070
1422	1042	380	20	360	
236569	89467	147102	52803	94298	
106024	83587	22437	19790	2647	
55132	39210	15922	12487	3435	
71610	37112	34498	14374	20124	
76600	49578	27022	18282	8740	
426697	270633	156065	128938	27127	199000

4-22 教育经费支出明细

地区	合计	个人部分			
			工资福利支出	对个人和家庭的补助支出	#助学金
合计	**27037504**	**13337200**	**9170506**	**4166694**	**1085902**
北京	1353488	559196	396432	162764	13656
天津	562130	364383	197768	166615	17441
河北	815741	471538	394553	76986	14821
山西	423453	219210	168398	50813	17335
内蒙古	214772	119708	74770	44938	5965
辽宁	527519	286215	197394	88821	15571
吉林	216223	113023	47015	66008	41227
黑龙江	496120	297111	197101	100010	17324
上海	240465	130709	117705	13003	4813
江苏	2250031	961696	708595	253102	48903
浙江	1240341	582900	426609	156291	22798
安徽	166041	82101	51861	30240	7078
福建	647533	383117	278931	104186	7556
江西	55524	39192	25760	13433	5113
山东	3264722	1546820	1178825	367995	84415
河南	1362030	583356	437928	145428	17766
湖北	370016	205520	139594	65925	16823
湖南	305789	184438	128315	56123	15734
广东	6184124	2984751	2055613	929138	189518
广西	1433481	701170	445563	255607	65061
海南	319663	95955	76608	19346	10751
重庆	996260	509037	277821	231216	66164
四川	695556	367563	251142	116421	46525
贵州	438591	244069	100095	143973	83512
云南	963534	430453	258728	171725	77225
西藏					
陕西	1082500	700106	430046	270059	158426
甘肃	7198	5776	2022	3754	2528
青海					
宁夏					
新疆	404655	168087	105315	62772	11851
大连	171681	65658	50633	15024	4734
宁波	92787	37655	31372	6283	717
厦门	123936	52326	35906	16420	575
青岛	189024	112424	71875	40549	23353
深圳	907120	281423	186273	95150	17126

(地方技工学校)

单位：千元

公用部分	商品和服务支出	其他资本性支出			基本建设支出
			专项公用支出	专项项目支出	
13245766	**6579493**	**6666273**	**3233179**	**3433094**	**454537**
794292	415026	379265	347080	32186	
197747	66774	130973	49327	81646	
344202	179285	164917	70487	94430	
187695	91889	95807	34594	61212	16547
95064	51888	43176	17323	25853	
241304	161904	79400	35910	43490	
93678	34734	58944	22709	36236	9522
199009	94758	104251	31832	72419	
109757	57999	51758	40596	11162	
1288335	479726	808609	216099	592511	
657441	280299	377142	136897	240245	
83940	45584	38356	14506	23850	
240370	142572	97798	50810	46988	24046
16332	6594	9738	8927	811	
1701136	773395	927741	438714	489027	16767
766899	353741	413159	213619	199540	11775
164496	59042	105454	39823	65631	
111351	91052	20299	16191	4107	10000
2979579	1691828	1287751	649050	638701	219794
651835	297224	354611	186050	168561	80477
223709	44259	179449	145815	33634	
472559	283882	188678	111199	77478	14664
294256	198444	95813	84475	11338	33737
194523	99875	94647	56658	37989	
529942	197434	332508	105810	226698	3139
368325	289776	78549	55856	22692	14070
1422	1042	380	20	360	
236569	89467	147102	52803	94298	
106024	83587	22437	19790	2647	
55132	39210	15922	12487	3435	
71610	37112	34498	14374	20124	
76600	49578	27022	18282	8740	
426697	270633	156065	128938	27127	199000

4-23 教育经费支出明细

地区	合计	个人部分	工资福利支出	对个人和家庭的补助支出	#助学金
合计	**9387757**	**6426734**	**4320877**	**2105856**	**184404**
北京	63494	43844	31322	12521	
天津	72726	59663	29608	30055	
河北	866003	707550	552905	154645	1732
山西	356862	301142	228119	73023	845
内蒙古	352920	294966	195749	99217	1760
辽宁	43937	29622	16460	13163	2924
吉林	713480	579431	336538	242894	2316
黑龙江	802282	656939	372349	284590	2910
上海	174956	62263	58526	3738	
江苏	623745	369730	239756	129974	4506
浙江	594370	351051	271872	79180	1010
安徽	251789	130622	86184	44439	6878
福建	31324	15901	13232	2670	44
江西	333593	235491	155693	79798	5178
山东	597555	447626	326109	121517	45501
河南	921115	526110	388760	137350	10584
湖北	73738	46647	28921	17727	4770
湖南	535715	339254	214387	124867	29077
广东	290050	171834	114198	57635	4534
广西	33213	15075	8941	6134	65
海南	5600	3232	2840	392	
重庆	547501	294988	179825	115163	871
四川	226780	142525	89896	52629	34500
贵州	60227	41155	26718	14437	1347
云南	387290	300238	196536	103702	1494
西藏					
陕西	170331	88601	60639	27962	728
甘肃	95505	64380	37028	27352	1047
青海	3932	3210	2363	847	
宁夏					
新疆	157721	103639	55404	48235	19784
大连	11830	5462	2616	2846	2184
宁波	332646	201863	161006	40857	54
厦门					
青岛	16966	13470	11813	1657	120
深圳	68989	37117	23790	13328	3629

（成人中等专业学校）

单位：千元

公用部分	商品和服务支出	其他资本性支出	专项公用支出	专项项目支出	基本建设支出
2946989	**2156454**	**790535**	**329184**	**461351**	**14035**
19651	14195	5456	5114	342	
13063	10170	2893	2893		
158453	135747	22706	17773	4933	
55720	44988	10732	8352	2380	
57954	45039	12915	4905	8010	
14314	13493	821	721	100	
134049	96940	37109	17307	19802	
141871	128036	13836	7230	6606	3471
112692	110849	1843	1843		
254015	134475	119540	22313	97227	
238786	182200	56586	26113	30474	4533
121167	91814	29354	8157	21197	
15423	7069	8354	8354		
98103	74899	23204	9567	13637	
149929	101905	48023	21168	26855	
391545	264230	127316	38797	88518	3460
27091	11653	15438	1608	13830	
196081	145125	50956	17787	33169	380
118217	85086	33131	28600	4531	
18137	15823	2314	2114	200	
2368	2277	91	91		
251816	181075	70742	44028	26714	697
82760	59632	23129	7182	15946	1494
19071	12332	6739	1165	5575	
87052	76298	10754	5701	5053	
81729	46587	35142	5705	29437	
31125	23436	7689	7546	143	
723	706	17	17		
54082	40374	13708	7034	6673	
6369	6319	49	49		
130783	102957	27826	12945	14882	
3496	1673	1823	391	1432	
31871	27943	3928	3721	207	

4-24 教育经费支出明细

地区	合计	个人部分	工资福利支出	对个人和家庭的补助支出	#助学金
合计	**9322193**	**6369577**	**4286675**	**2082903**	**168087**
北京	59322	40456	28734	11722	
天津	57747	47914	19139	28776	
河北	866003	707550	552905	154645	1732
山西	356862	301142	228119	73023	845
内蒙古	352920	294966	195749	99217	1760
辽宁	43937	29622	16460	13163	2924
吉林	713480	579431	336538	242894	2316
黑龙江	777167	635589	353939	281650	2910
上海	174956	62263	58526	3738	
江苏	623745	369730	239756	129974	4506
浙江	594370	351051	271872	79180	1010
安徽	251789	130622	86184	44439	6878
福建	31324	15901	13232	2670	44
江西	333593	235491	155693	79798	5178
山东	597555	447626	326109	121517	45501
河南	921115	526110	388760	137350	10584
湖北	73738	46647	28921	17727	4770
湖南	535715	339254	214387	124867	29077
广东	290050	171834	114198	57635	4534
广西	33213	15075	8941	6134	65
海南	5600	3232	2840	392	
重庆	547501	294988	179825	115163	871
四川	226780	142525	89896	52629	34500
贵州	60227	41155	26718	14437	1347
云南	386040	299133	195430	103702	1494
西藏					
陕西	170331	88601	60639	27962	728
甘肃	95505	64380	37028	27352	1047
青海	3932	3210	2363	847	
宁夏					
新疆	137673	84075	53775	30299	3467
大连	11830	5462	2616	2846	2184
宁波	332646	201863	161006	40857	54
厦门					
青岛	16966	13470	11813	1657	120
深圳	68989	37117	23790	13328	3629

（地方成人中等专业学校）

单位：千元

公用部分	商品和服务支出	其他资本性支出	专项公用支出	专项项目支出	基本建设支出
2938581	**2149339**	**789242**	**327940**	**461301**	**14035**
18866	13868	4998	4656	342	
9833	6958	2875	2875		
158453	135747	22706	17773	4933	
55720	44988	10732	8352	2380	
57954	45039	12915	4905	8010	
14314	13493	821	721	100	
134049	96940	37109	17307	19802	
138107	125077	13030	6474	6556	3471
112692	110849	1843	1843		
254015	134475	119540	22313	97227	
238786	182200	56586	26113	30474	4533
121167	91814	29354	8157	21197	
15423	7069	8354	8354		
98103	74899	23204	9567	13637	
149929	101905	48023	21168	26855	
391545	264230	127316	38797	88518	3460
27091	11653	15438	1608	13830	
196081	145125	50956	17787	33169	380
118217	85086	33131	28600	4531	
18137	15823	2314	2114	200	
2368	2277	91	91		
251816	181075	70742	44028	26714	697
82760	59632	23129	7182	15946	1494
19071	12332	6739	1165	5575	
86907	76163	10744	5691	5053	
81729	46587	35142	5705	29437	
31125	23436	7689	7546	143	
723	706	17	17		
53598	39893	13705	7032	6673	
6369	6319	49	49		
130783	102957	27826	12945	14882	
3496	1673	1823	391	1432	
31871	27943	3928	3721	207	

4-25 教育经费支出

地区	合计	个人部分			
			工资福利支出	对个人和家庭的补助支出	
					#助学金
合计	**954657107**	**619006855**	**450394009**	**168612846**	**35293984**
北京	28093871	16252769	10590991	5661778	124968
天津	13887220	9333735	5057004	4276731	98370
河北	37171722	24932640	20132897	4799742	1193010
山西	22887568	15934747	13187532	2747215	847157
内蒙古	20583512	13391828	9976512	3415316	980658
辽宁	23972584	17607991	12544199	5063792	368465
吉林	15766176	10739695	7360765	3378931	353690
黑龙江	21859602	15747612	10818298	4929314	284940
上海	23848213	13361427	12161195	1200232	424711
江苏	62607031	40762388	29925395	10836993	848567
浙江	49025995	32786457	25759870	7026587	1125364
安徽	37634101	23478611	16786499	6692112	1248234
福建	27070256	18054822	13981207	4073615	557931
江西	29404257	15888021	11613530	4274491	888140
山东	69432802	44977508	36486712	8490796	1205784
河南	52485754	30501302	20756528	9744775	2764954
湖北	32557769	22758129	15328051	7430078	972517
湖南	38511789	24221686	16752059	7469627	1555767
广东	84820633	55586342	40924703	14661639	1734448
广西	28788262	18279272	12179906	6099366	2267568
海南	8239552	4837109	4044137	792972	263809
重庆	23786566	15879652	11168143	4711509	1141912
四川	51889018	36575753	26030254	10545499	3482934
贵州	29976015	19645276	13072900	6572375	2233791
云南	31566522	20562419	13883583	6678836	3212526
西藏	5500299	3431555	2179520	1252035	644517
陕西	26902012	16015309	11789137	4226171	1501593
甘肃	18053487	12356389	8394683	3961706	1246029
青海	6321161	3625439	2378176	1247263	373416
宁夏	6465096	3854988	2792849	1062139	295876
新疆	25548261	17625987	12336775	5289212	1052339
大连	5219764	3756368	3047688	708680	68283
宁波	7698400	4810658	3821754	988904	192291
厦门	3218849	2002497	1370824	631674	34768
青岛	9921151	5557456	4029539	1527917	100223
深圳	12237723	7327197	5026363	2300834	56264

明细(中学)

单位：千元

公用部分	商品和服务支出	其他资本性支出	专项公用支出	专项项目支出	基本建设支出
320610210	**138689880**	**181920330**	**45765533**	**136154797**	**15040042**
11082431	5912314	5170118	2492452	2677665	758671
4489010	1532152	2956857	1280802	1676055	64475
11974987	5384963	6590024	1886295	4703729	264095
6665434	3543311	3122123	885749	2236374	287387
6476924	2877170	3599754	929552	2670201	714760
6315606	3930093	2385512	1117139	1268373	48988
4805015	2141288	2663728	839484	1824244	221465
5867700	3445988	2421713	598823	1822889	244290
10248329	6137096	4111233	2028604	2082629	238457
21722643	6223169	15499474	2373682	13125793	122000
16017184	6524161	9493022	1719111	7773912	222355
13596268	5161756	8434512	2164733	6269779	559223
8740985	3326705	5414280	1403623	4010657	274449
12847217	3360801	9486416	1377288	8109128	669019
24420162	7707222	16712939	2659239	14053700	35132
21012758	9749289	11263469	2234878	9028591	971694
9793504	3841034	5952470	1264670	4687800	6136
13809720	5837780	7971940	1947091	6024849	480383
27390973	16364426	11026547	4571994	6454553	1843317
9500460	3636588	5863872	1756500	4107372	1008530
3362548	1240467	2122081	796083	1325998	39895
7435802	3917011	3518791	934584	2584207	471113
14577056	6813042	7764015	1993175	5770840	736209
9765412	4292731	5472682	1273371	4199311	565327
10163948	4438051	5725896	866561	4859335	840156
1611614	458716	1152898	443838	709060	457130
10529356	4483921	6045435	1264243	4781192	357348
5115134	2179980	2935153	799176	2135977	581965
1836006	639301	1196705	253378	943327	859716
2474917	777593	1697323	466399	1230924	135191
6961109	2811761	4149349	1143017	3006332	961165
1435188	812042	623147	320103	303044	28208
2789542	969445	1820097	274518	1545580	98200
1134723	545827	588896	294287	294609	81629
4363695	1155531	3208165	555339	2652826	
3640075	2685784	954291	860464	93827	1270451

4-26 教育经费支出明细

地区	合计	个人部分	工资福利支出	对个人和家庭的补助支出	#助学金
合计	**949603097**	**615505533**	**447950489**	**167555044**	**35205694**
北京	27094386	15617548	10142694	5474854	121937
天津	13887220	9333735	5057004	4276731	98370
河北	37171722	24932640	20132897	4799742	1193010
山西	22887568	15934747	13187532	2747215	847157
内蒙古	20583512	13391828	9976512	3415316	980658
辽宁	23972584	17607991	12544199	5063792	368465
吉林	15577817	10636307	7275987	3360320	351864
黑龙江	21597128	15553727	10661055	4892672	281258
上海	23657792	13254747	12061340	1193407	423937
江苏	62607031	40762388	29925395	10836993	848567
浙江	49025995	32786457	25759870	7026587	1125364
安徽	37634101	23478611	16786499	6692112	1248234
福建	27070256	18054822	13981207	4073615	557931
江西	29404257	15888021	11613530	4274491	888140
山东	69432802	44977508	36486712	8490796	1205784
河南	52481855	30498622	20753919	9744703	2764954
湖北	32337442	22592486	15209799	7382686	972038
湖南	38479320	24197356	16733508	7463847	1554666
广东	84731558	55515052	40861143	14653909	1733257
广西	28788262	18279272	12179906	6099366	2267568
海南	8232065	4830915	4040438	790476	263738
重庆	23684929	15810669	11108352	4702317	1141592
四川	51889018	36575753	26030254	10545499	3482934
贵州	29976015	19645276	13072900	6572375	2233791
云南	31566522	20562419	13883583	6678836	3212526
西藏	5500299	3431555	2179520	1252035	644517
陕西	26765548	15932259	11726092	4206167	1498191
甘肃	18045769	12349767	8388224	3961543	1245926
青海	6321161	3625439	2378176	1247263	373416
宁夏	6465096	3854988	2792849	1062139	295876
新疆	22734067	15592632	11019393	4573238	980028
大连	5219764	3756368	3047688	708680	68283
宁波	7698400	4810658	3821754	988904	192291
厦门	3218849	2002497	1370824	631674	34768
青岛	9921151	5557456	4029539	1527917	100223
深圳	12237723	7327197	5026363	2300834	56264

(地方中学)

单位：千元

公用部分	商品和服务支出	其他资本性支出	专项公用支出	专项项目支出	基本建设支出
319212664	**137887588**	**181325075**	**45528818**	**135796257**	**14884901**
10718168	5643820	5074348	2425006	2649342	758671
4489010	1532152	2956857	1280802	1676055	64475
11974987	5384963	6590024	1886295	4703729	264095
6665434	3543311	3122123	885749	2236374	287387
6476924	2877170	3599754	929552	2670201	714760
6315606	3930093	2385512	1117139	1268373	48988
4720045	2061517	2658528	834284	1824244	221465
5799540	3405987	2393553	584314	1809238	243860
10164587	6094206	4070381	2018682	2051699	238457
21722643	6223169	15499474	2373682	13125793	122000
16017184	6524161	9493022	1719111	7773912	222355
13596268	5161756	8434512	2164733	6269779	559223
8740985	3326705	5414280	1403623	4010657	274449
12847217	3360801	9486416	1377288	8109128	669019
24420162	7707222	16712939	2659239	14053700	35132
21011539	9748118	11263421	2234830	9028591	971694
9738821	3802315	5936506	1251046	4685460	6136
13801582	5831348	7970234	1945569	6024664	480383
27373188	16351270	11021918	4569318	6452600	1843317
9500460	3636588	5863872	1756500	4107372	1008530
3361255	1239635	2121620	795709	1325911	39895
7403148	3895127	3508020	923814	2584207	471113
14577056	6813042	7764015	1993175	5770840	736209
9765412	4292731	5472682	1273371	4199311	565327
10163948	4438051	5725896	866561	4859335	840156
1611614	458716	1152898	443838	709060	457130
10475942	4452338	6023603	1261075	4762528	357348
5114037	2179594	2934444	798745	2135699	581965
1836006	639301	1196705	253378	943327	859716
2474917	777593	1697323	466399	1230924	135191
6334983	2554787	3780196	1035993	2744203	806452
1435188	812042	623147	320103	303044	28208
2789542	969445	1820097	274518	1545580	98200
1134723	545827	588896	294287	294609	81629
4363695	1155531	3208165	555339	2652826	
3640075	2685784	954291	860464	93827	1270451

4-27 教育经费支出明细

地区	合计	个人部分	工资福利支出	对个人和家庭的补助支出	#助学金
合计	**953954327**	**618686848**	**450150526**	**168536322**	**35293735**
北京	28046339	16252697	10590919	5661778	124968
天津	13866056	9312587	5043483	4269104	98370
河北	37171722	24932640	20132897	4799742	1193010
山西	22887568	15934747	13187532	2747215	847157
内蒙古	20583512	13391828	9976512	3415316	980658
辽宁	23972584	17607991	12544199	5063792	368465
吉林	15761994	10736133	7359488	3376644	353690
黑龙江	21859602	15747612	10818298	4929314	284940
上海	23815316	13336013	12137392	1198622	424700
江苏	62422336	40665520	29858758	10806761	848525
浙江	48831109	32673826	25669535	7004291	1125364
安徽	37634101	23478611	16786499	6692112	1248234
福建	27070256	18054822	13981207	4073615	557931
江西	29404257	15888021	11613530	4274491	888140
山东	69406809	44952421	36463385	8489036	1205784
河南	52483075	30501302	20756528	9744775	2764954
湖北	32552659	22753703	15324029	7429674	972517
湖南	38378045	24220129	16750612	7469516	1555767
广东	84770735	55557102	40905660	14651441	1734250
广西	28788262	18279272	12179906	6099366	2267568
海南	8239552	4837109	4044137	792972	263809
重庆	23786566	15879652	11168143	4711509	1141912
四川	51889018	36575753	26030254	10545499	3482934
贵州	29976015	19645276	13072900	6572375	2233791
云南	31566522	20562419	13883583	6678836	3212526
西藏	5500299	3431555	2179520	1252035	644517
陕西	26902012	16015309	11789137	4226171	1501593
甘肃	18053487	12356389	8394683	3961706	1246029
青海	6321161	3625439	2378176	1247263	373416
宁夏	6465096	3854988	2792849	1062139	295876
新疆	25548261	17625987	12336775	5289212	1052339
大连	5219764	3756368	3047688	708680	68283
宁波	7696901	4809665	3820898	988767	192291
厦门	3218849	2002497	1370824	631674	34768
青岛	9921151	5557456	4029539	1527917	100223
深圳	12237723	7327197	5026363	2300834	56264

(普通中学)

单位：千元

公用部分	商品和服务支出	其他资本性支出			基本建设支出
			专项公用支出	专项项目支出	
320227436	**138526006**	**181701430**	**45726229**	**135975201**	**15040042**
11034971	5903726	5131246	2476198	2655047	758671
4488994	1532136	2956857	1280802	1676055	64475
11974987	5384963	6590024	1886295	4703729	264095
6665434	3543311	3122123	885749	2236374	287387
6476924	2877170	3599754	929552	2670201	714760
6315606	3930093	2385512	1117139	1268373	48988
4804396	2140841	2663555	839396	1824159	221465
5867700	3445988	2421713	598823	1822889	244290
10240845	6129805	4111040	2028411	2082629	238457
21634817	6158230	15476587	2363499	13113087	122000
15934929	6457368	9477560	1710528	7767032	222355
13596268	5161756	8434512	2164733	6269779	559223
8740985	3326705	5414280	1403623	4010657	274449
12847217	3360801	9486416	1377288	8109128	669019
24419256	7706398	16712857	2659168	14053690	35132
21010079	9749289	11260790	2234242	9026548	971694
9792820	3840396	5952423	1264623	4687800	6136
13677534	5836634	7840900	1947085	5893815	480383
27370316	16351233	11019082	4568750	6450332	1843317
9500460	3636588	5863872	1756500	4107372	1008530
3362548	1240467	2122081	796083	1325998	39895
7435802	3917011	3518791	934584	2584207	471113
14577056	6813042	7764015	1993175	5770840	736209
9765412	4292731	5472682	1273371	4199311	565327
10163948	4438051	5725896	866561	4859335	840156
1611614	458716	1152898	443838	709060	457130
10529356	4483921	6045435	1264243	4781192	357348
5115134	2179980	2935153	799176	2135977	581965
1836006	639301	1196705	253378	943327	859716
2474917	777593	1697323	466399	1230924	135191
6961109	2811761	4149349	1143017	3006332	961165
1435188	812042	623147	320103	303044	28208
2789036	968995	1820041	274462	1545580	98200
1134723	545827	588896	294287	294609	81629
4363695	1155531	3208165	555339	2652826	
3640075	2685784	954291	860464	93827	1270451

4-28 教育经费支出明细

地区	合计	个人部分	工资福利支出	对个人和家庭的补助支出	#助学金
合 计	**948900317**	**615185526**	**447707007**	**167478520**	**35205445**
北 京	27046855	15617476	10142622	5474854	121937
天 津	13866056	9312587	5043483	4269104	98370
河 北	37171722	24932640	20132897	4799742	1193010
山 西	22887568	15934747	13187532	2747215	847157
内蒙古	20583512	13391828	9976512	3415316	980658
辽 宁	23972584	17607991	12544199	5063792	368465
吉 林	15573634	10632744	7274710	3358034	351864
黑龙江	21597128	15553727	10661055	4892672	281258
上 海	23624894	13229334	12037537	1191797	423927
江 苏	62422336	40665520	29858758	10806761	848525
浙 江	48831109	32673826	25669535	7004291	1125364
安 徽	37634101	23478611	16786499	6692112	1248234
福 建	27070256	18054822	13981207	4073615	557931
江 西	29404257	15888021	11613530	4274491	888140
山 东	69406809	44952421	36463385	8489036	1205784
河 南	52479176	30498622	20753919	9744703	2764954
湖 北	32332331	22588060	15205777	7382282	972038
湖 南	38345577	24195798	16732061	7463737	1554666
广 东	84681660	55485811	40842100	14643711	1733059
广 西	28788262	18279272	12179906	6099366	2267568
海 南	8232065	4830915	4040438	790476	263738
重 庆	23684929	15810669	11108352	4702317	1141592
四 川	51889018	36575753	26030254	10545499	3482934
贵 州	29976015	19645276	13072900	6572375	2233791
云 南	31566522	20562419	13883583	6678836	3212526
西 藏	5500299	3431555	2179520	1252035	644517
陕 西	26765548	15932259	11726092	4206167	1498191
甘 肃	18045769	12349767	8388224	3961543	1245926
青 海	6321161	3625439	2378176	1247263	373416
宁 夏	6465096	3854988	2792849	1062139	295876
新 疆	22734067	15592632	11019393	4573238	980028
大 连	5219764	3756368	3047688	708680	68283
宁 波	7696901	4809665	3820898	988767	192291
厦 门	3218849	2002497	1370824	631674	34768
青 岛	9921151	5557456	4029539	1527917	100223
深 圳	12237723	7327197	5026363	2300834	56264

(地方普通中学)

单位：千元

公用部分	商品和服务支出	其他资本性支出	专项公用支出	专项项目支出	基本建设支出
318829890	**137723714**	**181106176**	**45489514**	**135616661**	**14884901**
10670708	5635232	5035476	2408752	2626723	758671
4488994	1532136	2956857	1280802	1676055	64475
11974987	5384963	6590024	1886295	4703729	264095
6665434	3543311	3122123	885749	2236374	287387
6476924	2877170	3599754	929552	2670201	714760
6315606	3930093	2385512	1117139	1268373	48988
4719425	2061070	2658355	834196	1824159	221465
5799540	3405987	2393553	584314	1809238	243860
10157104	6086916	4070188	2018489	2051699	238457
21634817	6158230	15476587	2363499	13113087	122000
15934929	6457368	9477560	1710528	7767032	222355
13596268	5161756	8434512	2164733	6269779	559223
8740985	3326705	5414280	1403623	4010657	274449
12847217	3360801	9486416	1377288	8109128	669019
24419256	7706398	16712857	2659168	14053690	35132
21008860	9748118	11260741	2234194	9026548	971694
9738136	3801677	5936459	1250999	4685460	6136
13669396	5830202	7839194	1945563	5893630	480383
27352531	16338078	11014453	4566073	6448380	1843317
9500460	3636588	5863872	1756500	4107372	1008530
3361255	1239635	2121620	795709	1325911	39895
7403148	3895127	3508020	923814	2584207	471113
14577056	6813042	7764015	1993175	5770840	736209
9765412	4292731	5472682	1273371	4199311	565327
10163948	4438051	5725896	866561	4859335	840156
1611614	458716	1152898	443838	709060	457130
10475942	4452338	6023603	1261075	4762528	357348
5114037	2179594	2934444	798745	2135699	581965
1836006	639301	1196705	253378	943327	859716
2474917	777593	1697323	466399	1230924	135191
6334983	2554787	3780196	1035993	2744203	806452
1435188	812042	623147	320103	303044	28208
2789036	968995	1820041	274462	1545580	98200
1134723	545827	588896	294287	294609	81629
4363695	1155531	3208165	555339	2652826	
3640075	2685784	954291	860464	93827	1270451

4-29 教育经费支出明细

地区	合计	个人部分	工资福利支出	对个人和家庭的补助支出	#助学金
合计	**349909727**	**216424093**	**161144439**	**55279654**	**10963785**
北京	10949054	6512035	4289138	2222896	23899
天津	6046660	3739463	2031198	1708265	28818
河北	14006247	8873064	7220003	1653061	453760
山西	9202517	5998579	4982453	1016127	350466
内蒙古	8400343	5131592	3737452	1394139	510281
辽宁	8491160	5859255	4380067	1479188	178907
吉林	5480008	3536649	2435792	1100858	172717
黑龙江	7467153	5055645	3542951	1512694	171637
上海	8717672	4751613	4370206	381407	90788
江苏	23637359	14523966	11053859	3470107	264070
浙江	19225300	12338548	9992380	2346169	268529
安徽	14756271	8650058	6464448	2185610	444245
福建	9756666	6565093	5001360	1563733	134729
江西	10925661	5502711	3996206	1506505	343710
山东	24525629	15022952	12233564	2789388	373707
河南	16270513	8895664	6713183	2182481	734441
湖北	12412047	8028531	5802361	2226170	385086
湖南	12702864	7735516	5778583	1956932	365405
广东	33888024	21499250	15756404	5742846	577769
广西	9622763	5696998	3858984	1838013	575480
海南	2959020	1635339	1389996	245343	63223
重庆	9348313	6137793	4363755	1774038	471949
四川	18218460	12462716	9130956	3331760	1204996
贵州	10683916	6356526	4343384	2013141	514502
云南	9648685	5990837	4201539	1789299	489072
西藏	1988980	1137543	704070	433473	181680
陕西	10803950	5746565	4363282	1383283	540207
甘肃	6866079	4592715	3138026	1454688	398142
青海	2214758	1235649	828855	406793	108505
宁夏	2383160	1555282	1143128	412153	117675
新疆	8310493	5655946	3896852	1759094	425390
大连	2033578	1383401	1124654	258747	30492
宁波	3143489	1819066	1484726	334340	48637
厦门	1202324	739384	494746	244639	7115
青岛	4050385	1880538	1372896	507642	51492
深圳	4816212	2839980	1968154	871826	30145

(普通高中)

单位：千元

公用部分	商品和服务支出	其他资本性支出	专项公用支出	专项项目支出	基本建设支出
127582607	**56186070**	**71396537**	**18080513**	**53316024**	**5903028**
4147678	2364853	1782825	938845	843980	289341
2299370	688357	1611013	850480	760533	7827
5113828	2105654	3008174	802897	2205277	19356
3084403	1584487	1499916	386430	1113486	119535
2927650	1372821	1554829	390709	1164120	341101
2596391	1705918	890473	458235	432238	35514
1920509	832407	1088102	362762	725340	22850
2230646	1362792	867854	224240	643614	180862
3827341	2154757	1672584	743246	929338	138718
9054923	2671376	6383547	929918	5453629	58471
6784409	2885937	3898473	720317	3178155	102342
5729552	2181228	3548324	829809	2718516	376660
3141963	1350393	1791569	466713	1324856	49610
5208255	1338744	3869510	536743	3332767	214695
9502677	3097768	6404909	919981	5484928	
7087614	3711433	3376181	837338	2538843	287235
4383516	1721107	2662409	560044	2102365	
4842941	2278030	2564911	589694	1975216	124407
11666956	6791230	4875726	1825726	3050000	721817
3269819	1249849	2019969	737257	1282712	655946
1313588	575911	737677	363842	373835	10094
3081605	1728635	1352970	382951	970018	128915
5537818	2643272	2894545	745841	2148705	217926
4067406	1617636	2449769	502066	1947703	259985
3396537	1420796	1975741	331518	1644224	261310
614637	152376	462261	114083	348177	236800
4952373	2130572	2821801	601697	2220104	105012
2075085	974929	1100155	296879	803277	198279
722214	258600	463614	113297	350317	256896
777921	300535	477385	149328	328057	49958
2222982	933664	1289318	367626	921692	431566
629045	391808	237236	112972	124264	21133
1324422	425123	899300	110407	788893	
457859	279605	178254	71206	107048	5080
2169848	452537	1717311	141327	1575984	
1530543	1158996	371546	338394	33152	445690

4-30 教育经费支出明细

地区	合计	个人部分	工资福利支出	对个人和家庭的补助支出	#助学金
合计	**347516804**	**214810890**	**160007618**	**54803271**	**10921258**
北京	10320638	6110599	4010137	2100462	21444
天津	6046660	3739463	2031198	1708265	28818
河北	14006247	8873064	7220003	1653061	453760
山西	9202517	5998579	4982453	1016127	350466
内蒙古	8400343	5131592	3737452	1394139	510281
辽宁	8491160	5859255	4380067	1479188	178907
吉林	5392181	3482354	2398659	1083695	170936
黑龙江	7354948	4974246	3482124	1492122	168268
上海	8573992	4670846	4294308	376538	90120
江苏	23637359	14523966	11053859	3470107	264070
浙江	19225300	12338548	9992380	2346169	268529
安徽	14756271	8650058	6464448	2185610	444245
福建	9756666	6565093	5001360	1563733	134729
江西	10925661	5502711	3996206	1506505	343710
山东	24525629	15022952	12233564	2789388	373707
河南	16270513	8895664	6713183	2182481	734441
湖北	12219855	7886718	5696921	2189797	384607
湖南	12686865	7723079	5768996	1954084	364861
广东	33861652	21479364	15739270	5740094	577227
广西	9622763	5696998	3858984	1838013	575480
海南	2954408	1631522	1387715	243807	63179
重庆	9286768	6095935	4327441	1768495	471756
四川	18218460	12462716	9130956	3331760	1204996
贵州	10683916	6356526	4343384	2013141	514502
云南	9648685	5990837	4201539	1789299	489072
西藏	1988980	1137543	704070	433473	181680
陕西	10715069	5689607	4319277	1370330	537510
甘肃	6862488	4589666	3135046	1454620	398095
青海	2214758	1235649	828855	406793	108505
宁夏	2383160	1555282	1143128	412153	117675
新疆	7282889	4940457	3430634	1509823	395681
大连	2033578	1383401	1124654	258747	30492
宁波	3143489	1819066	1484726	334340	48637
厦门	1202324	739384	494746	244639	7115
青岛	4050385	1880538	1372896	507642	51492
深圳	4816212	2839980	1968154	871826	30145

(地方普通高中)

单位：千元

公用部分	商品和服务支出	其他资本性支出	专项公用支出	专项项目支出	基本建设支出
126873458	**55760143**	**71113315**	**17959214**	**53154102**	**5832456**
3920698	2198614	1722084	897579	824505	289341
2299370	688357	1611013	850480	760533	7827
5113828	2105654	3008174	802897	2205277	19356
3084403	1584487	1499916	386430	1113486	119535
2927650	1372821	1554829	390709	1164120	341101
2596391	1705918	890473	458235	432238	35514
1886977	800343	1086633	361293	725340	22850
2200270	1342245	858025	218436	639589	180432
3764428	2123686	1640743	735931	904812	138718
9054923	2671376	6383547	929918	5453629	58471
6784409	2885937	3898473	720317	3178155	102342
5729552	2181228	3548324	829809	2718516	376660
3141963	1350393	1791569	466713	1324856	49610
5208255	1338744	3869510	536743	3332767	214695
9502677	3097768	6404909	919981	5484928	
7087614	3711433	3376181	837338	2538843	287235
4333137	1686107	2647030	546665	2100365	
4839379	2274976	2564403	589301	1975102	124407
11660470	6785368	4875102	1825225	3049877	721817
3269819	1249849	2019969	737257	1282712	655946
1312793	575399	737394	363612	373782	10094
3061918	1715442	1346476	376458	970018	128915
5537818	2643272	2894545	745841	2148705	217926
4067406	1617636	2449769	502066	1947703	259985
3396537	1420796	1975741	331518	1644224	261310
614637	152376	462261	114083	348177	236800
4920451	2108790	2811661	599593	2212069	105012
2074543	974756	1099787	296658	803129	198279
722214	258600	463614	113297	350317	256896
777921	300535	477385	149328	328057	49958
1981008	837236	1143772	325502	818271	361424
629045	391808	237236	112972	124264	21133
1324422	425123	899300	110407	788893	
457859	279605	178254	71206	107048	5080
2169848	452537	1717311	141327	1575984	
1530543	1158996	371546	338394	33152	445690

4-31 教育经费支出明细

地区	合计				
		个人部分			
			工资福利支出	对个人和家庭的补助支出	
					#助学金
合计	**151252635**	**95224829**	**72716563**	**22508265**	**6412547**
北京	1232746	673816	527651	146165	3602
天津	1273256	754466	497606	256860	10289
河北	7432569	4719880	3884965	834915	269839
山西	4877165	3118964	2593090	525874	209058
内蒙古	3808984	2410346	1784560	625786	252717
辽宁	2148961	1495770	1184603	311166	46610
吉林	1765188	1092342	795113	297229	51978
黑龙江	2763269	1882783	1414299	468484	79470
上海	910751	597105	550991	46114	17285
江苏	8739902	5480302	4285391	1194911	129659
浙江	7224228	5043819	4126255	917564	128696
安徽	9098652	5361173	4066621	1294552	287892
福建	4902203	3477314	2751156	726158	80417
江西	6062934	3331850	2505409	826441	227886
山东	8452314	5744593	4937068	807525	154079
河南	9402658	5065559	3902146	1163413	476585
湖北	4256765	2760159	2092423	667736	198448
湖南	7067158	4448654	3438876	1009778	264100
广东	8356678	5187502	4053935	1133566	211935
广西	4807428	3174113	2151775	1022337	343845
海南	1184236	640896	538402	102494	40486
重庆	4127489	2671676	1907549	764127	273291
四川	10149685	7071304	5146915	1924389	773466
贵州	6816759	3944163	2786246	1157917	346669
云南	6003798	3762644	2698880	1063764	352355
西藏	1324712	776523	528142	248381	123309
陕西	6496200	3481598	2612997	868602	381285
甘肃	4261175	2919875	2088565	831310	275791
青海	1527262	799425	540064	259361	74958
宁夏	710216	522733	394566	128167	50003
新疆	4067294	2813482	1930304	883178	276542
大连	362139	227950	197880	30069	570
宁波	935431	610510	508198	102313	10826
厦门	82393	65501	44950	20550	687
青岛	315853	210687	163636	47051	5660
深圳					

(农村高中)

单位：千元

公用部分	商品和服务支出	其他资本性支出	专项公用支出	专项项目支出	基本建设支出
53458547	**23720082**	**29738466**	**6755766**	**22982699**	**2569258**
488036	232640	255396	59739	195657	70894
518790	130707	388083	61765	326319	
2694430	1161652	1532778	360250	1172529	18259
1655666	844182	811484	178114	633370	102535
1315245	667213	648032	155078	492954	83393
651691	420063	231628	101842	129786	1500
663276	252945	410332	123412	286919	9570
877085	485327	391758	74941	316817	3400
313646	196334	117311	44367	72944	
3259600	900994	2358607	362578	1996029	
2174047	1062705	1111342	255610	855732	6362
3688457	1479382	2209075	494106	1714968	49022
1408665	567220	841445	227449	613996	16224
2614164	925975	1688189	288911	1399278	116920
2707721	1151867	1555854	427970	1127884	
4136070	2162522	1973548	423879	1549669	201030
1496606	639080	857527	156234	701293	
2505268	1187083	1318185	311675	1006510	113235
3126352	1720340	1406012	484141	921872	42824
1508376	687018	821359	246278	575081	124939
533552	231732	301820	102787	199033	9788
1413177	731279	681897	133635	548262	42636
2887069	1420730	1466339	390058	1076282	191312
2646341	1010170	1636172	284871	1351301	226255
2013970	746697	1267273	181134	1086139	227183
405389	101712	303678	91188	212490	142800
2922373	1332266	1590107	294072	1296035	92229
1219338	574416	644922	184405	460517	121962
493648	168317	325331	69191	256140	234189
157482	95822	61661	26657	35004	30000
963015	431695	531320	159428	371892	290797
134190	77184	57006	8230	48776	
324921	142478	182443	33939	148504	
16892	15393	1499	899	600	
105166	35838	69328	22111	47217	

4-32 教育经费支出明细

地区	合计				
		个人部分			
			工资福利支出	对个人和家庭的补助支出	
					#助学金
合　计	**150540410**	**94715906**	**72365163**	**22350743**	**6396918**
北　京	1232746	673816	527651	146165	3602
天　津	1273256	754466	497606	256860	10289
河　北	7432569	4719880	3884965	834915	269839
山　西	4877165	3118964	2593090	525874	209058
内蒙古	3808984	2410346	1784560	625786	252717
辽　宁	2148961	1495770	1184603	311166	46610
吉　林	1765188	1092342	795113	297229	51978
黑龙江	2734702	1866055	1399954	466102	78459
上　海	910751	597105	550991	46114	17285
江　苏	8739902	5480302	4285391	1194911	129659
浙　江	7224228	5043819	4126255	917564	128696
安　徽	9098652	5361173	4066621	1294552	287892
福　建	4902203	3477314	2751156	726158	80417
江　西	6062934	3331850	2505409	826441	227886
山　东	8452314	5744593	4937068	807525	154079
河　南	9402658	5065559	3902146	1163413	476585
湖　北	4127849	2663994	2019172	644823	198046
湖　南	7067158	4448654	3438876	1009778	264100
广　东	8330306	5167616	4036802	1130814	211393
广　西	4807428	3174113	2151775	1022337	343845
海　南	1179623	637079	536121	100958	40442
重　庆	4127489	2671676	1907549	764127	273291
四　川	10149685	7071304	5146915	1924389	773466
贵　州	6816759	3944163	2786246	1157917	346669
云　南	6003798	3762644	2698880	1063764	352355
西　藏	1324712	776523	528142	248381	123309
陕　西	6496200	3481598	2612997	868602	381285
甘　肃	4257584	2916826	2085584	831241	275744
青　海	1527262	799425	540064	259361	74958
宁　夏	710216	522733	394566	128167	50003
新　疆	3547128	2444203	1688895	755309	262959
大　连	362139	227950	197880	30069	570
宁　波	935431	610510	508198	102313	10826
厦　门	82393	65501	44950	20550	687
青　岛	315853	210687	163636	47051	5660
深　圳					

(地方农村高中)

单位：千元

公用部分	商品和服务支出	其他资本性支出	专项公用支出	专项项目支出	基本建设支出
53296190	**23632915**	**29663275**	**6732102**	**22931173**	**2528314**
488036	232640	255396	59739	195657	70894
518790	130707	388083	61765	326319	
2694430	1161652	1532778	360250	1172529	18259
1655666	844182	811484	178114	633370	102535
1315245	667213	648032	155078	492954	83393
651691	420063	231628	101842	129786	1500
663276	252945	410332	123412	286919	9570
865246	477752	387495	72168	315327	3400
313646	196334	117311	44367	72944	
3259600	900994	2358607	362578	1996029	
2174047	1062705	1111342	255610	855732	6362
3688457	1479382	2209075	494106	1714968	49022
1408665	567220	841445	227449	613996	16224
2614164	925975	1688189	288911	1399278	116920
2707721	1151867	1555854	427970	1127884	
4136070	2162522	1973548	423879	1549669	201030
1463854	613638	850216	148923	701293	
2505268	1187083	1318185	311675	1006510	113235
3119866	1714478	1405388	483639	921749	42824
1508376	687018	821359	246278	575081	124939
532757	231220	301537	102557	198980	9788
1413177	731279	681897	133635	548262	42636
2887069	1420730	1466339	390058	1076282	191312
2646341	1010170	1636172	284871	1351301	226255
2013970	746697	1267273	181134	1086139	227183
405389	101712	303678	91188	212490	142800
2922373	1332266	1590107	294072	1296035	92229
1218797	574242	644554	184185	460369	121962
493648	168317	325331	69191	256140	234189
157482	95822	61661	26657	35004	30000
853073	384093	468980	146801	322179	249852
134190	77184	57006	8230	48776	
324921	142478	182443	33939	148504	
16892	15393	1499	899	600	
105166	35838	69328	22111	47217	

4-33 教育经费支出明细

地区	合计	个人部分	工资福利支出	对个人和家庭的补助支出	#助学金
合计	**604044600**	**402262756**	**289006088**	**113256668**	**24329950**
北京	17097285	9740662	6301780	3438881	101069
天津	7819395	5573124	3012285	2560839	69552
河北	23165474	16059576	12912894	3146681	739250
山西	13685050	9936168	8205079	1731088	496691
内蒙古	12183169	8260237	6239060	2021177	470377
辽宁	15481424	11748736	8164132	3584604	189558
吉林	10281985	7199483	4923697	2275787	180972
黑龙江	14392449	10691967	7275347	3416620	113302
上海	15097644	8584400	7767185	817215	333913
江苏	38784977	26141554	18804899	7336655	584455
浙江	29605809	20335277	15677155	4658122	856835
安徽	22877830	14828552	10322051	4506502	803988
福建	17313590	11489729	8979847	2509882	423202
江西	18478596	10385310	7617323	2767986	544430
山东	44881180	29929469	24229821	5699648	832076
河南	36212562	21605638	14043345	7562293	2030513
湖北	20140612	14725172	9521668	5203505	587431
湖南	25675182	16484613	10972029	5512584	1190362
广东	50882711	34057852	25149257	8908595	1156481
广西	19165500	12582275	8320922	4261352	1692089
海南	5280531	3201770	2654141	547629	200586
重庆	14438253	9741859	6804387	2937471	669963
四川	33670558	24113036	16899297	7213739	2277938
贵州	19292099	13288750	8729516	4559234	1719288
云南	21917837	14571582	9682044	4889537	2723454
西藏	3511319	2294011	1475450	818561	462838
陕西	16098062	10268744	7425855	2842889	961386
甘肃	11187408	7763674	5256656	2507017	847888
青海	4106403	2389790	1549320	840470	264911
宁夏	4081936	2299706	1649721	649985	178201
新疆	17237768	11970041	8439923	3530118	626949
大连	3186185	2372967	1923034	449933	37791
宁波	4553412	2990598	2336172	654427	143654
厦门	2016526	1263113	876078	387035	27653
青岛	5870766	3676918	2656643	1020275	48731
深圳	7421510	4487217	3058210	1429007	26118

(普通初中)

单位：千元

公用部分	商品和服务支出	其他资本性支出	专项公用支出	专项项目支出	基本建设支出
192644829	**82339936**	**110304893**	**27645716**	**82659177**	**9137014**
6887294	3538873	3348421	1537354	1811067	469330
2189623	843779	1345844	430322	915522	56648
6861159	3279309	3581850	1083398	2498452	244739
3581030	1958824	1622207	499319	1122888	167852
3549273	1504349	2044924	538843	1506081	373659
3719215	2224176	1495039	658904	836135	13474
2883887	1308433	1575453	476634	1098819	198615
3637054	2083195	1553859	374584	1179275	63428
6413504	3975048	2438456	1285164	1153291	99739
12579894	3486854	9093040	1433582	7659458	63529
9150519	3571432	5579087	990211	4588877	120013
7866716	2980528	4886187	1334924	3551263	182562
5599022	1976312	3622711	936910	2685801	224839
7638962	2022056	5616905	840545	4776361	454324
14916579	4608631	10307948	1739186	8568762	35132
13922465	6037856	7884609	1396905	6487704	684459
5409304	2119289	3290014	704579	2585435	6136
8834593	3558604	5275989	1357390	3918599	355976
15703359	9560003	6143356	2743023	3400333	1121500
6230641	2386739	3843902	1019242	2824660	352584
2048959	664556	1384404	432240	952163	29802
4354197	2188376	2165821	551633	1614189	342198
9039239	4169769	4869470	1247334	3622135	518283
5698007	2675094	3022912	771305	2251608	305342
6767410	3017255	3750155	535043	3215112	578846
996977	306340	690637	329755	360882	220330
5576982	2353348	3223634	662546	2561088	252336
3040049	1205051	1834998	502297	1332701	383686
1113792	380701	733091	140081	593010	602821
1696996	477058	1219938	317071	902867	85234
4738128	1878097	2860031	775391	2084640	529599
806144	420233	385911	207131	178780	7075
1464614	543872	920741	164055	756687	98200
676863	266222	410642	223082	187560	76549
2193848	702994	1490854	414012	1076842	
2109533	1526788	582745	522069	60675	824761

4-34 教育经费支出明细

地区	合计	个人部分	工资福利支出	对个人和家庭的补助支出	#助学金
合计	**601383513**	**400374637**	**287699388**	**112675248**	**24284187**
北京	16726217	9506877	6132485	3374392	100493
天津	7819395	5573124	3012285	2560839	69552
河北	23165474	16059576	12912894	3146681	739250
山西	13685050	9936168	8205079	1731088	496691
内蒙古	12183169	8260237	6239060	2021177	470377
辽宁	15481424	11748736	8164132	3584604	189558
吉林	10181453	7150390	4876051	2274338	180928
黑龙江	14242179	10579482	7178932	3400550	112990
上海	15050903	8558488	7743229	815259	333807
江苏	38784977	26141554	18804899	7336655	584455
浙江	29605809	20335277	15677155	4658122	856835
安徽	22877830	14828552	10322051	4506502	803988
福建	17313590	11489729	8979847	2509882	423202
江西	18478596	10385310	7617323	2767986	544430
山东	44881180	29929469	24229821	5699648	832076
河南	36208663	21602958	14040737	7562222	2030513
湖北	20112476	14701342	9508856	5192485	587431
湖南	25658712	16472719	10963066	5509653	1189805
广东	50820008	34006447	25102830	8903617	1155832
广西	19165500	12582275	8320922	4261352	1692089
海南	5277656	3199393	2652723	546669	200559
重庆	14398161	9714733	6780911	2933822	669836
四川	33670558	24113036	16899297	7213739	2277938
贵州	19292099	13288750	8729516	4559234	1719288
云南	21917837	14571582	9682044	4889537	2723454
西藏	3511319	2294011	1475450	818561	462838
陕西	16050479	10242652	7406814	2835838	960681
甘肃	11183281	7760101	5253178	2506923	847831
青海	4106403	2389790	1549320	840470	264911
宁夏	4081936	2299706	1649721	649985	178201
新疆	15451178	10652174	7588759	3063415	584347
大连	3186185	2372967	1923034	449933	37791
宁波	4553412	2990598	2336172	654427	143654
厦门	2016526	1263113	876078	387035	27653
青岛	5870766	3676918	2656643	1020275	48731
深圳	7421510	4487217	3058210	1429007	26118

(地方普通初中)

单位：千元

公用部分	商品和服务支出	其他资本性支出			基本建设支出
			专项公用支出	专项项目支出	
191956432	**81963572**	**109992860**	**27530301**	**82462559**	**9052445**
6750010	3436618	3313392	1511173	1802219	469330
2189623	843779	1345844	430322	915522	56648
6861159	3279309	3581850	1083398	2498452	244739
3581030	1958824	1622207	499319	1122888	167852
3549273	1504349	2044924	538843	1506081	373659
3719215	2224176	1495039	658904	836135	13474
2832448	1260726	1571722	472903	1098819	198615
3599270	2063742	1535528	365878	1169650	63428
6392675	3963230	2429445	1282558	1146887	99739
12579894	3486854	9093040	1433582	7659458	63529
9150519	3571432	5579087	990211	4588877	120013
7866716	2980528	4886187	1334924	3551263	182562
5599022	1976312	3622711	936910	2685801	224839
7638962	2022056	5616905	840545	4776361	454324
14916579	4608631	10307948	1739186	8568762	35132
13921245	6036685	7884561	1396856	6487704	684459
5404999	2115569	3289429	704334	2585095	6136
8830017	3555226	5274791	1356262	3918529	355976
15692061	9552709	6139351	2740849	3398503	1121500
6230641	2386739	3843902	1019242	2824660	352584
2048462	664236	1384226	432097	952130	29802
4341230	2179685	2161544	547356	1614189	342198
9039239	4169769	4869470	1247334	3622135	518283
5698007	2675094	3022912	771305	2251608	305342
6767410	3017255	3750155	535043	3215112	578846
996977	306340	690637	329755	360882	220330
5555491	2343549	3211942	661483	2550460	252336
3039494	1204838	1834656	502086	1332570	383686
1113792	380701	733091	140081	593010	602821
1696996	477058	1219938	317071	902867	85234
4353975	1717551	2636424	710491	1925933	445029
806144	420233	385911	207131	178780	7075
1464614	543872	920741	164055	756687	98200
676863	266222	410642	223082	187560	76549
2193848	702994	1490854	414012	1076842	
2109533	1526788	582745	522069	60675	824761

4-35 教育经费支出明细

地 区	合 计	个人部分	工资福利支出	对个人和家庭的补助支出	#助学金
合 计	**365955044**	**251787373**	**180433708**	**71353665**	**19561945**
北 京	3407713	1769610	1287103	482508	19523
天 津	2390439	1781666	1138787	642879	4410
河 北	16347092	11049433	8848058	2201375	694716
山 西	8953960	6632151	5433682	1198469	419441
内蒙古	7397674	5195965	3909897	1286068	337735
辽 宁	6500550	5125702	3620659	1505043	134999
吉 林	6165882	4281645	2995283	1286361	161319
黑龙江	7868472	5747003	4065148	1681855	105011
上 海	2243143	1580009	1431567	148442	59050
江 苏	18551816	13160327	9509949	3650378	124743
浙 江	14813519	10594561	8157384	2437178	456446
安 徽	17720663	11685363	7985047	3700316	693503
福 建	10739649	7484935	5908797	1576138	344036
江 西	14020943	8097922	6033814	2064108	455101
山 东	27178355	18178972	15000397	3178575	604695
河 南	26397312	16252981	10222766	6030216	1785927
湖 北	12298252	9022464	5781321	3241144	520914
湖 南	18957115	12754162	8457692	4296470	810632
广 东	20369714	14004349	10836326	3168023	447014
广 西	14246532	10052488	6535120	3517367	1552384
海 南	3245017	2044714	1674899	369815	132980
重 庆	8758022	6218499	4394481	1824018	551740
四 川	24829595	18210231	12606519	5603712	2000749
贵 州	15114779	11002282	7263974	3738308	1621573
云 南	17142801	12223850	8067135	4156714	2543922
西 藏	2672119	1886685	1229584	657101	421973
陕 西	11339770	7551183	5296060	2255123	820494
甘 肃	8865739	6232377	4298671	1933706	818600
青 海	3049137	1761848	1137517	624330	247384
宁 夏	2385907	1444234	1020766	423468	144904
新 疆	11983363	8759762	6285305	2474457	526027
大 连	763850	583151	474376	108775	93
宁 波	1848167	1154999	905717	249282	50803
厦 门	244803	194057	131828	62230	6660
青 岛	1942660	1261385	933686	327699	12583
深 圳					

(农村初中)

单位：千元

公用部分	商品和服务支出	其他资本性支出	专项公用支出	专项项目支出	基本建设支出
108760028	**45007856**	**63752172**	**13851324**	**49900847**	**5407643**
1579937	508176	1071761	405620	666141	58165
608773	217036	391738	33895	357843	
5074483	2305391	2769092	802220	1966872	223176
2190706	1221733	968972	296243	672730	131103
2063593	867240	1196353	360947	835406	138116
1362561	833906	528655	178369	350286	12287
1703112	720136	982976	245274	737702	181125
2058237	1152966	905272	175516	729756	63232
663133	482045	181089	89803	91286	
5389161	1540469	3848692	662016	3186676	2328
4201648	1622354	2579294	491454	2087840	17310
5852738	2413158	3439580	944117	2495463	182562
3116350	1150211	1966139	467367	1498772	138364
5567805	1603719	3964087	558382	3405705	355216
8964251	2683304	6280946	921521	5359426	35132
9831916	4253004	5578912	932943	4645969	312414
3273952	1137584	2136368	300231	1836137	1836
5869517	2580456	3289061	736061	2553000	333436
6292603	3544367	2748235	970384	1777851	72763
3994406	1688700	2305707	571753	1733954	199638
1170648	337498	833150	240258	592892	29655
2419099	1253034	1166066	307720	858345	120424
6179269	2798778	3380491	770665	2609826	440095
3877527	1869390	2008137	484704	1523433	234970
4549606	1923466	2626140	392281	2233859	369346
569604	229455	340149	119852	220297	215830
3561393	1514420	2046973	307336	1739637	227195
2311942	886757	1425185	377392	1047793	321420
807677	280499	527178	99672	427506	479612
863533	273563	589970	202406	387564	78140
2790848	1115042	1675806	404924	1270882	432753
174028	86243	87786	43997	43789	6670
693168	203607	489562	74548	415014	
50746	29542	21204	3060	18143	
681275	183535	497740	144907	352832	

4-36 教育经费支出明细

地区	合计	个人部分	工资福利支出	对个人和家庭的补助支出	#助学金
合计	**364311221**	**250572770**	**179614025**	**70958746**	**19525702**
北京	3397011	1763232	1281618	481613	19523
天津	2390439	1781666	1138787	642879	4410
河北	16347092	11049433	8848058	2201375	694716
山西	8953960	6632151	5433682	1198469	419441
内蒙古	7397674	5195965	3909897	1286068	337735
辽宁	6500550	5125702	3620659	1505043	134999
吉林	6165882	4281645	2995283	1286361	161319
黑龙江	7795484	5690922	4017020	1673902	104987
上海	2243143	1580009	1431567	148442	59050
江苏	18551816	13160327	9509949	3650378	124743
浙江	14813519	10594561	8157384	2437178	456446
安徽	17720663	11685363	7985047	3700316	693503
福建	10739649	7484935	5908797	1576138	344036
江西	14020943	8097922	6033814	2064108	455101
山东	27178355	18178972	15000397	3178575	604695
河南	26397312	16252981	10222766	6030216	1785927
湖北	12298252	9022464	5781321	3241144	520914
湖南	18957115	12754162	8457692	4296470	810632
广东	20307011	13952944	10789899	3163045	446365
广西	14246532	10052488	6535120	3517367	1552384
海南	3242142	2042337	1673481	368856	132952
重庆	8758022	6218499	4394481	1824018	551740
四川	24829595	18210231	12606519	5603712	2000749
贵州	15114779	11002282	7263974	3738308	1621573
云南	17142801	12223850	8067135	4156714	2543922
西藏	2672119	1886685	1229584	657101	421973
陕西	11339770	7551183	5296060	2255123	820494
甘肃	8861611	6228804	4295193	1933611	818544
青海	3049137	1761848	1137517	624330	247384
宁夏	2385907	1444234	1020766	423468	144904
新疆	10492935	7664973	5570556	2094417	490541
大连	763850	583151	474376	108775	93
宁波	1848167	1154999	905717	249282	50803
厦门	244803	194057	131828	62230	6660
青岛	1942660	1261385	933686	327699	12583
深圳					

(地方农村初中)

单位：千元

公用部分	商品和服务支出	其他资本性支出			基本建设支出
			专项公用支出	专项项目支出	
108408068	**44853211**	**63554856**	**13795685**	**49759172**	**5330383**
1575614	505502	1070112	405217	664896	58165
608773	217036	391738	33895	357843	
5074483	2305391	2769092	802220	1966872	223176
2190706	1221733	968972	296243	672730	131103
2063593	867240	1196353	360947	835406	138116
1362561	833906	528655	178369	350286	12287
1703112	720136	982976	245274	737702	181125
2041330	1142754	898576	171993	726583	63232
663133	482045	181089	89803	91286	
5389161	1540469	3848692	662016	3186676	2328
4201648	1622354	2579294	491454	2087840	17310
5852738	2413158	3439580	944117	2495463	182562
3116350	1150211	1966139	467367	1498772	138364
5567805	1603719	3964087	558382	3405705	355216
8964251	2683304	6280946	921521	5359426	35132
9831916	4253004	5578912	932943	4645969	312414
3273952	1137584	2136368	300231	1836137	1836
5869517	2580456	3289061	736061	2553000	333436
6281304	3537073	2744231	968209	1776021	72763
3994406	1688700	2305707	571753	1733954	199638
1170151	337178	832973	240115	592858	29655
2419099	1253034	1166066	307720	858345	120424
6179269	2798778	3380491	770665	2609826	440095
3877527	1869390	2008137	484704	1523433	234970
4549606	1923466	2626140	392281	2233859	369346
569604	229455	340149	119852	220297	215830
3561393	1514420	2046973	307336	1739637	227195
2311387	886544	1424843	377181	1047662	321420
807677	280499	527178	99672	427506	479612
863533	273563	589970	202406	387564	78140
2472468	981110	1491358	355740	1135618	355493
174028	86243	87786	43997	43789	6670
693168	203607	489562	74548	415014	
50746	29542	21204	3060	18143	
681275	183535	497740	144907	352832	

4-37 教育经费支出明细

地区	合计	个人部分	工资福利支出	对个人和家庭的补助支出	#助学金
合计	**702781**	**320007**	**243483**	**76524**	**250**
北京	47532	72	72		
天津	21164	21148	13520	7627	
河北					
山西					
内蒙古					
辽宁					
吉林	4182	3563	1277	2286	
黑龙江					
上海	32897	25414	23803	1611	10
江苏	184695	96869	66637	30232	42
浙江	194886	112631	90335	22296	
安徽					
福建					
江西					
山东	25993	25087	23327	1760	
河南	2679				
湖北	5111	4426	4022	404	
湖南	133743	1557	1447	110	
广东	49898	29241	19043	10198	198
广西					
海南					
重庆					
四川					
贵州					
云南					
西藏					
陕西					
甘肃					
青海					
宁夏					
新疆					
大连					
宁波	1499	993	856	137	
厦门					
青岛					
深圳					

(成人中学)

单位：千元

公用部分	商品和服务支出	其他资本性支出			基本建设支出
			专项公用支出	专项项目支出	
382774	**163874**	**218900**	**39304**	**179596**	
47460	8588	38872	16254	22618	
16	16				
620	447	172	88	85	
7484	7290	193	193		
87826	64939	22888	10182	12705	
82255	66793	15462	8583	6879	
906	824	82	71	11	
2679		2679	636	2043	
684	638	47	47		
132186	1146	131040	6	131034	
20658	13193	7465	3245	4220	
505	450	56	56		

4-38 教育经费支出

地区	合计	个人部分	工资福利支出	对个人和家庭的补助支出	#助学金
合计	**972704959**	**669939653**	**447583552**	**222356101**	**31596411**
北京	26788848	14978970	9903160	5075809	127370
天津	11042106	8111769	4251928	3859841	79255
河北	42363561	30181996	22444311	7737685	778084
山西	22659167	17079172	12969477	4109695	429536
内蒙古	21875508	16588644	10889635	5699009	672012
辽宁	22080333	17114380	11134537	5979844	196285
吉林	17105952	12527261	8078835	4448425	200693
黑龙江	21291406	16552525	9801416	6751109	290399
上海	18878010	11146877	10024139	1122738	484757
江苏	65595068	42755762	27149323	15606439	1147036
浙江	46256281	32884924	23312401	9572523	1247520
安徽	37802604	25281700	15709686	9572014	876896
福建	29429634	19993573	14071966	5921607	366170
江西	34211824	21189027	13538460	7650568	771690
山东	58812688	40072721	31834820	8237901	845474
河南	53127113	32735276	22149030	10586247	2618003
湖北	30060986	20570566	13125880	7444686	874675
湖南	37951119	23758651	16082458	7676193	1472659
广东	87278474	59641361	40977330	18664032	1611379
广西	34188014	24735778	15118032	9617746	1631291
海南	9128507	5994257	5175838	818419	166220
重庆	24624913	17094310	10319281	6775029	863307
四川	54404579	39889094	24844034	15045060	3106396
贵州	31640843	24219709	14687222	9532487	1730385
云南	37822613	28031084	17276207	10754877	3785386
西藏	8230632	5207323	3196449	2010873	1106445
陕西	26593009	16900109	11054861	5845248	1463954
甘肃	20242435	14835173	8800518	6034656	1211095
青海	7007756	4339375	2645591	1693784	525779
宁夏	6510828	4194494	2748894	1445600	233315
新疆	27700151	21333794	14267836	7065959	682943
大连	4169758	2914994	2387391	527603	4480
宁波	6935875	4744293	3566964	1177329	186758
厦门	3707411	2462040	1696880	765160	30759
青岛	8291709	5357190	3656378	1700812	76144
深圳	14419947	8636318	5938200	2698117	75366

明细(小学)

单位：千元

公用部分	商品和服务支出	其他资本性支出	专项公用支出	专项项目支出	基本建设支出
294731670	**132966724**	**161764946**	**41541700**	**120223246**	**8033636**
11344312	6975230	4369082	2163866	2205216	465566
2930337	1457386	1472951	651296	821654	
12095124	5796712	6298411	1925717	4372695	86441
5484645	3161719	2322926	732139	1590786	95350
4948382	2242420	2705962	666653	2039309	338481
4941918	3121684	1820234	813937	1006297	24034
4542096	2132251	2409845	656157	1753688	36595
4653241	2727377	1925864	458205	1467659	85640
7670263	5370046	2300217	1461462	838755	60871
22810695	6012594	16798100	2352647	14445453	28612
13201806	5917490	7284316	1591231	5693085	169551
12369736	4673972	7695764	2047631	5648133	151167
9132486	3579408	5553078	1387392	4165687	303574
12734984	3764499	8970485	1660397	7310088	287813
18733758	6462795	12270963	2352784	9918179	6210
20020377	10119930	9900447	1956409	7944038	371459
9487367	3498207	5989160	1246395	4742766	3053
14003664	5242078	8761586	1744340	7017246	188804
26647318	16043215	10604103	5396322	5207781	989795
9069501	3929323	5140178	1227638	3912539	382735
3098563	1090380	2008183	737936	1270247	35688
7231667	4016374	3215293	1014583	2200710	298935
13858270	6508412	7349858	1825138	5524719	657216
7187011	3828359	3358652	942342	2416310	234124
9280370	4078985	5201385	825139	4376246	511160
2842160	660260	2181900	320574	1861326	181150
9399673	4015737	5383936	1156904	4227033	293227
4949678	2150697	2798981	723818	2075163	457584
1767760	675630	1092130	227666	864464	900620
2230490	777280	1453211	447074	1006137	85843
6064018	2936274	3127744	827907	2299836	302340
1241224	650484	590740	319419	271321	13540
2162842	849860	1312981	254494	1058488	28741
1114496	484660	629836	269082	360754	130875
2934519	1168392	1766127	471640	1294487	
5102138	3485331	1616807	1486055	130752	681492

4-39 教育经费支出明细

地区	合计	个人部分	工资福利支出	对个人和家庭的补助支出	#助学金
合计	**969026833**	**667272859**	**445739142**	**221533717**	**31526706**
北京	26427453	14756956	9728786	5028170	126764
天津	11015143	8092535	4239836	3852699	79255
河北	42363561	30181996	22444311	7737685	778084
山西	22655917	17076245	12966550	4109695	429536
内蒙古	21875508	16588644	10889635	5699009	672012
辽宁	22080333	17114380	11134537	5979844	196285
吉林	17039433	12483708	8042950	4440758	200693
黑龙江	21112217	16415884	9690586	6725297	290305
上海	18868357	11139377	10017145	1122232	484757
江苏	65595068	42755762	27149323	15606439	1147036
浙江	46256281	32884924	23312401	9572523	1247520
安徽	37802604	25281700	15709686	9572014	876896
福建	29429634	19993573	14071966	5921607	366170
江西	34211254	21188481	13537913	7650568	771690
山东	58812688	40072721	31834820	8237901	845474
河南	53121125	32730598	22146224	10584374	2618003
湖北	30031606	20552096	13111180	7440916	874675
湖南	37934667	23746381	16071107	7675275	1472659
广东	87183578	59559167	40903092	18656075	1610619
广西	34188014	24735778	15118032	9617746	1631291
海南	9122736	5989480	5172979	816501	166165
重庆	24599431	17075240	10303578	6771662	863307
四川	54399035	39883986	24839304	15044682	3106343
贵州	31640843	24219709	14687222	9532487	1730385
云南	37822613	28031084	17276207	10754877	3785386
西藏	8230632	5207323	3196449	2010873	1106445
陕西	26503861	16830346	10992001	5838345	1463946
甘肃	20230996	14825742	8792111	6033630	1210359
青海	7007756	4339375	2645591	1693784	525779
宁夏	6510828	4194494	2748894	1445600	233315
新疆	24953664	19325177	12964727	6360450	615552
大连	4169758	2914994	2387391	527603	4480
宁波	6935875	4744293	3566964	1177329	186758
厦门	3707411	2462040	1696880	765160	30759
青岛	8291709	5357190	3656378	1700812	76144
深圳	14419947	8636318	5938200	2698117	75366

(地方小学)

单位：千元

公用部分	商品和服务支出	其他资本性支出			基本建设支出
			专项公用支出	专项项目支出	
293817811	**132546739**	**161271073**	**41382020**	**119889053**	**7936163**
11204931	6892558	4312372	2134755	2177617	465566
2922608	1454750	1467858	647323	820534	
12095124	5796712	6298411	1925717	4372695	86441
5484322	3161674	2322649	731862	1590786	95350
4948382	2242420	2705962	666653	2039309	338481
4941918	3121684	1820234	813937	1006297	24034
4519130	2110629	2408501	654813	1753688	36595
4610694	2706277	1904417	449906	1454511	85640
7668109	5368259	2299851	1461096	838755	60871
22810695	6012594	16798100	2352647	14445453	28612
13201806	5917490	7284316	1591231	5693085	169551
12369736	4673972	7695764	2047631	5648133	151167
9132486	3579408	5553078	1387392	4165687	303574
12734961	3764476	8970485	1660397	7310088	287813
18733758	6462795	12270963	2352784	9918179	6210
20019068	10118684	9900383	1956345	7944038	371459
9476457	3490811	5985646	1245880	4739766	3053
13999482	5238629	8760853	1743732	7017121	188804
26634617	16035800	10598817	5393995	5204822	989795
9069501	3929323	5140178	1227638	3912539	382735
3097569	1089740	2007829	737648	1270181	35688
7225255	4012967	3212288	1011578	2200710	298935
13857833	6507998	7349835	1825136	5524699	657216
7187011	3828359	3358652	942342	2416310	234124
9280370	4078985	5201385	825139	4376246	511160
2842160	660260	2181900	320574	1861326	181150
9380288	4000149	5380140	1154799	4225340	293227
4947670	2149581	2798088	723269	2074819	457584
1767760	675630	1092130	227666	864464	900620
2230490	777280	1453211	447074	1006137	85843
5423621	2686844	2736776	721060	2015716	204866
1241224	650484	590740	319419	271321	13540
2162842	849860	1312981	254494	1058488	28741
1114496	484660	629836	269082	360754	130875
2934519	1168392	1766127	471640	1294487	
5102138	3485331	1616807	1486055	130752	681492

4-40 教育经费支出明细

地区	合计	个人部分	工资福利支出	对个人和家庭的补助支出	#助学金
合计	**972623538**	**669927963**	**447575173**	**222352791**	**31596411**
北京	26788848	14978970	9903160	5075809	127370
天津	11042106	8111769	4251928	3859841	79255
河北	42363561	30181996	22444311	7737685	778084
山西	22659167	17079172	12969477	4109695	429536
内蒙古	21875508	16588644	10889635	5699009	672012
辽宁	22080333	17114380	11134537	5979844	196285
吉林	17105952	12527261	8078835	4448425	200693
黑龙江	21291406	16552525	9801416	6751109	290399
上海	18878010	11146877	10024139	1122738	484757
江苏	65595068	42755762	27149323	15606439	1147036
浙江	46256281	32884924	23312401	9572523	1247520
安徽	37802604	25281700	15709686	9572014	876896
福建	29420639	19986781	14065915	5920866	366170
江西	34211824	21189027	13538460	7650568	771690
山东	58810227	40070259	31834820	8235439	845474
河南	53127113	32735276	22149030	10586247	2618003
湖北	30060986	20570566	13125880	7444686	874675
湖南	37883953	23758551	16082358	7676193	1472659
广东	87278474	59641361	40977330	18664032	1611379
广西	34187964	24735778	15118032	9617746	1631291
海南	9128507	5994257	5175838	818419	166220
重庆	24622841	17092498	10317531	6774967	863307
四川	54404086	39888634	24843620	15045014	3106396
贵州	31640843	24219709	14687222	9532487	1730385
云南	37822428	28031019	17276142	10754877	3785386
西藏	8230632	5207323	3196449	2010873	1106445
陕西	26593009	16900109	11054861	5845248	1463954
甘肃	20242435	14835173	8800518	6034656	1211095
青海	7007756	4339375	2645591	1693784	525779
宁夏	6510828	4194494	2748894	1445600	233315
新疆	27700151	21333794	14267836	7065959	682943
大连	4169758	2914994	2387391	527603	4480
宁波	6935875	4744293	3566964	1177329	186758
厦门	3707411	2462040	1696880	765160	30759
青岛	8291709	5357190	3656378	1700812	76144
深圳	14419947	8636318	5938200	2698117	75366

(普通小学)

单位：千元

公用部分	商品和服务支出	其他资本性支出			基本建设支出
			专项公用支出	专项项目支出	
294661938	**132964035**	**161697903**	**41541623**	**120156280**	**8033636**
11344312	6975230	4369082	2163866	2205216	465566
2930337	1457386	1472951	651296	821654	
12095124	5796712	6298411	1925717	4372695	86441
5484645	3161719	2322926	732139	1590786	95350
4948382	2242420	2705962	666653	2039309	338481
4941918	3121684	1820234	813937	1006297	24034
4542096	2132251	2409845	656157	1753688	36595
4653241	2727377	1925864	458205	1467659	85640
7670263	5370046	2300217	1461462	838755	60871
22810695	6012594	16798100	2352647	14445453	28612
13201806	5917490	7284316	1591231	5693085	169551
12369736	4673972	7695764	2047631	5648133	151167
9130285	3577283	5553002	1387315	4165687	303574
12734984	3764499	8970485	1660397	7310088	287813
18733758	6462795	12270963	2352784	9918179	6210
20020377	10119930	9900447	1956409	7944038	371459
9487367	3498207	5989160	1246395	4742766	3053
13936597	5241978	8694620	1744340	6950280	188804
26647318	16043215	10604103	5396322	5207781	989795
9069451	3929273	5140178	1227638	3912539	382735
3098563	1090380	2008183	737936	1270247	35688
7231407	4016114	3215293	1014583	2200710	298935
13858236	6508378	7349858	1825138	5524719	657216
7187011	3828359	3358652	942342	2416310	234124
9280250	4078865	5201385	825139	4376246	511160
2842160	660260	2181900	320574	1861326	181150
9399673	4015737	5383936	1156904	4227033	293227
4949678	2150697	2798981	723818	2075163	457584
1767760	675630	1092130	227666	864464	900620
2230490	777280	1453211	447074	1006137	85843
6064018	2936274	3127744	827907	2299836	302340
1241224	650484	590740	319419	271321	13540
2162842	849860	1312981	254494	1058488	28741
1114496	484660	629836	269082	360754	130875
2934519	1168392	1766127	471640	1294487	
5102138	3485331	1616807	1486055	130752	681492

4-41 教育经费支出明细

地区	合计	个人部分	工资福利支出	对个人和家庭的补助支出	#助学金
合计	**968945411**	**667261168**	**445730762**	**221530406**	**31526706**
北京	26427453	14756956	9728786	5028170	126764
天津	11015143	8092535	4239836	3852699	79255
河北	42363561	30181996	22444311	7737685	778084
山西	22655917	17076245	12966550	4109695	429536
内蒙古	21875508	16588644	10889635	5699009	672012
辽宁	22080333	17114380	11134537	5979844	196285
吉林	17039433	12483708	8042950	4440758	200693
黑龙江	21112217	16415884	9690586	6725297	290305
上海	18868357	11139377	10017145	1122232	484757
江苏	65595068	42755762	27149323	15606439	1147036
浙江	46256281	32884924	23312401	9572523	1247520
安徽	37802604	25281700	15709686	9572014	876896
福建	29420639	19986781	14065915	5920866	366170
江西	34211254	21188481	13537913	7650568	771690
山东	58810227	40070259	31834820	8235439	845474
河南	53121125	32730598	22146224	10584374	2618003
湖北	30031606	20552096	13111180	7440916	874675
湖南	37867501	23746281	16071007	7675275	1472659
广东	87183578	59559167	40903092	18656075	1610619
广西	34187964	24735778	15118032	9617746	1631291
海南	9122736	5989480	5172979	816501	166165
重庆	24597359	17073428	10301828	6771600	863307
四川	54398542	39883527	24838891	15044636	3106343
贵州	31640843	24219709	14687222	9532487	1730385
云南	37822428	28031019	17276142	10754877	3785386
西藏	8230632	5207323	3196449	2010873	1106445
陕西	26503861	16830346	10992001	5838345	1463946
甘肃	20230996	14825742	8792111	6033630	1210359
青海	7007756	4339375	2645591	1693784	525779
宁夏	6510828	4194494	2748894	1445600	233315
新疆	24953664	19325177	12964727	6360450	615552
大连	4169758	2914994	2387391	527603	4480
宁波	6935875	4744293	3566964	1177329	186758
厦门	3707411	2462040	1696880	765160	30759
青岛	8291709	5357190	3656378	1700812	76144
深圳	14419947	8636318	5938200	2698117	75366

(地方普通小学)

单位：千元

公用部分	商品和服务支出	其他资本性支出	专项公用支出	专项项目支出	基本建设支出
293748080	**132544050**	**161204030**	**41381944**	**119822086**	**7936163**
11204931	6892558	4312372	2134755	2177617	465566
2922608	1454750	1467858	647323	820534	
12095124	5796712	6298411	1925717	4372695	86441
5484322	3161674	2322649	731862	1590786	95350
4948382	2242420	2705962	666653	2039309	338481
4941918	3121684	1820234	813937	1006297	24034
4519130	2110629	2408501	654813	1753688	36595
4610694	2706277	1904417	449906	1454511	85640
7668109	5368259	2299851	1461096	838755	60871
22810695	6012594	16798100	2352647	14445453	28612
13201806	5917490	7284316	1591231	5693085	169551
12369736	4673972	7695764	2047631	5648133	151167
9130285	3577283	5553002	1387315	4165687	303574
12734961	3764476	8970485	1660397	7310088	287813
18733758	6462795	12270963	2352784	9918179	6210
20019068	10118684	9900383	1956345	7944038	371459
9476457	3490811	5985646	1245880	4739766	3053
13932415	5238529	8693887	1743732	6950154	188804
26634617	16035800	10598817	5393995	5204822	989795
9069451	3929273	5140178	1227638	3912539	382735
3097569	1089740	2007829	737648	1270181	35688
7224995	4012707	3212288	1011578	2200710	298935
13857799	6507964	7349835	1825136	5524699	657216
7187011	3828359	3358652	942342	2416310	234124
9280250	4078865	5201385	825139	4376246	511160
2842160	660260	2181900	320574	1861326	181150
9380288	4000149	5380140	1154799	4225340	293227
4947670	2149581	2798088	723269	2074819	457584
1767760	675630	1092130	227666	864464	900620
2230490	777280	1453211	447074	1006137	85843
5423621	2686844	2736776	721060	2015716	204866
1241224	650484	590740	319419	271321	13540
2162842	849860	1312981	254494	1058488	28741
1114496	484660	629836	269082	360754	130875
2934519	1168392	1766127	471640	1294487	
5102138	3485331	1616807	1486055	130752	681492

4-42 教育经费支出明细

地区	合计	个人部分			
			工资福利支出	对个人和家庭的补助支出	
					#助学金
合计	**634696743**	**456329525**	**300194569**	**156134956**	**26161933**
北京	4831695	3025523	2058259	967264	29944
天津	3242895	2473342	1420636	1052705	3480
河北	33318683	23730745	17485089	6245656	768370
山西	16405326	12727323	9508102	3219221	342085
内蒙古	16222581	12625316	8012432	4612884	526169
辽宁	10707089	8902010	5599504	3302506	173639
吉林	11199282	8464028	5542775	2921253	183587
黑龙江	14010377	10974965	6593268	4381697	283711
上海	3069798	2251033	2032492	218541	92859
江苏	34717261	23402950	14251285	9151665	259695
浙江	25343651	18567051	12860795	5706256	727744
安徽	30047918	20694613	12597762	8096851	796874
福建	18318002	13358768	9289537	4069231	324150
江西	27695134	17416119	11187257	6228862	576563
山东	36403727	25938718	20992974	4945744	616930
河南	41197343	25841992	17224140	8617852	2355815
湖北	19182594	13219474	8475787	4743687	794326
湖南	27270942	18462780	12414505	6048275	1446100
广东	35580954	25778353	17586410	8191943	564247
广西	27626218	20878229	12550805	8327424	1537915
海南	6489144	4463546	3856198	607347	115724
重庆	16358999	11955590	7240804	4714786	767412
四川	42458239	31932302	19533366	12398936	2866047
贵州	26243949	21036892	12832159	8204733	1655072
云南	32294871	24649612	15047464	9602149	3548458
西藏	7219533	4577228	2848295	1728933	1035155
陕西	19583956	13073550	8282631	4790919	1259786
甘肃	16572046	12475035	7461699	5013336	1166982
青海	5559576	3473309	2111912	1361397	506773
宁夏	4295200	2950178	1938465	1011714	186847
新疆	21229760	17008951	11357761	5651190	649475
大连	929685	733566	596135	137431	917
宁波	2974099	2042435	1534912	507524	83000
厦门	641976	527784	312025	215759	6337
青岛	2611396	1922320	1342964	579357	23461
深圳					

(农村小学)

单位：千元

公用部分	商品和服务支出	其他资本性支出	专项公用支出	专项项目支出	基本建设支出
173564728	**76436234**	**97128494**	**21589788**	**75538706**	**4802491**
1690698	830184	860514	410919	449594	115474
769554	382351	387203	113379	273824	
9504601	4552999	4951602	1477454	3474148	83337
3609999	2129896	1480103	455830	1024273	68004
3430131	1458652	1971479	446970	1524509	167134
1782493	1191832	590661	255221	335440	22586
2705679	1314452	1391227	350420	1040808	29575
2950024	1702706	1247317	247864	999454	85388
818766	668401	150365	99703	50661	
11311900	2970367	8341533	1179139	7162394	2412
6728600	3019184	3709416	808306	2901109	48000
9219488	3858275	5361212	1477028	3884184	133817
4801288	2096880	2704407	686437	2017970	157946
10114276	3016373	7097904	1383686	5714217	164738
10458798	3720403	6738396	1196206	5542190	6210
15195004	7870849	7324155	1274662	6049493	160346
5960117	1966654	3993463	565952	3427511	3003
8640464	3836248	4804216	950126	3854089	167698
9660326	5380281	4280045	1791444	2488601	142276
6479661	3060938	3418723	727308	2691415	268328
1994910	720304	1274607	441048	833558	30688
4343158	2418553	1924604	496364	1428241	60252
10011425	4704482	5306942	1110022	4196920	514512
5018383	2718040	2300344	617769	1682575	188673
7239284	2994010	4245274	633204	3612070	405975
2479555	627377	1852178	228794	1623384	162750
6329690	2753897	3575793	647833	2927960	180716
3673131	1502922	2170209	561341	1608869	423880
1379732	493669	886063	168874	717189	706535
1298239	474439	823800	268770	555030	46783
3965353	2000616	1964738	517713	1447025	255456
182579	98795	83784	57141	26642	13540
931664	346315	585349	123709	461641	
114192	58017	56175	18530	37644	
689076	257069	432007	98456	333551	

4-43 教育经费支出明细

地区	合计	个人部分	工资福利支出	对个人和家庭的补助支出	#助学金
合计	**632034127**	**454364676**	**298868242**	**155496434**	**26100753**
北京	4776684	2992734	2030067	962667	29944
天津	3242895	2473342	1420636	1052705	3480
河北	33318683	23730745	17485089	6245656	768370
山西	16402076	12724396	9505175	3219221	342085
内蒙古	16222581	12625316	8012432	4612884	526169
辽宁	10707089	8902010	5599504	3302506	173639
吉林	11199282	8464028	5542775	2921253	183587
黑龙江	13887945	10884112	6517206	4366907	283687
上海	3069798	2251033	2032492	218541	92859
江苏	34717261	23402950	14251285	9151665	259695
浙江	25343651	18567051	12860795	5706256	727744
安徽	30047918	20694613	12597762	8096851	796874
福建	18318002	13358768	9289537	4069231	324150
江西	27694564	17415573	11186711	6228862	576563
山东	36403727	25938718	20992974	4945744	616930
河南	41197343	25841992	17224140	8617852	2355815
湖北	19182594	13219474	8475787	4743687	794326
湖南	27270942	18462780	12414505	6048275	1446100
广东	35503844	25711571	17525167	8186404	563634
广西	27626218	20878229	12550805	8327424	1537915
海南	6483373	4458769	3853339	605429	115669
重庆	16358999	11955590	7240804	4714786	767412
四川	42456873	31931039	19532312	12398727	2866041
贵州	26243949	21036892	12832159	8204733	1655072
云南	32294871	24649612	15047464	9602149	3548458
西藏	7219533	4577228	2848295	1728933	1035155
陕西	19583956	13073550	8282631	4790919	1259786
甘肃	16560607	12465604	7453293	5012310	1166246
青海	5559576	3473309	2111912	1361397	506773
宁夏	4295200	2950178	1938465	1011714	186847
新疆	18844092	15253469	10212723	5040746	589728
大连	929685	733566	596135	137431	917
宁波	2974099	2042435	1534912	507524	83000
厦门	641976	527784	312025	215759	6337
青岛	2611396	1922320	1342964	579357	23461
深圳					

(地方农村小学)

单位：千元

公用部分	商品和服务支出	其他资本性支出			基本建设支出
			专项公用支出	专项项目支出	
172954555	**76183425**	**96771130**	**21491146**	**75279984**	**4714896**
1668476	816438	852038	408846	443193	115474
769554	382351	387203	113379	273824	
9504601	4552999	4951602	1477454	3474148	83337
3609676	2129850	1479826	455553	1024273	68004
3430131	1458652	1971479	446970	1524509	167134
1782493	1191832	590661	255221	335440	22586
2705679	1314452	1391227	350420	1040808	29575
2918444	1687230	1231215	241799	989416	85388
818766	668401	150365	99703	50661	
11311900	2970367	8341533	1179139	7162394	2412
6728600	3019184	3709416	808306	2901109	48000
9219488	3858275	5361212	1477028	3884184	133817
4801288	2096880	2704407	686437	2017970	157946
10114253	3016349	7097904	1383686	5714217	164738
10458798	3720403	6738396	1196206	5542190	6210
15195004	7870849	7324155	1274662	6049493	160346
5960117	1966654	3993463	565952	3427511	3003
8640464	3836248	4804216	950126	3854089	167698
9649997	5374514	4275482	1789840	2485643	142276
6479661	3060938	3418723	727308	2691415	268328
1993917	719664	1274253	440761	833492	30688
4343158	2418553	1924604	496364	1428241	60252
10011321	4704382	5306940	1110019	4196920	514512
5018383	2718040	2300344	617769	1682575	188673
7239284	2994010	4245274	633204	3612070	405975
2479555	627377	1852178	228794	1623384	162750
6329690	2753897	3575793	647833	2927960	180716
3671123	1501806	2169317	560792	1608525	423880
1379732	493669	886063	168874	717189	706535
1298239	474439	823800	268770	555030	46783
3422762	1784721	1638041	429930	1208111	167861
182579	98795	83784	57141	26642	13540
931664	346315	585349	123709	461641	
114192	58017	56175	18530	37644	
689076	257069	432007	98456	333551	

4-44 教育经费支出明细

地区	合计	个人部分	工资福利支出	对个人和家庭的补助支出	#助学金
合计	**81421**	**11690**	**8380**	**3310**	
北京					
天津					
河北					
山西					
内蒙古					
辽宁					
吉林					
黑龙江					
上海					
江苏					
浙江					
安徽					
福建	8994	6793	6051	742	
江西					
山东	2461	2461		2461	
河南					
湖北					
湖南	67166	100	100		
广东					
广西	50				
海南					
重庆	2072	1812	1750	61	
四川	493	459	413	46	
贵州					
云南	185	65	65		
西藏					
陕西					
甘肃					
青海					
宁夏					
新疆					
大连					
宁波					
厦门					
青岛					
深圳					

(成人小学)

单位：千元

公用部分					基本建设支出
	商品和服务支出	其他资本性支出			
			专项公用支出	专项项目支出	
69731	**2689**	**67043**	**76**	**66966**	
2201	2125	76	76		
67066	100	66966		66966	
50	50				
260	260				
34	34				
120	120				

4-45 教育经费支出明细

地区	合计	个人部分	工资福利支出	对个人和家庭的补助支出	#助学金
合计	**12078623**	**7117161**	**5150939**	**1966221**	**252398**
北京	503660	345322	216004	129318	3965
天津	225324	166540	85121	81419	193
河北	505351	312628	262869	49760	6449
山西	245751	160403	133536	26867	2638
内蒙古	248517	165848	130079	35769	4454
辽宁	550644	360497	238388	122109	13407
吉林	281457	199398	122777	76621	3502
黑龙江	383960	273121	164090	109031	5588
上海	717225	418501	380540	37961	12228
江苏	894676	574299	385250	189048	14853
浙江	667357	396263	301962	94301	12067
安徽	418191	181774	128658	53115	8209
福建	386542	254085	186568	67518	15811
江西	224333	113745	83303	30442	4448
山东	1034029	607830	472765	135064	22794
河南	446218	284635	207202	77432	9052
湖北	452070	199804	127770	72034	9421
湖南	343274	193412	146867	46544	8731
广东	1211361	575421	418114	157307	10437
广西	291870	136699	99138	37561	8808
海南	79771	33410	27483	5928	2823
重庆	194059	126967	85144	41823	10427
四川	466669	295450	217900	77550	18246
贵州	344570	178913	119202	59711	6429
云南	264629	156914	117677	39237	13974
西藏	87044	38692	29702	8990	3851
陕西	211812	113524	88166	25358	9472
甘肃	108267	76911	50210	26700	3163
青海	51355	28167	18566	9602	1707
宁夏	59401	33758	25732	8025	1297
新疆	179237	114231	80156	34075	3953
大连	106334	79947	63642	16306	1706
宁波	99824	52455	40703	11752	2224
厦门	48053	28892	19343	9549	380
青岛	167174	111766	71211	40555	6219
深圳	141147	71832	57013	14819	

(特殊教育)

单位：千元

公用部分	商品和服务支出	其他资本性支出			基本建设支出
			专项公用支出	专项项目支出	
4842363	**2063719**	**2778644**	**1103412**	**1675232**	**119099**
158338	97495	60843	51436	9407	
58784	35402	23382	9881	13501	
187997	79410	108587	52223	56364	4725
85348	44364	40984	20347	20637	
77094	43336	33759	17204	16554	5574
190147	144078	46069	31123	14946	
82060	44861	37198	17674	19525	
110839	65793	45046	34799	10247	
289665	154953	134713	77225	57488	9058
320377	111298	209079	36851	172228	
271094	131195	139899	41548	98351	
236417	52925	183492	65028	118465	
131126	60793	70332	38004	32328	1331
108098	41589	66510	25735	40774	2490
426199	142467	283732	71649	212083	
161584	71699	89885	34101	55783	
252266	56835	195431	115425	80005	
148862	59486	89376	26686	62690	1000
622740	218864	403876	135785	268091	13200
95912	42621	53292	22082	31210	59259
43431	14063	29368	22519	6849	2930
67092	46173	20919	11993	8926	
153923	94102	59821	28214	31608	17295
165157	46996	118161	16243	101918	500
107715	55235	52480	20032	32448	
48352	6512	41839	22893	18946	
98288	39194	59095	17254	41841	
31356	19684	11672	5751	5921	
22320	6864	15456	3606	11850	868
25643	6697	18947	18171	776	
64137	28736	35401	11927	23474	868
26386	24508	1878	1878		
47369	17296	30073	4325	25748	
19161	12629	6533	6533		
55408	28216	27192	24307	2886	
56315	34585	21729	21725	5	13000

4-46 教育经费支出明细

地区	合计	个人部分			
			工资福利支出	对个人和家庭的补助支出	
					#助学金
合计	**11407147**	**6727899**	**4875509**	**1852391**	**248781**
北京	378675	263803	169450	94353	3044
天津	193554	141440	75376	66064	193
河北	505351	312628	262869	49760	6449
山西	224674	151145	124859	26286	2571
内蒙古	248517	165848	130079	35769	4454
辽宁	496043	318004	212945	105059	13407
吉林	272867	192291	118241	74050	3502
黑龙江	378589	269872	162085	107787	5588
上海	562756	325288	295604	29684	10826
江苏	894676	574299	385250	189048	14853
浙江	627853	383324	292512	90812	11835
安徽	403653	171873	121080	50793	8209
福建	386542	254085	186568	67518	15811
江西	215454	110972	80724	30248	4448
山东	1034029	607830	472765	135064	22794
河南	432798	275986	202000	73986	9052
湖北	440197	193578	124422	69156	9107
湖南	332355	185923	141854	44069	8731
广东	1173015	560126	407414	152712	10414
广西	285716	132752	96319	36433	8808
海南	79771	33410	27483	5928	2823
重庆	187053	121394	81355	40039	10388
四川	425460	271527	198460	73066	17951
贵州	294400	160639	105850	54789	6397
云南	255955	151196	112904	38292	13900
西藏	87044	38692	29702	8990	3851
陕西	196957	109297	84403	24894	9472
甘肃	108267	76911	50210	26700	3163
青海	51355	28167	18566	9602	1707
宁夏	59401	33758	25732	8025	1297
新疆	174174	111844	78428	33415	3736
大连	97859	73273	58258	15015	1706
宁波	99824	52455	40703	11752	2224
厦门	48053	28892	19343	9549	380
青岛	167174	111766	71211	40555	6219
深圳	131248	67170	53067	14104	

（特殊教育学校）

单位：千元

公用部分	商品和服务支出	其他资本性支出	专项公用支出	专项项目支出	基本建设支出
4560149	**1925533**	**2634616**	**1071483**	**1563133**	**119099**
114872	66031	48841	42817	6025	
52113	31075	21038	8660	12378	
187997	79410	108587	52223	56364	4725
73529	39115	34414	19486	14927	
77094	43336	33759	17204	16554	5574
178039	135727	42311	30236	12075	
80575	43726	36850	17485	19365	
108717	63877	44840	34594	10247	
228409	127261	101148	70614	30534	9058
320377	111298	209079	36851	172228	
244529	126795	117733	40735	76998	
231780	50180	181600	63718	117882	
131126	60793	70332	38004	32328	1331
101992	40160	61832	25338	36494	2490
426199	142467	283732	71649	212083	
156812	67740	89072	33289	55783	
246619	51695	194924	114918	80005	
145432	57387	88045	26238	61808	1000
599689	208336	391353	132286	259067	13200
93705	41099	52606	21396	31210	59259
43431	14063	29368	22519	6849	2930
65658	44862	20796	11870	8926	
136638	85260	51378	24981	26397	17295
133262	37887	95375	15757	79618	500
104760	53881	50879	20017	30862	
48352	6512	41839	22893	18946	
87660	35446	52214	16479	35735	
31356	19684	11672	5751	5921	
22320	6864	15456	3606	11850	868
25643	6697	18947	18171	776	
61462	26867	34595	11696	22899	868
24586	22935	1650	1650		
47369	17296	30073	4325	25748	
19161	12629	6533	6533		
55408	28216	27192	24307	2886	
51078	30289	20789	20789		13000

4-47 教育经费支出明细

地区	合计	个人部分	工资福利支出	对个人和家庭的补助支出	#助学金
合计	**671476**	**389261**	**275430**	**113831**	**3616**
北京	124985	81519	46554	34965	921
天津	31770	25100	9746	15355	
河北					
山西	21078	9258	8677	581	67
内蒙古					
辽宁	54601	42493	25443	17050	
吉林	8591	7106	4536	2570	
黑龙江	5370	3249	2005	1244	
上海	154469	93213	84936	8277	1402
江苏					
浙江	39504	12939	9450	3489	232
安徽	14537	9900	7578	2322	
福建					
江西	8879	2773	2578	195	
山东					
河南	13420	8649	5202	3447	
湖北	11874	6226	3348	2879	314
湖南	10918	7489	5013	2476	
广东	38346	15295	10701	4595	22
广西	6154	3947	2818	1129	
海南					
重庆	7006	5572	3789	1784	39
四川	41209	23924	19440	4483	296
贵州	50170	18274	13353	4922	32
云南	8674	5719	4773	945	74
西藏					
陕西	14856	4227	3763	464	
甘肃					
青海					
宁夏					
新疆	5063	2388	1728	660	217
大连	8475	6674	5384	1291	
宁波					
厦门					
青岛					
深圳	9898	4662	3946	715	

(工读学校)

单位：千元

公用部分	商品和服务支出	其他资本性支出	专项公用支出	专项项目支出	基本建设支出
282215	**138187**	**144028**	**31929**	**112099**	
43466	31464	12002	8620	3382	
6670	4327	2344	1221	1122	
11819	5249	6570	861	5709	
12109	8351	3758	887	2871	
1484	1135	349	189	160	
2122	1916	205	205		
61256	27692	33564	6610	26954	
26566	4400	22166	813	21353	
4637	2744	1893	1310	583	
6106	1428	4678	398	4280	
4772	3959	812	812		
5647	5140	507	507		
3430	2099	1331	448	882	
23051	10528	12523	3499	9024	
2207	1521	686	686		
1434	1311	123	123		
17285	8842	8443	3232	5211	
31896	9109	22787	487	22300	
2955	1354	1601	15	1586	
10628	3748	6880	775	6106	
2675	1870	806	231	575	
1800	1573	228	228		
5236	4296	940	936	5	

4-48 教育经费支出

地区	合计	个人部分	工资福利支出	对个人和家庭的补助支出	#助学金
合计	**238617341**	**138744103**	**123080789**	**15663314**	**3372163**
北京	9917688	5391187	4569498	821690	1568
天津	3252236	2089861	1462019	627842	1630
河北	9605710	6157598	5587129	570470	75969
山西	4252948	2547738	2252296	295442	129409
内蒙古	5565875	2954419	2503685	450734	60042
辽宁	5177245	3024646	2760933	263712	18852
吉林	3161837	1817083	1593541	223542	18498
黑龙江	3274220	2083618	1812557	271061	11705
上海	11481000	6853935	6502865	351070	51301
江苏	18883576	10695539	9638445	1057095	190883
浙江	16161442	9879502	9067255	812247	27832
安徽	6160187	3382925	3043458	339467	72102
福建	8534733	5008875	4536727	472147	32393
江西	5442155	3032531	2785073	247458	62165
山东	14137182	8170437	7467616	702821	284788
河南	12627815	6792116	6372096	420020	138447
湖北	7840115	4369235	3941092	428142	58135
湖南	8784260	4825090	4402285	422805	214938
广东	27245165	17228518	15602704	1625813	226393
广西	6645858	3726175	3230944	495232	160307
海南	2137335	1108885	987130	121755	37743
重庆	4397681	2343144	2076012	267132	99564
四川	12116225	7075405	6090167	985237	346075
贵州	4944699	3081459	2568178	513281	77624
云南	5454011	3020316	2574707	445609	80224
西藏	1726856	825900	490843	335057	228997
陕西	8308229	4394792	3886022	508771	197174
甘肃	3786136	1955049	1568660	386389	41951
青海	1240962	593291	426747	166544	86954
宁夏	1128393	608812	501563	107249	16717
新疆	5225569	3706024	2778542	927483	321785
大连	1252487	758820	697146	61674	10602
宁波	3021887	1932995	1792768	140227	12230
厦门	1265822	827141	697017	130124	2330
青岛	2320891	1260736	1156428	104308	14128
深圳	5626707	3609686	2985387	624299	52494

明细(幼儿园)

单位：千元

公用部分	商品和服务支出	其他资本性支出	专项公用支出	专项项目支出	基本建设支出
97723158	**56465585**	**41257573**	**12121382**	**29136192**	**2150079**
4400658	3320892	1079766	643162	436604	125844
1162375	697886	464489	138926	325564	
3395615	1973881	1421733	355861	1065872	52498
1696967	975127	721840	175816	546025	8243
2518651	1241409	1277243	262814	1014429	92805
2150939	1658172	492768	239806	252962	1660
1315524	731586	583938	177886	406051	29230
1176100	830417	345683	120639	225043	14502
4613410	3521996	1091414	649458	441956	13655
8175791	3186052	4989739	1012476	3977262	12246
6247431	3576064	2671367	727874	1943492	34509
2715510	1231310	1484200	387963	1096236	61752
3462837	1755643	1707194	493734	1213460	63021
2356394	1162830	1193565	271305	922260	53230
5948245	3198339	2749906	730724	2019182	18500
5786479	3982431	1804048	563959	1240089	49220
3470880	1665474	1805406	377658	1427749	
3917073	2454838	1462235	467741	994494	42096
9915206	6971585	2943620	1367314	1576307	101442
2868866	1401933	1466933	435081	1031853	50816
1006452	416508	589945	267039	322905	21998
1973527	1322196	651332	178237	473095	81009
4895869	2797036	2098832	482478	1616354	144952
1823298	1075011	748287	232141	516147	39942
2343215	1149630	1193586	225790	967796	90479
496076	168577	327499	159669	167830	404880
3764549	2006995	1757554	421645	1335909	148888
1695477	660890	1034587	224463	810124	135610
478017	224810	253207	87488	165719	169653
491081	195622	295459	100218	195241	28500
1460646	910447	550199	142016	408183	58899
493609	416887	76721	53884	22838	59
1085792	526615	559177	127307	431870	3100
438681	280237	158444	101613	56832	
1060155	465773	594382	167430	426952	
1941181	1675191	265990	158263	107727	75840

4-49 教育经费支出明细

地区	合计	个人部分	工资福利支出	对个人和家庭的补助支出	#助学金
合计	**236007546**	**136903764**	**121435146**	**15468618**	**3351238**
北京	9140508	4819782	4049943	769839	1568
天津	3235925	2075811	1448270	627541	1630
河北	9506325	6073157	5509315	563842	75934
山西	4241827	2538363	2243664	294699	129388
内蒙古	5555129	2944655	2493921	450734	60042
辽宁	5042705	2919815	2669920	249896	18549
吉林	3112004	1780082	1558012	222070	18498
黑龙江	2978087	1874484	1622242	252242	11669
上海	11336977	6767596	6420883	346714	51301
江苏	18780703	10617629	9568937	1048692	190495
浙江	16158467	9876856	9064875	811981	27832
安徽	6139716	3365805	3027211	338593	72102
福建	8527894	5004881	4532822	472059	32393
江西	5442155	3032531	2785073	247458	62165
山东	14137182	8170437	7467616	702821	284788
河南	12473048	6704226	6289110	415116	138088
湖北	7765900	4309478	3884849	424629	58135
湖南	8760253	4807882	4387069	420813	214938
广东	27205476	17197154	15574218	1622937	226391
广西	6645858	3726175	3230944	495232	160307
海南	2099977	1088634	969937	118697	37011
重庆	4384952	2332549	2066857	265692	99564
四川	12091846	7055475	6072844	982631	346075
贵州	4944699	3081459	2568178	513281	77624
云南	5443967	3013375	2567924	445451	80224
西藏	1726312	825453	490540	334913	228883
陕西	8285118	4376367	3868786	507581	196697
甘肃	3762966	1936244	1550149	386096	41919
青海	1228505	582283	416470	165814	86291
宁夏	1124637	605377	498329	107048	16717
新疆	4728428	3399749	2536241	863508	304022
大连	1210852	726894	669367	57527	10299
宁波	3021887	1932995	1792768	140227	12230
厦门	1263211	825730	695606	130124	2330
青岛	2320891	1260736	1156428	104308	14128
深圳	5626707	3609686	2985387	624299	52494

(地方幼儿园)

单位：千元

公用部分	商品和服务支出	其他资本性支出			基本建设支出
			专项公用支出	专项项目支出	
96963853	**55955653**	**41008201**	**12052668**	**28955533**	**2139929**
4194883	3155882	1039000	625093	413908	125844
1160114	695757	464357	138793	325564	
3380670	1962474	1418196	355390	1062806	52498
1695222	973413	721809	175784	546025	8243
2517669	1240581	1277088	262797	1014291	92805
2121230	1640065	481165	234319	246846	1660
1302692	723064	579627	175650	403977	29230
1089102	747487	341615	119246	222368	14502
4555725	3492716	1063010	648367	414642	13655
8150828	3171478	4979350	1007017	3972333	12246
6247102	3575878	2671224	727808	1943416	34509
2712159	1230068	1482091	386472	1095619	61752
3459992	1753703	1706289	493191	1213098	63021
2356394	1162830	1193565	271305	922260	53230
5948245	3198339	2749906	730724	2019182	18500
5719601	3916436	1803165	563249	1239917	49220
3456422	1656215	1800206	375080	1425127	
3910275	2449418	1460857	466893	993964	42096
9906880	6966171	2940708	1365705	1575004	101442
2868866	1401933	1466933	435081	1031853	50816
989345	409951	579394	264598	314796	21998
1971394	1321039	650355	177360	472995	81009
4891419	2793411	2098008	481664	1616344	144952
1823298	1075011	748287	232141	516147	39942
2340113	1146816	1193297	225651	967646	90479
495979	168481	327499	159669	167830	404880
3759864	2003351	1756513	420624	1335889	148888
1691112	657549	1033563	223870	809693	135610
476568	223561	253007	87288	165719	169653
490760	195407	295353	100212	195141	28500
1279930	847167	432763	121629	311134	48749
483899	409254	74644	52401	22243	59
1085792	526615	559177	127307	431870	3100
437481	279037	158444	101613	56832	
1060155	465773	594382	167430	426952	
1941181	1675191	265990	158263	107727	75840

4-50 教育经费支出明细

地区	合计	个人部分	工资福利支出	对个人和家庭的补助支出	#助学金
合计	**110314092**	**62545983**	**55406628**	**7139356**	**2449376**
北京	1475209	882813	766357	116455	318
天津	685081	354901	274946	79955	1364
河北	6584867	4160085	3800916	359169	65230
山西	2322830	1366725	1184333	182392	98506
内蒙古	3191061	1735713	1465006	270707	32754
辽宁	1108808	621438	578396	43041	2662
吉林	1315819	775020	700595	74424	5594
黑龙江	1402192	866575	774852	91723	6973
上海	1759953	1171547	1117757	53790	8350
江苏	8011073	4216200	3840396	375804	128901
浙江	6853070	4045481	3783490	261991	16494
安徽	3907453	2057385	1852259	205125	48524
福建	4223188	2366956	2176945	190011	21207
江西	3750459	1985346	1843013	142333	49997
山东	6731106	3713131	3356316	356815	194350
河南	7310098	3925850	3717452	208398	105174
湖北	3751438	1910350	1747787	162564	42667
湖南	5419240	2967498	2702804	264693	159588
广东	6379479	3855966	3634121	221846	66561
广西	3989019	2285239	1998733	286506	125873
海南	1118280	521779	470406	51373	20318
重庆	1972639	984215	851358	132857	71683
四川	6925288	4044981	3391588	653393	290186
贵州	3308142	2141854	1781525	360329	59133
云南	3124368	1725756	1457939	267817	66243
西藏	1206162	645141	370650	274491	199268
陕西	4993587	2713265	2353469	359797	135298
甘肃	2654004	1276232	1029265	246967	35458
青海	877962	390980	271721	119259	73447
宁夏	521681	257110	213145	43965	7577
新疆	3440537	2580453	1899087	681365	309678
大连	133032	70366	65694	4672	1097
宁波	1130034	699210	654272	44939	7362
厦门	98803	62079	52955	9124	374
青岛	498761	200978	188424	12554	7145
深圳					

（农村幼儿园）

单位：千元

公用部分	商品和服务支出	其他资本性支出			基本建设支出
			专项公用支出	专项项目支出	
46364364	**24013821**	**22350544**	**5431323**	**16919221**	**1403744**
518634	330337	188297	129348	58949	73763
330181	136744	193436	39153	154283	
2374669	1276225	1098444	239137	859307	50113
947868	485405	462463	103682	358781	8237
1415136	659639	755497	144279	611218	40212
485769	359934	125835	52478	73357	1601
512069	277459	234610	67166	167444	28730
523633	315958	207675	47499	160175	11984
588407	483956	104451	75073	29378	
3783127	1311492	2471635	416522	2055114	11746
2807089	1475655	1331434	322937	1008497	500
1793816	811442	982374	249668	732707	56252
1813058	796826	1016233	230144	786089	43173
1716883	811539	905344	171338	734006	48230
2999475	1459083	1540391	338475	1201916	18500
3352893	2419724	933169	295590	637579	31355
1841088	706531	1134557	174071	960485	
2415647	1485864	929782	276358	653425	36096
2511973	1454755	1057218	402309	654909	11539
1695218	829062	866155	236608	629547	8562
574565	179711	394854	184922	209931	21937
953633	594966	358667	77793	280874	34792
2748275	1606090	1142185	211175	931010	132032
1130646	658088	472558	141564	330994	35642
1323780	602546	721234	132737	588497	74832
369421	110365	259056	114410	144646	191600
2163214	1236961	926253	214042	712212	117108
1279465	395887	883579	163375	720204	98306
332056	134616	197440	56119	141322	154926
243611	91284	152327	49518	102808	20960
819067	515677	303389	73834	229556	41017
62666	49022	13644	12253	1391	
430824	185775	245049	60806	184243	
36724	20592	16133	4640	11492	
297783	63136	234647	46339	188307	

4-51 教育经费支出明细

地区	合计	个人部分	工资福利支出	对个人和家庭的补助支出	#助学金
合计	**109801121**	**62228713**	**55135687**	**7093027**	**2431436**
北京	1465128	876133	759677	116455	318
天津	685081	354901	274946	79955	1364
河北	6571703	4148583	3790589	357994	65230
山西	2320896	1364820	1182678	182142	98506
内蒙古	3191061	1735713	1465006	270707	32754
辽宁	1108808	621438	578396	43041	2662
吉林	1308262	769695	695271	74424	5594
黑龙江	1376962	848608	758116	90492	6955
上海	1759953	1171547	1117757	53790	8350
江苏	8011073	4216200	3840396	375804	128901
浙江	6853070	4045481	3783490	261991	16494
安徽	3907453	2057385	1852259	205125	48524
福建	4221591	2366101	2176138	189963	21207
江西	3750459	1985346	1843013	142333	49997
山东	6731106	3713131	3356316	356815	194350
河南	7255343	3894327	3687716	206611	105174
湖北	3750509	1909923	1747386	162537	42667
湖南	5419240	2967498	2702804	264693	159588
广东	6373251	3851254	3629432	221821	66559
广西	3989019	2285239	1998733	286506	125873
海南	1116784	520817	469634	51183	20318
重庆	1972639	984215	851358	132857	71683
四川	6921103	4041965	3388974	652991	290186
贵州	3308142	2141854	1781525	360329	59133
云南	3124368	1725756	1457939	267817	66243
西藏	1205619	644694	370346	274348	199154
陕西	4992613	2712452	2352667	359785	135286
甘肃	2645574	1269067	1022244	246824	35426
青海	877962	390980	271721	119259	73447
宁夏	521681	257110	213145	43965	7577
新疆	3064669	2356483	1716014	640469	291915
大连	133032	70366	65694	4672	1097
宁波	1130034	699210	654272	44939	7362
厦门	98803	62079	52955	9124	374
青岛	498761	200978	188424	12554	7145
深圳					

(地方农村幼儿园)

单位：千元

公用部分	商品和服务支出	其他资本性支出	专项公用支出	专项项目支出	基本建设支出
46178813	**23927357**	**22251456**	**5414815**	**16836641**	**1393594**
515232	329464	185769	128912	56857	73763
330181	136744	193436	39153	154283	
2373007	1275064	1097943	239136	858807	50113
947839	485379	462460	103678	358781	8237
1415136	659639	755497	144279	611218	40212
485769	359934	125835	52478	73357	1601
509837	277175	232662	66898	165763	28730
516370	311343	205027	47128	157899	11984
588407	483956	104451	75073	29378	
3783127	1311492	2471635	416522	2055114	11746
2807089	1475655	1331434	322937	1008497	500
1793816	811442	982374	249668	732707	56252
1812316	796667	1015650	229761	785889	43173
1716883	811539	905344	171338	734006	48230
2999475	1459083	1540391	338475	1201916	18500
3329660	2396501	933159	295580	637579	31355
1840586	706030	1134556	174071	960484	
2415647	1485864	929782	276358	653425	36096
2510458	1453472	1056986	402148	654838	11539
1695218	829062	866155	236608	629547	8562
574030	179512	394518	184587	209931	21937
953633	594966	358667	77793	280874	34792
2747106	1605025	1142081	211072	931010	132032
1130646	658088	472558	141564	330994	35642
1323780	602546	721234	132737	588497	74832
369325	110269	259056	114410	144646	191600
2163054	1236800	926253	214042	712212	117108
1278201	395476	882724	162951	719774	98306
332056	134616	197440	56119	141322	154926
243611	91284	152327	49518	102808	20960
677318	463268	214050	59823	154227	30867
62666	49022	13644	12253	1391	
430824	185775	245049	60806	184243	
36724	20592	16133	4640	11492	
297783	63136	234647	46339	188307	

4-52 教育经费支出明细

地区	合计	个人部分	工资福利支出	对个人和家庭的补助支出	#助学金
合计	**39642154**	**18352021**	**10577875**	**7774146**	
北京	932653	580781	344214	236568	
天津	540362	307638	122624	185015	
河北	740216	472166	310803	161362	
山西	1295789	764117	505930	258187	
内蒙古	1106388	604540	321879	282661	
辽宁	787358	469862	218211	251651	
吉林	452262	208762	123360	85401	
黑龙江	1290508	502939	241708	261231	
上海	268081	201505	146705	54799	
江苏	1565144	826951	483076	343875	
浙江	1357301	767136	476359	290777	
安徽	966367	528153	292944	235209	
福建	1158124	400482	245395	155086	
江西	1006462	468463	270485	197978	
山东	2011155	1393591	1091201	302390	
河南	1348556	534389	288464	245925	
湖北	1358350	771041	440935	330106	
湖南	1794196	1040023	618753	421270	
广东	4703576	1575096	714046	861050	
广西	636559	308721	175360	133360	
海南	477731	222865	130273	92592	
重庆	713349	310173	160102	150071	
四川	2647647	1126568	578659	547910	
贵州	3057055	1090090	625254	464837	
云南	2040853	705641	381438	324203	
西藏	351519	193891	141149	52741	
陕西	872545	323535	213539	109996	
甘肃	1203613	560757	293559	267199	
青海	742095	175977	71871	104106	
宁夏	209145	127152	83608	43545	
新疆	2007196	789017	465971	323045	
大连	155617	90528	45126	45401	
宁波	127898	97762	64034	33727	
厦门	463004	49591	21878	27712	
青岛	244632	175088	119880	55209	
深圳	1128118	233241	112442	120799	

(教育行政单位)

单位：千元

公用部分	商品和服务支出	其他资本性支出			基本建设支出
			专项公用支出	专项项目支出	
19941440	**12734971**	**7206470**	**2983449**	**4223020**	**1348693**
351871	317283	34589	33436	1153	
232724	226798	5926	5322	604	
268051	179071	88980	38583	50397	
528592	299958	228634	119469	109165	3080
500362	335270	165091	61621	103471	1487
304166	253977	50189	28066	22123	13330
243500	142385	101116	89667	11449	
781785	371048	410737	222886	187851	5784
66576	64272	2304	2274	30	
738193	484693	253500	99476	154025	
590165	543847	46319	39846	6473	
438214	324123	114091	48220	65871	
746563	584852	161711	62892	98818	11079
537799	257106	280693	95569	185124	200
617565	480398	137166	82999	54167	
778810	503035	275775	168618	107157	35357
587310	307625	279685	132662	147023	
754173	642161	112011	78070	33941	
2626339	1864614	761726	245241	516484	502141
324838	193760	131078	80862	50216	3000
254866	202334	52531	38743	13789	
402975	370775	32200	25395	6805	200
1449613	1097512	352100	98875	253225	71466
1804466	949384	855081	282563	572519	162499
1291148	569485	721663	231225	490438	44065
117629	60761	56868	37478	19390	40000
549011	264058	284953	156685	128268	
477165	222518	254647	75509	179138	165691
303562	74373	229189	45681	183508	262555
76993	56575	20418	5418	15000	5000
1196419	490919	705499	250099	455400	21760
51759	47442	4317	4317		13330
30136	29153	984	984		
413413	387380	26033	21562	4471	
69543	56946	12598	8242	4356	
436197	338957	97240	67921	29319	458680

4-53 教育经费支出明细

地区	合计	个人部分	工资福利支出	对个人和家庭的补助支出	#助学金
合计	**39239437**	**18174232**	**10444322**	**7729910**	
北京	637983	443352	229132	214220	
天津	540362	307638	122624	185015	
河北	740216	472166	310803	161362	
山西	1295789	764117	505930	258187	
内蒙古	1106388	604540	321879	282661	
辽宁	787358	469862	218211	251651	
吉林	452262	208762	123360	85401	
黑龙江	1282779	497540	237386	260154	
上海	268081	201505	146705	54799	
江苏	1565144	826951	483076	343875	
浙江	1357301	767136	476359	290777	
安徽	966367	528153	292944	235209	
福建	1158124	400482	245395	155086	
江西	1006462	468463	270485	197978	
山东	2011155	1393591	1091201	302390	
河南	1348556	534389	288464	245925	
湖北	1358350	771041	440935	330106	
湖南	1794196	1040023	618753	421270	
广东	4703576	1575096	714046	861050	
广西	636559	308721	175360	133360	
海南	477731	222865	130273	92592	
重庆	713349	310173	160102	150071	
四川	2647647	1126568	578659	547910	
贵州	3057055	1090090	625254	464837	
云南	2040853	705641	381438	324203	
西藏	351519	193891	141149	52741	
陕西	872545	323535	213539	109996	
甘肃	1203613	560757	293559	267199	
青海	742095	175977	71871	104106	
宁夏	209145	127152	83608	43545	
新疆	1906877	754056	451822	302234	
大连	155617	90528	45126	45401	
宁波	127898	97762	64034	33727	
厦门	463004	49591	21878	27712	
青岛	244632	175088	119880	55209	
深圳	1128118	233241	112442	120799	

(地方教育行政单位)

单位：千元

公用部分	商品和服务支出	其他资本性支出			基本建设支出
			专项公用支出	专项项目支出	
19716512	**12564852**	**7151660**	**2943465**	**4208194**	**1348693**
194631	190210	4421	3268	1153	
232724	226798	5926	5322	604	
268051	179071	88980	38583	50397	
528592	299958	228634	119469	109165	3080
500362	335270	165091	61621	103471	1487
304166	253977	50189	28066	22123	13330
243500	142385	101116	89667	11449	
779455	368826	410630	222779	187851	5784
66576	64272	2304	2274	30	
738193	484693	253500	99476	154025	
590165	543847	46319	39846	6473	
438214	324123	114091	48220	65871	
746563	584852	161711	62892	98818	11079
537799	257106	280693	95569	185124	200
617565	480398	137166	82999	54167	
778810	503035	275775	168618	107157	35357
587310	307625	279685	132662	147023	
754173	642161	112011	78070	33941	
2626339	1864614	761726	245241	516484	502141
324838	193760	131078	80862	50216	3000
254866	202334	52531	38743	13789	
402975	370775	32200	25395	6805	200
1449613	1097512	352100	98875	253225	71466
1804466	949384	855081	282563	572519	162499
1291148	569485	721663	231225	490438	44065
117629	60761	56868	37478	19390	40000
549011	264058	284953	156685	128268	
477165	222518	254647	75509	179138	165691
303562	74373	229189	45681	183508	262555
76993	56575	20418	5418	15000	5000
1131061	450096	680965	240390	440574	21760
51759	47442	4317	4317		13330
30136	29153	984	984		
413413	387380	26033	21562	4471	
69543	56946	12598	8242	4356	
436197	338957	97240	67921	29319	458680

4-54 教育经费支出明细

地区	合计	个人部分	工资福利支出	对个人和家庭的补助支出	#助学金
合计	**76782203**	**31582709**	**20186707**	**11396003**	
北京	11665266	3136927	1971055	1165872	
天津	1388856	892113	446519	445594	
河北	2154174	1308401	1000494	307908	
山西	2109856	1157274	713011	444263	
内蒙古	1695384	992837	666014	326823	
辽宁	2709146	1687302	1108629	578672	
吉林	1501587	835979	506657	329322	
黑龙江	1351267	669227	359712	309515	
上海	6112415	1706591	1573336	133255	
江苏	4054519	1724637	1122530	602107	
浙江	5195466	2020691	1407302	613389	
安徽	1016842	447327	279747	167580	
福建	2880525	996383	674458	321924	
江西	1110176	513543	335508	178035	
山东	3767824	1746776	1138472	608304	
河南	2528780	1179634	722525	457109	
湖北	2015032	1073494	649930	423563	
湖南	1074652	499840	323812	176028	
广东	5777225	1749847	893280	856566	
广西	2122487	936274	540442	395833	
海南	254290	86371	75157	11214	
重庆	1115543	378328	239007	139321	
四川	3107147	1787062	1147294	639769	
贵州	828083	201210	121009	80201	
云南	2925504	581102	304867	276235	
西藏	604341	319583	216825	102758	
陕西	1823537	1181157	722669	458487	
甘肃	737724	276224	173226	102998	
青海	769380	383800	161139	222661	
宁夏	306688	173630	111748	61882	
新疆	2078487	939146	480332	458815	
大连	368880	246980	205054	41926	
宁波	733693	260493	189020	71472	
厦门	1121565	132547	72976	59571	
青岛	777946	346909	207384	139525	
深圳	985152	257829	164145	93683	

(教育事业单位)

单位：千元

公用部分	商品和服务支出	其他资本性支出	其他资本性支出：专项公用支出	其他资本性支出：专项项目支出	基本建设支出
43685248	**27103664**	**16581584**	**7044537**	**9537046**	**1514246**
8475655	7688272	787383	656438	130945	52684
495869	358036	137833	123099	14733	875
839445	451016	388429	219577	168852	6329
919262	348073	571189	431909	139280	33320
679457	349752	329705	110103	219602	23090
1000834	724021	276813	182083	94730	21011
665608	352566	313042	150239	162803	
682041	529312	152729	67232	85496	
4405824	3626181	779643	553398	226245	
2317509	1406319	911190	351352	559838	12373
3174775	1485164	1689611	344360	1345251	
569515	379310	190205	118940	71265	
1676201	607729	1068472	298362	770110	207941
595485	312705	282779	148265	134515	1148
2021049	808691	1212358	148351	1064007	
1317209	651075	666134	401574	264560	31937
941538	571811	369727	233838	135889	
569689	325040	244649	108048	136601	5123
3751768	1891553	1860215	731277	1128938	275610
1180937	559896	621041	400191	220851	5275
167918	104794	63124	61015	2109	
721558	483178	238380	87590	150790	15658
1308084	794832	513252	326185	187066	12001
616693	269459	347234	254908	92326	10180
2265945	624153	1641792	131812	1509980	78456
271238	166883	104355	58845	45509	13520
642380	370636	271744	122048	149695	
426500	330201	96299	50888	45411	35000
303095	126728	176367	54462	121905	82485
133058	75907	57151	32470	24681	
549111	330369	218742	85678	133064	590230
121899	80750	41150	35746	5404	
473200	293578	179622	54120	125502	
810419	169984	640434	197568	442867	178599
431037	160201	270836	33402	237434	
577299	512332	64967	55572	9395	150024

4-55 教育经费支出明细

地区	合计				
		个人部分			
			工资福利支出	对个人和家庭的补助支出	
					#助学金
合计	**70009797**	**30835863**	**19609058**	**11226805**	
北京	4946683	2429718	1415437	1014281	
天津	1388856	892113	446519	445594	
河北	2154174	1308401	1000494	307908	
山西	2109856	1157274	713011	444263	
内蒙古	1695384	992837	666014	326823	
辽宁	2709146	1687302	1108629	578672	
吉林	1501587	835979	506657	329322	
黑龙江	1348608	666603	358076	308527	
上海	6112415	1706591	1573336	133255	
江苏	4054519	1724637	1122530	602107	
浙江	5195466	2020691	1407302	613389	
安徽	1016842	447327	279747	167580	
福建	2880525	996383	674458	321924	
江西	1110176	513543	335508	178035	
山东	3767824	1746776	1138472	608304	
河南	2528780	1179634	722525	457109	
湖北	2015032	1073494	649930	423563	
湖南	1070768	495956	323812	172144	
广东	5777225	1749847	893280	856566	
广西	2122487	936274	540442	395833	
海南	254290	86371	75157	11214	
重庆	1115543	378328	239007	139321	
四川	3107147	1787062	1147294	639769	
贵州	828083	201210	121009	80201	
云南	2925504	581102	304867	276235	
西藏	604341	319583	216825	102758	
陕西	1823537	1181157	722669	458487	
甘肃	737724	276224	173226	102998	
青海	769380	383800	161139	222661	
宁夏	306688	173630	111748	61882	
新疆	2031208	906017	459937	446080	
大连	368880	246980	205054	41926	
宁波	733693	260493	189020	71472	
厦门	1121565	132547	72976	59571	
青岛	777946	346909	207384	139525	
深圳	985152	257829	164145	93683	

(地方教育事业单位)

单位：千元

公用部分	商品和服务支出	其他资本性支出			基本建设支出
			专项公用支出	专项项目支出	
37683018	**21307566**	**16375452**	**6856541**	**9518911**	**1490916**
2487611	1899444	588167	469342	118824	29354
495869	358036	137833	123099	14733	875
839445	451016	388429	219577	168852	6329
919262	348073	571189	431909	139280	33320
679457	349752	329705	110103	219602	23090
1000834	724021	276813	182083	94730	21011
665608	352566	313042	150239	162803	
682005	529276	152729	67232	85496	
4405824	3626181	779643	553398	226245	
2317509	1406319	911190	351352	559838	12373
3174775	1485164	1689611	344360	1345251	
569515	379310	190205	118940	71265	
1676201	607729	1068472	298362	770110	207941
595485	312705	282779	148265	134515	1148
2021049	808691	1212358	148351	1064007	
1317209	651075	666134	401574	264560	31937
941538	571811	369727	233838	135889	
569689	325039	244649	108048	136601	5123
3751768	1891553	1860215	731277	1128938	275610
1180937	559896	621041	400191	220851	5275
167918	104794	63124	61015	2109	
721558	483178	238380	87590	150790	15658
1308084	794832	513252	326185	187066	12001
616693	269459	347234	254908	92326	10180
2265945	624153	1641792	131812	1509980	78456
271238	166883	104355	58845	45509	13520
642380	370636	271744	122048	149695	
426500	330201	96299	50888	45411	35000
303095	126728	176367	54462	121905	82485
133058	75907	57151	32470	24681	
534962	323135	211826	84777	127049	590230
121899	80750	41150	35746	5404	
473200	293578	179622	54120	125502	
810419	169984	640434	197568	442867	178599
431037	160201	270836	33402	237434	
577299	512332	64967	55572	9395	150024

4-56 教育经费支出明细

地区	合计				
		个人部分			
			工资福利支出	对个人和家庭的补助支出	
					#助学金
合计	**62142848**	**14800002**	**8818156**	**5981846**	**23644**
北京	8107386	1179360	672681	506679	16210
天津	5133271	219209	112204	107006	
河北	926715	557138	361144	195994	
山西	1172416	366343	261209	105134	
内蒙古	644198	407273	262659	144614	
辽宁	1654601	670766	277068	393698	
吉林	927115	457483	304087	153396	
黑龙江	541035	333479	184258	149220	
上海	1378140	334155	281418	52737	2161
江苏	1681478	706553	404634	301919	1265
浙江	4831881	1081272	774710	306562	764
安徽	1667253	367079	220267	146812	
福建	862920	424451	274032	150419	
江西	779729	329466	177142	152324	
山东	2347330	781995	606055	175940	
河南	3021894	458262	294032	164230	
湖北	5208707	588158	252481	335677	528
湖南	1536933	480772	290180	190592	995
广东	7316849	1056992	434078	622913	960
广西	1546377	324143	208228	115914	
海南	209442	69373	50708	18665	
重庆	577873	228971	128731	100240	
四川	2142826	834775	441222	393553	761
贵州	783326	378547	221524	157023	
云南	1750560	497415	289953	207462	
西藏	186423	134150	80820	53330	
陕西	2038838	288334	191030	97304	
甘肃	694625	336898	203058	133840	
青海	672538	155094	96194	58900	
宁夏	201398	118716	77338	41377	
新疆	1598772	633383	385011	248372	
大连	429024	70441	42944	27497	
宁波	490752	183187	144710	38477	
厦门	88505	49177	25251	23925	
青岛	161261	108004	72679	35325	
深圳	646438	152015	69737	82278	

(其他教育机构)

单位：千元

公用部分	商品和服务支出	其他资本性支出			基本建设支出
			专项公用支出	专项项目支出	
45946570	**18582845**	**27363725**	**12483203**	**14880523**	**1396276**
6912536	6334559	577977	222631	355347	15490
4895081	283405	4611676	4510250	101426	18981
339778	197515	142263	25121	117142	29799
800857	231277	569580	456346	113234	5216
235025	171773	63252	16306	46946	1900
977769	537479	440291	74642	365648	6066
469632	191420	278212	144854	133358	
161976	143921	18055	10963	7091	45580
1043985	990634	53351	35474	17877	
973979	489765	484215	42051	442164	947
3616544	1651572	1964971	81330	1883642	134065
1280133	218263	1061870	32690	1029180	20041
437847	327090	110758	36178	74580	622
399010	191222	207788	8984	198804	51253
1484297	443757	1040540	38468	1002073	81038
2458321	467143	1991177	1829906	161271	105311
4620548	1026178	3594370	1370401	2223969	
1047303	506212	541091	236644	304447	8858
5959350	1056187	4903163	1476720	3426443	300508
1207683	188669	1019014	472576	546438	14552
137219	121086	16133	8351	7782	2850
348901	248080	100821	32432	68389	
1271293	738551	532741	259702	273039	36759
384588	222378	162210	20481	141730	20190
1111603	374575	737028	63967	673061	141542
52273	29234	23039	13393	9646	
1733204	475718	1257486	473045	784441	17300
357727	186424	171304	59468	111836	
317752	176575	141177	70177	70999	199693
82682	48790	33892	6922	26970	
827673	313394	514278	352728	161550	137716
358583	212509	146074	13795	132279	
186270	61134	125135	672	124463	121295
38754	33955	4799	4625	174	574
53257	47127	6130	1529	4601	
341189	232979	108211	32894	75316	153234

4-57 教育经费支出明细

地区	合计	个人部分	工资福利支出	对个人和家庭的补助支出	#助学金
合 计	**57322989**	**14194399**	**8478691**	**5715708**	**5820**
北 京	4234647	780119	461212	318906	
天 津	5133271	219209	112204	107006	
河 北	923601	557138	361144	195994	
山 西	1172272	366343	261209	105134	
内蒙古	643767	407273	262659	144614	
辽 宁	1651805	670766	277068	393698	
吉 林	926215	457483	304087	153396	
黑龙江	513931	331667	182882	148785	
上 海	963707	280155	234931	45224	547
江 苏	1658662	706553	404634	301919	1265
浙 江	4828497	1081272	774710	306562	764
安 徽	1666773	367079	220267	146812	
福 建	721719	399075	252066	147009	
江 西	779729	329466	177142	152324	
山 东	2340448	781995	606055	175940	
河 南	3016811	458262	294032	164230	
湖 北	5192219	588158	252481	335677	528
湖 南	1532472	480772	290180	190592	995
广 东	7316849	1056992	434078	622913	960
广 西	1546377	324143	208228	115914	
海 南	209442	69373	50708	18665	
重 庆	577873	228971	128731	100240	
四 川	2119340	834775	441222	393553	761
贵 州	783326	378547	221524	157023	
云 南	1749204	497415	289953	207462	
西 藏	186423	134150	80820	53330	
陕 西	2023334	288334	191030	97304	
甘 肃	688860	336898	203058	133840	
青 海	672538	155094	96194	58900	
宁 夏	201398	118716	77338	41377	
新 疆	1347482	508209	326843	181365	
大 连	429024	70441	42944	27497	
宁 波	490752	183187	144710	38477	
厦 门	88505	49177	25251	23925	
青 岛	161261	108004	72679	35325	
深 圳	646438	152015	69737	82278	

(地方其他教育机构)

单位：千元

公用部分	商品和服务支出	其他资本性支出	专项公用支出	专项项目支出	基本建设支出
41770533	**14679892**	**27090641**	**12380038**	**14710603**	**1358057**
3439039	3048865	390174	149064	241110	15490
4895081	283405	4611676	4510250	101426	18981
336664	194401	142263	25121	117142	29799
800713	231133	569580	456346	113234	5216
234594	171342	63252	16306	46946	1900
974973	534683	440291	74642	365648	6066
468732	190520	278212	144854	133358	
136684	118813	17872	10860	7011	45580
683552	658764	24788	21612	3175	
951163	466948	484215	42051	442164	947
3613160	1648188	1964971	81330	1883642	134065
1279653	217783	1061870	32690	1029180	20041
322021	218252	103769	30090	73680	622
399010	191222	207788	8984	198804	51253
1477415	436875	1040540	38468	1002073	81038
2453238	462060	1991177	1829906	161271	105311
4604060	1009690	3594370	1370401	2223969	
1042842	501751	541091	236644	304447	8858
5959350	1056187	4903163	1476720	3426443	300508
1207683	188669	1019014	472576	546438	14552
137219	121086	16133	8351	7782	2850
348901	248080	100821	32432	68389	
1247806	715065	532741	259702	273039	36759
384588	222378	162210	20481	141730	20190
1110247	373219	737028	63967	673061	141542
52273	29234	23039	13393	9646	
1717700	460214	1257486	473045	784441	17300
351963	180659	171304	59468	111836	
317752	176575	141177	70177	70999	199693
82682	48790	33892	6922	26970	
739776	275043	464733	343183	121550	99497
358583	212509	146074	13795	132279	
186270	61134	125135	672	124463	121295
38754	33955	4799	4625	174	574
53257	47127	6130	1529	4601	
341189	232979	108211	32894	75316	153234

第五部分

各地区各级各类教育机构财政补助支出明细

5-1 财政补助支出明细

地区	合计	个人部分	工资福利支出	对个人和家庭的补助支出	#助学金
合计	**2781172837**	**1720359804**	**1141564342**	**578795462**	**131184883**
北京	143559547	73460661	39475853	33984809	10663157
天津	50045506	28186223	14550439	13635784	1253842
河北	106831407	72191613	53533042	18658570	4058367
山西	67359315	42984434	32173867	10810567	2590605
内蒙古	62457317	42700316	28644126	14056190	3729134
辽宁	75575721	51630052	33484344	18145709	2483312
吉林	53302262	34809195	22104362	12704833	1608632
黑龙江	64942161	45508921	27654571	17854350	1937944
上海	93222793	44492003	37884099	6607904	3183918
江苏	188328479	113619380	75196576	38422804	5406534
浙江	130423737	84807457	61467131	23340326	4213931
安徽	97281697	57956743	36875150	21081593	4060253
福建	78547173	49880259	35143132	14737126	2348559
江西	80223440	45761561	30045098	15716464	3174670
山东	177148363	113070680	86827464	26243215	4837443
河南	136605470	77618574	50565550	27053024	7927779
湖北	102041366	62080197	38046116	24034081	5040466
湖南	99589608	60737006	39446930	21290076	5532925
广东	223669641	137888418	91758857	46129561	6159497
广西	83690853	52090414	31685702	20404711	5748156
海南	22586570	12939327	10637288	2302040	818341
重庆	65689282	40938829	25163782	15775047	4009289
四川	140732565	96387324	61756904	34630420	9938611
贵州	77160376	52211148	32076275	20134874	5241497
云南	90636607	59268525	37395956	21872569	8536632
西藏	18843793	11288513	7059659	4228854	2155948
陕西	87516434	49630856	32213196	17417660	6085890
甘肃	55408180	35641264	21991902	13649362	3663922
青海	18940117	10401125	6318166	4082959	1129796
宁夏	17541904	10396092	7007420	3388672	774287
新疆	71271152	49782696	33381387	16401309	2871548
大连	12307414	8296839	6675891	1620948	124404
宁波	19719070	12171500	9331194	2840306	486437
厦门	10494149	5823189	3877973	1945216	126548
青岛	23155971	13459100	9387893	4071207	288109
深圳	34316818	17762746	11868008	5894738	243010

(各级各类教育机构)

单位：千元

公用部分					基本建设支出
	商品和服务支出	其他资本性支出	专项公用支出	专项项目支出	
1010899676	**457878138**	**553021539**	**189691810**	**363329729**	**49913357**
66520546	41884779	24635767	15088553	9547214	3578340
21704091	7985551	13718540	9920733	3797806	155192
33879875	15297428	18582447	6558386	12024062	759919
23809031	9365316	14443714	4386270	10057444	565851
18400798	8387417	10013381	3523401	6489981	1356203
23306645	14421237	8885408	4807318	4078090	639023
18121686	8566412	9555274	4335692	5219583	371381
18841616	10955271	7886345	3041678	4844667	591624
45876402	30910202	14966200	8191477	6774723	2854388
74102833	24740383	49362450	10417569	38944881	606266
44627473	20122579	24504894	6515996	17988899	988807
38117029	12757644	25359385	7396446	17962939	1207925
27505645	11492464	16013181	4957780	11055401	1161269
33114011	10448506	22665506	5022078	17643428	1347868
63147976	20606972	42541005	8789994	33751010	929707
56620500	26371450	30249050	10780465	19468585	2366396
39563271	15857660	23705610	7068004	16637606	397898
37254211	16033479	21220732	5965190	15255542	1598391
79088144	41519659	37568485	18105927	19462558	6693079
29302280	10396378	18905902	7219699	11686203	2298160
9150854	3662759	5488095	2538624	2949471	496389
23575253	13078501	10496752	3966426	6530326	1175200
41844133	21025023	20819110	7487303	13331807	2501108
22988672	10288446	12700226	3700525	8999701	1960556
29495412	12302487	17192926	3505547	13687379	1872670
6085244	1808773	4276471	1299949	2976523	1470036
36347277	17260447	19086830	6101928	12984902	1538301
17348153	7025924	10322229	2892311	7429918	2418763
5691058	1985911	3705147	1135692	2569455	2847934
6771895	2357451	4414444	1769394	2645050	373917
18697659	8961628	9736032	3201457	6534575	2790797
3892635	2263125	1629510	870727	758784	117940
7296233	2668337	4627896	850662	3777234	251336
4221840	2009881	2211959	988917	1223042	449120
9696871	2875638	6821232	1339398	5481834	
11447203	7729451	3717752	3465317	252435	5106869

5-2 财政补助支出明细

地区	合计	个人部分	工资福利支出	对个人和家庭的补助支出	#助学金
合计	**2606013598**	**1630961030**	**1096791600**	**534169430**	**110498099**
北京	91143399	47981677	29887490	18094187	1135587
天津	45324583	26089550	13530708	12558842	837499
河北	105746127	71516967	53044093	18472874	3994491
山西	67354016	42979581	32169285	10810296	2590584
内蒙古	62456036	42699466	28643276	14056190	3729134
辽宁	70526634	49113565	32153185	16960380	2042867
吉林	48904486	32301830	20531778	11770051	1389655
黑龙江	60198079	42692031	26081062	16610969	1513695
上海	77890488	37299809	32931326	4368483	1887100
江苏	175962545	107173891	72027245	35146646	4166071
浙江	126333844	82402661	60138152	22264509	3776206
安徽	93701820	56219847	35960470	20259377	3696964
福建	75390528	48280156	34212543	14067614	2017440
江西	80222076	45761457	30045098	15716360	3174566
山东	171842995	110538665	85605154	24933511	4402749
河南	136426427	77548063	50509738	27038325	7923457
湖北	88612553	55322543	35148244	20174299	3562462
湖南	94358806	58151170	38186949	19964221	4952771
广东	216394735	134294679	89879560	44415119	5579770
广西	83690853	52090414	31685702	20404711	5748156
海南	22581532	12938535	10637228	2301307	817609
重庆	61957010	38798977	23993512	14805465	3597677
四川	132916892	91737006	59247764	32489242	9043639
贵州	77160376	52211148	32076275	20134874	5241497
云南	90633956	59267251	37394793	21872458	8536632
西藏	18843250	11288065	7059355	4228710	2155834
陕西	76047933	44340787	29280832	15059955	5130340
甘肃	53113271	34291237	21248566	13042671	3399965
青海	18939154	10400462	6318166	4082296	1129134
宁夏	17054067	10168209	6840668	3327542	736097
新疆	64285127	45061330	30323384	14737946	2588453
大连	12297701	8287483	6666621	1620861	124338
宁波	19719070	12171500	9331194	2840306	486437
厦门	10493799	5823189	3877973	1945216	126548
青岛	23056110	13459100	9387893	4071207	288109
深圳	34316818	17762746	11868008	5894738	243010

(地方各级各类教育机构)

单位：千元

公用部分					基本建设支出
	商品和服务支出	其他资本性支出	专项公用支出	专项项目支出	
930238495	**402847700**	**527390795**	**170390463**	**357000332**	**44814072**
41267758	23773860	17493899	10089855	7404044	1893964
19079841	6441649	12638191	9087651	3550541	155192
33471629	15102465	18369164	6432989	11936175	757532
23808585	9365101	14443483	4386039	10057444	565851
18400367	8386985	10013381	3523401	6489981	1356203
20961883	13158827	7803056	3912320	3890736	451186
16271275	7167820	9103455	3885814	5217641	331381
16958158	9886847	7071311	2597265	4474047	547889
38370956	25320235	13050721	6601869	6448852	2219723
68427549	21398890	47028659	8711238	38317421	361105
43004389	19018184	23986205	6011445	17974761	926794
36292292	11623092	24669200	6885862	17783338	1189681
26042971	10652863	15390108	4513446	10876663	1067401
33112751	10447709	22665042	5021614	17643428	1347868
60886618	19168160	41718458	8307509	33410950	417711
56511968	26327201	30184767	10743632	19441135	2366396
33269745	11250234	22019512	5590639	16428873	20264
34724766	14160101	20564665	5391070	15173595	1482870
75486727	39000881	36485845	17162975	19322870	6613329
29302280	10396378	18905902	7219699	11686203	2298160
9146609	3661047	5485562	2538380	2947182	496389
22032834	11819409	10213425	3683099	6530326	1125200
38789495	18999123	19790371	6631624	13158747	2390391
22988672	10288446	12700226	3700525	8999701	1960556
29494035	12301109	17192926	3505547	13687379	1872670
6085148	1808677	4276471	1299949	2976523	1470036
30358972	13160551	17198421	4570830	12627590	1348174
16437139	6432386	10004753	2655260	7349493	2384895
5690758	1985811	3704947	1135492	2569455	2847934
6538891	2193841	4345049	1710776	2634274	346967
17023436	8149816	8873620	2882653	5990967	2200361
3892278	2262787	1629491	870708	758784	117940
7296233	2668337	4627896	850662	3777234	251336
4221490	2009531	2211959	988917	1223042	449120
9597010	2875638	6721372	1339398	5381974	
11447203	7729451	3717752	3465317	252435	5106869

5-3 财政补助支出明细

地区	合计	个人部分			
			工资福利支出	对个人和家庭的补助支出	
					#助学金
合计	**544516001**	**277848983**	**154059859**	**123789124**	**54189233**
北京	61968202	33321908	13897418	19424490	10344032
天津	14466429	6626134	3350150	3275985	1000483
河北	15381239	8066493	4119647	3946846	1785353
山西	14019930	5395408	3123030	2272378	1019419
内蒙古	9828397	6249953	3454109	2795844	1656270
辽宁	19448542	10848109	6240970	4607139	1658919
吉林	14283866	7479104	4297694	3181411	925946
黑龙江	14424322	8610677	4475144	4135533	1223269
上海	34490352	12865364	9342518	3522846	2095283
江苏	37735879	19123482	11173618	7949864	3023316
浙江	21778655	11768979	7402450	4366529	1755740
安徽	16972756	8008501	4560805	3447695	1618591
福建	13423240	6629837	3620052	3009785	1323350
江西	11254619	6300329	3789883	2510447	1147147
山东	26328140	16132160	9897144	6235016	2158481
河南	22094475	11029065	6705464	4323601	2089782
湖北	27002298	14393872	7585762	6808109	2815734
湖南	18445968	10011159	5682136	4329023	1856357
广东	35836997	18035847	10452835	7583012	2443450
广西	11135411	4869842	2133092	2736749	1475567
海南	2955364	1190727	799524	391203	294264
重庆	12108302	5517318	2826094	2691224	1499687
四川	22127356	12708089	7388531	5319558	2536899
贵州	8480680	4153505	1981496	2172009	878719
云南	9539128	4970562	2814065	2156497	1044890
西藏	1616597	869776	554971	314805	117260
陕西	24296287	11751749	6211023	5540726	2567055
甘肃	10042061	4213678	2205541	2008136	875681
青海	2002152	927958	515144	412815	94793
宁夏	3006953	1318829	817064	501765	180648
新疆	8021402	4460568	2642482	1818085	682848
大连	808747	508301	382365	125937	32074
宁波	2145883	937980	626409	311571	136168
厦门	897206	358080	218701	139380	52815
青岛	575163	305986	192299	113687	43303
深圳	6510355	2030053	1702843	327210	98841

(高等学校)

单位：千元

公用部分	商品和服务支出	其他资本性支出	专项公用支出	专项项目支出	基本建设支出
250161897	**132816578**	**117345320**	**66157842**	**51187478**	**16505121**
26621922	14852175	11769747	8007436	3762311	2024372
7769432	3801297	3968136	3162394	805742	70862
7048055	3519048	3529007	2151227	1377780	266691
8600739	2047657	6553083	1517103	5035979	23783
3486687	1623463	1863224	1334088	529137	91757
8168533	4994465	3174068	2178406	995662	431900
6761530	3555461	3206069	2272562	933507	43231
5670299	3402387	2267912	1442134	825778	143345
19301260	13721584	5579676	2696289	2883387	2323728
18224754	9710778	8513976	4143706	4370270	387642
9622597	4991077	4631520	2524718	2106801	387079
8636225	3088181	5548043	2542626	3005418	328031
6534995	3344515	3190480	1595156	1595324	258408
4829426	2666159	2163266	1502160	661106	124864
9454967	4819715	4635252	2434281	2200970	741014
10466066	5877115	4588950	3579643	1009307	599345
12221608	7016659	5204949	2429948	2775001	386819
7716977	4522203	3194774	1676994	1517780	717831
15889907	8702382	7187526	4708406	2479120	1911243
5975592	1938948	4036644	2316691	1719953	289978
1432547	772637	659911	460021	199890	332090
6459337	3601742	2857595	1506458	1351137	131647
8736655	5063408	3673247	2471836	1201411	682611
3448680	1155552	2293128	867629	1425499	878496
4509015	2087997	2421019	1113084	1307935	59551
477261	225165	252095	175489	76606	269560
11868625	7142239	4726386	2735712	1990674	675913
4941968	2073716	2868251	1057255	1810996	886416
734273	180355	553918	301476	252442	339921
1607225	672310	934914	572296	362618	80900
2944742	1646188	1298555	680615	617939	616092
276180	130473	145707	91352	54355	24266
1207904	375996	831908	160979	670929	
481684	253086	228599	111370	117229	57442
269177	57391	211786	49368	162419	
2656563	1587265	1069298	1045670	23629	1823739

5-4 财政补助支出明细

地区	合计	个人部分	工资福利支出	对个人和家庭的补助支出	#助学金
合计	**386676470**	**194792668**	**113653422**	**81139246**	**33733484**
北京	19405895	9054076	5100846	3953230	837845
天津	9776529	4552149	2345427	2206722	584724
河北	14311683	7399453	3637565	3761888	1721493
山西	14019930	5395408	3123030	2272378	1019419
内蒙古	9828397	6249953	3454109	2795844	1656270
辽宁	14413669	8342581	4920644	3421938	1218540
吉林	10044740	5081061	2813532	2267529	708759
黑龙江	10204333	6139117	3169264	2969853	805509
上海	19393031	5772791	4482883	1289907	799632
江苏	25411474	12684319	8007030	4677289	1783259
浙江	17692257	9364282	6073570	3290712	1318015
安徽	13395494	6273344	3646132	2627212	1257034
福建	10315285	5036080	2694243	2341837	992231
江西	11254619	6300329	3789883	2510447	1147147
山东	21029654	13600145	8674834	4925311	1723787
河南	21931223	10964383	6654738	4309645	2085950
湖北	13798227	7762475	4778220	2984255	1343032
湖南	13243979	7445488	4435304	3010184	1276277
广东	28733703	14577628	8694769	5882859	1866039
广西	11135411	4869842	2133092	2736749	1475567
海南	2955364	1190727	799524	391203	294264
重庆	8486718	3451941	1722002	1729939	1088244
四川	14360996	8072882	4891383	3181499	1643275
贵州	8480680	4153505	1981496	2172009	878719
云南	9539128	4970562	2814065	2156497	1044890
西藏	1616597	869776	554971	314805	117260
陕西	13043217	6598695	3388762	3209932	1615382
甘肃	7775153	2882654	1480148	1402506	612576
青海	2002152	927958	515144	412815	94793
宁夏	2519116	1090946	650312	440634	142457
新疆	6557816	3718119	2226499	1491619	581094
大连	808747	508301	382365	125937	32074
宁波	2145883	937980	626409	311571	136168
厦门	897206	358080	218701	139380	52815
青岛	475303	305986	192299	113687	43303
深圳	6510355	2030053	1702843	327210	98841

（地方高等学校）

单位：千元

公用部分	商品和服务支出	其他资本性支出	专项公用支出	专项项目支出	基本建设支出
180141967	**87001316**	**93140652**	**47492540**	**45648111**	**11741836**
9988493	4825792	5162701	3356380	1806321	363326
5153518	2260854	2892664	2333068	559596	70862
6647926	3332203	3315724	2025831	1289893	264303
8600739	2047657	6553083	1517103	5035979	23783
3486687	1623463	1863224	1334088	529137	91757
5827024	3735229	2091795	1283427	808368	244063
4960447	2202423	2758024	1826459	931565	3231
3965176	2443623	1521553	1025872	495682	100040
11931178	8253731	3677447	1113931	2563516	1689063
12584675	6403721	6180954	2437844	3743110	142481
8002910	3890079	4112831	2020167	2092663	325066
6812362	1954327	4858035	2032178	2825856	309788
5114665	2545761	2568903	1152318	1416586	164540
4829426	2666159	2163266	1502160	661106	124864
7200491	3387785	3812705	1951796	1860910	229018
10367496	5841586	4525909	3543712	982197	599345
6026566	2486995	3539571	967963	2571608	9185
5196181	2656796	2539385	1103437	1435949	602310
12324582	6206930	6117652	3772938	2344714	1831493
5975592	1938948	4036644	2316691	1719953	289978
1432547	772637	659911	460021	199890	332090
4953130	2365620	2587510	1236374	1351137	81647
5716220	3066403	2649818	1620029	1029789	571894
3448680	1155552	2293128	867629	1425499	878496
4509015	2087997	2421019	1113084	1307935	59551
477261	225165	252095	175489	76606	269560
5958736	3096970	2861767	1209217	1652550	485786
4039950	1487194	2552757	821229	1731527	852549
734273	180355	553918	301476	252442	339921
1374220	508700	865519	513677	351842	53950
2501801	1350661	1151139	556953	594186	337897
276180	130473	145707	91352	54355	24266
1207904	375996	831908	160979	670929	
481684	253086	228599	111370	117229	57442
169317	57391	111926	49368	62558	
2656563	1587265	1069298	1045670	23629	1823739

5-5 财政补助支出明细

地区	合计	个人部分	工资福利支出	对个人和家庭的补助支出	#助学金
合计	**535906013**	**272758183**	**150704196**	**122053987**	**54016591**
北京	60955528	32778760	13600934	19177826	10344032
天津	14200746	6426536	3251688	3174848	998864
河北	14993969	7802716	3926623	3876093	1768826
山西	13486055	5204843	2978408	2226434	1011134
内蒙古	9765189	6200249	3424157	2776092	1653347
辽宁	19169071	10621463	6076762	4544701	1658687
吉林	13888789	7206151	4144395	3061756	920119
黑龙江	14038461	8318953	4317480	4001474	1220413
上海	33934243	12521949	9036036	3485912	2093725
江苏	37603381	19068079	11137798	7930281	3021274
浙江	21072088	11447481	7161284	4286197	1751244
安徽	16665497	7857358	4458626	3398732	1610701
福建	13218400	6507789	3533088	2974701	1323247
江西	11055163	6185898	3712384	2473514	1136866
山东	26207465	16047123	9847573	6199549	2158471
河南	21864889	10891649	6620929	4270720	2083617
湖北	26915562	14315504	7533681	6781824	2807004
湖南	18248730	9894758	5606931	4287827	1853505
广东	35122805	17578092	10149672	7428420	2435068
广西	10846444	4707386	2041949	2665437	1457934
海南	2907222	1169192	782530	386662	291614
重庆	11966714	5466961	2797155	2669806	1486306
四川	21550408	12366172	7128713	5237459	2535341
贵州	8402229	4088235	1941969	2146266	878636
云南	9409282	4896635	2777358	2119277	1021706
西藏	1616597	869776	554971	314805	117260
陕西	24065431	11658285	6155244	5503042	2550599
甘肃	9951831	4148789	2167591	1981198	868899
青海	1981292	918441	506109	412332	94793
宁夏	3006953	1318829	817064	501765	180648
新疆	7795580	4274130	2515092	1759038	682713
大连	690995	416325	306114	110211	31898
宁波	2029220	855302	558350	296952	134151
厦门	896018	357071	218046	139026	52815
青岛	552541	288086	181907	106180	43303
深圳	6477391	2004008	1682664	321345	98298

（普通高等学校）

单位：千元

公用部分	商品和服务支出	其他资本性支出			基本建设支出
			专项公用支出	专项项目支出	
246975205	**131091205**	**115884000**	**65394482**	**50489518**	**16172625**
26201832	14588445	11613386	7971064	3642323	1974936
7723348	3782911	3940437	3137021	803416	50862
6924562	3443862	3480700	2111573	1369127	266691
8257429	2009151	6248278	1244945	5003333	23783
3475183	1614020	1861163	1334076	527087	89757
8115707	4961175	3154532	2167086	987446	431900
6639406	3458632	3180774	2251267	929507	43231
5576162	3326001	2250161	1433210	816951	143345
19088566	13540047	5548519	2673880	2874639	2323728
18147660	9702627	8445033	4132315	4312719	387642
9471222	4911009	4560213	2509553	2050660	153384
8480108	3028877	5451231	2516863	2934368	328031
6458204	3276097	3182107	1587538	1594569	252408
4744971	2625863	2119108	1482532	636576	124294
9419328	4808260	4611069	2421438	2189630	741014
10373895	5803375	4570520	3563846	1006674	599345
12213239	7011119	5202120	2427308	2774812	386819
7636141	4481143	3154997	1670829	1484168	717831
15637770	8576406	7061364	4640574	2420790	1906942
5861580	1887831	3973749	2279429	1694320	277478
1409728	762606	647122	452448	194674	328302
6368106	3534196	2833910	1482774	1351137	131647
8501631	4886847	3614784	2446694	1168090	682605
3435498	1146847	2288651	863270	1425380	878496
4453096	2071517	2381579	1093078	1288501	59551
477261	225165	252095	175489	76606	269560
11731432	7105456	4625976	2728258	1897718	675713
4916625	2052884	2863742	1054944	1808798	886416
722930	179604	543326	290884	252442	339921
1607225	672310	934914	572296	362618	80900
2905359	1616921	1288438	677999	610439	616092
250404	107998	142406	88152	54254	24266
1173918	356179	817739	158996	658742	
481504	252906	228599	111370	117229	57442
264455	54455	210000	47581	162419	
2649643	1582847	1066796	1043167	23629	1823739

5-6 财政补助支出明细

地区	合计	个人部分	工资福利支出	对个人和家庭的补助支出	#助学金
合计	**378226070**	**189794304**	**110346334**	**79447969**	**33560975**
北京	18480501	8555791	4819557	3736234	837845
天津	9510846	4352550	2246965	2105586	583105
河北	13961744	7153796	3456236	3697560	1704965
山西	13486055	5204843	2978408	2226434	1011134
内蒙古	9765189	6200249	3424157	2776092	1653347
辽宁	14134197	8115935	4756436	3359499	1218308
吉林	9649663	4808108	2660233	2147875	702932
黑龙江	9818472	5847392	3011599	2835793	802653
上海	18836922	5429375	4176402	1252973	798073
江苏	25278976	12628915	7971210	4657705	1781217
浙江	16985690	9042784	5832404	3210380	1313519
安徽	13088234	6122201	3543953	2578248	1249144
福建	10110445	4914032	2607279	2306753	992128
江西	11055163	6185898	3712384	2473514	1136866
山东	20908978	13515108	8625263	4889845	1723777
河南	21701638	10826968	6570204	4256764	2079786
湖北	13711491	7684108	4726138	2957970	1334301
湖南	13046742	7329087	4360099	2968988	1273425
广东	28019511	14119873	8391606	5728267	1857657
广西	10846444	4707386	2041949	2665437	1457934
海南	2907222	1169192	782530	386662	291614
重庆	8345130	3401583	1693062	1708521	1074863
四川	13784049	7730965	4631565	3099400	1641717
贵州	8402229	4088235	1941969	2146266	878636
云南	9409282	4896635	2777358	2119277	1021706
西藏	1616597	869776	554971	314805	117260
陕西	12812361	6505231	3332983	3172248	1598926
甘肃	7684922	2817765	1442197	1375568	605794
青海	1981292	918441	506109	412332	94793
宁夏	2519116	1090946	650312	440634	142457
新疆	6366971	3561134	2120794	1440340	581092
大连	690995	416325	306114	110211	31898
宁波	2029220	855302	558350	296952	134151
厦门	896018	357071	218046	139026	52815
青岛	452681	288086	181907	106180	43303
深圳	6477391	2004008	1682664	321345	98298

(地方普通高等学校)

单位：千元

公用部分	商品和服务支出	其他资本性支出	专项公用支出	专项项目支出	基本建设支出
177022426	**85342055**	**91680371**	**46730220**	**44950151**	**11409341**
9610820	4604140	5006680	3320346	1686333	313890
5107434	2242468	2864965	2307696	557270	50862
6543645	3275527	3268118	1986877	1281241	264303
8257429	2009151	6248278	1244945	5003333	23783
3475183	1614020	1861163	1334076	527087	89757
5774198	3701939	2072260	1272107	800152	244063
4838324	2105594	2732729	1805164	927565	3231
3871040	2367237	1503802	1016948	486855	100040
11718484	8072194	3646290	1091521	2554768	1689063
12507580	6395569	6112011	2426453	3685559	142481
7851535	3810011	4041524	2005003	2036522	91371
6656245	1895023	4761223	2006415	2754807	309788
5037874	2477343	2560530	1144700	1415831	158540
4744971	2625863	2119108	1482532	636576	124294
7164853	3376330	3788522	1938953	1849570	229018
10275325	5767847	4507479	3527915	979564	599345
6018197	2481456	3536742	965323	2571419	9185
5115345	2615736	2499609	1097271	1402337	602310
12072445	6080954	5991491	3705106	2286385	1827193
5861580	1887831	3973749	2279429	1694320	277478
1409728	762606	647122	452448	194674	328302
4861900	2298074	2563826	1212689	1351137	81647
5481196	2889841	2591355	1594887	996468	571888
3435498	1146847	2288651	863270	1425380	878496
4453096	2071517	2381579	1093078	1288501	59551
477261	225165	252095	175489	76606	269560
5821544	3060187	2761357	1201764	1559593	485586
4014608	1466361	2548247	818918	1729329	852549
722930	179604	543326	290884	252442	339921
1374220	508700	865519	513677	351842	53950
2467940	1326918	1141022	554336	586686	337897
250404	107998	142406	88152	54254	24266
1173918	356179	817739	158996	658742	
481504	252906	228599	111370	117229	57442
164595	54455	110140	47581	62558	
2649643	1582847	1066796	1043167	23629	1823739

5-7 财政补助支出明细

地区	合计	个人部分	工资福利支出	对个人和家庭的补助支出	#助学金
合计	**432097458**	**220450350**	**118589386**	**101860964**	**45857852**
北京	57329028	31174837	12605263	18569573	10230342
天津	10982313	5041219	2546132	2495088	873770
河北	11651104	5861379	2708682	3152697	1466456
山西	10793612	3821154	2104327	1716828	801438
内蒙古	6456591	4063984	2160108	1903875	1166280
辽宁	16312386	8884873	4983761	3901112	1506886
吉林	12129901	6314903	3655469	2659435	820095
黑龙江	11403843	6779158	3519808	3259350	1050441
上海	31737660	11889682	8500831	3388850	2043335
江苏	28733976	14846282	8281340	6564942	2492953
浙江	15310946	8531485	5136178	3395307	1400760
安徽	12658237	5785068	3181917	2603152	1212499
福建	9975768	5186345	2782431	2403914	1073819
江西	8045682	4741537	2847147	1894389	869465
山东	20434798	12318327	7311432	5006894	1746907
河南	16225589	7900725	4661072	3239652	1647342
湖北	22027276	12039521	6226069	5813452	2376868
湖南	13626526	7359741	4003972	3355769	1491418
广东	26638097	13210459	7279522	5930937	1878517
广西	7803026	3517585	1464491	2053094	1167178
海南	2229912	922435	625624	296811	224554
重庆	9602719	4497581	2352436	2145146	1144561
四川	17407099	10321504	5913344	4408160	2120867
贵州	6301931	2925629	1383615	1542014	622751
云南	7716933	3867844	2232784	1635060	738785
西藏	1095307	538751	334159	204592	91303
陕西	20885591	9968284	5188040	4780243	2186978
甘肃	7319647	3414216	1793287	1620929	723805
青海	1627144	741521	398966	342555	71244
宁夏	2274056	978594	601056	377539	154169
新疆	5360760	3005726	1806123	1199604	462066
大连	484609	297722	212870	84852	24132
宁波	1208890	528887	315368	213519	102853
厦门	488765	193330	116331	76999	30770
青岛	338714	160051	103295	56756	31648
深圳	5141688	1243151	1059047	184104	40093

(普通高等本科学校)

单位：千元

公用部分					基本建设支出
	商品和服务支出	其他资本性支出			
			专项公用支出	专项项目支出	
196972922	**110499334**	**86473588**	**51465907**	**35007681**	**14674186**
24267992	13716428	10551563	7062804	3488759	1886200
5901903	3199454	2702449	1940431	762018	39190
5556642	2841591	2715051	1741768	973283	233083
6949174	1582689	5366485	1021046	4345440	23283
2365938	1090523	1275414	891543	383872	26669
7039903	4331230	2708672	1929239	779433	387610
5771766	3205218	2566548	1936438	630110	43231
4481339	2758730	1722609	1157250	565359	143345
17524251	12467423	5056828	2486937	2569891	2323728
13532381	7575407	5956974	3340671	2616303	355313
6673983	3658231	3015752	1804068	1211684	105477
6557797	2469531	4088266	2013620	2074646	315371
4564917	2747087	1817830	1220234	597596	224506
3199852	2058349	1141503	774546	366957	104294
7397222	3909397	3487825	1850468	1637357	719249
8091046	4739154	3351892	2750981	600911	233819
9610120	6086481	3523639	2135395	1388244	377634
5623018	3571292	2051726	1300468	751258	643767
11598177	7007588	4590589	3397841	1192748	1829461
4036290	1435872	2600418	1434346	1166072	249151
1015520	621394	394126	304931	89196	291957
4973490	2902649	2070841	1104281	966560	131647
6615594	4078639	2536955	1891594	645361	470001
2516952	843380	1673572	630733	1042839	859350
3795437	1804672	1990765	850125	1140640	53652
291286	132237	159049	116260	42789	265270
10323956	6470576	3853381	2471200	1382180	593351
3170294	1732779	1437515	780714	656801	735137
561907	143183	418724	236295	182429	323716
1215687	527187	688499	377316	311184	79775
1749088	790963	958125	512364	445761	605946
162621	60894	101727	61113	40613	24266
680003	237582	442420	109431	332989	
237993	192771	45222	32427	12795	57442
178663	26734	151928	21786	130143	
2148798	1307211	841587	822906	18682	1749739

5-8 财政补助支出明细

地区	合计	个人部分	工资福利支出	对个人和家庭的补助支出	#助学金
合计	**275268821**	**138011500**	**78507858**	**59503642**	**25467771**
北京	14958716	7000684	3853244	3147440	728873
天津	6292413	2967234	1541409	1425825	458011
河北	10618879	5212459	2238295	2974164	1402596
山西	10793612	3821154	2104327	1716828	801438
内蒙古	6456591	4063984	2160108	1903875	1166280
辽宁	11277512	6379345	3663434	2715911	1066507
吉林	7890775	3916859	2171307	1745553	602908
黑龙江	7306296	4406983	2239509	2167475	635530
上海	16678107	4823460	3659439	1164022	749072
江苏	16409572	8407119	5114752	3292367	1252896
浙江	11224548	6126788	3807298	2319490	963035
安徽	9080974	4049911	2267243	1782668	850942
福建	6867812	3592588	1856622	1735966	742700
江西	8045682	4741537	2847147	1894389	869465
山东	15136312	9786312	6089122	3697190	1312212
河南	16062338	7836043	4610347	3225696	1643511
湖北	8844711	5428728	3418635	2010093	923855
湖南	8558147	4890090	2818132	2071958	918895
广东	19735339	9804923	5558908	4246015	1306960
广西	7803026	3517585	1464491	2053094	1167178
海南	2229912	922435	625624	296811	224554
重庆	5981135	2432204	1248343	1183861	733118
四川	9745812	5770076	3467908	2302168	1240717
贵州	6301931	2925629	1383615	1542014	622751
云南	7716933	3867844	2232784	1635060	738785
西藏	1095307	538751	334159	204592	91303
陕西	9669785	4850430	2389816	2460614	1235503
甘肃	5052738	2083192	1067894	1015298	460700
青海	1627144	741521	398966	342555	71244
宁夏	1786219	750712	434303	316408	115979
新疆	4020542	2354919	1440676	914243	370253
大连	484609	297722	212870	84852	24132
宁波	1208890	528887	315368	213519	102853
厦门	488765	193330	116331	76999	30770
青岛	238853	160051	103295	56756	31648
深圳	5141688	1243151	1059047	184104	40093

(地方普通高等本科学校)

单位：千元

公用部分	商品和服务支出	其他资本性支出			基本建设支出
			专项公用支出	专项项目支出	
127345758	**64917509**	**62428248**	**32901303**	**29526945**	**9911563**
7732712	3771018	3961694	2428925	1532769	225320
3285989	1659011	1626978	1111106	515872	39190
5175725	2673256	2502469	1617072	885397	230695
6949174	1582689	5366485	1021046	4345440	23283
2365938	1090523	1275414	891543	383872	26669
4698394	3071994	1626399	1034260	592139	199773
3970684	1852180	2118503	1490335	628168	3231
2799273	1819572	979701	744438	235263	100040
10165584	7009307	3156277	906257	2250020	1689063
7892301	4268350	3623951	1634808	1989143	110152
5054296	2557232	2497063	1299517	1197546	43464
4733935	1335677	3398258	1503173	1895085	297128
3144586	1948333	1196253	777395	418858	130638
3199852	2058349	1141503	774546	366957	104294
5142747	2477468	2665279	1367982	1297296	207253
7992476	4703625	3288851	2715050	573801	233819
3415983	1557572	1858411	673560	1184851	
3139811	1726801	1413010	742213	670797	528246
8180210	4554267	3625942	2515679	1110263	1750206
4036290	1435872	2600418	1434346	1166072	249151
1015520	621394	394126	304931	89196	291957
3467284	1666527	1800757	834197	966560	81647
3616452	2101797	1514656	1040917	473738	359284
2516952	843380	1673572	630733	1042839	859350
3795437	1804672	1990765	850125	1140640	53652
291286	132237	159049	116260	42789	265270
4416132	2427370	1988761	944705	1044056	403223
2268276	1146256	1122020	544688	577333	701270
561907	143183	418724	236295	182429	323716
982682	363577	619105	318697	300408	52825
1337873	514020	823853	396504	427349	327751
162621	60894	101727	61113	40613	24266
680003	237582	442420	109431	332989	
237993	192771	45222	32427	12795	57442
78802	26734	52068	21786	30282	
2148798	1307211	841587	822906	18682	1749739

5-9 财政补助支出明细

地区	合计	个人部分	工资福利支出	对个人和家庭的补助支出	#助学金
合计	**103808555**	**52307833**	**32114810**	**20193023**	**8158738**
北京	3626500	1603923	995671	608252	113690
天津	3218433	1385317	705556	679761	125094
河北	3342865	1941337	1217941	723396	302370
山西	2692443	1383688	874082	509606	209696
内蒙古	3308598	2136265	1264049	872217	487066
辽宁	2856685	1736590	1093002	643589	151801
吉林	1758888	891248	488926	402322	100024
黑龙江	2634618	1539795	797671	742124	169972
上海	2196582	632267	535205	97062	50390
江苏	8869404	4221796	2856458	1365338	528321
浙江	5761142	2915996	2025106	890890	350484
安徽	4007260	2072289	1276709	795580	398201
福建	3242633	1321444	750657	570787	249427
江西	3009480	1444361	865236	579125	267402
山东	5772667	3728796	2536141	1192655	411565
河南	5639300	2990925	1959857	1031068	436275
湖北	4888287	2275983	1307611	968371	430136
湖南	4622204	2535018	1602959	932058	362086
广东	8484708	4367633	2870150	1497483	556550
广西	3043418	1189802	577458	612343	290756
海南	677310	246757	156906	89851	67060
重庆	2363995	969379	444719	524660	341745
四川	4143309	2044668	1215369	829299	414474
贵州	2100298	1162607	558354	604252	255885
云南	1692349	1028791	544574	484217	282921
西藏	521289	331025	220812	110213	25957
陕西	3179840	1690002	967204	722798	363620
甘肃	2632184	734573	374303	360269	145094
青海	354148	176920	107143	69777	23549
宁夏	732897	340235	216009	124226	26479
新疆	2434820	1268404	708970	559434	220647
大连	206386	118603	93244	25359	7766
宁波	820330	326415	242982	83433	31298
厦门	407252	163741	101714	62027	22045
青岛	213828	128035	78611	49424	11655
深圳	1335702	760858	623617	137241	58205

(普通高职高专学校)

单位：千元

公用部分	商品和服务支出	其他资本性支出	专项公用支出	专项项目支出	基本建设支出
50002283	**20591871**	**29410411**	**13928574**	**15481837**	**1498439**
1933840	872017	1061823	908259	153564	88736
1821445	583457	1237988	1196590	41398	11672
1367920	602271	765649	369805	395844	33608
1308255	426462	881793	223900	657893	500
1109245	523496	585749	442533	143216	63087
1075805	629944	445860	237847	208013	44290
867640	253414	614226	314829	299397	
1094823	567271	527552	275960	251592	
1564315	1072624	491691	186943	304748	
4615280	2127220	2488060	791644	1696416	32329
2797240	1252779	1544461	705485	838976	47907
1922311	559346	1362965	503242	859722	12660
1893288	529010	1364278	367304	996973	27901
1545119	567513	977606	707987	269619	20000
2022106	898863	1123243	570970	552273	21765
2282850	1064222	1218628	812865	405763	365525
2603118	924638	1678480	291913	1386568	9185
2013123	909851	1103271	370361	732910	74064
4039593	1568818	2470775	1242733	1228042	77482
1825290	451959	1373330	845083	528248	28327
394208	141212	252996	147518	105478	36345
1394616	631547	763069	378493	384577	
1886037	808208	1077829	555100	522730	212604
918546	303467	615078	232537	382541	19146
657659	266845	390814	242953	147861	5899
185975	92928	93046	59229	33817	4290
1407476	634880	772595	257058	515537	82363
1746332	320105	1426227	274230	1151997	151279
161023	36421	124601	54589	70012	16205
391538	145123	246415	194980	51435	1124
1156271	825958	330313	165634	164678	10146
87783	47104	40679	27039	13640	
493915	118596	375319	49565	325753	
243511	60134	183377	78943	104434	
85792	27721	58071	25795	32276	
500845	275636	225209	220262	4947	74000

5-10 财政补助支出明细

地区	合计	个人部分	工资福利支出	对个人和家庭的补助支出	#助学金
合 计	**102957250**	**51782803**	**31838476**	**19944327**	**8093204**
北 京	3521785	1555107	966313	588794	108973
天 津	3218433	1385317	705556	679761	125094
河 北	3342865	1941337	1217941	723396	302370
山 西	2692443	1383688	874082	509606	209696
内蒙古	3308598	2136265	1264049	872217	487066
辽 宁	2856685	1736590	1093002	643589	151801
吉 林	1758888	891248	488926	402322	100024
黑龙江	2512176	1440409	772090	668319	167123
上 海	2158814	605914	516963	88951	49001
江 苏	8869404	4221796	2856458	1365338	528321
浙 江	5761142	2915996	2025106	890890	350484
安 徽	4007260	2072289	1276709	795580	398201
福 建	3242633	1321444	750657	570787	249427
江 西	3009480	1444361	865236	579125	267402
山 东	5772667	3728796	2536141	1192655	411565
河 南	5639300	2990925	1959857	1031068	436275
湖 北	4866779	2255380	1307503	947877	410446
湖 南	4488595	2438997	1541967	897030	354530
广 东	8284172	4314950	2832698	1482252	550697
广 西	3043418	1189802	577458	612343	290756
海 南	677310	246757	156906	89851	67060
重 庆	2363995	969379	444719	524660	341745
四 川	4038236	1960889	1163657	797232	400999
贵 州	2100298	1162607	558354	604252	255885
云 南	1692349	1028791	544574	484217	282921
西 藏	521289	331025	220812	110213	25957
陕 西	3142576	1654801	943168	711633	363423
甘 肃	2632184	734573	374303	360269	145094
青 海	354148	176920	107143	69777	23549
宁 夏	732897	340235	216009	124226	26479
新 疆	2346428	1206215	680118	526097	210839
大 连	206386	118603	93244	25359	7766
宁 波	820330	326415	242982	83433	31298
厦 门	407252	163741	101714	62027	22045
青 岛	213828	128035	78611	49424	11655
深 圳	1335702	760858	623617	137241	58205

(地方普通高职高专学校)

单位：千元

公用部分					基本建设支出
	商品和服务支出	其他资本性支出	专项公用支出	专项项目支出	
49676668	**20424545**	**29252123**	**13828917**	**15423206**	**1497778**
1878108	833122	1044986	891421	153564	88571
1821445	583457	1237988	1196590	41398	11672
1367920	602271	765649	369805	395844	33608
1308255	426462	881793	223900	657893	500
1109245	523496	585749	442533	143216	63087
1075805	629944	445860	237847	208013	44290
867640	253414	614226	314829	299397	
1071767	547665	524102	272510	251592	
1552900	1062887	490013	185264	304748	
4615280	2127220	2488060	791644	1696416	32329
2797240	1252779	1544461	705485	838976	47907
1922311	559346	1362965	503242	859722	12660
1893288	529010	1364278	367304	996973	27901
1545119	567513	977606	707987	269619	20000
2022106	898863	1123243	570970	552273	21765
2282850	1064222	1218628	812865	405763	365525
2602214	923883	1678330	291763	1386568	9185
1975534	888936	1086599	355058	731540	74064
3892235	1526687	2365549	1189427	1176121	76986
1825290	451959	1373330	845083	528248	28327
394208	141212	252996	147518	105478	36345
1394616	631547	763069	378493	384577	
1864744	788045	1076699	553970	522730	212604
918546	303467	615078	232537	382541	19146
657659	266845	390814	242953	147861	5899
185975	92928	93046	59229	33817	4290
1405412	632817	772595	257058	515537	82363
1746332	320105	1426227	274230	1151997	151279
161023	36421	124601	54589	70012	16205
391538	145123	246415	194980	51435	1124
1130068	812898	317169	157832	159337	10146
87783	47104	40679	27039	13640	
493915	118596	375319	49565	325753	
243511	60134	183377	78943	104434	
85792	27721	58071	25795	32276	
500845	275636	225209	220262	4947	74000

5-11　财政补助支出明细

地区	合计	个人部分	工资福利支出	对个人和家庭的补助支出	#助学金
合计	**8609988**	**5090800**	**3355663**	**1735137**	**172642**
北京	1012674	543148	296484	246664	
天津	265683	199599	98462	101136	1619
河北	387270	263777	193024	70752	16527
山西	533875	190565	144621	45944	8285
内蒙古	63208	49704	29952	19752	2924
辽宁	279471	226646	164208	62438	232
吉林	395077	272953	153299	119654	5827
黑龙江	385861	291724	157665	134059	2856
上海	556110	343416	306482	36934	1558
江苏	132498	55404	35820	19583	2042
浙江	706567	321498	241166	80332	4496
安徽	307260	151143	102179	48964	7890
福建	204839	122048	86964	35084	103
江西	199457	114432	77499	36932	10281
山东	120675	85037	49571	35466	10
河南	229586	137415	84534	52881	6165
湖北	86736	78367	52082	26286	8730
湖南	197237	116401	75205	41196	2852
广东	714192	457755	303163	154592	8382
广西	288967	162455	91143	71312	17633
海南	48143	21535	16994	4541	2650
重庆	141588	50357	28939	21418	13381
四川	576947	341917	259818	82099	1558
贵州	78451	65269	39527	25743	84
云南	129846	73927	36707	37220	23185
西藏					
陕西	230856	93464	55779	37685	16456
甘肃	90231	64889	37951	26938	6782
青海	20860	9517	9034	483	
宁夏					
新疆	225822	186438	127390	59048	135
大连	117752	91976	76250	15725	176
宁波	116663	82678	68059	14619	2018
厦门	1189	1009	655	354	
青岛	22622	17900	10392	7508	
深圳	32965	26045	20179	5865	543

（成人高等学校）

单位：千元

公用部分	商品和服务支出	其他资本性支出	专项公用支出	专项项目支出	基本建设支出
3186693	**1725373**	**1461320**	**763360**	**697960**	**332495**
420091	263730	156361	36373	119988	49435
46084	18386	27699	25373	2326	20000
123493	75186	48307	39654	8653	
343310	38506	304804	272158	32646	
11504	9443	2061	11	2049	2000
52825	33290	19535	11320	8215	
122124	96829	25295	21295	4000	
94137	76385	17751	8924	8827	
212694	181537	31157	22410	8748	
77094	8152	68943	11391	57552	
151374	80068	71307	15165	56142	233695
156117	59304	96812	25763	71049	
76791	68418	8373	7618	755	6000
84455	40297	44158	19628	24530	570
35638	11455	24183	12843	11340	
92170	73740	18430	15797	2633	
8369	5540	2829	2640	189	
80837	41060	39777	6165	33611	
252137	125976	126161	67832	58330	4300
114012	51117	62896	37262	25633	12500
22820	10030	12789	7573	5216	3788
91230	67546	23684	23684		
235024	176561	58463	25142	33321	6
13182	8705	4477	4358	119	
55919	16480	39439	20006	19433	
137193	36783	100410	7453	92957	200
25342	20833	4509	2311	2198	
11343	751	10592	10592		
39384	29267	10117	2617	7500	
25776	22475	3301	3200	101	
33986	19817	14169	1982	12186	
180	180				
4722	2936	1786	1786		
6920	4418	2502	2502		

5-12 财政补助支出明细

地区	合计	个人部分	工资福利支出	对个人和家庭的补助支出	#助学金
合计	**8450400**	**4998364**	**3307087**	**1691277**	**172509**
北京	925394	498285	281289	216996	
天津	265683	199599	98462	101136	1619
河北	349939	245657	181329	64328	16527
山西	533875	190565	144621	45944	8285
内蒙古	63208	49704	29952	19752	2924
辽宁	279471	226646	164208	62438	232
吉林	395077	272953	153299	119654	5827
黑龙江	385861	291724	157665	134059	2856
上海	556110	343416	306482	36934	1558
江苏	132498	55404	35820	19583	2042
浙江	706567	321498	241166	80332	4496
安徽	307260	151143	102179	48964	7890
福建	204839	122048	86964	35084	103
江西	199457	114432	77499	36932	10281
山东	120675	85037	49571	35466	10
河南	229586	137415	84534	52881	6165
湖北	86736	78367	52082	26286	8730
湖南	197237	116401	75205	41196	2852
广东	714192	457755	303163	154592	8382
广西	288967	162455	91143	71312	17633
海南	48143	21535	16994	4541	2650
重庆	141588	50357	28939	21418	13381
四川	576947	341917	259818	82099	1558
贵州	78451	65269	39527	25743	84
云南	129846	73927	36707	37220	23185
西藏					
陕西	230856	93464	55779	37685	16456
甘肃	90231	64889	37951	26938	6782
青海	20860	9517	9034	483	
宁夏					
新疆	190845	156985	105705	51280	2
大连	117752	91976	76250	15725	176
宁波	116663	82678	68059	14619	2018
厦门	1189	1009	655	354	
青岛	22622	17900	10392	7508	
深圳	32965	26045	20179	5865	543

（地方成人高等学校）

单位：千元

公用部分	商品和服务支出	其他资本性支出			基本建设支出
			专项公用支出	专项项目支出	
3119541	**1659261**	**1460280**	**762320**	**697960**	**332495**
377673	221652	156022	36034	119988	49435
46084	18386	27699	25373	2326	20000
104282	56676	47606	38953	8653	
343310	38506	304804	272158	32646	
11504	9443	2061	11	2049	2000
52825	33290	19535	11320	8215	
122124	96829	25295	21295	4000	
94137	76385	17751	8924	8827	
212694	181537	31157	22410	8748	
77094	8152	68943	11391	57552	
151374	80068	71307	15165	56142	233695
156117	59304	96812	25763	71049	
76791	68418	8373	7618	755	6000
84455	40297	44158	19628	24530	570
35638	11455	24183	12843	11340	
92170	73740	18430	15797	2633	
8369	5540	2829	2640	189	
80837	41060	39777	6165	33611	
252137	125976	126161	67832	58330	4300
114012	51117	62896	37262	25633	12500
22820	10030	12789	7573	5216	3788
91230	67546	23684	23684		
235024	176561	58463	25142	33321	6
13182	8705	4477	4358	119	
55919	16480	39439	20006	19433	
137193	36783	100410	7453	92957	200
25342	20833	4509	2311	2198	
11343	751	10592	10592		
33860	23744	10117	2617	7500	
25776	22475	3301	3200	101	
33986	19817	14169	1982	12186	
180	180				
4722	2936	1786	1786		
6920	4418	2502	2502		

5-13 财政补助支出明细

地区	合计	个人部分	工资福利支出	对个人和家庭的补助支出	#助学金
合计	**180557189**	**96462817**	**64223155**	**32239661**	**8963409**
北京	6670432	3312518	1943502	1369016	70728
天津	2507404	1728925	809542	919383	79482
河北	7774476	4966433	3887654	1078780	281564
山西	4872100	2859069	2187180	671890	199485
内蒙古	4200072	2536858	1574281	962577	365424
辽宁	5082500	2912677	1855313	1057364	252096
吉林	3438728	2232110	1320691	911419	114429
黑龙江	3824560	2577186	1478047	1099139	130529
上海	5896589	2177728	1828816	348912	210324
江苏	14629909	7698790	5388269	2310522	267424
浙江	10742804	6200958	4801592	1399367	231452
安徽	6170326	2704524	1685843	1018681	393744
福建	4963931	2788705	1968515	820190	119998
江西	3707289	1892727	1107281	785446	377676
山东	16117774	7522897	5746189	1776708	364099
河南	8618123	4182074	2845816	1336259	414441
湖北	5007381	2777160	1648805	1128355	385339
湖南	5905496	3014626	1838428	1176199	542738
广东	18499023	9599601	6395369	3204232	603296
广西	5596653	2673259	1681096	992164	276093
海南	1826341	821445	653479	167966	86453
重庆	4568660	2453228	1341047	1112181	478366
四川	7807470	4474170	2861814	1612356	651324
贵州	4255316	1963555	1067272	896283	463007
云南	5752594	3290301	2016673	1273628	504566
西藏	653354	282999	178759	104239	55000
陕西	3290042	2094739	1305043	789695	424510
甘肃	3072656	1839282	1045204	794077	298804
青海	922573	478624	271236	207387	65300
宁夏	905103	434309	282472	151837	56077
新疆	3277508	1971338	1207928	763410	199640
大连	1155963	564490	454584	109906	20266
宁波	2133365	1277150	1031008	246143	23087
厦门	882168	451053	272230	178822	10773
青岛	2877842	1357988	933255	424733	52274
深圳	2185974	943702	627800	315902	62479

(中等职业学校)

单位：千元

公用部分	商品和服务支出	其他资本性支出	专项公用支出	专项项目支出	基本建设支出
80288208	33690688	46597520	17977972	28619547	3806164
3222201	1447493	1774708	1262975	511732	135713
778480	470480	308000	153308	154692	
2758701	1279965	1478736	483251	995484	49342
1903559	901545	1002014	336288	665726	109472
1576866	736333	840533	328980	511553	86348
2077790	1301864	775925	396153	379772	92034
1165758	504438	661320	301663	359657	40860
1194891	682132	512759	205645	307114	52483
3510243	1751448	1758795	1156959	601836	208618
6888670	2149321	4739349	1118611	3620738	42448
4500598	1879007	2621590	775987	1845604	41248
3378092	855416	2522677	609353	1913323	87710
2134382	914463	1219919	434687	785232	40843
1656710	602347	1054363	328669	725694	157851
8547064	2418601	6128463	1533680	4594783	47813
4233976	1869010	2364966	912532	1452434	202073
2228331	679651	1548680	413107	1135573	1890
2736574	1267418	1469156	676810	792346	154296
8143598	4035256	4108341	2135315	1973027	755824
2439380	905298	1534082	1007066	527016	484013
943959	415909	528050	384892	143158	60937
1938795	1033899	904896	443021	461875	176637
3190701	1576486	1614215	769301	844914	142599
2242463	896273	1346190	363226	982964	49298
2355031	1088608	1266423	412613	853811	107261
266559	79318	187241	78922	108320	103796
1149678	595993	553685	181239	372446	45625
1076877	404291	672586	163614	508972	156497
411528	153494	258034	146731	111303	32422
432312	150575	281736	208811	72925	38483
1204443	644356	560087	254563	305523	101728
552936	423461	129475	89322	40152	38538
856215	442831	413383	140476	272907	
431115	194617	236499	99142	137357	
1519854	411729	1108125	275533	832592	
761862	519510	242352	214849	27503	480410

5-14 财政补助支出明细

地区	合计	个人部分	工资福利支出	对个人和家庭的补助支出	#助学金
合计	**179957789**	**96107778**	**64015516**	**32092262**	**8912038**
北京	6566300	3250409	1902420	1347989	66437
天津	2502324	1724907	806108	918799	78898
河北	7764363	4961325	3883269	1078056	281564
山西	4872100	2859069	2187180	671890	199485
内蒙古	4200072	2536858	1574281	962577	365424
辽宁	5082500	2912677	1855313	1057364	252096
吉林	3438728	2232110	1320691	911419	114429
黑龙江	3741406	2527320	1442546	1084774	127852
上海	5896589	2177728	1828816	348912	210324
江苏	14620797	7695458	5388269	2307189	267223
浙江	10742804	6200958	4801592	1399367	231452
安徽	6168444	2702791	1685843	1016949	392012
福建	4963931	2788705	1968515	820190	119998
江西	3705924	1892623	1107281	785342	377572
山东	16117774	7522897	5746189	1776708	364099
河南	8612398	4178095	2842221	1335874	414309
湖北	4976803	2764207	1643231	1120976	380336
湖南	5900483	3009613	1835931	1173682	542738
广东	18464075	9579188	6378546	3200642	602390
广西	5596653	2673259	1681096	992164	276093
海南	1826341	821445	653479	167966	86453
重庆	4562893	2448282	1336269	1112012	478198
四川	7787607	4464360	2854245	1610115	650030
贵州	4255316	1963555	1067272	896283	463007
云南	5752594	3290301	2016673	1273628	504566
西藏	653354	282999	178759	104239	55000
陕西	3290042	2094739	1305043	789695	424510
甘肃	3072656	1839282	1045204	794077	298804
青海	922573	478624	271236	207387	65300
宁夏	905103	434309	282472	151837	56077
新疆	2994840	1799685	1125526	674159	165362
大连	1155963	564490	454584	109906	20266
宁波	2133365	1277150	1031008	246143	23087
厦门	882168	451053	272230	178822	10773
青岛	2877842	1357988	933255	424733	52274
深圳	2185974	943702	627800	315902	62479

(地方中等职业学校)

单位：千元

公用部分					基本建设支出
	商品和服务支出	其他资本性支出			
			专项公用支出	专项项目支出	
80055532	**33535917**	**46519616**	**17929605**	**28590011**	**3794478**
3180178	1417807	1762371	1256730	505641	135713
777417	469417	308000	153308	154692	
2753697	1274961	1478736	483251	995484	49342
1903559	901545	1002014	336288	665726	109472
1576866	736333	840533	328980	511553	86348
2077790	1301864	775925	396153	379772	92034
1165758	504438	661320	301663	359657	40860
1161603	665183	496420	200465	295956	52483
3510243	1751448	1758795	1156959	601836	208618
6882891	2143542	4739349	1118611	3620738	42448
4500598	1879007	2621590	775987	1845604	41248
3377942	855265	2522677	609353	1913323	87710
2134382	914463	1219919	434687	785232	40843
1655450	601551	1053899	328205	725694	157851
8547064	2418601	6128463	1533680	4594783	47813
4232230	1868080	2364151	911987	1452164	202073
2210706	663339	1547367	411794	1135573	1890
2736574	1267418	1469156	676810	792346	154296
8129064	4024789	4104275	2132032	1972243	755824
2439380	905298	1534082	1007066	527016	484013
943959	415909	528050	384892	143158	60937
1937974	1033078	904896	443021	461875	176637
3180648	1571575	1609072	765596	843476	142599
2242463	896273	1346190	363226	982964	49298
2355031	1088608	1266423	412613	853811	107261
266559	79318	187241	78922	108320	103796
1149678	595993	553685	181239	372446	45625
1076877	404291	672586	163614	508972	156497
411528	153494	258034	146731	111303	32422
432312	150575	281736	208811	72925	38483
1105114	582454	522660	226931	295729	90042
552936	423461	129475	89322	40152	38538
856215	442831	413383	140476	272907	
431115	194617	236499	99142	137357	
1519854	411729	1108125	275533	832592	
761862	519510	242352	214849	27503	480410

5-15 财政补助支出明细

地区	合计	个人部分	工资福利支出	对个人和家庭的补助支出	#助学金
合计	**84478353**	**43805375**	**28406788**	**15398587**	**4702407**
北京	2117536	1130992	698314	432678	41269
天津	1247450	813991	421042	392949	47447
河北	2273486	1459066	1075821	383245	129634
山西	2144317	1221365	881403	339962	94715
内蒙古	1651219	963140	530704	432436	200754
辽宁	2933419	1566843	966900	599944	124819
吉林	1251303	775802	456314	319489	47908
黑龙江	995158	615437	317942	297495	74113
上海	3287292	1167358	966691	200668	132779
江苏	9244250	5283109	3698141	1584968	183353
浙江	1699572	1001463	767975	233488	40108
安徽	3384812	1531611	940131	591480	238493
福建	3815058	2122238	1496276	625962	102519
江西	1794224	928885	508518	420366	229634
山东	7758203	3363721	2563622	800098	208688
河南	3624928	1688305	1057022	631283	226396
湖北	3222602	1708047	1005904	702143	293770
湖南	1119685	674926	346777	328150	214216
广东	9682410	4796133	3155765	1640368	348197
广西	4222461	1962495	1234482	728013	212945
海南	1169016	500872	397787	103085	52605
重庆	687458	343492	166663	176829	85019
四川	2978169	1628397	983761	644636	265759
贵州	2142245	1009773	514670	495103	255292
云南	2663642	1389441	798435	591006	276116
西藏	653354	282999	178759	104239	55000
陕西	736374	474062	275067	198995	94684
甘肃	2326321	1336102	753590	582512	206086
青海	916078	472943	269208	203735	64943
宁夏	547238	252010	158959	93051	35784
新疆	2189072	1340357	820147	520210	119362
大连	566877	228954	188215	40739	6246
宁波	467438	285528	225295	60234	3210
厦门	778574	398727	236324	162403	10199
青岛	454632	162434	100593	61842	9113
深圳	524349	209958	139256	70701	15423

(中等专业学校)

单位：千元

公用部分	商品和服务支出	其他资本性支出	专项公用支出	专项项目支出	基本建设支出
38743058	**16291622**	**22451436**	**8802996**	**13648440**	**1929920**
907911	470368	437543	349809	87734	78634
433459	276799	156661	92547	64113	
812519	447718	364802	115640	249162	1900
922056	432887	489169	127387	361782	897
656569	331550	325019	144895	180124	31510
1294710	890224	404486	217929	186557	71866
459106	210752	248354	132044	116310	16395
356163	209166	146996	71414	75582	23558
2119934	1037735	1082199	624077	458122	
3918693	1403147	2515546	783935	1731611	42448
691393	330184	361209	124056	237153	6715
1806000	485984	1320016	314566	1005450	47201
1677522	732220	945303	343325	601978	15297
837761	365822	471939	189986	281953	27578
4383436	1124900	3258536	683408	2575128	11046
1781500	814433	967067	389754	577313	155123
1513665	480135	1033529	290062	743467	890
434759	284129	150629	70145	80484	10000
4503615	2031999	2471616	1249229	1222387	382662
1859035	668954	1190081	824274	365807	400931
608898	298842	310057	213304	96753	59246
324298	166650	157648	47201	110447	19668
1300787	634859	665928	371097	294831	48985
1128153	481480	646673	130573	516100	4319
1191278	493506	697772	232541	465232	82923
266559	79318	187241	78922	108320	103796
262257	152682	109574	52519	57055	55
873602	311174	562428	114959	447469	116617
410713	152679	258034	146731	111303	32422
257151	86496	170655	118237	52418	38078
749557	404832	344726	158430	186296	99157
315420	255211	60209	46056	14152	22502
181910	93162	88748	28380	60368	
379847	163091	216756	86914	129842	
292198	83594	208604	46141	162463	
159091	109074	50018	46681	3337	155300

5-16 财政补助支出明细

地区	合计	个人部分	工资福利支出	对个人和家庭的补助支出	#助学金
合计	**84032823**	**43550560**	**28257919**	**15292641**	**4674141**
北京	2017577	1072270	659821	412449	36978
天津	1247450	813991	421042	392949	47447
河北	2263374	1453958	1071436	382522	129634
山西	2144317	1221365	881403	339962	94715
内蒙古	1651219	963140	530704	432436	200754
辽宁	2933419	1566843	966900	599944	124819
吉林	1251303	775802	456314	319489	47908
黑龙江	995158	615437	317942	297495	74113
上海	3287292	1167358	966691	200668	132779
江苏	9244250	5283109	3698141	1584968	183353
浙江	1699572	1001463	767975	233488	40108
安徽	3384812	1531611	940131	591480	238493
福建	3815058	2122238	1496276	625962	102519
江西	1792860	928781	508518	420262	229530
山东	7758203	3363721	2563622	800098	208688
河南	3624878	1688305	1057022	631283	226396
湖北	3192023	1695094	1000330	694764	288767
湖南	1114672	669913	344279	325634	214216
广东	9647462	4775719	3138941	1636778	347291
广西	4222461	1962495	1234482	728013	212945
海南	1169016	500872	397787	103085	52605
重庆	687458	343492	166663	176829	85019
四川	2978169	1628397	983761	644636	265759
贵州	2142245	1009773	514670	495103	255292
云南	2663642	1389441	798435	591006	276116
西藏	653354	282999	178759	104239	55000
陕西	736374	474062	275067	198995	94684
甘肃	2326321	1336102	753590	582512	206086
青海	916078	472943	269208	203735	64943
宁夏	547238	252010	158959	93051	35784
新疆	1925566	1187855	739050	448805	101400
大连	566877	228954	188215	40739	6246
宁波	467438	285528	225295	60234	3210
厦门	778574	398727	236324	162403	10199
青岛	454632	162434	100593	61842	9113
深圳	524349	209958	139256	70701	15423

(地方中等专业学校)

单位：千元

公用部分	商品和服务支出	其他资本性支出			基本建设支出
			专项公用支出	专项项目支出	
38564029	**16167741**	**22396289**	**8764519**	**13631770**	**1918234**
866673	441009	425664	344021	81643	78634
433459	276799	156661	92547	64113	
807515	442714	364802	115640	249162	1900
922056	432887	489169	127387	361782	897
656569	331550	325019	144895	180124	31510
1294710	890224	404486	217929	186557	71866
459106	210752	248354	132044	116310	16395
356163	209166	146996	71414	75582	23558
2119934	1037735	1082199	624077	458122	
3918693	1403147	2515546	783935	1731611	42448
691393	330184	361209	124056	237153	6715
1806000	485984	1320016	314566	1005450	47201
1677522	732220	945303	343325	601978	15297
836501	365026	471475	189522	281953	27578
4383436	1124900	3258536	683408	2575128	11046
1781450	814383	967067	389754	577313	155123
1496039	463823	1032216	288749	743467	890
434759	284129	150629	70145	80484	10000
4489081	2021531	2467550	1245946	1221603	382662
1859035	668954	1190081	824274	365807	400931
608898	298842	310057	213304	96753	59246
324298	166650	157648	47201	110447	19668
1300787	634859	665928	371097	294831	48985
1128153	481480	646673	130573	516100	4319
1191278	493506	697772	232541	465232	82923
266559	79318	187241	78922	108320	103796
262257	152682	109574	52519	57055	55
873602	311174	562428	114959	447469	116617
410713	152679	258034	146731	111303	32422
257151	86496	170655	118237	52418	38078
650240	342939	307301	130800	176501	87471
315420	255211	60209	46056	14152	22502
181910	93162	88748	28380	60368	
379847	163091	216756	86914	129842	
292198	83594	208604	46141	162463	
159091	109074	50018	46681	3337	155300

5-17 财政补助支出明细

地 区	合 计	个人部分	工资福利支出	对个人和家庭的补助支出	#助学金
合 计	**66769756**	**35958741**	**24830799**	**11127943**	**3091611**
北 京	3271938	1635167	868201	766966	16814
天 津	745707	527689	189066	338624	15888
河 北	4102392	2465182	1985975	479206	137626
山 西	2024259	1124349	914867	209481	86669
内蒙古	2050665	1179815	792310	387505	157223
辽 宁	1682371	1073425	714382	359043	109622
吉 林	1302843	774286	489104	285183	23243
黑龙江	1596860	1045742	630900	414842	34986
上 海	2296958	868261	734313	133948	72995
江 苏	3120587	1329411	960360	369051	33626
浙 江	7562703	4391251	3451337	939914	168472
安 徽	2519037	1018159	654825	363334	142812
福 建	580191	301837	206433	95404	13645
江 西	1568972	699060	422860	276200	138466
山 东	5117843	2457199	1901934	555265	55272
河 南	3160791	1584159	1142964	441195	163539
湖 北	1425826	847351	499054	348297	70136
湖 南	4121401	1892229	1213067	679162	287132
广 东	3812856	2315671	1618452	697219	75439
广 西	100378	64694	43714	20980	782
海 南	366373	223230	177883	45348	23209
重 庆	2751189	1534669	886064	648605	332731
四 川	4129853	2460020	1654336	805684	308389
贵 州	1786183	839768	531818	307950	127070
云 南	1985999	1205681	780317	425363	161750
西 藏					
陕 西	1873721	1099259	744207	355052	174532
甘 肃	661467	440737	260272	180464	89149
青 海	6495	5681	2028	3652	357
宁 夏	357865	182299	123513	58786	20293
新 疆	686034	372463	236242	136220	49744
大 连	428379	265081	213188	51893	7687
宁 波	1314340	773377	633029	140348	19132
厦 门					
青 岛	2230147	1069660	748974	320686	19689
深 圳	912629	478329	333822	144506	28009

(职业高中)

单位：千元

公用部分	商品和服务支出	其他资本性支出	专项公用支出	专项项目支出	基本建设支出
29403342	**11290281**	**18113061**	**6308709**	**11804353**	**1407672**
1579692	613440	966251	574339	391912	57079
218018	141615	76402	20701	55701	
1589769	624127	965642	294770	670872	47442
807882	351122	456760	170784	285976	92028
816012	333553	482458	163860	318598	54838
588778	276777	312001	153643	158358	20168
513614	179336	334277	139033	195244	14943
525665	276888	248777	106358	142418	25454
1220079	587334	632745	493758	138987	208618
1791176	325883	1465293	203086	1262207	
3141452	1233247	1908205	527629	1380576	30000
1460369	295819	1164549	284609	879940	40509
276854	70881	205973	47887	158086	1500
739639	182397	557242	125149	432093	130273
2640644	602121	2038523	464969	1573554	20000
1544917	621055	923861	305424	618437	31716
577474	164684	412790	93095	319695	1000
2095257	832168	1263089	582745	680345	133916
1343818	845741	498076	311257	186819	153368
33079	10472	22607	9766	12841	2606
141452	74671	66781	36462	30319	1691
1074911	530526	544385	281575	262810	141608
1611451	761415	850035	315744	534292	58383
901437	303256	598180	174880	423300	44979
759118	391312	367806	115469	252337	21200
742963	346910	396053	117801	278251	31500
180850	78263	102587	41227	61360	39880
814	814				
175161	64080	111081	90574	20507	405
311001	170371	140630	62114	78515	2570
147263	92254	55009	31656	23353	16036
540963	254315	286649	91038	195611	
1160487	278389	882098	222142	659956	
308191	244608	63583	60296	3287	126110

5-18 财政补助支出明细

地区	合计	个人部分	工资福利支出	对个人和家庭的补助支出	#助学金
合计	**66743480**	**35945208**	**24819865**	**11125343**	**3090774**
北京	3271938	1635167	868201	766966	16814
天津	745707	527689	189066	338624	15888
河北	4102392	2465182	1985975	479206	137626
山西	2024259	1124349	914867	209481	86669
内蒙古	2050665	1179815	792310	387505	157223
辽宁	1682371	1073425	714382	359043	109622
吉林	1302843	774286	489104	285183	23243
黑龙江	1576259	1036188	623561	412627	34281
上海	2296958	868261	734313	133948	72995
江苏	3120587	1329411	960360	369051	33626
浙江	7562703	4391251	3451337	939914	168472
安徽	2519037	1018159	654825	363334	142812
福建	580191	301837	206433	95404	13645
江西	1568972	699060	422860	276200	138466
山东	5117843	2457199	1901934	555265	55272
河南	3155116	1580180	1139369	440811	163408
湖北	1425826	847351	499054	348297	70136
湖南	4121401	1892229	1213067	679162	287132
广东	3812856	2315671	1618452	697219	75439
广西	100378	64694	43714	20980	782
海南	366373	223230	177883	45348	23209
重庆	2751189	1534669	886064	648605	332731
四川	4129853	2460020	1654336	805684	308389
贵州	1786183	839768	531818	307950	127070
云南	1985999	1205681	780317	425363	161750
西藏					
陕西	1873721	1099259	744207	355052	174532
甘肃	661467	440737	260272	180464	89149
青海	6495	5681	2028	3652	357
宁夏	357865	182299	123513	58786	20293
新疆	686034	372463	236242	136220	49744
大连	428379	265081	213188	51893	7687
宁波	1314340	773377	633029	140348	19132
厦门					
青岛	2230147	1069660	748974	320686	19689
深圳	912629	478329	333822	144506	28009

(地方职业高中)

单位：千元

公用部分	商品和服务支出	其他资本性支出	专项公用支出	专项项目支出	基本建设支出
29390599	**11281603**	**18108997**	**6305914**	**11803082**	**1407672**
1579692	613440	966251	574339	391912	57079
218018	141615	76402	20701	55701	
1589769	624127	965642	294770	670872	47442
807882	351122	456760	170784	285976	92028
816012	333553	482458	163860	318598	54838
588778	276777	312001	153643	158358	20168
513614	179336	334277	139033	195244	14943
514618	269090	245527	104109	141418	25454
1220079	587334	632745	493758	138987	208618
1791176	325883	1465293	203086	1262207	
3141452	1233247	1908205	527629	1380576	30000
1460369	295819	1164549	284609	879940	40509
276854	70881	205973	47887	158086	1500
739639	182397	557242	125149	432093	130273
2640644	602121	2038523	464969	1573554	20000
1543221	620175	923046	304879	618167	31716
577474	164684	412790	93095	319695	1000
2095257	832168	1263089	582745	680345	133916
1343818	845741	498076	311257	186819	153368
33079	10472	22607	9766	12841	2606
141452	74671	66781	36462	30319	1691
1074911	530526	544385	281575	262810	141608
1611451	761415	850035	315744	534292	58383
901437	303256	598180	174880	423300	44979
759118	391312	367806	115469	252337	21200
742963	346910	396053	117801	278251	31500
180850	78263	102587	41227	61360	39880
814	814				
175161	64080	111081	90574	20507	405
311001	170371	140630	62114	78515	2570
147263	92254	55009	31656	23353	16036
540963	254315	286649	91038	195611	
1160487	278389	882098	222142	659956	
308191	244608	63583	60296	3287	126110

5-19 财政补助支出明细

地区	合计	个人部分	工资福利支出	对个人和家庭的补助支出	#助学金
合计	**31245180**	**16607441**	**11910956**	**4696484**	**1723316**
北京	513194	190268	140163	50105	2190
天津					
河北	2451441	1475394	1185509	289885	100942
山西	1196885	689533	560050	129483	54871
内蒙古	1321661	749789	518720	231069	99538
辽宁	479379	280210	205040	75170	15050
吉林	488185	281753	186076	95677	10611
黑龙江	652298	405430	263392	142038	17934
上海	177732	70428	60701	9727	6553
江苏	1488208	635260	467572	167688	21563
浙江	3047183	1837173	1486165	351008	82393
安徽	2140580	787886	520767	267119	93183
福建	107813	55671	41480	14191	1064
江西	1029748	446479	278012	168467	82680
山东	1614986	733532	634936	98596	18059
河南	1948750	939715	693155	246560	106197
湖北	495888	290336	181915	108421	44269
湖南	2370146	1135371	733133	402238	162087
广东	515131	295708	231575	64133	7618
广西	96225	61480	40992	20488	782
海南	141456	85730	70981	14749	5500
重庆	1264110	724661	444455	280207	173852
四川	2503754	1489390	1011799	477591	214052
贵州	1321649	607814	389183	218630	90592
云南	1305327	833134	557501	275633	101782
西藏					
陕西	1346320	759659	534446	225213	94443
甘肃	549636	364296	223323	140973	64017
青海	6495	5681	2028	3652	357
宁夏	242607	121944	87420	34525	12269
新疆	428393	253716	160466	93250	38868
大连	74883	51608	43447	8161	206
宁波	393722	258107	222572	35534	6474
厦门					
青岛	41154	26442	20347	6095	1132
深圳					

（农村职业高中）

单位：千元

公用部分	商品和服务支出	其他资本性支出			基本建设支出
			专项公用支出	专项项目支出	
13922434	**4917935**	**9004499**	**2562973**	**6441526**	**715305**
322927	124542	198384	111093	87292	
935561	376881	558680	187819	370861	40486
441049	211375	229675	90829	138846	66303
523173	215084	308090	112694	195395	48698
199169	63171	135998	20468	115530	
201432	72723	128709	51802	76907	5000
227867	108628	119239	39260	79979	19000
107304	28665	78639	7708	70932	
852947	129905	723042	92866	630176	
1180010	458616	721393	212749	508644	30000
1312185	255252	1056932	251607	805326	40509
52142	15131	37011	8752	28259	
483489	109298	374191	77633	296558	99780
861453	168351	693103	128623	564479	20000
992320	353956	638364	173652	464712	16716
205552	66087	139466	42637	96829	
1139355	456653	682702	134452	548250	95420
219342	122189	97153	47768	49384	81
32140	10469	21671	8829	12841	2606
55726	24881	30846	18146	12700	
489449	241099	248350	71866	176484	50000
971622	430164	541458	207094	334364	42742
668857	234541	434316	145769	288547	44979
452192	200824	251368	83521	167848	20000
555161	240463	314698	89747	224951	31500
145461	65457	80004	34165	45839	39880
814	814				
120257	29203	91055	80665	10390	405
173477	103513	69964	30760	39204	1200
23275	13742	9533	585	8948	
135615	59948	75667	25412	50255	
14712	5717	8995	1383	7611	

5-20 财政补助支出明细

地区	合计	个人部分	工资福利支出	对个人和家庭的补助支出	#助学金
合计	**31228069**	**16598499**	**11903617**	**4694882**	**1723223**
北京	513194	190268	140163	50105	2190
天津					
河北	2451441	1475394	1185509	289885	100942
山西	1196885	689533	560050	129483	54871
内蒙古	1321661	749789	518720	231069	99538
辽宁	479379	280210	205040	75170	15050
吉林	488185	281753	186076	95677	10611
黑龙江	635186	396489	256053	140435	17841
上海	177732	70428	60701	9727	6553
江苏	1488208	635260	467572	167688	21563
浙江	3047183	1837173	1486165	351008	82393
安徽	2140580	787886	520767	267119	93183
福建	107813	55671	41480	14191	1064
江西	1029748	446479	278012	168467	82680
山东	1614986	733532	634936	98596	18059
河南	1948750	939715	693155	246560	106197
湖北	495888	290336	181915	108421	44269
湖南	2370146	1135371	733133	402238	162087
广东	515131	295708	231575	64133	7618
广西	96225	61480	40992	20488	782
海南	141456	85730	70981	14749	5500
重庆	1264110	724661	444455	280207	173852
四川	2503754	1489390	1011799	477591	214052
贵州	1321649	607814	389183	218630	90592
云南	1305327	833134	557501	275633	101782
西藏					
陕西	1346320	759659	534446	225213	94443
甘肃	549636	364296	223323	140973	64017
青海	6495	5681	2028	3652	357
宁夏	242607	121944	87420	34525	12269
新疆	428393	253716	160466	93250	38868
大连	74883	51608	43447	8161	206
宁波	393722	258107	222572	35534	6474
厦门					
青岛	41154	26442	20347	6095	1132
深圳					

(地方农村职业高中)

单位：千元

公用部分	商品和服务支出	其他资本性支出			基本建设支出
			专项公用支出	专项项目支出	
13914265	**4913015**	**9001250**	**2560724**	**6440526**	**715305**
322927	124542	198384	111093	87292	
935561	376881	558680	187819	370861	40486
441049	211375	229675	90829	138846	66303
523173	215084	308090	112694	195395	48698
199169	63171	135998	20468	115530	
201432	72723	128709	51802	76907	5000
219698	103708	115990	37011	78979	19000
107304	28665	78639	7708	70932	
852947	129905	723042	92866	630176	
1180010	458616	721393	212749	508644	30000
1312185	255252	1056932	251607	805326	40509
52142	15131	37011	8752	28259	
483489	109298	374191	77633	296558	99780
861453	168351	693103	128623	564479	20000
992320	353956	638364	173652	464712	16716
205552	66087	139466	42637	96829	
1139355	456653	682702	134452	548250	95420
219342	122189	97153	47768	49384	81
32140	10469	21671	8829	12841	2606
55726	24881	30846	18146	12700	
489449	241099	248350	71866	176484	50000
971622	430164	541458	207094	334364	42742
668857	234541	434316	145769	288547	44979
452192	200824	251368	83521	167848	20000
555161	240463	314698	89747	224951	31500
145461	65457	80004	34165	45839	39880
814	814				
120257	29203	91055	80665	10390	405
173477	103513	69964	30760	39204	1200
23275	13742	9533	585	8948	
135615	59948	75667	25412	50255	
14712	5717	8995	1383	7611	

5-21 财政补助支出明细

地区	合计	个人部分			
			工资福利支出	对个人和家庭的补助支出	
					#助学金
合计	**21312316**	**10862937**	**7150791**	**3712147**	**1022602**
北京	1231428	506327	349221	157106	12645
天津	462228	342125	181491	160634	16147
河北	607350	357279	290452	66827	12818
山西	358413	212969	163395	49574	17256
内蒙古	166175	105740	61111	44629	5688
辽宁	425062	243027	157604	85423	14931
吉林	191979	110222	45161	65061	41227
黑龙江	467752	283336	174616	108721	18521
上海	164338	87313	76516	10798	4549
江苏	1755224	771990	534823	237167	46418
浙江	1006887	495602	343563	152039	21971
安徽	97064	59466	33660	25806	8136
福建	547690	351535	255215	96319	3824
江西	50975	34810	23099	11712	5113
山东	2745725	1311712	984719	326993	78500
河南	1140165	501062	367079	133983	15804
湖北	303169	184654	123745	60908	16707
湖南	231175	152565	100597	51968	15702
广东	4773216	2338403	1520602	817800	176697
广西	1246347	632476	394820	237656	62301
海南	286441	94192	75040	19152	10639
重庆	671207	315121	140435	174685	59990
四川	566843	293487	181677	111810	44484
贵州	273820	79298		79298	79298
云南	734671	398967	245035	153933	65206
西藏					
陕西	540923	434934	227142	207792	154611
甘肃	5294	4916	1162	3754	2528
青海					
宁夏					
新疆	260753	159410	98809	60600	10890
大连	148979	65034	50597	14437	4150
宁波	68884	29763	23830	5932	717
厦门	103595	52326	35906	16420	575
青岛	176781	112424	71875	40549	23353
深圳	708483	231026	136945	94081	16949

(技工学校)

单位：千元

公用部分	商品和服务支出	其他资本性支出			基本建设支出
			专项公用支出	专项项目支出	
9994841	**4592656**	**5402185**	**2629741**	**2772444**	**454537**
725101	355239	369862	337776	32086	
120103	48038	72065	37188	34878	
250071	118791	131280	59264	72016	
128897	81826	47071	31483	15589	16547
60435	38645	21790	16907	4883	
182035	123126	58910	24053	34857	
72235	27860	44375	13974	30401	9522
184416	80949	103467	20959	82508	
77024	33950	43075	38348	4727	
983235	328568	654667	112560	542107	
511285	200899	310387	104674	205712	
37598	22503	15095	5629	9466	
172110	109800	62310	37141	25168	24046
16165	6513	9652	8841	811	
1417246	624498	792748	369876	422872	16767
627328	249702	377626	193419	184207	11775
118515	30786	87729	29135	58594	
68610	53855	14755	11580	3175	10000
2215019	1105240	1109779	550283	559496	219794
533394	213974	319420	171253	148167	80477
192249	41037	151212	135126	16086	
341422	190945	150477	87969	62508	14664
239619	151549	88070	81698	6371	33737
194523	99875	94647	56658	37989	
332565	139343	193222	60433	132789	3139
91919	76770	15149	5781	9368	14070
378	373	5	5		
101344	38003	63341	27728	35613	
83945	69737	14208	11561	2647	
39121	24364	14757	11322	3435	
51269	31526	19743	12228	7514	
64357	48723	15634	6894	8740	
278457	151455	127002	106123	20880	199000

5-22 财政补助支出明细

地区	合计	个人部分	工资福利支出	对个人和家庭的补助支出	#助学金
合计	**21225700**	**10812985**	**7119339**	**3693646**	**1016651**
北京	1231428	506327	349221	157106	12645
天津	457147	338107	178057	160050	15564
河北	607350	357279	290452	66827	12818
山西	358413	212969	163395	49574	17256
内蒙古	166175	105740	61111	44629	5688
辽宁	425062	243027	157604	85423	14931
吉林	191979	110222	45161	65061	41227
黑龙江	422843	257224	158945	98279	16548
上海	164338	87313	76516	10798	4549
江苏	1746112	768657	534823	233834	46218
浙江	1006887	495602	343563	152039	21971
安徽	95181	57734	33660	24074	6404
福建	547690	351535	255215	96319	3824
江西	50975	34810	23099	11712	5113
山东	2745725	1311712	984719	326993	78500
河南	1140165	501062	367079	133983	15804
湖北	303169	184654	123745	60908	16707
湖南	231175	152565	100597	51968	15702
广东	4773216	2338403	1520602	817800	176697
广西	1246347	632476	394820	237656	62301
海南	286441	94192	75040	19152	10639
重庆	665439	310175	135658	174516	59821
四川	546980	283677	174108	109569	43191
贵州	273820	79298		79298	79298
云南	734671	398967	245035	153933	65206
西藏					
陕西	540923	434934	227142	207792	154611
甘肃	5294	4916	1162	3754	2528
青海					
宁夏					
新疆	260753	159410	98809	60600	10890
大连	148979	65034	50597	14437	4150
宁波	68884	29763	23830	5932	717
厦门	103595	52326	35906	16420	575
青岛	176781	112424	71875	40549	23353
深圳	708483	231026	136945	94081	16949

(地方技工学校)

单位：千元

公用部分	商品和服务支出	其他资本性支出			基本建设支出
			专项公用支出	专项项目支出	
9958178	**4573429**	**5384749**	**2623851**	**2760898**	**454537**
725101	355239	369862	337776	32086	
119040	46975	72065	37188	34878	
250071	118791	131280	59264	72016	
128897	81826	47071	31483	15589	16547
60435	38645	21790	16907	4883	
182035	123126	58910	24053	34857	
72235	27860	44375	13974	30401	9522
165619	74446	91173	18774	72399	
77024	33950	43075	38348	4727	
977455	322788	654667	112560	542107	
511285	200899	310387	104674	205712	
37448	22353	15095	5629	9466	
172110	109800	62310	37141	25168	24046
16165	6513	9652	8841	811	
1417246	624498	792748	369876	422872	16767
627328	249702	377626	193419	184207	11775
118515	30786	87729	29135	58594	
68610	53855	14755	11580	3175	10000
2215019	1105240	1109779	550283	559496	219794
533394	213974	319420	171253	148167	80477
192249	41037	151212	135126	16086	
340600	190123	150477	87969	62508	14664
229566	146639	82927	77994	4933	33737
194523	99875	94647	56658	37989	
332565	139343	193222	60433	132789	3139
91919	76770	15149	5781	9368	14070
378	373	5	5		
101344	38003	63341	27728	35613	
83945	69737	14208	11561	2647	
39121	24364	14757	11322	3435	
51269	31526	19743	12228	7514	
64357	48723	15634	6894	8740	
278457	151455	127002	106123	20880	199000

5-23 财政补助支出明细

地区	合计	个人部分	工资福利支出	对个人和家庭的补助支出	#助学金
合计	**7996764**	**5835763**	**3834778**	**2000985**	**146789**
北京	49530	40033	27766	12267	
天津	52019	45119	17943	27176	
河北	791248	684907	535406	149501	1487
山西	345111	300387	227514	72873	845
内蒙古	332014	288164	190155	98008	1760
辽宁	41648	29382	16428	12953	2724
吉林	692603	571800	330113	241687	2051
黑龙江	764790	632671	354590	278081	2910
上海	148001	54795	51296	3499	
江苏	509847	314280	194945	119335	4026
浙江	473642	312642	238716	73926	902
安徽	169414	95288	57227	38061	4302
福建	20992	13096	10591	2505	10
江西	293118	229972	152804	77168	4463
山东	496004	390266	295914	94352	21640
河南	692238	408548	278750	129798	8701
湖北	55785	37108	20101	17007	4727
湖南	433235	294906	177987	116919	25689
广东	230542	149395	100550	48845	2962
广西	27466	13594	8079	5515	65
海南	4511	3151	2770	381	
重庆	458807	259946	147885	112062	627
四川	132604	92266	42040	50226	32691
贵州	53067	34717	20784	13933	1347
云南	368282	296212	192886	103325	1494
西藏					
陕西	139023	86484	58628	27856	683
甘肃	79574	57527	30180	27346	1041
青海					
宁夏					
新疆	141650	99108	52729	46379	19644
大连	11729	5421	2584	2837	2184
宁波	282703	188482	148853	39629	28
厦门					
青岛	16282	13470	11813	1657	120
深圳	40513	24390	17776	6614	2098

(成人中等专业学校)

单位：千元

公用部分	商品和服务支出	其他资本性支出	专项公用支出	专项项目支出	基本建设支出
2146966	**1516129**	**630838**	**236527**	**394310**	**14035**
9497	8446	1051	1051		
6900	4029	2872	2872		
106341	89329	17012	13578	3434	
44724	35711	9013	6633	2380	
43850	32585	11265	3318	7947	
12266	11738	528	528		
120803	86490	34313	16611	17702	
128648	115128	13519	6914	6606	3471
93206	92430	776	776		
195567	91723	103844	19031	84813	
156468	114677	41790	19628	22162	4533
74126	51110	23016	4549	18467	
7896	1563	6333	6333		
63145	47614	15531	4693	10838	
105738	67083	38655	15426	23229	
280231	183819	96412	23935	72477	3460
18677	4045	14632	815	13817	
137949	97266	40683	12340	28343	380
81146	52277	28870	24546	4324	
13872	11898	1974	1774	200	
1360	1360				
198164	145778	52386	26276	26110	697
38844	28662	10182	761	9421	1494
18350	11661	6689	1114	5575	
72070	64447	7624	4171	3453	
52540	19631	32909	5138	27771	
22047	14480	7567	7424	143	
42541	31151	11390	6291	5099	
6308	6259	49	49		
94221	70991	23230	9736	13493	
2812	1023	1788	356	1432	
16123	14373	1750	1750		

5-24 财政补助支出明细

地区	合计	个人部分	工资福利支出	对个人和家庭的补助支出	#助学金
合计	**7955785**	**5799024**	**3818393**	**1980632**	**130472**
北京	45357	36646	25177	11468	
天津	52019	45119	17943	27176	
河北	791248	684907	535406	149501	1487
山西	345111	300387	227514	72873	845
内蒙古	332014	288164	190155	98008	1760
辽宁	41648	29382	16428	12953	2724
吉林	692603	571800	330113	241687	2051
黑龙江	747146	618471	342099	276372	2910
上海	148001	54795	51296	3499	
江苏	509847	314280	194945	119335	4026
浙江	473642	312642	238716	73926	902
安徽	169414	95288	57227	38061	4302
福建	20992	13096	10591	2505	10
江西	293118	229972	152804	77168	4463
山东	496004	390266	295914	94352	21640
河南	692238	408548	278750	129798	8701
湖北	55785	37108	20101	17007	4727
湖南	433235	294906	177987	116919	25689
广东	230542	149395	100550	48845	2962
广西	27466	13594	8079	5515	65
海南	4511	3151	2770	381	
重庆	458807	259946	147885	112062	627
四川	132604	92266	42040	50226	32691
贵州	53067	34717	20784	13933	1347
云南	368282	296212	192886	103325	1494
西藏					
陕西	139023	86484	58628	27856	683
甘肃	79574	57527	30180	27346	1041
青海					
宁夏					
新疆	122487	79958	51425	28533	3327
大连	11729	5421	2584	2837	2184
宁波	282703	188482	148853	39629	28
厦门					
青岛	16282	13470	11813	1657	120
深圳	40513	24390	17776	6614	2098

(地方成人中等专业学校)

单位：千元

公用部分	商品和服务支出	其他资本性支出	专项公用支出	专项项目支出	基本建设支出
2142726	**1513144**	**629582**	**235321**	**394260**	**14035**
8712	8118	594	594		
6900	4029	2872	2872		
106341	89329	17012	13578	3434	
44724	35711	9013	6633	2380	
43850	32585	11265	3318	7947	
12266	11738	528	528		
120803	86490	34313	16611	17702	
125204	112480	12724	6168	6556	3471
93206	92430	776	776		
195567	91723	103844	19031	84813	
156468	114677	41790	19628	22162	4533
74126	51110	23016	4549	18467	
7896	1563	6333	6333		
63145	47614	15531	4693	10838	
105738	67083	38655	15426	23229	
280231	183819	96412	23935	72477	3460
18677	4045	14632	815	13817	
137949	97266	40683	12340	28343	380
81146	52277	28870	24546	4324	
13872	11898	1974	1774	200	
1360	1360				
198164	145778	52386	26276	26110	697
38844	28662	10182	761	9421	1494
18350	11661	6689	1114	5575	
72070	64447	7624	4171	3453	
52540	19631	32909	5138	27771	
22047	14480	7567	7424	143	
42529	31142	11388	6289	5099	
6308	6259	49	49		
94221	70991	23230	9736	13493	
2812	1023	1788	356	1432	
16123	14373	1750	1750		

5-25 财政补助支出

地区	合计	个人部分	工资福利支出	对个人和家庭的补助支出	#助学金
合计	**845402301**	**570384641**	**407459393**	**162925248**	**33690590**
北京	25344512	15100333	9524889	5575444	110210
天津	13000565	8897165	4683161	4214004	93191
河北	33541920	23357724	18662626	4695098	1143749
山西	19862746	14331747	11668459	2663289	816409
内蒙古	19683421	13115284	9722183	3393100	975415
辽宁	22286420	16887877	11891863	4996015	351505
吉林	14658990	10258469	6926117	3332352	347800
黑龙江	20749372	15242078	10387240	4854838	280878
上海	20534753	11686205	10581983	1104222	371913
江苏	56082318	37360235	26882843	10477393	784083
浙江	38472688	27911444	21475584	6435860	994799
安徽	31092211	20005830	13771052	6234778	1111132
福建	23186750	16526869	12613106	3913763	508423
江西	26775083	14589128	10531618	4057509	824285
山东	63757028	42884409	34605403	8279006	1177355
河南	46119824	27927788	18337150	9590638	2697677
湖北	28914654	20808711	13612391	7196320	918958
湖南	32562477	21620888	14501114	7119774	1496151
广东	70105357	49075875	35375535	13700340	1498305
广西	26531872	17384779	11406613	5978166	2222909
海南	7461287	4500860	3744853	756007	244589
重庆	20947310	14362559	9802555	4560004	1073870
四川	45631123	33485955	23281737	10204218	3330219
贵州	26187255	18519766	12102031	6417736	2152650
云南	29110199	19780963	13248636	6532327	3155320
西藏	5486165	3427323	2176849	1250474	644517
陕西	24228945	14942214	10803758	4138456	1466666
甘肃	17055021	12116977	8196229	3920749	1236496
青海	6102407	3567389	2333876	1233513	366545
宁夏	5933612	3720852	2675781	1045071	291525
新疆	23996014	16986945	11932160	5054785	1003046
大连	4725162	3524658	2834366	690292	61416
宁波	6288268	4025344	3140778	884566	145963
厦门	2865910	1882827	1259930	622897	30947
青岛	9189035	5255174	3756672	1498502	97626
深圳	10092157	6274911	4216304	2058607	33904

明细(中学)

单位：千元

公用部分	商品和服务支出	其他资本性支出	专项公用支出	专项项目支出	基本建设支出
259977618	**102687487**	**157290130**	**38487767**	**118802363**	**15040042**
9485508	4712063	4773445	2334522	2438923	758671
4038925	1221208	2817717	1240978	1576739	64475
9920101	4067147	5852954	1584282	4268672	264095
5243612	2456580	2787032	742243	2044788	287387
5853377	2599283	3254094	864523	2389571	714760
5349555	3190726	2158829	1031836	1126993	48988
4179055	1727249	2451806	757610	1694196	221465
5263003	2935980	2327024	553625	1773399	244290
8610091	4835694	3774397	1846949	1927447	238457
18600083	4592676	14007407	1970473	12036934	122000
10338890	4104400	6234490	1202357	5032133	222355
10527158	3396357	7130801	1802194	5328607	559223
6385432	2317341	4068091	1074897	2993194	274449
11516936	2644699	8872237	1190276	7681961	669019
20837486	5361992	15475495	2122833	13352662	35132
17220342	7254759	9965583	1900906	8064678	971694
8099808	2764389	5335419	1052673	4282746	6136
10461206	3834724	6626482	1460479	5166002	480383
19186165	10652431	8533734	3597175	4936559	1843317
8138563	2752389	5386174	1529779	3856395	1008530
2920532	1033666	1886866	733914	1152952	39895
6113638	3205949	2907690	819032	2088658	471113
11408958	5150224	6258734	1679274	4579460	736209
7102162	3075367	4026794	919510	3107285	565327
8489081	3601091	4887990	719484	4168506	840156
1601712	455383	1146329	438044	708285	457130
8929384	3479519	5449864	1063498	4386366	357348
4356079	1656973	2699106	677321	2021784	581965
1675302	534401	1140901	232467	908434	859716
2077569	631985	1445584	418023	1027561	135191
6047904	2440842	3607062	926590	2680472	961165
1172297	625781	546516	296504	250012	28208
2164724	629080	1535645	234837	1300807	98200
901454	443087	458367	261095	197272	81629
3933860	887801	3046059	469884	2576176	
2546796	1805338	741458	714282	27176	1270451

5-26 财政补助支出明细

地区	合计	个人部分	工资福利支出	对个人和家庭的补助支出	#助学金
合计	**841696179**	**567765745**	**405649403**	**162116343**	**33612803**
北京	24797699	14757794	9322980	5434814	109834
天津	13000565	8897165	4683161	4214004	93191
河北	33541920	23357724	18662626	4695098	1143749
山西	19862746	14331747	11668459	2663289	816409
内蒙古	19683421	13115284	9722183	3393100	975415
辽宁	22286420	16887877	11891863	4996015	351505
吉林	14554680	10191449	6872329	3319120	346010
黑龙江	20524374	15083159	10263475	4819684	277196
上海	20441774	11630901	10530610	1100290	371750
江苏	56082318	37360235	26882843	10477393	784083
浙江	38472688	27911444	21475584	6435860	994799
安徽	31092211	20005830	13771052	6234778	1111132
福建	23186750	16526869	12613106	3913763	508423
江西	26775083	14589128	10531618	4057509	824285
山东	63757028	42884409	34605403	8279006	1177355
河南	46119138	27927788	18337150	9590638	2697677
湖北	28767540	20715056	13543515	7171542	918659
湖南	32562403	21620814	14501114	7119700	1496077
广东	70048182	49029022	35333180	13695842	1497656
广西	26531872	17384779	11406613	5978166	2222909
海南	7460582	4500860	3744853	756007	244589
重庆	20863960	14308409	9754130	4554280	1073870
四川	45631123	33485955	23281737	10204218	3330219
贵州	26187255	18519766	12102031	6417736	2152650
云南	29110199	19780963	13248636	6532327	3155320
西藏	5486165	3427323	2176849	1250474	644517
陕西	24115826	14871161	10752394	4118767	1463265
甘肃	17048053	12111006	8190420	3920586	1236393
青海	6102407	3567389	2333876	1233513	366545
宁夏	5933612	3720852	2675781	1045071	291525
新疆	21668185	15263587	10769834	4493753	935796
大连	4725162	3524658	2834366	690292	61416
宁波	6288268	4025344	3140778	884566	145963
厦门	2865910	1882827	1259930	622897	30947
青岛	9189035	5255174	3756672	1498502	97626
深圳	10092157	6274911	4216304	2058607	33904

(地方中学)

单位：千元

公用部分	商品和服务支出	其他资本性支出			基本建设支出
			专项公用支出	专项项目支出	
259045533	**102176840**	**156868693**	**38318231**	**118550461**	**14884901**
9281234	4581466	4699768	2287924	2411844	758671
4038925	1221208	2817717	1240978	1576739	64475
9920101	4067147	5852954	1584282	4268672	264095
5243612	2456580	2787032	742243	2044788	287387
5853377	2599283	3254094	864523	2389571	714760
5349555	3190726	2158829	1031836	1126993	48988
4141765	1693046	2448719	754522	1694196	221465
5197355	2897676	2299679	539743	1759936	243860
8572416	4808224	3764192	1842744	1921447	238457
18600083	4592676	14007407	1970473	12036934	122000
10338890	4104400	6234490	1202357	5032133	222355
10527158	3396357	7130801	1802194	5328607	559223
6385432	2317341	4068091	1074897	2993194	274449
11516936	2644699	8872237	1190276	7681961	669019
20837486	5361992	15475495	2122833	13352662	35132
17219656	7254073	9965583	1900906	8064678	971694
8046348	2726822	5319526	1039120	4280406	6136
10461206	3834724	6626482	1460479	5166002	480383
19175843	10645870	8529972	3595080	4934893	1843317
8138563	2752389	5386174	1529779	3856395	1008530
2919827	1032960	1886866	733914	1152952	39895
6084438	3186986	2897452	808794	2088658	471113
11408958	5150224	6258734	1679274	4579460	736209
7102162	3075367	4026794	919510	3107285	565327
8489081	3601091	4887990	719484	4168506	840156
1601712	455383	1146329	438044	708285	457130
8887316	3457366	5429951	1061288	4368662	357348
4355083	1656686	2698396	676890	2021506	581965
1675302	534401	1140901	232467	908434	859716
2077569	631985	1445584	418023	1027561	135191
5598145	2247692	3350454	853353	2497100	806452
1172297	625781	546516	296504	250012	28208
2164724	629080	1535645	234837	1300807	98200
901454	443087	458367	261095	197272	81629
3933860	887801	3046059	469884	2576176	
2546796	1805338	741458	714282	27176	1270451

5-27 财政补助支出明细

地区	合计	个人部分	工资福利支出	对个人和家庭的补助支出	#助学金
合计	**844809983**	**570087412**	**407236506**	**162850906**	**33690538**
北京	25297724	15100333	9524889	5575444	110210
天津	12979402	8876017	4669641	4206376	93191
河北	33541920	23357724	18662626	4695098	1143749
山西	19862746	14331747	11668459	2663289	816409
内蒙古	19683421	13115284	9722183	3393100	975415
辽宁	22286420	16887877	11891863	4996015	351505
吉林	14654848	10254911	6924841	3330070	347800
黑龙江	20749372	15242078	10387240	4854838	280878
上海	20503157	11661939	10559327	1102612	371903
江苏	55958366	37274702	26826711	10447992	784041
浙江	38313737	27804799	21390161	6414637	994799
安徽	31092211	20005830	13771052	6234778	1111132
福建	23186750	16526869	12613106	3913763	508423
江西	26775083	14589128	10531618	4057509	824285
山东	63731035	42859322	34582076	8277246	1177355
河南	46117145	27927788	18337150	9590638	2697677
湖北	28909560	20804285	13608369	7195916	918958
湖南	32429990	21619546	14499805	7119740	1496151
广东	70065886	49050653	35360313	13690340	1498305
广西	26531872	17384779	11406613	5978166	2222909
海南	7461287	4500860	3744853	756007	244589
重庆	20947310	14362559	9802555	4560004	1073870
四川	45631123	33485955	23281737	10204218	3330219
贵州	26187255	18519766	12102031	6417736	2152650
云南	29110199	19780963	13248636	6532327	3155320
西藏	5486165	3427323	2176849	1250474	644517
陕西	24228945	14942214	10803758	4138456	1466666
甘肃	17055021	12116977	8196229	3920749	1236496
青海	6102407	3567389	2333876	1233513	366545
宁夏	5933612	3720852	2675781	1045071	291525
新疆	23996014	16986945	11932160	5054785	1003046
大连	4725162	3524658	2834366	690292	61416
宁波	6286836	4024350	3139922	884429	145963
厦门	2865910	1882827	1259930	622897	30947
青岛	9189035	5255174	3756672	1498502	97626
深圳	10092157	6274911	4216304	2058607	33904

(普通中学)

单位：千元

公用部分	商品和服务支出	其他资本性支出			基本建设支出
			专项公用支出	专项项目支出	
259682529	**102600565**	**157081964**	**38458884**	**118623080**	**15040042**
9438720	4704098	4734622	2318318	2416304	758671
4038910	1221192	2817717	1240978	1576739	64475
9920101	4067147	5852954	1584282	4268672	264095
5243612	2456580	2787032	742243	2044788	287387
5853377	2599283	3254094	864523	2389571	714760
5349555	3190726	2158829	1031836	1126993	48988
4178472	1726838	2451634	757522	1694112	221465
5263003	2935980	2327024	553625	1773399	244290
8602762	4828558	3774203	1846756	1927447	238457
18561664	4570779	13990884	1966655	12024229	122000
10286584	4063442	6223142	1197575	5025567	222355
10527158	3396357	7130801	1802194	5328607	559223
6385432	2317341	4068091	1074897	2993194	274449
11516936	2644699	8872237	1190276	7681961	669019
20836581	5361168	15475413	2122762	13352651	35132
17217663	7254759	9962904	1900270	8062634	971694
8099139	2763767	5335372	1052626	4282746	6136
10330062	3834620	6495442	1460473	5034969	480383
19171915	10645440	8526475	3594136	4932339	1843317
8138563	2752389	5386174	1529779	3856395	1008530
2920532	1033666	1886866	733914	1152952	39895
6113638	3205949	2907690	819032	2088658	471113
11408958	5150224	6258734	1679274	4579460	736209
7102162	3075367	4026794	919510	3107285	565327
8489081	3601091	4887990	719484	4168506	840156
1601712	455383	1146329	438044	708285	457130
8929384	3479519	5449864	1063498	4386366	357348
4356079	1656973	2699106	677321	2021784	581965
1675302	534401	1140901	232467	908434	859716
2077569	631985	1445584	418023	1027561	135191
6047904	2440842	3607062	926590	2680472	961165
1172297	625781	546516	296504	250012	28208
2164286	628697	1535589	234781	1300807	98200
901454	443087	458367	261095	197272	81629
3933860	887801	3046059	469884	2576176	
2546796	1805338	741458	714282	27176	1270451

5-28 财政补助支出明细

地区	合计	个人部分	工资福利支出	对个人和家庭的补助支出	#助学金
合计	**841103861**	**567468517**	**405426516**	**162042001**	**33612751**
北京	24750911	14757794	9322980	5434814	109834
天津	12979402	8876017	4669641	4206376	93191
河北	33541920	23357724	18662626	4695098	1143749
山西	19862746	14331747	11668459	2663289	816409
内蒙古	19683421	13115284	9722183	3393100	975415
辽宁	22286420	16887877	11891863	4996015	351505
吉林	14550538	10187891	6871053	3316838	346010
黑龙江	20524374	15083159	10263475	4819684	277196
上海	20410178	11606634	10507955	1098680	371740
江苏	55958366	37274702	26826711	10447992	784041
浙江	38313737	27804799	21390161	6414637	994799
安徽	31092211	20005830	13771052	6234778	1111132
福建	23186750	16526869	12613106	3913763	508423
江西	26775083	14589128	10531618	4057509	824285
山东	63731035	42859322	34582076	8277246	1177355
河南	46116458	27927788	18337150	9590638	2697677
湖北	28762445	20710630	13539492	7171138	918659
湖南	32429916	21619472	14499805	7119666	1496077
广东	70008711	49003801	35317958	13685842	1497656
广西	26531872	17384779	11406613	5978166	2222909
海南	7460582	4500860	3744853	756007	244589
重庆	20863960	14308409	9754130	4554280	1073870
四川	45631123	33485955	23281737	10204218	3330219
贵州	26187255	18519766	12102031	6417736	2152650
云南	29110199	19780963	13248636	6532327	3155320
西藏	5486165	3427323	2176849	1250474	644517
陕西	24115826	14871161	10752394	4118767	1463265
甘肃	17048053	12111006	8190420	3920586	1236393
青海	6102407	3567389	2333876	1233513	366545
宁夏	5933612	3720852	2675781	1045071	291525
新疆	21668185	15263587	10769834	4493753	935796
大连	4725162	3524658	2834366	690292	61416
宁波	6286836	4024350	3139922	884429	145963
厦门	2865910	1882827	1259930	622897	30947
青岛	9189035	5255174	3756672	1498502	97626
深圳	10092157	6274911	4216304	2058607	33904

(地方普通中学)

单位：千元

公用部分	商品和服务支出	其他资本性支出	专项公用支出	专项项目支出	基本建设支出
258750444	**102089917**	**156660526**	**38289348**	**118371178**	**14884901**
9234445	4573500	4660946	2271720	2389226	758671
4038910	1221192	2817717	1240978	1576739	64475
9920101	4067147	5852954	1584282	4268672	264095
5243612	2456580	2787032	742243	2044788	287387
5853377	2599283	3254094	864523	2389571	714760
5349555	3190726	2158829	1031836	1126993	48988
4141182	1692636	2448546	754434	1694112	221465
5197355	2897676	2299679	539743	1759936	243860
8565087	4801088	3763999	1842551	1921447	238457
18561664	4570779	13990884	1966655	12024229	122000
10286584	4063442	6223142	1197575	5025567	222355
10527158	3396357	7130801	1802194	5328607	559223
6385432	2317341	4068091	1074897	2993194	274449
11516936	2644699	8872237	1190276	7681961	669019
20836581	5361168	15475413	2122762	13352651	35132
17216977	7254073	9962904	1900270	8062634	971694
8045679	2726200	5319479	1039073	4280406	6136
10330062	3834620	6495442	1460473	5034969	480383
19161592	10638879	8522713	3592041	4930672	1843317
8138563	2752389	5386174	1529779	3856395	1008530
2919827	1032960	1886866	733914	1152952	39895
6084438	3186986	2897452	808794	2088658	471113
11408958	5150224	6258734	1679274	4579460	736209
7102162	3075367	4026794	919510	3107285	565327
8489081	3601091	4887990	719484	4168506	840156
1601712	455383	1146329	438044	708285	457130
8887316	3457366	5429951	1061288	4368662	357348
4355083	1656686	2698396	676890	2021506	581965
1675302	534401	1140901	232467	908434	859716
2077569	631985	1445584	418023	1027561	135191
5598145	2247692	3350454	853353	2497100	806452
1172297	625781	546516	296504	250012	28208
2164286	628697	1535589	234781	1300807	98200
901454	443087	458367	261095	197272	81629
3933860	887801	3046059	469884	2576176	
2546796	1805338	741458	714282	27176	1270451

5-29 财政补助支出明细

地区	合计	个人部分	工资福利支出	对个人和家庭的补助支出	#助学金
合计	**287344999**	**190987945**	**139250066**	**51737880**	**10009396**
北京	9622779	5961858	3783273	2178585	19269
天津	5485792	3482514	1812482	1670032	26068
河北	11879475	8082636	6499415	1583220	416374
山西	7385863	5158684	4202900	955784	333955
内蒙古	7940390	4981705	3605312	1376393	506102
辽宁	7245225	5364061	3926186	1437875	162372
吉林	4856720	3286116	2223532	1062584	167818
黑龙江	6731392	4762867	3293709	1469158	169410
上海	7326579	4154319	3816664	337654	64391
江苏	19826048	12844844	9576583	3268261	228622
浙江	13602535	9536857	7534012	2002845	207108
安徽	10536978	6592781	4781143	1811639	346842
福建	7787199	5863586	4387944	1475642	108380
江西	9191701	4698223	3349182	1349041	296240
山东	20778680	13915916	11273658	2642258	356774
河南	12765683	7763718	5695919	2067799	684619
湖北	9847542	6700287	4664364	2035923	345308
湖南	9062871	6217809	4495919	1721891	330695
广东	26882422	18884912	13608229	5276683	471516
广西	8096285	5172242	3418518	1753724	544382
海南	2615055	1474815	1250820	223995	51174
重庆	7738822	5219561	3545481	1674080	423466
四川	14883518	10818871	7693533	3125338	1117149
贵州	8278052	5715972	3807599	1908373	461044
云南	8176008	5542972	3853824	1689148	460218
西藏	1978598	1134926	702238	432687	181680
陕西	9144256	5245103	3915272	1329831	519387
甘肃	6068978	4422296	2996547	1425749	392266
青海	2052336	1192416	793297	399119	107026
宁夏	2038279	1467039	1068259	398780	115347
新疆	7518937	5328041	3674252	1653789	394393
大连	1606517	1185739	942409	243329	23648
宁波	2258579	1389783	1104143	285641	32508
厦门	1014370	673377	433655	239722	4919
青岛	3606413	1728422	1232526	495896	50287
深圳	3839891	2421642	1626229	795413	18999

(普通高中)

单位：千元

公用部分	商品和服务支出	其他资本性支出			基本建设支出
			专项公用支出	专项项目支出	
90454026	**31993790**	**58460236**	**13732228**	**44728009**	**5903028**
3371580	1807928	1563651	868264	695387	289341
1995452	487012	1508440	826199	682240	7827
3777483	1168545	2608938	597733	2011206	19356
2107644	824333	1283311	287643	995668	119535
2617584	1190883	1426701	363290	1063410	341101
1845651	1113594	732056	396266	335790	35514
1547754	570677	977076	325794	651282	22850
1787663	975823	811840	196633	615207	180862
3033542	1558318	1475224	645074	830150	138718
6922733	1630191	5292541	695842	4596699	58471
3963336	1386664	2576672	453168	2123504	102342
3567537	841116	2726420	584053	2142367	376660
1874003	752425	1121578	295220	826358	49610
4278783	818041	3460742	408536	3052206	214695
6862764	1261306	5601458	540082	5061376	
4714730	1941815	2772915	631608	2141308	287235
3147255	936188	2211067	399114	1811953	
2720655	819070	1901585	352507	1549078	124407
7275693	3459097	3816597	1316392	2500205	721817
2268097	600716	1667381	565296	1102084	655946
1130147	469829	660318	332821	327497	10094
2390346	1237961	1152385	298358	854027	128915
3846720	1524056	2322665	564020	1758645	217926
2302095	685319	1616776	254733	1362043	259985
2371726	814222	1557504	232409	1325095	261310
606873	150051	456822	109419	347402	236800
3794141	1405944	2388197	487630	1900567	105012
1448403	502875	945528	211985	733543	198279
603024	163751	439274	93900	345373	256896
521282	201405	319877	110990	208887	49958
1759330	694635	1064696	287248	777448	431566
399646	234022	165624	94365	71258	21133
868796	216083	652712	90408	562304	
335914	221010	114903	60370	54534	5080
1877991	263145	1614846	91737	1523109	
972559	713155	259404	254902	4503	445690

5-30 财政补助支出明细

地区	合计	个人部分	工资福利支出	对个人和家庭的补助支出	#助学金
合计	**285662671**	**189844521**	**138467660**	**51376861**	**9973322**
北京	9253466	5731597	3646877	2084720	18945
天津	5485792	3482514	1812482	1670032	26068
河北	11879475	8082636	6499415	1583220	416374
山西	7385863	5158684	4202900	955784	333955
内蒙古	7940390	4981705	3605312	1376393	506102
辽宁	7245225	5364061	3926186	1437875	162372
吉林	4804310	3255216	2204416	1050800	166072
黑龙江	6631026	4691884	3242677	1449206	166040
上海	7260530	4114895	3780238	334657	64230
江苏	19826048	12844844	9576583	3268261	228622
浙江	13602535	9536857	7534012	2002845	207108
安徽	10536978	6592781	4781143	1811639	346842
福建	7787199	5863586	4387944	1475642	108380
江西	9191701	4698223	3349182	1349041	296240
山东	20778680	13915916	11273658	2642258	356774
河南	12765683	7763718	5695919	2067799	684619
湖北	9721255	6623233	4608039	2015194	345010
湖南	9062835	6217773	4495919	1721854	330659
广东	26882422	18884912	13608229	5276683	471516
广西	8096285	5172242	3418518	1753724	544382
海南	2614621	1474815	1250820	223995	51174
重庆	7688400	5186749	3516122	1670628	423466
四川	14883518	10818871	7693533	3125338	1117149
贵州	8278052	5715972	3807599	1908373	461044
云南	8176008	5542972	3853824	1689148	460218
西藏	1978598	1134926	702238	432687	181680
陕西	9075843	5197989	3880834	1317155	516691
甘肃	6065772	4419577	2993896	1425680	392219
青海	2052336	1192416	793297	399119	107026
宁夏	2038279	1467039	1068259	398780	115347
新疆	6673547	4715919	3257588	1458331	366999
大连	1606517	1185739	942409	243329	23648
宁波	2258579	1389783	1104143	285641	32508
厦门	1014370	673377	433655	239722	4919
青岛	3606413	1728422	1232526	495896	50287
深圳	3839891	2421642	1626229	795413	18999

(地方普通高中)

单位：千元

公用部分	商品和服务支出	其他资本性支出			基本建设支出
			专项公用支出	专项项目支出	
89985694	**31717326**	**58268369**	**13646426**	**44621942**	**5832456**
3232527	1718139	1514388	838476	675912	289341
1995452	487012	1508440	826199	682240	7827
3777483	1168545	2608938	597733	2011206	19356
2107644	824333	1283311	287643	995668	119535
2617584	1190883	1426701	363290	1063410	341101
1845651	1113594	732056	396266	335790	35514
1526244	550580	975664	324381	651282	22850
1758710	956698	802012	190830	611182	180432
3006917	1540062	1466855	642705	824150	138718
6922733	1630191	5292541	695842	4596699	58471
3963336	1386664	2576672	453168	2123504	102342
3567537	841116	2726420	584053	2142367	376660
1874003	752425	1121578	295220	826358	49610
4278783	818041	3460742	408536	3052206	214695
6862764	1261306	5601458	540082	5061376	
4714730	1941815	2772915	631608	2141308	287235
3098022	902262	2195759	385806	1809953	
2720655	819070	1901585	352507	1549078	124407
7275693	3459097	3816597	1316392	2500205	721817
2268097	600716	1667381	565296	1102084	655946
1129713	469394	660318	332821	327497	10094
2372735	1226525	1146210	292183	854027	128915
3846720	1524056	2322665	564020	1758645	217926
2302095	685319	1616776	254733	1362043	259985
2371726	814222	1557504	232409	1325095	261310
606873	150051	456822	109419	347402	236800
3772842	1393312	2379530	486480	1893051	105012
1447916	502756	945160	211765	733395	198279
603024	163751	439274	93900	345373	256896
521282	201405	319877	110990	208887	49958
1596203	623985	972218	261672	710547	361424
399646	234022	165624	94365	71258	21133
868796	216083	652712	90408	562304	
335914	221010	114903	60370	54534	5080
1877991	263145	1614846	91737	1523109	
972559	713155	259404	254902	4503	445690

5-31 财政补助支出明细

地 区	合 计				
		个人部分			
			工资福利支 出	对个人和家庭的补助支出	
					#助学金
合 计	**123542888**	**85004623**	**64055315**	**20949308**	**5931970**
北 京	1036885	588873	444323	144550	3433
天 津	1144742	687573	438323	249250	9935
河 北	6267404	4318794	3521407	797386	244495
山 西	4024651	2746232	2248676	497556	200945
内蒙古	3642385	2366527	1751906	614621	249108
辽 宁	1698090	1339011	1035265	303747	45583
吉 林	1638850	1059301	771474	287827	50947
黑龙江	2435820	1742285	1292812	449473	77877
上 海	751754	545160	503298	41862	14132
江 苏	7119175	4908065	3793972	1114093	112622
浙 江	5370099	4074868	3280832	794035	107336
安 徽	6266465	4102075	3015431	1086645	223016
福 建	3929425	3124453	2449042	675411	66739
江 西	4874141	2765245	2030485	734761	192032
山 东	6796014	5282445	4541816	740630	147442
河 南	7196260	4425785	3327060	1098726	446131
湖 北	3356088	2332076	1738296	593779	183613
湖 南	4858321	3539399	2679983	859416	240738
广 东	6728902	4739509	3690030	1049479	189455
广 西	4017201	2941313	1971767	969545	323042
海 南	1110013	605802	517358	88444	31581
重 庆	3412761	2273381	1551586	721795	244338
四 川	8537668	6351523	4539474	1812049	722552
贵 州	5342216	3620414	2523810	1096604	317185
云 南	5199847	3558023	2554894	1003129	331196
西 藏	1320500	775593	527213	248381	123309
陕 西	5762021	3315280	2467862	847417	375529
甘 肃	3819250	2872086	2053296	818790	272068
青 海	1445671	781647	528450	253197	73909
宁 夏	644964	514992	389845	125147	49430
新 疆	3795307	2706891	1875329	831562	262252
大 连	148371	128711	101911	26800	445
宁 波	746558	493764	400065	93699	8343
厦 门	76639	63076	42687	20389	612
青 岛	275105	198289	151840	46450	5571
深 圳					

（农村高中）

单位：千元

公用部分					基本建设支出
	商品和服务支出	其他资本性支出			
			专项公用支出	专项项目支出	
35969007	**12370120**	**23598886**	**4801295**	**18797591**	**2569258**
377119	155875	221243	44802	176441	70894
457169	75096	382073	59146	322927	
1930351	581009	1349342	284334	1065007	18259
1175883	446025	729858	131718	598140	102535
1192465	589160	603305	144485	458819	83393
357578	205896	151683	87296	64387	1500
569979	184907	385071	108205	276866	9570
690135	324004	366132	64087	302045	3400
206594	128697	77898	27141	50756	
2211109	569584	1641526	258336	1383190	
1288870	505207	783662	144819	638843	6362
2115367	545920	1569447	318259	1251188	49022
788748	295629	493119	139520	353600	16224
1991976	543002	1448973	200356	1248617	116920
1513569	293887	1219682	248060	971622	
2569445	964823	1604623	314440	1290182	201030
1024013	353718	670294	93916	576378	
1205687	349217	856470	154830	701640	113235
1946569	844203	1102366	362020	740346	42824
950949	334655	616294	140657	475637	124939
494422	205507	288916	95504	193412	9788
1096744	498006	598738	107165	491573	42636
1994833	798230	1196603	306992	889610	191312
1495546	395906	1099640	139080	960560	226255
1414640	391571	1023070	120098	902972	227183
402106	101232	300874	89144	211730	142800
2354513	921072	1433441	253981	1179460	92229
825202	256651	568551	143072	425479	121962
429835	114031	315804	63104	252700	234189
99972	46501	53471	22867	30604	30000
797619	350899	446720	133861	312860	290797
19660	15130	4529	3535	994	
252793	91804	160989	24647	136343	
13563	12421	1141	541	600	
76816	16400	60416	17898	42518	

5-32 财政补助支出明细

地区	合计	个人部分	工资福利支出	对个人和家庭的补助支出	#助学金
合计	**122993885**	**84629959**	**63792987**	**20836973**	**5917281**
北京	1036885	588873	444323	144550	3433
天津	1144742	687573	438323	249250	9935
河北	6267404	4318794	3521407	797386	244495
山西	4024651	2746232	2248676	497556	200945
内蒙古	3642385	2366527	1751906	614621	249108
辽宁	1698090	1339011	1035265	303747	45583
吉林	1638850	1059301	771474	287827	50947
黑龙江	2408317	1725557	1278467	447090	76865
上海	751754	545160	503298	41862	14132
江苏	7119175	4908065	3793972	1114093	112622
浙江	5370099	4074868	3280832	794035	107336
安徽	6266465	4102075	3015431	1086645	223016
福建	3929425	3124453	2449042	675411	66739
江西	4874141	2765245	2030485	734761	192032
山东	6796014	5282445	4541816	740630	147442
河南	7196260	4425785	3327060	1098726	446131
湖北	3277921	2286265	1702448	583817	183361
湖南	4858321	3539399	2679983	859416	240738
广东	6728902	4739509	3690030	1049479	189455
广西	4017201	2941313	1971767	969545	323042
海南	1109579	605802	517358	88444	31581
重庆	3412761	2273381	1551586	721795	244338
四川	8537668	6351523	4539474	1812049	722552
贵州	5342216	3620414	2523810	1096604	317185
云南	5199847	3558023	2554894	1003129	331196
西藏	1320500	775593	527213	248381	123309
陕西	5762021	3315280	2467862	847417	375529
甘肃	3816044	2869367	2050646	818722	272021
青海	1445671	781647	528450	253197	73909
宁夏	644964	514992	389845	125147	49430
新疆	3355614	2397485	1665845	731641	248874
大连	148371	128711	101911	26800	445
宁波	746558	493764	400065	93699	8343
厦门	76639	63076	42687	20389	612
青岛	275105	198289	151840	46450	5571
深圳					

(地方农村高中)

单位：千元

公用部分	商品和服务支出	其他资本性支出	专项公用支出	专项项目支出	基本建设支出
35835612	**12299130**	**23536482**	**4781206**	**18755277**	**2528314**
377119	155875	221243	44802	176441	70894
457169	75096	382073	59146	322927	
1930351	581009	1349342	284334	1065007	18259
1175883	446025	729858	131718	598140	102535
1192465	589160	603305	144485	458819	83393
357578	205896	151683	87296	64387	1500
569979	184907	385071	108205	276866	9570
679360	317492	361868	61313	300555	3400
206594	128697	77898	27141	50756	
2211109	569584	1641526	258336	1383190	
1288870	505207	783662	144819	638843	6362
2115367	545920	1569447	318259	1251188	49022
788748	295629	493119	139520	353600	16224
1991976	543002	1448973	200356	1248617	116920
1513569	293887	1219682	248060	971622	
2569445	964823	1604623	314440	1290182	201030
991656	328602	663055	86677	576378	
1205687	349217	856470	154830	701640	113235
1946569	844203	1102366	362020	740346	42824
950949	334655	616294	140657	475637	124939
493988	205073	288916	95504	193412	9788
1096744	498006	598738	107165	491573	42636
1994833	798230	1196603	306992	889610	191312
1495546	395906	1099640	139080	960560	226255
1414640	391571	1023070	120098	902972	227183
402106	101232	300874	89144	211730	142800
2354513	921072	1433441	253981	1179460	92229
824715	256532	568183	142851	425332	121962
429835	114031	315804	63104	252700	234189
99972	46501	53471	22867	30604	30000
708276	312089	396187	124005	272183	249852
19660	15130	4529	3535	994	
252793	91804	160989	24647	136343	
13563	12421	1141	541	600	
76816	16400	60416	17898	42518	

5-33 财政补助支出明细

地区	合计	个人部分	工资福利支出	对个人和家庭的补助支出	#助学金
合计	**557464984**	**379099467**	**267986440**	**111113027**	**23681142**
北京	15674945	9138474	5741615	3396859	90941
天津	7493610	5393503	2857159	2536344	67123
河北	21662445	15275088	12163210	3111878	727376
山西	12476883	9173063	7465559	1707504	482454
内蒙古	11743031	8133579	6116872	2016707	469312
辽宁	15041194	11523817	7965677	3558139	189133
吉林	9798128	6968794	4701309	2267486	179982
黑龙江	14017979	10479211	7093531	3385680	111468
上海	13176579	7507620	6742663	764957	307512
江苏	36132318	24429858	17250127	7179731	555419
浙江	24711201	18267941	13856149	4411792	787691
安徽	20555233	13413049	8989909	4423140	764290
福建	15399551	10663282	8225162	2438121	400043
江西	17583383	9890905	7182437	2708468	528045
山东	42952356	28943407	23308418	5634989	820581
河南	33351462	20164070	12641231	7522839	2013058
湖北	19062018	14103998	8944005	5159993	573650
湖南	23367119	15401736	10003887	5397850	1165456
广东	43183463	30165742	21752084	8413658	1026789
广西	18435587	12212536	7988095	4224442	1678527
海南	4846232	3026045	2494033	532012	193415
重庆	13208488	9142998	6257075	2885924	650404
四川	30747605	22667084	15588204	7078880	2213070
贵州	17909203	12803794	8294431	4509363	1691606
云南	20934192	14237991	9394812	4843179	2695102
西藏	3507567	2292397	1474611	817786	462838
陕西	15084690	9697111	6888486	2808625	947279
甘肃	10986043	7694681	5199682	2495000	844230
青海	4050071	2374973	1540579	834394	259519
宁夏	3895334	2253813	1607522	646291	176177
新疆	16477077	11658904	8257908	3400996	608653
大连	3118645	2338919	1891957	446962	37768
宁波	4028257	2634567	2035779	598788	113455
厦门	1851540	1209451	826275	383175	26029
青岛	5582622	3526752	2524146	1002606	47338
深圳	6252267	3853269	2590075	1263193	14905

(普通初中)

单位：千元

公用部分	商品和服务支出	其他资本性支出	专项公用支出	专项项目支出	基本建设支出
169228503	**70606775**	**98621728**	**24726656**	**73895072**	**9137014**
6067140	2896169	3170971	1450053	1720917	469330
2043458	734180	1309278	414779	894499	56648
6142618	2898602	3244016	986549	2257467	244739
3135967	1632247	1503720	454600	1049120	167852
3235793	1408400	1827393	501232	1326161	373659
3503904	2077131	1426773	635570	791203	13474
2630719	1156161	1474557	431728	1042829	198615
3475340	1960157	1515183	356992	1158192	63428
5569220	3270240	2298980	1201682	1097298	99739
11638931	2940588	8698343	1270813	7427530	63529
6323248	2676778	3646470	744407	2902062	120013
6959622	2555241	4404381	1218141	3186240	182562
4511429	1564916	2946513	779677	2166836	224839
7238154	1826658	5411495	781740	4629755	454324
13973817	4099862	9873955	1582680	8291275	35132
12502933	5312944	7189989	1268662	5921327	684459
4951884	1827579	3124305	653512	2470793	6136
7609406	3015550	4593857	1107966	3485890	355976
11896222	7186344	4709878	2277744	2432134	1121500
5870466	2151673	3718794	964482	2754311	352584
1790385	563837	1226548	401093	825455	29802
3723292	1967987	1755305	520674	1234631	342198
7562238	3626169	3936069	1115255	2820814	518283
4800067	2390048	2410018	664777	1745242	305342
6117355	2786869	3330486	487075	2843410	578846
994839	305333	689507	328625	360882	220330
5135243	2073575	3061667	575868	2485799	252336
2907676	1154099	1753577	465336	1288241	383686
1072278	370651	701627	138567	563060	602821
1556287	430579	1125708	307034	818674	85234
4288574	1746208	2542366	639342	1903024	529599
772651	391758	380893	202139	178754	7075
1295490	412613	882877	144373	738504	98200
565540	222076	343464	200725	142738	76549
2055870	624656	1431213	378147	1053066	
1574237	1092183	482054	459380	22674	824761

5-34 财政补助支出明细

地区	合计	个人部分	工资福利支出	对个人和家庭的补助支出	#助学金
合计	**555441190**	**377623996**	**266958856**	**110665140**	**23639428**
北京	15497445	9026197	5676102	3350094	90889
天津	7493610	5393503	2857159	2536344	67123
河北	21662445	15275088	12163210	3111878	727376
山西	12476883	9173063	7465559	1707504	482454
内蒙古	11743031	8133579	6116872	2016707	469312
辽宁	15041194	11523817	7965677	3558139	189133
吉林	9746228	6932674	4666637	2266037	179937
黑龙江	13893348	10391275	7020797	3370478	111155
上海	13149649	7491740	6727717	764023	307510
江苏	36132318	24429858	17250127	7179731	555419
浙江	24711201	18267941	13856149	4411792	787691
安徽	20555233	13413049	8989909	4423140	764290
福建	15399551	10663282	8225162	2438121	400043
江西	17583383	9890905	7182437	2708468	528045
山东	42952356	28943407	23308418	5634989	820581
河南	33350775	20164070	12641231	7522839	2013058
湖北	19041190	14087397	8931453	5155944	573650
湖南	23367081	15401699	10003887	5397812	1165418
广东	43126289	30118889	21709729	8409160	1026140
广西	18435587	12212536	7988095	4224442	1678527
海南	4845961	3026045	2494033	532012	193415
重庆	13175560	9121660	6238008	2883652	650404
四川	30747605	22667084	15588204	7078880	2213070
贵州	17909203	12803794	8294431	4509363	1691606
云南	20934192	14237991	9394812	4843179	2695102
西藏	3507567	2292397	1474611	817786	462838
陕西	15039982	9673172	6871559	2801613	946575
甘肃	10982281	7691429	5196524	2494905	844174
青海	4050071	2374973	1540579	834394	259519
宁夏	3895334	2253813	1607522	646291	176177
新疆	14994638	10547668	7512246	3035422	568797
大连	3118645	2338919	1891957	446962	37768
宁波	4028257	2634567	2035779	598788	113455
厦门	1851540	1209451	826275	383175	26029
青岛	5582622	3526752	2524146	1002606	47338
深圳	6252267	3853269	2590075	1263193	14905

(地方普通初中)

单位：千元

公用部分	商品和服务支出	其他资本性支出	专项公用支出	专项项目支出	基本建设支出
168764750	**70372592**	**98392158**	**24642922**	**73749236**	**9052445**
6001918	2855361	3146557	1433243	1713314	469330
2043458	734180	1309278	414779	894499	56648
6142618	2898602	3244016	986549	2257467	244739
3135967	1632247	1503720	454600	1049120	167852
3235793	1408400	1827393	501232	1326161	373659
3503904	2077131	1426773	635570	791203	13474
2614939	1142056	1472882	430053	1042829	198615
3438645	1940978	1497667	348913	1148754	63428
5558170	3261026	2297144	1199846	1097298	99739
11638931	2940588	8698343	1270813	7427530	63529
6323248	2676778	3646470	744407	2902062	120013
6959622	2555241	4404381	1218141	3186240	182562
4511429	1564916	2946513	779677	2166836	224839
7238154	1826658	5411495	781740	4629755	454324
13973817	4099862	9873955	1582680	8291275	35132
12502247	5312258	7189989	1268662	5921327	684459
4947657	1823938	3123720	653267	2470453	6136
7609406	3015550	4593857	1107966	3485890	355976
11885899	7179783	4706116	2275649	2430467	1121500
5870466	2151673	3718794	964482	2754311	352584
1790114	563566	1226548	401093	825455	29802
3711703	1960461	1751242	516611	1234631	342198
7562238	3626169	3936069	1115255	2820814	518283
4800067	2390048	2410018	664777	1745242	305342
6117355	2786869	3330486	487075	2843410	578846
994839	305333	689507	328625	360882	220330
5114474	2064054	3050420	574809	2475612	252336
2907166	1153931	1753236	465125	1288111	383686
1072278	370651	701627	138567	563060	602821
1556287	430579	1125708	307034	818674	85234
4001942	1623706	2378236	591682	1786554	445029
772651	391758	380893	202139	178754	7075
1295490	412613	882877	144373	738504	98200
565540	222076	343464	200725	142738	76549
2055870	624656	1431213	378147	1053066	
1574237	1092183	482054	459380	22674	824761

5-35 财政补助支出明细

地区	合计	个人部分	工资福利支出	对个人和家庭的补助支出	#助学金
合计	**348317155**	**243642117**	**173119556**	**70522561**	**19284286**
北京	3299461	1711932	1231691	480241	18994
天津	2330678	1739037	1104624	634413	3158
河北	15535926	10633606	8448684	2184922	687510
山西	8405476	6261834	5072429	1189405	412139
内蒙古	7258435	5174519	3891530	1282988	337454
辽宁	6389155	5069464	3568285	1501179	134932
吉林	6043791	4224885	2941871	1283014	160892
黑龙江	7708792	5660746	4004866	1655880	103832
上海	2090414	1542123	1398089	144034	58369
江苏	17660504	12582400	8974903	3607497	115123
浙江	13294536	9970474	7619728	2350746	435534
安徽	16230653	10791937	7139124	3652813	667999
福建	9815067	7124949	5588886	1536064	330214
江西	13451152	7775468	5736705	2038763	443319
山东	26333110	17756356	14602642	3153714	599129
河南	24422995	15287431	9279303	6008128	1773885
湖北	12079661	8909421	5678202	3231219	516219
湖南	17494485	12126401	7923449	4202952	792132
广东	18954546	13397852	10304471	3093382	423101
广西	13943222	9914342	6416803	3497539	1544000
海南	3165118	2013291	1652196	361095	128591
重庆	8402636	6114437	4303328	1811109	542503
四川	23581812	17710358	12159435	5550923	1976941
贵州	14337342	10753784	7049370	3704414	1601268
云南	16754675	12123501	7995603	4127898	2523080
西藏	2669272	1885395	1228744	656651	421973
陕西	11133990	7431799	5184591	2247208	817652
甘肃	8769359	6220121	4292343	1927778	814967
青海	3001743	1752155	1132866	619289	242516
宁夏	2309728	1439266	1018482	420784	143458
新疆	11449417	8542831	6176314	2366517	513401
大连	760714	582202	473437	108765	83
宁波	1744610	1096360	854703	241657	49488
厦门	240777	190484	128346	62138	6590
青岛	1912389	1237918	915024	322894	12562
深圳					

(农村初中)

单位：千元

公用部分	商品和服务支出	其他资本性支出	专项公用支出	专项项目支出	基本建设支出
99267395	**41117196**	**58150199**	**12638621**	**45511578**	**5407643**
1529363	466129	1063234	399119	664115	58165
591641	201213	390428	32823	357605	
4679144	2129889	2549255	743192	1806063	223176
2012539	1083741	928798	267841	660957	131103
1945800	834526	1111274	335011	776263	138116
1307404	793829	513575	171613	341962	12287
1637782	671229	966552	236746	729807	181125
1984814	1103460	881354	167878	713476	63232
548291	413074	135217	69913	65304	
5075776	1390422	3685354	612696	3072658	2328
3306752	1313374	1993379	383092	1610286	17310
5256154	2121261	3134893	875836	2259057	182562
2551754	974352	1577402	392594	1184808	138364
5320468	1475281	3845187	528424	3316763	355216
8541621	2491036	6050586	859366	5191220	35132
8823150	3788597	5034552	856776	4177777	312414
3168404	1089072	2079333	286957	1792375	1836
5034648	2265063	2769585	532791	2236794	333436
5483931	3201323	2282608	877343	1405265	72763
3829242	1590962	2238280	544444	1693836	199638
1122172	306878	815294	233698	581596	29655
2167776	1179728	988047	299643	688404	120424
5431359	2598910	2832449	715637	2116813	440095
3348588	1700444	1648143	456130	1192013	234970
4261828	1827205	2434623	378164	2056459	369346
568046	229028	339019	118722	220297	215830
3474997	1461334	2013663	293261	1720403	227195
2227818	854278	1373540	363194	1010346	321420
769976	273652	496324	98768	397556	479612
792323	256425	535898	201117	334781	78140
2473833	1031482	1442351	305832	1136519	432753
171842	84069	87773	43984	43789	6670
648249	169908	478341	67998	410343	
50293	29190	21103	2960	18143	
674471	181957	492515	142922	349592	

5-36 财政补助支出明细

地 区	合 计	个人部分	工资福利支出	对个人和家庭的补助支出	#助学金
合 计	**346957528**	**242622991**	**172404200**	**70218791**	**19249528**
北 京	3299259	1711932	1231691	480241	18994
天 津	2330678	1739037	1104624	634413	3158
河 北	15535926	10633606	8448684	2184922	687510
山 西	8405476	6261834	5072429	1189405	412139
内蒙古	7258435	5174519	3891530	1282988	337454
辽 宁	6389155	5069464	3568285	1501179	134932
吉 林	6043791	4224885	2941871	1283014	160892
黑龙江	7639136	5607150	3959045	1648105	103808
上 海	2090414	1542123	1398089	144034	58369
江 苏	17660504	12582400	8974903	3607497	115123
浙 江	13294536	9970474	7619728	2350746	435534
安 徽	16230653	10791937	7139124	3652813	667999
福 建	9815067	7124949	5588886	1536064	330214
江 西	13451152	7775468	5736705	2038763	443319
山 东	26333110	17756356	14602642	3153714	599129
河 南	24422995	15287431	9279303	6008128	1773885
湖 北	12079661	8909421	5678202	3231219	516219
湖 南	17494485	12126401	7923449	4202952	792132
广 东	18897371	13351000	10262116	3088884	422452
广 西	13943222	9914342	6416803	3497539	1544000
海 南	3164847	2013291	1652196	361095	128591
重 庆	8402636	6114437	4303328	1811109	542503
四 川	23581812	17710358	12159435	5550923	1976941
贵 州	14337342	10753784	7049370	3704414	1601268
云 南	16754675	12123501	7995603	4127898	2523080
西 藏	2669272	1885395	1228744	656651	421973
陕 西	11133990	7431799	5184591	2247208	817652
甘 肃	8765597	6216869	4289185	1927683	814911
青 海	3001743	1752155	1132866	619289	242516
宁 夏	2309728	1439266	1018482	420784	143458
新 疆	10220856	7627406	5552292	2075113	479372
大 连	760714	582202	473437	108765	83
宁 波	1744610	1096360	854703	241657	49488
厦 门	240777	190484	128346	62138	6590
青 岛	1912389	1237918	915024	322894	12562
深 圳					

(地方农村初中)

单位：千元

公用部分	商品和服务支出	其他资本性支出	其他资本性支出：专项公用支出	其他资本性支出：专项项目支出	基本建设支出
99004154	**40997613**	**58006541**	**12597866**	**45408674**	**5330383**
1529162	465927	1063234	399119	664115	58165
591641	201213	390428	32823	357605	
4679144	2129889	2549255	743192	1806063	223176
2012539	1083741	928798	267841	660957	131103
1945800	834526	1111274	335011	776263	138116
1307404	793829	513575	171613	341962	12287
1637782	671229	966552	236746	729807	181125
1968754	1093298	875456	164966	710491	63232
548291	413074	135217	69913	65304	
5075776	1390422	3685354	612696	3072658	2328
3306752	1313374	1993379	383092	1610286	17310
5256154	2121261	3134893	875836	2259057	182562
2551754	974352	1577402	392594	1184808	138364
5320468	1475281	3845187	528424	3316763	355216
8541621	2491036	6050586	859366	5191220	35132
8823150	3788597	5034552	856776	4177777	312414
3168404	1089072	2079333	286957	1792375	1836
5034648	2265063	2769585	532791	2236794	333436
5473609	3194762	2278846	875248	1403598	72763
3829242	1590962	2238280	544444	1693836	199638
1121901	306607	815294	233698	581596	29655
2167776	1179728	988047	299643	688404	120424
5431359	2598910	2832449	715637	2116813	440095
3348588	1700444	1648143	456130	1192013	234970
4261828	1827205	2434623	378164	2056459	369346
568046	229028	339019	118722	220297	215830
3474997	1461334	2013663	293261	1720403	227195
2227309	854110	1373199	362983	1010216	321420
769976	273652	496324	98768	397556	479612
792323	256425	535898	201117	334781	78140
2237957	929264	1308693	270296	1038397	355493
171842	84069	87773	43984	43789	6670
648249	169908	478341	67998	410343	
50293	29190	21103	2960	18143	
674471	181957	492515	142922	349592	

5-37 财政补助支出明细

地区	合计	个人部分	工资福利支出	对个人和家庭的补助支出	#助学金
合计	**592318**	**297229**	**222887**	**74342**	**52**
北京	46789				
天津	21163	21148	13520	7627	
河北					
山西					
内蒙古					
辽宁					
吉林	4142	3559	1277	2282	
黑龙江					
上海	31596	24266	22656	1611	10
江苏	123953	85533	56132	29401	42
浙江	158951	106645	85423	21223	
安徽					
福建					
江西					
山东	25993	25087	23327	1760	
河南	2679				
湖北	5095	4426	4022	404	
湖南	132487	1343	1309	34	
广东	39472	25221	15222	10000	
广西					
海南					
重庆					
四川					
贵州					
云南					
西藏					
陕西					
甘肃					
青海					
宁夏					
新疆					
大连					
宁波	1432	993	856	137	
厦门					
青岛					
深圳					

(成人中学)

单位：千元

公用部分	商品和服务支出	其他资本性支出			基本建设支出
			专项公用支出	专项项目支出	
295089	**86923**	**208166**	**28883**	**179283**	
46789	7966	38823	16205	22618	
15	15				
583	410	172	88	85	
7329	7136	193	193		
38420	21897	16523	3817	12705	
52306	40958	11348	4781	6567	
906	824	82	71	11	
2679		2679	636	2043	
669	622	47	47		
131144	104	131040	6	131034	
14250	6991	7259	3039	4220	
439	383	56	56		

5-38 财政补助支出明细

地区	合计	个人部分	工资福利支出	对个人和家庭的补助支出	#助学金
合计	**924677566**	**645744370**	**425653313**	**220091057**	**31100009**
北京	24914994	14209555	9176531	5033024	116839
天津	10798146	7961046	4122233	3838813	79164
河北	40656015	29241536	21545673	7695863	770742
山西	21989342	16655794	12553237	4102557	425964
内蒙古	21485938	16491546	10808261	5683285	670835
辽宁	21669843	16935679	10992728	5942951	196120
吉林	16657205	12352307	7916398	4435909	199390
黑龙江	21015742	16388617	9681446	6707171	288889
上海	16789241	10084444	9023687	1060757	444010
江苏	63146601	41332365	25833122	15499242	1139913
浙江	41347182	30650751	21399710	9251041	1197030
安徽	36626680	24570885	15037801	9533083	867822
福建	28100659	19529762	13638713	5891049	356386
江西	33530174	20829345	13203197	7626148	764521
山东	56808350	39119007	30911740	8207267	841238
河南	49294153	30512414	19994643	10517771	2595517
湖北	29145715	20098648	12682850	7415798	866670
湖南	36093515	22908009	15347054	7560955	1460250
广东	74667614	52717205	34767215	17949990	1456502
广西	33463862	24363724	14785752	9577972	1612430
海南	8447466	5660143	4862515	797628	161713
重庆	24075119	16905519	10151733	6753786	857884
四川	52096171	38793674	23848458	14945216	3072440
贵州	30847827	23882569	14386682	9495888	1710718
云南	37047693	27751943	17059681	10692262	3755682
西藏	8211818	5204208	3193967	2010242	1106445
陕西	25734501	16410546	10590652	5819894	1452620
甘肃	20041637	14795098	8766020	6029078	1209568
青海	6906133	4308675	2627335	1681340	518944
宁夏	6362234	4160481	2723478	1437003	228903
新疆	26705997	20918873	14020798	6898074	674859
大连	4083484	2886862	2361801	525060	4460
宁波	6191652	4366024	3235089	1130935	169160
厦门	3426802	2366860	1606685	760175	29591
青岛	8004404	5263725	3566720	1697005	75796
深圳	11544781	7042804	4612668	2430137	47029

(小学)

单位：千元

公用部分					基本建设支出
	商品和服务支出	其他资本性支出			
			专项公用支出	专项项目支出	
270899560	**120076721**	**150822838**	**38190624**	**112632214**	**8033636**
10239873	6167000	4072873	2064799	2008074	465566
2837100	1387422	1449678	633242	816436	
11328038	5395015	5933023	1842482	4090541	86441
5238198	2987852	2250346	707746	1542600	95350
4655911	2168175	2487736	649827	1837909	338481
4710129	2974928	1735201	788190	947011	24034
4268303	2000830	2267473	608850	1658622	36595
4541485	2639867	1901618	446192	1455426	85640
6643926	4518409	2125517	1382019	743498	60871
21785625	5427882	16357743	2180644	14177099	28612
10526880	4742178	5784702	1235390	4549312	169551
11904628	4412530	7492098	1990234	5501864	151167
8267323	3210638	5056685	1222424	3834261	303574
12413017	3617739	8795277	1587579	7207698	287813
17683133	5991011	11692122	2105982	9586140	6210
18410280	9205056	9205224	1785917	7419307	371459
9044013	3230184	5813829	1197683	4616146	3053
12996701	4804464	8192237	1546248	6645989	188804
20960614	12379302	8581311	4616169	3965143	989795
8717402	3727188	4990215	1193111	3797104	382735
2751635	965196	1786439	656720	1129719	35688
6870665	3882799	2987865	969837	2018028	298935
12645281	6033522	6611759	1706101	4905658	657216
6731134	3618851	3112283	884382	2227902	234124
8784590	3871554	4913036	766683	4146353	511160
2826460	658585	2167875	319334	1848541	181150
9030728	3776859	5253869	1116328	4137541	293227
4788955	2095628	2693327	675212	2018115	457584
1696838	665362	1031475	224383	807092	900620
2115911	731992	1383919	436055	947864	85843
5484784	2788703	2696082	650859	2045222	302340
1183082	601346	581736	311787	269950	13540
1796888	695189	1101698	201037	900662	28741
929067	407372	521695	225568	296127	130875
2740679	1075419	1665260	388766	1276494	
3820486	2469021	1351465	1301290	50175	681492

5-39 财政补助支出明细

地区	合计	个人部分	工资福利支出	对个人和家庭的补助支出	#助学金
合计	**921646255**	**643521354**	**424089563**	**219431792**	**31033730**
北京	24699523	14075737	9076508	4999229	116333
天津	10772236	7942398	4110679	3831719	79164
河北	40656015	29241536	21545673	7695863	770742
山西	21986142	16652867	12550310	4102557	425964
内蒙古	21485938	16491546	10808261	5683285	670835
辽宁	21669843	16935679	10992728	5942951	196120
吉林	16603825	12310006	7881765	4428241	199390
黑龙江	20869535	16284231	9598875	6685357	288794
上海	16781198	10078442	9018062	1060381	444010
江苏	63146601	41332365	25833122	15499242	1139913
浙江	41347182	30650751	21399710	9251041	1197030
安徽	36626680	24570885	15037801	9533083	867822
福建	28100659	19529762	13638713	5891049	356386
江西	33530174	20829345	13203197	7626148	764521
山东	56808350	39119007	30911740	8207267	841238
河南	49293257	30512414	19994643	10517771	2595517
湖北	29116335	20080178	12668150	7412028	866670
湖南	36083920	22899758	15339321	7560437	1460250
广东	74588126	52648954	34705162	17943791	1455742
广西	33463862	24363724	14785752	9577972	1612430
海南	8446924	5660143	4862515	797628	161713
重庆	24053549	16890140	10138759	6751382	857884
四川	52095930	38793621	23848458	14945162	3072386
贵州	30847827	23882569	14386682	9495888	1710718
云南	37047693	27751943	17059681	10692262	3755682
西藏	8211818	5204208	3193967	2010242	1106445
陕西	25650872	16346012	10532817	5813195	1452620
甘肃	20032251	14787287	8759078	6028209	1208832
青海	6906133	4308675	2627335	1681340	518944
宁夏	6362234	4160481	2723478	1437003	228903
新疆	24361624	19186689	12856620	6330070	610731
大连	4083484	2886862	2361801	525060	4460
宁波	6191652	4366024	3235089	1130935	169160
厦门	3426802	2366860	1606685	760175	29591
青岛	8004404	5263725	3566720	1697005	75796
深圳	11544781	7042804	4612668	2430137	47029

(地方小学)

单位：千元

公用部分	商品和服务支出	其他资本性支出	专项公用支出	专项项目支出	基本建设支出
270188738	**119768725**	**150420013**	**38068575**	**112351439**	**7936163**
10158220	6129907	4028313	2041437	1986877	465566
2829838	1385037	1444801	629485	815316	
11328038	5395015	5933023	1842482	4090541	86441
5237925	2987807	2250119	707518	1542600	95350
4655911	2168175	2487736	649827	1837909	338481
4710129	2974928	1735201	788190	947011	24034
4257225	1990439	2266786	608164	1658622	36595
4499665	2619453	1880212	437934	1442278	85640
6641885	4516734	2125151	1381653	743498	60871
21785625	5427882	16357743	2180644	14177099	28612
10526880	4742178	5784702	1235390	4549312	169551
11904628	4412530	7492098	1990234	5501864	151167
8267323	3210638	5056685	1222424	3834261	303574
12413017	3617739	8795277	1587579	7207698	287813
17683133	5991011	11692122	2105982	9586140	6210
18409384	9204160	9205224	1785917	7419307	371459
9033103	3222789	5810315	1197169	4613146	3053
12995357	4803137	8192221	1546231	6645989	188804
20949378	12373005	8576373	4614061	3962312	989795
8717402	3727188	4990215	1193111	3797104	382735
2751093	964654	1786439	656720	1129719	35688
6864473	3879613	2984860	966832	2018028	298935
12645093	6033334	6611759	1706101	4905658	657216
6731134	3618851	3112283	884382	2227902	234124
8784590	3871554	4913036	766683	4146353	511160
2826460	658585	2167875	319334	1848541	181150
9011633	3761332	5250301	1114224	4136077	293227
4787380	2094835	2692545	674774	2017771	457584
1696838	665362	1031475	224383	807092	900620
2115911	731992	1383919	436055	947864	85843
4970068	2588863	2381205	573655	1807550	204866
1183082	601346	581736	311787	269950	13540
1796888	695189	1101698	201037	900662	28741
929067	407372	521695	225568	296127	130875
2740679	1075419	1665260	388766	1276494	
3820486	2469021	1351465	1301290	50175	681492

5-40 财政补助支出明细

地区	合计	个人部分	工资福利支出	对个人和家庭的补助支出	#助学金
合计	**924596150**	**645732680**	**425644933**	**220087747**	**31100009**
北京	24914994	14209555	9176531	5033024	116839
天津	10798146	7961046	4122233	3838813	79164
河北	40656015	29241536	21545673	7695863	770742
山西	21989342	16655794	12553237	4102557	425964
内蒙古	21485938	16491546	10808261	5683285	670835
辽宁	21669843	16935679	10992728	5942951	196120
吉林	16657205	12352307	7916398	4435909	199390
黑龙江	21015742	16388617	9681446	6707171	288889
上海	16789241	10084444	9023687	1060757	444010
江苏	63146601	41332365	25833122	15499242	1139913
浙江	41347182	30650751	21399710	9251041	1197030
安徽	36626680	24570885	15037801	9533083	867822
福建	28091664	19522969	13632662	5890307	356386
江西	33530174	20829345	13203197	7626148	764521
山东	56805889	39116546	30911740	8204806	841238
河南	49294153	30512414	19994643	10517771	2595517
湖北	29145715	20098648	12682850	7415798	866670
湖南	36026348	22907909	15346954	7560955	1460250
广东	74667614	52717205	34767215	17949990	1456502
广西	33463812	24363724	14785752	9577972	1612430
海南	8447466	5660143	4862515	797628	161713
重庆	24073048	16903707	10149982	6753725	857884
四川	52095684	38793215	23848045	14945170	3072440
贵州	30847827	23882569	14386682	9495888	1710718
云南	37047508	27751878	17059616	10692262	3755682
西藏	8211818	5204208	3193967	2010242	1106445
陕西	25734501	16410546	10590652	5819894	1452620
甘肃	20041637	14795098	8766020	6029078	1209568
青海	6906133	4308675	2627335	1681340	518944
宁夏	6362234	4160481	2723478	1437003	228903
新疆	26705997	20918873	14020798	6898074	674859
大连	4083484	2886862	2361801	525060	4460
宁波	6191652	4366024	3235089	1130935	169160
厦门	3426802	2366860	1606685	760175	29591
青岛	8004404	5263725	3566720	1697005	75796
深圳	11544781	7042804	4612668	2430137	47029

（普通小学）

单位：千元

公用部分	商品和服务支出	其他资本性支出	专项公用支出	专项项目支出	基本建设支出
270829834	**120074038**	**150755796**	**38190548**	**112565248**	**8033636**
10239873	6167000	4072873	2064799	2008074	465566
2837100	1387422	1449678	633242	816436	
11328038	5395015	5933023	1842482	4090541	86441
5238198	2987852	2250346	707746	1542600	95350
4655911	2168175	2487736	649827	1837909	338481
4710129	2974928	1735201	788190	947011	24034
4268303	2000830	2267473	608850	1658622	36595
4541485	2639867	1901618	446192	1455426	85640
6643926	4518409	2125517	1382019	743498	60871
21785625	5427882	16357743	2180644	14177099	28612
10526880	4742178	5784702	1235390	4549312	169551
11904628	4412530	7492098	1990234	5501864	151167
8265122	3208513	5056609	1222348	3834261	303574
12413017	3617739	8795277	1587579	7207698	287813
17683133	5991011	11692122	2105982	9586140	6210
18410280	9205056	9205224	1785917	7419307	371459
9044013	3230184	5813829	1197683	4616146	3053
12929635	4804364	8125271	1546248	6579023	188804
20960614	12379302	8581311	4616169	3965143	989795
8717352	3727138	4990215	1193111	3797104	382735
2751635	965196	1786439	656720	1129719	35688
6870405	3882539	2987865	969837	2018028	298935
12645253	6033494	6611759	1706101	4905658	657216
6731134	3618851	3112283	884382	2227902	234124
8784470	3871434	4913036	766683	4146353	511160
2826460	658585	2167875	319334	1848541	181150
9030728	3776859	5253869	1116328	4137541	293227
4788955	2095628	2693327	675212	2018115	457584
1696838	665362	1031475	224383	807092	900620
2115911	731992	1383919	436055	947864	85843
5484784	2788703	2696082	650859	2045222	302340
1183082	601346	581736	311787	269950	13540
1796888	695189	1101698	201037	900662	28741
929067	407372	521695	225568	296127	130875
2740679	1075419	1665260	388766	1276494	
3820486	2469021	1351465	1301290	50175	681492

5-41 财政补助支出明细

地区	合计	个人部分	工资福利支出	对个人和家庭的补助支出	#助学金
合计	**921564839**	**643509664**	**424081183**	**219428481**	**31033730**
北京	24699523	14075737	9076508	4999229	116333
天津	10772236	7942398	4110679	3831719	79164
河北	40656015	29241536	21545673	7695863	770742
山西	21986142	16652867	12550310	4102557	425964
内蒙古	21485938	16491546	10808261	5683285	670835
辽宁	21669843	16935679	10992728	5942951	196120
吉林	16603825	12310006	7881765	4428241	199390
黑龙江	20869535	16284231	9598875	6685357	288794
上海	16781198	10078442	9018062	1060381	444010
江苏	63146601	41332365	25833122	15499242	1139913
浙江	41347182	30650751	21399710	9251041	1197030
安徽	36626680	24570885	15037801	9533083	867822
福建	28091664	19522969	13632662	5890307	356386
江西	33530174	20829345	13203197	7626148	764521
山东	56805889	39116546	30911740	8204806	841238
河南	49293257	30512414	19994643	10517771	2595517
湖北	29116335	20080178	12668150	7412028	866670
湖南	36016753	22899658	15339221	7560437	1460250
广东	74588126	52648954	34705162	17943791	1455742
广西	33463812	24363724	14785752	9577972	1612430
海南	8446924	5660143	4862515	797628	161713
重庆	24051478	16888329	10137008	6751321	857884
四川	52095442	38793161	23848045	14945116	3072386
贵州	30847827	23882569	14386682	9495888	1710718
云南	37047508	27751878	17059616	10692262	3755682
西藏	8211818	5204208	3193967	2010242	1106445
陕西	25650872	16346012	10532817	5813195	1452620
甘肃	20032251	14787287	8759078	6028209	1208832
青海	6906133	4308675	2627335	1681340	518944
宁夏	6362234	4160481	2723478	1437003	228903
新疆	24361624	19186689	12856620	6330070	610731
大连	4083484	2886862	2361801	525060	4460
宁波	6191652	4366024	3235089	1130935	169160
厦门	3426802	2366860	1606685	760175	29591
青岛	8004404	5263725	3566720	1697005	75796
深圳	11544781	7042804	4612668	2430137	47029

(地方普通小学)

单位：千元

公用部分	商品和服务支出	其他资本性支出			基本建设支出
			专项公用支出	专项项目支出	
270119012	**119766042**	**150352971**	**38068498**	**112284472**	**7936163**
10158220	6129907	4028313	2041437	1986877	465566
2829838	1385037	1444801	629485	815316	
11328038	5395015	5933023	1842482	4090541	86441
5237925	2987807	2250119	707518	1542600	95350
4655911	2168175	2487736	649827	1837909	338481
4710129	2974928	1735201	788190	947011	24034
4257225	1990439	2266786	608164	1658622	36595
4499665	2619453	1880212	437934	1442278	85640
6641885	4516734	2125151	1381653	743498	60871
21785625	5427882	16357743	2180644	14177099	28612
10526880	4742178	5784702	1235390	4549312	169551
11904628	4412530	7492098	1990234	5501864	151167
8265122	3208513	5056609	1222348	3834261	303574
12413017	3617739	8795277	1587579	7207698	287813
17683133	5991011	11692122	2105982	9586140	6210
18409384	9204160	9205224	1785917	7419307	371459
9033103	3222789	5810315	1197169	4613146	3053
12928291	4803037	8125254	1546231	6579023	188804
20949378	12373005	8576373	4614061	3962312	989795
8717352	3727138	4990215	1193111	3797104	382735
2751093	964654	1786439	656720	1129719	35688
6864213	3879353	2984860	966832	2018028	298935
12645065	6033306	6611759	1706101	4905658	657216
6731134	3618851	3112283	884382	2227902	234124
8784470	3871434	4913036	766683	4146353	511160
2826460	658585	2167875	319334	1848541	181150
9011633	3761332	5250301	1114224	4136077	293227
4787380	2094835	2692545	674774	2017771	457584
1696838	665362	1031475	224383	807092	900620
2115911	731992	1383919	436055	947864	85843
4970068	2588863	2381205	573655	1807550	204866
1183082	601346	581736	311787	269950	13540
1796888	695189	1101698	201037	900662	28741
929067	407372	521695	225568	296127	130875
2740679	1075419	1665260	388766	1276494	
3820486	2469021	1351465	1301290	50175	681492

5-42 财政补助支出明细

地区	合计	个人部分	工资福利支出	对个人和家庭的补助支出	#助学金
合计	**616562595**	**447423420**	**292289013**	**155134407**	**25942809**
北京	4670668	2934034	1973536	960499	29075
天津	3228985	2466321	1414028	1052293	3409
河北	32086181	23035189	16814538	6220651	763692
山西	16046657	12494538	9279924	3214614	340112
内蒙古	16014591	12588766	7990638	4598128	525544
辽宁	10603044	8847556	5551881	3295675	173566
吉林	11023940	8387715	5471242	2916474	182899
黑龙江	13824583	10855784	6515429	4340355	282337
上海	2708364	2061231	1852680	208552	86331
江苏	33867625	22870556	13753164	9117392	256067
浙江	23399540	17769955	12191701	5578255	708466
安徽	29189086	20183502	12113433	8070069	789337
福建	17698082	13165855	9112819	4053035	317083
江西	27281360	17194452	10975360	6219092	570636
山东	35442369	25466225	20529797	4936428	614687
河南	38532205	24232857	15645149	8587708	2339725
湖北	18938885	13095618	8360733	4734885	789292
湖南	26116792	18013316	12062787	5950529	1436249
广东	33587355	24705986	16689167	8016819	540706
广西	27346720	20748535	12449920	8298615	1520993
海南	6308004	4376653	3779738	596915	113354
重庆	16165218	11904553	7203705	4700849	762999
四川	41507237	31538280	19180626	12357654	2851801
贵州	25847868	20885140	12706009	8179131	1638175
云南	31894408	24553565	15003851	9549714	3522178
西藏	7202268	4574745	2845813	1728933	1035155
陕西	19343384	12953491	8167731	4785760	1257964
甘肃	16438344	12463708	7453482	5010226	1165470
青海	5473505	3452527	2101840	1350687	500229
宁夏	4211529	2931499	1927626	1003873	182778
新疆	20563797	16671265	11170666	5500599	642498
大连	926334	733496	596092	137405	897
宁波	2766343	1946213	1449270	496943	79564
厦门	636172	522679	307070	215609	6237
青岛	2597000	1919696	1340494	579202	23427
深圳					

(农村小学)

单位：千元

公用部分	商品和服务支出	其他资本性支出	专项公用支出	专项项目支出	基本建设支出
164336684	**72198348**	**92138336**	**20290309**	**71848027**	**4802491**
1621160	778095	843065	405343	437722	115474
762664	376388	386276	112672	273604	
8967655	4259989	4707666	1429267	3278399	83337
3484115	2045921	1438194	440211	997984	68004
3258691	1419719	1838972	440817	1398155	167134
1732903	1148941	583961	251213	332748	22586
2606650	1257244	1349406	333044	1016362	29575
2883411	1651375	1232036	238875	993160	85388
647133	544226	102907	79363	23544	
10994657	2797416	8197242	1133687	7063555	2412
5581585	2516864	3064721	638701	2426020	48000
8871767	3675694	5196073	1437189	3758884	133817
4374281	1903207	2471074	594871	1876203	157946
9922169	2926083	6996086	1334590	5661496	164738
9969934	3534983	6434951	1126232	5308719	6210
14139001	7295354	6843647	1172941	5670707	160346
5840265	1919917	3920348	549201	3371147	3003
7935778	3592109	4343669	794147	3549522	167698
8739093	4903538	3835555	1667759	2167795	142276
6329858	2982476	3347382	717548	2629834	268328
1900663	676234	1224429	412579	811849	30688
4200413	2373910	1826503	475749	1350754	60252
9454444	4523690	4930754	1064161	3866593	514512
4774056	2601559	2172497	590749	1581748	188673
6934868	2890322	4044546	609528	3435019	405975
2464774	626620	1838153	227554	1610599	162750
6209177	2676607	3532570	633911	2898660	180716
3550756	1464761	2085995	525881	1560113	423880
1314442	487694	826748	166363	660385	706535
1233246	446880	786367	261215	525152	46783
3637075	1900532	1736543	424948	1311594	255456
179298	96014	83284	56742	26542	13540
820130	296763	523367	100538	422829	
113493	57462	56032	18387	37644	
677304	253498	423806	95325	328481	

5-43 财政补助支出明细

地区	合计	个人部分	工资福利支出	对个人和家庭的补助支出	#助学金
合计	**614337888**	**445768479**	**291135645**	**154632834**	**25884165**
北京	4669632	2934034	1973536	960499	29075
天津	3228985	2466321	1414028	1052293	3409
河北	32086181	23035189	16814538	6220651	763692
山西	16043457	12491611	9276997	3214614	340112
内蒙古	16014591	12588766	7990638	4598128	525544
辽宁	10603044	8847556	5551881	3295675	173566
吉林	11023940	8387715	5471242	2916474	182899
黑龙江	13718272	10780550	6452337	4328212	282313
上海	2708364	2061231	1852680	208552	86331
江苏	33867625	22870556	13753164	9117392	256067
浙江	23399540	17769955	12191701	5578255	708466
安徽	29189086	20183502	12113433	8070069	789337
福建	17698082	13165855	9112819	4053035	317083
江西	27281360	17194452	10975360	6219092	570636
山东	35442369	25466225	20529797	4936428	614687
河南	38532205	24232857	15645149	8587708	2339725
湖北	18938885	13095618	8360733	4734885	789292
湖南	26116792	18013316	12062787	5950529	1436249
广东	33518141	24646099	16634090	8012009	540093
广西	27346720	20748535	12449920	8298615	1520993
海南	6307461	4376653	3779738	596915	113354
重庆	16165218	11904553	7203705	4700849	762999
四川	41507194	31538275	19180626	12357649	2851796
贵州	25847868	20885140	12706009	8179131	1638175
云南	31894408	24553565	15003851	9549714	3522178
西藏	7202268	4574745	2845813	1728933	1035155
陕西	19343384	12953491	8167731	4785760	1257964
甘肃	16428958	12455897	7446540	5009357	1164734
青海	5473505	3452527	2101840	1350687	500229
宁夏	4211529	2931499	1927626	1003873	182778
新疆	18528821	15162189	10145336	5016853	585231
大连	926334	733496	596092	137405	897
宁波	2766343	1946213	1449270	496943	79564
厦门	636172	522679	307070	215609	6237
青岛	2597000	1919696	1340494	579202	23427
深圳					

(地方农村小学)

单位：千元

公用部分	商品和服务支出	其他资本性支出	专项公用支出	专项项目支出	基本建设支出
163854513	**72002554**	**91851959**	**20219340**	**71632620**	**4714896**
1620124	777059	843065	405343	437722	115474
762664	376388	386276	112672	273604	
8967655	4259989	4707666	1429267	3278399	83337
3483842	2045875	1437967	439983	997984	68004
3258691	1419719	1838972	440817	1398155	167134
1732903	1148941	583961	251213	332748	22586
2606650	1257244	1349406	333044	1016362	29575
2852334	1636380	1215954	232832	983123	85388
647133	544226	102907	79363	23544	
10994657	2797416	8197242	1133687	7063555	2412
5581585	2516864	3064721	638701	2426020	48000
8871767	3675694	5196073	1437189	3758884	133817
4374281	1903207	2471074	594871	1876203	157946
9922169	2926083	6996086	1334590	5661496	164738
9969934	3534983	6434951	1126232	5308719	6210
14139001	7295354	6843647	1172941	5670707	160346
5840265	1919917	3920348	549201	3371147	3003
7935778	3592109	4343669	794147	3549522	167698
8729766	4898646	3831119	1666155	2164964	142276
6329858	2982476	3347382	717548	2629834	268328
1900120	675692	1224429	412579	811849	30688
4200413	2373910	1826503	475749	1350754	60252
9454407	4523653	4930754	1064161	3866593	514512
4774056	2601559	2172497	590749	1581748	188673
6934868	2890322	4044546	609528	3435019	405975
2464774	626620	1838153	227554	1610599	162750
6209177	2676607	3532570	633911	2898660	180716
3549181	1463969	2085213	525443	1559770	423880
1314442	487694	826748	166363	660385	706535
1233246	446880	786367	261215	525152	46783
3198772	1727079	1471692	362292	1109400	167861
179298	96014	83284	56742	26542	13540
820130	296763	523367	100538	422829	
113493	57462	56032	18387	37644	
677304	253498	423806	95325	328481	

5-44 财政补助支出明细

地区	合计	个人部分			
			工资福利支出	对个人和家庭的补助支出	
					#助学金
合计	**81416**	**11690**	**8380**	**3310**	
北京					
天津					
河北					
山西					
内蒙古					
辽宁					
吉林					
黑龙江					
上海					
江苏					
浙江					
安徽					
福建	8994	6793	6051	742	
江西					
山东	2461	2461		2461	
河南					
湖北					
湖南	67166	100	100		
广东					
广西	50				
海南					
重庆	2072	1812	1750	61	
四川	487	459	413	46	
贵州					
云南	185	65	65		
西藏					
陕西					
甘肃					
青海					
宁夏					
新疆					
大连					
宁波					
厦门					
青岛					
深圳					

(成人小学)

单位：千元

公用部分	商品和服务支出	其他资本性支出			基本建设支出
			专项公用支出	专项项目支出	
69726	**2683**	**67043**	**76**	**66966**	
2201	2125	76	76		
67066	100	66966		66966	
50	50				
260	260				
28	28				
120	120				

5-45 财政补助支出明细

地区	合计	个人部分	工资福利支出	对个人和家庭的补助支出	#助学金
合计	**11760803**	**7014326**	**5074499**	**1939827**	**243439**
北京	495903	344021	215093	128928	3578
天津	222668	165680	84922	80758	193
河北	494247	306492	256897	49595	6356
山西	242948	159491	132648	26843	2614
内蒙古	243457	165034	129465	35569	4446
辽宁	548428	360418	238309	122109	13407
吉林	276028	198460	122202	76258	3140
黑龙江	381776	272511	163738	108773	5551
上海	701083	415912	378735	37177	11489
江苏	863775	561272	374911	186361	14266
浙江	635533	386195	295920	90275	11052
安徽	398474	176342	125029	51313	7856
福建	370772	251744	184496	67248	15696
江西	219436	111754	82778	28977	4388
山东	1013712	597957	463665	134292	22530
河南	440259	281581	204210	77371	9047
湖北	445378	197411	125737	71675	9301
湖南	334148	190307	144246	46061	8731
广东	1156917	552386	398288	154098	9714
广西	289194	135506	98259	37247	8513
海南	77518	31808	27445	4363	1259
重庆	192644	126961	85144	41816	10427
四川	462879	294634	217215	77419	18116
贵州	334058	174104	118658	55446	5540
云南	255104	155152	116838	38314	13228
西藏	87041	38692	29702	8990	3851
陕西	195093	111407	86377	25030	9283
甘肃	105980	76484	50044	26440	3089
青海	48460	28053	18566	9488	1594
宁夏	54845	33465	25562	7903	1297
新疆	173044	113091	79403	33688	3890
大连	105371	79947	63642	16306	1706
宁波	97223	51923	40447	11476	1955
厦门	46302	28727	19208	9519	380
青岛	165202	111735	71180	40555	6219
深圳	140472	71712	57013	14699	

(特殊教育)

单位：千元

公用部分	商品和服务支出	其他资本性支出			基本建设支出
			专项公用支出	专项项目支出	
4627378	**1945891**	**2681487**	**1054791**	**1626696**	**119099**
151882	91749	60133	51047	9086	
56987	34816	22171	9793	12378	
183030	75125	107905	51570	56334	4725
83457	43596	39861	20164	19697	
72849	40335	32514	16129	16385	5574
188010	142000	46009	31063	14946	
77568	43020	34547	15303	19244	
109265	64624	44641	34394	10247	
276113	146068	130045	72614	57432	9058
302503	102669	199835	34754	165081	
249338	118688	130651	34929	95722	
222132	46644	175488	60272	115217	
117697	55820	61877	35681	26196	1331
105192	39502	65690	25615	40074	2490
415755	137628	278128	68778	209350	
158678	68985	89693	33910	55783	
247966	54883	193084	114708	78376	
142840	56434	86407	25901	60506	1000
591331	196793	394538	128199	266339	13200
94429	41524	52906	21791	31115	59259
42780	14003	28777	21929	6849	2930
65684	44877	20807	11917	8890	
150950	92245	58705	27859	30845	17295
159454	44203	115252	15863	99389	500
99951	52116	47836	18877	28958	
48349	6509	41839	22893	18946	
83686	33971	49715	14397	35318	
29496	17998	11498	5746	5752	
19538	6209	13329	2479	10850	868
21380	6047	15333	14557	776	
59085	26811	32274	11660	20614	868
25423	23557	1866	1866		
45300	15931	29370	4211	25158	
17574	11044	6531	6531		
53467	26993	26474	24032	2442	
55760	34138	21622	21617	5	13000

5-46 财政补助支出明细

地区	合计	个人部分	工资福利支出	对个人和家庭的补助支出	#助学金
合 计	**11114977**	**6628727**	**4802107**	**1826620**	**240293**
北 京	375892	262960	168765	94195	2886
天 津	192065	140580	75176	65404	193
河 北	494247	306492	256897	49595	6356
山 西	221923	150233	123971	26262	2547
内蒙古	243457	165034	129465	35569	4446
辽 宁	493837	317925	212866	105059	13407
吉 林	267438	191354	117666	73688	3140
黑龙江	376408	269262	161733	107529	5551
上 海	549500	323209	294068	29141	10328
江 苏	863775	561272	374911	186361	14266
浙 江	596342	373560	286729	86831	10820
安 徽	384277	166782	117791	48991	7856
福 建	370772	251744	184496	67248	15696
江 西	210557	108981	80199	28782	4388
山 东	1013712	597957	463665	134292	22530
河 南	427112	273192	199267	73924	9047
湖 北	433543	191185	122389	68796	8987
湖 南	323567	183147	139480	43667	8731
广 东	1123801	538471	388968	149503	9691
广 西	283119	131614	95479	36135	8513
海 南	77518	31808	27445	4363	1259
重 庆	185638	121388	81355	40033	10388
四 川	421791	270710	197774	72936	17820
贵 州	283993	155830	105306	50524	5508
云 南	246446	149434	112065	37369	13153
西 藏	87041	38692	29702	8990	3851
陕 西	189879	107206	82632	24574	9283
甘 肃	105980	76484	50044	26440	3089
青 海	48460	28053	18566	9488	1594
宁 夏	54845	33465	25562	7903	1297
新 疆	168042	110704	77676	33028	3672
大 连	96896	73273	58258	15015	1706
宁 波	97223	51923	40447	11476	1955
厦 门	46302	28727	19208	9519	380
青 岛	165202	111735	71180	40555	6219
深 圳	130896	67050	53067	13984	

(特殊教育学校)

单位：千元

公用部分	商品和服务支出	其他资本性支出			基本建设支出
			专项公用支出	专项项目支出	
4367151	**1820293**	**2546858**	**1024713**	**1522145**	**119099**
112931	64209	48722	42698	6025	
51485	30491	20994	8616	12378	
183030	75125	107905	51570	56334	4725
71690	38400	33291	19303	13987	
72849	40335	32514	16129	16385	5574
175912	133651	42261	30186	12075	
76085	41886	34199	15114	19084	
107146	62710	44436	34189	10247	
217233	120064	97169	66691	30478	9058
302503	102669	199835	34754	165081	
222782	114297	108485	34116	74369	
217495	43900	173595	58962	114634	
117697	55820	61877	35681	26196	1331
99086	38074	61012	25218	35794	2490
415755	137628	278128	68778	209350	
153920	65039	88881	33097	55783	
242358	49781	192577	114201	78376	
139419	54343	85076	25453	59623	1000
572130	189696	382434	125119	257315	13200
92246	40026	52220	21105	31115	59259
42780	14003	28777	21929	6849	2930
64250	43566	20684	11794	8890	
133786	83424	50361	24727	25635	17295
127664	35199	92465	15376	77089	500
97012	50778	46234	18862	27373	
48349	6509	41839	22893	18946	
82673	33413	49260	13942	35318	
29496	17998	11498	5746	5752	
19538	6209	13329	2479	10850	868
21380	6047	15333	14557	776	
56470	25001	31468	11429	20039	868
23623	21984	1639	1639		
45300	15931	29370	4211	25158	
17574	11044	6531	6531		
53467	26993	26474	24032	2442	
50846	30057	20789	20789		13000

5-47 财政补助支出明细

地区	合计	个人部分	工资福利支出	对个人和家庭的补助支出	#助学金
合计	**645826**	**385599**	**272392**	**113207**	**3146**
北京	120011	81060	46328	34732	692
天津	30602	25100	9746	15355	
河北					
山西	21025	9258	8677	581	67
内蒙古					
辽宁	54590	42493	25443	17050	
吉林	8590	7106	4536	2570	
黑龙江	5368	3249	2005	1244	
上海	151583	92703	84667	8036	1161
江苏					
浙江	39192	12635	9191	3445	232
安徽	14197	9560	7238	2322	
福建					
江西	8879	2773	2578	195	
山东					
河南	13148	8390	4943	3447	
湖北	11835	6226	3348	2879	314
湖南	10581	7160	4766	2394	
广东	33116	13915	9320	4595	22
广西	6075	3892	2780	1112	
海南					
重庆	7006	5572	3789	1784	39
四川	41088	23924	19440	4483	296
贵州	50065	18274	13353	4922	32
云南	8658	5719	4773	945	74
西藏					
陕西	5214	4201	3745	456	
甘肃					
青海					
宁夏					
新疆	5003	2388	1728	660	217
大连	8475	6674	5384	1291	
宁波					
厦门					
青岛					
深圳	9575	4662	3946	715	

(工读学校)

单位：千元

公用部分	商品和服务支出	其他资本性支出		基本建设支出
		专项公用支出	专项项目支出	
260227	**125598**	**134629**	**30078**	**104550**	
38951	27540	11411	8349	3062	
5502	4325	1177	1177		
11767	5196	6570	861	5709	
12098	8349	3749	877	2871	
1483	1134	349	189	160	
2119	1914	205	205		
58880	26003	32877	5922	26954	
26556	4390	22166	813	21353	
4637	2744	1893	1310	583	
6106	1428	4678	398	4280	
4758	3945	812	812		
5609	5101	507	507		
3421	2090	1331	448	882	
19201	7097	12104	3080	9024	
2183	1497	686	686		
1434	1311	123	123		
17164	8821	8343	3132	5211	
31791	9004	22787	487	22300	
2939	1338	1601	15	1586	
1013	558	455	455		
2615	1810	806	231	575	
1800	1573	228	228		
4914	4081	833	828	5	

5-48　财政补助支出明细

地　区	合　计	个人部分	工资福利支　出	对个人和家庭的补助支出	#助学金
合　计	**110142250**	**60590720**	**47161523**	**13429197**	**2975214**
北　京	5813181	2937349	2240181	697168	1560
天　津	2174187	1435323	847051	588272	1328
河　北	5492624	3966649	3428207	538442	70602
山　西	2110084	1316862	1045726	271136	126714
内蒙古	3789854	2167030	1730810	436220	56744
辽　宁	1570186	874939	671088	203850	11266
吉　林	1314132	800280	595583	204697	17927
黑龙江	1418015	917714	688384	229330	8829
上　海	8335054	5142345	4832724	309621	49348
江　苏	9870604	4520658	3718181	802477	176267
浙　江	7242188	4203889	3560281	643608	23131
安　徽	2721820	1236052	947813	288239	61108
福　建	4099355	2442409	2019089	423319	24705
江　西	1968287	772208	567025	205183	56652
山　东	5610307	2969827	2410734	559093	273739
河　南	3427432	1533271	1187330	345941	121315
湖　北	3269361	1438572	1089906	348666	43936
湖　南	2247596	1056091	750768	305323	167703
广　东	6520401	3673152	2385058	1288094	147278
广　西	2641258	1118572	671572	447000	152644
海　南	972772	366431	299886	66545	30063
重　庆	1685647	696615	458279	238336	89054
四　川	5157332	2960287	2050925	909362	328852
贵　州	2712441	1865986	1462094	403892	30862
云　南	2792397	1574223	1179517	394706	62947
西　藏	1664525	823176	488510	334667	228874
陕　西	5183102	2558765	2107392	451373	165757
甘　肃	2707884	1447544	1074693	372851	40284
青　海	866381	381856	227726	154130	82620
宁　夏	628983	315032	214992	100040	15837
新　疆	4134862	3077614	2209998	867616	307266
大　连	501764	326293	287279	39014	4481
宁　波	1620100	981435	867252	114183	10104
厦　门	722573	505351	381970	123381	2041
青　岛	1219673	546781	477482	69299	12891
深　圳	1302711	796255	310035	486220	758

(幼儿园)

单位：千元

公用部分	商品和服务支出	其他资本性支出	专项公用支出	专项项目支出	基本建设支出
47401451	**17895051**	**29506400**	**6323962**	**23182438**	**2150079**
2749989	1903548	846441	502385	344056	125844
738864	335560	403303	88247	315056	
1473478	348246	1125232	185885	939347	52498
784979	219059	565920	81906	484013	8243
1530019	529057	1000962	155528	845434	92805
693588	452169	241419	106482	134937	1660
484622	146901	337721	64674	273047	29230
485800	225623	260177	66993	193184	14502
3179054	2294022	885032	529886	355146	13655
5337700	1267351	4070349	559738	3510611	12246
3003790	1325787	1678003	336053	1341950	34509
1424016	255386	1168630	211108	957522	61752
1593925	444962	1148963	221340	927623	63021
1142849	186732	956117	145228	810889	53230
2621980	590721	2031259	305587	1725671	18500
1844940	660205	1184735	238307	946428	49220
1830788	386343	1444446	181963	1262483	
1149409	343572	805837	178436	627401	42096
2745807	1384765	1361041	537367	823675	101442
1471870	305013	1166857	219048	947809	50816
584342	115095	469247	175564	293683	21998
908023	445350	462672	77703	384969	81009
2052092	791473	1260619	180033	1080585	144952
806512	298978	507534	103159	404375	39942
1127696	316677	811019	72948	738071	90479
436469	128677	307791	158979	148812	404880
2475449	1225210	1250239	246992	1003247	148888
1124730	194644	930086	163198	766888	135610
314871	116386	198485	65928	132557	169653
285451	39282	246169	79153	167015	28500
998349	618254	380095	84141	295954	58899
175412	141843	33569	26938	6631	59
635565	210504	425060	62105	362956	3100
217222	126184	91038	63493	27545	
672892	184225	488667	103124	385543	
430617	378006	52611	42320	10291	75840

5-49 财政补助支出明细

地区	合计	个人部分	工资福利支出	对个人和家庭的补助支出	#助学金
合计	**109656526**	**60288103**	**46915151**	**13372952**	**2956828**
北京	5772845	2917153	2220720	696432	1560
天津	2174155	1435303	847031	588272	1328
河北	5490127	3964152	3425725	538427	70587
山西	2108129	1314936	1044071	270865	126693
内蒙古	3789004	2166180	1729960	436220	56744
辽宁	1558769	863979	660256	203723	11200
吉林	1314072	800280	595583	204697	17927
黑龙江	1384675	894333	668871	225462	8793
上海	8301608	5117439	4808926	308513	49348
江苏	9861003	4517666	3715438	802228	176062
浙江	7242076	4203790	3560182	643608	23131
安徽	2721569	1236045	947807	288238	61108
福建	4099005	2442409	2019089	423319	24705
江西	1968287	772208	567025	205183	56652
山东	5610307	2969827	2410734	559093	273739
河南	3424030	1531420	1185838	345582	120956
湖北	3268181	1437392	1088726	348666	43936
湖南	2241810	1053149	747850	305299	167703
广东	6520398	3673150	2385058	1288092	147276
广西	2641258	1118572	671572	447000	152644
海南	968982	365639	299826	65813	29331
重庆	1685647	696615	458279	238336	89054
四川	5151609	2955041	2046502	908539	328852
贵州	2712441	1865986	1462094	403892	30862
云南	2791103	1572949	1178354	394595	62947
西藏	1663982	822729	488206	334523	228760
陕西	5179923	2557336	2106487	450849	165280
甘肃	2702002	1442324	1069501	372823	40272
青海	865418	381193	227726	153468	81958
宁夏	628983	315032	214992	100040	15837
新疆	3815129	2883876	2062720	821156	291581
大连	492051	316937	278009	38928	4415
宁波	1620100	981435	867252	114183	10104
厦门	722223	505351	381970	123381	2041
青岛	1219673	546781	477482	69299	12891
深圳	1302711	796255	310035	486220	758

(地方幼儿园)

单位：千元

公用部分	商品和服务支出	其他资本性支出			基本建设支出
			专项公用支出	专项项目支出	
47228493	**17829117**	**29399376**	**6308511**	**23090865**	**2139929**
2729849	1892771	837077	499478	337599	125844
738851	335548	403303	88247	315056	
1473478	348246	1125232	185885	939347	52498
784950	219034	565916	81903	484013	8243
1530019	529057	1000962	155528	845434	92805
693130	451790	241340	106463	134877	1660
484562	146841	337721	64674	273047	29230
475839	218956	256883	66374	190509	14502
3170514	2285960	884554	529408	355146	13655
5331091	1261511	4069581	559270	3510311	12246
3003777	1325774	1678003	336053	1341950	34509
1423773	255319	1168453	210972	957482	61752
1593575	444612	1148963	221340	927623	63021
1142849	186732	956117	145228	810889	53230
2621980	590721	2031259	305587	1725671	18500
1843390	659081	1184309	237951	946358	49220
1830788	386343	1444446	181963	1262483	
1146565	341389	805176	177890	627285	42096
2745806	1384765	1361041	537367	823675	101442
1471870	305013	1166857	219048	947809	50816
581344	114631	466713	175320	291393	21998
908023	445350	462672	77703	384969	81009
2051616	791164	1260452	179867	1080585	144952
806512	298978	507534	103159	404375	39942
1127675	316655	811019	72948	738071	90479
436373	128581	307791	158979	148812	404880
2473700	1223768	1249931	246704	1003227	148888
1124068	194473	929595	163043	766552	135610
314571	116286	198285	65728	132557	169653
285451	39282	246169	79153	167015	28500
882505	590483	292022	75278	216743	48749
175055	141505	33550	26919	6631	59
635565	210504	425060	62105	362956	3100
216872	125834	91038	63493	27545	
672892	184225	488667	103124	385543	
430617	378006	52611	42320	10291	75840

5-50 财政补助支出明细

地区	合计	个人部分	工资福利支出	对个人和家庭的补助支出	#助学金
合计	**57961320**	**31954380**	**25515063**	**6439317**	**2244137**
北京	1207629	722756	607775	114981	313
天津	467218	232904	156639	76266	1064
河北	4122455	2949387	2605204	344183	60517
山西	1388621	864974	689122	175853	96520
内蒙古	2473511	1451642	1183809	267833	32052
辽宁	443102	237944	201281	36663	1537
吉林	647060	380675	313033	67643	5372
黑龙江	746344	466309	384896	81413	5530
上海	1330174	940104	889505	50598	7785
江苏	4502273	1842892	1521973	320919	122601
浙江	3068347	1686607	1480325	206283	13969
安徽	1837882	853021	669935	183087	39833
福建	2187883	1250993	1082798	168195	16281
江西	1423111	491301	367242	124059	46035
山东	3208785	1738225	1410497	327728	189344
河南	1909193	880856	701364	179492	92080
湖北	1807332	679985	545873	134112	33078
湖南	1558758	736692	536662	200030	136265
广东	2037692	1076330	891638	184692	58543
广西	1535872	675212	418319	256893	119458
海南	681164	244404	204110	40294	15220
重庆	905908	366095	247745	118350	65423
四川	3430699	2062088	1452441	609648	277850
贵州	2006075	1466714	1191050	275663	26162
云南	1776594	1040117	793206	246911	57003
西藏	1199585	643114	368785	274329	199145
陕西	3858065	2072297	1745241	327056	115834
甘肃	2134245	1090913	850127	240785	33903
青海	711500	288321	178601	109721	69119
宁夏	333386	155355	112844	42511	7036
新疆	3020855	2366153	1713024	653128	299267
大连	111084	56319	51987	4332	965
宁波	632263	376718	339698	37020	6763
厦门	74360	45673	36910	8764	374
青岛	385567	122576	110528	12047	6936
深圳					

（农村幼儿园）

单位：千元

公用部分	商品和服务支出	其他资本性支出			基本建设支出
			专项公用支出	专项项目支出	
24603195	**7243709**	**17359486**	**3070988**	**14288498**	**1403744**
411110	245110	166000	113167	52833	73763
234314	47989	186325	33558	152767	
1122956	194656	928300	138934	789366	50113
515410	132657	382752	55143	327610	8237
981658	337796	643862	96837	547025	40212
203557	123779	79778	30890	48888	1601
237654	69783	167872	26507	141365	28730
268052	99102	168950	26727	142223	11984
390070	325588	64483	56593	7890	
2647636	538667	2108969	234348	1874621	11746
1381240	525426	855814	165578	690236	500
928609	141303	787306	141944	645362	56252
893717	182464	711253	98003	613250	43173
883579	136276	747304	99780	647524	48230
1452060	207307	1244753	162231	1082522	18500
996982	378946	618036	131838	486198	31355
1127347	130806	996541	102264	894277	
785970	229576	556394	114872	441523	36096
949823	270741	679082	180017	499065	11539
852097	152391	699707	108846	590861	8562
414824	69494	345329	143891	201438	21937
505021	226900	278121	41469	236652	34792
1236578	510738	725841	95897	629944	132032
503720	164603	339116	64927	274189	35642
661645	165493	496152	47449	448703	74832
364871	108753	256118	113752	142367	191600
1668660	902469	766192	174495	591697	117108
945027	117175	827852	128332	699520	98306
268254	88769	179485	51447	128038	154926
157071	21113	135957	41769	94188	20960
613684	397842	215843	49486	166357	41017
54765	42422	12343	11158	1185	
255545	76168	179377	33706	145671	
28687	14448	14239	3376	10863	
262992	38877	224115	38051	186063	

5-51 财政补助支出明细

地区	合计	个人部分	工资福利支出	对个人和家庭的补助支出	#助学金
合计	**57682492**	**31783955**	**25376666**	**6407288**	**2228295**
北京	1205148	722664	607683	114981	313
天津	467218	232904	156639	76266	1064
河北	4122455	2949387	2605204	344183	60517
山西	1386687	863069	687467	175603	96520
内蒙古	2473511	1451642	1183809	267833	32052
辽宁	443102	237944	201281	36663	1537
吉林	647060	380675	313033	67643	5372
黑龙江	725157	451490	371251	80239	5512
上海	1330174	940104	889505	50598	7785
江苏	4502273	1842892	1521973	320919	122601
浙江	3068347	1686607	1480325	206283	13969
安徽	1837882	853021	669935	183087	39833
福建	2187883	1250993	1082798	168195	16281
江西	1423111	491301	367242	124059	46035
山东	3208785	1738225	1410497	327728	189344
河南	1909193	880856	701364	179492	92080
湖北	1807332	679985	545873	134112	33078
湖南	1558758	736692	536662	200030	136265
广东	2037689	1076328	891638	184690	58541
广西	1535872	675212	418319	256893	119458
海南	681164	244404	204110	40294	15220
重庆	905908	366095	247745	118350	65423
四川	3430699	2062088	1452441	609648	277850
贵州	2006075	1466714	1191050	275663	26162
云南	1776594	1040117	793206	246911	57003
西藏	1199042	642667	368481	274185	199031
陕西	3857972	2072270	1745226	327045	115823
甘肃	2128364	1085693	844936	240757	33891
青海	711500	288321	178601	109721	69119
宁夏	333386	155355	112844	42511	7036
新疆	2774148	2218240	1595531	622708	283582
大连	111084	56319	51987	4332	965
宁波	632263	376718	339698	37020	6763
厦门	74360	45673	36910	8764	374
青岛	385567	122576	110528	12047	6936
深圳					

（地方农村幼儿园）

单位：千元

公用部分	商品和服务支出	其他资本性支出	其他资本性支出：专项公用支出	其他资本性支出：专项项目支出	基本建设支出
24504943	**7214120**	**17290822**	**3065276**	**14225546**	**1393594**
408721	244731	163990	112991	51000	73763
234314	47989	186325	33558	152767	
1122956	194656	928300	138934	789366	50113
515381	132632	382749	55139	327610	8237
981658	337796	643862	96837	547025	40212
203557	123779	79778	30890	48888	1601
237654	69783	167872	26507	141365	28730
261684	95370	166314	26367	139947	11984
390070	325588	64483	56593	7890	
2647636	538667	2108969	234348	1874621	11746
1381240	525426	855814	165578	690236	500
928609	141303	787306	141944	645362	56252
893717	182464	711253	98003	613250	43173
883579	136276	747304	99780	647524	48230
1452060	207307	1244753	162231	1082522	18500
996982	378946	618036	131838	486198	31355
1127347	130806	996541	102264	894277	
785970	229576	556394	114872	441523	36096
949822	270740	679082	180017	499065	11539
852097	152391	699707	108846	590861	8562
414824	69494	345329	143891	201438	21937
505021	226900	278121	41469	236652	34792
1236578	510738	725841	95897	629944	132032
503720	164603	339116	64927	274189	35642
661645	165493	496152	47449	448703	74832
364775	108657	256118	113752	142367	191600
1668594	902403	766192	174495	591697	117108
944365	117004	827361	128177	699185	98306
268254	88769	179485	51447	128038	154926
157071	21113	135957	41769	94188	20960
525041	372723	152319	44469	107849	30867
54765	42422	12343	11158	1185	
255545	76168	179377	33706	145671	
28687	14448	14239	3376	10863	
262992	38877	224115	38051	186063	

5-52 财政补助支出明细

地 区	合 计	个人部分	工资福利支出	对个人和家庭的补助支出	#助学金
合 计	**37391834**	**18070259**	**10460696**	**7609563**	
北 京	928532	580208	344202	236006	
天 津	538339	307125	122168	184957	
河 北	718414	470134	309994	160140	
山 西	1202215	758987	503124	255863	
内蒙古	1077059	601811	321208	280603	
辽 宁	770610	468467	217522	250945	
吉 林	443641	207761	122591	85170	
黑龙江	1277280	500021	238921	261099	
上 海	262089	197996	143583	54413	
江 苏	1488354	815196	477528	337668	
浙 江	1236107	752749	469648	283101	
安 徽	875762	502938	279480	223458	
福 建	1119138	387731	237367	150364	
江 西	981254	458230	263786	194444	
山 东	1922979	1382105	1083052	299052	
河 南	1280902	533189	288269	244920	
湖 北	1291154	762345	436702	325643	
湖 南	1615174	1007944	599652	408292	
广 东	4445773	1531672	705024	826648	
广 西	618284	307720	175113	132607	
海 南	430230	220719	130130	90589	
重 庆	634864	301595	154269	147326	
四 川	2589921	1118485	574891	543594	
贵 州	2890901	1078424	620711	457713	
云 南	1839942	698376	380698	317678	
西 藏	349402	191773	140613	51160	
陕 西	866577	320848	212849	107999	
甘 肃	1133899	559864	293369	266495	
青 海	726633	174987	71747	103240	
宁 夏	191264	126438	83194	43244	
新 疆	1645140	744421	459287	285134	
大 连	145506	90528	45126	45401	
宁 波	116945	96230	62659	33571	
厦 门	462721	49387	21690	27698	
青 岛	228184	168398	113382	55016	
深 圳	1036224	206605	111758	94846	

(教育行政单位)

单位：千元

公用部分	商品和服务支出	其他资本性支出	专项公用支出	专项项目支出	基本建设支出
17972882	**11324345**	**6648537**	**2739599**	**3908938**	**1348693**
348324	313735	34589	33436	1153	
231214	225322	5892	5288	604	
248280	162188	86092	36623	49469	
440148	273444	166705	119038	47666	3080
473761	310564	163197	60531	102666	1487
288813	242266	46547	27786	18760	13330
235881	134862	101019	89570	11449	
771475	363069	408406	221475	186931	5784
64093	62017	2077	2047	30	
673158	429300	243858	92975	150883	
483358	440589	42769	38205	4564	
372823	274084	98739	42670	56069	
720328	562214	158114	59997	98117	11079
522824	247504	275320	90506	184814	200
540874	417415	123459	70527	52931	
712357	486236	226121	119069	107052	35357
528809	285193	243616	98690	144926	
607230	510731	96500	66181	30319	
2411960	1700884	711077	211590	499487	502141
307564	177054	130510	80298	50211	3000
209511	157162	52349	38561	13789	
333069	304643	28426	22911	5515	200
1399971	1057131	342840	95970	246870	71466
1649978	821107	828871	273896	554974	162499
1097502	451877	645625	217389	428236	44065
117629	60761	56868	37478	19390	40000
545729	261190	284538	156564	127974	
408345	198883	209461	65879	143583	165691
289091	64662	224429	44923	179506	262555
59826	41385	18441	3441	15000	5000
878959	286874	592085	216086	375999	21760
41648	37331	4317	4317		13330
20715	19756	959	959		
413334	387301	26033	21562	4471	
59786	52150	7636	3307	4329	
370939	297680	73259	43940	29319	458680

5-53 财政补助支出明细

地区	合计	个人部分			
			工资福利支出	对个人和家庭的补助支出	
					#助学金
合计	**37054707**	**17908401**	**10330275**	**7578126**	
北京	633863	442779	229121	213658	
天津	538339	307125	122168	184957	
河北	718414	470134	309994	160140	
山西	1202215	758987	503124	255863	
内蒙古	1077059	601811	321208	280603	
辽宁	770610	468467	217522	250945	
吉林	443641	207761	122591	85170	
黑龙江	1270608	495678	235656	260022	
上海	262089	197996	143583	54413	
江苏	1488354	815196	477528	337668	
浙江	1236107	752749	469648	283101	
安徽	875762	502938	279480	223458	
福建	1119138	387731	237367	150364	
江西	981254	458230	263786	194444	
山东	1922979	1382105	1083052	299052	
河南	1280902	533189	288269	244920	
湖北	1291154	762345	436702	325643	
湖南	1615174	1007944	599652	408292	
广东	4445773	1531672	705024	826648	
广西	618284	307720	175113	132607	
海南	430230	220719	130130	90589	
重庆	634864	301595	154269	147326	
四川	2589921	1118485	574891	543594	
贵州	2890901	1078424	620711	457713	
云南	1839942	698376	380698	317678	
西藏	349402	191773	140613	51160	
陕西	866577	320848	212849	107999	
甘肃	1133899	559864	293369	266495	
青海	726633	174987	71747	103240	
宁夏	191264	126438	83194	43244	
新疆	1609354	724335	447213	277122	
大连	145506	90528	45126	45401	
宁波	116945	96230	62659	33571	
厦门	462721	49387	21690	27698	
青岛	228184	168398	113382	55016	
深圳	1036224	206605	111758	94846	

(地方教育行政单位)

单位：千元

公用部分	商品和服务支出	其他资本性支出	专项公用支出	专项项目支出	基本建设支出
17797612	**11186662**	**6610950**	**2705616**	**3905334**	**1348693**
191083	186663	4421	3268	1153	
231214	225322	5892	5288	604	
248280	162188	86092	36623	49469	
440148	273444	166705	119038	47666	3080
473761	310564	163197	60531	102666	1487
288813	242266	46547	27786	18760	13330
235881	134862	101019	89570	11449	
769145	360846	408299	221368	186931	5784
64093	62017	2077	2047	30	
673158	429300	243858	92975	150883	
483358	440589	42769	38205	4564	
372823	274084	98739	42670	56069	
720328	562214	158114	59997	98117	11079
522824	247504	275320	90506	184814	200
540874	417415	123459	70527	52931	
712357	486236	226121	119069	107052	35357
528809	285193	243616	98690	144926	
607230	510731	96500	66181	30319	
2411960	1700884	711077	211590	499487	502141
307564	177054	130510	80298	50211	3000
209511	157162	52349	38561	13789	
333069	304643	28426	22911	5515	200
1399971	1057131	342840	95970	246870	71466
1649978	821107	828871	273896	554974	162499
1097502	451877	645625	217389	428236	44065
117629	60761	56868	37478	19390	40000
545729	261190	284538	156564	127974	
408345	198883	209461	65879	143583	165691
289091	64662	224429	44923	179506	262555
59826	41385	18441	3441	15000	5000
863259	278485	584773	212378	372395	21760
41648	37331	4317	4317		13330
20715	19756	959	959		
413334	387301	26033	21562	4471	
59786	52150	7636	3307	4329	
370939	297680	73259	43940	29319	458680

5-54 财政补助支出明细

地区	合计	个人部分	工资福利支出	对个人和家庭的补助支出	#助学金
合计	**67424696**	**30021362**	**18986063**	**11035298**	
北京	9678356	2613437	1521569	1091868	
天津	1221916	856671	426051	430620	
河北	1875419	1267705	968835	298870	
山西	1957436	1146209	702766	443443	
内蒙古	1563058	970579	645739	324840	
辽宁	2574345	1672750	1100729	572022	
吉林	1387901	828946	502699	326246	
黑龙江	1313303	666639	357391	309248	
上海	5185229	1631630	1505240	126389	
江苏	3021827	1543487	975448	568038	
浙江	4370836	1907614	1319527	588087	
安徽	856424	405258	255999	149259	
福建	2614219	938558	624754	313804	
江西	1033833	488744	322842	165902	
山东	3365792	1695204	1104919	590284	
河南	2351336	1165710	711475	454236	
湖北	1780498	1022980	613145	409835	
湖南	925933	471032	302895	168137	
广东	5252843	1670133	858021	812112	
广西	1892457	917987	529244	388743	
海南	214930	79469	69986	9483	
重庆	932489	348510	217945	130565	
四川	2842816	1743662	1112258	631405	
贵州	704741	197248	118154	79094	
云南	2632920	562201	297211	264990	
西藏	599220	317470	216522	100948	
陕西	1735202	1171548	718067	453480	
甘肃	617583	260923	162069	98854	
青海	703761	379581	157434	222146	
宁夏	272848	171697	110473	61225	
新疆	1945223	907779	456656	451123	
大连	356439	246908	204989	41918	
宁波	643496	252621	183219	69402	
厦门	1102435	131726	72308	59418	
青岛	739073	342075	204232	137843	
深圳	890872	247510	161607	85903	

(教育事业单位)

单位：千元

公用部分	商品和服务支出	其他资本性支出	专项公用支出	专项项目支出	基本建设支出
35889088	**20552521**	**15336567**	**6533631**	**8802936**	**1514246**
7012234	6278699	733535	616863	116672	52684
364371	232089	132281	117548	14733	875
601385	267487	333898	199282	134617	6329
777908	233452	544455	407149	137306	33320
569388	255849	313540	100137	213403	23090
880584	611911	268672	174312	94360	21011
558955	275526	283429	141333	142096	
646664	499943	146721	61225	85496	
3553599	2861842	691757	488984	202773	
1465967	690792	775175	283447	491729	12373
2463223	1023178	1440045	294925	1145119	
451166	279318	171849	109781	62068	
1467720	417020	1050700	287506	763194	207941
543941	265562	278379	145024	133355	1148
1670589	507193	1163396	118371	1045024	
1153689	505288	648401	391834	256567	31937
757518	426247	331272	211648	119624	
449777	230775	219002	102356	116646	5123
3307100	1508312	1798789	704862	1093926	275610
969195	374956	594239	382950	211288	5275
135461	74308	61154	59503	1650	
568322	340929	227393	83686	143707	15658
1087152	606386	480766	308726	172041	12001
497313	184092	313221	254178	59043	10180
1992263	503843	1488420	122434	1365986	78456
268229	165643	102587	57077	45509	13520
563654	295826	267828	119421	148407	
321660	244653	77007	31596	45411	35000
241695	93493	148202	49519	98682	82485
101151	46348	54802	30482	24320	
447214	251559	195655	77471	118184	590230
109532	69213	40319	34915	5404	
390875	226120	164756	45404	119352	
792109	153604	638505	195638	442867	178599
396998	135903	261095	23856	237239	
493338	432322	61016	51622	9395	150024

5-55 财政补助支出明细

地 区	合 计	个人部分	工资福利支出	对个人和家庭的补助支出	#助学金
合 计	**62317224**	**29743659**	**18813232**	**10930427**	
北 京	4622745	2374382	1370551	1003831	
天 津	1221916	856671	426051	430620	
河 北	1875419	1267705	968835	298870	
山 西	1957436	1146209	702766	443443	
内蒙古	1563058	970579	645739	324840	
辽 宁	2574345	1672750	1100729	572022	
吉 林	1387901	828946	502699	326246	
黑龙江	1310644	664016	355756	308260	
上 海	5185229	1631630	1505240	126389	
江 苏	3021827	1543487	975448	568038	
浙 江	4370836	1907614	1319527	588087	
安 徽	856424	405258	255999	149259	
福 建	2614219	938558	624754	313804	
江 西	1033833	488744	322842	165902	
山 东	3365792	1695204	1104919	590284	
河 南	2351336	1165710	711475	454236	
湖 北	1780498	1022980	613145	409835	
湖 南	922048	467148	302895	164253	
广 东	5252843	1670133	858021	812112	
广 西	1892457	917987	529244	388743	
海 南	214930	79469	69986	9483	
重 庆	932489	348510	217945	130565	
四 川	2842816	1743662	1112258	631405	
贵 州	704741	197248	118154	79094	
云 南	2632920	562201	297211	264990	
西 藏	599220	317470	216522	100948	
陕 西	1735202	1171548	718067	453480	
甘 肃	617583	260923	162069	98854	
青 海	703761	379581	157434	222146	
宁 夏	272848	171697	110473	61225	
新 疆	1899905	875639	436478	439161	
大 连	356439	246908	204989	41918	
宁 波	643496	252621	183219	69402	
厦 门	1102435	131726	72308	59418	
青 岛	739073	342075	204232	137843	
深 圳	890872	247510	161607	85903	

(地方教育事业单位)

单位：千元

公用部分	商品和服务支出	其他资本性支出	专项公用支出	专项项目支出	基本建设支出
31082648	**15932756**	**15149891**	**6365091**	**8784801**	**1490916**
2219008	1665266	553742	449191	104551	29354
364371	232089	132281	117548	14733	875
601385	267487	333898	199282	134617	6329
777908	233452	544455	407149	137306	33320
569388	255849	313540	100137	213403	23090
880584	611911	268672	174312	94360	21011
558955	275526	283429	141333	142096	
646628	499907	146721	61225	85496	
3553599	2861842	691757	488984	202773	
1465967	690792	775175	283447	491729	12373
2463223	1023178	1440045	294925	1145119	
451166	279318	171849	109781	62068	
1467720	417020	1050700	287506	763194	207941
543941	265562	278379	145024	133355	1148
1670589	507193	1163396	118371	1045024	
1153689	505288	648401	391834	256567	31937
757518	426247	331272	211648	119624	
449777	230775	219002	102356	116646	5123
3307100	1508312	1798789	704862	1093926	275610
969195	374956	594239	382950	211288	5275
135461	74308	61154	59503	1650	
568322	340929	227393	83686	143707	15658
1087152	606386	480766	308726	172041	12001
497313	184092	313221	254178	59043	10180
1992263	503843	1488420	122434	1365986	78456
268229	165643	102587	57077	45509	13520
563654	295826	267828	119421	148407	
321660	244653	77007	31596	45411	35000
241695	93493	148202	49519	98682	82485
101151	46348	54802	30482	24320	
434036	245264	188772	76603	112169	590230
109532	69213	40319	34915	5404	
390875	226120	164756	45404	119352	
792109	153604	638505	195638	442867	178599
396998	135903	261095	23856	237239	
493338	432322	61016	51622	9395	150024

5-56 财政补助支出明细

地区	合计	个人部分	工资福利支出	对个人和家庭的补助支出	#助学金
合计	**59300197**	**14222327**	**8485840**	**5736487**	**22990**
北京	7745435	1041333	612468	428865	16210
天津	5115853	208153	105161	102992	
河北	897052	548445	353509	194936	
山西	1102513	360866	257698	103169	
内蒙古	586061	402221	258069	144152	
辽宁	1624846	669136	275821	393314	
吉林	841772	451757	300386	151371	
黑龙江	537792	333479	184258	149220	
上海	1028401	290379	246813	43567	1551
江苏	1489212	663894	372655	291238	1265
浙江	4597744	1024879	742420	282459	727
安徽	1567243	346414	211326	135087	
福建	669109	384644	237039	147605	
江西	753464	319096	176689	142407	
山东	2224280	767114	604618	162496	
河南	2978967	453483	291194	162289	
湖北	5184926	580498	250818	329680	528
湖南	1459302	456949	280636	176312	995
广东	7184717	1032547	421512	611035	953
广西	1521861	319024	204962	114062	
海南	200661	67725	49470	18255	
重庆	544245	226525	126716	99808	
四川	2017499	808367	421076	387291	761
贵州	747157	375990	219176	156814	
云南	1666630	484804	282637	202167	
西藏	175673	133095	79766	53330	
陕西	1986685	269040	178035	91005	
甘肃	631458	331414	198732	132682	
青海	661617	154002	95102	58900	
宁夏	186061	114989	74403	40586	
新疆	1371961	602067	372674	229393	
大连	424978	68852	41739	27113	
宁波	482138	182795	144334	38460	
厦门	88031	49177	25251	23925	
青岛	157394	107237	72672	34566	
深圳	613271	149195	67980	81215	

(其他教育机构)

单位：千元

公用部分	商品和服务支出	其他资本性支出			基本建设支出
			专项公用支出	专项项目支出	
43681594	**16888854**	**26792739**	**12225622**	**14567118**	**1396276**
6688613	6118315	570297	215089	355208	15490
4888719	277357	4611361	4509936	101426	18981
318808	183207	135601	23784	111817	29799
736431	202131	534300	454632	79668	5216
181940	124359	57581	13658	43923	1900
949645	510908	438737	73089	365648	6066
390016	178125	211891	84127	127764	
158733	141647	17086	9995	7091	45580
738022	719117	18904	15729	3175	
824372	369614	454758	33222	421536	947
3438800	1497675	1941125	73432	1867693	134065
1200788	149728	1051060	28208	1022852	20041
283843	225491	58352	26092	32260	622
383116	178260	204856	7019	197837	51253
1376128	362696	1013433	29954	983478	81038
2420173	444796	1975377	1818347	157030	105311
4604429	1014112	3590316	1367585	2222731	
993495	463158	530338	231784	298553	8858
5851662	959535	4892127	1466846	3425282	300508
1188285	174009	1014276	468964	545312	14552
130085	114783	15302	7520	7782	2850
317720	218312	99408	31861	67547	
1172373	654148	518225	248202	270023	36759
350977	194023	156953	18683	138270	20190
1040283	328725	711559	62034	649525	141542
42578	28731	13846	11732	2114	
1700345	449640	1250705	467776	782929	17300
300044	139138	160906	52488	108418	
307923	171548	136375	67785	68589	199693
71072	37526	33546	6576	26970	
632178	258041	374137	299471	74666	137716
356126	210121	146005	13726	132279	
178048	52930	125118	655	124463	121295
38281	33588	4693	4519	174	574
50157	44027	6130	1529	4601	
310842	206172	104670	29728	74942	153234

5-57 财政补助支出明细

地区	合计	个人部分	工资福利支出	对个人和家庭的补助支出	#助学金
合计	**55247646**	**13818996**	**8250540**	**5568456**	**5777**
北京	4148626	765326	449251	316075	
天津	5115853	208153	105161	102992	
河北	893938	548445	353509	194936	
山西	1102369	360866	257698	103169	
内蒙古	585630	402221	258069	144152	
辽宁	1622050	669136	275821	393314	
吉林	840872	451757	300386	151371	
黑龙江	510728	331667	182882	148785	
上海	927886	276970	234471	42500	547
江苏	1466395	663894	372655	291238	1265
浙江	4594360	1024879	742420	282459	727
安徽	1566763	346414	211326	135087	
福建	620770	378298	232259	146040	
江西	753464	319096	176689	142407	
山东	2217398	767114	604618	162496	
河南	2973884	453483	291194	162289	
湖北	5168438	580498	250818	329680	528
湖南	1454841	456949	280636	176312	995
广东	7184717	1032547	421512	611035	953
广西	1521861	319024	204962	114062	
海南	200661	67725	49470	18255	
重庆	544245	226525	126716	99808	
四川	1994012	808367	421076	387291	761
贵州	747157	375990	219176	156814	
云南	1665274	484804	282637	202167	
西藏	175673	133095	79766	53330	
陕西	1971181	269040	178035	91005	
甘肃	625694	331414	198732	132682	
青海	661617	154002	95102	58900	
宁夏	186061	114989	74403	40586	
新疆	1205230	496309	319090	177218	
大连	424978	68852	41739	27113	
宁波	482138	182795	144334	38460	
厦门	88031	49177	25251	23925	
青岛	157394	107237	72672	34566	
深圳	613271	149195	67980	81215	

(地方其他教育机构)

单位：千元

公用部分	商品和服务支出	其他资本性支出	专项公用支出	专项项目支出	基本建设支出
40070593	**13470476**	**26600117**	**12147502**	**14452615**	**1358057**
3367810	2982439	385371	144400	240971	15490
4888719	277357	4611361	4509936	101426	18981
315694	180093	135601	23784	111817	29799
736287	201987	534300	454632	79668	5216
181509	123928	57581	13658	43923	1900
946849	508112	438737	73089	365648	6066
389116	177225	211891	84127	127764	
133481	116578	16903	9891	7011	45580
650915	634212	16704	13529	3175	
801555	346797	454758	33222	421536	947
3435416	1494291	1941125	73432	1867693	134065
1200308	149248	1051060	28208	1022852	20041
241850	184994	56856	24596	32260	622
383116	178260	204856	7019	197837	51253
1369246	355814	1013433	29954	983478	81038
2415090	439713	1975377	1818347	157030	105311
4587941	997624	3590316	1367585	2222731	
989034	458696	530338	231784	298553	8858
5851662	959535	4892127	1466846	3425282	300508
1188285	174009	1014276	468964	545312	14552
130085	114783	15302	7520	7782	2850
317720	218312	99408	31861	67547	
1148886	630661	518225	248202	270023	36759
350977	194023	156953	18683	138270	20190
1038927	327369	711559	62034	649525	141542
42578	28731	13846	11732	2114	
1684841	434136	1250705	467776	782929	17300
294280	133373	160906	52488	108418	
307923	171548	136375	67785	68589	199693
71072	37526	33546	6576	26970	
609424	239102	370321	295841	74480	99497
356126	210121	146005	13726	132279	
178048	52930	125118	655	124463	121295
38281	33588	4693	4519	174	574
50157	44027	6130	1529	4601	
310842	206172	104670	29728	74942	153234

第六部分

各地区各级各类教育机构公共财政预算教育事业费支出明细

6-1 公共财政预算教育事业费

地 区	合 计				
		个人部分			
			工资福利支出	对个人和家庭的补助支出	
					#助学金
合 计	**2332736050**	**1533210210**	**1105521267**	**427688944**	**127079060**
北 京	110074653	60792430	37327911	23464519	10406517
天 津	46447117	27057045	13973099	13083946	1236201
河 北	94389359	65879730	52328899	13550831	3969484
山 西	54151856	38976767	31466637	7510130	2508320
内蒙古	47294004	32376102	27585568	4790534	3636373
辽 宁	61512211	42625158	32309729	10315429	2368447
吉 林	46999822	31933450	21656115	10277335	1571207
黑龙江	58327074	41907724	26642412	15265312	1887324
上 海	70018310	39931974	35590018	4341956	2888570
江 苏	159419881	109242976	74038637	35204340	5283261
浙 江	109846010	78133870	58971506	19162364	3663844
安 徽	78722709	48411035	35681581	12729454	3965717
福 建	66208423	45327424	33735279	11592145	2212501
江 西	71838612	42949091	29649114	13299977	3149505
山 东	156651055	110423258	85756644	24666614	4681966
河 南	107656960	57390433	48179026	9211407	7833353
湖 北	94871776	57921923	37232925	20688997	4814208
湖 南	86849834	56980196	38395269	18584927	5456937
广 东	179028248	118277386	88013978	30263409	5625449
广 西	72551711	48103253	31026921	17076333	5706750
海 南	18504470	10710773	9390464	1320308	788845
重 庆	50136634	29678049	23343199	6334851	3929708
四 川	121875791	88952853	59812300	29140553	9661235
贵 州	69595082	49529355	31462608	18066746	5163080
云 南	70609987	46673251	35853962	10819288	8206327
西 藏	15992380	10838697	6839255	3999442	2154607
陕 西	77219563	47095840	31648983	15446858	5997330
甘 肃	45511600	31022430	21855310	9167120	3617626
青 海	12802968	7856052	6080134	1775919	1111087
宁 夏	13280691	7535157	6618907	916250	756545
新 疆	64347258	48676528	33054878	15621650	2826737
大 连	10011988	6965876	6262761	703115	72658
宁 波	15567088	11009293	8908114	2101179	390084
厦 门	7300498	4841544	3586011	1255533	117055
青 岛	19395360	13098886	9270900	3827986	279045
深 圳	22015568	14583314	11603104	2980210	114912

支出明细(各级各类教育机构)

单位：千元

公用部分	商品和服务支出	其他资本性支出	专项公用支出	专项项目支出
799525840	**393539878**	**405985962**	**147756398**	**258229564**
49282223	31236871	18045352	11331712	6713640
19390071	7162910	12227161	9378145	2849017
28509629	13816958	14692671	5443181	9249489
15175089	8496176	6678913	3200951	3477962
14917902	7432881	7485021	3049299	4435722
18887053	12534743	6352310	3620286	2732024
15066373	7696637	7369735	3663486	3706250
16419350	9701843	6717507	2639212	4078294
30086337	24160340	5925996	4636699	1289297
50176904	21075944	29100960	7277805	21823155
31712140	15891566	15820574	4654965	11165609
30311674	11386706	18924969	5677624	13247345
20881000	9741354	11139646	3629624	7510022
28889521	9874533	19014988	4118271	14896718
46227797	18210842	28016955	6273137	21743818
50266527	24780882	25485645	9492173	15993472
36949853	14156606	22793247	6579077	16214170
29869638	14419230	15450408	4415730	11034678
60750862	33274376	27476485	13643340	13833146
24448458	9829429	14619028	5321489	9297539
7793698	3274506	4519192	1938773	2580419
20458584	12250941	8207643	3182811	5024833
32922938	18435076	14487862	5035572	9452290
20065728	9459888	10605839	3037710	7568130
23936736	10935506	13001230	2866891	10134339
5153683	1714680	3439003	903751	2535252
30123722	14616524	15507198	5061064	10446134
14489171	6242669	8246501	2444352	5802150
4946916	1853197	3093719	1017321	2076398
5745534	2119121	3626413	1600355	2026058
15670730	7756942	7913788	2621594	5292194
3046112	1903916	1142196	611274	530922
4557795	1844559	2713236	480451	2232785
2458954	1405811	1053142	470330	582812
6296475	2318222	3978253	721886	3256367
7432254	5179523	2252731	2107157	145574

6-2 公共财政预算教育事业费支出

地区	合计	个人部分	工资福利支出	对个人和家庭的补助支出	#助学金
合计	**2193823333**	**1452811757**	**1062720575**	**390091183**	**106874881**
北京	70374333	37550083	28134855	9415228	980010
天津	42373017	25204743	12983972	12220771	820710
河北	93380086	65244419	51851713	13392707	3907169
山西	54146701	38971914	31462055	7509859	2508299
内蒙古	47293154	32375252	27584718	4790534	3636373
辽宁	57348338	40310152	31011871	9298281	1935137
吉林	42949470	29604871	20093631	9511240	1352230
黑龙江	54327715	39277967	25093394	14184572	1468988
上海	57747747	33460314	30845089	2615225	1624137
江苏	148939860	103289493	70906213	32383280	4065756
浙江	106649699	76055826	57839940	18215886	3263058
安徽	76201926	46859729	34838807	12020921	3620459
福建	63623157	43930742	32875188	11055555	1907338
江西	71837248	42948987	29649114	13299873	3149401
山东	152390205	108253966	84566869	23687097	4253009
河南	107483000	57319922	48123214	9196708	7829031
湖北	84349076	51914096	34406411	17507685	3510169
湖南	83109778	55081510	37351772	17729738	4877837
广东	173627613	114998941	86221349	28777592	5048685
广西	72551711	48103253	31026921	17076333	5706750
海南	18499460	10709980	9390404	1319576	788113
重庆	46742653	27721708	22246434	5475273	3518516
四川	114954894	84717930	57346167	27371763	8770977
贵州	69595082	49529355	31462608	18066746	5163080
云南	70609987	46673251	35853962	10819288	8206327
西藏	15991850	10838263	6838959	3999305	2154493
陕西	69201193	42572460	29040386	13532073	5079351
甘肃	43365535	29761617	21116770	8644848	3353998
青海	12802005	7855390	6080134	1775256	1110424
宁夏	12828714	7316185	6452155	864030	718355
新疆	58528124	44359438	30025499	14333938	2546701
大连	10002275	6956520	6253492	703028	72592
宁波	15567088	11009293	8908114	2101179	390084
厦门	7300148	4841544	3586011	1255533	117055
青岛	19295500	13098886	9270900	3827986	279045
深圳	22015568	14583314	11603104	2980210	114912

明细(地方各级各类教育机构)

单位：千元

公用部分	商品和服务支出	其他资本性支出		
			专项公用支出	专项项目支出
741011575	**354478150**	**386533425**	**132629955**	**253903470**
32824250	20430263	12393987	7206217	5187770
17168273	5790403	11377870	8683203	2694667
28135667	13652610	14483057	5321454	9161603
15174787	8496105	6678682	3200720	3477962
14917902	7432881	7485021	3049299	4435722
17038186	11354878	5683308	3016017	2667291
13344599	6387808	6956792	3252484	3704308
15049748	8820777	6228971	2343863	3885108
24287433	19938655	4348779	3358209	990570
45650367	18259189	27391178	5868507	21522672
30593873	15124786	15469087	4317330	11151757
29342197	10735497	18606701	5474992	13131709
19692415	9070127	10622288	3253646	7368642
28888261	9873736	19014524	4117807	14896718
44136239	16906090	27230149	5826297	21403852
50163078	24741716	25421362	9455340	15966022
32434981	10885534	21549447	5452964	16096483
28028268	12993713	15034555	4007809	11026746
58628672	31859979	26768693	13000638	13768054
24448458	9829429	14619028	5321489	9297539
7789480	3272821	4516659	1938529	2578129
19020945	11070927	7950018	2925185	5024833
30236964	16592488	13644475	4354673	9289802
20065728	9459888	10605839	3037710	7568130
23936736	10935506	13001230	2866891	10134339
5153587	1714584	3439003	903751	2535252
26628734	12308919	14319815	3984971	10334844
13603918	5671555	7932363	2210339	5722024
4946616	1853097	3093519	1017121	2076398
5512529	1955511	3557018	1541736	2015282
14168686	7058679	7110008	2320766	4789242
3045755	1903578	1142177	611255	530922
4557795	1844559	2713236	480451	2232785
2458604	1405461	1053142	470330	582812
6196614	2318222	3878392	721886	3156506
7432254	5179523	2252731	2107157	145574

6-3 公共财政预算教育事业费

地区	合计	个人部分	工资福利支出	对个人和家庭的补助支出	#助学金
合计	**456868516**	**249371729**	**147684950**	**101686780**	**52901651**
北京	54533437	31011367	13552159	17459208	10163903
天津	12941629	6057052	3120962	2936090	985228
河北	13357485	6773395	3918148	2855248	1775332
山西	7812407	4452950	2945699	1507250	1002812
内蒙古	8052767	5052034	3359909	1692125	1603686
辽宁	15847684	8684555	5939972	2744583	1633734
吉林	13187527	7009611	4256579	2753032	920732
黑龙江	13228938	8249522	4391382	3858140	1217427
上海	25293375	11523672	8829062	2694610	2030860
江苏	33534952	18197876	10993693	7204183	2982591
浙江	16914457	9767651	6550215	3217436	1548929
安徽	13941709	6540343	4326944	2213399	1585381
福建	11137296	6105860	3416828	2689033	1249199
江西	10724906	6121553	3740446	2381107	1139742
山东	23864600	15586357	9764956	5821400	2136055
河南	18691781	8919370	6519767	2399602	2069792
湖北	23241661	13182748	7267514	5915233	2605633
湖南	15244924	8951695	5389494	3562201	1840709
广东	28699321	16599183	10028707	6570476	2330612
广西	10075943	4617341	2060198	2557143	1471098
海南	2186316	997383	692198	305185	279526
重庆	11323183	5044956	2679887	2365069	1492599
四川	19217894	11674366	7066455	4607911	2500783
贵州	7081202	3792879	1887914	1904965	863211
云南	7622028	4018047	2711522	1306525	1012493
西藏	1242875	826003	548814	277189	116169
陕西	19592960	10453292	5831167	4622125	2529483
甘肃	8152715	3420079	2190596	1229483	863024
青海	1223982	562973	451626	111347	93197
宁夏	2460585	999680	794698	204982	178521
新疆	6437973	4177936	2457438	1720498	679188
大连	668678	423133	340932	82201	32074
宁波	1787323	838928	620920	218008	132500
厦门	642910	314227	206519	107708	51721
青岛	545487	305986	192299	113687	43303
深圳	3734495	1736233	1653057	83176	49103

支出明细(高等学校)

单位：千元

公用部分	商品和服务支出	其他资本性支出		
			专项公用支出	专项项目支出
207496786	**113218197**	**94278590**	**57712727**	**36565862**
23522069	13282945	10239124	7116764	3122360
6884577	3329633	3554944	2855057	699887
6584090	3238327	3345763	2082992	1262770
3359458	1861130	1498328	957109	541218
3000733	1392198	1608535	1288772	319763
7163130	4630613	2532516	1823912	708604
6177917	3259358	2918559	2162713	755845
4979416	3113899	1865517	1262317	603200
13769703	11093101	2676602	2336680	339921
15337077	8658477	6678599	3616313	3062287
7146805	3803593	3343212	1975840	1367372
7401366	2426042	4975324	2162539	2812785
5031436	2964254	2067182	1338630	728552
4603354	2506384	2096970	1477963	619007
8278243	4183493	4094750	2115206	1979544
9772412	5486421	4285991	3387055	898936
10058913	5472283	4586630	1994045	2592585
6293229	3778791	2514437	1384046	1130391
12100139	6192555	5907584	3730747	2176837
5458602	1812742	3645860	2024938	1620922
1188933	615733	573200	399533	173666
6278228	3502563	2775665	1424849	1350816
7543528	4544380	2999148	2108807	890342
3288324	1103163	2185161	847150	1338011
3603981	1708179	1895802	984733	911069
416873	186412	230460	159563	70897
9139668	5315516	3824151	2210283	1613868
4732636	1931739	2800897	1030220	1770677
661009	141172	519837	288797	231040
1460905	600153	860752	557698	303054
2260037	1082949	1177087	607454	569633
245546	126072	119474	89711	29763
948394	290209	658186	123097	535089
328684	250108	78576	64279	14297
239501	46630	192871	30852	162019
1998263	1241181	757082	734743	22339

6-4 公共财政预算教育事业费

地区	合计	个人部分	工资福利支出	对个人和家庭的补助支出	#助学金
合计	**328087789**	**174725824**	**109110086**	**65615738**	**32925288**
北京	18509549	8792792	5064183	3728609	757006
天津	8898520	4227418	2146824	2080594	570320
河北	12360821	6145690	3447829	2697861	1713032
山西	7812407	4452950	2945699	1507250	1002812
内蒙古	8052767	5052034	3359909	1692125	1603686
辽宁	11693584	6378905	4651384	1727521	1200491
吉林	9294865	4790354	2782517	2007837	703545
黑龙江	9706905	5964135	3109676	2854459	805509
上海	13190317	5142446	4169413	973034	767594
江苏	23073643	12250717	7864011	4386706	1765490
浙江	13718258	7689706	5418747	2270959	1148143
安徽	11423059	4990776	3484177	1506600	1241854
福建	8598599	4715525	2561518	2154007	944036
江西	10724906	6121553	3740446	2381107	1139742
山东	19603750	13417065	8575181	4841884	1707098
河南	18528530	8854689	6469042	2385646	2065961
湖北	12926615	7301179	4531330	2769849	1306896
湖南	11529146	7073100	4359145	2713954	1261609
广东	23434735	13434643	8336688	5097955	1756111
广西	10075943	4617341	2060198	2557143	1471098
海南	2186316	997383	692198	305185	279526
重庆	8039890	3163089	1649300	1513789	1081576
四川	12319550	7451586	4609346	2842239	1611872
贵州	7081202	3792879	1887914	1904965	863211
云南	7622028	4018047	2711522	1306525	1012493
西藏	1242875	826003	548814	277189	116169
陕西	11774518	6066926	3332675	2734251	1615382
甘肃	6028431	2178266	1469998	708268	600245
青海	1223982	562973	451626	111347	93197
宁夏	2008608	780708	627946	152762	140331
新疆	5403465	3474948	2050833	1424115	579252
大连	668678	423133	340932	82201	32074
宁波	1787323	838928	620920	218008	132500
厦门	642910	314227	206519	107708	51721
青岛	445627	305986	192299	113687	43303
深圳	3734495	1736233	1653057	83176	49103

支出明细(地方高等学校)

单位：千元

公用部分	商品和服务支出	其他资本性支出		
			专项公用支出	专项项目支出
153361964	**77280379**	**76081585**	**43138735**	**32942850**
9716757	4689341	5027416	3274926	1752490
4671102	1960573	2710530	2163872	546658
6215132	3078983	3136149	1961265	1174884
3359458	1861130	1498328	957109	541218
3000733	1392198	1608535	1288772	319763
5314679	3451086	1863593	1219663	643930
4504512	1995122	2509389	1755486	753904
3742770	2316532	1426238	990443	435795
8047871	6941485	1106386	1065192	41194
10822926	5853340	4969586	2207483	2762103
6028552	3036827	2991725	1638205	1353520
6432283	1775050	4657233	1960044	2697189
3883074	2331755	1551319	964147	587172
4603354	2506384	2096970	1477963	619007
6186685	2878741	3307945	1668366	1639579
9673842	5450892	4222950	3351123	871827
5625436	2262031	3363405	883167	2480238
4456047	2356784	2099263	976688	1122575
10000092	4792721	5207371	3091178	2116193
5458602	1812742	3645860	2024938	1620922
1188933	615733	573200	399533	173666
4876802	2345519	2531282	1180466	1350816
4867964	2706893	2161072	1431780	729292
3288324	1103163	2185161	847150	1338011
3603981	1708179	1895802	984733	911069
416873	186412	230460	159563	70897
5707592	3047034	2660558	1138793	1521765
3850165	1361824	2488340	797132	1691208
661009	141172	519837	288797	231040
1227900	436543	791357	499079	292279
1928517	884192	1044325	491679	552646
245546	126072	119474	89711	29763
948394	290209	658186	123097	535089
328684	250108	78576	64279	14297
139641	46630	93011	30852	62158
1998263	1241181	757082	734743	22339

6-5 公共财政预算教育事业费

地区	合计	个人部分	工资福利支出	对个人和家庭的补助支出	#助学金
合计	**450378109**	**245160499**	**144642475**	**100518024**	**52734193**
北京	53739365	30552944	13267501	17285442	10163903
天津	12722709	5880101	3035110	2844991	983609
河北	13029899	6540088	3738003	2802086	1758804
山西	7601997	4287153	2806642	1480511	994527
内蒙古	8010592	5019264	3330164	1689099	1600763
辽宁	15625967	8495566	5784751	2710815	1633502
吉林	12858311	6768849	4117585	2651264	916597
黑龙江	12886097	7983257	4244669	3738588	1214571
上海	24781954	11218449	8536282	2682167	2029302
江苏	33434403	18146533	10957872	7188660	2980549
浙江	16496519	9473117	6315325	3157792	1544814
安徽	13682340	6431541	4229416	2202125	1577797
福建	10984114	5998112	3338840	2659272	1249110
江西	10532763	6010907	3663019	2347888	1129461
山东	23767613	15521543	9723138	5798404	2136045
河南	18507816	8826382	6438016	2388367	2063628
湖北	23159076	13108094	7216258	5891836	2596902
湖南	15104821	8845075	5318692	3526384	1837863
广东	28128401	16239027	9746340	6492687	2324983
广西	9829555	4478290	1974104	2504187	1453465
海南	2146308	980195	677697	302498	276877
重庆	11186576	4998168	2651784	2346383	1479217
四川	19005844	11548489	6960079	4588410	2499225
贵州	7010600	3735431	1849651	1885780	863128
云南	7510220	3957569	2674815	1282754	989339
西藏	1242875	826003	548814	277189	116169
陕西	19430993	10370428	5777715	4592712	2513027
甘肃	8077869	3369302	2152681	1216621	856242
青海	1203122	553456	442592	110864	93197
宁夏	2460585	999680	794698	204982	178521
新疆	6218806	3997488	2330224	1667265	679053
大连	572203	348364	272696	75668	31898
宁波	1693751	762733	554644	208089	130558
厦门	641865	313361	205905	107456	51721
青岛	522865	288086	181907	106180	43303
深圳	3708702	1717023	1634366	82657	49103

支出明细(普通高等学校)

单位：千元

公用部分				
	商品和服务支出	其他资本性支出		
			专项公用支出	专项项目支出
205217610	**111850425**	**93367185**	**57298699**	**36068486**
23186422	13070054	10116368	7089362	3027005
6842608	3314028	3528580	2831019	697561
6489811	3190075	3299736	2045518	1254218
3314844	1824814	1490030	948812	541218
2991328	1382805	1608523	1288760	319763
7130401	4601861	2528540	1819944	708596
6089462	3194158	2895304	2143459	751845
4902840	3051321	1851519	1256433	595086
13563505	10917439	2646065	2314891	331174
15287870	8652194	6635677	3614071	3021605
7023401	3733047	3290355	1963142	1327213
7250798	2371571	4879227	2137491	2741736
4986002	2926102	2059900	1331348	728552
4521856	2467518	2054338	1458761	595577
8246070	4175503	4070567	2102363	1968204
9681433	5413811	4267622	3371318	896303
10050982	5466793	4584189	1991652	2592536
6259745	3750957	2508788	1380405	1128384
11889373	6083918	5805455	3685701	2119754
5351265	1765837	3585427	1988144	1597283
1166113	605703	560411	391961	168450
6188409	3436428	2751981	1401165	1350816
7457355	4483203	2974152	2104010	870143
3275170	1094487	2180683	842791	1337892
3552651	1696288	1856363	964727	891636
416873	186412	230460	159563	70897
9060566	5287222	3773344	2203044	1570300
4708567	1912150	2796417	1027910	1768507
649666	140420	509245	278205	231040
1460905	600153	860752	557698	303054
2221317	1054153	1167164	605031	562133
223839	107545	116294	86539	29755
931018	276517	654501	122260	532240
328504	249928	78576	64279	14297
234779	43695	191084	29066	162019
1991679	1236961	754717	732378	22339

6-6 公共财政预算教育事业费支出

地区	合计	个人部分			
			工资福利支出	对个人和家庭的补助支出	
					#助学金
合计	**321714593**	**170583864**	**106104492**	**64479373**	**32757962**
北京	17802758	8379232	4794720	3584511	757006
天津	8679600	4050466	2060971	1989495	568701
河北	12033235	5912383	3267683	2644699	1696505
山西	7601997	4287153	2806642	1480511	994527
内蒙古	8010592	5019264	3330164	1689099	1600763
辽宁	11471867	6189916	4496163	1693753	1200259
吉林	8965649	4549592	2643523	1906069	699410
黑龙江	9364064	5697870	2962962	2734907	802653
上海	12678896	4837223	3876632	960591	766036
江苏	22973094	12199374	7828191	4371183	1763448
浙江	13300320	7395172	5183857	2211315	1144028
安徽	11163690	4881974	3386649	1495326	1234271
福建	8445417	4607776	2483529	2124247	943947
江西	10532763	6010907	3663019	2347888	1129461
山东	19506763	13352251	8533363	4818888	1707088
河南	18344564	8761701	6387290	2374411	2059796
湖北	12844030	7226525	4480074	2746452	1298166
湖南	11389043	6966480	4288343	2678137	1258763
广东	22863814	13074488	8054321	5020167	1750482
广西	9829555	4478290	1974104	2504187	1453465
海南	2146308	980195	677697	302498	276877
重庆	7903283	3116301	1621197	1495103	1068195
四川	12107500	7325709	4502971	2822738	1610313
贵州	7010600	3735431	1849651	1885780	863128
云南	7510220	3957569	2674815	1282754	989339
西藏	1242875	826003	548814	277189	116169
陕西	11612552	5984062	3279223	2704839	1598926
甘肃	5953586	2127489	1432083	695406	593463
青海	1203122	553456	442592	110864	93197
宁夏	2008608	780708	627946	152762	140331
新疆	5214228	3318906	1945303	1373603	579250
大连	572203	348364	272696	75668	31898
宁波	1693751	762733	554644	208089	130558
厦门	641865	313361	205905	107456	51721
青岛	423005	288086	181907	106180	43303
深圳	3708702	1717023	1634366	82657	49103

明细(地方普通高等学校)

单位：千元

公用部分	商品和服务支出	其他资本性支出		
			专项公用支出	专项项目支出
151130728	**75960209**	**75170519**	**42725046**	**32445473**
9423527	4518529	4904998	3247863	1657134
4629134	1944968	2684166	2139834	544332
6120853	3030731	3090122	1923790	1166331
3314844	1824814	1490030	948812	541218
2991328	1382805	1608523	1288760	319763
5281951	3422334	1859617	1215695	643922
4416057	1929922	2486135	1736232	749904
3666194	2253953	1412240	984559	427681
7841673	6765824	1075849	1043403	32446
10773720	5847056	4926663	2205242	2721422
5905148	2966280	2938868	1625507	1313361
6281715	1720579	4561136	1934996	2626140
3837640	2293603	1544038	956866	587172
4521856	2467518	2054338	1458761	595577
6154513	2870751	3283761	1655523	1628239
9582863	5378283	4204581	3335387	869193
5617505	2256542	3360963	880774	2480189
4422563	2328950	2093614	973046	1120568
9789326	4684084	5105242	3046131	2059111
5351265	1765837	3585427	1988144	1597283
1166113	605703	560411	391961	168450
4786983	2279385	2507598	1156782	1350816
4781791	2645716	2136076	1426982	709093
3275170	1094487	2180683	842791	1337892
3552651	1696288	1856363	964727	891636
416873	186412	230460	159563	70897
5628490	3018739	2609751	1131553	1478197
3826096	1342235	2483861	794822	1689039
649666	140420	509245	278205	231040
1227900	436543	791357	499079	292279
1895321	860919	1034402	489256	545146
223839	107545	116294	86539	29755
931018	276517	654501	122260	532240
328504	249928	78576	64279	14297
134919	43695	91224	29066	62158
1991679	1236961	754717	732378	22339

6-7 公共财政预算教育事业费

地区	合计	个人部分	工资福利支出	对个人和家庭的补助支出	#助学金
合计	**362904564**	**198684203**	**114312444**	**84371758**	**44841094**
北京	50448484	29055882	12294626	16761256	10063396
天津	9888179	4602268	2392881	2209387	858734
河北	10091905	4835998	2622077	2213921	1463632
山西	5814767	3128012	1990361	1137650	787750
内蒙古	5372466	3322779	2114826	1207953	1134109
辽宁	13464419	7212671	4810815	2401857	1481701
吉林	11467834	5992091	3643542	2348549	820095
黑龙江	10474742	6539262	3488047	3051215	1044599
上海	23009526	10659789	8033157	2626632	1987142
江苏	25579003	14107166	8174248	5932918	2455965
浙江	12193150	7143126	4545241	2597885	1221378
安徽	10126336	4637174	3012403	1624772	1185725
福建	8894991	4857686	2658074	2199612	1028330
江西	7628293	4603742	2806561	1797181	862059
山东	18543981	11871201	7234522	4636679	1733307
河南	14066813	6389453	4569183	1820269	1639356
湖北	18657589	11001808	5982786	5019022	2183723
湖南	11227730	6516760	3793585	2723175	1485693
广东	21175344	12357354	7060356	5296998	1824925
广西	7220810	3359208	1417929	1941279	1162716
海南	1590410	765682	540663	225019	210870
重庆	8994205	4136216	2264734	1871482	1143727
四川	15454842	9676532	5787826	3888706	2089219
贵州	5173651	2709554	1349177	1360378	618206
云南	6069767	3121068	2197103	923965	713873
西藏	752840	504462	330219	174243	90212
陕西	16549562	8802470	4842932	3959539	2149407
甘肃	5842877	2793841	1788080	1005761	718617
青海	943044	424564	337336	87228	71126
宁夏	1868041	760208	585806	174402	152043
新疆	4318961	2796176	1643349	1152826	459460
大连	387616	251557	189684	61872	24132
宁波	956635	467663	311662	156001	99309
厦门	409193	171200	108972	62228	29678
青岛	319703	160051	103295	56756	31648
深圳	2709821	1081078	1025868	55211	30995

支出明细(普通高等本科学校)

单位：千元

公用部分	商品和服务支出	其他资本性支出		
			专项公用支出	专项项目支出
164220361	**93809590**	**70410771**	**45392205**	**25018566**
21392602	12239507	9153095	6250455	2902640
5285911	2829067	2456844	1787743	669101
5255906	2649065	2606842	1684199	922643
2686756	1448943	1237813	796218	441595
2049687	917356	1132331	873235	259096
6251748	4020430	2231318	1599004	632314
5475743	2964036	2511706	1882552	629154
3935480	2523441	1412039	1010518	401520
12349737	9904513	2445225	2132598	312627
11471837	6703337	4768499	2918411	1850089
5050024	2757493	2292531	1441584	850946
5489162	1854936	3634226	1660345	1973881
4037305	2492444	1544860	1092533	452327
3024551	1922627	1101924	765499	336425
6672779	3375403	3297376	1665505	1631872
7677360	4451509	3225851	2676797	549053
7655781	4658308	2997473	1704459	1293014
4710970	2954431	1756539	1085693	670846
8817990	4903098	3914892	2763971	1150922
3861602	1353447	2508155	1397398	1110757
824728	492586	332142	252850	79292
4857989	2815140	2042849	1076289	966560
5778311	3714489	2063822	1617980	445841
2464097	816444	1647653	628688	1018965
2948699	1452750	1495949	731464	764485
248379	100674	147705	104916	42789
7747092	4657079	3090013	1962287	1127725
3049036	1633740	1415296	761775	653521
518480	108068	410413	227983	182429
1107833	481494	626339	369199	257140
1522786	613736	909050	470055	438995
136059	60444	75615	59500	16115
488972	166262	322710	77080	245631
237993	192771	45222	32427	12795
159652	15974	143678	13936	129743
1628743	1057197	571545	553209	18337

6-8 公共财政预算教育事业费支出

地区	合计	个人部分	工资福利支出	对个人和家庭的补助支出	#助学金
合计	**234886019**	**124539219**	**76034915**	**48504304**	**24930398**
北京	14613487	6930986	3851203	3079783	661215
天津	5845070	2772634	1418742	1353891	443826
河北	9095241	4208293	2151758	2056535	1401333
山西	5814767	3128012	1990361	1137650	787750
内蒙古	5372466	3322779	2114826	1207953	1134109
辽宁	9310320	4907021	3522226	1384795	1048458
吉林	7575172	3772834	2169480	1603354	602908
黑龙江	7073047	4353261	2231922	2121339	635530
上海	10937534	4298213	3391749	906464	725264
江苏	15117694	8160008	5044567	3115442	1238864
浙江	8996951	5065180	3413773	1651407	820592
安徽	7607686	3087607	2169635	917972	842199
福建	6356294	3467351	1802764	1664587	723167
江西	7628293	4603742	2806561	1797181	862059
山东	14283131	9701910	6044747	3657162	1304350
河南	13903561	6324771	4518458	1806313	1635525
湖北	8364051	5140842	3246710	1894132	904676
湖南	7609977	4702702	2817670	1885032	914149
广东	16010608	9236120	5405789	3830331	1256277
广西	7220810	3359208	1417929	1941279	1162716
海南	1590410	765682	540663	225019	210870
重庆	5710912	2254349	1234147	1020203	732704
四川	8645130	5521091	3382430	2138661	1213783
贵州	5173651	2709554	1349177	1360378	618206
云南	6069767	3121068	2197103	923965	713873
西藏	752840	504462	330219	174243	90212
陕西	8768385	4451305	2368475	2082830	1235503
甘肃	3718594	1552028	1067482	484546	455838
青海	943044	424564	337336	87228	71126
宁夏	1416064	541235	419053	122182	113853
新疆	3361062	2150406	1277959	872447	369463
大连	387616	251557	189684	61872	24132
宁波	956635	467663	311662	156001	99309
厦门	409193	171200	108972	62228	29678
青岛	219843	160051	103295	56756	31648
深圳	2709821	1081078	1025868	55211	30995

明细(地方普通高等本科学校)

单位：千元

公用部分	商品和服务支出	其他资本性支出		
			专项公用支出	专项项目支出
110346799	**58067645**	**52279154**	**30876890**	**21402265**
7682501	3724030	3958470	2425701	1532769
3072437	1460007	1612430	1096558	515872
4886948	2489721	2397228	1562471	834756
2686756	1448943	1237813	796218	441595
2049687	917356	1132331	873235	259096
4403298	2840903	1562395	994755	567641
3802338	1699800	2102537	1475325	627212
2719786	1743576	976210	742094	234115
6639321	5762634	876687	862788	13899
6957686	3898200	3059486	1509581	1549905
3931770	1990727	1941044	1103950	837094
4520079	1203944	3316135	1457850	1858285
2888943	1859946	1028998	718050	310947
3024551	1922627	1101924	765499	336425
4581222	2070651	2510571	1218665	1291906
7578790	4415980	3162810	2640866	521944
3223209	1448810	1774398	593731	1180667
2907274	1549679	1357595	693195	664400
6774487	3542892	3231595	2141317	1090278
3861602	1353447	2508155	1397398	1110757
824728	492586	332142	252850	79292
3456562	1658096	1798466	831906	966560
3124039	1897164	1226875	942083	284792
2464097	816444	1647653	628688	1018965
2948699	1452750	1495949	731464	764485
248379	100674	147705	104916	42789
4317080	2390661	1926419	890797	1035623
2166566	1063826	1102740	528687	574053
518480	108068	410413	227983	182429
874828	317884	556944	310581	246364
1210656	425618	785038	357689	427349
136059	60444	75615	59500	16115
488972	166262	322710	77080	245631
237993	192771	45222	32427	12795
59792	15974	43818	13936	29882
1628743	1057197	571545	553209	18337

6-9 公共财政预算教育事业费

地区	合计	个人部分	工资福利支出	对个人和家庭的补助支出	#助学金
合计	**87473545**	**46476296**	**30330030**	**16146266**	**7893098**
北京	3290881	1497062	972875	524186	100507
天津	2834529	1277832	642229	635604	124875
河北	2937994	1704090	1115926	588164	295172
山西	1787230	1159141	816280	342861	206776
内蒙古	2638126	1696485	1215338	481147	466653
辽宁	2161547	1282895	973936	308958	151801
吉林	1390477	776758	474042	302715	96502
黑龙江	2411355	1443995	756621	687373	169972
上海	1772427	558660	503125	55535	42160
江苏	7855400	4039366	2783624	1255742	524584
浙江	4303369	2329992	1770084	559907	323436
安徽	3556004	1794367	1217013	577354	392072
福建	2089123	1140426	680766	459660	220780
江西	2904470	1407165	856458	550706	267402
山东	5223632	3650341	2488616	1161725	402738
河南	4441003	2436930	1868832	568098	424272
湖北	4501487	2106286	1233472	872814	413180
湖南	3877091	2328315	1525107	803209	352169
广东	6953057	3881674	2685985	1195689	500059
广西	2608745	1119082	556175	562907	290749
海南	555899	214513	137033	77479	66007
重庆	2192371	861951	387050	474901	335490
四川	3551002	1871957	1172253	699704	410006
贵州	1836950	1025876	500474	525402	244922
云南	1440453	836501	477712	358789	275466
西藏	490035	321541	218594	102946	25957
陕西	2881431	1567957	934784	633173	363620
甘肃	2234992	575461	364601	210860	137625
青海	260078	128892	105256	23636	22071
宁夏	592544	239472	208892	30580	26479
新疆	1899844	1201313	686874	514438	219594
大连	184588	96808	83012	13796	7766
宁波	737115	295070	242982	52088	31250
厦门	232672	142161	96933	45228	22043
青岛	203162	128035	78611	49424	11655
深圳	998881	635945	608498	27447	18107

支出明细(普通高职高专学校)

单位：千元

公用部分	商品和服务支出	其他资本性支出	专项公用支出	专项项目支出
40997249	**18040835**	**22956414**	**11906494**	**11049920**
1793819	830547	963272	838907	124365
1556697	484961	1071736	1043276	28460
1233904	541011	692894	361319	331575
628088	375871	252217	152594	99623
941641	465448	476193	415525	60668
878653	581431	297222	220940	76282
613719	230121	383598	260907	122691
967360	527880	439481	245915	193566
1213767	1012927	200840	182293	18547
3816034	1948856	1867178	695661	1171517
1973378	975554	997824	521557	476267
1761636	516635	1245001	477146	767855
948697	433657	515040	238815	276225
1497305	544890	952415	693262	259152
1573291	800100	773191	436858	336333
2004073	962302	1041771	694521	347250
2395201	808486	1586715	287193	1299522
1548775	796526	752249	294711	457538
3071383	1180821	1890563	921730	968833
1489662	412390	1077272	590746	486526
341386	113117	228269	139110	89158
1330420	621288	709132	324876	384256
1679045	768714	910331	486029	424301
811073	278043	533030	214103	318927
603952	243538	360414	233263	127151
168494	85738	82756	54648	28108
1313474	630142	683331	240756	442575
1659531	278409	1381121	266135	1114986
131186	32353	98833	50222	48611
353072	118659	234413	188498	45915
698532	440417	258114	134976	123138
87780	47101	40679	27039	13640
442045	110255	331791	45181	286610
90511	57157	33354	31852	1502
75127	27721	47406	15130	32276
362936	179764	183172	179170	4002

6-10 公共财政预算教育事业费支出

地区	合计	个人部分	工资福利支出	对个人和家庭的补助支出	#助学金
合计	**86828574**	**46044645**	**30069576**	**15975069**	**7827564**
北京	3189271	1448245	943517	504728	95790
天津	2834529	1277832	642229	635604	124875
河北	2937994	1704090	1115926	588164	295172
山西	1787230	1159141	816280	342861	206776
内蒙古	2638126	1696485	1215338	481147	466653
辽宁	2161547	1282895	973936	308958	151801
吉林	1390477	776758	474042	302715	96502
黑龙江	2291016	1344609	731040	613568	167123
上海	1741362	539010	484883	54127	40772
江苏	7855400	4039366	2783624	1255742	524584
浙江	4303369	2329992	1770084	559907	323436
安徽	3556004	1794367	1217013	577354	392072
福建	2089123	1140426	680766	459660	220780
江西	2904470	1407165	856458	550706	267402
山东	5223632	3650341	2488616	1161725	402738
河南	4441003	2436930	1868832	568098	424272
湖北	4479980	2085683	1233364	852320	393489
湖南	3779067	2263778	1470673	793105	344614
广东	6853207	3838368	2648533	1189835	494205
广西	2608745	1119082	556175	562907	290749
海南	555899	214513	137033	77479	66007
重庆	2192371	861951	387050	474901	335490
四川	3462370	1804618	1120540	684078	396531
贵州	1836950	1025876	500474	525402	244922
云南	1440453	836501	477712	358789	275466
西藏	490035	321541	218594	102946	25957
陕西	2844167	1532757	910748	622009	363423
甘肃	2234992	575461	364601	210860	137625
青海	260078	128892	105256	23636	22071
宁夏	592544	239472	208892	30580	26479
新疆	1853165	1168500	667344	501156	209786
大连	184588	96808	83012	13796	7766
宁波	737115	295070	242982	52088	31250
厦门	232672	142161	96933	45228	22043
青岛	203162	128035	78611	49424	11655
深圳	998881	635945	608498	27447	18107

明细(地方普通高职高专学校)

单位：千元

公用部分	商品和服务支出	其他资本性支出		
			专项公用支出	专项项目支出
40783929	**17892564**	**22891365**	**11848156**	**11043209**
1741026	794498	946527	822162	124365
1556697	484961	1071736	1043276	28460
1233904	541011	692894	361319	331575
628088	375871	252217	152594	99623
941641	465448	476193	415525	60668
878653	581431	297222	220940	76282
613719	230121	383598	260907	122691
946408	510377	436031	242465	193566
1202352	1003190	199162	180615	18547
3816034	1948856	1867178	695661	1171517
1973378	975554	997824	521557	476267
1761636	516635	1245001	477146	767855
948697	433657	515040	238815	276225
1497305	544890	952415	693262	259152
1573291	800100	773191	436858	336333
2004073	962302	1041771	694521	347250
2394296	807731	1586565	287043	1299522
1515289	779271	736018	279851	456168
3014839	1141192	1873647	904814	968833
1489662	412390	1077272	590746	486526
341386	113117	228269	139110	89158
1330420	621288	709132	324876	384256
1657752	748551	909201	484899	424301
811073	278043	533030	214103	318927
603952	243538	360414	233263	127151
168494	85738	82756	54648	28108
1311410	628079	683331	240756	442575
1659531	278409	1381121	266135	1114986
131186	32353	98833	50222	48611
353072	118659	234413	188498	45915
684666	435301	249364	131567	117797
87780	47101	40679	27039	13640
442045	110255	331791	45181	286610
90511	57157	33354	31852	1502
75127	27721	47406	15130	32276
362936	179764	183172	179170	4002

6-11 公共财政预算教育事业费

地区	合计	个人部分	工资福利支出	对个人和家庭的补助支出	#助学金
合计	6490406	4211230	3042475	1168755	167459
北京	794071	458424	284658	173766	
天津	218920	176952	85853	91099	1619
河北	327586	233307	180145	53162	16527
山西	210410	165797	139057	26739	8285
内蒙古	42175	32771	29745	3026	2924
辽宁	221718	188989	155221	33768	232
吉林	329216	240761	138994	101767	4135
黑龙江	342841	266265	146714	119551	2856
上海	511421	305223	292781	12443	1558
江苏	100549	51343	35820	15523	2042
浙江	417938	294534	234890	59644	4115
安徽	259370	108802	97528	11274	7583
福建	153183	107749	77988	29760	89
江西	192143	110646	77427	33219	10281
山东	96987	64814	41818	22996	10
河南	183966	92987	81752	11235	6165
湖北	82585	74653	51257	23397	8730
湖南	140103	106620	70802	35817	2846
广东	570921	360155	282366	77789	5628
广西	246388	139051	86095	52956	17633
海南	40008	17188	14501	2687	2650
重庆	136607	46788	28103	18685	13381
四川	212050	125877	106376	19501	1558
贵州	70602	57448	38263	19186	84
云南	111808	60478	36707	23771	23155
西藏					
陕西	161967	82864	53452	29413	16456
甘肃	74845	50777	37915	12862	6782
青海	20860	9517	9034	483	
宁夏					
新疆	219167	180448	127215	53233	135
大连	96475	74769	68236	6533	176
宁波	93572	76195	66276	9920	1942
厦门	1046	866	614	252	
青岛	22622	17900	10392	7508	
深圳	25793	19209	18691	518	

支出明细(成人高等学校)

单位：千元

公用部分	商品和服务支出	其他资本性支出	专项公用支出	专项项目支出
2279177	1367772	911405	414028	497377
335648	212891	122757	27402	95355
41969	15605	26364	24038	2326
94279	48252	46027	37475	8553
44614	36316	8298	8298	
9405	9393	11	11	
32729	28752	3976	3968	8
88454	65200	23254	19254	4000
76576	62579	13998	5884	8114
206198	175661	30537	21789	8748
49206	6284	42923	2241	40681
123404	70546	52858	12699	40159
150567	54471	96097	25048	71049
45434	38152	7282	7282	
81498	38866	42632	19202	23430
32173	7990	24183	12843	11340
90978	72609	18369	15736	2633
7931	5490	2441	2392	49
33483	27834	5649	3642	2007
210765	108637	102129	45046	57082
107337	46904	60433	36794	23638
22820	10030	12789	7573	5216
89819	66135	23684	23684	
86173	61177	24996	4797	20199
13154	8676	4477	4358	119
51330	11891	39439	20006	19433
79102	28295	50807	7240	43568
24068	19589	4479	2310	2169
11343	751	10592	10592	
38719	28796	9923	2423	7500
21706	18527	3180	3172	8
17377	13692	3685	836	2849
180	180			
4722	2936	1786	1786	
6584	4219	2364	2364	

6-12 公共财政预算教育事业费

地区	合计	个人部分	工资福利支出	对个人和家庭的补助支出	#助学金
合计	**6373196**	**4141960**	**3005595**	**1136365**	**167326**
北京	706791	413561	269463	144098	
天津	218920	176952	85853	91099	1619
河北	327586	233307	180145	53162	16527
山西	210410	165797	139057	26739	8285
内蒙古	42175	32771	29745	3026	2924
辽宁	221718	188989	155221	33768	232
吉林	329216	240761	138994	101767	4135
黑龙江	342841	266265	146714	119551	2856
上海	511421	305223	292781	12443	1558
江苏	100549	51343	35820	15523	2042
浙江	417938	294534	234890	59644	4115
安徽	259370	108802	97528	11274	7583
福建	153183	107749	77988	29760	89
江西	192143	110646	77427	33219	10281
山东	96987	64814	41818	22996	10
河南	183966	92987	81752	11235	6165
湖北	82585	74653	51257	23397	8730
湖南	140103	106620	70802	35817	2846
广东	570921	360155	282366	77789	5628
广西	246388	139051	86095	52956	17633
海南	40008	17188	14501	2687	2650
重庆	136607	46788	28103	18685	13381
四川	212050	125877	106376	19501	1558
贵州	70602	57448	38263	19186	84
云南	111808	60478	36707	23771	23155
西藏					
陕西	161967	82864	53452	29413	16456
甘肃	74845	50777	37915	12862	6782
青海	20860	9517	9034	483	
宁夏					
新疆	189237	156041	105529	50512	2
大连	96475	74769	68236	6533	176
宁波	93572	76195	66276	9920	1942
厦门	1046	866	614	252	
青岛	22622	17900	10392	7508	
深圳	25793	19209	18691	518	

支出明细(地方成人高等学校)

单位：千元

公用部分	商品和服务支出	其他资本性支出	专项公用支出	专项项目支出
2231236	**1320170**	**911066**	**413689**	**497377**
293230	170812	122418	27063	95355
41969	15605	26364	24038	2326
94279	48252	46027	37475	8553
44614	36316	8298	8298	
9405	9393	11	11	
32729	28752	3976	3968	8
88454	65200	23254	19254	4000
76576	62579	13998	5884	8114
206198	175661	30537	21789	8748
49206	6284	42923	2241	40681
123404	70546	52858	12699	40159
150567	54471	96097	25048	71049
45434	38152	7282	7282	
81498	38866	42632	19202	23430
32173	7990	24183	12843	11340
90978	72609	18369	15736	2633
7931	5490	2441	2392	49
33483	27834	5649	3642	2007
210765	108637	102129	45046	57082
107337	46904	60433	36794	23638
22820	10030	12789	7573	5216
89819	66135	23684	23684	
86173	61177	24996	4797	20199
13154	8676	4477	4358	119
51330	11891	39439	20006	19433
79102	28295	50807	7240	43568
24068	19589	4479	2310	2169
11343	751	10592	10592	
33196	23273	9923	2423	7500
21706	18527	3180	3172	8
17377	13692	3685	836	2849
180	180			
4722	2936	1786	1786	
6584	4219	2364	2364	

6-13 公共财政预算教育事业费

地区	合计	个人部分	工资福利支出	对个人和家庭的补助支出	#助学金
合计	**140963587**	**84896012**	**61118537**	**23777474**	**8318257**
北京	4324246	2448616	1752078	696539	44260
天津	2344972	1659496	767567	891929	78798
河北	6806412	4565672	3742238	823434	266743
山西	3964840	2571556	2129057	442499	193075
内蒙古	3308322	1965365	1509860	455505	358169
辽宁	3706771	2244885	1745311	499574	218935
吉林	2757630	2012450	1274839	737612	110832
黑龙江	3276278	2301711	1408655	893056	121770
上海	2923216	1848988	1725138	123851	70793
江苏	11451616	7192971	5212510	1980461	249268
浙江	8351303	5483025	4483610	999415	191172
安徽	4525494	2293976	1597095	696881	389406
福建	3642246	2453868	1878024	575844	105231
江西	3074389	1765824	1065179	700645	376419
山东	12154682	7315933	5622734	1693199	343917
河南	6631399	3205691	2671704	533987	406405
湖北	4807700	2609082	1597395	1011687	384189
湖南	4648834	2806310	1757968	1048342	513640
广东	13938028	8204851	5911673	2293178	436649
广西	4471141	2437786	1608637	829149	276012
海南	1484815	658249	544719	113530	83900
重庆	3421129	1862677	1235187	627490	474649
四川	6583633	4102100	2761524	1340576	620834
贵州	3723467	1864824	1046733	818091	448159
云南	4579436	2571125	1916231	654893	479397
西藏	521284	277909	176448	101461	55000
陕西	2980361	1953143	1232019	721124	417696
甘肃	2354652	1601631	1033287	568344	294779
青海	712796	367223	260535	106688	59588
宁夏	693308	335464	266311	69153	55668
新疆	2799189	1913611	1184272	729339	192904
大连	881095	463658	418676	44982	7403
宁波	1583334	1097744	945880	151865	14945
厦门	543298	370248	257589	112659	10416
青岛	1788717	1319933	920635	399297	44740
深圳	1260486	802561	614749	187812	37715

支出明细(中等职业学校)

单位：千元

公用部分	商品和服务支出	其他资本性支出		
			专项公用支出	专项项目支出
56067576	**27757397**	**28310178**	**11428522**	**16881657**
1875630	1028537	847093	716302	130790
685476	437655	247820	114816	133004
2240740	1117725	1123015	371451	751564
1393284	828995	564289	290568	273721
1342957	646874	696083	293587	402496
1461886	966444	495442	247343	248099
745180	391287	353892	190571	163321
974567	592035	382532	168046	214487
1074227	830549	243679	147507	96172
4258645	1733895	2524751	597895	1926856
2868277	1415668	1452609	471561	981048
2231518	756527	1474991	359278	1115713
1188378	652057	536320	213933	322388
1308565	554535	754030	257254	496776
4838749	2050781	2787968	957219	1830749
3425708	1644064	1781644	707410	1074234
2198618	656771	1541847	409601	1132247
1842524	1153869	688655	227918	460737
5733178	3187444	2545734	1334178	1211555
2033354	855814	1177540	789744	387796
826565	379190	447376	325876	121500
1558453	949554	608899	249822	359077
2481533	1360777	1120756	542436	578320
1858643	788851	1069791	274497	795295
2008311	981109	1027202	350847	676355
243375	79017	164358	61698	102660
1027218	550877	476341	142372	333969
753022	367088	385934	135506	250428
345573	144819	200754	136230	64524
357844	135791	222053	170723	51330
885579	518797	366781	172334	194447
417437	352647	64790	32978	31811
485589	289091	196499	78572	117927
173050	128834	44216	17904	26312
468785	297087	171697	112947	58751
457925	406643	51282	50523	759

6-14 公共财政预算教育事业费支出

地区	合计	个人部分			
			工资福利支出	对个人和家庭的补助支出	
					#助学金
合计	**140440816**	**84578471**	**60926187**	**23652285**	**8268567**
北京	4226453	2391897	1710996	680901	41622
天津	2339891	1655478	764133	891345	78214
河北	6796300	4560564	3737854	822710	266743
山西	3964840	2571556	2129057	442499	193075
内蒙古	3308322	1965365	1509860	455505	358169
辽宁	3706771	2244885	1745311	499574	218935
吉林	2757630	2012450	1274839	737612	110832
黑龙江	3204888	2251845	1373154	878691	119092
上海	2923216	1848988	1725138	123851	70793
江苏	11442504	7189638	5212510	1977128	249067
浙江	8351303	5483025	4483610	999415	191172
安徽	4523611	2292244	1597095	695149	387674
福建	3642246	2453868	1878024	575844	105231
江西	3073024	1765720	1065179	700541	376315
山东	12154682	7315933	5622734	1693199	343917
河南	6625674	3201712	2668109	533602	406274
湖北	4777121	2596129	1591821	1004308	379186
湖南	4643821	2801297	1755471	1045826	513640
广东	13926545	8197059	5907006	2290053	435751
广西	4471141	2437786	1608637	829149	276012
海南	1484815	658249	544719	113530	83900
重庆	3415362	1857731	1230410	627321	474480
四川	6566525	4094739	2756404	1338335	619541
贵州	3723467	1864824	1046733	818091	448159
云南	4579436	2571125	1916231	654893	479397
西藏	521284	277909	176448	101461	55000
陕西	2980361	1953143	1232019	721124	417696
甘肃	2354652	1601631	1033287	568344	294779
青海	712796	367223	260535	106688	59588
宁夏	693308	335464	266311	69153	55668
新疆	2548829	1758996	1102554	656442	158645
大连	881095	463658	418676	44982	7403
宁波	1583334	1097744	945880	151865	14945
厦门	543298	370248	257589	112659	10416
青岛	1788717	1319933	920635	399297	44740
深圳	1260486	802561	614749	187812	37715

明细(地方中等职业学校)

单位：千元

公用部分	商品和服务支出	其他资本性支出		
			专项公用支出	专项项目支出
55862345	**27614988**	**28247357**	**11384453**	**16862904**
1834556	999640	834916	710217	124699
684413	436593	247820	114816	133004
2235736	1112721	1123015	371451	751564
1393284	828995	564289	290568	273721
1342957	646874	696083	293587	402496
1461886	966444	495442	247343	248099
745180	391287	353892	190571	163321
953043	575329	377715	164387	213328
1074227	830549	243679	147507	96172
4252866	1728115	2524751	597895	1926856
2868277	1415668	1452609	471561	981048
2231368	756376	1474991	359278	1115713
1188378	652057	536320	213933	322388
1307305	553739	753566	256790	496776
4838749	2050781	2787968	957219	1830749
3423963	1643134	1780828	706865	1073963
2180992	640458	1540534	408287	1132247
1842524	1153869	688655	227918	460737
5729486	3184777	2544709	1333154	1211555
2033354	855814	1177540	789744	387796
826565	379190	447376	325876	121500
1557631	948732	608899	249822	359077
2471787	1356173	1115613	538731	576882
1858643	788851	1069791	274497	795295
2008311	981109	1027202	350847	676355
243375	79017	164358	61698	102660
1027218	550877	476341	142372	333969
753022	367088	385934	135506	250428
345573	144819	200754	136230	64524
357844	135791	222053	170723	51330
789833	460119	329714	145062	184652
417437	352647	64790	32978	31811
485589	289091	196499	78572	117927
173050	128834	44216	17904	26312
468785	297087	171697	112947	58751
457925	406643	51282	50523	759

6-15 公共财政预算教育事业费

地区	合计	个人部分	工资福利支出	对个人和家庭的补助支出	#助学金
合计	**65650422**	**38336069**	**26835267**	**11500802**	**4313489**
北京	1717838	930039	590235	339804	24465
天津	1161973	780006	402324	377682	46907
河北	2013030	1320779	1021130	299649	122132
山西	1629280	1046163	845544	200619	91464
内蒙古	1342437	748440	505109	243331	195061
辽宁	2001333	1138725	893466	245260	117162
吉林	947162	697771	437185	260586	45149
黑龙江	843800	545530	297716	247814	67100
上海	1553870	954933	904578	50355	30647
江苏	7484374	4925569	3571833	1353737	170369
浙江	1243533	844740	691550	153190	29593
安徽	2446409	1283043	882589	400454	234287
福建	2830412	1871655	1419202	452452	93947
江西	1594713	887299	489601	397698	228895
山东	5731043	3253828	2491927	761901	195915
河南	2760085	1286247	986807	299440	222352
湖北	3071145	1580159	963323	616836	292786
湖南	984891	600720	327119	273601	202810
广东	7003888	4007774	2895555	1112220	216439
广西	3260293	1760280	1178017	582263	212864
海南	930737	386131	314514	71617	52241
重庆	576803	268946	153432	115514	83842
四川	2451099	1448520	931769	516751	254634
贵州	1936277	966156	507319	458837	249814
云南	2153668	1099475	749036	350439	268941
西藏	521284	277909	176448	101461	55000
陕西	652627	427290	252823	174467	94196
甘肃	1762119	1152923	746354	406569	202816
青海	706705	361946	258507	103439	59231
宁夏	402303	186895	148056	38839	35425
新疆	1935291	1296178	802201	493977	117004
大连	420489	184507	166036	18471	5714
宁波	337733	237409	201849	35560	2483
厦门	467510	329187	223392	105795	9841
青岛	239367	139094	90796	48298	1651
深圳	250385	171363	138296	33067	7125

支出明细(中等专业学校)

单位：千元

公用部分	商品和服务支出	其他资本性支出		
			专项公用支出	专项项目支出
27314353	**13159569**	**14154784**	**5898778**	**8256006**
787799	384116	403683	318355	85328
381967	258733	123234	69079	54156
692251	397852	294399	94966	199433
583117	397908	185209	110778	74431
593997	306561	287436	137169	150267
862607	629657	232950	129133	103817
249390	146932	102458	59140	43318
298270	185965	112305	60743	51561
598938	470983	127955	107724	20231
2558804	1110329	1448476	426747	1021729
398793	215446	183347	64641	118706
1163367	420601	742766	178122	564644
958757	503780	454977	173322	281654
707414	339945	367469	159623	207846
2477215	912152	1565063	363146	1201917
1473838	720310	753528	315492	438037
1490986	464144	1026843	286702	740141
384170	266375	117795	60377	57418
2996114	1483517	1512597	799181	713416
1500013	632740	867274	620145	247128
544606	263427	281180	205447	75733
307857	158355	149502	42413	107089
1002579	541836	460743	247210	213533
970122	425573	544548	100404	444145
1054193	456413	597780	202318	395462
243375	79017	164358	61698	102660
225337	129547	95790	38735	57055
609197	289548	319649	96834	222815
344759	144004	200754	136230	64524
215408	77624	137783	106960	30823
639114	346179	292935	125945	166990
235982	206966	29016	16145	12871
100325	49566	50758	18109	32649
138322	101941	36381	16885	19496
100273	43562	56711	9560	47151
79022	72250	6772	6041	731

6-16 公共财政预算教育事业费支出

地区	合计	个人部分	工资福利支出	对个人和家庭的补助支出	#助学金
合计	**65266495**	**38115797**	**26699238**	**11416558**	**4286903**
北京	1623710	876200	551742	324458	21827
天津	1161973	780006	402324	377682	46907
河北	2002918	1315671	1016745	298926	122132
山西	1629280	1046163	845544	200619	91464
内蒙古	1342437	748440	505109	243331	195061
辽宁	2001333	1138725	893466	245260	117162
吉林	947162	697771	437185	260586	45149
黑龙江	843800	545530	297716	247814	67100
上海	1553870	954933	904578	50355	30647
江苏	7484374	4925569	3571833	1353737	170369
浙江	1243533	844740	691550	153190	29593
安徽	2446409	1283043	882589	400454	234287
福建	2830412	1871655	1419202	452452	93947
江西	1593349	887195	489601	397594	228791
山东	5731043	3253828	2491927	761901	195915
河南	2760035	1286247	986807	299440	222352
湖北	3040566	1567206	957749	609456	287783
湖南	979877	595707	324622	271085	202810
广东	6992406	3999983	2890888	1109095	215542
广西	3260293	1760280	1178017	582263	212864
海南	930737	386131	314514	71617	52241
重庆	576803	268946	153432	115514	83842
四川	2451099	1448520	931769	516751	254634
贵州	1936277	966156	507319	458837	249814
云南	2153668	1099475	749036	350439	268941
西藏	521284	277909	176448	101461	55000
陕西	652627	427290	252823	174467	94196
甘肃	1762119	1152923	746354	406569	202816
青海	706705	361946	258507	103439	59231
宁夏	402303	186895	148056	38839	35425
新疆	1704094	1160714	721788	438926	99062
大连	420489	184507	166036	18471	5714
宁波	337733	237409	201849	35560	2483
厦门	467510	329187	223392	105795	9841
青岛	239367	139094	90796	48298	1651
深圳	250385	171363	138296	33067	7125

明细(地方中等专业学校)

单位：千元

公用部分	商品和服务支出	其他资本性支出	专项公用支出	专项项目支出
27150698	**13047500**	**14103198**	**5863078**	**8240120**
747510	355546	391964	312727	79236
381967	258733	123234	69079	54156
687247	392848	294399	94966	199433
583117	397908	185209	110778	74431
593997	306561	287436	137169	150267
862607	629657	232950	129133	103817
249390	146932	102458	59140	43318
298270	185965	112305	60743	51561
598938	470983	127955	107724	20231
2558804	1110329	1448476	426747	1021729
398793	215446	183347	64641	118706
1163367	420601	742766	178122	564644
958757	503780	454977	173322	281654
706154	339149	367005	159159	207846
2477215	912152	1565063	363146	1201917
1473788	720260	753528	315492	438037
1473360	447831	1025529	285389	740141
384170	266375	117795	60377	57418
2992423	1480851	1511572	798156	713416
1500013	632740	867274	620145	247128
544606	263427	281180	205447	75733
307857	158355	149502	42413	107089
1002579	541836	460743	247210	213533
970122	425573	544548	100404	444145
1054193	456413	597780	202318	395462
243375	79017	164358	61698	102660
225337	129547	95790	38735	57055
609197	289548	319649	96834	222815
344759	144004	200754	136230	64524
215408	77624	137783	106960	30823
543379	287509	255870	98675	157195
235982	206966	29016	16145	12871
100325	49566	50758	18109	32649
138322	101941	36381	16885	19496
100273	43562	56711	9560	47151
79022	72250	6772	6041	731

6-17 公共财政预算教育事业费

地区	合计	个人部分	工资福利支出	对个人和家庭的补助支出	#助学金
合计	**51110492**	**31899220**	**23857397**	**8041822**	**2909748**
北京	1337081	978763	785076	193687	9138
天津	708606	517038	180306	336732	15888
河北	3560386	2309587	1941097	368490	130569
山西	1712708	1057111	899744	157367	84167
内蒙古	1613980	956102	759955	196147	155788
辽宁	1352248	897217	688350	208867	89258
吉林	1060477	707947	477911	230037	23184
黑龙江	1378447	950952	607364	343588	33240
上海	1126094	770463	700388	70074	40047
江苏	2281992	1300775	951448	349328	32986
浙江	5966806	3945023	3234919	710104	141498
安徽	1861899	886357	632193	254164	142684
福建	362469	264020	204853	59166	7593
江西	1165468	637529	401576	235954	137947
山东	3583016	2409693	1885020	524673	55039
河南	2520371	1271876	1097685	174191	159908
湖北	1393067	817396	493692	323704	70124
湖南	3084409	1795238	1164781	630457	275058
广东	2917220	1941937	1487152	454785	56303
广西	85071	61753	42831	18922	782
海南	326321	189452	159633	29819	21068
重庆	1977071	1190241	823928	366313	330722
四川	3573426	2301612	1617029	684583	290764
贵州	1464962	787816	520165	267651	118609
云南	1578347	961364	747776	213589	159426
西藏					
陕西	1742203	1073360	742226	331134	170117
甘肃	531521	397138	256389	140749	88395
青海	6092	5277	2028	3249	357
宁夏	291005	148569	118255	30314	20243
新疆	547730	367613	233629	133984	48847
大连	322560	224960	204009	20950	229
宁波	976296	670877	581352	89525	11749
厦门					
青岛	1357842	1055487	746579	308909	19616
深圳	637041	410029	327708	82321	21453

支出明细(职业高中)

单位：千元

公用部分	商品和服务支出	其他资本性支出	专项公用支出	专项项目支出
19211273	**9164680**	**10046593**	**3415271**	**6631322**
358317	282163	76154	62777	13377
191568	131108	60459	15969	44490
1250799	539361	711438	223629	487809
655597	322789	332808	149135	183673
657878	277819	380059	137670	242389
455032	213759	241273	101993	139280
352530	136925	215604	110437	105167
427494	239920	187575	86187	101387
355631	248715	106916	35702	71214
981217	269116	712101	99401	612699
2021783	936124	1085659	326581	759077
975542	272014	703528	175076	528451
98450	53034	45415	23604	21811
527939	165827	362111	84260	277851
1173323	482761	690563	258066	432496
1248495	548916	699578	241193	458385
575671	162951	412720	93025	319695
1289171	758947	530224	145300	384924
975284	676844	298439	203856	94583
23319	7851	15467	7712	7756
136869	73619	63250	33569	29682
786830	482868	303962	111876	192086
1271814	671152	600663	248748	351914
677146	253117	424029	116443	307586
616983	364789	252194	95698	156496
668843	330111	338731	95358	243374
134382	70469	63914	36444	27470
814	814			
142436	58166	84270	63763	20507
180116	132627	47489	31799	15690
97601	72923	24678	8385	16293
305419	175581	129838	50621	79217
302354	203993	98361	96593	1768
227011	191743	35268	35240	28

6-18 公共财政预算教育事业费

地区	合计	个人部分	工资福利支出	对个人和家庭的补助支出	#助学金
合计	**51085886**	**31885686**	**23846463**	**8039223**	**2908912**
北京	1337081	978763	785076	193687	9138
天津	708606	517038	180306	336732	15888
河北	3560386	2309587	1941097	368490	130569
山西	1712708	1057111	899744	157367	84167
内蒙古	1613980	956102	759955	196147	155788
辽宁	1352248	897217	688350	208867	89258
吉林	1060477	707947	477911	230037	23184
黑龙江	1359516	941399	600025	341374	32535
上海	1126094	770463	700388	70074	40047
江苏	2281992	1300775	951448	349328	32986
浙江	5966806	3945023	3234919	710104	141498
安徽	1861899	886357	632193	254164	142684
福建	362469	264020	204853	59166	7593
江西	1165468	637529	401576	235954	137947
山东	3583016	2409693	1885020	524673	55039
河南	2514696	1267897	1094090	173807	159777
湖北	1393067	817396	493692	323704	70124
湖南	3084409	1795238	1164781	630457	275058
广东	2917220	1941937	1487152	454785	56303
广西	85071	61753	42831	18922	782
海南	326321	189452	159633	29819	21068
重庆	1977071	1190241	823928	366313	330722
四川	3573426	2301612	1617029	684583	290764
贵州	1464962	787816	520165	267651	118609
云南	1578347	961364	747776	213589	159426
西藏					
陕西	1742203	1073360	742226	331134	170117
甘肃	531521	397138	256389	140749	88395
青海	6092	5277	2028	3249	357
宁夏	291005	148569	118255	30314	20243
新疆	547730	367613	233629	133984	48847
大连	322560	224960	204009	20950	229
宁波	976296	670877	581352	89525	11749
厦门					
青岛	1357842	1055487	746579	308909	19616
深圳	637041	410029	327708	82321	21453

支出明细(地方职业高中)

单位：千元

公用部分	商品和服务支出	其他资本性支出	专项公用支出	专项项目支出
19200200	**9156245**	**10043955**	**3413904**	**6630052**
358317	282163	76154	62777	13377
191568	131108	60459	15969	44490
1250799	539361	711438	223629	487809
655597	322789	332808	149135	183673
657878	277819	380059	137670	242389
455032	213759	241273	101993	139280
352530	136925	215604	110437	105167
418117	232365	185753	85365	100387
355631	248715	106916	35702	71214
981217	269116	712101	99401	612699
2021783	936124	1085659	326581	759077
975542	272014	703528	175076	528451
98450	53034	45415	23604	21811
527939	165827	362111	84260	277851
1173323	482761	690563	258066	432496
1246799	548036	698763	240648	458115
575671	162951	412720	93025	319695
1289171	758947	530224	145300	384924
975284	676844	298439	203856	94583
23319	7851	15467	7712	7756
136869	73619	63250	33569	29682
786830	482868	303962	111876	192086
1271814	671152	600663	248748	351914
677146	253117	424029	116443	307586
616983	364789	252194	95698	156496
668843	330111	338731	95358	243374
134382	70469	63914	36444	27470
814	814			
142436	58166	84270	63763	20507
180116	132627	47489	31799	15690
97601	72923	24678	8385	16293
305419	175581	129838	50621	79217
302354	203993	98361	96593	1768
227011	191743	35268	35240	28

6-19 公共财政预算教育事业费

地区	合计	个人部分	工资福利支出	对个人和家庭的补助支出	#助学金
合计	**25374635**	**15143352**	**11521744**	**3621609**	**1660646**
北京	175001	146543	131617	14925	709
天津					
河北	2156037	1384051	1168637	215413	97088
山西	976670	652658	554877	97781	52790
内蒙古	1066574	634135	505684	128451	98103
辽宁	433990	256557	203491	53066	15010
吉林	412015	263181	184104	79078	10603
黑龙江	577085	384837	258135	126702	17864
上海	143292	60459	57018	3441	3104
江苏	1162754	620818	463116	157702	21109
浙江	2361183	1652477	1345667	306810	69125
安徽	1581672	691521	506118	185403	93164
福建	75351	53465	40800	12665	1064
江西	781746	412128	270276	141852	82311
山东	1284371	721589	629943	91646	17964
河南	1585583	779924	670030	109893	103104
湖北	487255	283277	181259	102018	44269
湖南	1909858	1096694	716496	380198	156539
广东	430769	255750	217050	38700	5188
广西	81050	58670	40108	18562	782
海南	121810	67512	60342	7171	4734
重庆	1044331	613195	419478	193717	172350
四川	2158141	1395928	987919	408009	204392
贵州	1100767	568737	379884	188853	82528
云南	1014742	661394	533707	127687	100081
西藏					
陕西	1243986	740727	532519	208208	92139
甘肃	445185	331154	219677	111477	63263
青海	6092	5277	2028	3249	357
宁夏	193015	100282	83153	17130	12269
新疆	364309	250413	158611	91802	38645
大连	65243	49028	43447	5581	206
宁波	299780	223418	197157	26261	4265
厦门					
青岛	28901	25972	20347	5625	1132
深圳					

支出明细(农村职业高中)

单位：千元

公用部分	商品和服务支出	其他资本性支出	专项公用支出	专项项目支出
10231282	**4233575**	**5997708**	**1836932**	**4160776**
28458	23677	4781	4781	
771987	320623	451363	154713	296650
324012	192104	131909	72797	59112
432439	173069	259370	89213	170157
177433	56062	121372	17642	103730
148834	65102	83732	36653	47079
192248	97218	95030	27167	67863
82833	21226	61608	1908	59700
541935	118974	422961	76967	345995
708707	352115	356591	135783	220809
890151	237659	652491	162293	490199
21886	10612	11274	3578	7696
369618	98947	270671	55106	215564
562782	139657	423125	88924	334201
805660	324245	481414	143538	337877
203978	64513	139466	42637	96829
813164	412715	400449	80407	320042
175018	111995	63023	40460	22564
22380	7849	14531	6775	7756
54298	24611	29687	17505	12182
431136	221269	209867	58242	151625
762213	370237	391976	173388	218588
532031	197430	334601	95026	239575
353348	186933	166414	70938	95476
503259	235020	268239	75158	193082
114031	59960	54071	29382	24689
814	814			
92732	28477	64255	53865	10390
113897	80462	33434	22088	11347
16215	13742	2473	585	1888
76362	43035	33328	14570	18758
2929	2769	160	83	77

6-20 公共财政预算教育事业费

地区	合计	个人部分	工资福利支出	对个人和家庭的补助支出	#助学金
合计	**25359194**	**15134411**	**11514405**	**3620006**	**1660553**
北京	175001	146543	131617	14925	709
天津					
河北	2156037	1384051	1168637	215413	97088
山西	976670	652658	554877	97781	52790
内蒙古	1066574	634135	505684	128451	98103
辽宁	433990	256557	203491	53066	15010
吉林	412015	263181	184104	79078	10603
黑龙江	561644	375895	250795	125100	17771
上海	143292	60459	57018	3441	3104
江苏	1162754	620818	463116	157702	21109
浙江	2361183	1652477	1345667	306810	69125
安徽	1581672	691521	506118	185403	93164
福建	75351	53465	40800	12665	1064
江西	781746	412128	270276	141852	82311
山东	1284371	721589	629943	91646	17964
河南	1585583	779924	670030	109893	103104
湖北	487255	283277	181259	102018	44269
湖南	1909858	1096694	716496	380198	156539
广东	430769	255750	217050	38700	5188
广西	81050	58670	40108	18562	782
海南	121810	67512	60342	7171	4734
重庆	1044331	613195	419478	193717	172350
四川	2158141	1395928	987919	408009	204392
贵州	1100767	568737	379884	188853	82528
云南	1014742	661394	533707	127687	100081
西藏					
陕西	1243986	740727	532519	208208	92139
甘肃	445185	331154	219677	111477	63263
青海	6092	5277	2028	3249	357
宁夏	193015	100282	83153	17130	12269
新疆	364309	250413	158611	91802	38645
大连	65243	49028	43447	5581	206
宁波	299780	223418	197157	26261	4265
厦门					
青岛	28901	25972	20347	5625	1132
深圳					

支出明细(地方农村职业高中)

单位：千元

公用部分	商品和服务支出	其他资本性支出		
			专项公用支出	专项项目支出
10224783	**4228897**	**5995886**	**1836110**	**4159776**
28458	23677	4781	4781	
771987	320623	451363	154713	296650
324012	192104	131909	72797	59112
432439	173069	259370	89213	170157
177433	56062	121372	17642	103730
148834	65102	83732	36653	47079
185749	92541	93208	26345	66863
82833	21226	61608	1908	59700
541935	118974	422961	76967	345995
708707	352115	356591	135783	220809
890151	237659	652491	162293	490199
21886	10612	11274	3578	7696
369618	98947	270671	55106	215564
562782	139657	423125	88924	334201
805660	324245	481414	143538	337877
203978	64513	139466	42637	96829
813164	412715	400449	80407	320042
175018	111995	63023	40460	22564
22380	7849	14531	6775	7756
54298	24611	29687	17505	12182
431136	221269	209867	58242	151625
762213	370237	391976	173388	218588
532031	197430	334601	95026	239575
353348	186933	166414	70938	95476
503259	235020	268239	75158	193082
114031	59960	54071	29382	24689
814	814			
92732	28477	64255	53865	10390
113897	80462	33434	22088	11347
16215	13742	2473	585	1888
76362	43035	33328	14570	18758
2929	2769	160	83	77

6-21 公共财政预算教育事业费

地区	合计	个人部分	工资福利支出	对个人和家庭的补助支出	#助学金
合计	**17539284**	**9696578**	**6733149**	**2963429**	**955519**
北京	1224971	504338	349221	155118	10657
天津	423353	318232	167480	150752	16003
河北	527202	315503	257367	58136	12556
山西	310130	191094	159799	31295	17256
内蒙古	124606	69287	59792	9495	5561
辽宁	326379	191612	152295	39317	12242
吉林	121545	89669	37457	52212	40450
黑龙江	399185	254141	168023	86118	18521
上海	105055	73987	71285	2703	99
江苏	1221833	662241	497614	164627	42273
浙江	775679	422904	332995	89909	19730
安徽	84167	48845	28402	20443	8132
福建	436679	306820	243857	62963	3681
江西	49622	33856	22172	11684	5113
山东	2364250	1268178	952627	315552	71571
河南	842527	371170	322623	48547	15468
湖北	289291	175953	120588	55365	16552
湖南	187830	130825	90038	40786	10083
广东	3849450	2143402	1442477	700925	161013
广西	1110667	604080	381328	222753	62301
海南	224028	80298	68204	12094	10591
重庆	558777	254828	121324	133504	59458
四川	439872	268329	174297	94032	42797
贵州	272912	78390		78390	78390
云南	611371	310726	236344	74382	49537
西藏					
陕西	452516	369145	178668	190477	152700
甘肃	5294	4916	1162	3754	2528
青海					
宁夏					
新疆	200095	153807	95712	58096	10258
大连	129082	51532	46163	5369	1460
宁波	50226	23091	20330	2760	684
厦门	75788	41060	34197	6863	575
青岛	176681	112424	71875	40549	23353
深圳	339969	201564	133027	68538	7039

支出明细(技工学校)

单位：千元

公用部分	商品和服务支出	其他资本性支出	专项公用支出	专项项目支出
7842706	**4184551**	**3658155**	**1954919**	**1703236**
720633	354053	366580	334494	32086
105121	43785	61336	26977	34359
211698	106132	105566	41993	63573
119036	76205	42831	27573	15258
55319	36561	18758	16835	1923
134767	113625	21142	16140	5002
31876	23673	8203	5788	2415
145044	74189	70855	15923	54932
31067	23036	8031	3305	4727
559592	289065	270527	56119	214408
352775	188901	163873	71393	92480
35323	21329	13994	4529	9465
129859	94064	35794	16872	18922
15767	6115	9652	8841	811
1096071	595827	500245	322185	178059
471357	207072	264286	129730	134556
113337	25685	87653	29058	58594
57006	46557	10448	10280	169
1706048	980748	725299	323757	401542
506587	212750	293837	160925	132912
143730	40784	102945	86860	16086
303949	173942	130006	75810	54196
171542	121247	50295	45716	4579
194523	99875	94647	56658	37989
300645	128796	171849	50256	121593
83371	73453	9918	3985	5933
378	373	5	5	
46287	26709	19578	12911	6667
77549	66503	11046	8399	2647
27135	20721	6415	6353	61
34728	26893	7835	1019	6816
64257	48723	15534	6794	8740
138405	130661	7743	7743	

6-22 公共财政预算教育事业费

地区	合计	个人部分	工资福利支出	对个人和家庭的补助支出	#助学金
合计	**17465424**	**9649075**	**6704146**	**2944929**	**949568**
北京	1224971	504338	349221	155118	10657
天津	418272	314214	164045	150168	15419
河北	527202	315503	257367	58136	12556
山西	310130	191094	159799	31295	17256
内蒙古	124606	69287	59792	9495	5561
辽宁	326379	191612	152295	39317	12242
吉林	121545	89669	37457	52212	40450
黑龙江	364276	228029	152352	75677	16548
上海	105055	73987	71285	2703	99
江苏	1212721	658908	497614	161294	42072
浙江	775679	422904	332995	89909	19730
安徽	82285	47113	28402	18711	6400
福建	436679	306820	243857	62963	3681
江西	49622	33856	22172	11684	5113
山东	2364250	1268178	952627	315552	71571
河南	842527	371170	322623	48547	15468
湖北	289291	175953	120588	55365	16552
湖南	187830	130825	90038	40786	10083
广东	3849450	2143402	1442477	700925	161013
广西	1110667	604080	381328	222753	62301
海南	224028	80298	68204	12094	10591
重庆	553009	249882	116547	133336	59289
四川	422764	260968	169176	91791	41503
贵州	272912	78390		78390	78390
云南	611371	310726	236344	74382	49537
西藏					
陕西	452516	369145	178668	190477	152700
甘肃	5294	4916	1162	3754	2528
青海					
宁夏					
新疆	200095	153807	95712	58096	10258
大连	129082	51532	46163	5369	1460
宁波	50226	23091	20330	2760	684
厦门	75788	41060	34197	6863	575
青岛	176681	112424	71875	40549	23353
深圳	339969	201564	133027	68538	7039

支出明细(地方技工学校)

单位：千元

公用部分	商品和服务支出	其他资本性支出		
			专项公用支出	专项项目支出
7816349	**4165631**	**3650718**	**1949029**	**1701689**
720633	354053	366580	334494	32086
104059	42723	61336	26977	34359
211698	106132	105566	41993	63573
119036	76205	42831	27573	15258
55319	36561	18758	16835	1923
134767	113625	21142	16140	5002
31876	23673	8203	5788	2415
136247	67686	68561	13738	54824
31067	23036	8031	3305	4727
553813	283286	270527	56119	214408
352775	188901	163873	71393	92480
35172	21178	13994	4529	9465
129859	94064	35794	16872	18922
15767	6115	9652	8841	811
1096071	595827	500245	322185	178059
471357	207072	264286	129730	134556
113337	25685	87653	29058	58594
57006	46557	10448	10280	169
1706048	980748	725299	323757	401542
506587	212750	293837	160925	132912
143730	40784	102945	86860	16086
303127	173121	130006	75810	54196
161796	116644	45152	42011	3141
194523	99875	94647	56658	37989
300645	128796	171849	50256	121593
83371	73453	9918	3985	5933
378	373	5	5	
46287	26709	19578	12911	6667
77549	66503	11046	8399	2647
27135	20721	6415	6353	61
34728	26893	7835	1019	6816
64257	48723	15534	6794	8740
138405	130661	7743	7743	

6-23 公共财政预算教育事业费支出

地区	合计	个人部分	工资福利支出	对个人和家庭的补助支出	#助学金
合计	**6663389**	**4964145**	**3692723**	**1271421**	**139500**
北京	44357	35476	27545	7930	
天津	51040	44220	17458	26763	
河北	705793	619802	522644	97158	1487
山西	312722	277188	223970	53218	188
内蒙古	227300	191535	185003	6532	1760
辽宁	26811	17331	11200	6131	273
吉林	628447	517063	322286	194777	2049
黑龙江	654846	551087	335552	215535	2910
上海	138197	49606	48887	719	
江苏	463417	304385	191616	112769	3640
浙江	365284	270358	224146	46212	351
安徽	133018	75731	53911	21820	4302
福建	12686	11374	10112	1262	10
江西	264585	207140	151831	55309	4463
山东	476373	384234	293160	91073	21392
河南	508416	276398	264590	11808	8677
湖北	54197	35574	19792	15782	4727
湖南	391705	279528	176030	103498	25689
广东	167470	111738	86489	25248	2894
广西	15109	11674	6462	5212	65
海南	3728	2368	2368		
重庆	308479	148661	136503	12158	627
四川	119236	83639	38429	45209	32641
贵州	49316	32463	19249	13214	1347
云南	236049	199559	183075	16484	1494
西藏					
陕西	133015	83348	58303	25045	683
甘肃	55718	46653	29382	17271	1041
青海					
宁夏					
新疆	116074	96012	52729	43283	16794
大连	8965	2659	2468	191	
宁波	219078	166368	142348	24020	28
厦门					
青岛	14828	12927	11386	1541	120
深圳	33091	19604	15719	3885	2098

明细(成人中等专业学校)

单位：千元

公用部分	商品和服务支出	其他资本性支出	专项公用支出	专项项目支出
1699244	1248598	450647	159554	291093
8881	8205	676	676	
6820	4029	2791	2791	
85991	74380	11612	10863	748
35534	32093	3441	3082	360
35764	25934	9831	1914	7917
9480	9403	77	77	
111384	83757	27627	15206	12422
103759	91961	11798	5192	6606
88591	87815	776	776	
159032	65385	93647	15628	78019
94927	75196	19731	8946	10785
57287	42583	14704	1552	13152
1312	1179	133	133	
57445	42648	14798	4530	10268
92139	60041	32098	13822	18276
232018	167767	64251	20996	43256
18623	3991	14632	815	13817
112177	81990	30187	11961	18226
55732	46334	9398	7384	2014
3436	2474	962	962	
1360	1360			
159817	134388	25429	19723	5706
35597	26542	9055	761	8294
16853	10286	6567	992	5575
36490	31112	5379	2575	2804
49667	17766	31901	4294	27607
9065	6698	2367	2224	143
20062	13283	6779	1680	5099
6306	6256	49	49	
52710	43222	9488	3489	5999
1901	809	1091		1091
13487	11989	1499	1499	

6-24 公共财政预算教育事业费支出

地区	合计	个人部分	工资福利支出	对个人和家庭的补助支出	#助学金
合计	**6623011**	**4927913**	**3676338**	**1251575**	**123184**
北京	40691	32595	24957	7639	
天津	51040	44220	17458	26763	
河北	705793	619802	522644	97158	1487
山西	312722	277188	223970	53218	188
内蒙古	227300	191535	185003	6532	1760
辽宁	26811	17331	11200	6131	273
吉林	628447	517063	322286	194777	2049
黑龙江	637296	536887	323061	213826	2910
上海	138197	49606	48887	719	
江苏	463417	304385	191616	112769	3640
浙江	365284	270358	224146	46212	351
安徽	133018	75731	53911	21820	4302
福建	12686	11374	10112	1262	10
江西	264585	207140	151831	55309	4463
山东	476373	384234	293160	91073	21392
河南	508416	276398	264590	11808	8677
湖北	54197	35574	19792	15782	4727
湖南	391705	279528	176030	103498	25689
广东	167470	111738	86489	25248	2894
广西	15109	11674	6462	5212	65
海南	3728	2368	2368		
重庆	308479	148661	136503	12158	627
四川	119236	83639	38429	45209	32641
贵州	49316	32463	19249	13214	1347
云南	236049	199559	183075	16484	1494
西藏					
陕西	133015	83348	58303	25045	683
甘肃	55718	46653	29382	17271	1041
青海					
宁夏					
新疆	96911	76861	51425	25436	478
大连	8965	2659	2468	191	
宁波	219078	166368	142348	24020	28
厦门					
青岛	14828	12927	11386	1541	120
深圳	33091	19604	15719	3885	2098

明细(地方成人中等专业学校)

单位：千元

公用部分	商品和服务支出	其他资本性支出		
			专项公用支出	专项项目支出
1695098	**1245613**	**449485**	**158442**	**291043**
8096	7878	218	218	
6820	4029	2791	2791	
85991	74380	11612	10863	748
35534	32093	3441	3082	360
35764	25934	9831	1914	7917
9480	9403	77	77	
111384	83757	27627	15206	12422
100409	89313	11096	4540	6556
88591	87815	776	776	
159032	65385	93647	15628	78019
94927	75196	19731	8946	10785
57287	42583	14704	1552	13152
1312	1179	133	133	
57445	42648	14798	4530	10268
92139	60041	32098	13822	18276
232018	167767	64251	20996	43256
18623	3991	14632	815	13817
112177	81990	30187	11961	18226
55732	46334	9398	7384	2014
3436	2474	962	962	
1360	1360			
159817	134388	25429	19723	5706
35597	26542	9055	761	8294
16853	10286	6567	992	5575
36490	31112	5379	2575	2804
49667	17766	31901	4294	27607
9065	6698	2367	2224	143
20050	13274	6776	1677	5099
6306	6256	49	49	
52710	43222	9488	3489	5999
1901	809	1091		1091
13487	11989	1499	1499	

6-25 公共财政预算教育事业费

地区	合计	个人部分	工资福利支出	对个人和家庭的补助支出	#助学金
合计	**710641143**	**513762470**	**395589961**	**118172508**	**32515486**
北京	17668945	10953705	8859592	2094113	87188
天津	11931636	8742322	4564075	4178247	93191
河北	29579410	21798266	18274768	3523498	1096881
山西	17195178	13375489	11475644	1899845	784522
内蒙古	15201770	10613916	9325377	1288539	952888
辽宁	18438432	14367221	11535128	2832093	303565
吉林	12532760	9378752	6750540	2628212	329572
黑龙江	18527144	13918520	9968925	3949595	256146
上海	15322466	10608572	10001087	607485	317926
江苏	46489384	35964192	26499384	9464808	748748
浙江	33428116	26253127	20952668	5300459	861933
安徽	24678841	16988782	13356742	3632040	1078505
福建	19593505	15161500	12105078	3056421	481384
江西	23465974	13711278	10392937	3318341	811409
山东	56401632	41975967	34188041	7787926	1118248
河南	35285512	20448335	17449055	2999280	2661035
湖北	27602865	19650849	13394181	6256668	910115
湖南	28224683	20407525	14143539	6263985	1470389
广东	57234057	42398527	33955732	8442795	1398531
广西	22447049	16131642	11171913	4959729	2190665
海南	6166463	3719946	3326104	393842	233549
重庆	15581644	10615416	9058834	1556581	1025338
四川	39502189	31004378	22561176	8443202	3216847
贵州	23773655	17650992	11882390	5768602	2125407
云南	23152225	16582802	12712314	3870489	3028098
西藏	4383860	3281016	2097538	1183478	644517
陕西	21889217	14522476	10761262	3761214	1449542
甘肃	14496285	11128238	8143043	2985195	1221209
青海	4250420	2856943	2273944	582999	359979
宁夏	4473421	2851563	2514791	336771	279220
新疆	21722402	16700214	11894158	4806056	978938
大连	3816810	2942871	2663855	279016	23438
宁波	4876698	3670247	3025000	645247	105895
厦门	1938843	1591846	1168554	423292	30946
青岛	7883283	5177192	3753114	1424078	96638
深圳	6777952	5151449	4161941	989508	19265

支出明细(中学)

单位：千元

公用部分	商品和服务支出	其他资本性支出		
			专项公用支出	专项项目支出
196878673	**90187255**	**106691419**	**26216559**	**80474860**
6715240	3736565	2978676	1372952	1605724
3189315	1105881	2083433	1131188	952245
7781143	3592477	4188666	1230043	2958623
3819689	2194149	1625541	521819	1103722
4587854	2385711	2202143	670125	1532018
4071211	2720584	1350628	678605	672023
3154009	1526827	1627182	536290	1090892
4608624	2580447	2028176	460338	1567838
4713894	3499433	1214461	829638	384823
10525192	3681524	6843668	1002159	5841509
7174989	3313448	3861541	790615	3070926
7690058	3133104	4556955	1229818	3327137
4432005	1931406	2500600	647026	1853574
9754696	2529963	7224733	880822	6343911
14425665	4657954	9767711	1292415	8475296
14837177	6772084	8065093	1508158	6556935
7952017	2717637	5234379	1039214	4195166
7817159	3393932	4423226	933827	3489399
14835530	9032804	5802726	2594763	3207963
6315407	2595717	3719689	874667	2845023
2446518	975800	1470718	486845	983873
4966228	2941349	2024879	604609	1420270
8497812	4619617	3878195	852445	3025750
6122664	2877120	3245543	707912	2537631
6569422	3295091	3274332	554994	2719337
1102844	445641	657202	176291	480912
7366741	3126811	4239930	848815	3391115
3368047	1499849	1868198	477818	1390380
1393477	498127	895350	198998	696352
1621859	559988	1061870	356747	705124
5022188	2246213	2775975	726604	2049370
873939	506726	367214	202872	164341
1206450	437370	769081	114408	654673
346997	283321	63676	30944	32732
2706092	641025	2065066	279910	1785156
1626503	1199164	427338	416494	10844

6-26 公共财政预算教育事业费

地区	合计	个人部分	工资福利支出	对个人和家庭的补助支出	#助学金
合计	**707298905**	**511303665**	**393794627**	**117509038**	**32439112**
北京	17127595	10616630	8657683	1958947	86812
天津	11931636	8742322	4564075	4178247	93191
河北	29579410	21798266	18274768	3523498	1096881
山西	17195178	13375489	11475644	1899845	784522
内蒙古	15201770	10613916	9325377	1288539	952888
辽宁	18438432	14367221	11535128	2832093	303565
吉林	12428450	9311732	6696752	2614980	327782
黑龙江	18309266	13759913	9845320	3914593	252536
上海	15241147	10553656	9949715	603941	317763
江苏	46489384	35964192	26499384	9464808	748748
浙江	33428116	26253127	20952668	5300459	861933
安徽	24678841	16988782	13356742	3632040	1078505
福建	19593505	15161500	12105078	3056421	481384
江西	23465974	13711278	10392937	3318341	811409
山东	56401632	41975967	34188041	7787926	1118248
河南	35284826	20448335	17449055	2999280	2661035
湖北	27456351	19557194	13325304	6231890	909817
湖南	28224683	20407525	14143539	6263985	1470389
广东	57182844	42356072	33917481	8438591	1397928
广西	22447049	16131642	11171913	4959729	2190665
海南	6165758	3719946	3326104	393842	233549
重庆	15498294	10561266	9010409	1550857	1025338
四川	39502189	31004378	22561176	8443202	3216847
贵州	23773655	17650992	11882390	5768602	2125407
云南	23152225	16582802	12712314	3870489	3028098
西藏	4383860	3281016	2097538	1183478	644517
陕西	21776098	14451424	10709898	3741526	1446141
甘肃	14489317	11122266	8137235	2985032	1221106
青海	4250420	2856943	2273944	582999	359979
宁夏	4473421	2851563	2514791	336771	279220
新疆	19727579	15126312	10742224	4384088	912909
大连	3816810	2942871	2663855	279016	23438
宁波	4876698	3670247	3025000	645247	105895
厦门	1938843	1591846	1168554	423292	30946
青岛	7883283	5177192	3753114	1424078	96638
深圳	6777952	5151449	4161941	989508	19265

支出明细(地方中学)

单位：千元

公用部分	商品和服务支出	其他资本性支出		
			专项公用支出	专项项目支出
195995241	**89688450**	**106306791**	**26057117**	**80249674**
6510966	3605967	2904999	1326354	1578645
3189315	1105881	2083433	1131188	952245
7781143	3592477	4188666	1230043	2958623
3819689	2194149	1625541	521819	1103722
4587854	2385711	2202143	670125	1532018
4071211	2720584	1350628	678605	672023
3116719	1492624	1624094	533202	1090892
4549353	2542640	2006713	449550	1557162
4687491	3476986	1210505	825682	384823
10525192	3681524	6843668	1002159	5841509
7174989	3313448	3861541	790615	3070926
7690058	3133104	4556955	1229818	3327137
4432005	1931406	2500600	647026	1853574
9754696	2529963	7224733	880822	6343911
14425665	4657954	9767711	1292415	8475296
14836491	6771398	8065093	1508158	6556935
7899157	2680525	5218632	1025806	4192826
7817159	3393932	4423226	933827	3489399
14826772	9026723	5800049	2593753	3206296
6315407	2595717	3719689	874667	2845023
2445812	975095	1470718	486845	983873
4937028	2922387	2014641	594371	1420270
8497812	4619617	3878195	852445	3025750
6122664	2877120	3245543	707912	2537631
6569422	3295091	3274332	554994	2719337
1102844	445641	657202	176291	480912
7324674	3104658	4220016	846605	3373411
3367051	1499562	1867489	477387	1390102
1393477	498127	895350	198998	696352
1621859	559988	1061870	356747	705124
4601266	2058450	2542817	658889	1883928
873939	506726	367214	202872	164341
1206450	437370	769081	114408	654673
346997	283321	63676	30944	32732
2706092	641025	2065066	279910	1785156
1626503	1199164	427338	416494	10844

6-27 公共财政预算教育事业费

地区	合计	个人部分	工资福利支出	对个人和家庭的补助支出	#助学金
合计	**710124431**	**513477242**	**395371247**	**118105995**	**32515434**
北京	17663694	10953705	8859592	2094113	87188
天津	11910607	8721308	4550683	4170624	93191
河北	29579410	21798266	18274768	3523498	1096881
山西	17195178	13375489	11475644	1899845	784522
内蒙古	15201770	10613916	9325377	1288539	952888
辽宁	18438432	14367221	11535128	2832093	303565
吉林	12529081	9375400	6749374	2626026	329572
黑龙江	18527144	13918520	9968925	3949595	256146
上海	15294135	10586965	9979776	607189	317916
江苏	46376713	35880466	26444255	9436211	748706
浙江	33276409	26148517	20868820	5279697	861933
安徽	24678841	16988782	13356742	3632040	1078505
福建	19593505	15161500	12105078	3056421	481384
江西	23465974	13711278	10392937	3318341	811409
山东	56375689	41950930	34164714	7786216	1118248
河南	35282833	20448335	17449055	2999280	2661035
湖北	27597771	19646423	13390159	6256264	910115
湖南	28092196	20406182	14142231	6263951	1470389
广东	57206219	42378414	33940522	8437892	1398531
广西	22447049	16131642	11171913	4959729	2190665
海南	6166463	3719946	3326104	393842	233549
重庆	15581644	10615416	9058834	1556581	1025338
四川	39502189	31004378	22561176	8443202	3216847
贵州	23773655	17650992	11882390	5768602	2125407
云南	23152225	16582802	12712314	3870489	3028098
西藏	4383860	3281016	2097538	1183478	644517
陕西	21889217	14522476	10761262	3761214	1449542
甘肃	14496285	11128238	8143043	2985195	1221209
青海	4250420	2856943	2273944	582999	359979
宁夏	4473421	2851563	2514791	336771	279220
新疆	21722402	16700214	11894158	4806056	978938
大连	3816810	2942871	2663855	279016	23438
宁波	4875401	3669259	3024144	645115	105895
厦门	1938843	1591846	1168554	423292	30946
青岛	7883283	5177192	3753114	1424078	96638
深圳	6777952	5151449	4161941	989508	19265

支出明细(普通中学)

单位：千元

公用部分	商品和服务支出	其他资本性支出	专项公用支出	专项项目支出
196647189	**90116092**	**106531097**	**26206881**	**80324216**
6709989	3731492	2978497	1372773	1605724
3189300	1105866	2083433	1131188	952245
7781143	3592477	4188666	1230043	2958623
3819689	2194149	1625541	521819	1103722
4587854	2385711	2202143	670125	1532018
4071211	2720584	1350628	678605	672023
3153681	1526586	1627094	536202	1090892
4608624	2580447	2028176	460338	1567838
4707170	3492903	1214268	829445	384823
10496247	3663892	6832355	999773	5832582
7127892	3276813	3851079	786720	3064359
7690058	3133104	4556955	1229818	3327137
4432005	1931406	2500600	647026	1853574
9754696	2529963	7224733	880822	6343911
14424759	4657130	9767629	1292344	8475285
14834498	6772084	8062414	1507522	6554892
7951348	2717015	5234333	1039167	4195166
7686015	3393828	4292186	933821	3358366
14827804	9029318	5798486	2592586	3205900
6315407	2595717	3719689	874667	2845023
2446518	975800	1470718	486845	983873
4966228	2941349	2024879	604609	1420270
8497812	4619617	3878195	852445	3025750
6122664	2877120	3245543	707912	2537631
6569422	3295091	3274332	554994	2719337
1102844	445641	657202	176291	480912
7366741	3126811	4239930	848815	3391115
3368047	1499849	1868198	477818	1390380
1393477	498127	895350	198998	696352
1621859	559988	1061870	356747	705124
5022188	2246213	2775975	726604	2049370
873939	506726	367214	202872	164341
1206142	437107	769035	114362	654673
346997	283321	63676	30944	32732
2706092	641025	2065066	279910	1785156
1626503	1199164	427338	416494	10844

6-28 公共财政预算教育事业费

地 区	合 计	个人部分	工资福利支出	对个人和家庭的补助支出	#助学金
合 计	**706782194**	**511018437**	**393575913**	**117442524**	**32439060**
北 京	17122344	10616630	8657683	1958947	86812
天 津	11910607	8721308	4550683	4170624	93191
河 北	29579410	21798266	18274768	3523498	1096881
山 西	17195178	13375489	11475644	1899845	784522
内蒙古	15201770	10613916	9325377	1288539	952888
辽 宁	18438432	14367221	11535128	2832093	303565
吉 林	12424771	9308380	6695586	2612794	327782
黑龙江	18309266	13759913	9845320	3914593	252536
上 海	15212816	10532049	9928403	603645	317753
江 苏	46376713	35880466	26444255	9436211	748706
浙 江	33276409	26148517	20868820	5279697	861933
安 徽	24678841	16988782	13356742	3632040	1078505
福 建	19593505	15161500	12105078	3056421	481384
江 西	23465974	13711278	10392937	3318341	811409
山 东	56375689	41950930	34164714	7786216	1118248
河 南	35282147	20448335	17449055	2999280	2661035
湖 北	27451256	19552768	13321282	6231485	909817
湖 南	28092196	20406182	14142231	6263951	1470389
广 东	57155006	42335959	33902271	8433688	1397928
广 西	22447049	16131642	11171913	4959729	2190665
海 南	6165758	3719946	3326104	393842	233549
重 庆	15498294	10561266	9010409	1550857	1025338
四 川	39502189	31004378	22561176	8443202	3216847
贵 州	23773655	17650992	11882390	5768602	2125407
云 南	23152225	16582802	12712314	3870489	3028098
西 藏	4383860	3281016	2097538	1183478	644517
陕 西	21776098	14451424	10709898	3741526	1446141
甘 肃	14489317	11122266	8137235	2985032	1221106
青 海	4250420	2856943	2273944	582999	359979
宁 夏	4473421	2851563	2514791	336771	279220
新 疆	19727579	15126312	10742224	4384088	912909
大 连	3816810	2942871	2663855	279016	23438
宁 波	4875401	3669259	3024144	645115	105895
厦 门	1938843	1591846	1168554	423292	30946
青 岛	7883283	5177192	3753114	1424078	96638
深 圳	6777952	5151449	4161941	989508	19265

支出明细(地方普通中学)

单位：千元

公用部分	商品和服务支出	其他资本性支出		
			专项公用支出	专项项目支出
195763757	**89617287**	**106146470**	**26047439**	**80099031**
6505715	3600894	2904821	1326175	1578645
3189300	1105866	2083433	1131188	952245
7781143	3592477	4188666	1230043	2958623
3819689	2194149	1625541	521819	1103722
4587854	2385711	2202143	670125	1532018
4071211	2720584	1350628	678605	672023
3116391	1492384	1624006	533114	1090892
4549353	2542640	2006713	449550	1557162
4680767	3470455	1210312	825489	384823
10496247	3663892	6832355	999773	5832582
7127892	3276813	3851079	786720	3064359
7690058	3133104	4556955	1229818	3327137
4432005	1931406	2500600	647026	1853574
9754696	2529963	7224733	880822	6343911
14424759	4657130	9767629	1292344	8475285
14833812	6771398	8062414	1507522	6554892
7898488	2679903	5218585	1025760	4192826
7686015	3393828	4292186	933821	3358366
14819047	9023237	5795809	2591576	3204234
6315407	2595717	3719689	874667	2845023
2445812	975095	1470718	486845	983873
4937028	2922387	2014641	594371	1420270
8497812	4619617	3878195	852445	3025750
6122664	2877120	3245543	707912	2537631
6569422	3295091	3274332	554994	2719337
1102844	445641	657202	176291	480912
7324674	3104658	4220016	846605	3373411
3367051	1499562	1867489	477387	1390102
1393477	498127	895350	198998	696352
1621859	559988	1061870	356747	705124
4601266	2058450	2542817	658889	1883928
873939	506726	367214	202872	164341
1206142	437107	769035	114362	654673
346997	283321	63676	30944	32732
2706092	641025	2065066	279910	1785156
1626503	1199164	427338	416494	10844

6-29 公共财政预算教育事业费

地　区	合　计	个人部分	工资福利支　出	对个人和家庭的补助支出	#助学金
合　计	235673257	171889043	134670902	37218141	9576690
北　京	6656234	4309398	3512633	796765	15839
天　津	5056136	3412320	1759775	1652545	26068
河　北	10161695	7515352	6315336	1200016	391005
山　西	6139211	4795821	4122008	673813	319946
内蒙古	6145269	4095465	3461556	633909	492927
辽　宁	5895424	4600239	3782259	817980	158458
吉　林	4061899	2964767	2151885	812882	157998
黑龙江	5849274	4343319	3162550	1180769	152470
上　海	5269102	3761404	3605081	156322	38566
江　苏	15867383	12304349	9423632	2880718	210454
浙　江	11598300	8901017	7312797	1588221	184168
安　徽	7885442	5694687	4618629	1076058	328201
福　建	6549199	5317895	4199497	1118399	103370
江　西	7785684	4401409	3293252	1108156	287674
山　东	17792966	13609744	11110373	2499371	343153
河　南	10052679	6186551	5397850	788701	666283
湖　北	9469820	6413864	4592834	1821029	339584
湖　南	7474295	5885202	4364432	1520770	311052
广　东	21471505	16276889	13022958	3253931	423967
广　西	6314198	4705281	3310523	1394758	541873
海　南	2144736	1198137	1099862	98275	51028
重　庆	5799887	3861871	3248423	613448	397601
四　川	12591621	10007789	7441750	2566039	1060851
贵　州	7275438	5405780	3725121	1680659	446017
云　南	6027211	4408257	3662825	745432	445284
西　藏	1489350	1084983	675925	409058	181680
陕　西	8240127	5104273	3895137	1209136	512996
甘　肃	5023184	3981274	2970981	1010292	386931
青　海	1421695	952573	774002	178571	103467
宁　夏	1540712	1124123	992111	132012	109882
新　疆	6623584	5265011	3664904	1600107	387898
大　连	1224121	967825	871383	96442	21461
宁　波	1600413	1256861	1046913	209948	23815
厦　门	688789	556197	399772	156424	4919
青　岛	2914440	1700365	1229269	471095	49449
深　圳	2622118	1952680	1605920	346760	14470

支出明细(普通高中)

单位：千元

公用部分	商品和服务支出	其他资本性支出	专项公用支出	专项项目支出
63784214	**26996549**	**36787666**	**8882829**	**27904837**
2346836	1442640	904196	470801	433395
1643815	433865	1209950	752438	457512
2646343	961884	1684458	450473	1233986
1343390	723412	619978	202139	417840
2049804	1120966	928838	291679	637159
1295184	896100	399085	240998	158087
1097132	478292	618841	248867	369974
1505955	817928	688027	153687	534339
1507698	1095474	412224	259517	152708
3563033	1204401	2358632	290580	2068052
2697283	1126936	1570347	290626	1279721
2190755	715428	1475327	309545	1165782
1231304	575955	655350	181246	474104
3384275	773745	2610530	260169	2350361
4183222	983571	3199652	231271	2968380
3866128	1708546	2157581	469779	1687803
3055956	918818	2137138	392524	1744613
1589093	598734	990359	189369	800990
5194616	2785533	2409082	935550	1473532
1608917	568495	1040421	239265	801156
946599	448654	497945	235397	262548
1938016	1159428	778588	214997	563591
2583832	1309200	1274632	263313	1011319
1869658	610573	1259085	195297	1063788
1618953	695663	923290	145164	778126
404367	148730	255637	55389	200249
3135854	1301132	1834721	389438	1445283
1041911	433923	607987	145178	462809
469121	153343	315778	75577	240201
416589	166021	250568	81833	168734
1358573	639156	719417	220724	498693
256296	171063	85233	43362	41871
343551	130276	213275	28524	184752
132593	114337	18256	8796	9460
1214075	141141	1072935	39023	1033911
669438	501744	167694	166627	1068

6-30 公共财政预算教育事业费

地区	合计	个人部分	工资福利支出	对个人和家庭的补助支出	#助学金
合计	**234123895**	**170779504**	**133890350**	**36889154**	**9541873**
北京	6290203	4082419	3376237	706182	15515
天津	5056136	3412320	1759775	1652545	26068
河北	10161695	7515352	6315336	1200016	391005
山西	6139211	4795821	4122008	673813	319946
内蒙古	6145269	4095465	3461556	633909	492927
辽宁	5895424	4600239	3782259	817980	158458
吉林	4009489	2933867	2132769	801098	156252
黑龙江	5753368	4272336	3111518	1160817	149101
上海	5213361	3722051	3568655	153397	38406
江苏	15867383	12304349	9423632	2880718	210454
浙江	11598300	8901017	7312797	1588221	184168
安徽	7885442	5694687	4618629	1076058	328201
福建	6549199	5317895	4199497	1118399	103370
江西	7785684	4401409	3293252	1108156	287674
山东	17792966	13609744	11110373	2499371	343153
河南	10052679	6186551	5397850	788701	666283
湖北	9344133	6336810	4536510	1800300	339285
湖南	7474295	5885202	4364432	1520770	311052
广东	21471505	16276889	13022958	3253931	423967
广西	6314198	4705281	3310523	1394758	541873
海南	2144302	1198137	1099862	98275	51028
重庆	5749465	3829059	3219064	609995	397601
四川	12591621	10007789	7441750	2566039	1060851
贵州	7275438	5405780	3725121	1680659	446017
云南	6027211	4408257	3662825	745432	445284
西藏	1489350	1084983	675925	409058	181680
陕西	8171714	5057160	3860699	1196460	510300
甘肃	5019978	3978554	2968331	1010223	386885
青海	1421695	952573	774002	178571	103467
宁夏	1540712	1124123	992111	132012	109882
新疆	5892471	4683384	3250094	1433289	361724
大连	1224121	967825	871383	96442	21461
宁波	1600413	1256861	1046913	209948	23815
厦门	688789	556197	399772	156424	4919
青岛	2914440	1700365	1229269	471095	49449
深圳	2622118	1952680	1605920	346760	14470

支出明细(地方普通高中)

单位：千元

公用部分	商品和服务支出	其他资本性支出		
			专项公用支出	专项项目支出
63344391	**26726748**	**36617643**	**8801388**	**27816255**
2207784	1352851	854933	441013	413920
1643815	433865	1209950	752438	457512
2646343	961884	1684458	450473	1233986
1343390	723412	619978	202139	417840
2049804	1120966	928838	291679	637159
1295184	896100	399085	240998	158087
1075622	458194	617428	247454	369974
1481032	798986	682047	149952	532095
1491309	1081407	409902	257194	152708
3563033	1204401	2358632	290580	2068052
2697283	1126936	1570347	290626	1279721
2190755	715428	1475327	309545	1165782
1231304	575955	655350	181246	474104
3384275	773745	2610530	260169	2350361
4183222	983571	3199652	231271	2968380
3866128	1708546	2157581	469779	1687803
3007323	885347	2121975	379362	1742613
1589093	598734	990359	189369	800990
5194616	2785533	2409082	935550	1473532
1608917	568495	1040421	239265	801156
946165	448220	497945	235397	262548
1920406	1147992	772413	208822	563591
2583832	1309200	1274632	263313	1011319
1869658	610573	1259085	195297	1063788
1618953	695663	923290	145164	778126
404367	148730	255637	55389	200249
3114555	1288500	1826055	388288	1437767
1041424	433805	607619	144958	462661
469121	153343	315778	75577	240201
416589	166021	250568	81833	168734
1209087	570344	638744	197249	441495
256296	171063	85233	43362	41871
343551	130276	213275	28524	184752
132593	114337	18256	8796	9460
1214075	141141	1072935	39023	1033911
669438	501744	167694	166627	1068

6-31 公共财政预算教育事业费

地区	合计	个人部分	工资福利支出	对个人和家庭的补助支出	#助学金
合计	**105808122**	**78461158**	**62564308**	**15896850**	**5717309**
北京	749179	470064	423334	46730	2270
天津	985830	677886	430903	246983	9935
河北	5581890	4053925	3477903	576022	234356
山西	3310629	2609163	2216662	392501	189997
内蒙古	2882631	2007659	1706351	301307	238930
辽宁	1489681	1199978	1027017	172961	45443
吉林	1407440	1002759	758399	244360	47504
黑龙江	2308971	1673891	1274610	399280	75433
上海	593614	481461	469988	11473	7153
江苏	5976364	4752471	3733028	1019443	106885
浙江	4803756	3925469	3205910	719559	97112
安徽	5178951	3652366	2932580	719787	209473
福建	3552956	2952055	2374945	577110	64317
江西	4326368	2601005	1991042	609963	184159
山东	6143335	5195134	4493519	701615	142304
河南	5855609	3682758	3183243	499515	433542
湖北	3251847	2253654	1719567	534088	180319
湖南	4256690	3394699	2627494	767205	227649
广东	5811080	4250479	3587917	662563	170980
广西	3634731	2771550	1946255	825295	322000
海南	919217	490144	445256	44889	31527
重庆	2638585	1745574	1431231	314343	232430
四川	7319804	5925916	4422272	1503645	693862
贵州	4687802	3448890	2481736	967154	306350
云南	3758062	2870805	2431840	438965	320319
西藏	1005297	751440	514993	236447	123309
陕西	5243143	3238604	2458046	780558	371247
甘肃	3309301	2647072	2048586	598486	269943
青海	973020	644636	515780	128856	70991
宁夏	501381	421644	365594	56050	49414
新疆	3350956	2668007	1868309	799698	258154
大连	132495	112870	101911	10959	434
宁波	600942	443291	366147	77144	5642
厦门	62995	56462	39990	16472	612
青岛	246602	190449	148767	41682	5571
深圳					

支出明细(农村高中)

单位：千元

公用部分	商品和服务支出	其他资本性支出		
			专项公用支出	专项项目支出
27346964	**10937342**	**16409621**	**3330207**	**13079414**
279115	132421	146694	25183	121512
307944	74151	233793	52674	181120
1527965	485351	1042615	213458	829157
701466	393315	308151	105804	202348
874973	559211	315761	108296	207465
289704	186496	103208	68981	34226
404681	164469	240211	92436	147775
635080	303128	331952	56033	275919
112152	93168	18984	13657	5327
1223894	444239	779654	122217	657438
878288	394697	483591	87988	395603
1526585	476751	1049834	216448	833386
600901	255035	345866	99532	246333
1725362	519390	1205972	125334	1080638
948201	251552	696649	87881	608768
2172852	827252	1345600	229698	1115902
998193	350905	647288	90204	557084
861991	290133	571858	108542	463316
1560601	751808	808792	293218	515574
863180	317756	545424	120319	425105
429073	198296	230776	54782	175994
893010	458404	434606	74319	360287
1393888	699192	694696	126840	567856
1238912	366388	872524	112541	759983
887256	312391	574865	78031	496834
253857	100732	153125	36752	116373
2004540	849195	1155344	239503	915841
662229	222095	440134	113616	326518
328384	104353	224031	45455	178576
79737	36036	43701	19143	24557
682949	319029	363920	111323	252597
19625	15096	4529	3535	994
157651	53999	103652	13457	90196
6533	6049	484	484	
56154	15985	40169	2246	37923

6-32 公共财政预算教育事业费

地区	合计	个人部分	工资福利支出	对个人和家庭的补助支出	#助学金
合计	105324817	78107046	62302911	15804135	5702621
北京	749179	470064	423334	46730	2270
天津	985830	677886	430903	246983	9935
河北	5581890	4053925	3477903	576022	234356
山西	3310629	2609163	2216662	392501	189997
内蒙古	2882631	2007659	1706351	301307	238930
辽宁	1489681	1199978	1027017	172961	45443
吉林	1407440	1002759	758399	244360	47504
黑龙江	2284048	1657162	1260265	396897	74421
上海	593614	481461	469988	11473	7153
江苏	5976364	4752471	3733028	1019443	106885
浙江	4803756	3925469	3205910	719559	97112
安徽	5178951	3652366	2932580	719787	209473
福建	3552956	2952055	2374945	577110	64317
江西	4326368	2601005	1991042	609963	184159
山东	6143335	5195134	4493519	701615	142304
河南	5855609	3682758	3183243	499515	433542
湖北	3174281	2207844	1683718	524125	180067
湖南	4256690	3394699	2627494	767205	227649
广东	5811080	4250479	3587917	662563	170980
广西	3634731	2771550	1946255	825295	322000
海南	918783	490144	445256	44889	31527
重庆	2638585	1745574	1431231	314343	232430
四川	7319804	5925916	4422272	1503645	693862
贵州	4687802	3448890	2481736	967154	306350
云南	3758062	2870805	2431840	438965	320319
西藏	1005297	751440	514993	236447	123309
陕西	5243143	3238604	2458046	780558	371247
甘肃	3306095	2644353	2045935	598417	269896
青海	973020	644636	515780	128856	70991
宁夏	501381	421644	365594	56050	49414
新疆	2973782	2379153	1659755	719397	244776
大连	132495	112870	101911	10959	434
宁波	600942	443291	366147	77144	5642
厦门	62995	56462	39990	16472	612
青岛	246602	190449	148767	41682	5571
深圳					

支出明细(地方农村高中)

单位：千元

公用部分	商品和服务支出	其他资本性支出	专项公用支出	专项项目支出
27217771	**10867505**	**16350267**	**3311878**	**13038389**
279115	132421	146694	25183	121512
307944	74151	233793	52674	181120
1527965	485351	1042615	213458	829157
701466	393315	308151	105804	202348
874973	559211	315761	108296	207465
289704	186496	103208	68981	34226
404681	164469	240211	92436	147775
626885	296799	330086	54367	275719
112152	93168	18984	13657	5327
1223894	444239	779654	122217	657438
878288	394697	483591	87988	395603
1526585	476751	1049834	216448	833386
600901	255035	345866	99532	246333
1725362	519390	1205972	125334	1080638
948201	251552	696649	87881	608768
2172852	827252	1345600	229698	1115902
966437	326243	640194	83110	557084
861991	290133	571858	108542	463316
1560601	751808	808792	293218	515574
863180	317756	545424	120319	425105
428638	197862	230776	54782	175994
893010	458404	434606	74319	360287
1393888	699192	694696	126840	567856
1238912	366388	872524	112541	759983
887256	312391	574865	78031	496834
253857	100732	153125	36752	116373
2004540	849195	1155344	239503	915841
661742	221976	439766	113396	326371
328384	104353	224031	45455	178576
79737	36036	43701	19143	24557
594629	280735	313894	101974	211920
19625	15096	4529	3535	994
157651	53999	103652	13457	90196
6533	6049	484	484	
56154	15985	40169	2246	37923

6-33 公共财政预算教育事业费

地区	合计	个人部分	工资福利支出	对个人和家庭的补助支出	#助学金
合计	**474451174**	**341588199**	**260700345**	**80887854**	**22938744**
北京	11007460	6644307	5346958	1297349	71349
天津	6854471	5308987	2790908	2518079	67123
河北	19417715	14282914	11959432	2323483	705875
山西	11055967	8579668	7353636	1226032	464576
内蒙古	9056500	6518451	5863821	654630	459961
辽宁	12543009	9766982	7752869	2014113	145107
吉林	8467181	6410633	4597489	1813144	171575
黑龙江	12677870	9575201	6806375	2768826	103676
上海	10025033	6825561	6374695	450867	279350
江苏	30509330	23576117	17020623	6555493	538252
浙江	21678109	17247500	13556023	3691476	677765
安徽	16793399	11294095	8738113	2555982	750305
福建	13044306	9843604	7905582	1938023	378015
江西	15680291	9309870	7099685	2210185	523735
山东	38582724	28341187	23054341	5286845	775095
河南	25230154	14261784	12051205	2210579	1994752
湖北	18127951	13232559	8797324	4435235	570532
湖南	20617901	14520979	9777799	4743181	1159337
广东	35734714	26101526	20917564	5183961	974564
广西	16132851	11426361	7861390	3564971	1648791
海南	4021727	2521809	2226241	295567	182521
重庆	9781757	6753545	5810411	943134	627737
四川	26910568	20996589	15119426	5877163	2155996
贵州	16498217	12245211	8157269	4087943	1679391
云南	17125014	12174545	9049489	3125056	2582814
西藏	2894510	2196033	1421613	774421	462838
陕西	13649091	9418203	6866125	2552078	936546
甘肃	9473101	7146964	5172062	1974902	834278
青海	2828725	1904370	1499942	404428	256512
宁夏	2932709	1727440	1522680	204759	169338
新疆	15098817	11435203	8229254	3205949	591040
大连	2592689	1975046	1792472	182574	1977
宁波	3274988	2412397	1977231	435166	82080
厦门	1250054	1035650	768781	266868	26028
青岛	4968844	3476827	2523845	952982	47189
深圳	4155834	3198770	2556021	642748	4795

支出明细(普通初中)

单位：千元

公用部分	商品和服务支出	其他资本性支出	专项公用支出	专项项目支出
132862975	**63119543**	**69743432**	**17324052**	**52419379**
4363153	2288852	2074301	901972	1172329
1545484	672001	873483	378750	494733
5134801	2630593	2504208	779571	1724637
2476299	1470737	1005562	319680	685882
2538050	1264745	1273304	378445	894859
2776027	1824484	951543	437607	513936
2056548	1048295	1008253	287335	720918
3102669	1762519	1340150	306651	1033498
3199472	2397428	802043	569929	232115
6933213	2459491	4473723	709193	3764529
4430609	2149877	2280732	496094	1784638
5499304	2417675	3081628	920273	2161355
3200701	1355451	1845250	465780	1379470
6370421	1756218	4614203	620653	3993550
10241537	3673560	6567977	1061073	5506904
10968371	5063538	5904833	1037744	4867089
4895392	1798197	3097195	646643	2450552
6096922	2795095	3301827	744452	2557375
9633189	6243785	3389404	1657035	1732368
4706490	2027222	2679268	635402	2043867
1499919	527146	972772	251448	721324
3028212	1781921	1246291	389612	856679
5913979	3310416	2603563	589132	2014431
4253006	2266548	1986458	512615	1473843
4950469	2599428	2351041	409830	1941211
698477	296912	401565	120902	280663
4230888	1825679	2405208	459377	1945832
2326137	1065925	1260211	332640	927571
924355	344783	579572	123421	456151
1205270	393967	811303	274913	536390
3663614	1607057	2056558	505880	1550678
617643	335663	281980	159510	122470
862591	306831	555760	85838	469921
214404	168984	45420	22148	23272
1492016	499885	992132	240886	751245
957064	697420	259644	249868	9776

6-34 公共财政预算教育事业费

地区	合计	个人部分	工资福利支出	对个人和家庭的补助支出	#助学金
合计	**472658299**	**340238933**	**259685563**	**80553370**	**22897187**
北京	10832141	6534210	5281445	1252765	71297
天津	6854471	5308987	2790908	2518079	67123
河北	19417715	14282914	11959432	2323483	705875
山西	11055967	8579668	7353636	1226032	464576
内蒙古	9056500	6518451	5863821	654630	459961
辽宁	12543009	9766982	7752869	2014113	145107
吉林	8415281	6374513	4562817	1811696	171530
黑龙江	12555898	9487577	6733801	2753776	103435
上海	9999455	6809997	6359749	450248	279347
江苏	30509330	23576117	17020623	6555493	538252
浙江	21678109	17247500	13556023	3691476	677765
安徽	16793399	11294095	8738113	2555982	750305
福建	13044306	9843604	7905582	1938023	378015
江西	15680291	9309870	7099685	2210185	523735
山东	38582724	28341187	23054341	5286845	775095
河南	25229468	14261784	12051205	2210579	1994752
湖北	18107123	13215958	8784772	4431185	570532
湖南	20617901	14520979	9777799	4743181	1159337
广东	35683501	26059070	20879314	5179757	973961
广西	16132851	11426361	7861390	3564971	1648791
海南	4021456	2521809	2226241	295567	182521
重庆	9748829	6732207	5791345	940862	627737
四川	26910568	20996589	15119426	5877163	2155996
贵州	16498217	12245211	8157269	4087943	1679391
云南	17125014	12174545	9049489	3125056	2582814
西藏	2894510	2196033	1421613	774421	462838
陕西	13604383	9394264	6849198	2545066	935842
甘肃	9469339	7143712	5168904	1974808	834222
青海	2828725	1904370	1499942	404428	256512
宁夏	2932709	1727440	1522680	204759	169338
新疆	13835108	10442929	7492130	2950799	551185
大连	2592689	1975046	1792472	182574	1977
宁波	3274988	2412397	1977231	435166	82080
厦门	1250054	1035650	768781	266868	26028
青岛	4968844	3476827	2523845	952982	47189
深圳	4155834	3198770	2556021	642748	4795

支出明细(地方普通初中)

单位：千元

公用部分	商品和服务支出	其他资本性支出	专项公用支出	专项项目支出
132419366	**62890538**	**69528827**	**17246052**	**52282776**
4297931	2248043	2049888	885162	1164725
1545484	672001	873483	378750	494733
5134801	2630593	2504208	779571	1724637
2476299	1470737	1005562	319680	685882
2538050	1264745	1273304	378445	894859
2776027	1824484	951543	437607	513936
2040768	1034190	1006578	285660	720918
3068321	1743655	1324666	299598	1025068
3189458	2389048	800410	568295	232115
6933213	2459491	4473723	709193	3764529
4430609	2149877	2280732	496094	1784638
5499304	2417675	3081628	920273	2161355
3200701	1355451	1845250	465780	1379470
6370421	1756218	4614203	620653	3993550
10241537	3673560	6567977	1061073	5506904
10967684	5062852	5904833	1037744	4867089
4891166	1794556	3096610	646398	2450212
6096922	2795095	3301827	744452	2557375
9624431	6237704	3386727	1656025	1730702
4706490	2027222	2679268	635402	2043867
1499647	526875	972772	251448	721324
3016622	1774395	1242228	385549	856679
5913979	3310416	2603563	589132	2014431
4253006	2266548	1986458	512615	1473843
4950469	2599428	2351041	409830	1941211
698477	296912	401565	120902	280663
4210119	1816158	2393961	458317	1935644
2325627	1065757	1259870	332429	927440
924355	344783	579572	123421	456151
1205270	393967	811303	274913	536390
3392179	1488106	1904073	461641	1442433
617643	335663	281980	159510	122470
862591	306831	555760	85838	469921
214404	168984	45420	22148	23272
1492016	499885	992132	240886	751245
957064	697420	259644	249868	9776

6-35 公共财政预算教育事业费

地区	合计	个人部分	工资福利支出	对个人和家庭的补助支出	#助学金
合计	**305952907**	**222042508**	**169449096**	**52593413**	**18854428**
北京	2529694	1349710	1184444	165266	10244
天津	2092644	1716592	1086485	630107	3158
河北	14011428	10000065	8327167	1672899	667971
山西	7554618	5948169	5018773	929397	398271
内蒙古	5790390	4255904	3787996	467908	331801
辽宁	5476509	4395414	3526422	868993	126776
吉林	5263709	3912021	2890807	1021214	158745
黑龙江	7260777	5360407	3922241	1438167	97781
上海	1740957	1372906	1307247	65659	49889
江苏	15611393	12260938	8892375	3368563	108964
浙江	12023298	9607039	7467189	2139849	384992
安徽	13453078	9151151	6958484	2192668	662488
福建	8873160	6748182	5426578	1321604	314484
江西	12225978	7322422	5676214	1646207	439493
山东	24059894	17442771	14464813	2977958	575213
河南	18818727	10817970	8910543	1907426	1758371
湖北	11485818	8342684	5614329	2728355	513691
湖南	15809696	11419047	7755321	3663726	788139
广东	16812469	11874848	10099191	1775657	406387
广西	12801655	9368480	6332269	3036211	1541460
海南	2622872	1648595	1451985	196610	119945
重庆	6618900	4720451	4019601	700850	532013
四川	20907814	16404038	11803596	4600442	1936879
贵州	13357429	10310962	6939264	3371698	1592754
云南	14026909	10471989	7710192	2761797	2417987
西藏	2260858	1813516	1192456	621061	421973
陕西	10194973	7204635	5168217	2036418	808217
甘肃	7728074	5834189	4283312	1550877	806512
青海	2136443	1450340	1103167	347173	240839
宁夏	1817117	1140819	969638	171181	142929
新疆	10585627	8376254	6158781	2217473	496062
大连	632639	500473	465074	35399	12
宁波	1416613	998787	833738	165049	40723
厦门	199981	172809	121835	50974	6589
青岛	1798120	1216036	915024	301012	12562
深圳					

支出明细(农村初中)

单位：千元

公用部分	商品和服务支出	其他资本性支出		
			专项公用支出	专项项目支出
83910399	**38369821**	**45540577**	**10066080**	**35474497**
1179984	370651	809333	303771	505562
376052	194044	182008	30525	151483
4011363	1969241	2042121	613682	1428439
1606448	993270	613178	184868	428311
1534486	772945	761541	252073	509468
1081095	721523	359572	133738	225834
1351688	614224	737464	165957	571507
1900369	1077770	822599	158023	664576
368052	324100	43951	42428	1524
3350455	1193068	2157387	373410	1783977
2416259	1101031	1315228	289846	1025382
4301927	2029554	2272373	711035	1561338
2124977	854897	1270080	310284	959796
4903556	1426512	3477045	458052	3018993
6617123	2340436	4276686	673117	3603570
8000757	3684913	4315844	733682	3582162
3143134	1079317	2063817	282231	1781586
4390649	2130960	2259689	449020	1810669
4937621	3063111	1874510	765197	1109313
3433175	1528495	1904680	463660	1441020
974277	287141	687135	159934	527201
1898450	1089509	808941	264295	544646
4503776	2394961	2108815	433046	1675769
3046467	1622262	1424205	376044	1048161
3554920	1708063	1846857	322901	1523955
447342	221007	226335	67966	158369
2990339	1321872	1668467	255449	1413017
1893885	813664	1080221	275064	805157
686103	254310	431793	84419	347374
676298	237704	438594	186471	252123
2209373	949265	1260108	245895	1014213
132167	72728	59438	43650	15789
417826	124483	293343	42634	250709
27172	15738	11434	2560	8875
582084	171727	410357	136567	273789

6-36 公共财政预算教育事业费

地区	合计	个人部分	工资福利支出	对个人和家庭的补助支出	#助学金
合计	**304777172**	**221119013**	**168739540**	**52379473**	**18819717**
北京	2529492	1349710	1184444	165266	10244
天津	2092644	1716592	1086485	630107	3158
河北	14011428	10000065	8327167	1672899	667971
山西	7554618	5948169	5018773	929397	398271
内蒙古	5790390	4255904	3787996	467908	331801
辽宁	5476509	4395414	3526422	868993	126776
吉林	5263709	3912021	2890807	1021214	158745
黑龙江	7191360	5307051	3876579	1430472	97757
上海	1740957	1372906	1307247	65659	49889
江苏	15611393	12260938	8892375	3368563	108964
浙江	12023298	9607039	7467189	2139849	384992
安徽	13453078	9151151	6958484	2192668	662488
福建	8873160	6748182	5426578	1321604	314484
江西	12225978	7322422	5676214	1646207	439493
山东	24059894	17442771	14464813	2977958	575213
河南	18818727	10817970	8910543	1907426	1758371
湖北	11485818	8342684	5614329	2728355	513691
湖南	15809696	11419047	7755321	3663726	788139
广东	16761256	11832393	10060940	1771452	405784
广西	12801655	9368480	6332269	3036211	1541460
海南	2622600	1648595	1451985	196610	119945
重庆	6618900	4720451	4019601	700850	532013
四川	20907814	16404038	11803596	4600442	1936879
贵州	13357429	10310962	6939264	3371698	1592754
云南	14026909	10471989	7710192	2761797	2417987
西藏	2260858	1813516	1192456	621061	421973
陕西	10194973	7204635	5168217	2036418	808217
甘肃	7724312	5830936	4280153	1550783	806456
青海	2136443	1450340	1103167	347173	240839
宁夏	1817117	1140819	969638	171181	142929
新疆	9534756	7551822	5536296	2015526	462034
大连	632639	500473	465074	35399	12
宁波	1416613	998787	833738	165049	40723
厦门	199981	172809	121835	50974	6589
青岛	1798120	1216036	915024	301012	12562
深圳					

支出明细(地方农村初中)

单位：千元

公用部分	商品和服务支出	其他资本性支出	专项公用支出	专项项目支出
83658159	**38251660**	**45406499**	**10027317**	**35379182**
1179782	370449	809333	303771	505562
376052	194044	182008	30525	151483
4011363	1969241	2042121	613682	1428439
1606448	993270	613178	184868	428311
1534486	772945	761541	252073	509468
1081095	721523	359572	133738	225834
1351688	614224	737464	165957	571507
1884309	1067608	816702	155110	661591
368052	324100	43951	42428	1524
3350455	1193068	2157387	373410	1783977
2416259	1101031	1315228	289846	1025382
4301927	2029554	2272373	711035	1561338
2124977	854897	1270080	310284	959796
4903556	1426512	3477045	458052	3018993
6617123	2340436	4276686	673117	3603570
8000757	3684913	4315844	733682	3582162
3143134	1079317	2063817	282231	1781586
4390649	2130960	2259689	449020	1810669
4928864	3057030	1871834	764187	1107647
3433175	1528495	1904680	463660	1441020
974005	286870	687135	159934	527201
1898450	1089509	808941	264295	544646
4503776	2394961	2108815	433046	1675769
3046467	1622262	1424205	376044	1048161
3554920	1708063	1846857	322901	1523955
447342	221007	226335	67966	158369
2990339	1321872	1668467	255449	1413017
1893376	813496	1079880	274853	805027
686103	254310	431793	84419	347374
676298	237704	438594	186471	252123
1982933	847989	1134945	211265	923680
132167	72728	59438	43650	15789
417826	124483	293343	42634	250709
27172	15738	11434	2560	8875
582084	171727	410357	136567	273789

6-37 公共财政预算教育事业费

地区	合计	个人部分	工资福利支出	对个人和家庭的补助支出	#助学金
合计	**516712**	**285228**	**218715**	**66513**	**52**
北京	5251				
天津	21029	21014	13392	7623	
河北					
山西					
内蒙古					
辽宁					
吉林	3680	3352	1166	2185	
黑龙江					
上海	28331	21607	21312	296	10
江苏	112671	83726	55129	28597	42
浙江	151707	104610	83848	20762	
安徽					
福建					
江西					
山东	25943	25037	23327	1710	
河南	2679				
湖北	5095	4426	4022	404	
湖南	132487	1343	1309	34	
广东	27839	20113	15210	4903	
广西					
海南					
重庆					
四川					
贵州					
云南					
西藏					
陕西					
甘肃					
青海					
宁夏					
新疆					
大连					
宁波	1297	989	856	133	
厦门					
青岛					
深圳					

支出明细(成人中学)

单位：千元

公用部分	商品和服务支出	其他资本性支出		
			专项公用支出	专项项目支出
231484	**71163**	**160321**	**9677**	**150644**
5251	5073	178	178	
15	15			
328	240	88	88	
6724	6531	193	193	
28945	17633	11313	2386	8927
47097	36636	10462	3895	6567
906	824	82	71	11
2679		2679	636	2043
669	622	47	47	
131144	104	131040	6	131034
7725	3486	4240	2177	2062
309	263	46	46	

6-38 公共财政预算教育

地 区	合 计	个人部分			
			工资福利支 出	对个人和家庭的补助支出	
					#助学金
合 计	**789907802**	**570340589**	**414228932**	**156111657**	**30191568**
北 京	17964069	10562143	8620166	1941978	90791
天 津	10271587	7799097	4012622	3786474	77464
河 北	36105761	26642992	21175101	5467892	755655
山 西	19422704	15166485	12334979	2831506	400500
内蒙古	15275412	11584763	10437807	1146956	661017
辽 宁	17862861	14016146	10705944	3310201	187616
吉 林	14811911	11296151	7764574	3531578	190849
黑龙江	19113569	15061107	9315090	5746017	278890
上 海	13559268	8956057	8306472	649585	408628
江 苏	54100993	40096394	25514798	14581596	1121893
浙 江	36251520	29096929	20886750	8210179	1029489
安 徽	30167619	20335665	14637790	5697875	850584
福 建	24385612	17662661	13147233	4515428	340377
江 西	30153102	19359023	13061958	6297065	761292
山 东	51404376	38278469	30590654	7687815	797064
河 南	38634452	22017579	19002655	3014924	2567810
湖 北	27704009	18796008	12508933	6287075	863357
湖 南	32830486	21810327	15075116	6735211	1456592
广 东	60834658	44135366	33662388	10472978	1309014
广 西	29731217	22358858	14566611	7792247	1610517
海 南	7103535	4733795	4338460	395335	161496
重 庆	16899135	10994904	9404961	1589942	840455
四 川	46129012	35913872	23197422	12716450	2983854
贵 州	28692323	22734547	14162372	8572175	1690138
云 南	28200275	20881790	16364212	4517578	3612769
西 藏	7565205	5002211	3081542	1920669	1106195
陕 西	23607430	15850726	10565801	5284925	1429752
甘 肃	16318637	12523036	8717668	3805369	1197016
青 海	4795410	3301653	2536393	765259	514403
宁 夏	4687493	2843590	2567672	275918	227171
新 疆	25324161	20528246	13964788	6563457	668924
大 连	3343629	2461196	2236202	224995	3593
宁 波	5166248	3999797	3120924	878873	125500
厦 门	2333350	1917996	1458563	459432	21622
青 岛	6781610	5026579	3472760	1553819	75325
深 圳	8110357	5842147	4566806	1275341	8479

事业费支出明细(小学)

单位：千元

公用部分	商品和服务支出	其他资本性支出	专项公用支出	专项项目支出
219567213	**107879262**	**111687950**	**28294436**	**83393514**
7401925	5022467	2379459	1170931	1208528
2472491	1217528	1254963	580688	674275
9462769	4945913	4516856	1367773	3149083
4256219	2715846	1540373	545970	994404
3690650	1927707	1762943	530461	1232482
3846715	2590794	1255921	567162	688759
3515759	1818842	1696918	458710	1238208
4052462	2392220	1660242	397098	1263144
4603211	3603664	999547	736626	262921
14004599	4575550	9429049	1425261	8003788
7154590	3674350	3480240	812995	2667245
9831953	4199907	5632046	1579011	4053036
6722950	2858049	3864901	879917	2984984
10794080	3440748	7353331	1165383	6187948
13125908	5454660	7671247	1434575	6236672
16616873	8925834	7691038	1471417	6219621
8908001	3203738	5704263	1175002	4529261
11020159	4581518	6438641	1313517	5125124
16699293	10368609	6330684	3517295	2813389
7372359	3559351	3813008	967170	2845838
2369740	895038	1474702	465468	1009234
5904232	3611596	2292635	717066	1575569
10215140	5559536	4655604	919361	3736243
5957776	3402580	2555196	655362	1899834
7318485	3561403	3757082	644930	3112153
2562994	623966	1939028	266451	1672576
7756704	3471314	4285391	929703	3355688
3795601	1832619	1962982	511834	1451149
1493757	630755	863002	183862	679140
1843903	664651	1179252	393544	785708
4795915	2548512	2247404	509894	1737510
882433	469332	413101	210712	202389
1166451	470350	696101	98926	597175
415355	281331	134023	87499	46525
1755031	903099	851933	175380	676552
2268210	1464357	803853	794079	9774

6-39 公共财政预算教育事业费

地区	合计	个人部分	工资福利支出	对个人和家庭的补助支出	#助学金
合计	**787180814**	**568297087**	**412671968**	**155625119**	**30125291**
北京	17748598	10428325	8520143	1908183	90284
天津	10245677	7780448	4001069	3779379	77464
河北	36105761	26642992	21175101	5467892	755655
山西	19419504	15163558	12332052	2831506	400500
内蒙古	15275412	11584763	10437807	1146956	661017
辽宁	17862861	14016146	10705944	3310201	187616
吉林	14758531	11253850	7729940	3523910	190849
黑龙江	18969565	14956962	9232675	5724288	278795
上海	13551682	8950394	8300848	649546	408628
江苏	54100993	40096394	25514798	14581596	1121893
浙江	36251520	29096929	20886750	8210179	1029489
安徽	30167619	20335665	14637790	5697875	850584
福建	24385612	17662661	13147233	4515428	340377
江西	30153102	19359023	13061958	6297065	761292
山东	51404376	38278469	30590654	7687815	797064
河南	38633556	22017579	19002655	3014924	2567810
湖北	27674629	18777538	12494233	6283305	863357
湖南	32820891	21802076	15067383	6734693	1456592
广东	60761309	44071709	33604696	10467013	1308254
广西	29731217	22358858	14566611	7792247	1610517
海南	7102993	4733795	4338460	395335	161496
重庆	16877565	10979525	9391987	1587538	840455
四川	46128770	35913818	23197422	12716396	2983801
贵州	28692323	22734547	14162372	8572175	1690138
云南	28200275	20881790	16364212	4517578	3612769
西藏	7565205	5002211	3081542	1920669	1106195
陕西	23523801	15786192	10507966	5278226	1429752
甘肃	16309251	12515225	8710725	3804499	1196280
青海	4795410	3301653	2536393	765259	514403
宁夏	4687493	2843590	2567672	275918	227171
新疆	23275314	18970401	12802876	6167525	604797
大连	3343629	2461196	2236202	224995	3593
宁波	5166248	3999797	3120924	878873	125500
厦门	2333350	1917996	1458563	459432	21622
青岛	6781610	5026579	3472760	1553819	75325
深圳	8110357	5842147	4566806	1275341	8479

支出明细(地方小学)

单位：千元

公用部分	商品和服务支出	其他资本性支出		
			专项公用支出	专项项目支出
218883727	**107575676**	**111308051**	**28177360**	**83130690**
7320272	4985373	2334899	1147568	1187331
2465229	1215143	1250086	576931	673155
9462769	4945913	4516856	1367773	3149083
4255946	2715800	1540146	545742	994404
3690650	1927707	1762943	530461	1232482
3846715	2590794	1255921	567162	688759
3504681	1808450	1696231	458023	1238208
4012603	2371806	1640796	388844	1251952
4601288	3602107	999181	736259	262921
14004599	4575550	9429049	1425261	8003788
7154590	3674350	3480240	812995	2667245
9831953	4199907	5632046	1579011	4053036
6722950	2858049	3864901	879917	2984984
10794080	3440748	7353331	1165383	6187948
13125908	5454660	7671247	1434575	6236672
16615977	8924938	7691038	1471417	6219621
8897091	3196343	5700748	1174488	4526261
11018815	4580191	6438624	1313500	5125124
16689600	10362794	6326805	3516198	2810608
7372359	3559351	3813008	967170	2845838
2369198	894496	1474702	465468	1009234
5898040	3608410	2289630	714061	1575569
10214952	5559348	4655604	919361	3736243
5957776	3402580	2555196	655362	1899834
7318485	3561403	3757082	644930	3112153
2562994	623966	1939028	266451	1672576
7737608	3455786	4281822	927598	3354224
3794026	1831826	1962200	511395	1450805
1493757	630755	863002	183862	679140
1843903	664651	1179252	393544	785708
4304914	2352482	1952432	436648	1515784
882433	469332	413101	210712	202389
1166451	470350	696101	98926	597175
415355	281331	134023	87499	46525
1755031	903099	851933	175380	676552
2268210	1464357	803853	794079	9774

6-40 公共财政预算教育事业费

地 区	合 计				
		个人部分			
			工资福利支 出	对个人和家庭的补助支出	
					#助学金
合 计	**789826554**	**570329067**	**414220621**	**156108446**	**30191568**
北 京	17964069	10562143	8620166	1941978	90791
天 津	10271587	7799097	4012622	3786474	77464
河 北	36105761	26642992	21175101	5467892	755655
山 西	19422704	15166485	12334979	2831506	400500
内蒙古	15275412	11584763	10437807	1146956	661017
辽 宁	17862861	14016146	10705944	3310201	187616
吉 林	14811911	11296151	7764574	3531578	190849
黑龙江	19113569	15061107	9315090	5746017	278890
上 海	13559268	8956057	8306472	649585	408628
江 苏	54100993	40096394	25514798	14581596	1121893
浙 江	36251520	29096929	20886750	8210179	1029489
安 徽	30167619	20335665	14637790	5697875	850584
福 建	24376618	17655868	13141182	4514686	340377
江 西	30153102	19359023	13061958	6297065	761292
山 东	51401915	38276007	30590654	7685354	797064
河 南	38634452	22017579	19002655	3014924	2567810
湖 北	27704009	18796008	12508933	6287075	863357
湖 南	32763319	21810227	15075016	6735211	1456592
广 东	60834658	44135366	33662388	10472978	1309014
广 西	29731167	22358858	14566611	7792247	1610517
海 南	7103535	4733795	4338460	395335	161496
重 庆	16897166	10993195	9403258	1589936	840455
四 川	46128591	35913479	23197031	12716448	2983854
贵 州	28692323	22734547	14162372	8572175	1690138
云 南	28200090	20881725	16364147	4517578	3612769
西 藏	7565205	5002211	3081542	1920669	1106195
陕 西	23607430	15850726	10565801	5284925	1429752
甘 肃	16318637	12523036	8717668	3805369	1197016
青 海	4795410	3301653	2536393	765259	514403
宁 夏	4687493	2843590	2567672	275918	227171
新 疆	25324161	20528246	13964788	6563457	668924
大 连	3343629	2461196	2236202	224995	3593
宁 波	5166248	3999797	3120924	878873	125500
厦 门	2333350	1917996	1458563	459432	21622
青 岛	6781610	5026579	3472760	1553819	75325
深 圳	8110357	5842147	4566806	1275341	8479

支出明细(普通小学)

单位：千元

公用部分	商品和服务支出	其他资本性支出		
			专项公用支出	专项项目支出
219497487	**107876579**	**111620908**	**28294360**	**83326548**
7401925	5022467	2379459	1170931	1208528
2472491	1217528	1254963	580688	674275
9462769	4945913	4516856	1367773	3149083
4256219	2715846	1540373	545970	994404
3690650	1927707	1762943	530461	1232482
3846715	2590794	1255921	567162	688759
3515759	1818842	1696918	458710	1238208
4052462	2392220	1660242	397098	1263144
4603211	3603664	999547	736626	262921
14004599	4575550	9429049	1425261	8003788
7154590	3674350	3480240	812995	2667245
9831953	4199907	5632046	1579011	4053036
6720749	2855924	3864825	879841	2984984
10794080	3440748	7353331	1165383	6187948
13125908	5454660	7671247	1434575	6236672
16616873	8925834	7691038	1471417	6219621
8908001	3203738	5704263	1175002	4529261
10953093	4581418	6371675	1313517	5058158
16699293	10368609	6330684	3517295	2813389
7372309	3559301	3813008	967170	2845838
2369740	895038	1474702	465468	1009234
5903971	3611336	2292635	717066	1575569
10215112	5559507	4655604	919361	3736243
5957776	3402580	2555196	655362	1899834
7318365	3561283	3757082	644930	3112153
2562994	623966	1939028	266451	1672576
7756704	3471314	4285391	929703	3355688
3795601	1832619	1962982	511834	1451149
1493757	630755	863002	183862	679140
1843903	664651	1179252	393544	785708
4795915	2548512	2247404	509894	1737510
882433	469332	413101	210712	202389
1166451	470350	696101	98926	597175
415355	281331	134023	87499	46525
1755031	903099	851933	175380	676552
2268210	1464357	803853	794079	9774

6-41 公共财政预算教育事业费

地区	合计	个人部分	工资福利支出	对个人和家庭的补助支出	#助学金
合计	**787099567**	**568285566**	**412663657**	**155621908**	**30125291**
北京	17748598	10428325	8520143	1908183	90284
天津	10245677	7780448	4001069	3779379	77464
河北	36105761	26642992	21175101	5467892	755655
山西	19419504	15163558	12332052	2831506	400500
内蒙古	15275412	11584763	10437807	1146956	661017
辽宁	17862861	14016146	10705944	3310201	187616
吉林	14758531	11253850	7729940	3523910	190849
黑龙江	18969565	14956962	9232675	5724288	278795
上海	13551682	8950394	8300848	649546	408628
江苏	54100993	40096394	25514798	14581596	1121893
浙江	36251520	29096929	20886750	8210179	1029489
安徽	30167619	20335665	14637790	5697875	850584
福建	24376618	17655868	13141182	4514686	340377
江西	30153102	19359023	13061958	6297065	761292
山东	51401915	38276007	30590654	7685354	797064
河南	38633556	22017579	19002655	3014924	2567810
湖北	27674629	18777538	12494233	6283305	863357
湖南	32753724	21801976	15067283	6734693	1456592
广东	60761309	44071709	33604696	10467013	1308254
广西	29731167	22358858	14566611	7792247	1610517
海南	7102993	4733795	4338460	395335	161496
重庆	16875596	10977816	9390284	1587532	840455
四川	46128349	35913425	23197031	12716394	2983801
贵州	28692323	22734547	14162372	8572175	1690138
云南	28200090	20881725	16364147	4517578	3612769
西藏	7565205	5002211	3081542	1920669	1106195
陕西	23523801	15786192	10507966	5278226	1429752
甘肃	16309251	12515225	8710725	3804499	1196280
青海	4795410	3301653	2536393	765259	514403
宁夏	4687493	2843590	2567672	275918	227171
新疆	23275314	18970401	12802876	6167525	604797
大连	3343629	2461196	2236202	224995	3593
宁波	5166248	3999797	3120924	878873	125500
厦门	2333350	1917996	1458563	459432	21622
青岛	6781610	5026579	3472760	1553819	75325
深圳	8110357	5842147	4566806	1275341	8479

支出明细(地方普通小学)

单位：千元

公用部分	商品和服务支出	其他资本性支出	专项公用支出	专项项目支出
218814001	**107572993**	**111241008**	**28177284**	**83063724**
7320272	4985373	2334899	1147568	1187331
2465229	1215143	1250086	576931	673155
9462769	4945913	4516856	1367773	3149083
4255946	2715800	1540146	545742	994404
3690650	1927707	1762943	530461	1232482
3846715	2590794	1255921	567162	688759
3504681	1808450	1696231	458023	1238208
4012603	2371806	1640796	388844	1251952
4601288	3602107	999181	736259	262921
14004599	4575550	9429049	1425261	8003788
7154590	3674350	3480240	812995	2667245
9831953	4199907	5632046	1579011	4053036
6720749	2855924	3864825	879841	2984984
10794080	3440748	7353331	1165383	6187948
13125908	5454660	7671247	1434575	6236672
16615977	8924938	7691038	1471417	6219621
8897091	3196343	5700748	1174488	4526261
10951749	4580091	6371658	1313500	5058158
16689600	10362794	6326805	3516198	2810608
7372309	3559301	3813008	967170	2845838
2369198	894496	1474702	465468	1009234
5897780	3608150	2289630	714061	1575569
10214924	5559319	4655604	919361	3736243
5957776	3402580	2555196	655362	1899834
7318365	3561283	3757082	644930	3112153
2562994	623966	1939028	266451	1672576
7737608	3455786	4281822	927598	3354224
3794026	1831826	1962200	511395	1450805
1493757	630755	863002	183862	679140
1843903	664651	1179252	393544	785708
4304914	2352482	1952432	436648	1515784
882433	469332	413101	210712	202389
1166451	470350	696101	98926	597175
415355	281331	134023	87499	46525
1755031	903099	851933	175380	676552
2268210	1464357	803853	794079	9774

6-42 公共财政预算教育事业费

地 区	合 计	个人部分	工资福利支出	对个人和家庭的补助支出	#助学金
合 计	**538231516**	**396491005**	**285839754**	**110651251**	**25392113**
北 京	3401378	2187583	1902882	284701	15201
天 津	3057841	2429264	1382160	1047104	3409
河 北	28673457	20924658	16565908	4358750	748803
山 西	14421415	11438178	9158415	2279763	322026
内蒙古	11383878	8720398	7799625	920774	516426
辽 宁	8887759	7363236	5475184	1888052	165757
吉 林	9976530	7660926	5368540	2292386	179870
黑龙江	13020153	10303290	6366953	3936338	275764
上 海	2356117	1806313	1705863	100450	75100
江 苏	29980565	22254750	13623901	8630849	243147
浙 江	21174997	17122070	11909390	5212680	617273
安 徽	24289922	16799000	11791256	5007743	783412
福 建	15994501	12193886	8904009	3289877	309479
江 西	24778806	15936720	10865648	5071073	567465
山 东	32845759	25001886	20354605	4647281	583235
河 南	30861300	17655748	15013795	2641952	2314934
湖 北	18050225	12286016	8271479	4014537	786762
湖 南	24283386	17150883	11859509	5291374	1432990
广 东	28390759	20486419	16314355	4172063	501227
广 西	24786461	19042587	12275525	6767062	1519518
海 南	5355653	3631897	3349651	282246	113179
重 庆	11652548	7908182	6696372	1211810	752218
四 川	37186783	29202396	18656912	10545484	2793276
贵 州	24248366	19893671	12509991	7383680	1624054
云 南	24382932	18480207	14400307	4079900	3400326
西 藏	6639151	4417463	2766343	1651120	1034905
陕 西	17909618	12507723	8146895	4360828	1237580
甘 肃	13626115	10554384	7421623	3132761	1155278
青 海	3852473	2705319	2033823	671496	497926
宁 夏	3134262	2042647	1824726	217921	182741
新 疆	19628404	16383305	11124113	5259193	638831
大 连	782366	627458	582977	44481	707
宁 波	2266135	1758690	1392950	365740	55567
厦 门	488630	442894	297074	145820	6089
青 岛	2316610	1817796	1300043	517752	23423
深 圳					

支出明细(农村小学)

单位：千元

公用部分	商品和服务支出	其他资本性支出		
			专项公用支出	专项项目支出
141740511	**67682368**	**74058143**	**16318540**	**57739603**
1213795	637340	576455	260222	316233
628577	352915	275662	90582	185080
7748799	3959106	3789693	1102954	2686739
2983237	1921655	1061582	358807	702775
2663480	1302060	1361421	377126	984295
1524524	1069886	454638	178879	275759
2315604	1158316	1157288	279806	877482
2716862	1604413	1112449	228868	883582
549804	471483	78321	60633	17687
7725815	2401125	5324690	811783	4512907
4052927	2036906	2016022	457641	1558381
7490923	3525248	3965675	1155472	2810203
3800615	1720018	2080597	442412	1638185
8842086	2809271	6032815	987156	5045660
7843872	3331600	4512273	843733	3668540
13205552	7194672	6010880	1012158	4998722
5764209	1905810	3858399	541183	3317216
7132503	3488810	3643693	676868	2966825
7904340	4633246	3271094	1443176	1827918
5743874	2885936	2857938	675501	2182437
1723756	636466	1087290	322279	765012
3744366	2207563	1536803	406814	1129989
7984388	4200175	3784212	686263	3097949
4354695	2469113	1885582	518868	1366713
5902725	2685598	3217127	519801	2697326
2221687	592081	1629606	194972	1434635
5401895	2455738	2946157	552441	2393717
3071731	1377150	1694581	423529	1271051
1147154	463886	683269	130361	552908
1091615	424020	667594	236919	430675
3245099	1760761	1484338	341335	1143002
154908	81919	72989	50743	22246
507445	204184	303261	53610	249651
45736	29717	16019	7673	8347
498814	237052	261762	49422	212340

6-43 公共财政预算教育事业费

地区	合计	个人部分	工资福利支出	对个人和家庭的补助支出	#助学金
合计	**536266822**	**394986422**	**284692485**	**110293937**	**25333471**
北京	3400342	2187583	1902882	284701	15201
天津	3057841	2429264	1382160	1047104	3409
河北	28673457	20924658	16565908	4358750	748803
山西	14418215	11435251	9155488	2279763	322026
内蒙古	11383878	8720398	7799625	920774	516426
辽宁	8887759	7363236	5475184	1888052	165757
吉林	9976530	7660926	5368540	2292386	179870
黑龙江	12915595	10228298	6304018	3924280	275741
上海	2356117	1806313	1705863	100450	75100
江苏	29980565	22254750	13623901	8630849	243147
浙江	21174997	17122070	11909390	5212680	617273
安徽	24289922	16799000	11791256	5007743	783412
福建	15994501	12193886	8904009	3289877	309479
江西	24778806	15936720	10865648	5071073	567465
山东	32845759	25001886	20354605	4647281	583235
河南	30861300	17655748	15013795	2641952	2314934
湖北	18050225	12286016	8271479	4014537	786762
湖南	24283386	17150883	11859509	5291374	1432990
广东	28327682	20431127	16263640	4167488	500614
广西	24786461	19042587	12275525	6767062	1519518
海南	5355111	3631897	3349651	282246	113179
重庆	11652548	7908182	6696372	1211810	752218
四川	37186741	29202390	18656912	10545479	2793271
贵州	24248366	19893671	12509991	7383680	1624054
云南	24382932	18480207	14400307	4079900	3400326
西藏	6639151	4417463	2766343	1651120	1034905
陕西	17909618	12507723	8146895	4360828	1237580
甘肃	13616729	10546572	7414681	3131892	1154541
青海	3852473	2705319	2033823	671496	497926
宁夏	3134262	2042647	1824726	217921	182741
新疆	17845552	15019750	10100363	4919387	581567
大连	782366	627458	582977	44481	707
宁波	2266135	1758690	1392950	365740	55567
厦门	488630	442894	297074	145820	6089
青岛	2316610	1817796	1300043	517752	23423
深圳					

支出明细(地方农村小学)

单位：千元

公用部分	商品和服务支出	其他资本性支出		
			专项公用支出	专项项目支出
141280400	**67488878**	**73791522**	**16251092**	**57540430**
1212759	636304	576455	260222	316233
628577	352915	275662	90582	185080
7748799	3959106	3789693	1102954	2686739
2982964	1921609	1061355	358579	702775
2663480	1302060	1361421	377126	984295
1524524	1069886	454638	178879	275759
2315604	1158316	1157288	279806	877482
2687297	1589418	1097879	222829	875050
549804	471483	78321	60633	17687
7725815	2401125	5324690	811783	4512907
4052927	2036906	2016022	457641	1558381
7490923	3525248	3965675	1155472	2810203
3800615	1720018	2080597	442412	1638185
8842086	2809271	6032815	987156	5045660
7843872	3331600	4512273	843733	3668540
13205552	7194672	6010880	1012158	4998722
5764209	1905810	3858399	541183	3317216
7132503	3488810	3643693	676868	2966825
7896555	4628837	3267719	1442581	1825137
5743874	2885936	2857938	675501	2182437
1723214	635924	1087290	322279	765012
3744366	2207563	1536803	406814	1129989
7984351	4200138	3784212	686263	3097949
4354695	2469113	1885582	518868	1366713
5902725	2685598	3217127	519801	2697326
2221687	592081	1629606	194972	1434635
5401895	2455738	2946157	552441	2393717
3070156	1376358	1693799	423091	1270708
1147154	463886	683269	130361	552908
1091615	424020	667594	236919	430675
2825802	1589130	1236672	281186	955486
154908	81919	72989	50743	22246
507445	204184	303261	53610	249651
45736	29717	16019	7673	8347
498814	237052	261762	49422	212340

6-44　公共财政预算教育事业费

地区	合计	个人部分	工资福利支出	对个人和家庭的补助支出	#助学金
合计	**81247**	**11521**	**8311**	**3211**	
北京					
天津					
河北					
山西					
内蒙古					
辽宁					
吉林					
黑龙江					
上海					
江苏					
浙江					
安徽					
福建	8994	6793	6051	742	
江西					
山东	2461	2461		2461	
河南					
湖北					
湖南	67166	100	100		
广东					
广西	50				
海南					
重庆	1969	1709	1703	6	
四川	421	393	391	2	
贵州					
云南	185	65	65		
西藏					
陕西					
甘肃					
青海					
宁夏					
新疆					
大连					
宁波					
厦门					
青岛					
深圳					

支出明细(成人小学)

单位：千元

公用部分	商品和服务支出	其他资本性支出	专项公用支出	专项项目支出
69726	**2683**	**67043**	**76**	**66966**
2201	2125	76	76	
67066	100	66966		66966
50	50			
260	260			
28	28			
120	120			

6-45 公共财政预算教育事业费

地区	合计	个人部分	工资福利支出	对个人和家庭的补助支出	#助学金
合计	**9724924**	**6255017**	**4888893**	**1366124**	**223879**
北京	352683	251469	198185	53284	3152
天津	215116	158497	81006	77490	193
河北	436782	289354	253636	35718	5851
山西	219995	147478	130067	17411	2614
内蒙古	190245	131325	123872	7454	4307
辽宁	416082	302276	221785	80492	13345
吉林	232657	174732	118907	55824	2099
黑龙江	355241	248410	160304	88106	5551
上海	543881	380124	359090	21034	9952
江苏	768944	536468	369036	167432	12485
浙江	511555	351080	289915	61165	9503
安徽	337668	154140	119938	34201	7750
福建	326399	230178	179254	50925	13478
江西	189330	108343	81715	26628	4378
山东	800842	585100	459522	125578	21368
河南	332773	202657	190855	11801	8950
湖北	422057	180894	121503	59391	6769
湖南	271115	180229	140056	40173	8222
广东	916537	460802	364624	96178	8975
广西	214366	126056	95755	30301	8269
海南	54593	27334	25299	2035	1259
重庆	151560	92490	77994	14495	9344
四川	396368	267866	210307	57559	16282
贵州	260656	164133	116189	47944	5488
云南	220210	134309	113681	20628	13104
西藏	80870	37521	29074	8447	3851
陕西	172107	109858	86361	23498	8319
甘肃	94665	70353	49729	20624	3089
青海	39675	20686	18301	2385	1585
宁夏	44500	25804	23953	1851	1297
新疆	155451	105050	78977	26073	3050
大连	93656	68860	59598	9262	1667
宁波	70085	47700	39748	7953	1526
厦门	34184	22995	17956	5039	380
青岛	132977	111664	71180	40485	6149
深圳	109442	63974	55791	8184	

支出明细(特殊教育)

单位：千元

公用部分	商品和服务支出	其他资本性支出	专项公用支出	专项项目支出
3469908	**1675329**	**1794578**	**761948**	**1032630**
101214	73502	27712	22375	5336
56619	34546	22073	9694	12378
147429	66178	81251	41227	40024
72517	40005	32512	18612	13900
58919	39024	19895	15913	3982
113805	77690	36115	25106	11009
57925	37745	20180	9300	10880
106831	62764	44066	34036	10030
163757	138920	24837	19357	5480
232476	85216	147260	21825	125435
160474	102625	57849	26690	31159
183528	38216	145312	50108	95204
96220	49429	46791	25559	21232
80987	36411	44576	18668	25908
215742	113434	102308	33228	69080
130116	62842	67274	29664	37611
241163	53352	187811	114095	73717
90886	47515	43372	18067	25304
455735	160298	295437	80878	214559
88309	39790	48519	19035	29484
27259	13979	13280	6431	6849
59070	42023	17047	10500	6547
128502	80744	47758	22125	25633
96523	40281	56241	13601	42641
85902	49778	36124	18465	17658
43349	6509	36839	21204	15635
62249	28828	33421	7752	25669
24313	16378	7935	4173	3762
18989	6160	12829	2479	10350
18696	5625	13071	12296	776
50402	25522	24880	9483	15397
24796	23146	1649	1649	
22385	12704	9681	3795	5886
11189	9300	1889	1889	
21313	18237	3076	2901	175
45468	27073	18395	18390	5

6-46 公共财政预算教育事业费

地区	合计	个人部分	工资福利支出	对个人和家庭的补助支出	#助学金
合计	**9225252**	**5929889**	**4629900**	**1299989**	**220759**
北京	270601	196173	154871	41302	2475
天津	185501	134384	71760	62624	193
河北	436782	289354	253636	35718	5851
山西	207441	138592	121762	16830	2547
内蒙古	190245	131325	123872	7454	4307
辽宁	374972	269211	197452	71759	13345
吉林	225065	168325	114671	53654	2099
黑龙江	349873	245161	158299	86862	5551
上海	427907	295821	279129	16692	8791
江苏	768944	536468	369036	167432	12485
浙江	492131	340469	280964	59504	9272
安徽	328974	147055	113380	33675	7750
福建	326399	230178	179254	50925	13478
江西	184137	106206	79578	26628	4378
山东	800842	585100	459522	125578	21368
河南	324697	198100	186492	11607	8950
湖北	411036	175482	118556	56925	6456
湖南	260735	173069	135290	37779	8222
广东	885359	447302	355367	91935	8953
广西	209148	122275	93024	29251	8269
海南	54593	27334	25299	2035	1259
重庆	145170	87534	74205	13329	9305
四川	360464	246186	191515	54671	15998
贵州	212137	146698	103024	43674	5456
云南	213640	129294	108908	20386	13029
西藏	80870	37521	29074	8447	3851
陕西	167348	105657	82616	23041	8319
甘肃	94665	70353	49729	20624	3089
青海	39675	20686	18301	2385	1585
宁夏	44500	25804	23953	1851	1297
新疆	151401	102772	77360	25413	2832
大连	87140	63525	54836	8689	1667
宁波	70085	47700	39748	7953	1526
厦门	34184	22995	17956	5039	380
青岛	132977	111664	71180	40485	6149
深圳	101736	59727	51908	7820	

支出明细(特殊教育学校)

单位：千元

公用部分	商品和服务支出	其他资本性支出		
			专项公用支出	专项项目支出
3295363	**1566201**	**1729162**	**741041**	**988121**
74428	51044	23384	18049	5335
51117	30221	20896	8517	12378
147429	66178	81251	41227	40024
68849	36499	32350	18450	13900
58919	39024	19895	15913	3982
105761	70476	35284	24665	10620
56740	36749	19991	9111	10880
104712	60851	43861	33831	10030
132086	113909	18177	14038	4139
232476	85216	147260	21825	125435
151663	98235	53428	25877	27551
181919	37003	144917	49713	95204
96220	49429	46791	25559	21232
77931	35355	42576	18668	23908
215742	113434	102308	33228	69080
126597	59938	66659	29048	37611
235554	48250	187304	113588	73717
87665	45624	42041	17619	24422
438056	154582	283474	77939	205535
86873	38575	48297	18813	29484
27259	13979	13280	6431	6849
57636	40712	16924	10377	6547
114278	73655	40623	19750	20873
65439	31901	33538	13197	20341
84346	48440	35906	18450	17456
43349	6509	36839	21204	15635
61691	28270	33421	7752	25669
24313	16378	7935	4173	3762
18989	6160	12829	2479	10350
18696	5625	13071	12296	776
48629	23980	24649	9252	15397
23615	21977	1639	1639	
22385	12704	9681	3795	5886
11189	9300	1889	1889	
21313	18237	3076	2901	175
42008	24374	17635	17635	

6-47 公共财政预算教育事业费

地区	合计	个人部分	工资福利支出	对个人和家庭的补助支出	#助学金
合计	**499672**	**325128**	**258993**	**66135**	**3120**
北京	82082	55296	43314	11982	677
天津	29615	24113	9247	14867	
河北					
山西	12554	8886	8305	581	67
内蒙古					
辽宁	41110	33065	24333	8732	
吉林	7592	6407	4237	2170	
黑龙江	5368	3249	2005	1244	
上海	115974	84303	79961	4342	1161
江苏					
浙江	19423	10612	8951	1661	232
安徽	8693	7085	6559	526	
福建					
江西	5193	2137	2137		
山东					
河南	8076	4557	4363	194	
湖北	11021	5412	2947	2466	314
湖南	10381	7160	4766	2394	
广东	31178	13500	9257	4243	22
广西	5218	3781	2731	1050	
海南					
重庆	6389	4956	3789	1167	39
四川	35904	21680	18792	2888	284
贵州	48519	17436	13166	4270	32
云南	6571	5015	4773	242	74
西藏					
陕西	4759	4201	3745	456	
甘肃					
青海					
宁夏					
新疆	4050	2277	1617	660	217
大连	6516	5335	4762	573	
宁波					
厦门					
青岛					
深圳	7706	4247	3883	364	

支出明细(工读学校)

单位：千元

公用部分	商品和服务支出	其他资本性支出	专项公用支出	专项项目支出
174544	**109129**	**65416**	**20907**	**44509**
26786	22458	4328	4327	1
5502	4325	1177	1177	
3668	3506	162	162	
8045	7214	831	441	389
1185	996	189	189	
2119	1914	205	205	
31671	25011	6660	5319	1341
8812	4390	4421	813	3608
1609	1214	395	395	
3056	1056	2000		2000
3519	2904	615	615	
5609	5101	507	507	
3221	1890	1331	448	882
17679	5715	11963	2939	9024
1436	1215	221	221	
1434	1311	123	123	
14225	7089	7135	2375	4760
31084	8380	22704	404	22300
1555	1338	218	15	202
558	558			
1773	1542	231	231	
1181	1170	11	11	
3460	2699	760	756	5

6-48 公共财政预算教育事业费

地区	合计	个人部分	工资福利支出	对个人和家庭的补助支出	#助学金
合计	**94118660**	**55599574**	**45421176**	**10178398**	**2905350**
北京	4624335	2436619	2078974	357645	1133
天津	2023197	1359540	797764	561776	1328
河北	5058814	3745455	3364513	380942	69022
山西	1918050	1254048	1022818	231230	124797
内蒙古	3060567	1780584	1658621	121962	56306
辽宁	1341607	776241	640307	135935	11251
吉林	1134239	747949	582414	165534	17123
黑龙江	1255278	808635	647398	161237	7541
上海	6783563	4722970	4571722	151248	48859
江苏	7773296	4400519	3654682	745837	167012
浙江	6014384	3834585	3343149	491436	22092
安徽	2231312	1099815	922771	177043	54093
福建	3669485	2300068	1953284	346784	22832
江西	1798064	734173	558887	175286	56265
山东	5111208	2914515	2375113	539402	265315
河南	2803719	1252730	1119638	133093	119360
湖北	3181031	1380272	1075161	305111	43617
湖南	2007395	1011642	728081	283560	166390
广东	5447436	3157999	2210132	947867	140716
广西	2454230	1046446	656476	389971	150189
海南	841196	312035	265587	46448	29115
重庆	1262470	533727	424862	108865	87323
四川	4369592	2741756	1985154	756601	321873
贵州	2510661	1785949	1434842	351107	30677
云南	2208345	1241940	1120337	121603	60466
西藏	1204416	796498	473753	322744	228874
陕西	4663345	2495525	2065347	430179	162537
甘肃	2336684	1337932	1070896	267036	38508
青海	623369	324785	223192	101593	82335
宁夏	468840	220308	199856	20453	14668
新疆	3938533	3044314	2195444	848871	303733
大连	457586	299424	271104	28321	4481
宁波	1263838	866951	777423	89528	9719
厦门	647578	471743	366016	105728	1970
青岛	1147047	539924	470627	69297	12891
深圳	947703	576118	225584	350534	351

支出明细(幼儿园)

单位：千元

公用部分	商品和服务支出	其他资本性支出	专项公用支出	专项项目支出
38519086	**15587813**	**22931273**	**4883605**	**18047668**
2187716	1584052	603665	332709	270956
663657	317644	346012	83789	262224
1313358	312791	1000567	152450	848118
664002	196540	467462	70095	397367
1279983	473938	806045	120070	685975
565366	385613	179753	90706	89047
386291	125827	260463	50224	210240
446643	205760	240883	61524	179359
2060592	1775972	284620	238987	45633
3372777	998250	2374527	333664	2040863
2179799	1089204	1090595	276399	814196
1131498	236428	895069	173504	721565
1369416	399602	969814	185661	784153
1063892	176501	887390	130563	756827
2196693	551813	1644880	265719	1379161
1550989	591770	959219	186263	772956
1800758	381379	1419379	181531	1237849
995753	319684	676069	148488	527581
2289437	1146527	1142910	395963	746947
1407784	288427	1119357	207249	912108
529161	106526	422635	160157	262478
728743	432452	296291	66480	229811
1627836	748419	879417	130546	748871
724712	276154	448558	75366	373192
966405	276683	689722	60586	629137
407918	126049	281870	139595	142275
2167820	1157612	1010207	219062	791145
998752	160741	838010	144047	693964
298584	112224	186360	61857	124503
248532	33438	215094	69914	145180
894219	599791	294428	70441	223987
158162	130444	27718	22334	5384
396887	157421	239466	41240	198226
175835	111809	64026	48592	15433
607124	182667	424456	92442	332014
371585	323011	48574	38972	9603

6-49 公共财政预算教育事业费

地区	合计	个人部分	工资福利支出	对个人和家庭的补助支出	#助学金
合计	**93692355**	**55334871**	**45201591**	**10133280**	**2886968**
北京	4604891	2428055	2070619	357436	1133
天津	2023197	1359540	797764	561776	1328
河北	5056317	3742958	3362031	380927	69007
山西	1916095	1252122	1021163	230959	124776
内蒙古	3059717	1779734	1657771	121962	56306
辽宁	1331834	766885	631037	135848	11185
吉林	1134239	747949	582414	165534	17123
黑龙江	1222624	785659	627886	157774	7505
上海	6758588	4706524	4555781	150743	48859
江苏	7763696	4397526	3651939	745587	166808
浙江	6014273	3834486	3343050	491436	22092
安徽	2231061	1099807	922765	177042	54093
福建	3669135	2300068	1953284	346784	22832
江西	1798064	734173	558887	175286	56265
山东	5111208	2914515	2375113	539402	265315
河南	2800317	1250879	1118145	132734	119001
湖北	3179851	1379092	1073981	305111	43617
湖南	2001609	1008700	725163	283537	166390
广东	5447434	3157997	2210132	947865	140714
广西	2454230	1046446	656476	389971	150189
海南	837433	311242	265527	45716	28383
重庆	1262470	533727	424862	108865	87323
四川	4364388	2737028	1981250	755777	321873
贵州	2510661	1785949	1434842	351107	30677
云南	2208345	1241940	1120337	121603	60466
西藏	1203886	796064	473457	322607	228760
陕西	4660167	2494096	2064441	429655	162060
甘肃	2331256	1332715	1065704	267011	38499
青海	622406	324122	223192	100930	81672
宁夏	468840	220308	199856	20453	14668
新疆	3644123	2864561	2052720	811842	288048
大连	447874	290068	261834	28234	4415
宁波	1263838	866951	777423	89528	9719
厦门	647228	471743	366016	105728	1970
青岛	1147047	539924	470627	69297	12891
深圳	947703	576118	225584	350534	351

支出明细(地方幼儿园)

单位：千元

公用部分	商品和服务支出	其他资本性支出		
			专项公用支出	专项项目支出
38357484	**15526986**	**22830498**	**4869480**	**17961018**
2176836	1576762	600074	330951	269123
663657	317644	346012	83789	262224
1313358	312791	1000567	152450	848118
663973	196515	467458	70091	397367
1279983	473938	806045	120070	685975
564949	385275	179674	90687	88987
386291	125827	260463	50224	210240
436965	199321	237644	60960	176684
2052064	1767923	284142	238509	45633
3366170	992411	2373759	333195	2040563
2179786	1089191	1090595	276399	814196
1131254	236362	894892	173367	721525
1369066	399252	969814	185661	784153
1063892	176501	887390	130563	756827
2196693	551813	1644880	265719	1379161
1549438	590645	958793	185906	772886
1800758	381379	1419379	181531	1237849
992909	317502	675407	147942	527465
2289437	1146527	1142910	395963	746947
1407784	288427	1119357	207249	912108
526191	106089	420102	159913	260189
728743	432452	296291	66480	229811
1627360	748110	879251	130379	748871
724712	276154	448558	75366	373192
966405	276683	689722	60586	629137
407822	125952	281870	139595	142275
2166070	1156171	1009899	218774	791125
998540	160621	837920	143991	693928
298284	112124	186160	61657	124503
248532	33438	215094	69914	145180
779562	573187	206375	61600	144775
157805	130106	27699	22316	5384
396887	157421	239466	41240	198226
175485	111459	64026	48592	15433
607124	182667	424456	92442	332014
371585	323011	48574	38972	9603

6-50 公共财政预算教育事业费

地区	合计	个人部分	工资福利支出	对个人和家庭的补助支出	#助学金
合计	**51406385**	**30102346**	**24948846**	**5153500**	**2192117**
北京	954983	642607	587521	55086	229
天津	420652	231188	155228	75960	1064
河北	3847195	2815230	2567627	247603	59244
山西	1302618	830672	674825	155846	95572
内蒙古	2068882	1241742	1159489	82253	31615
辽宁	402018	221998	198437	23562	1522
吉林	578345	363967	307814	56153	5048
黑龙江	697708	441394	377571	63823	5480
上海	1170332	850973	834277	16696	7691
江苏	3607201	1802394	1503761	298633	115626
浙江	2675117	1598628	1412602	186026	13239
安徽	1494626	777613	655827	121786	32832
福建	1979321	1209157	1059191	149967	15695
江西	1307510	469063	364519	104543	45775
山东	2924848	1715577	1400203	315374	182321
河南	1652875	769464	672822	96643	90558
湖北	1764352	648279	537763	110516	32937
湖南	1433478	728078	533464	194614	135017
广东	1870070	1015680	873107	142573	55446
广西	1456846	641754	413800	227954	117004
海南	577798	203923	177530	26393	14952
重庆	776744	306269	234045	72224	63732
四川	3027267	1920061	1410236	509824	271871
贵州	1872222	1414250	1173194	241057	26085
云南	1454769	844034	763033	81001	55306
西藏	968001	627124	361176	265949	199145
陕西	3538287	2025980	1709979	316001	113855
甘肃	1916939	1030430	847581	182849	32136
青海	515107	258861	175739	83122	68833
宁夏	247962	117137	106384	10753	6553
新疆	2902312	2338820	1700104	638717	295734
大连	109720	55105	51190	3915	965
宁波	490644	337709	309108	28601	6416
厦门	51682	42787	35296	7492	339
青岛	378203	122576	110528	12047	6936
深圳					

支出明细(农村幼儿园)

单位：千元

公用部分	商品和服务支出	其他资本性支出	专项公用支出	专项项目支出
21304040	**6636202**	**14667838**	**2622607**	**12045230**
312377	213006	99370	66025	33346
189465	46482	142982	33155	109827
1031965	174215	857750	118296	739454
471946	120336	351611	45798	305812
827140	306037	521103	69009	452094
180020	109400	70620	26987	43633
214379	65102	149277	21124	128152
256314	96531	159783	25842	133940
319359	277763	41596	38962	2635
1804807	467119	1337688	157383	1180305
1076488	451757	624732	142269	482463
717013	129308	587705	119347	468357
770163	153500	616663	88743	527920
838448	130197	708250	91379	616871
1209271	191397	1017874	143279	874595
883411	345384	538027	111217	426810
1116073	128272	987801	102011	885790
705400	220486	484913	101018	383896
854390	235681	618709	157107	461602
815092	141996	673096	105524	567572
373875	66062	307813	131403	176410
470476	222000	248476	39937	208539
1107206	484398	622809	80003	542806
457972	154294	303677	49687	253991
610734	152068	458667	43286	415380
340877	106696	234180	98351	135830
1512308	851259	661049	166514	494534
886509	104879	781631	123812	657818
256247	87147	169099	48495	120604
130825	16148	114677	33683	80994
563492	387282	176210	42962	133247
54614	42286	12329	11144	1185
152935	61639	91296	24463	66833
8894	6775	2120	2110	9
255628	38819	216809	37929	178879

6-51 公共财政预算教育事业费

地区	合计	个人部分			
			工资福利支出	对个人和家庭的补助支出	
					#助学金
合计	**51151633**	**29943981**	**24814943**	**5129037**	**2176277**
北京	952503	642515	587429	55086	229
天津	420652	231188	155228	75960	1064
河北	3847195	2815230	2567627	247603	59244
山西	1300684	828767	673170	155596	95572
内蒙古	2068882	1241742	1159489	82253	31615
辽宁	402018	221998	198437	23562	1522
吉林	578345	363967	307814	56153	5048
黑龙江	676748	426575	363926	62649	5463
上海	1170332	850973	834277	16696	7691
江苏	3607201	1802394	1503761	298633	115626
浙江	2675117	1598628	1412602	186026	13239
安徽	1494626	777613	655827	121786	32832
福建	1979321	1209157	1059191	149967	15695
江西	1307510	469063	364519	104543	45775
山东	2924848	1715577	1400203	315374	182321
河南	1652875	769464	672822	96643	90558
湖北	1764352	648279	537763	110516	32937
湖南	1433478	728078	533464	194614	135017
广东	1870067	1015678	873107	142571	55444
广西	1456846	641754	413800	227954	117004
海南	577798	203923	177530	26393	14952
重庆	776744	306269	234045	72224	63732
四川	3027267	1920061	1410236	509824	271871
贵州	1872222	1414250	1173194	241057	26085
云南	1454769	844034	763033	81001	55306
西藏	967471	626690	360879	265811	199031
陕西	3538194	2025952	1709963	315989	113843
甘肃	1911511	1025213	842389	182824	32127
青海	515107	258861	175739	83122	68833
宁夏	247962	117137	106384	10753	6553
新疆	2678987	2202951	1587097	615854	280050
大连	109720	55105	51190	3915	965
宁波	490644	337709	309108	28601	6416
厦门	51682	42787	35296	7492	339
青岛	378203	122576	110528	12047	6936
深圳					

支出明细(地方农村幼儿园)

单位：千元

公用部分	商品和服务支　出	其他资本性支　出	专项公用支　出	专项项目支　出
21207652	**6608058**	**14599595**	**2617016**	**11982579**
309988	212627	97361	65848	31513
189465	46482	142982	33155	109827
1031965	174215	857750	118296	739454
471917	120310	351607	45795	305812
827140	306037	521103	69009	452094
180020	109400	70620	26987	43633
214379	65102	149277	21124	128152
250173	93026	157147	25483	131664
319359	277763	41596	38962	2635
1804807	467119	1337688	157383	1180305
1076488	451757	624732	142269	482463
717013	129308	587705	119347	468357
770163	153500	616663	88743	527920
838448	130197	708250	91379	616871
1209271	191397	1017874	143279	874595
883411	345384	538027	111217	426810
1116073	128272	987801	102011	885790
705400	220486	484913	101018	383896
854390	235681	618709	157107	461602
815092	141996	673096	105524	567572
373875	66062	307813	131403	176410
470476	222000	248476	39937	208539
1107206	484398	622809	80003	542806
457972	154294	303677	49687	253991
610734	152068	458667	43286	415380
340781	106600	234180	98351	135830
1512242	851193	661049	166514	494534
886298	104758	781540	123757	657783
256247	87147	169099	48495	120604
130825	16148	114677	33683	80994
476036	363330	112706	37966	74740
54614	42286	12329	11144	1185
152935	61639	91296	24463	66833
8894	6775	2120	2110	9
255628	38819	216809	37929	178879

6-52 公共财政预算教育事业费

地区	合计	个人部分	工资福利支出	对个人和家庭的补助支出	#助学金
合计	29359333	15022392	10139959	4882433	
北京	688985	368994	326980	42014	
天津	481353	250139	118039	132100	
河北	645942	410730	305841	104890	
山西	998241	619376	482284	137091	
内蒙古	733095	349263	303021	46242	
辽宁	559850	311466	208773	102693	
吉林	404212	180548	117347	63201	
黑龙江	1142159	427926	226747	201179	
上海	221492	157447	139881	17566	
江苏	1419390	778609	471952	306658	
浙江	1024944	659207	460668	198539	
安徽	717501	395811	269735	126077	
福建	815677	328277	230442	97835	
江西	883037	410586	261109	149476	
山东	1819383	1344729	1071110	273620	
河南	881141	303464	267463	36002	
湖北	1172052	657074	423313	233761	
湖南	1547480	956666	592186	364480	
广东	2645571	1125574	675797	449778	
广西	537576	265022	164350	100672	
海南	365841	170401	114246	56155	
重庆	438390	171999	142608	29391	
四川	1717260	963206	556354	406851	
贵州	2278613	1000776	600121	400655	
云南	1291083	504818	359185	145633	
西藏	262698	184885	140221	44664	
陕西	817979	313269	212570	100699	
甘肃	826686	459448	292095	167353	
青海	368071	135272	70115	65157	
宁夏	138678	80544	77266	3278	
新疆	1514954	736863	458140	278723	
大连	86428	47866	41819	6047	
宁波	102526	84805	61214	23592	
厦门	218009	28620	19535	9085	
青岛	224822	168296	113382	54914	
深圳	366647	141541	111244	30297	

支出明细(教育行政单位)

单位：千元

公用部分	商品和服务支出	其他资本性支出	专项公用支出	专项项目支出
14336941	**9290157**	**5046785**	**2178415**	**2868370**
319991	285951	34041	32888	1153
231214	225322	5892	5288	604
235212	154021	81191	35432	45759
378865	260764	118102	75591	42510
383832	264181	119651	44956	74695
248385	218100	30285	23559	6726
223664	133649	90015	78567	11449
714233	340395	373837	208276	165561
64045	61968	2077	2047	30
640780	409400	231380	83847	147533
365736	331158	34579	30689	3890
321690	237679	84011	33989	50022
487400	331333	156067	59901	96167
472452	222787	249665	80535	169129
474654	383175	91479	47621	43858
577676	413276	164400	78189	86211
514978	279821	235157	91225	143932
590814	499040	91774	61455	30319
1519996	1275382	244614	135234	109381
272554	169706	102849	55182	47667
195440	148161	47279	33540	13739
266390	252774	13616	9612	4004
754054	531896	222158	66003	156155
1277837	633505	644331	233483	410849
786265	344583	441682	121990	319692
77813	56215	21598	16988	4610
504710	257907	246803	156509	90295
367238	190868	176370	61524	114846
232799	61984	170815	31958	138857
58133	39796	18338	3338	15000
778091	275361	502730	179001	323728
38562	34246	4317	4317	
17720	16771	949	949	
189389	163357	26033	21562	4471
56526	51051	5475	3299	2176
225107	198361	26746	18341	8405

6-53　公共财政预算教育事业费

地区	合计	个人部分	工资福利支出	对个人和家庭的补助支出	#助学金
合计	**29043626**	**14881712**	**10009538**	**4872175**	
北京	415067	252216	211899	40318	
天津	481353	250139	118039	132100	
河北	645942	410730	305841	104890	
山西	998241	619376	482284	137091	
内蒙古	733095	349263	303021	46242	
辽宁	559850	311466	208773	102693	
吉林	404212	180548	117347	63201	
黑龙江	1135487	423584	223481	200103	
上海	221492	157447	139881	17566	
江苏	1419390	778609	471952	306658	
浙江	1024944	659207	460668	198539	
安徽	717501	395811	269735	126077	
福建	815677	328277	230442	97835	
江西	883037	410586	261109	149476	
山东	1819383	1344729	1071110	273620	
河南	881141	303464	267463	36002	
湖北	1172052	657074	423313	233761	
湖南	1547480	956666	592186	364480	
广东	2645571	1125574	675797	449778	
广西	537576	265022	164350	100672	
海南	365841	170401	114246	56155	
重庆	438390	171999	142608	29391	
四川	1717260	963206	556354	406851	
贵州	2278613	1000776	600121	400655	
云南	1291083	504818	359185	145633	
西藏	262698	184885	140221	44664	
陕西	817979	313269	212570	100699	
甘肃	826686	459448	292095	167353	
青海	368071	135272	70115	65157	
宁夏	138678	80544	77266	3278	
新疆	1479837	717303	446066	271238	
大连	86428	47866	41819	6047	
宁波	102526	84805	61214	23592	
厦门	218009	28620	19535	9085	
青岛	224822	168296	113382	54914	
深圳	366647	141541	111244	30297	

支出明细(地方教育行政单位)

单位：千元

公用部分	商品和服务支出	其他资本性支出		
			专项公用支出	专项项目支出
14161914	**9152711**	**5009203**	**2144437**	**2864766**
162851	158978	3873	2720	1153
231214	225322	5892	5288	604
235212	154021	81191	35432	45759
378865	260764	118102	75591	42510
383832	264181	119651	44956	74695
248385	218100	30285	23559	6726
223664	133649	90015	78567	11449
711903	338173	373730	208169	165561
64045	61968	2077	2047	30
640780	409400	231380	83847	147533
365736	331158	34579	30689	3890
321690	237679	84011	33989	50022
487400	331333	156067	59901	96167
472452	222787	249665	80535	169129
474654	383175	91479	47621	43858
577676	413276	164400	78189	86211
514978	279821	235157	91225	143932
590814	499040	91774	61455	30319
1519996	1275382	244614	135234	109381
272554	169706	102849	55182	47667
195440	148161	47279	33540	13739
266390	252774	13616	9612	4004
754054	531896	222158	66003	156155
1277837	633505	644331	233483	410849
786265	344583	441682	121990	319692
77813	56215	21598	16988	4610
504710	257907	246803	156509	90295
367238	190868	176370	61524	114846
232799	61984	170815	31958	138857
58133	39796	18338	3338	15000
762534	267111	495423	175298	320124
38562	34246	4317	4317	
17720	16771	949	949	
189389	163357	26033	21562	4471
56526	51051	5475	3299	2176
225107	198361	26746	18341	8405

6-54 公共财政预算教育事业费

地区	合计	个人部分	工资福利支出	对个人和家庭的补助支出	#助学金
合计	**51489392**	**25915924**	**18264970**	**7650954**	
北京	4354724	1822631	1355517	467114	
天津	1152996	833614	410536	423078	
河北	1640265	1160860	946819	214040	
山西	1621883	1073331	691852	381479	
内蒙古	1048570	643808	618647	25161	
辽宁	1986097	1379312	1051439	327872	
吉林	1173632	751550	493179	258370	
黑龙江	1005802	591563	344487	247076	
上海	4497365	1475639	1420978	54662	
江苏	2583358	1471125	958048	513077	
浙江	3476378	1769875	1282198	487676	
安徽	654157	318941	246593	72349	
福建	2120922	790296	596958	193338	
江西	896356	453730	317545	136185	
山东	3110459	1666145	1086089	580056	
河南	1704669	749647	679249	70397	
湖北	1683617	962615	601736	360879	
湖南	854557	443093	295108	147985	
广东	3881636	1410525	816155	594370	
广西	1682237	831411	505888	325523	
海南	193836	65618	63030	2587	
重庆	682839	236278	202312	33966	
四川	2360445	1566650	1077529	489121	
贵州	589937	186370	116972	69398	
云南	2078264	411952	286008	125945	
西藏	559698	303045	212099	90946	
陕西	1646218	1140247	716667	423580	
甘肃	382030	224662	160452	64210	
青海	406628	186466	154103	32363	
宁夏	181754	107370	104790	2580	
新疆	1278061	887557	451986	435571	
大连	303746	212367	192018	20349	
宁波	393985	225001	173356	51645	
厦门	870913	89933	67127	22806	
青岛	734021	342075	204232	137843	
深圳	415361	187269	146200	41069	

支出明细(教育事业单位)

单位：千元

公用部分	商品和服务支出	其他资本性支出		
			专项公用支出	专项项目支出
25573467	**14087770**	**11485698**	**4911304**	**6574393**
2532093	2133798	398294	355360	42934
319382	218719	100663	87689	12973
479405	231120	248285	144850	103436
548552	213067	335486	286853	48632
404762	192617	212145	71757	140388
606786	463287	143499	119628	23871
422082	228118	193964	96313	97651
414239	308638	105602	37851	67751
3021726	2560411	461315	310173	151142
1112233	595417	516815	166925	349890
1706504	778189	928314	203199	725115
335216	217837	117379	62550	54829
1330626	366025	964601	253625	710977
442626	237172	205453	100236	105217
1444314	469982	974331	99000	875331
955022	450912	504110	306442	197668
721002	420640	300362	207819	92543
411465	222181	189284	98328	90956
2471111	1076370	1394740	600281	794459
850826	344847	505979	336255	169724
128218	69366	58852	57201	1650
446561	316780	129781	80589	49192
793794	482548	311246	232803	78444
403567	155705	247862	213322	34540
1666312	436063	1230249	72619	1157630
256653	162852	93801	50228	43573
505972	275155	230816	96635	134182
157368	110777	46591	27964	18627
220162	87793	132370	45687	86682
74385	44826	29558	29520	39
390504	216558	173947	59599	114347
91379	53001	38378	32975	5404
168984	122578	46406	18809	27597
780980	144969	636011	193144	442867
391946	134398	257548	22626	234922
228091	189402	38690	29354	9336

6-55 公共财政预算教育事业费

地区	合计	个人部分	工资福利支出	对个人和家庭的补助支出	#助学金
合计	**50515749**	**25765743**	**18169018**	**7596725**	
北京	3427678	1707864	1280105	427758	
天津	1152996	833614	410536	423078	
河北	1640265	1160860	946819	214040	
山西	1621883	1073331	691852	381479	
内蒙古	1048570	643808	618647	25161	
辽宁	1986097	1379312	1051439	327872	
吉林	1173632	751550	493179	258370	
黑龙江	1003143	588940	342851	246089	
上海	4497365	1475639	1420978	54662	
江苏	2583358	1471125	958048	513077	
浙江	3476378	1769875	1282198	487676	
安徽	654157	318941	246593	72349	
福建	2120922	790296	596958	193338	
江西	896356	453730	317545	136185	
山东	3110459	1666145	1086089	580056	
河南	1704669	749647	679249	70397	
湖北	1683617	962615	601736	360879	
湖南	850673	439208	295108	144100	
广东	3881636	1410525	816155	594370	
广西	1682237	831411	505888	325523	
海南	193836	65618	63030	2587	
重庆	682839	236278	202312	33966	
四川	2360445	1566650	1077529	489121	
贵州	589937	186370	116972	69398	
云南	2078264	411952	286008	125945	
西藏	559698	303045	212099	90946	
陕西	1646218	1140247	716667	423580	
甘肃	382030	224662	160452	64210	
青海	406628	186466	154103	32363	
宁夏	181754	107370	104790	2580	
新疆	1238008	858650	433081	425569	
大连	303746	212367	192018	20349	
宁波	393985	225001	173356	51645	
厦门	870913	89933	67127	22806	
青岛	734021	342075	204232	137843	
深圳	415361	187269	146200	41069	

支出明细(地方教育事业单位)

单位：千元

公用部分	商品和服务支出	其他资本性支出	专项公用支出	专项项目支出
24750006	**13383454**	**11366553**	**4802322**	**6564231**
1719815	1433936	285878	247107	38771
319382	218719	100663	87689	12973
479405	231120	248285	144850	103436
548552	213067	335486	286853	48632
404762	192617	212145	71757	140388
606786	463287	143499	119628	23871
422082	228118	193964	96313	97651
414204	308602	105602	37851	67751
3021726	2560411	461315	310173	151142
1112233	595417	516815	166925	349890
1706504	778189	928314	203199	725115
335216	217837	117379	62550	54829
1330626	366025	964601	253625	710977
442626	237172	205453	100236	105217
1444314	469982	974331	99000	875331
955022	450912	504110	306442	197668
721002	420640	300362	207819	92543
411465	222181	189284	98328	90956
2471111	1076370	1394740	600281	794459
850826	344847	505979	336255	169724
128218	69366	58852	57201	1650
446561	316780	129781	80589	49192
793794	482548	311246	232803	78444
403567	155705	247862	213322	34540
1666312	436063	1230249	72619	1157630
256653	162852	93801	50228	43573
505972	275155	230816	96635	134182
157368	110777	46591	27964	18627
220162	87793	132370	45687	86682
74385	44826	29558	29520	39
379357	212139	167218	58871	108347
91379	53001	38378	32975	5404
168984	122578	46406	18809	27597
780980	144969	636011	193144	442867
391946	134398	257548	22626	234922
228091	189402	38690	29354	9336

6-56 公共财政预算教育事业费

地 区	合 计	个人部分	工资福利支出	对个人和家庭的补助支出	#助学金
合 计	**49662694**	**12046505**	**8183889**	**3862616**	**22869**
北 京	5563229	936885	584260	352624	16089
天 津	5084631	197289	100528	96761	
河 北	758488	493005	347835	145170	
山 西	998556	316054	254235	61819	
内蒙古	423257	255045	248456	6589	
辽 宁	1352825	543056	261070	281986	
吉 林	765254	381707	297735	83972	
黑龙江	422665	300331	179424	120907	
上 海	873685	258504	236588	21916	1551
江 苏	1297949	604824	364535	240289	1265
浙 江	3873354	918390	722334	196057	727
安 徽	1468409	283561	203972	79589	
福 建	517281	294714	228177	66537	
江 西	653453	284582	169338	115244	
山 东	1983873	756044	598426	157618	
河 南	2691515	290961	278640	12321	
湖 北	5056785	502381	243189	259192	528
湖 南	1220360	412709	273720	138989	995
广 东	5431003	784560	388770	395790	953
广 西	937952	288690	197093	91597	
海 南	107875	26011	20820	5191	
重 庆	376283	125603	116552	9051	
四 川	1599398	718660	396378	322282	761
贵 州	684568	348885	215076	133809	
云 南	1258121	326468	270472	55995	
西 藏	171475	129609	79766	49843	
陕 西	1849945	257304	177789	79515	
甘 肃	549247	257052	197545	59507	
青 海	382617	100052	91925	8127	
宁 夏	132110	70833	69569	1264	
新 疆	1176534	582738	369674	213064	
大 连	360358	46501	38558	7942	
宁 波	323052	178118	143650	34468	
厦 门	71413	33937	24152	9785	
青 岛	157394	107237	72672	34566	
深 圳	293124	82022	67731	14291	

支出明细(其他教育机构)

单位：千元

公用部分	商品和服务支出	其他资本性支出	专项公用支出	专项项目支出
37616189	**13856697**	**23759492**	**11368882**	**12390610**
4626344	4089055	537290	211431	325858
4887342	275981	4611361	4509936	101426
265483	158406	107076	16965	90112
682502	185681	496821	434333	62488
168212	110631	57581	13658	43923
809769	481619	328150	44265	283885
383547	174985	208562	80798	127764
122334	105684	16651	9726	6924
615181	596322	18859	15684	3175
693125	338215	354911	29916	324995
2954964	1383329	1571634	66976	1504658
1184847	140966	1043881	26828	1017054
222567	189198	33369	25373	7996
368871	170032	198839	6847	191993
1227830	345550	882280	28153	854127
2400554	433679	1966875	1817575	149301
4554404	970986	3583418	1366547	2216871
807650	422699	384951	230084	154867
4646443	834386	3812057	1254001	2558057
649262	163035	486227	47249	438978
81864	70713	11151	3721	7430
250680	201850	48830	19283	29547
880738	507160	373578	161046	212532
335683	182528	153156	17019	136137
931653	282619	649035	57727	591307
41866	28019	13846	11732	2114
1592640	432503	1160138	449934	710204
292195	132612	159583	51265	108318
282566	170165	112401	67451	44949
61277	34853	26423	6576	19848
593796	243239	350557	286783	63774
313858	208303	105555	13726	91829
144934	48066	96868	655	96213
37476	32783	4693	4519	174
50157	44027	6130	1529	4601
211103	130332	80771	6261	74510

6-57 公共财政预算教育事业费

地区	合计	个人部分	工资福利支出	对个人和家庭的补助支出	#助学金
合计	**47838354**	**11669367**	**7948667**	**3720700**	**5777**
北京	3961819	680836	421043	259793	
天津	5084631	197289	100528	96761	
河北	758488	493005	347835	145170	
山西	998556	316054	254235	61819	
内蒙古	423257	255045	248456	6589	
辽宁	1352825	543056	261070	281986	
吉林	765254	381707	297735	83972	
黑龙江	420596	298519	178047	120471	
上海	820060	245095	224246	20849	547
江苏	1297949	604824	364535	240289	1265
浙江	3873354	918390	722334	196057	727
安徽	1468409	283561	203972	79589	
福建	471062	288368	223396	64972	
江西	653453	284582	169338	115244	
山东	1983873	756044	598426	157618	
河南	2691515	290961	278640	12321	
湖北	5056785	502381	243189	259192	528
湖南	1220360	412709	273720	138989	995
广东	5431003	784560	388770	395790	953
广西	937952	288690	197093	91597	
海南	107875	26011	20820	5191	
重庆	376283	125603	116552	9051	
四川	1599398	718660	396378	322282	761
贵州	684568	348885	215076	133809	
云南	1258121	326468	270472	55995	
西藏	171475	129609	79766	49843	
陕西	1849945	257304	177789	79515	
甘肃	549247	257052	197545	59507	
青海	382617	100052	91925	8127	
宁夏	132110	70833	69569	1264	
新疆	1055517	483216	316169	167047	
大连	360358	46501	38558	7942	
宁波	323052	178118	143650	34468	
厦门	71413	33937	24152	9785	
青岛	157394	107237	72672	34566	
深圳	293124	82022	67731	14291	

支出明细(地方其他教育机构)

单位：千元

公用部分	商品和服务支出	其他资本性支出		
			专项公用支出	专项项目支出
36168987	**12580177**	**23588810**	**11294103**	**12294707**
3280983	2906763	374220	143999	230222
4887342	275981	4611361	4509936	101426
265483	158406	107076	16965	90112
682502	185681	496821	434333	62488
168212	110631	57581	13658	43923
809769	481619	328150	44265	283885
383547	174985	208562	80798	127764
122077	105610	16467	9623	6844
574965	558306	16658	13483	3175
693125	338215	354911	29916	324995
2954964	1383329	1571634	66976	1504658
1184847	140966	1043881	26828	1017054
182694	150821	31873	23877	7996
368871	170032	198839	6847	191993
1227830	345550	882280	28153	854127
2400554	433679	1966875	1817575	149301
4554404	970986	3583418	1366547	2216871
807650	422699	384951	230084	154867
4646443	834386	3812057	1254001	2558057
649262	163035	486227	47249	438978
81864	70713	11151	3721	7430
250680	201850	48830	19283	29547
880738	507160	373578	161046	212532
335683	182528	153156	17019	136137
931653	282619	649035	57727	591307
41866	28019	13846	11732	2114
1592640	432503	1160138	449934	710204
292195	132612	159583	51265	108318
282566	170165	112401	67451	44949
61277	34853	26423	6576	19848
572301	225477	346824	283236	63588
313858	208303	105555	13726	91829
144934	48066	96868	655	96213
37476	32783	4693	4519	174
50157	44027	6130	1529	4601
211103	130332	80771	6261	74510

第七部分

各地区教育和其他部门各级各类学校生均教育经费支出

7-1 生均教育经费支出(高等学校)

单位：元

地 区	教育经费支出	个人和公用部分支出			基本建设支出
			个人部分	公用部分	
合 计	**28991.70**	**28427.48**	**14038.82**	**14388.65**	**564.22**
北 京	63956.89	62588.42	29604.26	32984.16	1368.47
天 津	37101.88	36981.94	17417.43	19564.50	119.94
河 北	21832.40	21575.96	12230.69	9345.27	256.44
山 西	25476.36	25442.72	10776.84	14665.88	33.64
内蒙古	27254.11	27061.66	14856.13	12205.52	192.46
辽 宁	26777.98	26399.24	13911.70	12487.54	378.74
吉 林	26838.06	26776.47	13472.33	13304.14	61.59
黑龙江	25715.65	25570.39	12230.54	13339.85	145.26
上 海	60038.02	57365.60	22823.64	34541.96	2672.42
江 苏	31933.27	31730.16	15703.52	16026.64	203.11
浙 江	36006.79	35623.98	16888.86	18735.12	382.81
安 徽	21536.49	21238.04	10297.38	10940.66	298.46
福 建	28286.72	27918.73	14623.58	13295.15	367.99
江 西	18369.04	18225.32	10437.65	7787.67	143.71
山 东	21380.12	20973.75	11611.29	9362.46	406.37
河 南	19326.22	18944.27	9160.94	9783.33	381.96
湖 北	30748.64	30463.71	16084.85	14378.86	284.93
湖 南	19500.29	19146.31	9484.83	9661.47	353.99
广 东	28126.16	27296.42	13753.56	13542.86	829.74
广 西	22187.08	21803.37	10251.90	11551.47	383.71
海 南	28662.36	26196.43	12966.20	13230.23	2465.94
重 庆	25807.15	25625.93	12226.27	13399.65	181.22
四 川	25775.24	25290.30	13308.21	11982.10	484.93
贵 州	23343.36	21633.36	11252.05	10381.31	1710.00
云 南	21852.73	21755.48	11224.51	10530.97	97.26
西 藏	37929.87	31639.82	20308.51	11331.31	6290.05
陕 西	28649.52	28066.19	13248.43	14817.76	583.33
甘 肃	26816.74	25014.21	11830.18	13184.03	1802.53
青 海	38693.20	33526.68	16422.15	17104.53	5166.52
宁 夏	34781.18	33948.86	14903.16	19045.70	832.32
新 疆	28519.29	27413.77	14776.25	12637.52	1105.52
大 连	30455.47	30455.47	17869.14	12586.33	
宁 波	33120.83	33120.83	14028.57	19092.25	
厦 门	30231.04	28662.83	11355.26	17307.58	1568.21
青 岛	33828.37	33828.37	17553.09	16275.28	
深 圳	65554.65	53871.14	21221.60	32649.53	11683.52

7-2 生均公共财政预算教育经费支出(高等学校)

单位：元

地区	公共财政预算教育经费支出	事业费支出			基本建设支出
			个人部分	公用部分	
合计	**18917.79**	**18284.53**	**9967.46**	**8317.07**	**633.26**
北京	44947.19	43330.73	24735.66	18595.07	1616.46
天津	24020.59	23894.17	11205.85	12688.32	126.42
河北	14552.86	14261.34	7118.42	7142.92	291.52
山西	11905.91	11869.51	6727.59	5141.91	36.40
内蒙古	18645.30	18434.28	11562.12	6872.17	211.02
辽宁	15838.39	15437.69	8408.08	7029.61	400.70
吉林	20816.60	20747.34	10984.37	9762.97	69.26
黑龙江	17380.53	17217.81	10676.66	6541.15	162.72
上海	35463.48	32439.52	14994.81	17444.71	3023.96
江苏	20223.08	20000.91	10861.16	9139.75	222.16
浙江	19202.98	18757.05	11003.01	7754.04	445.93
安徽	13980.21	13654.46	6315.97	7338.49	325.75
福建	17668.06	17260.21	9445.26	7814.96	407.85
江西	13799.75	13637.39	7746.52	5890.88	162.36
山东	14302.49	13845.10	9266.71	4578.39	457.38
河南	13088.64	12675.34	5940.94	6734.39	413.30
湖北	18278.73	17974.48	10101.70	7872.78	304.25
湖南	12649.91	12254.54	7148.96	5105.59	395.36
广东	20236.45	19229.40	11068.80	8160.59	1007.05
广西	15974.18	15520.52	7047.91	8472.61	453.66
海南	19982.59	17291.84	7662.03	9629.81	2690.75
重庆	16135.40	15933.44	7297.05	8636.39	201.96
四川	16450.24	15885.46	9549.82	6335.64	564.78
贵州	17495.52	15542.09	8292.61	7249.48	1953.44
云南	14810.08	14692.91	7655.24	7037.67	117.17
西藏	41640.79	34219.19	22741.73	11477.46	7421.60
陕西	18717.46	18075.16	9592.43	8482.72	642.30
甘肃	19850.83	17894.03	7446.68	10447.35	1956.80
青海	25148.53	19682.39	9052.96	10629.43	5466.14
宁夏	27417.23	26494.26	11089.47	15404.80	922.97
新疆	20864.98	19634.26	12610.00	7024.26	1230.72
大连	23017.13	23017.13	14565.01	8452.13	
宁波	20558.21	20558.21	9517.67	11040.54	
厦门	20544.19	18763.11	9027.87	9735.24	1781.09
青岛	36172.32	36172.32	20220.89	15951.43	
深圳	50300.62	36594.12	17012.78	19581.34	13706.50

7-3 生均教育经费支出(中央属高等学校)

单位: 元

地区	教育经费支出	个人和公用部分支出	个人部分	公用部分	基本建设支出
合 计	**51674.80**	**50757.63**	**23956.21**	**26801.42**	**917.17**
北 京	64656.43	63179.64	29885.84	33293.80	1476.79
天 津	67711.55	67711.55	28146.35	39565.20	
河 北	27533.94	27492.13	15373.53	12118.60	41.81
山 西					
内蒙古					
辽 宁	48451.36	47304.71	20816.85	26487.86	1146.65
吉 林	42567.30	42303.64	21998.08	20305.56	263.66
黑龙江	52179.19	51885.35	20517.65	31367.70	293.84
上 海	64367.81	62733.33	27383.95	35349.38	1634.48
江 苏	44639.08	44073.58	21448.02	22625.56	565.49
浙 江	74770.29	74211.89	27766.31	46445.58	558.40
安 徽	48754.83	48586.58	19802.76	28783.81	168.25
福 建	53318.72	52305.91	27410.45	24895.46	1012.81
江 西					
山 东	48051.01	45355.14	20541.65	24813.49	2695.87
河 南	43792.06	43792.06	19525.68	24266.38	
湖 北	47177.24	46339.00	24157.47	22181.53	838.24
湖 南	25222.94	24718.97	12697.05	12021.93	503.96
广 东	46830.39	46467.76	23295.76	23172.00	362.63
广 西					
海 南					
重 庆	34493.86	34217.95	17471.22	16746.73	275.91
四 川	44791.19	44445.49	23373.74	21071.75	345.70
贵 州					
云 南					
西 藏					
陕 西	48399.39	47770.09	21385.11	26384.98	629.29
甘 肃	40178.91	39725.73	21237.04	18488.69	453.18
青 海					
宁 夏	25422.15	24096.66	11514.57	12582.09	1325.50
新 疆					
大 连					
宁 波					
厦 门					
青 岛					
深 圳					

7-4 生均公共财政预算教育经费支出(中央属高等学校)

单位：元

地 区	公共财政预算教育经费支出	事业费支出			基本建设支出
			个人部分	公用部分	
合 计	**30070.93**	**29049.19**	**16802.17**	**12247.01**	**1021.74**
北 京	38991.12	37272.50	22988.69	14283.82	1718.62
天 津	34711.95	34711.95	15708.25	19003.70	
河 北	18377.53	18333.61	11546.63	6786.97	43.92
山 西					
内蒙古					
辽 宁	27275.42	26095.45	14483.76	11611.69	1179.97
吉 林	27258.16	26980.91	15382.17	11598.74	277.25
黑龙江	25840.15	25515.33	16396.69	9118.64	324.82
上 海	35488.37	33720.14	17778.63	15941.51	1768.23
江 苏	27987.89	27347.01	15546.53	11800.49	640.88
浙 江	36472.12	35777.94	23260.32	12517.62	694.17
安 徽	24451.43	24275.60	14935.25	9340.35	175.83
福 建	29661.81	28604.18	15665.28	12938.90	1057.64
江 西					
山 东	31022.18	27694.35	14099.80	13594.55	3327.83
河 南	41589.16	41589.16	16477.90	25111.26	
湖 北	24804.19	23926.42	13623.43	10302.99	877.76
湖 南	17304.85	16783.07	8485.06	8298.01	521.78
广 东	26795.46	26395.61	15866.38	10529.23	399.85
广 西					
海 南					
重 庆	22705.53	22364.95	12818.79	9546.15	340.59
四 川	24569.75	24176.66	14753.15	9423.51	393.08
贵 州					
云 南					
西 藏					
陕 西	30437.45	29714.85	16670.87	13043.98	722.60
甘 肃	30201.24	29727.30	17377.97	12349.33	473.94
青 海					
宁 夏	23555.37	22229.87	10769.86	11460.01	1325.50
新 疆					
大 连					
宁 波					
厦 门					
青 岛					
深 圳					

7-5 生均教育经费支出(地方高等学校)

单位：元

地区	教育经费支出	个人和公用部分支出	个人部分	公用部分	基本建设支出
合计	**24072.68**	**23585.00**	**11888.16**	**11696.84**	**487.68**
北京	61737.54	60712.72	28710.93	32001.78	1024.82
天津	28917.58	28765.57	14548.78	14216.79	152.01
河北	21501.14	21232.22	12048.09	9184.14	268.91
山西	25476.36	25442.72	10776.84	14665.88	33.64
内蒙古	27254.11	27061.66	14856.13	12205.52	192.46
辽宁	22887.07	22646.19	12672.05	9974.14	240.88
吉林	22501.02	22495.15	11121.52	11373.63	5.87
黑龙江	20135.15	20021.22	10483.00	9538.22	113.93
上海	56544.34	53034.41	19143.96	33890.46	3509.92
江苏	27944.46	27855.12	13900.12	13955.00	89.34
浙江	31224.01	30862.86	15546.76	15316.10	361.15
安徽	18557.46	18244.75	9257.02	8987.73	312.71
福建	24480.55	24210.60	12679.30	11531.30	269.94
江西	18369.04	18225.32	10437.65	7787.67	143.71
山东	18274.22	18134.46	10571.32	7563.14	139.76
河南	19262.59	18879.64	9133.98	9745.67	382.95
湖北	22589.37	22579.24	12075.58	10503.66	10.13
湖南	18351.45	18027.57	8839.97	9187.60	323.88
广东	25508.27	24613.16	12418.01	12195.15	895.11
广西	22187.08	21803.37	10251.90	11551.47	383.71
海南	28662.36	26196.43	12966.20	13230.23	2465.94
重庆	22919.85	22770.09	10482.95	12287.15	149.75
四川	19984.36	19457.03	10242.98	9214.05	527.33
贵州	23343.36	21633.36	11252.05	10381.31	1710.00
云南	21852.73	21755.48	11224.51	10530.97	97.26
西藏	37929.87	31639.82	20308.51	11331.31	6290.05
陕西	21683.49	21116.37	10378.52	10737.85	567.12
甘肃	24422.23	22377.90	10144.47	12233.43	2044.34
青海	38693.20	33526.68	16422.15	17104.53	5166.52
宁夏	37256.75	36554.89	15799.48	20755.40	701.87
新疆	28519.29	27413.77	14776.25	12637.52	1105.52
大连	30455.47	30455.47	17869.14	12586.33	
宁波	33120.83	33120.83	14028.57	19092.25	
厦门	30231.04	28662.83	11355.26	17307.58	1568.21
青岛	27948.01	27948.01	17553.09	10394.92	
深圳	65554.65	53871.14	21221.60	32649.53	11683.52

7-6 生均公共财政预算教育经费支出(地方高等学校)

单位：元

地区	公共财政预算教育经费支出	事业费支出			基本建设支出
			个人部分	公用部分	
合计	**16477.06**	**15928.82**	**8471.77**	**7457.05**	**548.24**
北京	65085.52	63814.48	30642.43	33172.05	1271.04
天津	21048.32	20886.76	9954.15	10932.61	161.56
河北	14311.23	14004.06	6838.65	7165.41	307.17
山西	11905.91	11869.51	6727.59	5141.91	36.40
内蒙古	18645.30	18434.28	11562.12	6872.17	211.02
辽宁	13716.71	13460.57	7280.98	6179.59	256.14
吉林	18880.21	18873.48	9662.36	9211.12	6.73
黑龙江	15567.76	15439.78	9450.94	5988.84	127.98
上海	35441.67	31317.08	12554.85	18762.23	4124.58
江苏	17895.79	17799.12	9456.85	8342.27	96.66
浙江	17221.82	16804.37	9596.83	7207.55	417.45
安徽	12777.43	12434.46	5325.91	7108.55	342.97
福建	15714.31	15412.31	8432.03	6980.28	302.00
江西	13799.75	13637.39	7746.52	5890.88	162.36
山东	12545.25	12389.55	8758.76	3630.79	155.70
河南	13011.12	12596.70	5912.29	6684.41	414.43
湖北	14941.25	14930.33	8300.49	6629.84	10.92
湖南	11625.62	11258.07	6854.96	4403.11	367.55
广东	19211.53	18109.60	10319.13	7790.47	1101.93
广西	15974.18	15520.52	7047.91	8472.61	453.66
海南	19982.59	17291.84	7662.03	9629.81	2690.75
重庆	14225.63	14063.97	5692.03	8371.94	161.66
四川	13898.78	13280.04	7914.73	5365.31	618.73
贵州	17495.52	15542.09	8292.61	7249.48	1953.44
云南	14810.08	14692.91	7655.24	7037.67	117.17
西藏	41640.79	34219.19	22741.73	11477.46	7421.60
陕西	14810.13	14194.60	7232.56	6962.04	615.53
甘肃	17912.26	15677.72	5586.61	10091.12	2234.53
青海	25148.53	19682.39	9052.96	10629.43	5466.14
宁夏	28583.60	27782.20	11185.99	16596.21	801.40
新疆	20864.98	19634.26	12610.00	7024.26	1230.72
大连	23017.13	23017.13	14565.01	8452.13	
宁波	20558.21	20558.21	9517.67	11040.54	
厦门	20544.19	18763.11	9027.87	9735.24	1781.09
青岛	28650.83	28650.83	20220.89	8429.94	
深圳	50300.62	36594.12	17012.78	19581.34	13706.50

7-7 生均教育经费支出(普通高等学校)

单位：元

地 区	教育经费支出	个人和公用部分支出	个人部分	公用部分	基本建设支出
合 计	**29470.65**	**28899.21**	**14259.58**	**14639.63**	**571.43**
北 京	64997.26	63620.04	30042.69	33577.35	1377.22
天 津	37366.49	37280.06	17413.65	19866.41	86.44
河 北	22111.04	21843.03	12394.21	9448.82	268.01
山 西	25369.54	25334.80	10787.19	14547.61	34.74
内蒙古	27362.15	27171.17	14921.54	12249.63	190.98
辽 宁	26491.27	26110.25	13761.20	12349.05	381.02
吉 林	27259.96	27195.66	13582.47	13613.19	64.30
黑龙江	26007.47	25857.17	12239.34	13617.83	150.31
上 海	61504.98	58718.93	23230.48	35488.46	2786.05
江 苏	31975.84	31771.84	15733.76	16038.08	204.01
浙 江	36702.00	36541.39	17366.79	19174.60	160.60
安 徽	21639.76	21333.76	10355.89	10977.88	306.00
福 建	28979.66	28603.73	15000.78	13602.95	375.93
江 西	18790.21	18640.11	10710.93	7929.18	150.10
山 东	21707.00	21292.27	11784.21	9508.07	414.73
河 南	19384.54	18996.56	9163.71	9832.85	387.98
湖 北	30937.50	30649.56	16165.55	14484.02	287.94
湖 南	19655.85	19293.42	9586.77	9706.65	362.43
广 东	29574.51	28682.39	14412.16	14270.22	892.12
广 西	22725.70	22339.75	10432.08	11907.67	385.95
海 南	29164.03	26637.97	13192.31	13445.66	2526.06
重 庆	26023.77	25836.21	12468.14	13368.07	187.56
四 川	26203.00	25697.37	13511.87	12185.50	505.63
贵 州	25072.65	23203.76	12061.96	11141.80	1868.89
云 南	23248.43	23142.52	11939.10	11203.42	105.91
西 藏	37929.87	31639.82	20308.51	11331.31	6290.05
陕 西	29379.63	28772.45	13605.39	15167.06	607.18
甘 肃	27253.34	25399.20	11970.59	13428.61	1854.13
青 海	38719.52	33471.08	16420.55	17050.53	5248.45
宁 夏	34781.18	33948.86	14903.16	19045.70	832.32
新 疆	29474.98	28291.79	15126.96	13164.84	1183.18
大 连	27069.56	27069.56	16001.53	11068.03	
宁 波	36496.26	36496.26	15033.99	21462.27	
厦 门	30198.58	28630.38	11327.71	17302.67	1568.21
青 岛	38479.55	38479.55	19537.46	18942.10	
深 圳	71335.66	58470.74	22795.84	35674.89	12864.93

7-8 生均公共财政预算教育经费支出(普通高等学校)

单位：元

地区	公共财政预算教育经费支出	事业费支出	个人部分	公用部分	基本建设支出
合计	**18767.44**	**18143.57**	**9863.49**	**8280.08**	**623.87**
北京	44297.89	42720.04	24382.95	18337.09	1577.85
天津	23617.92	23528.75	10904.70	12624.05	89.17
河北	14395.83	14100.18	6960.60	7139.58	295.65
山西	11832.83	11795.65	6612.97	5182.68	37.18
内蒙古	18543.81	18337.39	11486.81	6850.57	206.42
辽宁	15620.54	15219.84	8222.35	6997.48	400.70
吉林	20576.40	20506.17	10748.71	9757.46	70.24
黑龙江	16994.24	16830.88	10365.40	6465.48	163.36
上海	34806.37	31781.68	14601.14	17180.54	3024.69
江苏	20201.10	19978.51	10850.96	9127.55	222.59
浙江	18703.98	18524.91	10810.43	7714.48	179.08
安徽	13829.66	13501.37	6256.33	7245.03	328.29
福建	17459.17	17059.82	9297.75	7762.07	399.34
江西	13772.58	13608.29	7728.00	5880.29	164.28
山东	14261.01	13803.04	9238.62	4564.42	457.98
河南	13068.22	12651.66	5926.16	6725.50	416.56
湖北	18235.74	17931.13	10055.10	7876.03	304.61
湖南	12552.96	12157.05	7071.78	5085.27	395.91
广东	20003.08	18991.03	10910.07	8080.96	1012.05
广西	15933.27	15489.02	6990.11	8498.90	444.25
海南	19627.78	16967.72	7522.79	9444.94	2660.06
重庆	16207.51	16001.98	7353.07	8648.91	205.53
四川	16283.05	15717.83	9450.40	6267.43	565.22
贵州	17371.31	15414.17	8180.27	7233.90	1957.14
云南	14830.43	14711.33	7660.39	7050.94	119.10
西藏	41640.79	34219.19	22741.73	11477.46	7421.60
陕西	18854.15	18201.98	9662.72	8539.26	652.17
甘肃	19745.86	17783.07	7357.04	10426.03	1962.79
青海	25203.37	19651.26	9039.90	10611.35	5552.12
宁夏	27417.23	26494.26	11089.47	15404.80	922.97
新疆	20641.12	19382.01	12319.42	7062.59	1259.11
大连	19697.41	19697.41	11992.02	7705.39	
宁波	20741.17	20741.17	9165.10	11576.08	
厦门	20511.77	18730.68	9001.02	9729.67	1781.09
青岛	34469.30	34469.30	18873.14	15596.16	
深圳	50048.19	36341.60	16824.65	19516.95	13706.59

7-9 生均教育经费支出(中央属普通高等学校)

单位：元

地区	教育经费支出	个人和公用部分支出			基本建设支出
			个人部分	公用部分	
合计	**51617.73**	**50699.99**	**23936.50**	**26763.49**	**917.74**
北京	64412.54	62934.52	29782.40	33152.12	1478.02
天津	67711.55	67711.55	28146.35	39565.20	
河北	25944.45	25902.63	15056.22	10846.42	41.81
山西					
内蒙古					
辽宁	49015.91	47854.32	21045.49	26808.82	1161.60
吉林	42567.30	42303.64	21998.08	20305.56	263.66
黑龙江	52179.19	51885.35	20517.65	31367.70	293.84
上海	64367.81	62733.33	27383.95	35349.38	1634.48
江苏	44639.08	44073.58	21448.02	22625.56	565.49
浙江	74770.29	74211.89	27766.31	46445.58	558.40
安徽	48754.83	48586.58	19802.76	28783.81	168.25
福建	53318.72	52305.91	27410.45	24895.46	1012.81
江西					
山东	48051.01	45355.14	20541.65	24813.49	2695.87
河南	43792.06	43792.06	19525.68	24266.38	
湖北	47177.24	46339.00	24157.47	22181.53	838.24
湖南	25222.94	24718.97	12697.05	12021.93	503.96
广东	46830.39	46467.76	23295.76	23172.00	362.63
广西					
海南					
重庆	34493.86	34217.95	17471.22	16746.73	275.91
四川	44791.19	44445.49	23373.74	21071.75	345.70
贵州					
云南					
西藏					
陕西	48399.39	47770.09	21385.11	26384.98	629.29
甘肃	40178.91	39725.73	21237.04	18488.69	453.18
青海					
宁夏	25422.15	24096.66	11514.57	12582.09	1325.50
新疆					
大连					
宁波					
厦门					
青岛					
深圳					

7-10　生均公共财政预算教育经费支出(中央属普通高等学校)

单位：元

地　区	公共财政预算教育经费支出	事业费支出			基本建设支出
			个人部分	公用部分	
合　计	**30055.67**	**29033.78**	**16794.54**	**12239.24**	**1021.90**
北　京	38928.03	37208.21	22958.32	14249.89	1719.82
天　津	34711.95	34711.95	15708.25	19003.70	
河　北	18377.53	18333.61	11546.63	6786.97	43.92
山　西					
内蒙古					
辽　宁	27275.47	26095.50	14483.79	11611.72	1179.97
吉　林	27258.16	26980.91	15382.17	11598.74	277.25
黑龙江	25840.15	25515.33	16396.69	9118.64	324.82
上　海	35488.37	33720.14	17778.63	15941.51	1768.23
江　苏	27987.89	27347.01	15546.53	11800.49	640.88
浙　江	36472.12	35777.94	23260.32	12517.62	694.17
安　徽	24451.43	24275.60	14935.25	9340.35	175.83
福　建	29661.81	28604.18	15665.28	12938.90	1057.64
江　西					
山　东	31022.18	27694.35	14099.80	13594.55	3327.83
河　南	41589.16	41589.16	16477.90	25111.26	
湖　北	24804.19	23926.42	13623.43	10302.99	877.76
湖　南	17304.85	16783.07	8485.06	8298.01	521.78
广　东	26795.46	26395.61	15866.38	10529.23	399.85
广　西					
海　南					
重　庆	22705.53	22364.95	12818.79	9546.15	340.59
四　川	24569.75	24176.66	14753.15	9423.51	393.08
贵　州					
云　南					
西　藏					
陕　西	30437.45	29714.85	16670.87	13043.98	722.60
甘　肃	30201.24	29727.30	17377.97	12349.33	473.94
青　海					
宁　夏	23555.37	22229.87	10769.86	11460.01	1325.50
新　疆					
大　连					
宁　波					
厦　门					
青　岛					
深　圳					

7-11 生均教育经费支出(地方普通高等学校)

单位：元

地区	教育经费支出	个人和公用部分支出	个人部分	公用部分	基本建设支出
合计	**24465.50**	**23972.34**	**12072.64**	**11899.69**	**493.17**
北京	67115.89	66103.88	30985.81	35118.07	1012.00
天津	29016.05	28905.83	14460.19	14445.64	110.22
河北	21877.66	21595.89	12232.15	9363.73	281.78
山西	25369.54	25334.80	10787.19	14547.61	34.74
内蒙古	27362.15	27171.17	14921.54	12249.63	190.98
辽宁	22480.46	22238.43	12464.14	9774.29	242.03
吉林	22799.56	22793.36	11130.25	11663.11	6.21
黑龙江	20254.57	20135.81	10419.65	9716.16	118.76
上海	59011.20	55222.02	19612.42	35609.60	3789.18
江苏	27977.15	27887.29	13929.36	13957.93	89.86
浙江	31692.80	31584.54	15998.38	15586.16	108.26
安徽	18588.62	18267.12	9292.87	8974.25	321.50
福建	25081.93	24807.99	13013.45	11794.53	273.94
江西	18790.21	18640.11	10710.93	7929.18	150.10
山东	18568.61	18425.64	10740.92	7684.71	142.97
河南	19320.06	18931.06	9136.34	9794.72	389.00
湖北	22743.90	22733.61	12133.30	10600.31	10.29
湖南	18506.08	18172.88	8944.40	9228.48	333.20
广东	26941.35	25968.43	13056.57	12911.86	972.92
广西	22725.70	22339.75	10432.08	11907.67	385.95
海南	29164.03	26637.97	13192.31	13445.66	2526.06
重庆	23075.82	22919.01	10726.86	12192.15	156.81
四川	20223.06	19665.98	10339.25	9326.73	557.08
贵州	25072.65	23203.76	12061.96	11141.80	1868.89
云南	23248.43	23142.52	11939.10	11203.42	105.91
西藏	37929.87	31639.82	20308.51	11331.31	6290.05
陕西	22291.84	21692.91	10706.25	10986.66	598.93
甘肃	24858.47	22744.77	10253.70	12491.07	2113.70
青海	38719.52	33471.08	16420.55	17050.53	5248.45
宁夏	37256.75	36554.89	15799.48	20755.40	701.87
新疆	29474.98	28291.79	15126.96	13164.84	1183.18
大连	27069.56	27069.56	16001.53	11068.03	
宁波	36496.26	36496.26	15033.99	21462.27	
厦门	30198.58	28630.38	11327.71	17302.67	1568.21
青岛	31516.28	31516.28	19537.46	11978.82	
深圳	71335.66	58470.74	22795.84	35674.89	12864.93

7-12 生均公共财政预算教育经费支出(地方普通高等学校)

单位：元

地 区	公共财政预算教育经费支出	事业费支出			基本建设支出
			个人部分	公用部分	
合 计	**16277.12**	**15741.06**	**8334.42**	**7406.64**	**536.06**
北 京	62442.09	61343.96	29196.64	32147.32	1098.13
天 津	20529.30	20415.31	9567.38	10847.94	113.99
河 北	14140.48	13828.69	6666.49	7162.19	311.80
山 西	11832.83	11795.65	6612.97	5182.68	37.18
内蒙古	18543.81	18337.39	11486.81	6850.57	206.42
辽 宁	13458.43	13202.29	7060.79	6141.50	256.14
吉 林	18530.67	18523.81	9330.09	9193.72	6.86
黑龙江	15089.51	14960.91	9066.72	5894.20	128.60
上 海	34208.35	30081.89	11814.88	18267.01	4126.46
江 苏	17861.41	17764.50	9440.09	8324.41	96.90
浙 江	16635.01	16515.92	9360.73	7155.18	119.10
安 徽	12598.96	12253.01	5250.75	7002.26	345.95
福 建	15465.77	15173.96	8257.56	6916.40	291.81
江 西	13772.58	13608.29	7728.00	5880.29	164.28
山 东	12496.89	12340.97	8726.98	3613.99	155.92
河 南	12990.03	12572.33	5897.23	6675.10	417.70
湖 北	14870.15	14859.21	8226.73	6632.48	10.94
湖 南	11505.59	11137.42	6760.28	4377.14	368.16
广 东	18932.02	17823.43	10128.53	7694.91	1108.58
广 西	15933.27	15489.02	6990.11	8498.90	444.25
海 南	19627.78	16967.72	7522.79	9444.94	2660.06
重 庆	14275.36	14109.99	5727.87	8382.12	165.37
四 川	13676.35	13056.98	7782.35	5274.63	619.37
贵 州	17371.31	15414.17	8180.27	7233.90	1957.14
云 南	14830.43	14711.33	7660.39	7050.94	119.10
西 藏	41640.79	34219.19	22741.73	11477.46	7421.60
陕 西	14911.31	14283.11	7277.22	7005.89	628.20
甘 肃	17780.51	15537.85	5473.35	10064.50	2242.66
青 海	25203.37	19651.26	9039.90	10611.35	5552.12
宁 夏	28583.60	27782.20	11185.99	16596.21	801.40
新 疆	20641.12	19382.01	12319.42	7062.59	1259.11
大 连	19697.41	19697.41	11992.02	7705.39	
宁 波	20741.17	20741.17	9165.10	11576.08	
厦 门	20511.77	18730.68	9001.02	9729.67	1781.09
青 岛	26947.62	26947.62	18873.14	8074.48	
深 圳	50048.19	36341.60	16824.65	19516.95	13706.59

7-13　生均教育经费支出(普通高等本科学校)

单位：元

地　区	教育经费支出	个人和公用部分支出			基本建设支出
			个人部分	公用部分	
合　计	**32793.76**	**32093.78**	**15914.94**	**16178.84**	**699.99**
北　京	65166.55	63786.65	30250.63	33536.02	1379.90
天　津	40962.15	40866.58	19080.88	21785.70	95.57
河　北	24269.64	23939.65	13676.63	10263.03	329.99
山　西	29554.23	29504.12	12053.31	17450.81	50.11
内蒙古	26017.93	25936.26	14411.10	11525.16	81.68
辽　宁	28442.36	28018.99	14750.93	13268.06	423.38
吉　林	28160.93	28085.54	14056.45	14029.09	75.39
黑龙江	27678.58	27487.97	12923.49	14564.48	190.61
上　海	63187.67	60171.88	23882.34	36289.54	3015.80
江　苏	36296.79	36012.61	18055.31	17957.31	284.18
浙　江	41457.46	41292.39	19618.73	21673.66	165.07
安　徽	25162.22	24719.27	11905.99	12813.28	442.95
福　建	31325.02	30860.06	17007.82	13852.24	464.96
江　西	19283.52	19104.87	11751.91	7352.96	178.65
山　东	23561.81	23013.74	12979.15	10034.59	548.07
河　南	21496.61	21273.06	10080.46	11192.59	223.56
湖　北	35317.32	34934.57	18848.22	16086.35	382.74
湖　南	22450.69	21971.30	11098.82	10872.48	479.39
广　东	33505.70	32252.03	16115.95	16136.08	1253.67
广　西	23433.38	22941.64	11095.28	11846.36	491.74
海　南	30864.92	27736.40	14447.98	13288.42	3128.52
重　庆	28314.19	28070.72	13599.09	14471.63	243.47
四　川	28570.04	28109.62	14875.91	13233.70	460.42
贵　州	30807.46	27862.72	14550.89	13311.84	2944.73
云　南	24066.36	23947.36	12127.76	11819.60	119.00
西　藏	40724.17	30940.66	19889.97	11050.69	9783.51
陕　西	32481.84	31798.98	15015.86	16783.12	682.86
甘　肃	26961.85	24893.57	13258.54	11635.03	2068.29
青　海	43409.98	36463.14	18309.72	18153.42	6946.84
宁　夏	37261.35	36060.20	16069.71	19990.49	1201.15
新　疆	30310.30	28507.35	15925.47	12581.89	1802.95
大　连	30273.69	30273.69	18944.66	11329.02	
宁　波	39627.27	39627.27	16610.98	23016.30	
厦　门	28142.02	25688.61	10117.65	15570.95	2453.41
青　岛	82060.09	82060.09	37252.14	44807.95	
深　圳	91771.64	71617.69	24198.45	47419.24	20153.95

7-14 生均公共财政预算教育经费支出(普通高等本科学校)

单位：元

地区	公共财政预算教育经费支出	事业费支出			基本建设支出
			个人部分	公用部分	
合计	**21074.77**	**20294.59**	**11094.31**	**9200.27**	**780.18**
北京	43712.37	42129.17	24369.86	17759.31	1583.21
天津	25055.29	24956.10	11577.15	13378.95	99.19
河北	16350.58	15973.09	7519.59	8453.50	377.49
山西	13781.03	13725.67	7337.61	6388.06	55.36
内蒙古	18283.33	18192.69	11243.56	6949.13	90.65
辽宁	16962.26	16512.15	8779.12	7733.03	450.11
吉林	21812.47	21728.92	11303.14	10425.78	83.55
黑龙江	18032.83	17822.49	11088.54	6733.94	210.34
上海	35743.60	32464.97	15040.28	17424.69	3278.63
江苏	22705.70	22391.15	12387.18	10003.97	314.55
浙江	20931.69	20744.14	12413.20	8330.95	187.55
安徽	16119.52	15628.62	7084.28	8544.34	490.90
福建	19726.21	19234.85	10458.52	8776.32	491.36
江西	14627.19	14424.37	8660.65	5763.71	202.82
山东	15901.12	15274.04	10099.11	5174.94	627.07
河南	14760.18	14514.49	6451.95	8062.54	245.69
湖北	20409.49	19997.92	11703.29	8294.63	411.57
湖南	14682.59	14157.39	8149.48	6007.91	525.20
广东	23560.56	22082.74	12831.16	9251.58	1477.82
广西	17409.97	16820.91	7747.04	9073.87	589.06
海南	21311.30	17946.74	8442.43	9504.32	3364.56
重庆	18019.29	17746.91	8265.26	9481.65	272.38
四川	17597.37	17069.85	10592.44	6477.40	527.52
贵州	21968.71	18810.31	9771.22	9039.09	3158.40
云南	15390.41	15253.19	7735.70	7517.50	137.22
西藏	47021.54	34770.02	23298.63	11471.39	12251.52
陕西	21041.32	20292.31	10752.42	9539.89	749.01
甘肃	19845.82	17615.27	8363.91	9251.36	2230.55
青海	29300.31	21812.73	9820.21	11992.51	7487.59
宁夏	31029.85	29666.95	12541.00	17125.95	1362.90
新疆	21958.28	20007.16	12800.09	7207.07	1951.11
大连	21840.38	21840.38	14174.07	7666.31	
宁波	19658.11	19658.11	9419.22	10238.90	
厦门	21094.62	18449.89	7492.23	10957.66	2644.73
青岛	95507.66	95507.66	45879.44	49628.22	
深圳	66012.60	44337.02	17687.29	26649.73	21675.58

7-15 生均教育经费支出(中央属普通高等本科学校)

单位：元

地 区	教育经费支出	个人和公用部分支出	个人部分	公用部分	基本建设支出
合 计	**51835.69**	**50910.50**	**24033.99**	**26876.51**	**925.19**
北 京	64405.90	62923.58	29817.75	33105.83	1482.31
天 津	67711.55	67711.55	28146.35	39565.20	
河 北	25944.45	25902.63	15056.22	10846.42	41.81
山 西					
内蒙古					
辽 宁	49015.91	47854.32	21045.49	26808.82	1161.60
吉 林	42567.30	42303.64	21998.08	20305.56	263.66
黑龙江	52179.19	51885.35	20517.65	31367.70	293.84
上 海	64880.52	63227.09	27555.69	35671.40	1653.43
江 苏	44639.08	44073.58	21448.02	22625.56	565.49
浙 江	74770.29	74211.89	27766.31	46445.58	558.40
安 徽	48754.83	48586.58	19802.76	28783.81	168.25
福 建	53318.72	52305.91	27410.45	24895.46	1012.81
江 西					
山 东	48051.01	45355.14	20541.65	24813.49	2695.87
河 南	43792.06	43792.06	19525.68	24266.38	
湖 北	47179.54	46341.25	24158.50	22182.75	838.28
湖 南	26205.96	25657.81	13100.79	12557.01	548.16
广 东	47917.72	47537.45	23826.29	23711.15	380.27
广 西					
海 南					
重 庆	34493.86	34217.95	17471.22	16746.73	275.91
四 川	44791.19	44445.49	23373.74	21071.75	345.70
贵 州					
云 南					
西 藏					
陕 西	48339.21	47705.21	21335.48	26369.73	634.00
甘 肃	40178.91	39725.73	21237.04	18488.69	453.18
青 海					
宁 夏	25422.15	24096.66	11514.57	12582.09	1325.50
新 疆					
大 连					
宁 波					
厦 门					
青 岛					
深 圳					

7-16 生均公共财政预算教育经费支出(中央属普通高等本科学校)

单位：元

地区	公共财政预算教育经费支出	事业费支出			基本建设支出
			个人部分	公用部分	
合计	**30247.89**	**29216.73**	**16900.64**	**12316.08**	**1031.16**
北京	38958.59	37232.92	22987.99	14244.93	1725.67
天津	34711.95	34711.95	15708.25	19003.70	
河北	18377.53	18333.61	11546.63	6786.97	43.92
山西					
内蒙古					
辽宁	27275.47	26095.50	14483.79	11611.72	1179.97
吉林	27258.16	26980.91	15382.17	11598.74	277.25
黑龙江	25840.15	25515.33	16396.69	9118.64	324.82
上海	35846.34	34055.91	17946.44	16109.47	1790.43
江苏	27987.89	27347.01	15546.53	11800.49	640.88
浙江	36472.12	35777.94	23260.32	12517.62	694.17
安徽	24451.43	24275.60	14935.25	9340.35	175.83
福建	29661.81	28604.18	15665.28	12938.90	1057.64
江西					
山东	31022.18	27694.35	14099.80	13594.55	3327.83
河南	41589.16	41589.16	16477.90	25111.26	
湖北	24805.30	23927.48	13623.90	10303.58	877.82
湖南	18397.74	17828.44	8939.75	8888.69	569.29
广东	27901.98	27480.29	16607.31	10872.97	421.69
广西					
海南					
重庆	22705.53	22364.95	12818.79	9546.15	340.59
四川	24569.75	24176.66	14753.15	9423.51	393.08
贵州					
云南					
西藏					
陕西	30556.54	29827.72	16679.40	13148.32	728.82
甘肃	30201.24	29727.30	17377.97	12349.33	473.94
青海					
宁夏	23555.37	22229.87	10769.86	11460.01	1325.50
新疆					
大连					
宁波					
厦门					
青岛					
深圳					

7-17 生均教育经费支出(地方普通高等本科学校)

单位：元

地区	教育经费支出	个人和公用部分支出			基本建设支出
			个人部分	公用部分	
合 计	**26521.86**	**25896.05**	**13240.74**	**12655.31**	**625.81**
北 京	68624.89	67710.61	32218.74	35491.87	914.28
天 津	30018.28	29883.61	15371.96	14511.65	134.66
河 北	24122.33	23766.99	13555.28	10211.71	355.34
山 西	29554.23	29504.12	12053.31	17450.81	50.11
内蒙古	26017.93	25936.26	14411.10	11525.16	81.68
辽 宁	23665.81	23413.83	13289.52	10124.31	251.98
吉 林	22978.26	22970.60	11199.47	11771.13	7.66
黑龙江	20421.06	20261.02	10673.96	9587.06	160.04
上 海	61507.20	57138.99	20235.84	36903.15	4368.21
江 苏	31868.90	31734.04	16254.53	15479.50	134.86
浙 江	34449.47	34367.14	17904.72	16462.41	82.33
安 徽	20923.82	20431.52	10487.34	9944.18	492.30
福 建	26100.60	25765.77	14536.76	11229.01	334.83
江 西	19283.52	19104.87	11751.91	7352.96	178.65
山 东	19418.10	19233.45	11699.53	7533.91	184.65
河 南	21409.69	21185.26	10043.64	11141.62	224.43
湖 北	25350.81	25350.81	14386.58	10964.22	
湖 南	21227.80	20770.81	10446.89	10323.92	457.00
广 东	30211.67	28758.37	14353.66	14404.71	1453.30
广 西	23433.38	22941.64	11095.28	11846.36	491.74
海 南	30864.92	27736.40	14447.98	13288.42	3128.52
重 庆	25198.97	24971.84	11647.11	13324.73	227.12
四 川	21154.10	20641.23	10990.90	9650.32	512.87
贵 州	30807.46	27862.72	14550.89	13311.84	2944.73
云 南	24066.36	23947.36	12127.76	11819.60	119.00
西 藏	40724.17	30940.66	19889.97	11050.69	9783.51
陕 西	24124.93	23416.33	11685.40	11730.93	708.61
甘 肃	23443.03	20944.75	11134.39	9810.35	2498.28
青 海	43409.98	36463.14	18309.72	18153.42	6946.84
宁 夏	42484.73	41338.45	18079.41	23259.04	1146.29
新 疆	30310.30	28507.35	15925.47	12581.89	1802.95
大 连	30273.69	30273.69	18944.66	11329.02	
宁 波	39627.27	39627.27	16610.98	23016.30	
厦 门	28142.02	25688.61	10117.65	15570.95	2453.41
青 岛	55114.51	55114.51	37252.14	17862.37	
深 圳	91771.64	71617.69	24198.45	47419.24	20153.95

7-18 生均公共财政预算教育经费支出(地方普通高等本科学校)

单位：元

地区	公共财政预算教育经费支出	事业费支出			基本建设支出
			个人部分	公用部分	
合 计	**18053.30**	**17355.79**	**9181.81**	**8173.98**	**697.51**
北 京	63698.42	62714.17	30179.56	32534.61	984.25
天 津	21018.27	20877.61	9850.11	11027.50	140.66
河 北	16154.89	15745.20	7130.81	8614.39	409.69
山 西	13781.03	13725.67	7337.61	6388.06	55.36
内蒙古	18283.33	18192.69	11243.56	6949.13	90.65
辽 宁	14428.89	14158.07	7377.81	6780.26	270.82
吉 林	19707.09	19698.43	9726.14	9972.30	8.66
黑龙江	15725.45	15548.94	9519.77	6029.17	176.51
上 海	35640.80	30873.12	12132.47	18740.66	4767.68
江 苏	20000.93	19853.49	10769.42	9084.06	147.45
浙 江	17997.04	17905.16	10364.83	7540.33	91.88
安 徽	14514.76	13963.17	5572.15	8391.02	551.59
福 建	17330.97	16976.12	9203.30	7772.82	354.85
江 西	14627.19	14424.37	8660.65	5763.71	202.82
山 东	13558.64	13349.95	9479.34	3870.61	208.68
河 南	14649.06	14402.36	6410.42	7991.93	246.70
湖 北	16529.13	16529.13	10007.88	6521.25	
湖 南	13383.15	12873.38	7873.06	5000.31	509.78
广 东	22490.36	20752.19	11900.30	8851.88	1738.17
广 西	17409.97	16820.91	7747.04	9073.87	589.06
海 南	21311.30	17946.74	8442.43	9504.32	3364.56
重 庆	15974.92	15732.30	6278.78	9453.52	242.62
四 川	14374.19	13784.52	8669.04	5115.48	589.67
贵 州	21968.71	18810.31	9771.22	9039.09	3158.40
云 南	15390.41	15253.19	7735.70	7517.50	137.22
西 藏	47021.54	34770.02	23298.63	11471.39	12251.52
陕 西	16369.35	15610.42	7842.28	7768.14	758.93
甘 肃	16978.96	14262.10	5868.40	8393.70	2716.86
青 海	29300.31	21812.73	9820.21	11992.51	7487.59
宁 夏	35007.98	33625.18	13483.66	20141.52	1382.80
新 疆	21958.28	20007.16	12800.09	7207.07	1951.11
大 连	21840.38	21840.38	14174.07	7666.31	
宁 波	19658.11	19658.11	9419.22	10238.90	
厦 门	21094.62	18449.89	7492.23	10957.66	2644.73
青 岛	59792.25	59792.25	45879.44	13912.81	
深 圳	66012.60	44337.02	17687.29	26649.73	21675.58

7-19 生均教育经费支出(地方普通高职高专学校)

单位：元

地区	教育经费支出	个人和公用部分支出	个人部分	公用部分	基本建设支出
合计	**20085.45**	**19874.81**	**9584.58**	**10290.22**	**210.65**
北京	61279.82	59889.86	26217.47	33672.39	1389.95
天津	26957.01	26897.01	12586.98	14310.03	60.01
河北	16831.03	16714.64	9257.39	7457.25	116.39
山西	16531.29	16529.01	8113.10	8415.91	2.27
内蒙古	30421.92	29982.14	16083.43	13898.71	439.79
辽宁	18579.44	18370.17	9747.79	8622.38	209.27
吉林	22037.84	22037.84	10835.20	11202.64	
黑龙江	19775.58	19775.58	9688.01	10087.57	
上海	42677.38	42677.38	15532.78	27144.60	
江苏	22261.46	22237.68	10514.44	11723.25	23.77
浙江	27088.67	26937.10	12814.44	14122.66	151.57
安徽	14673.91	14638.75	7290.47	7348.28	35.16
福建	22974.23	22826.27	9861.64	12964.63	147.96
江西	17611.18	17529.31	8222.93	9306.38	81.88
山东	16547.60	16503.79	8460.32	8043.47	43.81
河南	14928.08	14193.18	7229.38	6963.81	734.90
湖北	18825.80	18800.05	8746.69	10053.36	25.75
湖南	14699.55	14539.49	6843.07	7696.43	160.06
广东	21307.94	21162.50	10822.22	10340.28	145.43
广西	21036.50	20903.05	8849.04	12054.00	133.45
海南	24832.51	23840.69	9994.58	13846.11	991.82
重庆	18341.04	18341.04	8674.63	9666.40	
四川	18012.08	17350.02	8791.73	8558.30	662.06
贵州	15667.85	15563.30	7980.26	7583.04	104.55
云南	19938.86	19885.92	11175.73	8710.19	52.94
西藏	33116.67	32844.13	21029.46	11814.68	272.54
陕西	17976.45	17635.71	8401.17	9234.54	340.74
甘肃	28098.09	26864.60	8237.98	18626.62	1233.49
青海	26688.34	25796.34	11574.77	14221.57	892.01
宁夏	29429.90	29393.37	12386.19	17007.18	36.53
新疆	28012.02	27914.27	13728.48	14185.80	97.75
大连	21516.91	21516.91	10901.17	10615.74	
宁波	32252.75	32252.75	12896.67	19356.08	
厦门	33841.92	33841.92	13471.41	20370.51	
青岛	23292.96	23292.96	13364.39	9928.57	
深圳	40092.30	38371.13	20651.48	17719.65	1721.17

7-20 生均公共财政预算教育经费支出(地方普通高职高专学校)

单位：元

地区	公共财政预算教育经费支出	事业费支出			基本建设支出
			个人部分	公用部分	
合计	12772.42	12554.93	6662.38	5892.55	217.49
北京	57388.92	55832.74	25243.18	30589.57	1556.17
天津	19554.52	19493.70	9003.72	10489.98	60.82
河北	10154.62	10036.53	5747.76	4288.76	118.10
山西	8091.42	8089.14	5221.34	2867.80	2.28
内蒙古	19088.84	18640.16	11995.80	6644.36	448.68
辽宁	10464.51	10253.67	6082.78	4170.89	210.84
吉林	14053.37	14053.37	7822.81	6230.56	
黑龙江	13382.50	13382.50	7850.61	5531.89	
上海	24990.08	24990.08	9771.15	15218.93	
江苏	14823.07	14797.94	7552.31	7245.64	25.13
浙江	14444.36	14281.48	7745.77	6535.72	162.88
安徽	9706.40	9670.92	4765.48	4905.44	35.48
福建	11545.28	11385.98	6269.71	5116.26	159.30
江西	11959.29	11876.77	5749.13	6127.64	82.52
山东	10246.79	10202.69	7132.54	3070.14	44.11
河南	9742.11	8989.64	4892.55	4097.09	752.47
湖北	12575.25	12549.17	5762.82	6786.35	26.07
湖南	8938.51	8763.96	5238.84	3525.12	174.54
广东	13532.50	13379.27	7439.99	5939.28	153.22
广西	12835.53	12695.04	5402.28	7292.76	140.49
海南	15641.26	14649.44	5345.11	9304.33	991.82
重庆	10637.27	10637.27	4548.59	6088.68	
四川	12190.27	11507.66	5894.09	5613.57	682.61
贵州	10284.44	10179.03	5727.82	4451.22	105.40
云南	12821.91	12767.80	7390.29	5377.51	54.11
西藏	33698.60	33406.14	21919.74	11486.41	292.45
陕西	11705.93	11365.13	6034.98	5330.15	340.80
甘肃	19475.91	18236.25	4637.77	13598.49	1239.66
青海	15357.58	14456.80	7164.66	7292.14	900.78
宁夏	20155.06	20116.44	8171.55	11944.89	38.62
新疆	18436.90	18335.83	11515.02	6820.81	101.07
大连	16332.29	16332.29	8565.52	7766.77	
宁波	22099.31	22099.31	8846.43	13252.88	
厦门	19309.77	19309.77	12112.57	7197.19	
青岛	18185.16	18185.16	11668.26	6516.90	
深圳	26211.31	24403.43	15536.62	8866.81	1807.88

7-21 生均教育经费支出(地方中等职业学校)

单位：元

地区	教育经费支出	个人和公用部分支出			基本建设支出
			个人部分	公用部分	
合计	**15706.65**	**15401.57**	**8065.87**	**7335.71**	**305.08**
北京	58512.02	57374.04	27827.45	29546.59	1137.98
天津	30443.01	30443.01	19808.83	10634.18	
河北	14730.31	14641.28	9161.11	5480.18	89.03
山西	14893.38	14569.89	8470.10	6099.79	323.49
内蒙古	21759.93	21324.70	12540.76	8783.94	435.23
辽宁	16707.38	16430.29	9184.83	7245.46	277.10
吉林	24100.81	23826.84	15059.74	8767.09	273.97
黑龙江	16999.57	16778.87	11186.94	5591.93	220.70
上海	59819.18	57890.10	22475.51	35414.59	1929.08
江苏	18275.76	18228.73	9188.39	9040.34	47.02
浙江	24272.54	24189.79	12737.02	11452.76	82.75
安徽	13069.87	12903.04	5563.47	7339.56	166.84
福建	17611.84	17475.46	9477.45	7998.02	136.37
江西	9678.00	9309.58	4791.14	4518.44	368.42
山东	17828.34	17782.92	8296.03	9486.89	45.42
河南	9662.87	9451.52	4504.36	4947.16	211.35
湖北	15519.16	15513.83	8350.00	7163.83	5.33
湖南	11752.92	11459.79	6013.80	5446.00	293.13
广东	14848.29	14286.94	7565.29	6721.65	561.35
广西	12078.19	11124.57	5667.99	5456.57	953.63
海南	16472.36	15943.35	7064.13	8879.22	529.01
重庆	14157.72	13662.44	7365.14	6297.31	495.27
四川	11592.74	11383.10	6440.18	4942.92	209.64
贵州	9936.15	9841.37	4285.02	5556.35	94.78
云南	13567.55	13334.53	7183.65	6150.88	233.02
西藏	42003.28	35440.96	17918.43	17522.53	6562.32
陕西	11755.69	11618.40	6992.04	4626.35	137.30
甘肃	16432.71	15667.66	9230.30	6437.36	765.05
青海	15760.09	15262.95	7500.08	7762.87	497.14
宁夏	14245.93	13680.88	6547.08	7133.80	565.05
新疆	17988.49	17547.44	9348.40	8199.04	441.05
大连	20955.47	20295.91	10065.59	10230.32	659.56
宁波	32014.28	32014.28	18386.17	13628.11	
厦门	27238.47	27238.47	13177.76	14060.71	
青岛	33974.70	33974.70	15863.74	18110.95	
深圳	48686.78	38796.10	19460.73	19335.37	9890.68

7-22　生均公共财政预算教育经费支出(地方中等职业学校)

单位：元

地　区	公共财政预算教育经费支出	事业费支出			基本建设支出
			个人部分	公用部分	
合　计	**11263.09**	**10958.01**	**6613.01**	**4345.00**	**305.08**
北　京	35571.34	34433.36	19487.69	14945.67	1137.98
天　津	26480.96	26480.96	18598.80	7882.16	
河　北	12096.56	12007.54	8072.50	3935.03	89.03
山　西	11673.51	11350.02	7350.10	3999.92	323.49
内蒙古	16603.40	16168.17	9595.29	6572.88	435.23
辽　宁	11401.84	11124.75	6724.51	4400.24	277.10
吉　林	18684.38	18410.40	13433.28	4977.12	273.97
黑龙江	13656.18	13435.48	9448.03	3987.45	220.70
上　海	27224.38	25295.30	16332.82	8962.48	1929.08
江　苏	12598.00	12550.97	7909.24	4641.73	47.02
浙　江	16320.28	16237.53	10707.93	5529.60	82.75
安　徽	8533.52	8366.68	4161.10	4205.58	166.84
福　建	11964.74	11828.37	8000.39	3827.98	136.37
江　西	7384.28	7015.86	4008.83	3007.03	368.42
山　东	12454.04	12408.62	7737.55	4671.07	45.42
河　南	6901.60	6690.25	3225.57	3464.68	211.35
湖　北	13229.19	13223.86	7152.72	6071.14	5.33
湖　南	8609.31	8316.18	5060.49	3255.69	293.13
广　东	10539.24	9977.89	5878.94	4098.95	561.35
广　西	9700.34	8746.71	4763.25	3983.46	953.63
海　南	12954.00	12424.99	5462.00	6962.99	529.01
重　庆	9652.59	9157.31	4899.12	4258.19	495.27
四　川	9143.17	8933.53	5490.56	3442.97	209.64
贵　州	7090.72	6995.93	3477.69	3518.25	94.78
云　南	9878.05	9645.03	5366.75	4278.28	233.02
西　藏	39519.48	32957.17	17570.27	15386.90	6562.32
陕　西	8677.34	8540.04	5616.37	2923.67	137.30
甘　肃	12129.96	11364.91	7729.08	3635.83	765.05
青　海	11023.95	10526.81	5286.92	5239.89	497.14
宁　夏	10516.09	9951.04	4778.24	5172.80	565.05
新　疆	12881.86	12440.81	8574.35	3866.46	441.05
大　连	15739.06	15079.50	7935.27	7144.23	659.56
宁　波	22061.72	22061.72	15325.97	6735.75	
厦　门	15714.82	15714.82	10697.57	5017.24	
青　岛	20402.44	20402.44	15100.34	5302.10	
深　圳	34844.10	24953.43	15650.06	9303.37	9890.68

7-23 生均教育经费支出(地方中等专业学校)

单位：元

地区	教育经费支出	个人和公用部分支出			基本建设支出
			个人部分	公用部分	
合计	**15269.83**	**14951.95**	**7671.47**	**7280.48**	**317.88**
北京	42001.88	40403.70	22059.93	18343.78	1598.18
天津	23340.47	23340.47	14756.66	8583.81	
河北	14889.38	14877.92	9307.54	5570.38	11.46
山西	14846.62	14840.86	8223.95	6616.92	5.75
内蒙古	16441.50	16133.35	9318.44	6814.91	308.15
辽宁	19446.54	19014.17	10161.47	8852.70	432.37
吉林	17857.55	17632.25	10792.72	6839.53	225.30
黑龙江	12479.27	12230.94	7430.37	4800.57	248.33
上海	55908.21	55908.21	20723.56	35184.64	
江苏	18515.01	18440.59	10032.75	8407.84	74.42
浙江	22512.41	22431.52	12600.03	9831.49	80.88
安徽	13752.67	13580.82	5964.57	7616.25	171.85
福建	16782.48	16719.66	8981.19	7738.47	62.82
江西	7640.72	7540.44	3911.29	3629.15	100.28
山东	16750.93	16727.38	7316.39	9410.99	23.56
河南	9246.05	8891.42	4156.86	4734.56	354.63
湖北	14963.06	14959.33	7706.85	7252.49	3.73
湖南	8048.78	7988.60	4510.87	3477.72	60.18
广东	15531.72	14958.02	7643.28	7314.73	573.70
广西	12793.78	11675.07	5873.67	5801.40	1118.71
海南	14648.21	13955.46	6086.70	7868.76	692.75
重庆	11817.03	11550.34	5812.02	5738.32	266.69
四川	12316.58	12123.51	6481.38	5642.13	193.07
贵州	10745.80	10728.05	4668.04	6060.01	17.76
云南	13232.15	12854.14	6481.36	6372.78	378.01
西藏	42003.28	35440.96	17918.43	17522.53	6562.32
陕西	17598.18	17597.05	10559.04	7038.01	1.13
甘肃	16686.68	15940.33	8978.86	6961.47	746.35
青海	15703.61	15205.55	7449.08	7756.47	498.06
宁夏	14041.41	13102.86	6395.97	6706.89	938.55
新疆	18939.49	18222.59	10409.84	7812.75	716.91
大连	28091.23	27021.27	11340.55	15680.72	1069.95
宁波	31422.65	31422.65	17700.96	13721.70	
厦门	27217.17	27217.17	13426.68	13790.49	
青岛	49248.70	49248.70	17486.53	31762.17	
深圳	59773.83	43397.15	23873.61	19523.54	16376.67

7-24 生均公共财政预算教育经费支出(地方中等专业学校)

单位：元

地区	公共财政预算教育经费支出	事业费支出			基本建设支出
			个人部分	公用部分	
合计	**10811.50**	**10493.62**	**6150.39**	**4343.23**	**317.88**
北京	32209.70	30611.52	16474.19	14137.34	1598.18
天津	20539.60	20539.60	13774.73	6764.88	
河北	11554.75	11543.30	7599.90	3943.40	11.46
山西	10295.00	10289.25	6601.09	3688.15	5.75
内蒙古	12953.96	12645.81	7055.95	5589.85	308.15
辽宁	12464.69	12032.32	6845.02	5187.30	432.37
吉林	13207.14	12981.84	9560.10	3421.74	225.30
黑龙江	9087.02	8838.69	5726.93	3111.77	248.33
上海	20795.67	20795.67	13277.89	7517.79	
江苏	13147.72	13073.30	8602.28	4471.02	74.42
浙江	14486.17	14405.29	9762.68	4642.61	80.88
安徽	8807.91	8636.06	4423.18	4212.88	171.85
福建	11540.75	11477.93	7596.39	3881.55	62.82
江西	5805.55	5705.27	3179.37	2525.90	100.28
山东	11248.87	11225.31	6781.44	4443.87	23.56
河南	6577.58	6222.95	2897.74	3325.21	354.63
湖北	12491.54	12487.81	6384.38	6103.43	3.73
湖南	5839.23	5779.05	3466.98	2312.06	60.18
广东	10685.88	10112.18	5800.58	4311.59	573.70
广西	10127.79	9009.08	4855.87	4153.21	1118.71
海南	11545.13	10852.38	4504.32	6348.05	692.75
重庆	7983.82	7717.13	3564.64	4152.49	266.69
四川	8991.38	8798.31	5091.38	3706.93	193.07
贵州	7946.70	7928.94	3941.05	3987.89	17.76
云南	9896.74	9518.73	4791.39	4727.34	378.01
西藏	39519.48	32957.17	17570.27	15386.90	6562.32
陕西	13173.85	13172.72	8601.24	4571.48	1.13
甘肃	12022.40	11276.05	7378.05	3898.01	746.35
青海	11029.95	10531.89	5287.32	5244.57	498.06
宁夏	10470.24	9531.69	4359.09	5172.60	938.55
新疆	14609.65	13892.74	9443.25	4449.49	716.91
大连	21063.71	19993.76	8773.10	11220.66	1069.95
宁波	20559.64	20559.64	14452.35	6107.29	
厦门	15557.00	15557.00	10947.78	4609.22	
青岛	25075.10	25075.10	14570.93	10504.17	
深圳	42780.25	26403.58	18070.56	8333.02	16376.67

7-25 生均教育经费支出(地方职业高中)

单位：元

地区	教育经费支出	个人和公用部分支出	个人部分	公用部分	基本建设支出
合计	**16266.62**	**15937.65**	**8392.47**	**7545.18**	**328.98**
北京	96299.12	94736.71	45103.78	49632.93	1562.40
天津	43438.97	43438.97	29579.36	13859.60	
河北	12700.59	12558.30	7496.71	5061.59	142.29
山西	13364.64	12735.05	7319.44	5415.61	629.59
内蒙古	23939.89	23316.55	13086.04	10230.52	623.33
辽宁	16123.47	15942.70	9750.13	6192.58	180.77
吉林	24024.59	23764.68	13452.61	10312.07	259.91
黑龙江	19027.68	18728.16	12252.85	6475.31	299.52
上海	63289.13	57825.92	23464.82	34361.10	5463.22
江苏	19062.18	19062.18	7870.73	11191.45	
浙江	24004.54	23919.16	12491.12	11428.04	85.38
安徽	12675.54	12485.43	5118.39	7367.04	190.10
福建	22007.83	21952.31	11040.51	10911.79	55.53
江西	11882.95	10948.25	5040.04	5908.20	934.70
山东	22348.34	22262.04	10708.68	11553.36	86.30
河南	9527.11	9432.99	4568.71	4864.28	94.12
湖北	16449.18	16438.34	9611.80	6826.54	10.85
湖南	12804.83	12386.23	6104.73	6281.49	418.60
广东	17157.90	16500.03	10050.58	6449.45	657.87
广西	14831.27	14453.42	9446.72	5006.70	377.86
海南	19173.27	19071.78	11643.10	7428.68	101.49
重庆	14288.51	13564.15	7626.92	5937.23	724.36
四川	11282.83	11121.60	6566.13	4555.47	161.23
贵州	10036.96	9819.38	3964.18	5855.20	217.58
云南	13216.02	13077.23	7663.57	5413.66	138.79
西藏					
陕西	10297.62	10121.64	5903.36	4218.28	175.98
甘肃	14479.69	13603.45	9275.12	4328.33	876.23
青海	13645.29	13645.29	8410.15	5235.14	
宁夏	14547.29	14532.58	6769.74	7762.85	14.70
新疆	15060.73	15013.48	7100.20	7913.29	47.25
大连	16345.99	15766.18	10140.70	5625.48	579.80
宁波	26973.87	26973.87	15630.28	11343.59	
厦门					
青岛	35452.60	35452.60	16914.73	18537.87	
深圳	49593.82	43160.29	24653.24	18507.05	6433.53

7-26 生均公共财政预算教育经费支出(地方职业高中)

单位：元

地 区	公共财政预算教育经费支出	事业费支出			基本建设支出
			个人部分	公用部分	
合 计	**11909.12**	**11580.14**	**7235.08**	**4345.06**	**328.98**
北 京	38161.66	36599.25	26791.21	9808.04	1562.40
天 津	39283.09	39283.09	28722.75	10560.34	
河 北	10802.15	10659.85	6920.61	3739.24	142.29
山 西	11710.54	11080.95	6808.92	4272.03	629.59
内蒙古	18439.06	17815.72	10513.02	7302.71	623.33
辽 宁	12210.87	12030.10	7951.44	4078.66	180.77
吉 林	18555.63	18295.72	12200.71	6095.01	259.91
黑龙江	16256.70	15957.18	11046.79	4910.39	299.52
上 海	34948.49	29485.27	20172.15	9313.13	5463.22
江 苏	13184.58	13184.58	7516.03	5668.55	
浙 江	16481.39	16396.01	10920.05	5475.96	85.38
安 徽	8707.48	8517.37	4006.72	4510.65	190.10
福 建	13177.85	13122.32	9571.11	3551.21	55.53
江 西	8990.36	8055.66	4321.05	3734.61	934.70
山 东	15176.35	15090.06	10291.28	4798.78	86.30
河 南	7220.66	7126.54	3527.08	3599.45	94.12
湖 北	15062.82	15051.97	8823.59	6228.38	10.85
湖 南	9387.50	8968.89	5330.07	3638.82	418.60
广 东	13007.26	12349.39	8242.64	4106.75	657.87
广 西	12714.21	12336.35	8954.86	3381.50	377.86
海 南	16628.91	16527.42	9680.29	6847.13	101.49
重 庆	10378.48	9654.12	5704.13	3949.99	724.36
四 川	9508.48	9347.25	5978.17	3369.08	161.23
贵 州	7019.34	6801.76	3627.30	3174.46	217.58
云 南	10044.40	9905.61	5990.75	3914.86	138.79
西 藏					
陕 西	9298.49	9122.51	5663.15	3459.37	175.98
甘 肃	11926.44	11050.21	8298.63	2751.57	876.23
青 海	7793.55	7793.55	5073.70	2719.85	
宁 夏	10583.66	10568.95	5395.84	5173.11	14.70
新 疆	10116.92	10069.67	6758.34	3311.33	47.25
大 连	12242.68	11662.87	8133.91	3528.97	579.80
宁 波	19119.31	19119.31	13166.87	5952.44	
厦 门					
青 岛	20912.51	20912.51	16323.49	4589.02	
深 圳	38932.28	32498.75	20917.72	11581.03	6433.53

7-27 生均教育经费支出(地方农村职业高中)

单位：元

地区	教育经费支出	个人和公用部分支出			基本建设支出
			个人部分	公用部分	
合计	**13264.63**	**12971.14**	**6783.17**	**6187.97**	**293.49**
北京	107430.81	107430.81	39478.13	67952.68	
天津					
河北	11582.03	11395.56	6812.19	4583.37	186.47
山西	12493.92	11790.47	7123.34	4667.12	703.45
内蒙古	26502.06	25563.85	13973.34	11590.51	938.21
辽宁	14535.89	14535.89	7702.37	6833.52	
吉林	20594.24	20386.27	11708.50	8677.77	207.97
黑龙江	20158.68	19566.26	12479.99	7086.27	592.42
上海	59845.39	59845.39	22836.62	37008.77	
江苏	16126.80	16126.80	6790.53	9336.27	
浙江	19505.43	19318.42	11271.68	8046.74	187.02
安徽	12306.21	12085.29	4449.12	7636.17	220.91
福建	21232.76	21232.76	10709.45	10523.30	
江西	12158.46	11022.54	4998.28	6024.26	1135.92
山东	15902.38	15703.81	7304.87	8398.94	198.57
河南	9192.68	9114.73	4240.68	4874.05	77.94
湖北	12938.24	12938.24	7388.18	5550.05	
湖南	13200.33	12699.87	6214.65	6485.22	500.46
广东	9540.61	9539.16	5346.07	4193.09	1.45
广西	14229.02	13851.17	8980.58	4870.58	377.86
海南	20484.00	20484.00	12395.80	8088.19	
重庆	12743.90	12259.18	7044.47	5214.71	484.73
四川	11561.86	11363.28	6682.86	4680.43	198.58
贵州	9690.76	9406.90	3845.77	5561.14	283.86
云南	12924.31	12733.21	7866.01	4867.20	191.10
西藏					
陕西	9665.80	9440.81	5318.57	4122.24	225.00
甘肃	13431.74	12484.11	8516.66	3967.45	947.63
青海	13645.29	13645.29	8410.15	5235.14	
宁夏	15148.75	15126.99	6625.51	8501.48	21.76
新疆	11729.38	11700.50	6182.10	5518.40	28.88
大连	13082.27	13082.27	9016.03	4066.24	
宁波	22103.03	22103.03	14041.15	8061.88	
厦门					
青岛	27358.95	27358.95	17279.90	10079.05	
深圳					

7-28 生均公共财政预算教育经费支出(地方农村职业高中)

单位：元

地区	公共财政预算教育经费支出	事业费支出			基本建设支出
			个人部分	公用部分	
合计	**10427.21**	**10133.72**	**6050.45**	**4083.27**	**293.49**
北京	36269.60	36269.60	30371.57	5898.03	
天津					
河北	10108.36	9921.89	6367.02	3554.87	186.47
山西	10738.28	10034.83	6702.77	3332.06	703.45
内蒙古	20821.76	19883.56	11702.37	8181.19	938.21
辽宁	11561.97	11561.97	6834.95	4727.02	
吉林	17191.11	16983.14	10867.43	6115.71	207.97
黑龙江	18104.39	17511.97	11720.35	5791.62	592.42
上海	46312.95	46312.95	19540.68	26772.27	
江苏	12208.67	12208.67	6518.46	5690.21	
浙江	14288.74	14101.72	9917.68	4184.04	187.02
安徽	8668.50	8447.59	3650.57	4797.02	220.91
福建	14293.65	14293.65	10175.84	4117.81	
江西	9755.49	8619.57	4463.24	4156.34	1135.92
山东	12424.18	12225.61	7064.34	5161.27	198.57
河南	7156.25	7078.30	3431.60	3646.71	77.94
湖北	11854.76	11854.76	6890.54	4964.22	
湖南	10064.00	9563.54	5615.71	3947.83	500.46
广东	7603.87	7602.42	4522.78	3079.64	1.45
广西	12131.06	11753.20	8507.82	3245.38	377.86
海南	17439.19	17439.19	9643.12	7796.07	
重庆	10422.67	9937.95	5837.93	4100.02	484.73
四川	9702.98	9504.40	6090.56	3413.83	198.58
贵州	7111.56	6827.70	3545.04	3282.66	283.86
云南	9682.16	9491.07	6167.34	3323.72	191.10
西藏					
陕西	8913.87	8688.88	5174.90	3513.97	225.00
甘肃	11301.91	10354.28	7715.62	2638.67	947.63
青海	7793.55	7793.55	5073.70	2719.85	
宁夏	10395.00	10373.24	5389.50	4983.74	21.76
新疆	8797.07	8768.18	6026.93	2741.26	28.88
大连	11398.14	11398.14	8565.30	2832.84	
宁波	15888.77	15888.77	11958.68	3930.09	
厦门					
青岛	18957.98	18957.98	16958.80	1999.18	
深圳					

7-29 生均教育经费支出(地方技工学校)

单位：元

地 区	教育经费支出	个人和公用部分支出			基本建设支出
			个人部分	公用部分	
合 计	**14011.33**	**13756.00**	**6803.27**	**6952.73**	**255.34**
北 京	41547.46	41547.46	17015.73	24531.73	
天 津	42994.43	42994.43	27210.05	15784.38	
河 北	14479.28	14479.28	7970.91	6508.37	
山 西	12270.11	11781.66	6303.49	5478.17	488.45
内蒙古	27015.77	27015.77	13592.77	13423.00	
辽 宁	20109.95	20109.95	10360.37	9749.58	
吉 林	18699.77	17842.70	10060.59	7782.11	857.07
黑龙江	13059.98	13059.98	7830.04	5229.94	
上 海	79153.33	79153.33	42949.23	36204.10	
江 苏	17259.54	17259.54	7197.29	10062.25	
浙 江	21114.61	21114.61	9910.09	11204.52	
安 徽	9774.19	9774.19	4792.94	4981.25	
福 建	20634.46	19751.43	12381.99	7369.44	883.03
江 西	8704.20	8704.20	6143.97	2560.23	
山 东	14528.40	14473.45	6710.14	7763.31	54.96
河 南	8630.00	8551.96	3615.08	4936.88	78.04
湖 北	21672.94	21672.94	11863.53	9809.41	
湖 南	12110.22	11680.19	7264.85	4415.34	430.03
广 东	12451.52	11938.16	5987.83	5950.33	513.36
广 西	11255.24	10613.08	5518.24	5094.84	642.16
海 南	24576.25	24576.25	7377.15	17199.10	
重 庆	12782.58	12562.57	6269.54	6293.04	220.01
四 川	13163.24	12373.18	6844.92	5528.27	790.06
贵 州	6611.86	6611.86	3679.39	2932.47	
云 南	11081.92	11045.04	4905.52	6139.52	36.89
西 藏					
陕 西	11009.59	10859.56	7058.49	3801.07	150.03
甘 肃	21878.87	21878.87	17557.19	4321.67	
青 海					
宁 夏					
新 疆	27034.69	27034.69	11229.72	15804.97	
大 连	28082.42	28082.42	10540.46	17541.96	
宁 波	19270.60	19270.60	7927.99	11342.61	
厦 门	27377.00	27377.00	11558.61	15818.39	
青 岛	14448.08	14448.08	8593.14	5854.94	
深 圳	55988.49	41267.37	14682.85	26584.52	14721.11

7-30 生均公共财政预算教育经费支出(地方技工学校)

单位：元

地 区	公共财政预算教育经费支出	事业费支出			基本建设支出
			个人部分	公用部分	
合 计	**9817.69**	**9562.36**	**5255.73**	**4306.63**	**255.34**
北 京	38000.10	38000.10	15645.19	22354.91	
天 津	33564.15	33564.15	24416.06	9148.08	
河 北	11349.16	11349.16	6763.05	4586.12	
山 西	9486.68	8998.24	5491.68	3506.56	488.45
内蒙古	18328.54	18328.54	10044.19	8284.35	
辽 宁	13830.20	13830.20	8113.93	5716.27	
吉 林	11727.42	10870.35	8036.92	2833.43	857.07
黑龙江	10193.86	10193.86	6397.39	3796.47	
上 海	40766.25	40766.25	28710.65	12055.60	
江 苏	9691.09	9691.09	5388.10	4302.99	
浙 江	13525.64	13525.64	7356.29	6169.35	
安 徽	4864.93	4864.93	2773.95	2090.98	
福 建	14846.04	13963.01	10144.95	3818.06	883.03
江 西	7778.99	7778.99	5307.34	2471.65	
山 东	11319.32	11264.36	6060.10	5204.26	54.96
河 南	5613.32	5535.28	2438.43	3096.86	78.04
湖 北	16818.04	16818.04	10106.60	6711.44	
湖 南	8322.36	7892.32	5440.89	2451.43	430.03
广 东	9007.89	8494.53	4685.85	3808.68	513.36
广 西	9503.00	8860.84	4818.56	4042.28	642.16
海 南	17223.64	17223.64	6173.45	11050.19	
重 庆	7798.39	7578.38	3315.51	4262.87	220.01
四 川	9652.62	8862.56	5387.70	3474.86	790.06
贵 州	4114.21	4114.21	1181.74	2932.47	
云 南	7120.27	7083.39	3581.63	3501.76	36.89
西 藏					
陕 西	4713.27	4563.24	3719.14	844.10	150.03
甘 肃	16091.32	16091.32	14943.21	1148.10	
青 海					
宁 夏					
新 疆	13368.17	13368.17	10275.75	3092.41	
大 连	21357.01	21357.01	8526.21	12830.80	
宁 波	13174.64	13174.64	6151.14	7023.50	
厦 门	16741.39	16741.39	9070.07	7671.31	
青 岛	13504.63	13504.63	8593.14	4911.49	
深 圳	36286.49	21565.38	11773.79	9791.59	14721.11

7-31 生均教育经费支出(地方普通中学)

单位：元

地区	教育经费支出	个人和公用部分支出	个人部分	公用部分	基本建设支出
合计	**14682.81**	**14434.59**	**9624.20**	**4810.39**	**248.22**
北京	61353.79	59528.70	35710.62	23818.07	1825.09
天津	33800.87	33638.41	22751.37	10887.03	162.46
河北	11526.21	11439.22	7782.11	3657.11	86.99
山西	12733.56	12555.10	8939.19	3615.91	178.46
内蒙古	18571.04	17916.82	12086.17	5830.65	654.22
辽宁	14738.63	14707.16	10943.62	3763.54	31.47
吉林	16282.72	16042.91	11147.38	4895.53	239.81
黑龙江	15174.60	15000.33	10964.11	4036.22	174.26
上海	42063.09	41590.45	23478.04	18112.41	472.64
江苏	23713.55	23663.98	15458.51	8205.47	49.57
浙江	21891.81	21773.69	15300.47	6473.22	118.12
安徽	13454.11	13228.87	8471.18	4757.69	225.24
福建	15991.56	15813.94	10920.64	4893.30	177.62
江西	11690.26	11411.37	6243.99	5167.38	278.89
山东	14994.66	14986.67	9781.70	5204.97	8.00
河南	9424.21	9229.79	5522.42	3707.37	194.42
湖北	14921.66	14918.67	10494.03	4424.64	2.99
湖南	12263.13	12098.33	7841.73	4256.60	164.80
广东	14861.53	14485.55	10049.66	4435.89	375.98
广西	10653.99	10267.33	6775.86	3491.47	386.67
海南	16906.70	16820.05	9885.60	6934.45	86.65
重庆	14839.55	14524.49	10013.42	4511.08	315.06
四川	12870.96	12672.43	9241.74	3430.69	198.53
贵州	10162.93	9958.57	6782.23	3176.35	204.35
云南	11947.01	11617.49	7824.35	3793.14	329.52
西藏	30979.03	28400.88	19322.12	9078.75	2578.16
陕西	14442.84	14237.14	8595.13	5642.02	205.70
甘肃	11479.73	11100.82	7901.32	3199.50	378.92
青海	19436.38	16778.22	11135.56	5642.67	2658.16
宁夏	15034.26	14712.14	9015.64	5696.50	322.12
新疆	18494.28	17831.24	12713.08	5118.17	663.03
大连	22441.66	22311.22	16434.95	5876.27	130.44
宁波	27626.27	27197.36	18006.08	9191.28	428.91
厦门	22948.65	22327.83	14720.54	7607.30	620.81
青岛	28684.69	28684.69	16143.55	12541.14	
深圳	38510.17	33749.13	23427.94	10321.19	4761.04

7-32 生均公共财政预算教育经费支出(地方普通中学)

单位：元

地区	公共财政预算教育经费支出	事业费支出			基本建设支出
			个人部分	公用部分	
合计	**11889.80**	**11641.59**	**8439.93**	**3201.65**	**248.22**
北京	42896.04	41070.95	25533.87	15537.08	1825.09
天津	30170.43	30007.96	21975.24	8032.73	162.46
河北	9789.36	9702.37	7142.06	2560.31	86.99
山西	10654.87	10476.41	8158.98	2317.43	178.46
内蒙古	14519.61	13865.39	9693.79	4171.61	654.22
辽宁	11874.53	11843.06	9229.90	2613.16	31.47
吉林	13681.03	13441.23	10067.59	3373.64	239.81
黑龙江	13257.19	13082.93	9832.37	3250.56	174.26
上海	30426.52	29953.88	20864.60	9089.28	472.64
江苏	18740.19	18690.62	14528.56	4162.06	49.57
浙江	17276.83	17158.71	13646.92	3511.79	118.12
安徽	9998.39	9773.15	6746.45	3026.71	225.24
福建	12812.78	12635.16	9783.94	2851.22	177.62
江西	9983.01	9704.12	5661.72	4042.41	278.89
山东	12621.44	12613.45	9406.52	3206.93	8.00
河南	6996.48	6802.06	3934.08	2867.98	194.42
湖北	13305.10	13302.11	9473.81	3828.30	2.99
湖南	9717.80	9552.99	6959.55	2593.45	164.80
广东	11598.30	11222.32	8411.67	2810.65	375.98
广西	8965.05	8578.39	6167.46	2410.92	386.67
海南	13465.46	13378.82	8072.74	5306.08	86.65
重庆	10571.39	10256.33	6995.78	3260.55	315.06
四川	10770.89	10572.36	8302.75	2269.61	198.53
贵州	8743.03	8538.68	6347.62	2191.07	204.35
云南	9352.10	9022.58	6464.02	2558.56	329.52
西藏	27274.96	24696.80	18485.59	6211.21	2578.16
陕西	12562.76	12357.06	8213.15	4143.91	205.70
甘肃	9787.21	9408.29	7221.39	2186.91	378.92
青海	15781.83	13123.67	8819.29	4304.38	2658.16
宁夏	10923.38	10601.26	6761.23	3840.03	322.12
新疆	16878.33	16215.30	12434.58	3780.72	663.03
大连	17780.63	17650.18	13608.90	4041.28	130.44
宁波	20588.84	20159.93	15783.63	4376.30	428.91
厦门	15336.26	14715.45	12085.15	2630.30	620.81
青岛	23739.13	23739.13	15594.81	8144.31	
深圳	28362.50	23601.46	18553.00	5048.46	4761.04

7-33 生均教育经费支出(地方普通高中)

单位：元

地 区	教育经费支出	个人和公用部分支出			基本建设支出
			个人部分	公用部分	
合 计	**15042.23**	**14770.15**	**9357.55**	**5412.60**	**272.08**
北 京	64719.88	62778.95	38732.24	24046.71	1940.94
天 津	37924.92	37874.07	23458.35	14415.72	50.85
河 北	13051.34	13032.19	8260.16	4772.02	19.15
山 西	12339.62	12156.97	8069.78	4087.18	182.65
内蒙古	17880.34	17145.47	10920.91	6224.56	734.87
辽 宁	13727.61	13665.28	9626.86	4038.41	62.33
吉 林	13561.32	13501.58	8749.51	4752.07	59.75
黑龙江	13630.02	13289.39	9235.69	4053.70	340.63
上 海	53984.99	53036.39	29499.62	23536.77	948.60
江 苏	25331.60	25264.63	15532.66	9731.96	66.98
浙 江	25893.09	25726.30	17121.04	8605.26	166.80
安 徽	12985.79	12609.73	7716.35	4893.38	376.06
福 建	15840.55	15752.12	10947.51	4804.61	88.43
江 西	13053.20	12780.12	6422.24	6357.88	273.08
山 东	14849.36	14849.36	9132.62	5716.74	
河 南	8813.45	8639.83	4829.96	3809.88	173.61
湖 北	14290.87	14290.87	9260.33	5030.54	
湖 南	12455.43	12326.51	7610.97	4715.54	128.92
广 东	15766.77	15393.97	10157.42	5236.55	372.80
广 西	11925.36	11072.27	7052.60	4019.68	853.09
海 南	17648.34	17583.72	9660.64	7923.07	64.62
重 庆	14651.55	14439.69	9579.63	4860.06	211.86
四 川	12218.23	12060.86	8463.38	3597.48	157.37
贵 州	11245.53	10951.60	6778.36	4173.25	293.92
云 南	12659.93	12298.74	7897.01	4401.73	361.19
西 藏	35434.90	31205.80	20247.71	10958.10	4229.10
陕 西	13433.71	13294.09	7075.35	6218.74	139.62
甘 肃	10880.13	10554.10	7332.48	3221.62	326.02
青 海	19703.87	17387.98	10960.29	6427.69	2315.90
宁 夏	14886.91	14566.01	9840.00	4726.01	320.90
新 疆	17699.93	16802.37	12065.15	4737.22	897.55
大 连	22956.19	22672.59	16253.59	6419.01	283.60
宁 波	35345.55	35345.55	21192.65	14152.90	
厦 门	25389.11	25271.76	16332.37	8939.39	117.35
青 岛	36204.17	36204.17	16794.21	19409.97	
深 圳	44895.74	40027.90	26837.86	13190.04	4867.84

7-34 生均公共财政预算教育经费支出(地方普通高中)

单位：元

地区	公共财政预算教育经费支出	事业费支出			基本建设支出
			个人部分	公用部分	
合计	**11078.80**	**10806.72**	**7890.75**	**2915.97**	**272.08**
北京	44133.68	42192.74	27385.36	14807.38	1940.94
天津	32898.93	32848.08	22170.16	10677.92	50.85
河北	10011.29	9992.14	7378.48	2613.66	19.15
山西	9305.37	9122.71	7124.46	1998.26	182.65
内蒙古	13927.17	13192.30	8803.85	4388.45	734.87
辽宁	10409.64	10347.31	8074.02	2273.29	62.33
吉林	10532.11	10472.36	7660.44	2811.92	59.75
黑龙江	11202.23	10861.60	8065.61	2795.99	340.63
上海	36580.92	35632.31	25448.85	10183.46	948.60
江苏	18106.45	18039.48	14030.46	4009.02	66.98
浙江	18447.48	18280.68	14176.29	4104.39	166.80
安徽	8165.27	7789.21	5627.77	2161.44	376.06
福建	11734.06	11645.63	9467.59	2178.03	88.43
江西	10056.67	9783.59	5512.69	4270.90	273.08
山东	11182.55	11182.55	8550.79	2631.76	
河南	6044.26	5870.64	3609.66	2260.98	173.61
湖北	11535.98	11535.98	7817.54	3718.44	
湖南	7822.99	7694.07	6062.43	1631.64	128.92
广东	11236.03	10863.23	8262.15	2601.07	372.80
广西	9030.54	8177.45	6089.49	2087.96	853.09
海南	13780.18	13715.56	7664.81	6050.75	64.62
重庆	9625.53	9413.67	6269.52	3144.15	211.86
四川	9211.86	9054.49	7196.13	1858.36	157.37
贵州	8478.88	8184.95	6084.59	2100.37	293.92
云南	8593.15	8231.96	6018.58	2213.39	361.19
西藏	30770.96	26541.85	19333.56	7208.29	4229.10
陕西	10843.32	10703.71	6627.93	4075.77	139.62
甘肃	8546.31	8220.29	6509.67	1710.62	326.02
青海	15111.28	12795.38	8566.28	4229.10	2315.90
宁夏	10165.92	9845.02	7183.45	2661.57	320.90
新疆	15527.63	14630.08	11628.96	3001.12	897.55
大连	16711.13	16427.54	12988.15	3439.38	283.60
宁波	21840.45	21840.45	17640.13	4200.32	
厦门	16026.04	15908.68	12845.65	3063.03	117.35
青岛	27469.73	27469.73	16029.29	11440.43	
深圳	32197.51	27329.67	20913.09	6416.58	4867.84

7-35 生均教育经费支出(地方农村高中)

单位: 元

地区	教育经费支出	个人和公用部分支出			基本建设支出
			个人部分	公用部分	
合计	**12131.81**	**11913.97**	**7683.49**	**4230.48**	**217.84**
北京	58620.09	54667.92	32846.07	21821.85	3952.16
天津	24413.20	24413.20	14476.94	9936.25	
河北	11549.86	11519.48	7297.12	4222.36	30.38
山西	11594.61	11322.14	7398.27	3923.87	272.47
内蒙古	16698.18	16331.22	10566.91	5764.32	366.96
辽宁	9694.94	9687.26	7034.00	2653.25	7.68
吉林	14035.38	13958.33	8672.74	5285.59	77.05
黑龙江	11760.29	11745.50	8035.26	3710.25	14.79
上海	39132.16	39132.16	26507.67	12624.49	
江苏	20771.40	20771.40	12988.86	7782.53	
浙江	21331.41	21309.63	15341.01	5968.62	21.78
安徽	11723.56	11649.66	7095.54	4554.12	73.90
福建	14323.78	14272.26	10354.72	3917.54	51.52
江西	11275.97	11036.98	6025.28	5011.71	238.99
山东	10782.21	10782.21	7408.71	3373.50	
河南	7807.90	7619.71	4213.43	3406.28	188.19
湖北	11567.21	11567.21	7492.76	4074.45	
湖南	10680.27	10499.47	6774.57	3724.90	180.80
广东	11584.22	11521.37	7277.07	4244.30	62.86
广西	9469.56	9212.49	6301.47	2911.02	257.07
海南	17481.97	17335.04	9414.47	7920.57	146.93
重庆	12873.75	12738.35	8307.23	4431.12	135.40
四川	11149.61	10929.26	7882.19	3047.07	220.35
贵州	10561.58	10191.63	6107.67	4083.96	369.95
云南	11657.51	11201.61	7295.98	3905.63	455.90
西藏	31681.59	28260.00	18560.38	9699.62	3421.59
陕西	12768.16	12580.98	6811.34	5769.64	187.18
甘肃	9659.82	9379.52	6618.94	2760.58	280.30
青海	20236.14	17133.15	10592.34	6540.81	3103.00
宁夏	11214.06	10737.80	8272.72	2465.08	476.26
新疆	16293.21	15144.91	11227.38	3917.52	1148.30
大连	18937.40	18937.40	15527.97	3409.43	
宁波	29074.02	29074.02	19775.35	9298.67	
厦门	19450.61	19450.61	15462.89	3987.72	
青岛	23634.33	23634.33	16118.97	7515.36	
深圳					

7-36 生均公共财政预算教育经费支出(地方农村高中)

单位：元

地 区	公共财政预算教育经费支出	事业费支出			基本建设支出
			个人部分	公用部分	
合 计	**9173.88**	**8956.05**	**6647.03**	**2309.01**	**217.84**
北 京	45717.01	41764.84	26204.93	15559.91	3952.16
天 津	19509.42	19509.42	13415.25	6094.17	
河 北	9224.16	9193.78	6658.54	2535.24	30.38
山 西	8845.55	8573.08	6748.84	1824.24	272.47
内蒙古	13034.76	12667.81	8827.06	3840.74	366.96
辽 宁	7634.09	7626.41	6143.27	1483.14	7.68
吉 林	11407.74	11330.69	8072.52	3258.17	77.05
黑龙江	9951.18	9936.39	7209.22	2727.16	14.79
上 海	27440.60	27440.60	22260.89	5179.71	
江 苏	14944.47	14944.47	11890.43	3054.04	
浙 江	15868.60	15846.82	13085.43	2761.39	21.78
安 徽	7779.20	7705.30	5439.83	2265.47	73.90
福 建	11297.31	11245.79	9364.60	1881.18	51.52
江 西	8904.40	8665.41	5189.10	3476.31	238.99
山 东	8247.15	8247.15	6981.18	1265.97	
河 南	5382.64	5194.45	3268.82	1925.62	188.19
湖 北	9285.61	9285.61	6462.41	2823.20	
湖 南	6917.15	6736.35	5376.96	1359.39	180.80
广 东	8527.99	8465.14	6200.17	2264.97	62.86
广 西	7712.94	7455.87	5685.56	1770.31	257.07
海 南	13936.86	13789.93	7355.71	6434.22	146.93
重 庆	8476.43	8341.03	5511.28	2829.75	135.40
四 川	8627.37	8407.02	6803.64	1603.39	220.35
贵 州	7988.37	7618.43	5607.74	2010.68	369.95
云 南	7897.46	7441.56	5673.35	1768.21	455.90
西 藏	27460.68	24039.09	17969.33	6069.76	3421.59
陕 西	10658.20	10471.02	6473.41	3997.61	187.18
甘 肃	7868.53	7588.23	6068.17	1520.06	280.30
青 海	15995.46	12892.46	8541.39	4351.07	3103.00
宁 夏	8406.67	7930.41	6690.46	1239.94	476.26
新 疆	14815.58	13667.28	10934.41	2732.87	1148.30
大 连	15183.94	15183.94	12934.92	2249.02	
宁 波	20380.38	20380.38	16095.40	4284.98	
厦 门	14871.26	14871.26	13329.02	1542.25	
青 岛	19712.41	19712.41	15223.71	4488.70	
深 圳					

7-37 生均教育经费支出(地方普通初中)

单位：元

地区	教育经费支出	个人和公用部分支出	个人部分	公用部分	基本建设支出
合计	**14482.84**	**14247.90**	**9772.55**	**4475.35**	**234.94**
北京	59471.71	57711.39	34021.15	23690.24	1760.32
天津	31188.16	30954.99	22303.49	8651.50	233.17
河北	10765.15	10644.30	7543.55	3100.75	120.85
山西	13003.25	12827.66	9534.40	3293.27	175.59
内蒙古	19081.24	18486.60	12946.92	5539.68	594.64
辽宁	15322.32	15308.67	11703.83	3604.84	13.65
吉林	18206.16	17839.09	12842.17	4996.92	367.07
黑龙江	16115.36	16042.43	12016.85	4025.58	72.93
上海	37197.17	36918.79	21020.34	15898.45	278.38
江苏	22824.03	22784.02	15417.74	7366.28	40.00
浙江	19956.92	19862.33	14420.10	5442.24	94.58
安徽	13770.79	13647.54	8981.61	4665.93	123.25
福建	16077.63	15849.18	10905.33	4943.86	228.45
江西	11025.53	10743.80	6157.05	4586.75	281.73
山东	15075.45	15063.01	10142.56	4920.45	12.44
河南	9726.45	9521.73	5865.08	3656.65	204.72
湖北	15326.58	15321.67	11285.97	4035.70	4.90
湖南	12167.96	11985.40	7955.93	4029.47	182.56
广东	14270.69	13892.63	9979.33	3913.30	378.06
广西	10122.52	9930.83	6660.17	3270.66	191.69
海南	16525.90	16427.94	10001.11	6426.83	97.96
重庆	14968.54	14582.68	10311.05	4271.62	385.86
四川	13259.99	13036.92	9705.64	3331.28	223.07
贵州	9654.09	9491.84	6784.05	2707.79	162.25
云南	11664.57	11347.61	7795.57	3552.04	316.97
西藏	28922.44	27106.27	18894.92	8211.35	1816.17
陕西	15213.34	14957.19	9755.52	5201.67	256.15
甘肃	11872.83	11459.23	8274.24	3184.99	413.59
青海	19296.75	16459.92	11227.05	5232.87	2836.83
宁夏	15121.14	14798.31	8529.56	6268.75	322.83
新疆	18887.41	18340.45	13033.74	5306.70	546.97
大连	22171.14	22121.23	16530.31	5590.92	49.92
宁波	24209.16	23590.38	16595.47	6994.92	618.78
厦门	21750.88	20882.97	13929.46	6953.51	867.91
青岛	25156.53	25156.53	15838.26	9318.27	
深圳	35174.75	30469.49	21646.80	8822.69	4705.26

7-38 生均公共财政预算教育经费支出(地方普通初中)

单位：元

地 区	公共财政预算教育经费支出	事业费支出	个人部分	公用部分	基本建设支出
合 计	**12341.01**	**12106.07**	**8745.47**	**3360.60**	**234.94**
北 京	42204.04	40443.73	24498.64	15945.08	1760.32
天 津	28441.84	28208.67	21851.75	6356.92	233.17
河 北	9678.62	9557.77	7024.09	2533.69	120.85
山 西	11578.75	11403.16	8867.22	2535.94	175.59
内蒙古	14957.24	14362.59	10351.16	4011.43	594.64
辽 宁	12720.26	12706.60	9897.23	2809.37	13.65
吉 林	15906.64	15539.57	11768.92	3770.65	367.07
黑龙江	14508.82	14435.89	10908.46	3527.43	72.93
上 海	27914.60	27636.22	18993.54	8642.69	278.38
江 苏	19088.59	19048.59	14802.39	4246.20	40.00
浙 江	16710.74	16616.16	13390.93	3225.23	94.58
安 徽	11237.96	11114.71	7502.90	3611.80	123.25
福 建	13427.63	13199.18	9964.25	3234.93	228.45
江 西	9947.09	9665.37	5734.40	3930.96	281.73
山 东	13421.41	13408.97	9882.27	3526.70	12.44
河 南	7467.69	7262.97	4094.61	3168.36	204.72
湖 北	14440.74	14435.84	10537.02	3898.82	4.90
湖 南	10655.53	10472.97	7403.53	3069.44	182.56
广 东	11834.76	11456.70	8509.26	2947.44	378.06
广 西	8937.68	8745.99	6200.06	2545.93	191.69
海 南	13303.87	13205.91	8282.20	4923.72	97.96
重 庆	11220.37	10834.51	7494.09	3340.42	385.86
四 川	11700.08	11477.01	8962.30	2514.71	223.07
贵 州	8867.19	8704.94	6471.24	2233.70	162.25
云 南	9652.76	9335.79	6640.49	2695.30	316.97
西 藏	25661.40	23845.23	18094.21	5751.01	1816.17
陕 西	13875.60	13619.44	9423.51	4195.93	256.15
甘 肃	10600.72	10187.13	7687.98	2499.15	413.59
青 海	16131.87	13295.04	8951.36	4343.68	2836.83
宁 夏	11370.01	11047.18	6512.27	4534.91	322.83
新 疆	17546.81	16999.84	12833.29	4166.55	546.97
大 连	18342.92	18293.00	13935.27	4357.73	49.92
宁 波	20034.79	19416.01	14961.81	4454.20	618.78
厦 门	14997.72	14129.82	11711.90	2417.92	867.91
青 岛	21988.72	21988.72	15390.96	6597.77	
深 圳	26359.33	21654.08	17320.24	4333.84	4705.26

7-39　生均教育经费支出(地方农村初中)

单位：元

地　区	教育经费支出	个人和公用部分支出	个人部分	公用部分	基本建设支出
合　计	**13082.53**	**12881.96**	**9096.37**	**3785.58**	**200.57**
北　京	70327.81	69091.70	36397.16	32694.53	1236.11
天　津	22755.57	22755.57	16968.30	5787.27	
河　北	10466.76	10316.92	7128.75	3188.17	149.83
山　西	13137.15	12929.39	9791.77	3137.62	207.75
内蒙古	19860.65	19488.31	13955.03	5533.28	372.34
辽　宁	13388.28	13362.60	10605.52	2757.08	25.67
吉　林	19584.60	19000.07	13639.31	5360.76	584.52
黑龙江	16142.54	16010.61	11810.50	4200.11	131.93
上　海	30460.42	30460.42	21861.13	8599.29	
江　苏	21916.09	21913.21	15609.30	6303.91	2.89
浙　江	18786.05	18761.62	14078.35	4683.27	24.43
安　徽	13742.54	13586.00	9144.17	4441.82	156.54
福　建	15906.91	15688.25	11326.40	4361.85	218.66
江　西	10752.23	10469.91	6168.81	4301.10	282.32
山　东	14536.29	14516.66	9828.14	4688.52	19.63
河　南	9256.68	9134.23	5789.39	3344.84	122.45
湖　北	15305.15	15302.83	11262.82	4040.01	2.32
湖　南	11537.46	11320.67	7933.12	3387.56	216.79
广　东	11614.93	11570.11	8172.98	3397.13	44.82
广　西	9255.16	9123.36	6551.67	2571.69	131.80
海　南	17448.81	17287.98	10976.63	6311.35	160.83
重　庆	13756.45	13559.96	9959.08	3600.88	196.49
四　川	13094.59	12851.05	9760.29	3090.76	243.54
贵　州	9064.54	8918.71	6661.96	2256.75	145.83
云　南	10864.92	10629.02	7751.40	2877.61	235.91
西　藏	25491.34	23430.39	17999.02	5431.37	2060.95
陕　西	15825.10	15500.43	10531.75	4968.68	324.67
甘　肃	11967.83	11533.29	8413.74	3119.55	434.54
青　海	19618.75	16529.02	11335.66	5193.36	3089.73
宁　夏	14626.04	14146.90	8853.05	5293.85	479.14
新　疆	18350.25	17728.45	13405.03	4323.43	621.80
大　连	24857.61	24640.56	18977.23	5663.33	217.06
宁　波	22523.24	22523.24	15974.51	6548.73	
厦　门	23599.20	23599.20	18670.59	4928.60	
青　岛	28047.69	28047.69	18233.27	9814.42	
深　圳					

7-40 生均公共财政预算教育经费支出(地方农村初中)

单位：元

地 区	公共财政预算教育经费支出	事业费支出	个人部分	公用部分	基本建设支出
合 计	**11549.59**	**11349.02**	**8255.13**	**3093.89**	**200.57**
北 京	54991.20	53755.08	28683.04	25072.04	1236.11
天 津	20418.38	20418.38	16748.90	3669.48	
河 北	9516.27	9366.44	6675.48	2690.96	149.83
山 西	11976.53	11768.78	9292.59	2476.18	207.75
内蒙古	15949.57	15577.24	11454.28	4122.96	372.34
辽 宁	11461.30	11435.63	9184.19	2251.44	25.67
吉 林	17568.87	16984.35	12623.20	4361.15	584.52
黑龙江	15133.19	15001.26	11071.08	3930.18	131.93
上 海	24533.82	24533.82	19348.70	5185.12	
江 苏	19208.33	19205.44	15159.19	4046.25	2.89
浙 江	16535.19	16510.76	13397.39	3113.36	24.43
安 徽	11459.70	11303.15	7723.30	3579.86	156.54
福 建	14208.72	13990.06	10647.23	3342.83	218.66
江 西	9940.26	9657.94	5780.66	3877.28	282.32
山 东	13230.32	13210.69	9629.52	3581.17	19.63
河 南	7173.46	7051.01	4041.21	3009.80	122.45
湖 北	14489.87	14487.55	10521.72	3965.83	2.32
湖 南	10404.65	10187.86	7384.29	2803.56	216.79
广 东	10193.48	10148.66	7201.89	2946.77	44.82
广 西	8559.67	8427.87	6172.72	2255.15	131.80
海 南	14376.71	14215.88	8936.41	5279.47	160.83
重 庆	10863.40	10666.91	7621.45	3045.45	196.49
四 川	11741.29	11497.75	9029.76	2467.98	243.54
贵 州	8395.22	8249.39	6372.07	1877.32	145.83
云 南	9173.78	8937.87	6673.81	2264.06	235.91
西 藏	23633.42	21572.47	17308.36	4264.11	2060.95
陕 西	14750.08	14425.41	10197.31	4228.10	324.67
甘 肃	10876.33	10441.79	7882.76	2559.04	434.54
青 海	16833.29	13743.56	9331.97	4411.59	3089.73
宁 夏	11621.42	11142.28	6995.33	4146.96	479.14
新 疆	17298.45	16676.65	13208.95	3467.70	621.80
大 连	20804.76	20587.70	16286.66	4301.04	217.06
宁 波	18220.05	18220.05	14252.75	3967.30	
厦 门	19598.96	19598.96	16936.46	2662.50	
青 岛	26016.35	26016.35	17594.39	8421.96	
深 圳					

7-41 生均教育经费支出(地方普通小学)

单位：元

地区	教育经费支出	个人和公用部分支出	个人部分	公用部分	基本建设支出
合计	**10467.31**	**10377.34**	**7280.69**	**3096.65**	**89.97**
北京	33559.11	32933.57	18924.13	14009.44	625.54
天津	19134.15	19134.15	14085.92	5048.23	
河北	7668.04	7651.86	5487.67	2164.19	16.18
山西	10529.32	10483.56	7970.42	2513.14	45.76
内蒙古	17076.73	16811.01	12956.89	3854.13	265.72
辽宁	11143.01	11130.71	8684.55	2446.16	12.30
吉林	13792.42	13762.33	10131.05	3631.28	30.10
黑龙江	14346.84	14288.42	11169.35	3119.08	58.42
上海	25466.96	25373.64	15203.19	10170.45	93.32
江苏	14119.44	14113.08	9215.82	4897.26	6.36
浙江	13786.95	13731.73	10023.11	3708.63	55.22
安徽	9490.90	9451.74	6367.79	3083.95	39.15
福建	10714.66	10600.96	7337.16	3263.80	113.70
江西	8338.09	8266.72	5161.93	3104.79	71.37
山东	9053.93	9052.93	6224.70	2828.23	0.99
河南	5902.93	5857.57	3665.96	2191.61	45.35
湖北	9331.73	9330.76	6406.32	2924.44	0.97
湖南	7996.39	7954.92	5055.84	2899.08	41.47
广东	11004.28	10853.03	7863.79	2989.23	151.25
广西	7998.07	7907.06	5801.14	2105.92	91.01
海南	12697.85	12645.22	8359.74	4285.48	52.63
重庆	12094.86	11945.04	8466.08	3478.96	149.82
四川	10210.48	10081.89	7573.12	2508.77	128.59
贵州	9373.49	9302.69	7213.60	2089.09	70.80
云南	10010.07	9873.25	7445.44	2427.82	136.81
西藏	28006.36	27389.21	17712.32	9676.90	617.14
陕西	11938.02	11800.91	7604.59	4196.32	137.10
甘肃	11281.63	11025.24	8271.40	2753.84	256.39
青海	15292.75	13322.56	9465.84	3856.72	1970.19
宁夏	11106.05	10958.85	7161.27	3797.58	147.20
新疆	13826.04	13712.20	10715.34	2996.87	113.84
大连	14260.64	14213.80	10002.54	4211.27	46.83
宁波	15743.88	15672.19	10854.79	4817.40	71.68
厦门	15517.33	14927.68	10604.83	4322.85	589.65
青岛	15869.73	15869.73	10294.50	5575.23	
深圳	23055.02	21586.93	14255.22	7331.71	1468.10

7-42 生均公共财政预算教育经费支出(地方普通小学)

单位：元

地 区	公共财政预算教育经费支出	事业费支出			基本建设支出
			个人部分	公用部分	
合 计	**8928.28**	**8838.31**	**6404.27**	**2434.04**	**89.97**
北 京	24383.03	23757.49	14004.12	9753.38	625.54
天 津	18128.16	18128.16	13766.76	4361.41	
河 北	6768.90	6752.72	4982.11	1770.62	16.18
山 西	9315.00	9269.24	7247.91	2021.33	45.76
内蒙古	12238.04	11972.33	9086.94	2885.38	265.72
辽 宁	9150.50	9138.21	7171.34	1966.86	12.30
吉 林	12166.83	12136.74	9254.64	2882.10	30.10
黑龙江	12997.90	12939.48	10202.89	2736.59	58.42
上 海	20781.66	20688.35	13704.38	6983.97	93.32
江 苏	11995.17	11988.81	8907.55	3081.26	6.36
浙 江	11655.01	11599.79	9370.76	2229.03	55.22
安 徽	7805.66	7766.51	5245.54	2520.97	39.15
福 建	9216.51	9102.81	6602.34	2500.47	113.70
江 西	7533.40	7462.02	4789.52	2672.51	71.37
山 东	8136.32	8135.32	6081.37	2053.95	0.99
河 南	4620.63	4575.27	2620.29	1954.99	45.35
湖 北	8791.96	8790.99	5965.74	2825.25	0.97
湖 南	7195.97	7154.49	4771.19	2383.31	41.47
广 东	8909.20	8757.95	6506.86	2251.09	151.25
广 西	7152.37	7061.36	5312.50	1748.87	91.01
海 南	10513.50	10460.87	6974.91	3485.96	52.63
重 庆	8581.49	8431.67	5490.88	2940.79	149.82
四 川	9113.12	8984.53	7001.30	1983.24	128.59
贵 州	8716.63	8645.83	6860.81	1785.02	70.80
云 南	7669.02	7532.21	5583.64	1948.57	136.81
西 藏	26367.36	25750.22	17022.00	8728.22	617.14
陕 西	11033.47	10896.37	7333.23	3563.14	137.10
甘 肃	9374.65	9118.26	7001.31	2116.95	256.39
青 海	12442.98	10472.79	7212.44	3260.35	1970.19
宁 夏	8182.05	8034.85	4875.96	3158.89	147.20
新 疆	13043.65	12929.81	10539.93	2389.88	113.84
大 连	11612.14	11565.30	8513.10	3052.20	46.83
宁 波	12546.09	12474.40	9784.94	2689.47	71.68
厦 门	10895.53	10305.89	8561.47	1744.42	589.65
青 岛	13245.01	13245.01	9821.07	3423.94	
深 圳	16312.95	14844.86	11503.51	3341.35	1468.10

7-43 生均教育经费支出(地方农村小学)

单位：元

地 区	教育经费支出	个人和公用部分支出			基本建设支出
			个人部分	公用部分	
合 计	**9909.21**	**9833.36**	**7168.35**	**2665.01**	**75.85**
北 京	35768.61	34885.18	22450.65	12434.53	883.43
天 津	14283.11	14283.11	10898.64	3384.47	
河 北	7643.42	7623.68	5470.08	2153.60	19.74
山 西	11698.00	11648.28	9107.25	2541.04	49.72
内蒙古	20628.07	20415.13	16059.70	4355.43	212.94
辽 宁	11485.78	11461.36	9572.78	1888.58	24.42
吉 林	14645.73	14606.67	11085.00	3521.67	39.07
黑龙江	16052.01	15953.13	12584.73	3368.40	98.88
上 海	20793.25	20793.25	15509.65	5283.60	
江 苏	13096.03	13095.10	8834.52	4260.58	0.93
浙 江	13562.65	13535.35	10184.22	3351.12	27.30
安 徽	9437.13	9393.77	6531.34	2862.43	43.37
福 建	10790.95	10696.61	7896.51	2800.10	94.34
江 西	8367.48	8317.11	5256.75	3060.36	50.38
山 东	8326.81	8325.34	6002.57	2322.77	1.47
河 南	5758.70	5734.07	3642.94	2091.13	24.62
湖 北	9186.53	9185.08	6341.14	2843.93	1.45
湖 南	7392.85	7345.96	5064.68	2281.28	46.89
广 东	9883.05	9840.88	7294.03	2546.85	42.17
广 西	7865.96	7789.05	5952.21	1836.84	76.90
海 南	14054.05	13986.17	9693.75	4292.41	67.88
重 庆	11748.25	11704.60	8624.30	3080.30	43.65
四 川	10273.55	10146.41	7779.19	2367.22	127.13
贵 州	9228.45	9161.49	7408.83	1752.66	66.96
云 南	10112.65	9985.24	7724.07	2261.17	127.41
西 藏	27597.97	26975.03	17490.28	9484.75	622.94
陕 西	12947.32	12825.72	8663.15	4162.57	121.60
甘 肃	11746.52	11445.68	8844.08	2601.60	300.84
青 海	15847.21	13828.97	9899.25	3929.71	2018.24
宁 夏	10988.56	10868.39	7557.24	3311.15	120.17
新 疆	13986.94	13862.27	11323.60	2538.67	124.66
大 连	17656.83	17399.67	13932.08	3467.59	257.16
宁 波	14867.16	14867.16	10399.20	4467.96	
厦 门	18281.25	18281.25	15018.97	3262.28	
青 岛	16956.97	16956.97	12491.60	4465.37	
深 圳					

7-44 生均公共财政预算教育经费支出(地方农村小学)

单位：元

地区	公共财政预算教育经费支出	事业费支出			基本建设支出
			个人部分	公用部分	
合计	**8652.89**	**8577.04**	**6331.66**	**2245.37**	**75.85**
北京	26894.18	26010.75	16734.25	9276.50	883.43
天津	13503.25	13503.25	10727.37	2775.89	
河北	6804.68	6784.95	4950.25	1834.69	19.74
山西	10530.25	10480.53	8326.79	2153.74	49.72
内蒙古	14704.09	14491.15	11105.07	3386.08	212.94
辽宁	9630.59	9606.17	7960.72	1645.45	24.42
吉林	13216.34	13177.28	10118.88	3058.40	39.07
黑龙江	15052.46	14953.59	11843.08	3110.51	98.88
上海	17993.44	17993.44	13793.62	4199.82	
江苏	11533.67	11532.74	8578.57	2954.17	0.93
浙江	11889.24	11861.94	9671.95	2189.99	27.30
安徽	7864.80	7821.43	5422.95	2398.48	43.37
福建	9641.84	9547.50	7281.28	2266.22	94.34
江西	7619.95	7569.57	4868.07	2701.50	50.38
山东	7693.67	7692.21	5889.46	1802.75	1.47
河南	4599.71	4575.08	2632.51	1942.58	24.62
湖北	8724.15	8722.69	5937.94	2784.76	1.45
湖南	6806.79	6759.91	4783.37	1976.54	46.89
广东	8304.08	8261.91	5999.61	2262.30	42.17
广西	7172.95	7096.05	5453.57	1642.48	76.90
海南	11904.14	11836.26	8029.61	3806.65	67.88
重庆	8460.37	8416.72	5716.81	2699.91	43.65
四川	9283.44	9156.31	7196.03	1960.28	127.13
贵州	8656.89	8589.94	7049.52	1540.41	66.96
云南	7773.67	7646.25	5795.48	1850.77	127.41
西藏	26011.63	25388.70	16888.27	8500.42	622.94
陕西	12082.65	11961.05	8361.91	3599.14	121.60
甘肃	9964.06	9663.21	7485.13	2178.08	300.84
青海	13002.71	10984.47	7716.72	3267.76	2018.24
宁夏	8167.02	8046.85	5246.93	2799.91	120.17
新疆	13375.49	13250.82	11154.18	2096.65	124.66
大连	15116.06	14858.91	11916.85	2942.06	257.16
宁波	11615.08	11615.08	9220.66	2394.42	
厦门	14039.34	14039.34	12725.46	1313.88	
青岛	15073.57	15073.57	11827.90	3245.67	
深圳					

7-45 生均教育经费支出(地方特殊教育学校)

单位：元

地区	教育经费支出	个人和公用部分支出	个人部分	公用部分	基本建设支出
合 计	**58169.84**	**57556.77**	**34301.89**	**23254.88**	**613.07**
北 京	129372.85	129372.85	90239.99	39132.86	
天 津	82750.58	82750.58	60470.37	22280.22	
河 北	51734.97	51242.26	32026.28	19215.98	492.72
山 西	45531.69	45531.69	30661.86	14869.83	
内蒙古	72134.43	70512.59	48113.08	22399.51	1621.84
辽 宁	66987.55	66987.55	42944.52	24043.04	
吉 林	63873.31	63873.31	45012.04	18861.28	
黑龙江	54796.55	54796.55	39060.99	15735.56	
上 海	113987.43	112152.65	65887.82	46264.83	1834.78
江 苏	71068.71	71068.71	45665.56	25403.15	
浙 江	65250.66	65250.66	39956.68	25293.98	
安 徽	54944.56	54944.56	23592.72	31351.83	
福 建	46420.32	46260.48	30513.44	15747.05	159.84
江 西	31982.73	31611.40	16426.29	15185.11	371.33
山 东	70116.49	70116.49	41264.53	28851.97	
河 南	35203.51	35203.51	22444.25	12759.26	
湖 北	60335.20	60335.20	26501.82	33833.38	
湖 南	42831.61	42702.42	23957.26	18745.15	129.20
广 东	86288.31	85291.71	40684.03	44607.68	996.60
广 西	41293.57	32695.41	19131.54	13563.87	8598.16
海 南	85960.26	82802.93	36002.37	46800.56	3157.33
重 庆	44304.26	44304.26	28752.80	15551.45	
四 川	37478.84	35955.31	23918.83	12036.49	1523.52
贵 州	43835.68	43761.23	23918.82	19842.41	74.45
云 南	38085.24	38085.24	22472.57	15612.67	
西 藏	130500.14	130500.14	58008.76	72491.38	
陕 西	60458.40	60458.40	33351.17	27107.23	
甘 肃	40322.85	40322.85	28644.51	11678.34	
青 海	52349.58	51464.77	28712.77	22752.01	884.81
宁 夏	53572.12	53572.12	30412.78	23159.33	
新 疆	55844.65	55561.57	35857.19	19704.38	283.08
大 连	71222.04	71222.04	53328.33	17893.71	
宁 波	103017.56	103017.56	54132.67	48884.89	
厦 门	92409.50	92409.50	55560.61	36848.88	
青 岛	104093.31	104093.31	69592.69	34500.62	
深 圳	156620.87	141107.74	80155.35	60952.39	15513.13

7-46 生均公共财政预算教育经费支出(地方特殊教育学校)

单位：元

地区	公共财政预算教育经费支出	事业费支出			基本建设支出
			个人部分	公用部分	
合计	**47902.03**	**47288.96**	**30414.57**	**16874.40**	**613.07**
北京	92798.63	92798.63	67274.66	25523.97	
天津	79307.67	79307.67	57453.50	21854.17	
河北	45991.34	45498.62	30136.30	15362.32	492.72
山西	42113.93	42113.93	28176.56	13937.37	
内蒙古	56913.41	55291.57	38151.00	17140.58	1621.84
辽宁	50637.67	50637.67	36355.35	14282.32	
吉林	52683.68	52683.68	39401.85	13281.83	
黑龙江	50640.23	50640.23	35484.36	15155.87	
上海	88508.29	86673.51	59919.13	26754.38	1834.78
江苏	61610.15	61610.15	42972.77	18637.37	
浙江	51329.22	51329.22	35514.96	15814.26	
安徽	45308.19	45308.19	20318.32	24989.86	
福建	39357.49	39197.65	27642.42	11555.23	159.84
江西	27702.02	27330.69	15733.60	11597.08	371.33
山东	54837.67	54837.67	40305.46	14532.21	
河南	26473.17	26473.17	16167.52	10305.65	
湖北	56357.65	56357.65	24027.92	32329.73	
湖南	33795.78	33666.58	22353.72	11312.86	129.20
广东	67213.26	66216.65	33358.07	32858.58	996.60
广西	38907.02	30308.87	17728.34	12580.53	8598.16
海南	61985.88	58828.55	29454.79	29373.77	3157.33
重庆	34384.28	34384.28	20732.82	13651.47	
四川	33276.87	31753.34	21686.60	10066.75	1523.52
贵州	31661.24	31586.79	21843.03	9743.76	74.45
云南	31850.07	31850.07	19285.08	12564.99	
西藏	121244.14	121244.14	56253.61	64990.52	
陕西	51723.42	51723.42	32741.82	18981.59	
甘肃	35257.05	35257.05	26202.11	9054.94	
青海	41328.60	40443.79	21086.65	19357.14	884.81
宁夏	40235.49	40235.49	23331.05	16904.44	
新疆	48864.54	48581.46	33059.28	15522.18	283.08
大连	63420.57	63420.57	46233.36	17187.21	
宁波	72327.25	72327.25	49226.39	23100.86	
厦门	65737.61	65737.61	44220.87	21516.73	
青岛	82800.42	82800.42	69529.45	13270.96	
深圳	136916.07	121402.95	71273.77	50129.17	15513.13

7-47 生均教育经费支出(地方幼儿园)

单位：元

地区	教育经费支出	个人和公用部分支出			基本建设支出
			个人部分	公用部分	
合计	**7402.20**	**7287.58**	**4059.51**	**3228.06**	**114.62**
北京	33614.99	32962.91	18489.02	14473.89	652.08
天津	17338.77	17338.77	11107.69	6231.08	
河北	4852.05	4813.87	3103.66	1710.21	38.18
山西	5030.75	5015.49	2868.78	2146.71	15.26
内蒙古	14788.39	14455.04	7793.97	6661.07	333.35
辽宁	7869.24	7863.64	4127.77	3735.87	5.61
吉林	9037.43	8878.82	5009.75	3869.06	158.62
黑龙江	9061.35	8989.87	5556.17	3433.70	71.47
上海	26184.96	26145.80	15711.88	10433.92	39.16
江苏	8428.04	8420.69	4654.38	3766.32	7.35
浙江	13470.73	13420.09	7826.44	5593.65	50.64
安徽	5414.12	5317.86	2449.50	2868.36	96.26
福建	8040.96	7943.59	4506.36	3437.23	97.37
江西	5918.75	5797.46	2381.35	3416.11	121.28
山东	5805.78	5793.94	3165.99	2627.95	11.84
河南	3664.64	3630.18	1540.99	2089.19	34.46
湖北	6794.46	6794.46	3179.19	3615.27	
湖南	5283.88	5211.91	2451.15	2760.77	71.97
广东	6779.04	6703.04	4248.85	2454.19	76.00
广西	4194.85	4133.12	1944.78	2188.34	61.73
海南	15650.77	15312.68	5906.41	9406.27	338.09
重庆	5629.12	5389.09	2525.51	2863.58	240.04
四川	5779.86	5642.01	3156.75	2485.25	137.86
贵州	4872.85	4811.13	3007.91	1803.22	61.72
云南	5434.47	5286.29	2846.87	2439.42	148.19
西藏	23932.49	17885.26	11175.30	6709.96	6047.23
陕西	8796.28	8516.19	4284.12	4232.07	280.09
甘肃	7755.30	7404.60	3786.95	3617.66	350.69
青海	9956.63	8133.50	4591.35	3542.15	1823.13
宁夏	8541.16	8204.25	3950.06	4254.18	336.91
新疆	6993.99	6909.91	5084.57	1825.34	84.08
大连	10774.12	10773.17	6421.67	4351.50	0.95
宁波	18684.52	18652.30	11090.40	7561.90	32.22
厦门	14110.10	14110.10	9362.14	4747.96	
青岛	12088.41	12088.41	6199.08	5889.33	
深圳	30882.60	28011.50	18996.64	9014.86	2871.10

7-48 生均公共财政预算教育经费支出(地方幼儿园)

单位：元

地　区	公共财政预算教育经费支出	事业费支出			基本建设支出
			个人部分	公用部分	
合　计	**4843.43**	**4728.80**	**2860.21**	**1868.59**	**114.62**
北　京	24441.54	23789.46	13314.43	10475.03	652.08
天　津	13385.21	13385.21	9096.87	4288.34	
河　北	3693.72	3655.54	2713.15	942.39	38.18
山　西	3414.71	3399.45	2190.33	1209.12	15.26
内蒙古	10841.96	10508.62	6208.77	4299.84	333.35
辽　宁	4436.78	4431.18	2544.83	1886.35	5.61
吉　林	6106.93	5948.31	4009.99	1938.32	158.62
黑龙江	6060.82	5989.34	3854.42	2134.92	71.47
上　海	19312.81	19273.65	13484.99	5788.65	39.16
江　苏	4391.82	4384.47	2546.49	1837.98	7.35
浙　江	7748.37	7697.73	5043.97	2653.76	50.64
安　徽	3407.72	3311.47	1671.55	1639.92	96.26
福　建	5558.49	5461.12	3447.20	2013.92	97.37
江　西	4035.69	3914.40	1612.20	2302.20	121.28
山　东	3120.58	3108.74	1789.29	1319.45	11.84
河　南	1920.54	1886.09	858.62	1027.47	34.46
湖　北	4809.06	4809.06	2141.63	2667.43	
湖　南	2898.40	2826.43	1495.57	1330.86	71.97
广　东	3119.68	3043.68	1918.81	1124.87	76.00
广　西	2776.33	2714.60	1174.39	1540.21	61.73
海　南	12385.58	12047.49	4414.04	7633.46	338.09
重　庆	3094.97	2854.93	1314.22	1540.71	240.04
四　川	3923.72	3785.87	2428.84	1357.03	137.86
贵　州	3833.92	3772.20	2702.25	1069.95	61.72
云　南	3684.12	3535.93	2039.94	1495.99	148.19
西　藏	22828.13	16780.90	10768.50	6012.40	6047.23
陕　西	7440.32	7160.23	3936.40	3223.83	280.09
甘　肃	6206.28	5855.58	3366.06	2489.52	350.69
青　海	7830.39	6007.25	3250.85	2756.41	1823.13
宁　夏	5777.14	5440.23	2532.94	2907.29	336.91
新　疆	6311.50	6227.42	4903.65	1323.77	84.08
大　连	6928.77	6927.82	4441.69	2486.13	0.95
宁　波	10825.87	10793.66	7245.40	3548.25	32.22
厦　门	10552.58	10552.58	7587.74	2964.84	
青　岛	8271.04	8271.04	3951.44	4319.60	
深　圳	12702.41	9831.31	6446.97	3384.34	2871.10

7-49 生均教育经费支出(地方农村幼儿园)

单位：元

地区	教育经费支出	个人和公用部分支出			基本建设支出
			个人部分	公用部分	
合计	**5267.23**	**5166.76**	**2787.17**	**2379.59**	**100.47**
北京	26336.64	24834.64	15836.79	8997.86	1502.00
天津	9157.10	9157.10	4468.85	4688.25	
河北	4222.37	4180.05	2656.12	1523.93	42.32
山西	4119.65	4100.58	2332.20	1768.39	19.06
内蒙古	13107.44	12906.10	7143.19	5762.91	201.34
辽宁	3824.01	3814.67	1981.54	1833.13	9.34
吉林	6721.48	6464.68	3595.89	2868.78	256.80
黑龙江	7333.67	7243.80	4307.39	2936.42	89.87
上海	23224.62	23224.62	15623.22	7601.39	
江苏	6183.59	6172.22	3162.68	3009.53	11.37
浙江	11366.32	11364.81	6281.52	5083.28	1.51
安徽	4312.17	4208.52	1878.98	2329.54	103.65
福建	6314.33	6217.88	3368.96	2848.92	96.46
江西	5035.77	4907.49	1810.00	3097.48	128.29
山东	4661.14	4643.82	2450.37	2193.45	17.32
河南	2532.62	2507.41	1021.21	1486.20	25.21
湖北	5204.02	5204.02	2134.76	3069.27	
湖南	4322.19	4250.98	1961.18	2289.80	71.21
广东	4054.26	4039.94	2279.93	1760.01	14.32
广西	3013.57	3001.44	1408.48	1592.96	12.13
海南	14149.98	13718.76	5015.28	8703.47	431.23
重庆	4445.98	4312.22	1808.07	2504.15	133.76
四川	4753.58	4602.42	2586.78	2015.64	151.16
贵州	4033.58	3973.31	2564.29	1409.01	60.27
云南	4032.30	3890.15	2132.30	1757.85	142.15
西藏	19592.92	16407.66	10394.63	6013.03	3185.26
陕西	7771.46	7508.28	4031.94	3476.34	263.18
甘肃	7211.11	6909.89	3324.60	3585.29	301.22
青海	9576.12	7622.70	3983.96	3638.73	1953.43
宁夏	5760.11	5443.91	2406.55	3037.36	316.20
新疆	5759.95	5698.26	4457.96	1240.29	61.69
大连	7289.24	7289.24	3766.78	3522.45	
宁波	17258.84	17258.84	9569.84	7689.00	
厦门	7131.10	7131.10	4576.89	2554.22	
青岛	9215.76	9215.76	3535.38	5680.38	
深圳					

7-50 生均公共财政预算教育经费支出(地方农村幼儿园)

单位：元

地区	公共财政预算教育经费支出	事业费支出			基本建设支出
			个人部分	公用部分	
合 计	**3620.82**	**3520.35**	**2091.10**	**1429.25**	**100.47**
北 京	20815.78	19313.79	13083.17	6230.61	1502.00
天 津	6482.72	6482.72	3584.10	2898.62	
河 北	3269.04	3226.72	2367.29	859.44	42.32
山 西	2898.37	2879.31	1807.99	1071.32	19.06
内蒙古	10121.29	9919.95	6028.90	3891.05	201.34
辽 宁	2307.25	2297.91	1276.45	1021.46	9.34
吉 林	5267.72	5010.92	3225.21	1785.71	256.80
黑龙江	5140.23	5050.36	3181.18	1869.18	89.87
上 海	18159.07	18159.07	13204.63	4954.44	
江 苏	3292.25	3280.88	1638.94	1641.94	11.37
浙 江	6981.59	6980.08	4265.60	2714.48	1.51
安 徽	2739.82	2636.17	1395.76	1240.41	103.65
福 建	4396.99	4300.53	2666.68	1633.86	96.46
江 西	3418.97	3290.69	1171.19	2119.50	128.29
山 东	2645.69	2628.37	1549.35	1079.02	17.32
河 南	1318.28	1293.07	614.47	678.59	25.21
湖 北	3710.21	3710.21	1386.35	2323.86	
湖 南	2393.30	2322.09	1242.74	1079.35	71.21
广 东	2064.01	2049.69	1168.46	881.23	14.32
广 西	1869.16	1857.03	814.99	1042.04	12.13
海 南	11419.95	10988.72	3870.25	7118.47	431.23
重 庆	2464.27	2330.51	970.03	1360.48	133.76
四 川	3331.49	3180.33	2031.37	1148.96	151.16
贵 州	3185.05	3124.78	2354.71	770.07	60.27
云 南	2851.53	2709.38	1610.45	1098.94	142.15
西 藏	18899.78	15714.52	10126.99	5587.52	3185.26
陕 西	6937.19	6674.01	3865.75	2808.26	263.18
甘 肃	6031.85	5730.63	3075.57	2655.06	301.22
青 海	7939.11	5985.68	3039.85	2945.82	1953.43
宁 夏	3959.02	3642.82	1677.06	1965.76	316.20
新 疆	5351.31	5289.62	4359.45	930.17	61.69
大 连	6388.33	6388.33	3189.10	3199.24	
宁 波	10154.75	10154.75	6652.59	3502.16	
厦 门	4954.82	4954.82	4133.39	821.44	
青 岛	7468.30	7468.30	2422.72	5045.58	
深 圳					

附 录

简要说明

简要说明

为了便于参考和使用教育经费统计年鉴，现就教育经费统计指标、统计范围、统计时间等作简要说明。

一、教育经费来源主要指标

教育经费来源包括国家财政性教育经费，民办学校中举办者投入，捐赠收入，事业收入及其他教育经费。

1．国家财政性教育经费：指学校（单位）取得的所有属于财政性质的经费。包括公共财政预算安排的教育经费，政府性基金预算安排的教育经费，企业办学中的企业拨款，校办产业和社会服务收入用于教育的经费，其他属于国家财政性教育经费。

（1）公共财政预算安排的教育经费：指学校（单位）从同级财政部门取得的公共财政预算拨款。包括教育事业费、基本建设经费、教育费附加、科研经费和其他经费。

①**教育事业费：**指学校（单位）从同级财政部门取得的、列《政府收支分类科目》公共财政预算 205 类“教育支出”的拨款，不含基本建设经费和教育费附加。

②**基本建设经费：**指学校（单位）从同级发展与改革部门取得的、列《政府收支分类科目》309 类“基本建设支出”的拨款。

③**教育费附加：**指学校（单位）从同级财政部门取得的、列《政府收支分类科目》205 类 09 款“教育费附加安排的教育支出”的拨款。

④**科研经费：**指学校（单位）从同级财政部门取得的、列《政府收支分类科目》206 类“科学技术支出”的拨款。

⑤**其他：**指学校（单位）从同级财政部门取得的《政府收支分类科目》205 类“教育支出”、206 类“科学技术支出”以外（如 208 类“社会保障和就业”、210 类“医疗卫生”、219 类“援助其他地区支出”、221 类“住房保障支出”等）的其他公共财政预算拨款。

（2）政府性基金预算安排的教育经费：指学校（单位）从同级财政部门取得的政府性基金预算拨款。包括城市基础设施配套费收入、彩票公益金收入等安排用于学校（单位）的支出。

（3）企业办学中的企业拨款：指中央和地方所属企业在企业营业外资金列支或企业自有资金列支，并实际拨付所属学校的办学经费。

（4）校办产业和社会服务收入用于教育的经费：指学校举办的校办产业和各种经营取得的收益及投资收益中用于补充教育经费的部分。

（5）其他属于国家财政性教育经费：指学校（单位）取得的除上述财政性收入以外的其他属于财政性质的经费。

2．民办学校中举办者投入：指民办学校举办者投入给民办学校的办学经费。

3．捐赠收入：指境内外社会各界及个人对教育的资助和捐赠资金。

4．事业收入：指学校（单位）开展教学、科研及其辅助活动依法取得的、经财政部门核准留用的资金和从财政专户核拨回的资金。

其中，学费：指学校经财政部门核准留用或经财政专户核拨回的学费金额。

5．其他教育经费：指学校（单位）取得的除上述各项收入以外的其他收入。

二、教育经费支出主要指标

教育经费支出包括个人部分支出、公用部分支出和基本建设支出三部分。

1．**个人部分支出**：包括工资福利支出、对个人和家庭的补助支出。

（1）**工资福利支出**：指学校（单位）开支的在职教职工和编制外长期聘用人员的各类劳动报酬，以及为上述人员缴纳的各项社会保险费等。

（2）**对个人和家庭的补助支出**：指学校（单位）对个人和家庭的补助支出。

2．**公用部分支出**：包括商品和服务支出、其他资本性支出。

（1）**商品和服务支出**：指学校（单位）购买商品和服务的支出（不包括用于购置固定资产的支出）。

（2）**其他资本性支出**：指非发展与改革部门集中安排用于学校（单位）购置固定资产、土地、无形资产和大型修缮等所发生的支出。包括专项公用支出和专项项目支出。

①**专项公用支出**：指非发展与改革部门集中安排用于学校（单位）购置办公设备、专用设备、交通工具和无形资产等所发生的支出。

②**专项项目支出**：指非发展与改革部门集中安排用于学校（单位）房屋建筑物构建、大型修缮所发生的支出。

3．**基本建设支出**：指各级发展与改革部门集中安排的公共财政预算（不包括政府性基金以及各类拼盘自筹资金等）用于学校（单位）购置固定资产、土地、无形资产和大型修缮所发生的支出。

财政补助支出：指学校（单位）取得的公共财政预算安排的教育经费和政府性基金预算安排的教育经费列支的支出。

公共财政预算教育事业费支出：指学校（单位）取得的公共财政预算教育事业费列支的支出。

三、统计范围

1．教育部门办各级各类学校、幼儿园、教育事业单位；其他部门办各级各类学校、幼儿园；县级及以上人民政府教育行政单位（部门）；独立师资并按学校体制管理的中央、省（自治区、直辖市）、地（市）、县各级党委举办的党校，各级政府举办的社会主义学院、行政学院（不含行业、部门办的党校和行政学院）；财政部举办的国家会计学院。

2．国有及国有控股企业举办的各级各类学校、幼儿园和经过教育主管部门批准承认学历的成人高校、成人中等专业学校、成人中学、成人小学等。

3．由国家机构以外的社会组织或者个人，利用非国家财政性经费，面向社会举办的，经政府部门按照国家规定的权限审批的各级各类学校、幼儿园等。

香港、澳门和台湾省的教育经费统计资料暂缺。

四、统计时间

2015 年 1 月 1 日至 2015 年 12 月 31 日。

五、其他

1．本年鉴 1-1（续）表和第二部分所有表中央和地方教育经费按经费来源划分。其余表中央和地方教育经费按学校与其他教育机构隶属关系划分，即中央教育经费指中央属学校及其他教育机构的经费，地方教育经费支出指地方属学校及其他教育机构的经费。

2．本年鉴中部分数据合计数或相对数由于单位取舍不同而产生的误差，均未做机械调整。